능력과 가치를
높이고 싶다면
된다!

총 조회수 1,500만 회!
기업, 관공서 20년 특강 노하우를 담았다!

실무 문제
완전 해결!

된다!

실무
엑셀
파워포인트
워드&한글

나의 첫 번째 오피스 사수!

한정희, 이충욱 지음

이지스퍼블리싱

능력과 가치를 높이고 싶다면
된다! 시리즈를 만나 보세요.
당신이 성장하도록 돕겠습니다.

된다! 실무 엑셀 파워포인트 워드&한글
Gotcha! Business Excel Powerpoint Word&Hangul

초판 발행 • 2022년 10월 12일
초판 4쇄 • 2024년 5월 21일

지은이 • 한정희, 이충욱
펴낸이 • 이지연
펴낸곳 • 이지스퍼블리싱(주)
출판사 등록번호 • 제313-2010-123호
주소 • 서울시 마포구 잔다리로 109 이지스빌딩 4층
대표전화 • 02-325-1722 | **팩스** • 02-326-1723
홈페이지 • www.easyspub.co.kr | **페이스북** • www.facebook.com/easyspub
Do it! 스터디룸 카페 • cafe.naver.com/doitstudyroom | **인스타그램** • instagram.com/easyspub_it

총괄 • 최윤미 | **기획 및 책임편집** • 임승빈 | **IT 1팀** • 임승빈, 이수경, 지수민
교정교열 • 박희정 | **표지 디자인** • 트인글터 | **본문 디자인** • 트인글터 | **인쇄** • 보광문화사
마케팅 • 박정현, 한송이, 이나리 | **독자지원** • 오경신 | **영업 및 교재 문의** • 이주동, 김요한(support@easyspub.co.kr)

ISBN 979-11-6303-409-4 13000
가격 30,000원

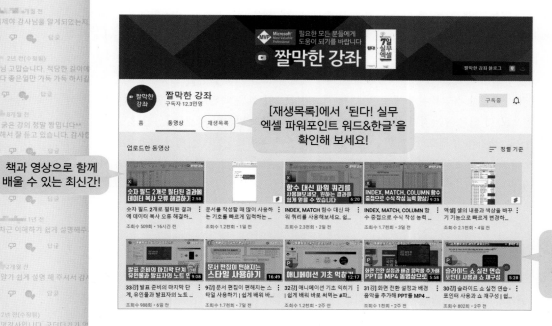

실무에서 쓰는 순서대로 배워야 진짜 내 것이 된다!
한 번 배워 두면 평생 써먹는 직장인 오피스 프로그램 실무 교과서!

구독자들의 응원과 문의가 이 책을 만들었어요!

오랫동안 실무자를 대상으로 오피스 교육을 진행하면서 실무자들이 기능과 응용 방법을 학습하고도 실제 업무에 적용하기 어려워한다는 것을 알게 되었습니다. 같은 사무 업무라도 직종과 분야가 다르다 보니 필요한 기능도 제각각이라 짧은 수업 시간에 모든 교육생을 만족시키는 데는 한계가 있었습니다. 그래서 AS 차원에서 카페와 블로그에 강좌를 업로드하기 시작했고 유튜브에 영상을 만들어 공유했습니다.

구독자들의 감사 인사와 학습 이후 질의응답에 재미와 보람을 느낄 즈음 출간을 권유받았고, 온·오프라인에서 겪은 다양한 경험을 바탕으로 첫 번째 책《된다! 7일 실무 엑셀》을 출간할 수 있었습니다. 책의 영향으로 더 많은 구독자가 생기면서 "함수 내용을 강좌로 만들어 주세요.", "한글 강좌 너무 좋은데 책으로 출간해 주세요.", "파워포인트 강좌도 만들어 주세요." 등의 문의가 많아 직장인에게 필요한 '오피스 4대장'이라고 할 수 있는 엑셀, 파워포인트, 워드, 한글 강의를 모아 두 번째 책을 출간하게 되었습니다.

실무에서 일하는 순서대로 배워야 제대로입니다!

이 책을 준비하면서 가장 신경을 쓴 부분은 '누구에게 이 책이 필요할까?'였습니다. 아마 취업을 준비하면서 실무에서 쓰는 프로그램을 미리 익히고 싶은 사람, 직장에서 프로그램을 활용하는 데 어려움을 겪는 사람일 것입니다.

그래서 이 책은 실무에서 일하는 순서대로 구성했습니다. 또한 어려운 함수를 응용하거나 디자인하는 데 치중한 발표 자료를 만드는 내용을 다루지 않았습니다. 취준생, 신입사원, 자영업자, 사무 업무를 보는 모든 분이 활용할 수 있도록 기본에 충실하면서 군더더기 없이 실무에 꼭 필요한 내용만 담았습니다.

수많은 직장인이 돈 내고 듣는 동영상 강의를 무료로 제공합니다!

값비싼 온라인 클래스를 수강하지 않고도 이 책 한 권으로 사무 업무에 필요한 오피스 사용법을 학습하는 데 도움이 되길 바라는 마음으로, 이 책만을 위한 동영상 강의를 제작했습니다. QR코드를 스캔하면 동영상 강의 중 해당 내용의 타임라인부터 바로 재생됩니다. 영상을 앞뒤로 넘기며 찾지 않아도 되니 편하게 보고 문제를 빠르게 해결하세요!

또한 유튜브 '짤막한 강좌' 채널에서 조회수가 높게 나온 영상의 내용을 재구성해 책에 수록했습니다. 대표적으로 '엑셀 데이터 입력 방법(조회수 78만 회)', '엑셀 피벗 테이블 기본 작성법(조회수 40만 회)', '엑셀 페이지 설정과 인쇄하기(조회수 38만 회)' 등이 있는데요. 조회수가 높다는 것은 그만큼 많은 사람이 같은 고민을 하고 있다는 증거이므로, 중요도를 고려해 책에 담았습니다. 그리고 이 내용에 맞게끔 영상도 처음부터 새로 제작했습니다.

그리고 구독자들의 질문과 현장 강의에서 여러 번 들은 질문 내용을 모아 [질문 있어요] 코너로 구성했습니다. 실습을 진행하다가 궁금해할 부분에 배치해 두었으니 공부하다가 막히면 이 코너를 살펴보세요! 여러분의 시간을 아끼고 업무에서 불필요한 수고를 더는 '안전장치'와 같은 역할을 할 거예요.

거칠게 쓴 원고를 누구나 쉽게 이해할 수 있도록 잘 편집해 주신 편집자 승빈 씨께 감사드리며, 두 번째 책을 집필할 기회를 주신 이지연 대표님께도 고마움을 전합니다.

한정희, 이충욱 드림

:: 책과 함께 볼 수 있는 '짤막한 강좌' 강의 무료 제공!

이 책에서는 책과 함께 볼 수 있는 동영상 강의를 무료로 제공합니다. 책의 내용 흐름에 맞춰 동영상 강의가
진행됩니다. 책 속 QR코드를 찍어 동영상을 확인하세요! 아래 QR코드는 프로그램별로 정리한 재생 목록입
니다. 책의 실습 순서대로 정리되었으니, 학습에 참고하세요!

:: 책과 함께 볼 수 있는 재생 목록 QR코드 모음!

유튜브 '짤막한 강좌'의
동영상 강의를 프로그램
별로 한눈에 보세요!

엑셀
bit.ly/easys_ex

파워포인트
bit.ly/easys_pp

워드
bit.ly/easys_wo

한글
bit.ly/easys_ha

:: 더 깊이 공부하고 싶은 독자를 위한 [특별 부록] 무료 제공!

'엑셀의 데이터 정리 방법'과 '파워포인트의 도넛형 그래프 만드는 방법'을 담은 [특별 부록]
을 준비했습니다. 책으로 공부를 마친 다음 심화 과정으로 공부해 보세요!

- [특별 부록] 내려받기: bit.ly/easys_epwh

- 이지스퍼블리싱 홈페이지: www.easyspub.co.kr → 자료실

:: 책 한 권으로 한 학기 수업 효과! **16일 정석 코스**

책을 꼼꼼히 살피는 16일 코스! 다음 진도표대로 진행해 보세요. 오피스 프로그램의 기본기를 더 단단하게 다지는 좋은 시간이 될 거예요!

날짜	학습 목표	범위	쪽
1일 차 (월 일)	• 엑셀 기본, 데이터 입력	엑셀 1장	16 ~ 66
2일 차 (월 일)	• 데이터베이스 익히기	엑셀 2장	67 ~ 126
3일 차 (월 일)	• 수식과 기본 함수 익히기	엑셀 3장	127 ~ 164
4일 차 (월 일)	• 업무에 반드시 사용하는 함수	엑셀 4장	165 ~ 220
5일 차 (월 일)	• 데이터를 집계하고 시각화하는 보고용 차트 만들기	엑셀 5장	221 ~ 245
6일 차 (월 일)	• 슬라이드와 텍스트 슬라이드	파워포인트 1장	248 ~ 275
7일 차 (월 일)	• 도형을 활용해 슬라이드 꾸미기	파워포인트 2장	276 ~ 313
8일 차 (월 일)	• 그림과 아이콘을 활용한 슬라이드 만들기	파워포인트 3장	314 ~ 351
9일 차 (월 일)	• 발표 자료에 신뢰를 주는 표와 그래프	파워포인트 4장	352 ~ 376
10일 차 (월 일)	• 청중을 사로잡는 슬라이드 노하우	파워포인트 5장	377 ~ 424
11일 차 (월 일)	• 워드 기본, 제목 작성과 본문 꾸미기	워드 1, 2장	426 ~ 516
12일 차 (월 일)	• 문서를 돋보이게 하는 개체 활용	워드 3장	517 ~ 557
13일 차 (월 일)	• 워드, 문서 인쇄와 배포하기	워드 4장	558 ~ 580
14일 차 (월 일)	• 한글 기본, 제목 작성과 본문 꾸미기	한글 1, 2장	581 ~ 676
15일 차 (월 일)	• 문서를 돋보이게 하는 개체 활용	한글 3장	677 ~ 719
16일 차 (월 일)	• 한글, 문서 인쇄와 배포하기	한글 4장	720 ~ 753

첫째마당

일 잘하는 사람, 된다! 엑셀

거래명세서 양식도
만들어 보세요~

수식은 기본 중의
기본!

01 엑셀 기본, 데이터 입력 ······························16

01-1 20분 만에 엑셀 초보 탈출하기 ·····················17

01-2 간단한 계산표 작성하기 ···························32

01-3 월별 내역을 그대로 복사! — 워크시트 ···········41

01-4 여러 시트를 하나에 집계하기 — 통합 ·············45

01-5 실전! 거래명세서 만들고 인쇄하기 ···············48

02 데이터베이스 익히기 ·····························67

02-1 데이터베이스 작성 규칙과 표 서식을 활용한 작성법 ·····68

02-2 목록에서 데이터를 선택하는 데이터 유효성 검사 ·······79

02-3 셀 범위를 선택하고 이동하는 단축키 ···············85

02-4 위/아래 데이터와 두 시트를 한 화면에서 비교하는 방법 ···90

02-5 데이터 정렬 기능 제대로 배우기 ·················93

02-6 마우스 한두 번 클릭으로 특정 데이터만 뽑아보는 필터 ···99

02-7 많은 양의 데이터를 분석하고 집계하는 피벗 테이블 ······113

03 수식과 기본 함수 익히기 ·························127

03-1 수식에서 실제 값이 아닌 셀 주소를 사용하는 이유 ·······128

03-2 엑셀 함수의 필요성과 기본 함수 익히기 ···········140
      SUM 함수 | AVERAGE 함수 | MAX 함수 | RANK.EQ 함수

03-3 개수를 세는 COUNT 함수 활용하기 ···············147
      COUNT 함수 | COUNTBLANK 함수 | COUNTA 함수
      COUNTIF 함수 | COUNTIFS 함수

03-4 지정한 자릿수로 반올림, 올림, 버림하는 함수 ·········159
      ROUND 함수 | ROUNDUP 함수 | ROUNDDOWN 함수

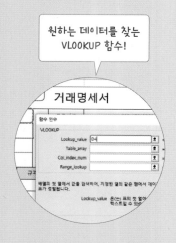

원하는 데이터를 찾는
VLOOKUP 함수!

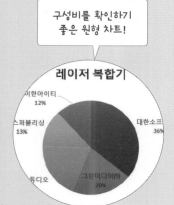

구성비를 확인하기
좋은 원형 차트!

04 업무에 반드시 사용하는 함수 ·· 165

04-1 조건을 판별하는 IF, AND, OR 함수 ··· 166
    IF 함수 | AND 함수 | OR 함수

04-2 특정 조건에 맞는 데이터를 강조하는 조건부 서식 ················ 174

04-3 문자를 추출하고 대체하는 텍스트 함수 ······························· 183
    LEFT 함수 | RIGHT 함수 | MID 함수 | REPLACE 함수
    CHOOSE 함수

04-4 셀에 입력된 값을 나누는 텍스트 나누기 ······························· 193

04-5 실시간으로 반영되는 날짜 함수 ·· 201
    TODAY 함수 | NOW 함수 | YEAR 함수 | MONTH 함수
    DAY 함수 | DATEIF 함수

04-6 조건에 맞는 데이터를 찾는 VLOOKUP 함수 ······················ 209
    VLOOKUP 함수 | IFERROR 함수 | HLOOKUP 함수

05 데이터를 집계하고 시각화하는 보고용 차트 만들기 ················ 221

05-1 여러 범주의 값을 시각적으로 비교하는 막대형 차트 ············ 222

05-2 월별 변화가 잘 보이는 꺾은선형 차트 ·································· 234

05-3 구성비를 표현할 때 좋은 원형 차트 ······························· 237

05-4 표현할 값 범위의 편차가 큰 경우에는 콤보 차트 ·················· 242

차례

둘째마당

발표 잘하는 사람,
된다! **파워포인트**

파워포인트 화면
이해하기!

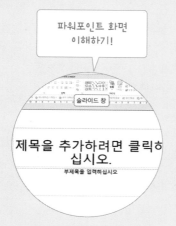

도형을 활용해
슬라이드 꾸미기!

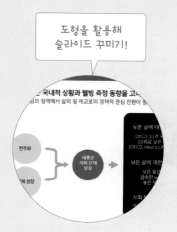

01 슬라이드와 텍스트 슬라이드 ···················· 248

01-1 파워포인트 사전 작업하기 ······················ 249

01-2 슬라이드 다루기 ······························· 255

01-3 깔끔한 텍스트 슬라이드 만들기 ················· 263

02 도형을 활용해 슬라이드 꾸미기 ················ 276

02-1 도형을 잘 다루는 핵심! 조정 핸들과 안내선 ····· 277

02-2 그라데이션으로 제목 상자 꾸미기 ··············· 295

02-3 꺾인 연결선을 사용해 조직도 만들기 ············ 301

03 그림과 아이콘을 활용한 슬라이드 만들기 ······ 314

03-1 그림 삽입하고 편집하기 ······················· 315

03-2 아이콘으로 직관적인 발표 자료 만들기 ·········· 325

03-3 발표의 첫인상을 좌우하는 제목 슬라이드 ········ 332

03-4 발표의 흐름을 보여주는 목차 슬라이드 ·········· 340

03-5 주제 구분을 명확하게 보여주는 간지 슬라이드 ··· 345

04 발표 자료에 신뢰를 주는 표와 그래프 ·········· 352

04-1 표로 데이터 정리하기 ························· 353

04-2 그래프로 데이터 시각화하기 ··················· 361

05 발표를 위한 슬라이드 노하우 ·················· 377

05-1 슬라이드에 오디오 삽입하기 ··················· 378

05-2 슬라이드에 비디오 삽입하기 ··················· 384

05-3 슬라이드 마스터로 서식 통일하기 ··············· 391

05-4 슬라이드 쇼와 애니메이션 ······················ 404

05-5 슬라이드 인쇄하기 ···························· 418

셋째마당

보고 잘하는 사람,
된다! 워드

워드의 기호
입력 방법!

그림 삽입 방법!

01 기본 문서 편집에 필요한 모든 것 ·· 426

01-1 편리한 문서 작성을 위한 화면 설정하기 ·························· 427

01-2 기호와 특수 문자 입력하기 ··· 433

01-3 문서 작성의 번거로움을 줄이는 방법 ······························ 442

02 제목 작성하고 빠르게 본문 꾸미기 ································· 459

02-1 페이지 설정의 기본, 용지 종류와 여백 ···························· 460

02-2 텍스트 상자와 표를 사용해 제목 상자 만들기 ···················· 465

02-3 서식을 일관성 있게 설정하는 스타일 ···························· 477

02-4 글머리 기호, 번호 매기기, 다단계 목록 활용하기 ················ 498

03 문서를 돋보이게 하는 개체 활용 ································· 517

03-1 표 만들고 수정하기 ·· 518

03-2 표의 수식 기능 활용하기 ·· 536

03-3 그림 삽입하기 ··· 546

04 워드, 문서 인쇄와 배포하기 ······································ 558

04-1 머리글과 바닥글, 페이지 번호 삽입하기 ·························· 559

04-2 각주와 미주 삽입하기 ·· 565

04-3 다단 설정으로 보기 좋게 편집하기 ································· 568

04-4 인쇄에 관한 모든 것 ··· 574

넷째마당

호

일 잘하는 사람,
된다! 한글

기본적인 화면
설정 방법!

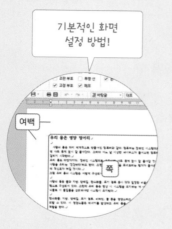

여백

쪽

서식 설정을 위한
스타일 만들기!

기본 스타일

01 기본 문서 편집에 필요한 모든 것 ·········· 582

01-1 편리한 문서 작성을 위한 화면 설정하기 ·········· 583

01-2 한자 변환과 특수 문자 입력하기 ·········· 594

01-3 글머리표가 있는 문서 작성하기 ·········· 601

01-4 가독성 높은 문서로 편집하기 ·········· 608

02 제목 작성하고 빠르게 본문 꾸미기 ·········· 625

02-1 페이지 설정의 기본, 용지 종류와 여백 ·········· 626

02-2 글상자와 표를 사용해 제목 상자 만들기 ·········· 632

02-3 서식을 일관성 있게 설정하는 스타일 ·········· 640

02-4 개요 모양 설정하기 ·········· 661

03 문서를 돋보이게 하는 개체 활용 ·········· 677

03-1 표 만들기와 표 편집을 위한 단축키 ·········· 678

03-2 표에 캡션 삽입하기, 표 계산하기 ·········· 702

03-3 그림 삽입하기 ·········· 708

04 한글, 문서 인쇄와 배포하기 ·········· 720

04-1 머리말과 꼬리말, 쪽 번호 삽입하기 ·········· 721

04-2 각주와 미주 삽입하기 ·········· 734

04-3 다단 설정으로 보기 좋게 편집하기 ·········· 738

04-4 블록 저장과 배포용 문서로 저장하기 ·········· 746

04-5 인쇄에 관한 모든 것 ·········· 749

찾아보기 ·········· 754

여러분의 실습 준비부터 질문까지 세심하게 준비했습니다!

정오표와 특별 부록도
확인하세요~

하나. 공부하기 전에 실습 파일을 내려받으세요!

이지스퍼블리싱 홈페이지 [자료실]에서 실습 파일을 내려
받을 수 있습니다. 이지스퍼블리싱 홈페이지에 회원으로
가입하고 실습 예제 파일을 내려받고 시작하세요!

- 홈페이지 주소: easyspub.co.kr

책 속 QR코드를 스캔하면
동영상 강의로 연결됩니다!

둘. 저자 직강! 동영상 강의를 참고하세요!

이 책은 실습마다 동영상 강의를 첨부했습니다. 책만 봐도
충분하지만, 생생한 강의를 시청하면서 공부하고 싶다면
동영상을 참고하세요!

- 강의 모음: bit.ly/easys_epwh_pl

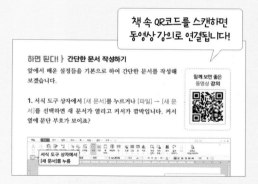

셋. 궁금한 내용은 '질문 있어요!'를 살펴보세요!

저자가 실무 현장이나 유튜브에서 가장 많이 받았던 질문
들을 본문 곳곳에 배치했습니다. 지금 여러분이 고민하는
내용도 대부분 있을 거예요!
그 밖에 질문이 있다면 '짤막한 강좌' 이메일로 직접 문의
해 주세요!

- 이메일: 5001298@gmail.com

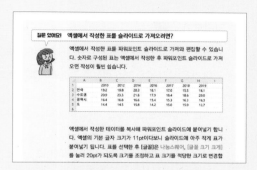

열심히 공부하는 당신을 위해 소개합니다!

공부하는 사람들이 모인 Do it! 스터디룸!

함께 성장하는 멋진 사람들이 모인 공간! 함께 공부하며 함께 성장해요!

책으로 공부하다 보면 질문할 곳이 마땅치 않아 고민한 적 많았죠? 질문도 해결하고 친구도 사귈 수 있는 'Do it! 스터디룸'을 소개합니다. 함께 공부하면서 일취월장하는 자신을 발견할 것입니다.

- 카페 주소: cafe.naver.com/doitstudyroom

회사 실무에 유용한 팁을 볼 수 있는 이지스퍼블리싱 IT 블로그!

여러분의 칼퇴를 위해 업무에 도움이 되는 팁을 모은 실무 IT 블로그를 소개합니다! 오피스 프로그램은 물론 구글 업무 활용법과 포토샵, 일러스트레이터와 같은 그래픽 프로그램 활용 팁까지 알려 드립니다!

- 블로그 주소: blog.naver.com/easyspub_it

일러두기

- 이 책에서 사용하는 용어는 엑셀, 파워포인트, 워드, 한글 프로그램에서 사용하는 용어를 기준으로 했습니다.

- 이 책은 OFFICE 365 버전을 기준으로 했지만 2007, 2010, 2013, 2016, 2019 등 대부분의 버전에서도 사용할 수 있습니다.

- 실습 파일과 완성 파일은 이지스퍼블리싱 홈페이지(www.easyspub.co.kr) 자료실에서 내려받을 수 있습니다.

- 실습 파일은 바이러스 및 기타 유해한 콘텐츠가 포함되어 있을 경우를 대비해 제한된 보기로 열리고 기능 일부를 사용하지 못할 수도 있습니다. 이때 [편집 사용] 버튼을 누르면 어려움 없이 실습할 수 있습니다.

첫째마당

일 잘하는 사람,
된다! 엑셀

회사에서 일하는
순서대로 배우는
실무 엑셀!
이제 시작해 볼까요?

01 • 엑셀 기본, 데이터 입력

02 • 데이터베이스 익히기

03 • 수식과 기본 함수 익히기

04 • 업무에 반드시 사용하는 함수

05 • 데이터를 집계하고 시각화하는 보고용 차트 만들기

01

엑셀 기본, 데이터 입력

엑셀, 도대체 어떻게 하는거지?

얼마 전 취업이 된 김신입 군. 신입 사원이 갖춰야 할 능력 중 '엑셀'이 있다는 것을 깨닫는다. 대학 다닐 때 한글, 워드, 파워포인트는 다뤄 보았어도 엑셀은 별로 다뤄 보질 못했는데….
"엑셀, 도대체 어떻게 하는 거지?"

01-1 20분 만에 엑셀 초보 탈출하기

01-2 간단한 계산표 작성하기

01-3 월별 내역을 그대로 복사! — 워크시트

01-4 여러 시트를 하나에 집계하기 — 통합

01-5 실전! 거래명세서 만들고 인쇄하기

01-1
20분 만에 엑셀 초보 탈출하기

• 실습 파일 없음(새 통합 문서) • 완성 파일 01-1_완성.xlsx

엑셀은 수많은 셀(cell)로 구성되어 있습니다. 셀은 엑셀의 최소 단위이며 이곳에 문자, 숫자, 수식 등을 입력합니다. 문자와 숫자, 날짜를 입력하는 규칙과 데이터를 빠르게 입력하는 팁을 배워보겠습니다.

데이터 입력

문자 입력과 셀 주소

엑셀을 실행한 후 왼쪽 첫 번째 [A1] 셀에 지점별 거래 내역을 입력한 후 Enter 를 누릅니다. 셀에 내용이 입력되었죠? 여기서 [A1]은 셀 주소입니다. 모든 셀은 이와 같은 주소를 가집니다.

함께 보면 좋은
동영상 강의

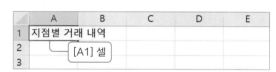

선택한 셀 위쪽의 A, B, C 순으로 표시된 문자를 **열 머리글**이라고 하고, 셀 왼쪽의 1, 2, 3 순으로 표시된 번호를 **행 머리글**이라고 합니다.

선택한 셀을 기준으로 열 머리글과 행 머리글을 합쳐 **셀 주소**가 됩니다. 다음 그림에서 선택된 셀은 [C3] 셀입니다.

01 • 엑셀 기본, 데이터 입력 **17**

긴 문자 입력과 너비 조정

이번에는 [B1] 셀에 거래일자라고 입력하겠습니다. 이때 [A1] 셀에 **지점별 거래 내역** 일부가 잘려서 표시되네요. [B1] 셀에 내용이 없을 때는 [A1] 셀의 글자가 정상적으로 표시되지만, 내용을 입력하고 났더니 잘려 보이죠? 내용보다 열 너비가 좁아서 잘려 보이는 겁니다.

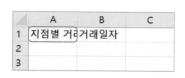

이 경우 열 너비를 늘리면 되는데, 여기에는 두 가지 방법이 있습니다. 먼저 열과 열 머리글 사이 경계선에 마우스 커서를 양방향 화살표 모양이 되도록 맞춥니다.

첫 번째, 양방향 화살표를 더블클릭하면 입력된 글자 수에 맞게 자동으로 열 너비가 늘어납니다.

두 번째, 양방향 화살표를 오른쪽으로 드래그하면 드래그한 만큼 열 너비가 늘어납니다. 왼쪽으로 드래그하면 열 너비는 다시 좁아집니다.

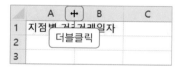

어떤가요? **지점별 거래 내역** 글자가 정상적으로 표시되죠?

하나의 셀에 두 줄 입력

셀에 내용을 입력하고 Enter 를 누르면 그 아래 셀로 이동되지만, 셀 안에서 줄을 변경하려면 Alt + Enter 를 눌러야 합니다. [C1] 셀에 **합계**를 입력하고 Alt + Enter 를 눌러 **공급가액+부가세**를 입력해 보세요.

그런데 입력된 내용 중 +부가세 부분이 줄이 바뀌어 입력되었네요. 앞서 배운 대로 열 너비를 늘리면 됩니다.

숫자 입력

[D1] 셀에 1234를 입력하고 (Enter)를 눌러 보세요. 문자와 다르게 오른쪽으로 정렬되죠? 셀에 문자를 입력하면 왼쪽으로 정렬되고, 숫자를 입력하면 오른쪽으로 정렬됩니다. 물론 정렬 도구를 이용해서 문자를 왼쪽/가운데/오른쪽으로 정렬(맞춤)할 수 있습니다.

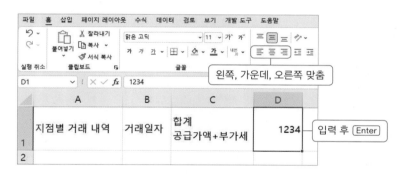

숫자는 양수(+), 음수(-), 소수점(.), 쉼표(,), 괄호(())와 같은 기호와 함께 입력할 수 있습니다. 하지만 천 단위를 구분하는 쉼표(,)는 직접 입력하는 것보다 숫자를 모두 입력한 후 일괄 적용하는 것이 편리합니다. 숫자를 입력한 범위를 선택한 후 마우스 오른쪽 버튼을 눌러 ⦆(쉼표 스타일)을 선택하면 됩니다.

입력한 내용을 지우려면 데이터가 입력된 범위를 선택한 후 (Delete)를 누르면 지워집니다.

데이터는 지워졌지만 열 너비는 그대로입니다. 이 경우 [A:D] 열을 삭제하면 됩니다. 열 머리글을 선택한 후 마우스 오른쪽 버튼을 눌러 [삭제]를 선택하면 [A:D] 열 전체가 삭제됩니다. 이때 아래쪽에 지우면 안 되는 내용이 있으면 열을 삭제하는 방법으로 지우면 안 됩니다.

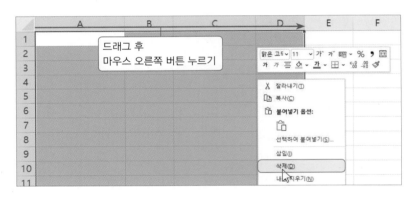

그리고 숫자 뒤에 붙는 개, 원 등의 단위 문자는 직접 입력하면 안 됩니다. 예를 들어 수량으로 100개를 입력하고 5000을 곱하면 #VALUE! 오류가 발생합니다. 엑셀은 100개를 숫자로 인식하지 않고 문자로 인식하기 때문입니다.

먼저 =을 입력하고 100개가 입력된 [A1] 셀을 선택하면 수식에 자동으로 셀 주소 A1이 입력됩니다. *(곱하기) 연산자와 5000을 입력하고 (Enter)를 누르면 수식이 완성되고 결과가 표시됩니다.

12자리 이상의 숫자 입력

12자리 이상의 숫자를 입력하면 지수로 표시됩니다. 지수가 아닌 12자리 숫자를 셀에 표시하려면 [표시 형식]을 숫자 범주로 변경하면 됩니다.

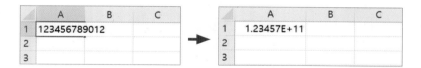

Ctrl + 1 을 눌러 [셀 서식] 대화상자에서 [표시 형식] 탭 → [숫자] 범주를 선택하면 지수로 표시되었던 숫자가 정상적으로 표시됩니다. [셀 서식] 대화상자를 여는 단축키 Ctrl + 1 은 앞으로 자주 사용되니까 꼭 기억해 두세요.

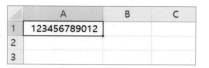

엑셀은 16자리 이상 숫자는 나타낼 수 없습니다. 16자리 이상 숫자를 입력하면 마찬가지로 지수로 표시됩니다. [표시 형식]을 숫자 범주로 변경한 후 확인해 보면 16자리부터 0으로 표시되는 것을 확인할 수 있습니다.

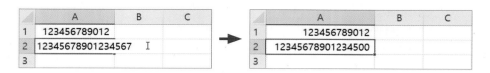

0으로 시작하는 숫자 입력

01234를 입력하면 앞자리 0은 사라지고 1234만 입력됩니다. 하지만 코드 번호나 학번처럼 0으로 시작하는 숫자를 입력하고 싶을 때가 있죠? '(작은따옴표)를 입력하고 01234를 입력해 보세요. 정확하게 01234를 입력할 수 있습니다. 셀에 '(작은따옴표)를 입력하면 입력한 값을 문자로 나타내기 때문입니다.

셀 왼쪽에 표시되는 삼각형은 숫자가 텍스트로 저장되었음을 알려주는 오류 표시입니다. 입력한 데이터가 오류가 아니라면 셀을 선택해 **노란색 삼각형**(⚠)을 누른 후 [오류 무시]를 선택하면 됩니다.

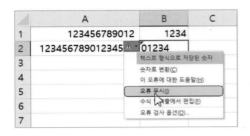

0으로 시작하는 값을 여러 개 입력해야 한다면 일일이 '(작은따옴표)를 입력하는 일이 번거롭겠죠? 미리 입력할 범위를 선택하고 Ctrl + 1 을 눌러 [셀 서식] 대화상자를 실행한 다음 [표시 형식]에서 **텍스트** 범주로 지정해 놓고 값을 입력하면 됩니다.

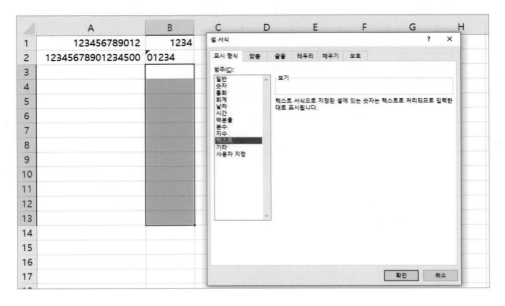

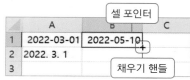

날짜 입력

오른쪽 예시와 같이 셀에 두 가지 형식으로 입력한 날짜가 있습니다. 우리는 모두 날짜로 인식하지만, 엑셀은 다릅니다. 단순하게 문서에 날짜를 입력하는 경우라면 어떤 형식으로 입력해도 되지만, 날짜 계산을 해야 한다면 문제가 생깁니다.

	A	B
1	2022-03-01	
2	2022. 3. 1	
3		

날짜를 계산식에 사용하려면 연월일 사이를 –(하이픈) 또는 /(슬래시)로 구분해서 입력해야 합니다. 간단한 실습으로 익혀보겠습니다.

[B1] 셀에 =을 입력하고 [A1] 셀을 선택하면 수식이 작성됩니다. 그리고 직접 키보드에서 +(더하기)를 입력한 후 70을 입력하고 Enter 를 누릅니다. 2022-03-01에서 70일이 지난 날짜는 2022-05-10이니 제대로 날짜 계산이 되었네요.

	A	B	C
1	2022-03-01	=A1+70	✛
2	2022. 3. 1		
3			

	A	B	C
1	2022-03-01	2022-05-10	
2	2022. 3. 1		
3			

[A2] 셀에 입력된 날짜도 결과를 구해보겠습니다. 이 경우 다시 수식을 작성할 필요가 없습니다. [B1] 셀에 작성한 수식과 같이 70을 더하는 수식이라면 수식을 복사하면 편리합니다.

[B1] 셀을 선택하면 셀 가장자리가 초록색 테두리로 표시됩니다. 이것을 **셀 포인터**라고 하고 셀 포인터 오른쪽 아래에 네모난 점을 **채우기 핸들**이라고 하는데, 여기에 마우스 커서를 얇은 십자 모양이 되도록 맞추고 아래쪽으로 드래그하면 수식을 복사할 수 있습니다.

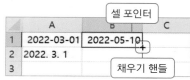

셀 포인터 / 채우기 핸들

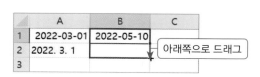

아래쪽으로 드래그

수식은 복사되었지만 오류가 발생합니다. 이처럼 엑셀은 –(하이픈) 또는 /(슬래시)로 구분해서 입력하지 않으면 날짜로 인식하지 않습니다.

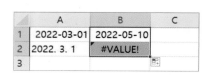

[A2] 셀에 입력된 날짜를 2022-3-1로 변경하면 정상적으로 결과가 구해집니다.

단축키로 오늘 날짜와 시간 입력

Ctrl + ; 을 누르면 현재 날짜가 입력됩니다. 자동으로 입력되는 날짜도 연월일 사이를 하이픈으로 구분하고 있는 것을 알 수 있습니다.

현재 시간을 입력하는 단축키는 Ctrl + Shift + ; 입니다.

질문 있어요! 계산 결과에 오류 없이 단위를 표시하는 방법은 없나요?

앞에서 셀에 숫자와 문자를 같이 입력하면 계산 결과에 오류가 발생한다고 배웠습니다. 그러나 사용자가 임의로 수량 또는 날짜에 단위를 붙여 쓰고 싶다면 표시 형식을 적용하면 됩니다.

함께 보면 좋은 동영상 강의

수량에 단위 표시하기

단가 5,000에 수량 100을 곱한 결과가 있습니다. 수량 100에 단위를 붙여 100개로 표시하면서 오류 없이 계산해 보겠습니다.

[A1] 셀을 선택한 후 Ctrl + 1 을 눌러 [셀 서식] 대화상자를 실행합니다. [표시 형식] 탭 → [사용자 지정] 범주를 선택한 후 [형식] 입력 창에 0"개"를 입력하고 [확인]을 누릅니다. 단위도 표시되고 오류 없이 결과가 구해집니다.

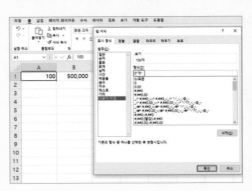

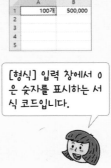

[형식] 입력 창에서 0 은 숫자를 표시하는 서식 코드입니다.

날짜에 단위 표시하기

2022-03-01에 70일을 더한 결과가 있습니다. 연월일 사이를 .(점)으로 구분하면서 오류 없이 결과를 구할 수 있습니다.

[A2] 셀을 선택한 후 Ctrl + 1을 눌러 [셀 서식]대화상자를 실행합니다. [사용자 지정] 범주를 선택한 후 [형식] 입력 창에 yyyy. mm. dd를 입력하고 [확인]을 누릅니다.

날짜는 [표시 형식] 탭 → [날짜/시간] 범주에서 다양한 형식으로 바꿀 수 있지만, [날짜/시간] 범주에서 제공하지 않는 형식을 사용해야 한다면 [사용자 지정] 범주에서 직접 작성하면 됩니다.

날짜를 표시하는 서식 코드의 다양한 예는 다음 표를 참고하세요.

서식 코드	설명	결과 (2022-3-1 기준)
yyyy / yy	연도 4자리 표시 / 연도 2자리 표시	2022 / 22
mm / m	월 2자리 표시 / 월 1자리 표시	03 / 3
dd / d	일 2자리 표시 / 일 1자리 표시	01 / 1
mmmm / mmm	월(영어) / 월(영어 약자)	March / Mar
aaaa / aaa	요일(한글) / 요일(한글 약자)	화요일 / 화
dddd / ddd	요일(영어) / 요일(영어 약자)	Tuesday / Tue

서식 코드	결과 (2022-3-1 기준)	서식 코드	결과 (2022-3-1 기준)
yyyy-mm-dd	2022-03-01	yyyy-mm-dd aaaa	2022-03-01 화요일
yyyy-m-d	2022-3-1	yyyy-m-d aaa	2022-3-1 화
yy-mm-dd	22-03-01	mmmm. d. yyyy	March. 1. 2022
yy-m-d	22-3-1	mmm. d. yyyy	Mar. 1. 2022

데이터를 빠르게 입력하는 방법

자동 채우기 — 연속 번호 매기기

1에서 10까지 순번을 매길 때 1을 입력하고 Enter 를 눌러 2를 입력하고 그다음 3, 4···, 이렇게 번호를 일일이 입력하는 것은 효율적이지 않습니다. 특히나 입력할 번호가 많다면 더욱 그렇겠죠? 이때 **자동 채우기**를 사용하면 순번을 빠르게 입력할 수 있습니다.

1을 입력한 후 채우기 핸들에 마우스 커서를 맞추고 아래로 드래그합니다. 채우기한 위치만큼 1이 복사되었죠? 하지만 1을 복사하려고 한 것이 아니라 연속 번호를 매기려고 한 것이었습니다. 1이 채워진 마지막 셀에 표시된 [자동 채우기 옵션]을 누릅니다.

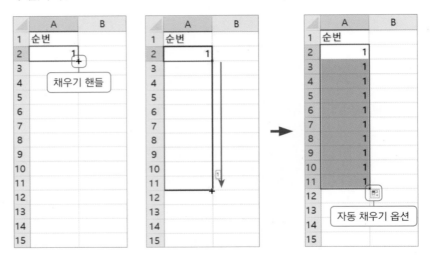

[연속 데이터 채우기]를 선택하면 1에서 10까지 순번이 매겨집니다. 아무리 많은 번호를 입력하더라도 '자동 채우기'를 사용하면 아주 쉽게 입력할 수 있습니다. 자동 채우기, 참 편리한 기능이죠?

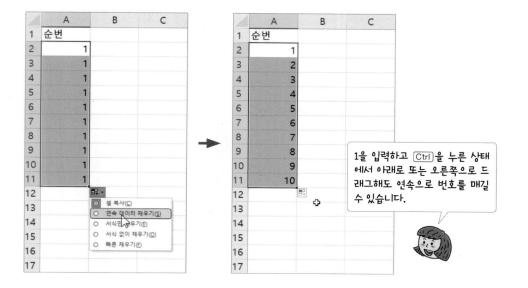

1을 입력하고 [Ctrl]을 누른 상태에서 아래로 또는 오른쪽으로 드래그해도 연속으로 번호를 매길 수 있습니다.

월 단위, 연 단위로 날짜 채우기

오늘 날짜를 입력하는 단축키 [Ctrl] + [;]을 눌러 날짜를 입력한 후 자동 채우기를 하면 연속으로 날짜가 채워집니다. [자동 채우기 옵션]을 눌러 확인해 보면 [연속 데이터 채우기]가 기본으로 설정되어 있네요. [월 단위 채우기]를 선택해 보겠습니다. 입력한 날짜가 2022-03-01, 2022-04-01… 순서로 채워집니다.

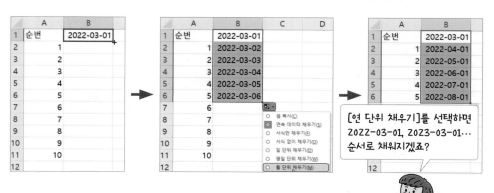

[연 단위 채우기]를 선택하면 2022-03-01, 2023-03-01… 순서로 채워지겠죠?

숫자와 날짜만 채울 수 있는 건 아닙니다. [C1] 셀에 월요일을 입력한 후 오른쪽으로 드래그하여 자동 채우기를 합니다. 드래그하면서 마우스 커서를 보면 해당 셀에 입력될 요일이 표시되죠? 일요일이 될 때까지 드래그합니다.

	A	B	C	D	E	F	G	H	I
1	순번	2022-03-01	월요일				드래그		
2		1	2022-04-01						일요일

한 번 더 해볼까요? 이번에는 [C2] 셀에 1월을 입력하고 12월까지 자동 채우기 되도록 아래쪽으로 드래그합니다. 1월에서 12월까지 자동 채우기가 되었죠? 그런데 어떻게 해서 요일과 월이 채워질까요?

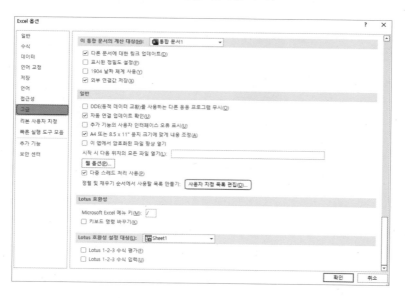

사용자 지정 목록

[파일] 탭 → [옵션]을 선택하여 [Excel 옵션] 대화상자가 실행되면 [고급] 탭 → [일반] → [사용자 지정 목록 편집]을 선택합니다.

[사용자 지정 목록] 대화상자가 실행되었죠? 사용자 지정 목록에 요일과 개월이 이미 등록되어 있어 가능했던 것입니다. 이와 같이 자주 사용하는 목록을 사용자 지정 목록에 등록해 두고 사용할 수 있습니다.

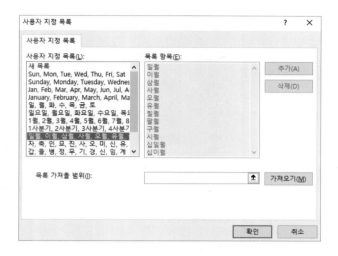

그럼 자주 사용하는 목록을 사용자 지정 목록에 추가하는 방법을 배워보겠습니다.

하면 된다! } 사용자 지정 목록 추가하기

1. ❶ [사용자 지정 목록]에서 [새 목록]을 선택합니다.
   ❷ [목록 항목] 입력 창에 서울 본사, 부산 지점, 경기 지점, 인천 지점, 대구 지점, 제주 지점을 입력합니다.
   ❸ 입력을 마쳤으면 [추가]를 누릅니다.
   ❹ [사용자 지정 목록]에 ❷에서 입력한 지점명이 추가되었는지 확인합니다.
   ❺ [확인]을 눌러 대화상자에서 빠져나옵니다.

함께 보면 좋은
동영상 강의

2. 추가한 목록이 제대로 자동 채우기가 되는지 확인해 보겠습니다.

❶ [D2] 셀에 서울 본사를 입력합니다.

❷ 제주 지점이 마지막 지점이었죠? 제주 지점이 표시되는 곳까지 아래쪽으로 드래그합니다. 서울 본사에서 제주 지점까지 자동으로 채워집니다.

자동 완성 기능

데이터를 빠르게 입력하는 방법 중에는 자동 채우기 외에도 **자동 완성** 기능이 있습니다. 현재 [D2:D7] 셀에 서울 본사에서 제주 지점까지 입력되어 있습니다. [D8] 셀에 서울 본사를 다시 입력하기 위해 서를 입력하니 서울 본사가 자동 완성됩니다. Enter 를 누르면 글자를 모두 입력하지 않더라도 빠르게 입력할 수 있습니다.

이번에는 [D9] 셀에 **경**을 입력했더니 **경기 지점**이 자동 완성됩니다. 하지만 경기 지점이 아닌 경남 지점을 입력하려고 한다면 자동 완성은 무시하고 **경남 지점**이라고 입력한 후 Enter 를 누릅니다. 자동 완성 기능도 아주 편리하죠?

	A	B	C	D	
1	순번	2022-03-01	월요일	화요일	수요
2	1	2022-04-01	1월	서울 본사	
3	2	2022-05-01	2월	부산 지점	
4	3	2022-06-01	3월	경기 지점	
5	4	2022-07-01	4월	인천 지점	
6	5	2022-08-01	5월	대구 지점	
7	6		6월	제주 지점	
8	7		7월	서울 본사	
9	8		8월	경기 지점	
10	9		9월		

	A	B	C	D	
1	순번	2022-03-01	월요일	화요일	수요
2	1	2022-04-01	1월	서울 본사	
3	2	2022-05-01	2월	부산 지점	
4	3	2022-06-01	3월	경기 지점	
5	4	2022-07-01	4월	인천 지점	
6	5	2022-08-01	5월	대구 지점	
7	6		6월	제주 지점	
8	7		7월	서울 본사	
9	8		8월	경남 지점	
10	9		9월		

다시 [D10] 셀에 **경**을 입력하면 자동 완성이 안 됩니다. 경기 지점과 경남 지점이 [D] 열에 이미 입력되어 있기 때문이죠. 이 경우는 두 번째 글자까지 입력하면 다음 글자가 자동 완성됩니다. 경기까지 입력해 볼까요? 경기 지점이 완성됩니다.

	A	B	C	D	
1	순번	2022-03-01	월요일	화요일	수요
2	1	2022-04-01	1월	서울 본사	
3	2	2022-05-01	2월	부산 지점	
4	3	2022-06-01	3월	경기 지점	
5	4	2022-07-01	4월	인천 지점	
6	5	2022-08-01	5월	대구 지점	
7	6		6월	제주 지점	
8	7		7월	서울 본사	
9	8		8월	경남 지점	
10	9		9월	경	
11	10		10월		
12			11월		

	A	B	C	D	
1	순번	2022-03-01	월요일	화요일	수요
2	1	2022-04-01	1월	서울 본사	
3	2	2022-05-01	2월	부산 지점	
4	3	2022-06-01	3월	경기 지점	
5	4	2022-07-01	4월	인천 지점	
6	5	2022-08-01	5월	대구 지점	
7	6		6월	제주 지점	
8	7		7월	서울 본사	
9	8		8월	경남 지점	
10	9		9월	경기 지점	
11	10		10월		
12			11월		

01-2
간단한 계산표 작성하기

• 실습 파일 없음(새 통합 문서) • 완성 파일 01-2_완성.xlsx

01-1에서 학습한 대로 데이터 형식에 맞게 입력하는 방법을 기억하면서 간단한 계산표를 작성해 보겠습니다. 데이터에 글자 모양, 크기를 변경하고 숫자에 천 단위마다 쉼표를 표시하면서 간단한 수식도 작성해 보겠습니다. 어렵지 않으니 직접 실습해 보세요!

하면 된다! } 데이터 입력하기

1. ❶ 양방향 화살표를 왼쪽으로 드래그해 [A] 열 너비를 조금 줄입니다.

❷ [B2] 셀에 지점별 매출 내역이라고 제목을 입력합니다.

함께 보면 좋은
동영상 강의

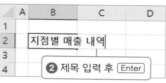

2. ❶ [B4] 셀에 지점명을 입력한 후 Tab 을 눌러 [C4] 셀로 이동합니다.

❷ [C4] 셀에 매출액, 비용, 순이익을 순서대로 입력한 후 Enter 를 누릅니다. 셀 포인터가 [B5] 셀로 바로 이동됩니다.

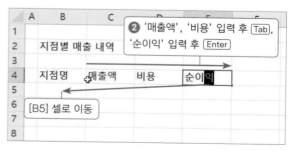

3. ❶ [B5] 셀에 서울 본사를 입력한 후 채우기 핸들에 마우스 커서를 맞추고 제주 지점이 표시되는 셀까지 드래그해 자동 채우기를 합니다. 앞에서 배운 사용자 지정 목록으로 추가했던 것 기억나시죠? 바로 이렇게 활용할 수 있습니다.

❷ [B11] 셀에 합계를 입력합니다.

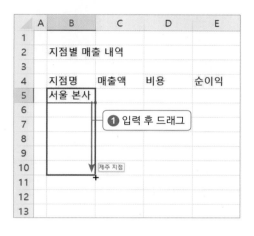

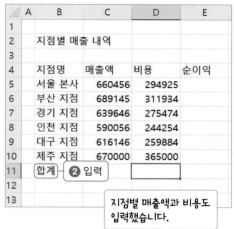

4. [E3] 셀에 (단위: 백만 원)을 입력하여 데이터 입력을 마무리합니다.

	A	B	C	D	E	F
1						
2		지점별 매출 내역				
3					(단위: 백만 원) 입력	
4		지점명	매출액	비용	순이익	
5		서울 본사	660456	294925		
6		부산 지점	689145	311934		
7		경기 지점	639646	275474		
8		인천 지점	590056	244254		
9		대구 지점	616146	259884		
10		제주 지점	670000	365000		
11		합계				
12						

하면 된다! } 순이익과 합계 구하는 수식 작성하기

순이익과 합계를 구하는 수식을 작성해 보겠습니다. 순이익은 매출액에서 비용을 빼면 됩니다.

함께 보면 좋은
동영상 강의

1. ❶ 서울 본사 순이익을 구할 [E5] 셀을 선택하고 =을 입력합니다.

❷ 서울 본사 매출액 [C5] 셀을 선택합니다. [C5] 셀 주소가 자동으로 입력됩니다.

	A	B	C	D	E
1					
2		지점별 매출 내역			
3					(단위: 백만 원)
4		지점명	매출액	비용	순이익
5		서울 본사	660456	294925	=
6		부산 지점	689145	311934	
7		경기 지점	639646	275474	❶ 입력
8		인천 지점	590056	244254	
9		대구 지점	616146	259884	
10		제주 지점	670000	365000	
11		합계			
12					

	A	B	C	D	E
1					
2		지점별 매출 내역			
3					(단위: 백만 원)
4		지점명	매출액	비용	순이익
5		서울 본사	660456	294925	=C5 ❷
6		부산 지점	689145	311934	
7		경기 지점	639646	275474	
8		인천 지점	590056	244254	
9		대구 지점	616146	259884	
10		제주 지점	670000	365000	
11		합계			
12					

셀에 =을 입력하면 수식 작성을
한다는 것을 의미합니다.

2. ❶ 위 단계에 이어서 -(빼기 연산자)를 입력한 후 서울 본사 비용인 [D5] 셀을 선택합니다.

❷ 결과를 확인한 후 [E5] 셀에 작성된 수식을 [E10] 셀까지 드래그해 자동 채우기합니다.

	A	B	C	D	E
1					
2		지점별 매출 내역			
3					(단위: 백만 원)
4		지점명	매출액	비용	
5		서울 본사	660456	294925	=C5-D5 ❶
6		부산 지점	689145	311934	
7		경기 지점	639646	275474	
8		인천 지점	590056	244254	
9		대구 지점	616146	259884	
10		제주 지점	670000	365000	
11		합계			
12					

	A	B	C	D	E
1					
2		지점별 매출 내역			
3					(단위: 백만 원)
4		지점명	매출액	비용	순이익
5		서울 본사	660456	294925	365531
6		부산 지점	689145	311934	377211
7		경기 지점	639646	275474	364172
8		인천 지점	590056	244254	345802
9		대구 지점	616146	259884	356262
10		제주 지점	670000	365000	305000
11		합계			
12					

❷ 드래그

3. ❶ 매출액, 비용, 순이익과 합계를 구할 [C5:E11] 셀을 선택합니다.

❷ [수식] 탭 → [함수 라이브러리] 그룹 → [자동 합계]를 선택합니다.

❸ 매출액, 비용, 순이익의 합계가 한 번에 구해졌습니다.

하면 된다! } 보기 좋게 꾸미기

1. ❶ [B2] 셀을 선택합니다.

❷ [홈] 탭 → [글꼴] 그룹 → [글꼴 크기]를 선택해 제목 글자 크기를 16으로 크게 설정합니다.

❸ [굵게]를 선택해 제목을 강조합니다.

함께 보면 좋은
동영상 강의

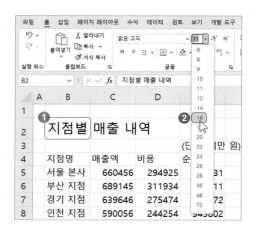

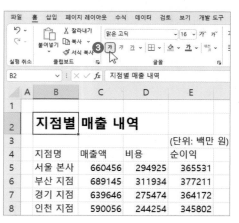

2. ❶ [B2:E2] 셀을 선택합니다.

❷ [홈] 탭 → [맞춤] 그룹 → [병합하고 가운데 맞춤]을 선택해 제목을 표 범위의 가운데로 맞춥니다.

3. ❶ [B4:E4] 셀을 선택한 후 ❷ Ctrl 을 누른 상태에서 [B5:B11] 셀을 다시 선택합니다.

❸ [홈] 탭 → [맞춤] 그룹 → [가운데 맞춤]을 선택합니다.

❹ [B4:E4], [B11:E11] 셀을 한 번에 선택합니다.

❺ [글꼴] 그룹 → [굵게]를 적용해 표의 첫 번째 행과 합계 행을 강조합니다.

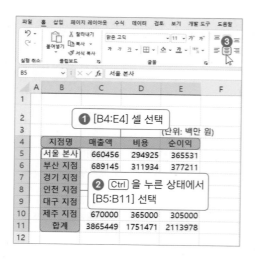

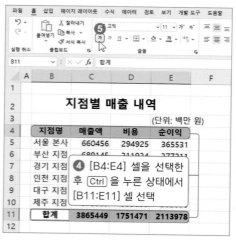

4. ❶ 숫자의 천 단위마다 구분 쉼표를 삽입하기 위해 [C5:E11] 셀을 선택합니다.

❷ 마우스 오른쪽 버튼을 눌러 ⌥(쉼표 스타일)을 적용합니다.

쉼표 스타일을 적용했을 때 셀이 ####로 채워지면 열 너비를 넓혀 주세요.

5. ❶ 테두리를 지정하기 위해 [B4:E11] 셀을 선택합니다.

❷ [홈] 탭 → [글꼴] 그룹 → [테두리 ⌄] → [모든 테두리]를 선택합니다.

❸ 다시 [테두리 ⌄] → [굵은 바깥쪽 테두리]를 선택합니다.

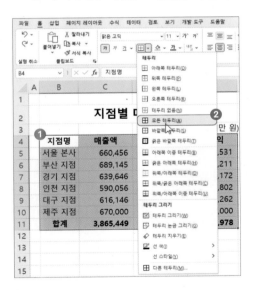

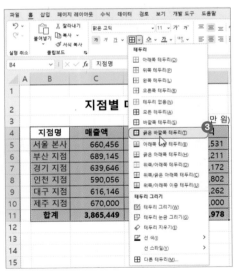

6. ❶ 첫 행과 합계 행, 매출 내역을 구분하기 위해 [B4:E4], [B10:E10] 셀을 한 번에 선택합니다.

❷ [테두리 ▾] → [아래쪽 이중 테두리]를 선택합니다.

❸ 다시 [B4:E4] 셀을 선택합니다.

❹ [채우기 색 ▾]을 녹색, 강조 6, 80% 더 밝게로 적용해 제목 행을 강조합니다.

테두리를 구분하고 첫 행에 채우기 색을 적용했더니 그럴싸한 표가 완성되었네요. 그럼 이번에는 전체적으로 열 너비와 행 높이를 조정해서 지점별 매출 내역 계산표를 완성해 보겠습니다.

하면 된다! } 열 너비와 행 높이 조절하기

기본으로 작성된 계산표의 열 너비와 행 높이가 좁아 답답한 감이 있네요. 너비와 높이를 보기 좋게 변경해 보겠습니다.

1. ❶ [B:E] 열 머리글을 드래그해 [B:E] 열을 모두 선택합니다.

❷ [E] 열과 [F] 열 경계선에 마우스 커서를 맞추고 (단위: 백만 원)이 [E] 열에 모두 포함되도록 오른쪽으로 드래그해 열 너비를 늘려줍니다.

함께 보면 좋은
동영상 강의

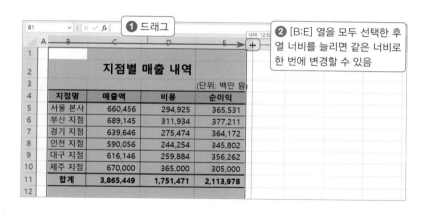

2. ❶ [4:11] 행 머리글을 드래그해 선택합니다.

❷ [11] 행과 [12] 행 머리글 경계선에 마우스 커서를 맞추고 아래로 약간 드래그해 행 높이를 늘려줍니다.

하면 된다! } 행, 열 추가하기

1. 이번에는 대구 지점 아래에 울산 지점 거래 내역을 추가해 보겠습니다.

❶ [10] 행 머리글을 선택한 후 ❷ 마우스 오른쪽 버튼을 눌러 [삽입]을 선택합니다. 선택한 행의 바로 위에 행이 추가됩니다.

함께 보면 좋은 동영상 강의

❸ 추가한 행에 울산 지점을 입력하고 매출액 580270, 비용 220480을 입력합니다. 입력하는 순간 순이익과 합계가 변경되기 때문에 다시 순이익과 합계 수식을 수정할 필요가 없습니다.

지점명	매출액	비용
서울 본사	660,456	294,925
부산 지점	689,145	311,934
경기 지점	639,646	275,474
인천 지점	590,056	244,254
대구 지점		259,884
제주 지점		365,000
합계		1,751,471

E10   =C10-D10

지점명	매출액	비용	순이익
서울 본사	660,456	294,925	365,531
부산 지점	689,145	311,934	377,211
경기 지점	639,646	275,474	364,172
인천 지점	590,056	244,254	345,802
대구 지점	616,146	259,884	356,262
울산 지점	580,270	220,480	❸ 입력
제주 지점	670,000	365,000	305,000
합계	4,445,719	1,971,951	2,473,768

행 머리글을 선택하고 Ctrl + + 를 누르면 선택한 행 바로 위에 행이 추가되고, 반대로 Ctrl + - 를 누르면 행이 삭제됩니다.

2. 비용과 순이익 사이에 열을 추가해 보겠습니다.

❶ [E] 열 머리글을 선택한 후 ❷ 마우스 오른쪽 버튼을 눌러 [삽입]을 선택합니다. 선택한 열의 왼쪽에 열이 추가됩니다. Ctrl + + 를 눌러도 열이 추가됩니다.

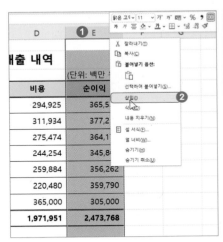

지점별 매출 내역

(단위: 백만 원)

매출액	비용		순이익
660,456	294,925		365,531
689,145	311,934		377,211
639,646	275,474		364,172
590,056	244,254		345,802
616,146	259,884		356,262
580,270	220,480		359,790
670,000	365,000		305,000
4,445,719	1,971,951		2,473,768

01-3
월별 내역을 그대로 복사! ─ 워크시트

• 실습 파일 01-3_실습.xlsx • 완성 파일 01-3_완성.xlsx

01-2에서 작성한 지점별 매출 내역을 매달 작성해야 한다면 워크시트를 활용해 보세요. 워크시트를 잘 활용하면 데이터를 효율적으로 관리할 수 있습니다.

하면 된다! } 시트 이름 바꾸기와 복사하기

함께 보면 좋은
동영상 강의

1. ❶ [Sheet1]을 더블클릭하면 이름을 수정할 수 있습니다.
   ❷ 1월을 입력하고 Enter 를 누르면 시트 이름이 변경됩니다.

11	제주 지점	670,000	365,000
12	**합계**	**4,445,719**	**1,971,951**
13			
14			
15			
16			
17			
18	❶ 더블클릭		
19			

Sheet1 ⊕
준비 🔲 ♿접근성: 계속 진행 가능

11	제주 지점	670,000	365,000
12	**합계**	**4,445,719**	**1,971,951**
13			
14			
15			
16			
17			

마우스 오른쪽 버튼을 눌러
[이름 바꾸기]를 선택해도
됩니다.

❷ '1월' 입력 후 Enter

1월 ⊕
준비 🔲 ♿접근성: 계속 진행 가능

2. ❶ [1월] 시트를 선택하고 Ctrl 을 누른 채 오른쪽으로 끌어놓으면 시트가 복사됩니다.
   ❷ 복사된 시트를 더블클릭하고 2월로 이름을 변경합니다.

11	제주 지점	670,000	365,000
12	**합계**	**4,445,719**	**1,971,951**
13			
14			
15			
16			
17			
	❶ Ctrl + 오른쪽으로 끌어놓기		

1월 ⊕
준비 🔲 ♿접근성: 계속 진행 가능

11	제주 지점	670,000	365,000
12	**합계**	**4,445,719**	**1,971,951**
13			
14			
15			
16			
17			
18	❷ '2월' 입력		
19			

1월 1월 (2) ⊕
준비 🔲 ♿접근성: 계속 진행 가능

3. ❶ [2월] 시트에서 [C5:D11] 셀을 선택한 후 Delete 를 눌러 매출액과 비용을 지웁니다.

❷ 지점별 2월 매출액과 비용을 입력하면 순이익과 합계를 다시 구하지 않아도 해당 범위에 수식이 작성되어 있어 결과가 자동으로 구해집니다.

	지점명	매출액	비용	순이익
5	서울 본사			-
6	부산 지점			-
7	경기 지점	❶ 셀 선택 후 Delete		-
8	인천 지점			-
9	대구 지점			-
10	울산 지점			-
11	제주 지점			-
12	합계	-	-	-

	지점명	매출액	비용	순이익
5	서울 본사	588,400	257,040	331,360
6	부산 지점	567,850	265,000	302,850
7	경기 지점	510,580	248,000	262,580
8	인천 지점			-
9	대구 지점	❷ 입력		-
10	울산 지점			-
11	제주 지점			-
12	합계	1,666,830	770,040	896,790

4. 3월도 같은 방법으로 작성하면 됩니다. 시트를 복사하는 방법은 앞서 소개했던 방법 외에도 메뉴를 사용해 복사할 수 있습니다.

❶ [2월] 시트를 선택한 상태에서 마우스 오른쪽 버튼을 눌러 [이동/복사]를 선택합니다.

❷ [이동/복사] 대화상자에서 (끝으로 이동)을 선택해 복사될 시트의 위치를 선택합니다.

❸ [복사본 만들기]에 체크 표시한 후 ❹ [확인]을 누릅니다.

5. 복사된 [3월] 시트에 매출액과 비용을 지우고 3월 매출 내역을 입력하면 순이익과 합계가 자동으로 구해집니다.

하면 된다! ⟩ 시트 추가하기와 삭제하기

1. ❶ 새 시트(⊕) 아이콘을 눌러 1월에서 3월까지 매출 내역을 집계하는 시트를 추가합니다.

❷ 추가된 시트를 더블클릭한 후 1사분기 합계라고 시트 이름을 입력합니다.

함께 보면 좋은 동영상 강의

2. 새 시트를 추가하는 또 다른 방법을 소개하겠습니다.

❶ 시트를 하나 선택한 상태에서 마우스 오른쪽 버튼을 눌러 [삽입]을 선택합니다.

❷ [워크시트]를 선택하고 ❸ [확인]을 누릅니다.

선택된 시트 왼쪽에 새 시트가 삽입됩니다. 새 시트(⊕) 아이콘이 없는 엑셀 버전을 사용하고 있다면 이렇게 마우스 오른쪽 버튼을 눌러 실행되는 메뉴를 사용해 시트를 삽입, 삭제, 이동/복사할 수 있습니다.

3. ❶ 필요 없는 시트를 삭제하려면 시트를 선택하고 마우스 오른쪽 버튼을 눌러 [삭제]를 선택합니다.

❷ 내용이 있는 시트를 삭제하면 삭제 메시지 창이 나타납니다. [삭제]를 누릅니다. 삭제된 시트는 복구할 수 없으므로 신중하게 판단해야 합니다.

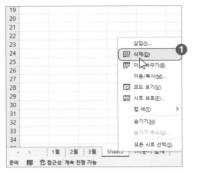

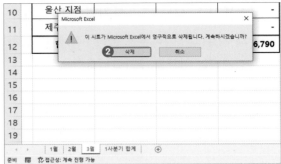

하면 된다! } 시트 색상을 이용해 강조하고 시트 이동하기

1. ❶ [1사분기 합계] 시트를 선택한 후 ❷ 마우스 오른쪽 버튼을 눌러 [탭 색]을 선택합니다.

❸ 녹색, 강조 6, 60% 더 밝게를 선택해 시트 탭 색상을 적용합니다.

시트를 선택하고 있으면 색상이 적용되었는지 확인할 수 없으므로 다른 시트를 선택한 후 색상을 확인합니다.

함께 보면 좋은
동영상 강의

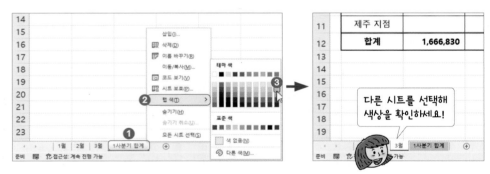

2. [1사분기 합계] 시트를 [1월] 시트 앞쪽에 배치하려면 앞쪽으로 드래그하면 됩니다.

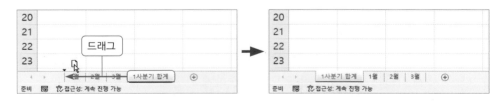

01-4
여러 시트를 하나에 집계하기 — 통합

• 실습 파일 01-4_실습.xlsx • 완성 파일 01-4_완성.xlsx

01-3에서 매달 지점별 매출 내역을 작성할 필요 없이 처음 작성한 [1월] 시트를 복사해 순이익과 합계 셀은 수식을 그대로 남겨두고 나머지 데이터는 해당 월 매출액으로 변경해 빠르고 쉽게 월별 매출액을 작성하는 방법을 배웠습니다. 이번에는 이렇게 월별로 정리한 매출 내역을 분기별로 집계하는 방법을 배워보겠습니다.

집계를 하려면 먼저 수식을 작성해야 한다고 생각할 수 있지만, 여러 시트의 데이터를 수식을 작성해 통합하는 것은 간단한 방법이 아닙니다. 특히 시트마다 지점명이 다르거나 지점명의 순서가 다른 경우 더욱 그렇겠죠? 이 경우 **통합** 기능을 사용하면 됩니다. 통합은 방금 설명한 문제점을 한 번에 해결하고 간단한 방법으로 여러 시트의 데이터를 집계할 수 있습니다.

하면 된다! } 월별 시트 통합하기

1. ❶ [1사분기 합계] 시트에서 결과를 구할 시작 셀인 [B4] 셀을 선택합니다.

❷ [데이터] 탭 → [데이터 도구] 그룹 → [통합]을 선택해 [통합] 대화상자를 실행합니다.

함께 보면 좋은
동영상 강의

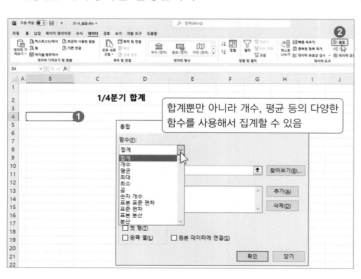

2. [통합] 대화상자에서 [함수]에 합계가 선택된 상태에서 ❶ [참조] 입력 창에 커서를 두고 ❷ [1월] 시트를 선택해 ❸ 지점별 매출 내역 범위를 모두 선택한 후 ❹ [추가]를 누릅니다. 모든 참조 영역에 범위가 추가되었습니다.

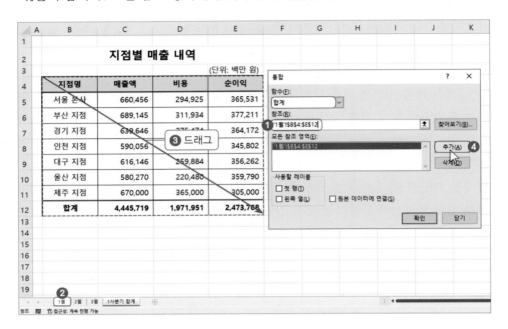

3. 같은 방법으로 [2월]과 [3월] 시트의 지점별 매출 내역 범위도 선택해 추가합니다.

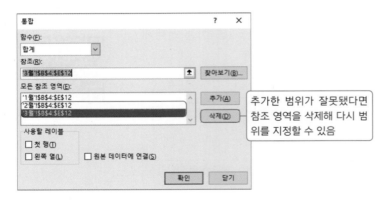

추가한 범위가 잘못됐다면 참조 영역을 삭제해 다시 범위를 지정할 수 있음

4. ❶ 첫 행과 왼쪽 열에 체크 표시를 합니다. 첫 행과 왼쪽 열에 체크 표시하면 시트마다 지점명 순서가 달라도 각 항목에 해당하는 합계를 구할 수 있습니다. 새로 추가된 항목의 경우에도 [1사분기 합계] 시트에 표시됩니다.

❷ [확인]을 누릅니다.

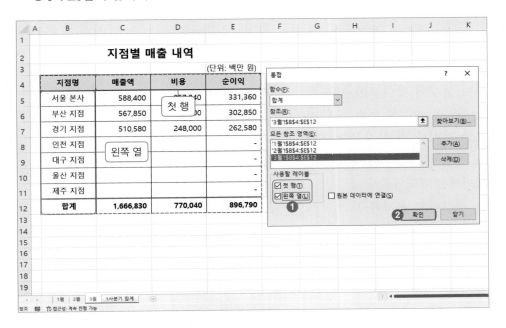

5. 1사분기 합계가 구해졌습니다.

❶ 범위가 선택된 상태에서 마우스 오른쪽 버튼을 눌러 ❷ [테두리 ▾] → [모든 테두리]를 선택해 테두리를 적용합니다.

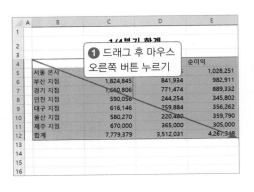

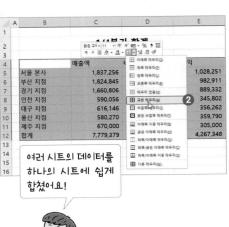

여러 시트의 데이터를 하나의 시트에 쉽게 합쳤어요!

01-5
실전! 거래명세서 만들고 인쇄하기

• 실습 파일 없음(새 통합 문서) • 완성 파일 01-5_완성.xlsx

거래명세서나 견적서 등과 같이 업무에 많이 사용하는 양식을 작성해 두면 필요할 때마다 바로 사용할 수 있어 매우 편리합니다. 이번에는 거래명세서 양식을 작성하고 용지에 보기 좋게 인쇄하는 방법을 배워보겠습니다.

거래 일자		거래명세서					
공급받는자	상호			동록번호			
	사업장 주소		공급자	상호 (법인명)		성명	
	연락처			사업장 주소			
	합계 금액 (VAT 포함)			연락처		팩스번호	
번호	품목	규격	단가	수량	공급가액	세액	
	합 계						

하면 된다! ⟩ 제목과 기본 정보 작성하기

1. ❶ 먼저 [A] 열 너비를 조금 줄인 후 각 셀에 내용을 입력합니다. '사업장 주소'와 같이 하나의 셀에 두 줄을 입력할 경우, ❷ 우선 사업장을 입력하고 Alt + Enter 를 누른 후 ❸ 두 번째 줄에 주소를 입력하고 Enter 를 누릅니다.

함께 보면 좋은 동영상 강의

2. 같은 방법으로 나머지도 다음과 같이 각 셀에 모두 입력합니다.

3. ❶ [D2:J3] 셀을 선택합니다.

❷ [홈] 탭 → [맞춤] 그룹 → [병합하고 가운데 맞춤]을 선택해 제목을 셀 범위에서 가운데 맞춤 합니다.

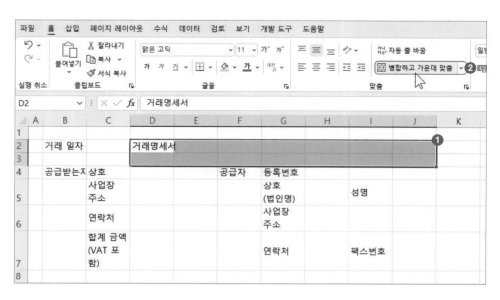

4. ❶ [B2:C3] 셀을 선택합니다.

❷ [병합하고 가운데 맞춤 ⚬] → [전체 병합]을 선택해 [B2:C2] 셀과 [B3:C3] 셀을 각각 병합합니다.

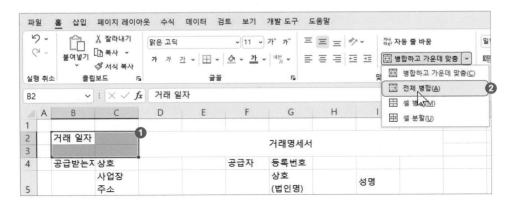

5. ❶ 다시 [B2:C3] 셀을 선택합니다.

❷ [홈] 탭 → [맞춤] 그룹 → [가운데 맞춤]을 선택합니다.

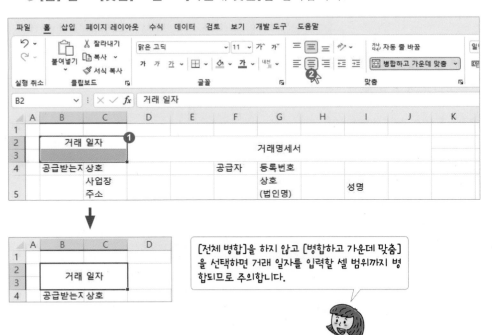

[전체 병합]을 하지 않고 [병합하고 가운데 맞춤]을 선택하면 거래 일자를 입력할 셀 범위까지 병합되므로 주의합니다.

6. ❶ [B4:B7] 셀을 선택하고 [맞춤] 그룹 → [병합하고 가운데 맞춤]을 적용합니다.
❷ [방향 ▾] → [세로 쓰기]를 선택합니다.
❸ [B] 열과 [C] 열 머리글 사이에 마우스 커서를 양방향 화살표 모양이 되도록
맞추고 왼쪽으로 드래그해 열 너비를 좁게 합니다.

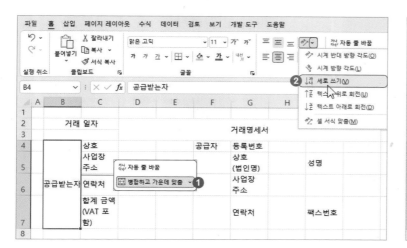

7. '공급받는자'와 같이 '공급자' 범위도
같은 모양으로 설정하려고 할 때 쉽게
처리하는 방법이 있습니다.
❶ 병합된 [B4] 셀을 선택합니다.
❷ 마우스 오른쪽 버튼을 눌러 [복사]
를 선택합니다.

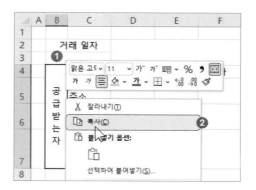

8. ❶ [F4] 셀을 선택합니다.
❷ [선택하여 붙여넣기] 단축키 `Ctrl` + `Alt` + `V` 를 눌러 붙여넣기 옵션 중 서
식을 선택한 후 ❸ [확인]을 누릅니다.
한 번에 셀이 병합되고 가운데 맞춤, 세로 쓰기가 됩니다. 참 편리하죠?

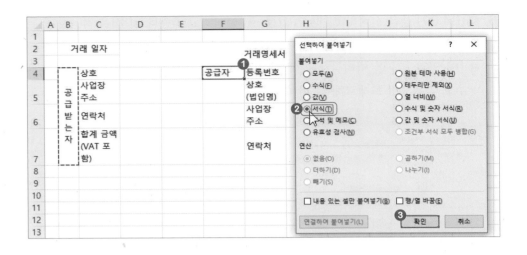

9. 이번에는 열 너비도 같게 적용해 보겠습니다.

❶ [F4] 셀이 선택된 상태에서 다시 Ctrl + Alt + V 를 눌러 붙여넣기 옵션 중 열 너비를 선택한 후 ❷ [확인]을 누릅니다.

'공급자'가 '공급받는자'와 같은 너비로 변경됩니다.

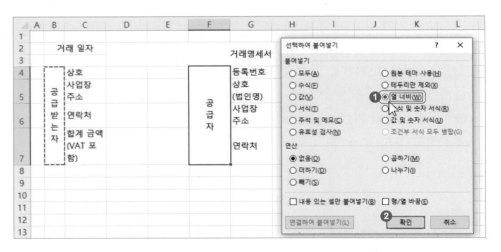

10. 상호, 사업장 주소 등을 입력할 셀 범위를 병합하겠습니다.

❶ [D4:E7] 셀을 선택한 후 ❷ Ctrl 을 누른 상태에서 [H4:J4] 셀을 선택하고 ❸ 계속 Ctrl 을 누른 상태에서 [H6:J6] 셀을 선택합니다.

❹ 모두 선택되었다면 [병합하고 가운데 맞춤▾] → [전체 병합]을 선택합니다.

선택된 범위의 행 단위로 셀이 병합됩니다.

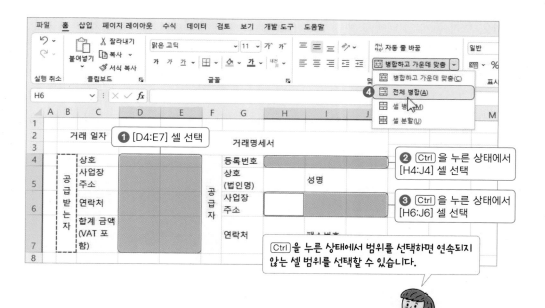

11. ❶ [C4:E7] 셀을 선택한 후 ❷ Ctrl 을 누른 상태에서 [G4:J7] 셀을 선택합니다.
❸ [맞춤] 그룹 → [가운데 맞춤]을 선택해 각 셀의 데이터를 모두 가운데 맞춤
합니다.

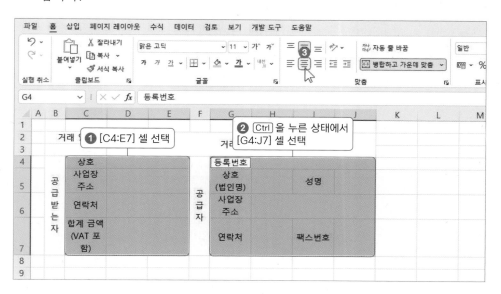

12. 보기 좋게 열 너비도 변경하겠습니다.

❶ [C:E] 열을 선택하고 ❷ Ctrl 을 누른 상태에서 [G:J] 열을 선택합니다.

❸ [C] 열과 [D] 열 머리글 사이 경계선에 마우스 커서를 맞추고 오른쪽으로 드래그합니다. 셀 너비가 좁아 세 줄로 표시된 '합계 금액(VAT 포함)'이 있는 셀의 너비를 두 줄로 표시되도록 늘리고 나머지 모든 열 너비를 같은 크기로 맞추었습니다.

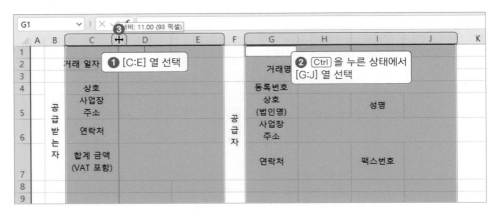

13. 행 높이도 일정하지 않아 보기 좋게 맞추겠습니다. 두 줄이 입력된 '합계 금액(VAT 포함)' 셀의 높이에 맞게 나머지 행 높이를 변경해 보겠습니다.

❶ [4:7] 행 머리글을 드래그해서 선택합니다.

❷ [7] 행과 [8] 행 머리글 사이 경계선에 마우스 커서를 맞추고 위쪽으로 드래그합니다. 나머지 행의 높이가 합계 금액(VAT 포함) 셀의 높이와 같아집니다.

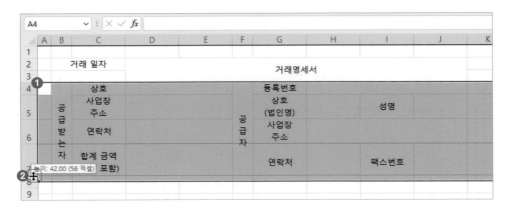

14. 병합된 [D2] 셀을 선택하고 [글꼴] 그룹 → [글꼴 크기 ⏷] → 24를 선택합니다.
'거래명세서' 글자가 크게 변경되었습니다.

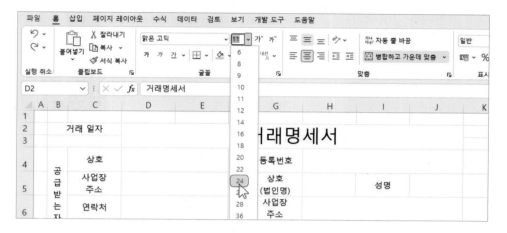

15. [2:3] 행 머리글을 선택하고 행 높이를 조금 크게 늘려줍니다.

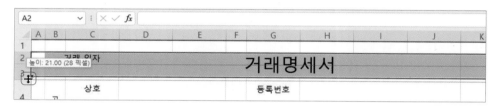

16. ❶ [B2:J7] 셀을 선택합니다.

　　❷ [글꼴] 그룹 → [테두리 ⏷] → [모든 테두리]를 선택해 테두리를 적용합니다.

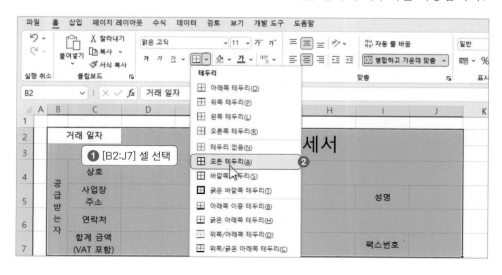

하면 된다! } 계산표 작성하기

1. 다음과 같이 각 셀에 계산표 내용을 입력합니다. 품목과 규격은 입력할 글자 수가 많을 것을 예상해 2개 셀을 병합해 사용할 예정입니다.

함께 보면 좋은
동영상 강의

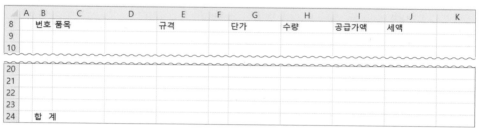

2. 품목과 규격, 합계 범위를 한 번에 선택해서 병합해 보겠습니다.

❶ [C8:D23] 셀을 선택한 후 ❷ Ctrl 을 누른 상태에서 [E8:F23] 셀을 선택하고

❸ 계속 Ctrl 을 누른 상태에서 [B24:G24] 셀도 선택합니다.

❹ [병합하고 가운데 맞춤 ▼] → [전체 병합]을 선택합니다.

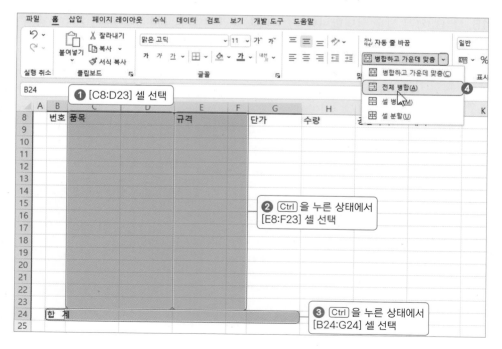

3. ❶ [B8:J24] 셀을 선택한 후 ❷ [글꼴] 그룹 → [모든 테두리]를 선택해 계산표 범위에 테두리를 적용합니다.

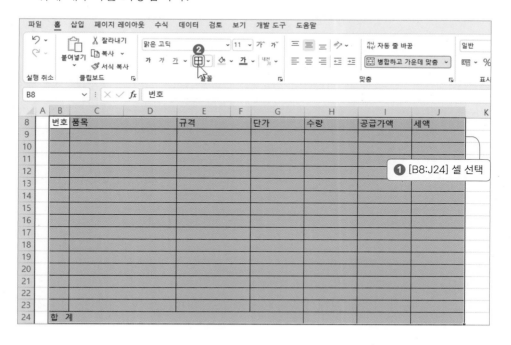

4. ❶ [B8:J8] 셀을 선택한 후 ❷ Ctrl 을 누른 상태에서 [B24] 셀을 선택합니다.
❸ [맞춤] 그룹 → [가운데 맞춤]을 선택합니다.
❹ [글꼴] 그룹 → [채우기 색 ▾] → 녹색, 강조 6, 80% 더 밝게를 선택해 계산표를 강조합니다.

5. 계산표 범위의 행 높이도 기본 정보 범위의 행 높이와 같게 변경해 보겠습니다.
❶ [3] 행 머리글을 선택하고 ❷ 마우스 오른쪽 버튼을 눌러 [행 높이]를 선택합니다.
❸ [행 높이] 대화상자에서 행 높이를 확인합니다.

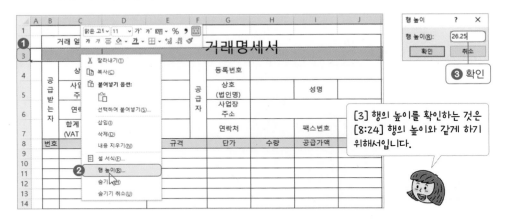

[3] 행의 높이를 확인하는 것은 [8:24] 행의 높이와 같게 하기 위해서입니다.

6. ❶ [8:24] 행 머리글을 선택하고 ❷ 마우스 오른쪽 버튼을 눌러 [행 높이]를 선택합니다.
[행 높이] 대화상자에서 ❸ 행 높이를 [3] 행 높이와 같은 26.25로 입력한 후 ❹ [확인]을 누릅니다.

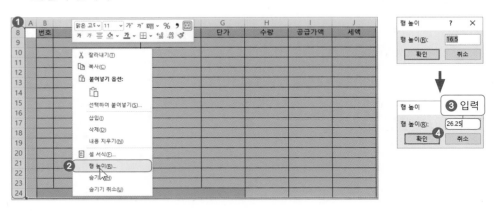

이번에는 거래명세서에 미리 공급가액과 세액을 구하는 수식을 작성해 두고 실제 거래가 발생했을 때 품목, 규격, 단가, 수량이 입력되면 자동으로 거래명세서가 완성되도록 해보겠습니다.

7. 먼저 공급가액을 구해보겠습니다. 공급가액은 **단가×수량/110%**로 구할 수 있습니다. 110%로 나누는 이유는 거래명세서에 세액을 나타내고 있어 공급가액에는 세액을 제외하기 때문입니다. 그럼 수식을 작성해 보겠습니다.

결과를 구할 [I9] 셀을 선택해 =을 입력한 후 [G9]를 선택하고 *(곱하기) 연산자를 입력합니다. 그런 다음 [H9] 셀을 선택한 후 /(나누기)를 입력하고 110%를 입력한 후 Enter를 누르면 공급가액이 구해집니다. 여기에서는 단가와 수량이 입력되지 않아 결과가 0이 나옵니다.

A	B	C	D	E	F	G	H	I	J	K
1										
2	거래 일자					거래명세서				
3										
4	공급받는자	상호			공급자	등록번호				
5		사업장 주소				상호 (법인명)		성명		
6		연락처				사업장 주소				
7		합계 금액 (VAT 포함)				연락처		팩스번호		
8	번호	품목		규격		단가	수량	공급가액	세액	
9								=G9*H9/110%		
10										

8. 이번에는 세액을 구해보겠습니다. 세액은 공급가액에 10%를 곱하면 됩니다. [J9] 셀을 선택한 후 =을 입력하고 [I9] 셀을 선택합니다. 그런 다음 *(곱하기)를 입력하고 10%를 입력한 후 Enter를 누릅니다. 마찬가지로 결과는 0이 나옵니다.

A	B	C	D	E	F	G	H	I	J	K
1										
2	거래 일자					거래명세서				
3										
4	공급받는자	상호			공급자	등록번호				
5		사업장 주소				상호 (법인명)		성명		
6		연락처				사업장 주소				
7		합계 금액 (VAT 포함)				연락처		팩스번호		
8	번호	품목		규격		단가	수량	공급가액	세액	
9									0	=I9*10%
10										

9. 천 단위마다 쉼표로 구분해 보겠습니다.

❶ [G9:J23] 셀을 선택한 후 ❷ 마우스 오른쪽 버튼을 눌러 🤍(쉼표 스타일)을 선택합니다. 단가, 수량, 공급가액, 세액에 천 단위마다 쉼표가 적용됩니다.

	A	B	C	D	E	F	G	H	I	J	K
8		번호		품목		규격		단가	수량	공급가액	세액	
9				❶ [G9:J23] 셀 선택						0	0	
10												
11												
12												
13												

10. [I9:J9] 셀에 작성한 공급가액과 세액을 구하는 수식을 [I23:J23] 셀까지 드래그해 복사합니다.

	A	B	C	D	E	F	G	H	I	J	K
8		번호		품목		규격	단가	수량	공급가액	세액	
9										-	-	
10										드래그		
11												
12												
22												
23												
24				합 계								

11. 이제 단가와 수량을 입력하면 자동으로 공급가액과 세액이 구해집니다. 하지만 단가와 수량이 입력되지 않은 공급가액과 세액 셀에는 -(하이픈)이 표시됩니다. 쉼표 스타일을 적용하면 0이 회계 표시 형식으로 적용되는데, 이 경우 0은 -(하이픈)으로 표시됩니다.

	A	B	C	D	E	F	G	H	I	J	K
8		번호		품목		규격		단가	수량	공급가액	세액	
9								1,190,000	10	10,818,182	1,081,818	
10								580,000	20	10,545,455	1,054,545	
11										-	-	
12												

단가와 수량이 입력되지 않는 공급가액과 세액 수식의 결과에 -(하이픈)을 표시하지 않고 빈 여백으로 보이도록 설정하려면 표시 형식을 변경해 주면 됩니다.

12. ❶ [I9:J23] 셀을 선택하고 Ctrl + 1 을 눌러 [셀 서식] 대화상자를 실행합니다.
❷ [표시 형식] 탭 → [사용자 지정] 범주를 선택합니다.
❸ [형식] 중에서 #,##0을 선택합니다.
❹ [형식] 입력 창에 입력된 #,##0을 #,###_-으로 변경한 후 ❺ [확인]을 누릅니다.

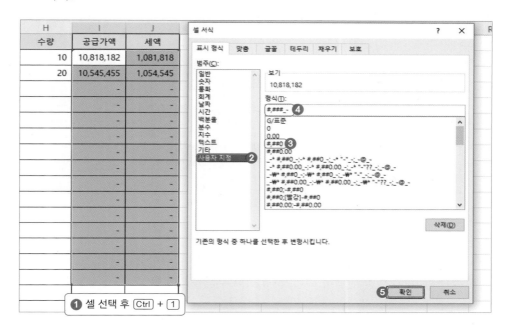

❶ 셀 선택 후 Ctrl + 1

질문 있어요! #,##0_-은 무슨 뜻인가요?

#,##0은 숫자에 천 단위마다 쉼표를 적용하는 표시 형식입니다. 0과 #은 모두 숫자를 표시하는 형식인데, 숫자 0을 표시할 때 이 두 형식에 차이가 있습니다. 0은 숫자 0을 0으로 나타내고, #은 0을 공백으로 표시합니다. _(언더 바)와 -(하이픈)은 숫자 오른쪽에 한 칸 공백을 표시해 오른쪽 여백을 설정할 때 사용합니다.

13. 수량, 공급가액, 세액 합계를 한 번에 구할 땐 자동 합계를 사용하면 편리합니다.

    ❶ 합계를 구할 범위를 포함해서 [H9:J24] 셀을 선택합니다.

    ❷ [수식] 탭 → [함수 라이브러리] 그룹 → [자동 합계]를 선택합니다.

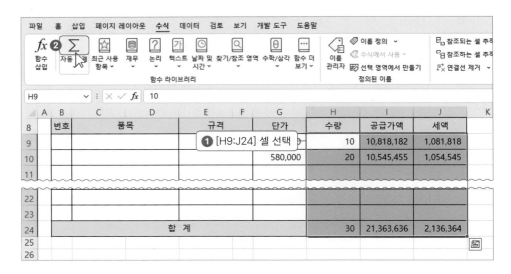

14. 이번에는 합계 금액(VAT 포함)을 구하는 수식을 작성하겠습니다.

결과를 구할 [D7] 셀을 선택하고 =I24+J24로 수식을 작성한 후 Enter 를 누릅니다.

	A	B	C	D	E	F	G	H	I	J	K
7			합계 금액 (VAT 포함)	=I24+J24			연락처		팩스번호		
8		번호	품목		규격		단가	수량	공급가액	세액	
9							1,190,000	10	10,818,182	1,081,818	
10							580,000	20	10,545,455	1,054,545	
11											
22											
23											
24			합 계					30	21,363,636	2,136,364	
25											

15. 마지막으로 결과에 통화 기호와 함께 표시 형식을 적용하겠습니다.

❶ [D7] 셀을 선택합니다.

❷ [표시 형식] 그룹 → [표시 형식 ⬇] → [통화]를 선택합니다.

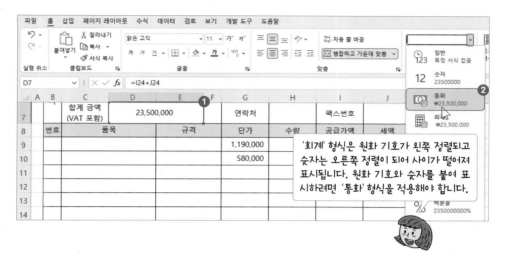

'회계' 형식은 원화 기호가 왼쪽 정렬되고 숫자는 오른쪽 정렬이 되어 사이가 떨어져 표시됩니다. 원화 기호와 숫자를 붙여 표시하려면 '통화' 형식을 적용해야 합니다.

하면 된다! } 인쇄 설정하기

앞에서 작성한 거래명세서를 인쇄하기 위해 인쇄 설정을 해 보겠습니다. 무작정 인쇄 명령을 했다가는 거래명세서 양식이 용지 한쪽에 치우쳐 인쇄되거나 일부 내용이 잘린 채 인쇄되어 용지를 낭비할 수도 있습니다.

함께 보면 좋은 동영상 강의

1. ❶ [B2:J24] 셀을 선택합니다.

❷ [페이지 레이아웃] 탭 → [페이지 설정] 그룹 → [인쇄 영역] → [인쇄 영역 설정]을 선택합니다. 전체 워크시트 영역에서 인쇄 영역으로 지정된 범위의 내용만 용지에 인쇄됩니다.

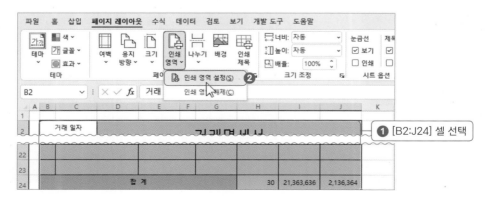

2. [파일] → [인쇄] 또는 Ctrl + P를 누릅니다. 왼쪽 [설정] 영역에서 인쇄 설정을 변경하고, 오른쪽 미리 보기 영역에서 실제 용지에 인쇄한 모양을 볼 수 있습니다. 현재 문서는 오른쪽 일부 내용이 인쇄되지 않았네요. 용지 한 장에 보기 좋게 인쇄되도록 설정해 보겠습니다.

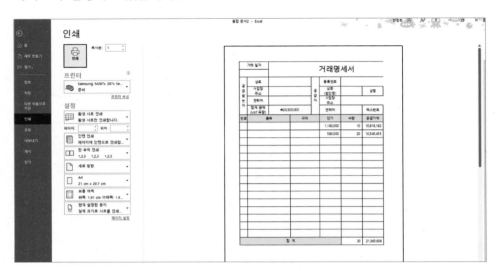

3. 인쇄할 내용 일부가 잘려 인쇄된다면 먼저 편집 화면에서 열 너비를 줄여 맞춰줍니다. 하지만 열 너비를 더는 변경할 수 없는 경우에는 용지 여백을 줄여줍니다. [설정] 영역에서 ❶ [보통 여백]을 선택한 후 ❷ [좁게]를 선택합니다. 그러나 오른쪽 미리 보기에서처럼 여백을 좁게 했는데도 용지 한 폭에 인쇄되지 않습니다.

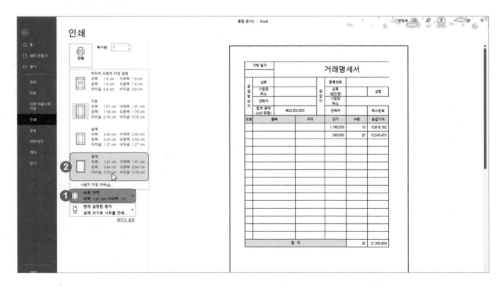

4. 마지막으로 할 수 있는 방법으로 [현재 설정된 용지] → [한 페이지에 모든 열 맞추기] 또는 [한 페이지에 시트 맞추기]를 선택합니다. 배율을 축소해 용지 한 장에 인쇄됩니다.

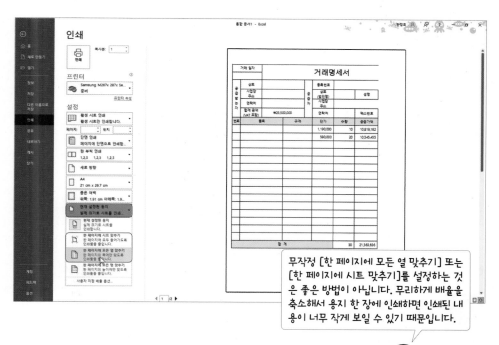

무작정 [한 페이지에 모든 열 맞추기] 또는 [한 페이지에 시트 맞추기]를 설정하는 것은 좋은 방법이 아닙니다. 무리하게 배율을 축소해서 용지 한 장에 인쇄하면 인쇄된 내용이 너무 작게 보일 수 있기 때문입니다.

5. 이대로 인쇄하면 거래명세서가 위쪽으로 치우치네요. 용지 한가운데에 인쇄되도록 설정하겠습니다.

❶ [설정] 영역에서 [페이지 설정]을 눌러 대화상자를 실행합니다.

❷ [여백] 탭을 선택한 후 ❸ [페이지 가운데 맞춤] 영역에 있는 가로와 세로에 체크 표시하고 ❹ [확인]을 누릅니다.

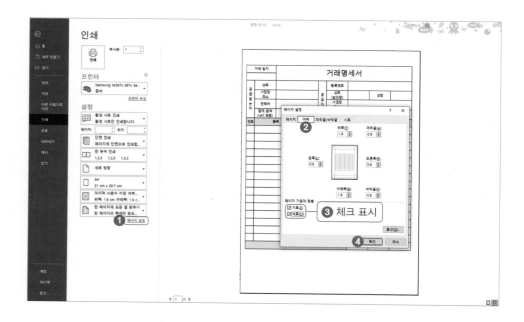

6. 설정이 모두 완료되고 미리 보기에 보기 좋게 나타나면 [인쇄]를 눌러 인쇄합니다.

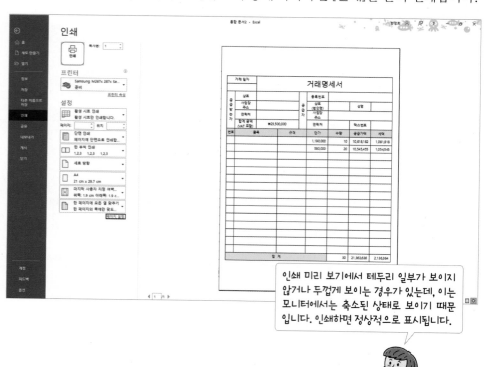

인쇄 미리 보기에서 테두리 일부가 보이지 않거나 두껍게 보이는 경우가 있는데, 이는 모니터에서는 축소된 상태로 보이기 때문입니다. 인쇄하면 정상적으로 표시됩니다.

데이터베이스 익히기

아! 데이터베이스 정리는 저렇게 하는 거구나!

여기는 이렇게…

어느덧 입사한 지 1년이 지난 이지수 사원. 웬만한 엑셀 작업은 다 해봤지만 아직도 수천, 수만 행에 이르는 데이터베이스 관련 엑셀 파일을 보면 식은땀부터 흐른다.
"데이터베이스 정리… 잘할 수 있을까?"
이때 나타난 '짤막한 강좌!' 이 강의만 들으면 데이터베이스 정리 다 할 수 있다는데….

02-1 데이터베이스 작성 규칙과 표 서식을 활용한 작성법

02-2 목록에서 데이터를 선택하는 데이터 유효성 검사

02-3 셀 범위를 선택하고 이동하는 단축키

02-4 위/아래 데이터와 두 시트를 한 화면에서 비교하는 방법

02-5 데이터 정렬 기능 제대로 배우기

02-6 마우스 한두 번 클릭으로 특정 데이터만 뽑아보는 필터

02-7 많은 양의 데이터를 분석하고 집계하는 피벗 테이블

02-1
데이터베이스 작성 규칙과 표 서식을 활용한 작성법

• 실습 파일 02-1_실습.xlsx • 완성 파일 02-1_완성.xlsx

01-5에서 수량과 단가를 입력하면 공급가액과 세액이 자동으로 계산되는 거래명세서를 작성해 보았는데요. 이렇게 모인 일자별 거래 내역은 데이터베이스로 작성하고 보관해야 합니다. 잘 정리된 데이터베이스는 품목별로 거래 내역을 집계하거나 월별/분기별 거래 내역을 파악한 후 새로운 목표를 세우고 계획하는 보고서를 작성하는 데 아주 중요한 자료가 됩니다.

이번 장에서는 이렇게 정리된 데이터베이스를 잘 다루고 관리하는 방법을 배워보겠습니다.

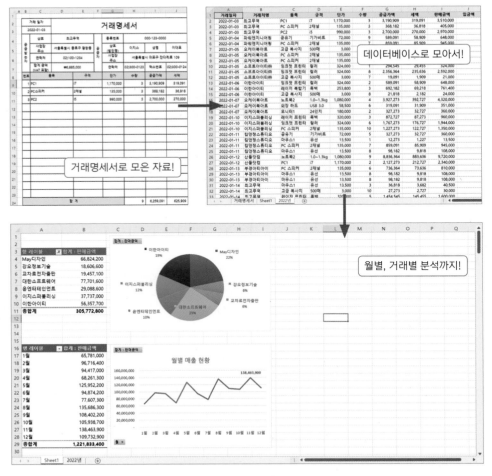

거래명세서로 모은 자료!

데이터베이스로 모아서!

월별, 거래별 분석까지!

데이터베이스 작성 규칙

1. 첫 번째 행에는 각 필드의 이름을 입력하고 두 번째 행부터 실제 데이터를 입력해야 합니다. 하나의 행에 입력된 데이터를 **레코드**라고 합니다. 예를 들어 거래 내역을 저장하고 있는 데이터베이스라면 거래일자, 거래처명, 품명, 수량 등이 입력되는데, 이 하나의 거래 내역이 레코드가 됩니다.

2. 중간에 빈 행 또는 빈 열이 있으면 안 됩니다. 빈 행 또는 빈 열로 구분된 데이터를 엑셀은 다른 데이터베이스로 인식하기 때문입니다.

3. 각 필드에는 같은 형식의 데이터를 입력하고 병합된 셀이 있으면 안 됩니다. 예를 들어 품목과 규격은 분리해서 입력해야 합니다.

	A	B	C	D	E	F	G	H	I	J
1	거래일자	거래처명	품목	규격	단가	수량	공급가액	세액	판매금액	입금액
2	2022-01-03	최고무역	PC1	i7	1,170,000	3	3,190,909	319,091	3,510,000	
3		최고무역	PC 스피커	2채널	135,000	3	368,182	36,818	405,000	
4		최고무역	PC2	i5	990,000	3	2,700,000	270,000	2,970,000	
5	2022-01-04	파워엔지니어링	공유기	기가비트	72,000	9	589,091	58,909	648,000	
6	2022-01-04	파워엔지니어링	PC 스피커	2채널	135,000	7	859,091	85,909	945,000	
7	2022-01-05	오케이북아트	고급 복사지	500매	3,000	2	5,455	545	6,000	
8	2022-01-05	오케이북아트	PC 스피커	2채널	135,000	7	859,091	85,909	945,000	
9	2022-01-05	오케이북아트	PC 스피커	2채널	135,000	8	981,818	98,182	1,080,000	
10	2022-01-05	소프트아이티㈜	잉크젯 프린터	컬러	324,000	1	294,545	29,455	324,000	
11	2022-01-05	소프트아이티㈜	잉크젯 프린터	컬러	324,000	8	2,356,364	235,636	2,592,000	
12	2022-01-05	소프트아이티㈜	고급 복사지	500매	3,000	7	19,091	1,909	21,000	
13	2022-01-06	이한아이티	잉크젯 프린터	컬러	324,000	2	589,091	58,909	648,000	
14	2022-01-06	이한아이티	레이저 복합기	흑백	253,800	3	692,182	69,218	761,400	
15	2022-01-06	이한아이티	고급 복사지	500매	3,000	8	21,818	2,182	24,000	
16	2022-01-07	오케이북아트	노트북2	1.0~1.3kg	1,080,000	4	3,927,273	392,727	4,320,000	
17	2022-01-07	오케이북아트	외장 하드	USB 3.0	58,500	6	319,091	31,909	351,000	
18	2022-01-07	오케이북아트	모니터1	24인치	180,000	2	327,273	32,727	360,000	
19	2022-01-10	이지스퍼블리싱	레이저 프린터	흑백	320,000	3	872,727	87,273	960,000	
20	2022-01-10	이지스퍼블리싱	잉크젯 프린터	컬러	324,000	6	1,767,273	176,727	1,944,000	

(필드명 / 필드 / 레코드)

하면 된다! ⸟ 필드명(머리글 행) 작성하고 표 서식 적용하기

데이터베이스 작성 규칙을 이해했다면 거래명세서에 있는 필드 제목을 표 서식을 사용해 데이터베이스로 작성해 보겠습니다.

먼저 필드 제목을 입력해 보겠습니다.

함께 보면 좋은
동영상 강의

1. 첫 행은 필드의 제목을 입력해야 합니다. [A1] 셀에 **거래일자**, [B1] 셀에 **거래처명**과 같이 **품명, 규격, 단가, 수량, 공급가액, 세액, 판매금액, 입금액**을 순서대로 입력합니다.

02-1_실습 파일의 [Sheet1] 시트에 입력하세요.

2. ❶ [A1] 셀을 선택한 후 ❷ [홈] 탭 → [스타일] 그룹 → [표 서식]을 선택합니다.
❸ 여러 종류의 표 스타일 중에서 **흰색, 표 스타일 밝게 11**을 선택합니다.

3. [표 만들기] 대화상자가 실행되고 데이터 범위가 자동으로 지정됩니다. 머리글 포함에 체크 표시가 되어 있는지 확인한 후 [확인]을 누릅니다.

4. ❶ [A1:J1] 셀을 선택한 후 ❷ 가운데 맞춤, ❸ [글꼴 색] 검정, 텍스트 1, 5% 더 밝게, ❹ [채우기 색] 녹색, 강조 6, 80% 더 밝게를 적용합니다.

5. 표 서식이 적용되면 [테이블 디자인] 탭이 생깁니다. [표 스타일 옵션] 그룹에서 '머리글 행', '필터 단추', '줄무늬 행' 옵션이 기본으로 선택되어 있고, [A1:J2] 셀 가장자리에 테두리가 표시되어 표 서식이 적용된 범위를 확인할 수 있습니다. 필요 하다면 언제든지 표 스타일을 변경할 수 있습니다.

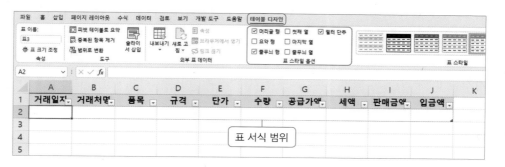

하면 된다! ⟩ 레코드 추가하고 수식 작성하기

[거래명세서] 시트에 작성된 거래 내역을 참고해서 레코드를 하나씩 추가하고 공급가액, 세액, 판매금액을 구하는 수식도 작성해 보겠습니다.

함께 보면 좋은 동영상 강의

1. [거래명세서] 시트에서 [A2] 셀에 2022-01-03을 입력하 고 [B2] 셀에 최고무역, 이후 순서대로 PC1, i7, 1170000, 3을 입력합니다.

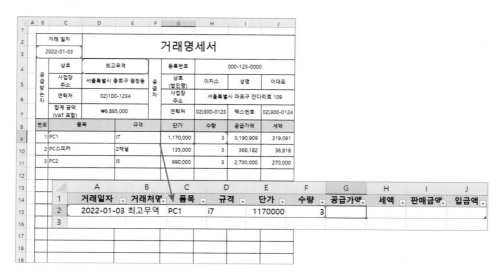

이번에는 공급가액, 세액, 판매금액을 구해보겠습니다. 공급가액을 구하는 수식은 **=단가×수량/110%**입니다.

2. 먼저 공급가액을 구하기 위해 [G2] 셀을 선택한 후 =을 입력하고 단가에 해당하는 [E2]를 선택합니다. 그랬더니 셀 주소가 입력되는 것이 아니고 [@단가]가 입력되죠? 표 서식 범위에서 수식을 작성하면 셀 주소가 아닌 필드명이 표시됩니다. 계속 수식을 작성하겠습니다. *(곱하기)를 입력하고 수량 셀 [F2]를 선택합니다. 마찬가지로 [@수량]으로 입력되죠? 그리고 /(나누기)와 110%를 입력하고 Enter 를 누릅니다.

	A	B	C	D	E	F	G	H	I	J
1	거래일자	거래처명	품목	규격	단가	수량			판매금액	입금액
2	2022-01-03	최고무역	PC1	i7	1170000	3	=[@단가]*[@수량]/110%			
3										
4										

3. 세액은 공급가액에 10%를 곱하면 됩니다. [H2] 셀을 선택한 후 =을 입력하고 [G2] 셀을 선택합니다. 그리고 *10%를 입력하고 Enter 를 누릅니다.

	A	B	C	D	E	F	G	H	I	J
1	거래일자	거래처명	품목	규격	단가	수량	공급가액			입금액
2	2022-01-03	최고무역	PC1	i7	1170000	3	3190909.091	=[@공급가액]*10% I		
3										
4										

4. 판매금액은 공급가액에 세액을 더하면 됩니다. [I2] 셀을 선택한 후 =을 입력하고 [G2] 셀을 선택합니다. 그리고 +(더하기)를 입력한 후 [H2] 셀을 선택하고 Enter 를 누릅니다.

	A	B	C	D	E	F	G	H	I	J
1	거래일자	거래처명	품목	규격	단가	수량	공급가액	세액		
2	2022-01-03	최고무역	PC1	i7	1170000	3	3190909.091	319090.9	=[@공급가액]+[@세액]	
3										
4										

5. [E2:J2] 셀을 선택한 후 마우스 오른쪽 버튼을 눌러 ⁹(쉼표 스타일)을 선택해 적용합니다. 숫자에 천 단위마다 쉼표를 적용하면 단위를 읽기 쉽습니다.

	C	D	E	F	G	H	I	J
	명	품목	규격	단가	수량	공급가액	세액	판매금액
	PC1	i7	1170000	3	3190909.091	319090.9	3510000	

6. 두 번째 거래 내역도 입력해 보겠습니다. 바로 위에 입력한 거래일자와 거래처명이 같으면 복사하는 것이 편리합니다. [A3:B3] 셀을 선택한 후 Ctrl + D 를 누르면 바로 위 거래일자와 거래처명이 그대로 입력됩니다.

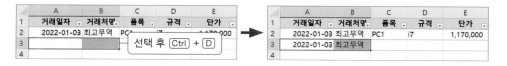

7. [C3] 셀에 PC 스피커, [D3] 셀에 2채널, [E3] 셀에 135000, [F3] 셀에 3을 입력한 후 Enter 를 누르면 공급가액과 세액, 판매금액이 자동으로 구해지고 표 범위가 확장됩니다. 거래가 발생할 때마다 이와 같이 데이터베이스에 거래 내역을 추가하면 됩니다.

	A	B	C	D	E	F	G	H	I	J
1	거래일자	거래처명	품목	규격	단가	수량	공급가액	세액	판매금액	입금액
2	2022-01-03	최고무역	PC1	i7	1,170,000	3	3,190,909	319,091	3,510,000	
3	2022-01-03	최고무역	PC 스피커	2채널	135,000	3	368,182	36,818	405,000	
4										

8. 서식을 적용하면 표 이름이 자동으로 정해지는데 [테이블 디자인] 탭 → [속성] 그룹 → [표 이름]에서 확인할 수 있고 표 이름을 수정할 수 있습니다. 그리고 각 필드와 셀에도 이름이 정해집니다. 예를 들어 공급가액 필드는 [공급가액]으로, 공급가액 필드의 셀은 [@공급가액]으로 사용됩니다. 이 이름은 수식을 작성할 때 사용됩니다.

하면 된다! ᐟ 요약 행 추가하기

거래 내역을 미리 입력해 둔 [2022년] 시트에서 요약 행을
추가해 보겠습니다.

함께 보면 좋은
동영상 강의

1. ❶ 데이터베이스 내부의 셀을 선택한 후 ❷ [테이블 디자인]
탭 → [표 스타일 옵션] 그룹 → [요약 행]에 체크 표시합니
다. 데이터 맨 아래로 스크롤되고 요약 행이 추가됩니다.

	거래일자	거래처명	품목	규격	단가	수량	공급가액	세액	판매금액	입금액
53	2022-01-25	서울종합기술	잉크젯 프린터	컬러	324,000	6	1,767,273	176,727	1,944,000	
54	2022-01-26	산들닷컴	고급 복사지	500매	3,000	3	8,182	818	9,000	
55	2022-01-26	산들닷컴	마우스1	유선	13,500	8	98,182	9,818	108,000	
56	2022-01-26	산들닷컴	PC 스피커	2채널	135,000	8	981,818	98,182	1,080,000	
57	2022-01-27	우리열린교육	마우스1	유선	13,500	8	98,182	9,818	108,000	
58	2022-01-27	우리열린교육	마우스1	유선	13,500	5	61,364	6,136	67,500	
59	2022-01-28	윤엔터테인먼트	PC 스피커	2채널	135,000	9	1,104,545	110,455	1,215,000	
60	2022-01-28	윤엔터테인먼트	마우스1	유선	13,636	6	73,636	7,364	81,000	
61	2022-01-28	서울종합기술	고급 복사지	500매		6	16,364	1,636	18,000	
62	2022-01-28	서울종합기술	PC1	i7		2	2,127,273	212,727	2,340,000	
63	2022-01-28	이한아이티	노트북1	1kg 미만	1,260,000	3	3,436,364	343,636	3,780,000	
64	요약									0

요약 행

2. 각 필드의 요약 셀을 선택하면 목록에서 함수를 선택할 수 있습니다.
❶ [F64] 셀을 선택한 후 ❷ 목록 버튼(▼)을 눌러 ❸ 합계를 선택하면 수량 필드
의 합계가 구해집니다. 수식을 직접 작성하지 않고도 함수를 선택하는 것만으로
결과를 구할 수 있어 편리합니다.

	거래일자	거래처명	품목	규격	단가	수량	공급가액	세액	판매금액	입금액
61	2022-01-28	서울종합기술	고급 복사지	500매	3,000	6	16,364	1,636	18,000	
62	2022-01-28	서울종합기술	PC1	i7	1,170,000	2	2,127,273	212,727	2,340,000	
63	2022-01-28	이한아이티	노트북1	1kg 미만	1,260,000	3	3,436,364	343,636	3,780,000	
64	요약									0
65						없음				
66						평균				
67						개수				
68						숫자 개수				
69						최대 최소 합계				

3. 수량 셀을 선택하고 채우기 핸들에 마우스 커서를 맞춘 후 입금액 셀까지 드래그
해 수식을 복사합니다. 입금액은 아직 입력되지 않았지만 값을 입력하면 합계가 구
해집니다.

	거래일자	거래처명	품목	규격	단가	수량	공급가액	세액	판매금액	입금액
61	2022-01-28	서울종합기술	고급 복사지	500매	3,000	6	16,364	1,636	18,000	
62	2022-01-28	서울종합기술	PC1	i7	1,170,000	2	2,127,273	212,727	2,340,000	
63	2022-01-28	이한아이티	노트북1	1kg 미만	1,260,000	3	3,436,364	343,636	3,780,000	
64	요약					330	59,800,909	5,980,091	65,781,000	

드래그

74 첫째마당 • 일 잘하는 사람, 된다! 엑셀

하면 된다! > 필터 결과에 따라 실시간 부분합 구하기

표 서식이 적용되면 각 필드의 머리글 행(필드명)이 고정되어 아래로 스크롤해도 화면에 항상 보이게 됩니다. 그리고 각 머리글 행에 필터 버튼이 표시되는데, 필터는 각 필드에 조건을 적용하면 조건에 맞는 데이터만 화면에 표시하는 기능입니다. 예를 들어 거래처명 필드에 '이지스퍼블리싱' 거래처만 표시되도록 필터 조건을 설정하면 해당 거래처의 거래 내역만 표시됩니다.

함께 보면 좋은
동영상 강의

요약 행이 적용된 상태에서 필터를 하면 결과에 따라 부분합을 구할 수 있습니다. 그럼 '이지스퍼블리싱'의 거래 내역만 필터해 보겠습니다.

	거래일자	거래처명	품목	규격	단가	수량	공급가액	세액	판매금액	입금액
53	2022-01-25	서울종합기술	잉크젯 프린터	컬러	324,000	6	1,767,273	176,727	1,944,000	
	머리글 행이 자동으로 고정되고		복사지	500매		3	8,182	818	9,000	
	필터 버튼(▼)이 표시됨			유선		1	98,182	9,818	108,000	
			피커	2채널	135,000	8	981,818	98,182	1,080,000	
57	2022-01-27	우리열린교육	마우스1	유선	13,500	8	98,182	9,818	108,000	
58	2022-01-27	우리열린교육	마우스1	유선	13,500	5	61,364	6,136	67,500	
59	2022-01-28	윤엔터테인먼트	PC 스피커	2채널	135,000	9	1,104,545	110,455	1,215,000	
60	2022-01-28	윤엔터테인먼트	마우스1	유선	13,500	6	73,636	7,364	81,000	
61	2022-01-28	서울종합기술	고급 복사지	500매		6	16,364	1,636	18,000	
62	2022-01-28	서울종합기술	PC1	i7	1,170,000	2	2,127,273	212,727	2,340,000	
63	2022-01-28	이한아이티	노트북1	1kg 미만	1,260,000	3	3,436,364	343,636	3,780,000	
64	요약					330	59,800,909	5,980,091	65,781,000	-
65										

머리글 행 (표 중앙에 표시됨)

1. ① 거래처명에 표시된 필터 버튼(▼)을 눌러 ② (모두 선택)의 체크 표시를 해제합니다.

   ③ 스크롤 바를 아래로 내려 이지스퍼블리싱에 체크 표시합니다.

   ④ [확인]을 누릅니다.

2. '이지스퍼블리싱' 거래 내역이 필터되고 필터 결과에 맞게 수량에서 판매금액까지 구해졌습니다.

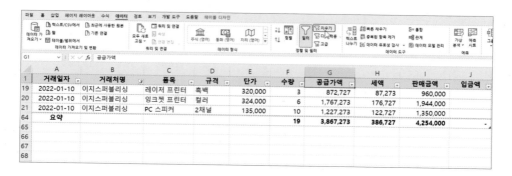

3. 필터한 결과를 취소하려면 [데이터] 탭 → [정렬 및 필터] 그룹 → [지우기]를 선택합니다.

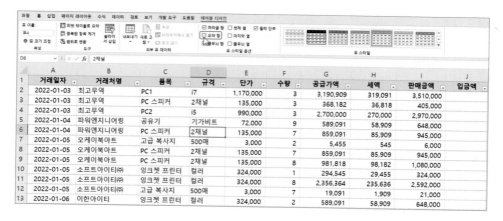

4. 요약 행이 적용된 상태에서 레코드를 추가할 수 없습니다. 요약 행을 잠시 취소해 두고 거래 내역을 추가해 보겠습니다. 표 서식이 적용된 데이터에서 임의의 셀을 선택한 상태에서 [테이블 디자인] 탭 → [표 스타일 옵션] 그룹 → [요약 행]의 체크 표시를 해제합니다. 맨 아래 행의 요약 행이 제거됩니다.

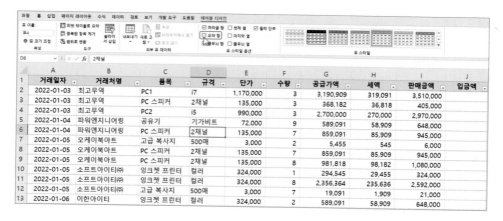

5. 거래일자, 거래처명, 품목, 규격, 단가, 수량을 입력하면 자동으로 공급가액과 세액, 판매금액이 구해지고 표 서식 범위가 자동으로 확장됩니다.

	거래일자	거래처명	품목	규격	단가	수량	공급
58	2022-01-27	우리열린교육	마우스1	유선	13,500	5	
59	2022-01-28	윤엔터테			135,000	9	
60	2022-01-28	윤엔터테			13,500	6	
61	2022-01-28	서울종합			3,000	6	
62	2022-01-28	서울종합			1,170,000	2	2,127,273	212,727	2,340,00
63	2022-01-28	이한아이티	노트북1	1kg 미만	1,260,000	3	3,436,364	343,636	3,780,000
64	2022-02-01	한국정보대학	외장하드	USB 3.0	58,500	3	159,545	15,955	
65							

> 데이터를 입력하면 표 서식 범위가 자동으로 확장됨

> 다시 요약 행이 필요하다면 [요약 행]에 체크 표시를 하면 됩니다. 그럼 추가된 레코드가 합계에 포함됩니다.

질문 있어요! 표 서식이 적용되지 않은 데이터에 머리글 행이 항상 보이도록 설정하려면 어떻게 해야 하나요?

표 서식을 적용하지 않은 데이터는 자동으로 머리글 행이 고정되지 않습니다. 틀 고정을 하면 머리글 행뿐만 아니라 왼쪽 열도 항상 보이도록 고정해 둘 수 있습니다.

[B2] 셀을 선택하고 [보기] 탭 → [창] 그룹 → [틀 고정] → 틀 고정을 선택합니다. [1] 행과 [A] 열이 고정됩니다. 아래쪽으로, 오른쪽으로 스크롤해 보세요. [1] 행과 [A] 열이 고정되어 머리글 행과 거래일자가 항상 보입니다.

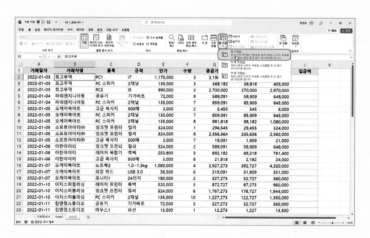

틀 고정을 취소하려면 [보기] 탭 → [창] 그룹 → [틀 고정] → [틀 고정 취소]를 선택합니다. 머리글 행만 고정하려면 [A2] 셀을 선택하고 [틀 고정]을 선택하면 됩니다. [틀 고정]은 현재 선택된 셀을 기준으로 왼쪽 열과 위쪽 행이 고정되기 때문에 [A] 열 이전에는 열이 없어 첫 행만 고정됩니다. 현재 데이터베이스는 [1] 행이 머리글 행이기 때문에 [틀 고정] → [첫 행 고정]을 선택해도 됩니다.

표 서식 제거

표 서식을 제거하려면 먼저 [요약 행]의 체크 표시를 해제합니다. 해제하지 않고 표 서식을 제거하면 요약 행은 그대로 유지됩니다. 그리고 [테이블 디자인] 탭 → [도구] 그룹 → [범위로 변환]을 선택하면 '표를 정상 범위로 변환하시겠습니까?'라는 메시지 창이 나타납니다. [예]를 누르면 표 서식이 제거됩니다.

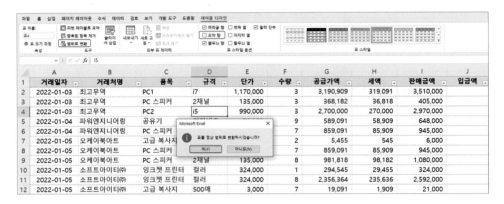

02-2
목록에서 데이터를 선택하는 데이터 유효성 검사

• 실습 파일 02-2_실습.xlsx   • 완성 파일 02-2_완성.xlsx

엑셀에서는 빈칸 하나만 들어가도 다른 데이터로 인식합니다. 예를 들면 우리는 '잉크젯프린터'와 '잉크젯 프린터'를 같은 데이터로 인식하지만 엑셀은 다른 데이터로 처리하죠. 이 경우 입력 오류를 줄이는 **데이터 유효성 검사**를 사용하면 소 잃고 외양간 고치는 식의 대처가 아니라 잘못된 입력을 미리 제한할 수 있어 업무가 훨씬 수월해집니다.

하면 된다! ⟩ 데이터 유효성 검사 만들기 — 목록

일자별 거래 내역을 작성하는 표가 있습니다. 이 표는 02-1에서 배운 표 서식이 적용되어 있습니다. 업체명을 직접 입력하지 않고 [업체정보] 시트에 입력된 업체명을 데이터 유효성 검사를 사용해 목록에서 선택할 수 있도록 설정해 보겠습니다.

함께 보면 좋은
동영상 강의

1. ❶ [거래 내역] 시트에서 업체명을 입력할 [C2] 셀을 선택합니다.

❷ [데이터] 탭 → [데이터 도구] 그룹 → [데이터 유효성 검사]를 선택합니다.

❸ [데이터 유효성 검사] 대화상자에서 [제한 대상]을 목록으로 선택합니다.

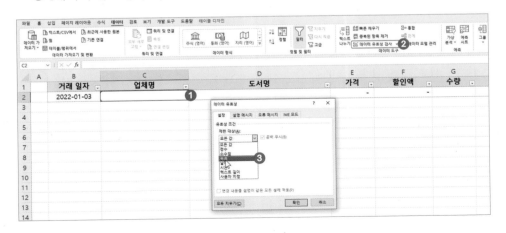

2. ① [원본] 입력 창을 선택한 후 ② [업체정보] 시트를 선택해 ③ 업체명 범위 [B3:
B13]을 지정하고 ④ [확인]을 누릅니다.

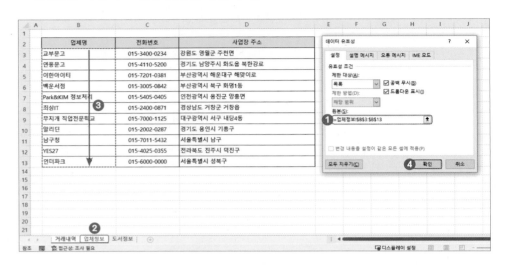

3. 유효성이 설정된 셀에 목록 버튼이 생겼죠? 버튼을 눌러 교부문고를 선택하면 업
체명이 입력됩니다. 이렇게 데이터 유효성 검사를 사용하면 오타, 띄어쓰기 등의 입
력 오류를 줄일 수 있습니다.

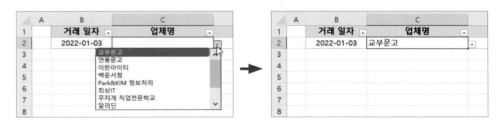

질문 있어요!   원본을 직접 입력해도 되나요?

업체명이 몇 개 안 되면 원본을 직접
입력해도 됩니다. [원본] 입력 창에 교
부문고를 입력한 후 이한아이티, 백
운서점을 쉼표로 구분해 입력하고 [확
인]을 누릅니다.

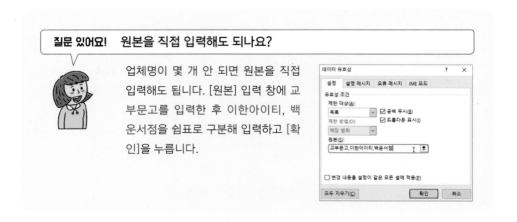

4. 같은 방법으로 도서명도 [도서정보] 시트에 입력된 도서명을 데이터 유효성 검사를 사용해 목록에서 선택할 수 있도록 설정해 보겠습니다.

❶ [거래내역] 시트에서 [D2] 셀을 선택합니다.

❷ [데이터] 탭 → [데이터 도구] 그룹 → [데이터 유효성 검사]를 선택합니다.

❸ [데이터 유효성] 대화상자에서 [제한 대상]을 목록으로 선택합니다.

❹ [원본] 입력 창을 선택한 후 ❺ [도서정보] 시트를 선택해 ❻ 도서명 범위 [B3:B16]을 지정하고 ❼ [확인]을 누릅니다.

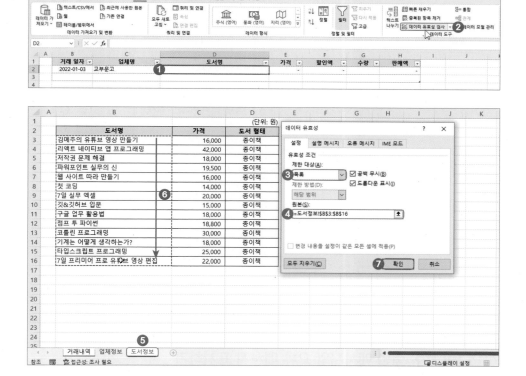

5. 도서명 셀에도 목록 버튼이 생겼죠? 목록에서 도서명을 선택합니다.

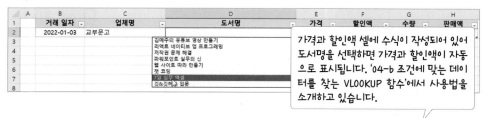

가격과 할인액 셀에 수식이 작성되어 있어 도서명을 선택하면 가격과 할인액이 자동으로 표시됩니다. '04-6 조건에 맞는 데이터를 찾는 VLOOKUP 함수'에서 사용법을 소개하고 있습니다.

6. [B3] 셀을 선택한 후 날짜를 입력합니다. 날짜가 입력되면 표 서식 범위가 확장되고 업체명과 도서명을 목록에서 선택할 수 있습니다.

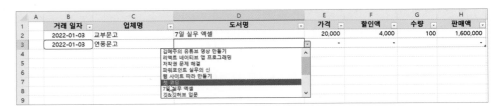

질문 있어요!   **표 서식이 적용되지 않은 표에 유효성을 설정하려면?**

유효성을 설정할 범위를 미리 지정해야 합니다. 방법은 동일합니다. [데이터 유효성 검사]를 선택한 후 [데이터 유효성] 대화상자에서 [제한 대상]을 목록으로 선택하고 목록의 원본 범위를 지정하면 됩니다.

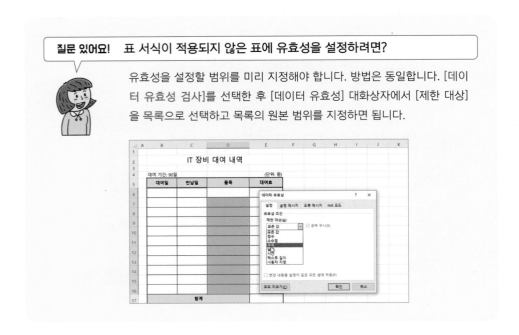

하면 된다! } 설명 메시지와 오류 메시지 표시하기

업체명을 목록에서 선택할 수 있도록 안내 메시지를 표시할 수 있습니다. 메시지에는 셀을 선택하면 메시지를 나타내는 설명 메시지와 잘못된 데이터를 입력하면 메시지를 나타내는 오류 메시지가 있습니다.

함께 보면 좋은
동영상 강의

1. 먼저 설명 메시지를 설정해 보겠습니다.

❶ [C2:C3] 셀을 선택하고 [데이터 유효성 검사]를 선택합니다.

❷ [데이터 유효성] 대화상자에서 [설명 메시지] 탭을 선택합니다.

❸ [설명 메시지] 란에 목록에서 선택하세요.라고 입력한 후 ❹ [확인]을 누릅니다.

2. [C2] 셀을 선택해 보세요. 메시지가 보이죠? 아주 친절한 문서가 되었습니다.

3. 이번에는 오류 메시지를 설정해 보겠습니다.

❶ [D2:D3] 셀을 선택한 후 [데이터 유효성 검사]를 선택합니다.

❷ [데이터 유효성] 대화상자에서 [오류 메시지] 탭을 선택합니다.

❸ [제목]은 생략하고 [오류 메시지] 란에 품목명을 목록에서 선택하세요.라고 입력한 후 ❹ [확인]을 누릅니다.

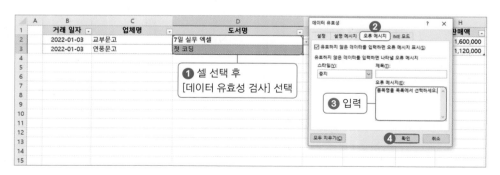

4. 도서명을 목록에서 선택하지 않고 직접 코딩이라고 잘못된 데이터를 입력해 보았더니 오류 메시지가 뜹니다. 이와 같이 설명 메시지와 오류 메시지를 상황에 맞게 활용하면 됩니다.

하면 된다! } 데이터 유효성 지우기

앞에서 설정해 두었던 데이터 유효성 조건과 설명 메시지, 오류 메시지를 한 번에 지워보겠습니다.

함께 보면 좋은 동영상 강의

1. ❶ [C2:D3] 셀을 선택한 후 [데이터 유효성 검사]를 선택합니다. ❷ 메시지 창이 실행되면 [확인]을 누릅니다.
❸ [데이터 유효성] 대화상자에서 [모두 지우기]를 누르고
❹ [확인]을 누릅니다.

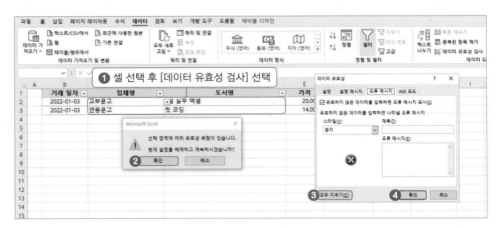

2. 데이터 유효성 조건과 설명 메시지, 오류 메시지가 한 번에 지워졌습니다.

02-3
셀 범위를 선택하고 이동하는 단축키

• 실습 파일 02-3_실습.xlsx • 완성 파일 02-3_완성.xlsx

글자를 굵게 또는 색상을 적용해 데이터를 강조하거나 테두리를 적용해 표를 완성할 때에는 해당 셀 또는 셀 범위를 선택해야 합니다. 수식을 작성할 때도 계산에 사용될 셀 범위를 선택합니다. 이렇게 엑셀을 사용하다 보면 셀 범위를 선택하는 일이 자주 있습니다.

일반적으로 마우스로 드래그하거나 방향키를 사용해 셀 범위를 선택하거나 이동하는데, 데이터 양이 많다면 힘이 듭니다. 이런 경우 단축키를 사용하면 쉽고 빠르게 작업할 수 있습니다.

하면 된다! 〉 단축키로 셀 이동하기

1. 900행이 넘는 데이터의 맨 아래 거래 내역을 확인하려면 한참 아래로 스크롤해야 합니다. 단축키를 사용해 빠르게 이동해 볼까요? 데이터에서 임의의 셀을 선택하고 Ctrl + ↓를 누릅니다. 순식간에 데이터 맨 아래로 이동됩니다.

함께 보면 좋은
동영상 강의

	A	B	C	D
1	거래일자	거래처명	품목	규격
2	2022-01-03	최고무역 `Ctrl + ↓`	PC1	i7
3	2022-01-03	최고무역	PC 스피커	2채널
4	2022-01-03	최고무역	PC2	i5
5	2022-01-04	파워엔지니어링	공유기	기가비트
6	2022-01-04	파워엔지니어링	PC 스피커	2채널
7	2022-01-05	오케이북아트	고급 복사지	500매
8	2022-01-05	오케이북아트	PC 스피커	2채널
9	2022-01-05	오케이북아트	PC 스피커	2채널
10	2022-01-05	소프트아이티㈜	잉크젯 프린터	컬러
11	2022-01-05	소프트아이티㈜	잉크젯 프린터	컬러
12	2022-01-05	소프트아이티㈜	고급 복사지	500매
13	2022-01-06	이한아이티	잉크젯 프린터	컬러
14	2022-01-06	이한아이티	레이저 복합기	흑백
15	2022-01-06	이한아이티	고급 복사지	500매
16	2022-01-07	오케이북아트	노트북2	1.0~1.3kg
17	2022-01-07	오케이북아트	외장 하드	USB 3.0
18	2022-01-07	오케이북아트	모니터1	24인치
19	2022-01-10	이지스퍼블리싱	레이저 프린터	흑백
20	2022-01-10	이지스퍼블리싱	잉크젯 프린터	컬러
21	2022-01-10	이지스퍼블리싱	PC 스피커	2채널
22	2022-01-11	킴앤정스튜디오	공유기	기가비트
23	2022-01-11	킴앤정스튜디오	마우스1	유선

2022년

	거래일자	거래처명	품목	규격
924	2022-12-21	May디자인	마우스2	무선
925	2022-12-21	은하수페이퍼	레이저 프린터	흑백
926	2022-12-21	은하수페이퍼	노트북2	1.0~1.3kg
927	2022-12-21	은하수페이퍼	공유기	기가비트
928	2022-12-22	한국대학교IT융합	고급 복사지	500매
929	2022-12-22	한국대학교IT융합	마우스1	유선
930	2022-12-23	동구디자인센터	마우스1	유선
931	2022-12-23	동구디자인센터	노트북2	1.0~1.3kg
932	2022-12-23	동구디자인센터	레이저 복합기	흑백
933	2022-12-23	산들닷컴	노트북2	1.0~1.3kg
934	2022-12-26	그린미디어㈜	PC1	i7
935	2022-12-26	그린미디어㈜	마우스1	유선
936	2022-12-27	도서출판나무그늘	PC 스피커	2채널
937	2022-12-27	서울종합기술	PC2	i5
938	2022-12-27	서울종합기술	마우스1	유선
939	2022-12-27	서울종합기술	PC 스피커	2채널
940	2022-12-28	산들닷컴	마우스1	유선
941	2022-12-29	May디자인	마우스1	유선
942	2022-12-29	윤엔터테인먼트	모니터1	27인치
943	2022-12-29	윤엔터테인먼트	외장 하드	USB 3.0
944	2022-12-29	윤엔터테인먼트	마우스1	유선
945	2022-12-30	우리여러그으	노트북2	1.0~1.3kg
946	2022-12-30	우 [A946] 셀로 이동		500매

2022년

2. 다시 `Ctrl` + `↑`를 누릅니다. 현재 셀을 기준으로 데이터 맨 위쪽으로 셀 포인터가 이동됩니다.

> `Ctrl` + `↑`, `Ctrl` + `↓`, `Ctrl` + `→`, `Ctrl` + `←`는 많은 양의 데이터를 다룰 때 꼭 알아둬야 할 단축키입니다.

하면 된다! } 단축키로 셀 범위 선택하기

연속으로 입력된 데이터는 마우스 드래그만으로 범위를 선택할 수 있지만, 연속되지 않는 데이터를 선택할 때에는 `Ctrl`을 함께 눌러 선택해야 합니다. 하지만 선택할 데이터 양이 많으면 힘이 듭니다. 이럴 때 단축키를 사용하면 데이터 범위를 쉽고 빠르게 선택할 수 있습니다.

함께 보면 좋은
동영상 강의

1. 선택할 데이터 범위의 시작 셀을 선택한 후 `Ctrl` + `Shift` + `↓`를 누릅니다. 셀 범위가 빠르게 선택됩니다.

	A				E	F
1	거래일자				단가	수량
2	2022-01-03	최	시작 셀 선택 후		1,170,000	3
3	2022-01-03	최	`Ctrl` + `Shift` + `↓`		135,000	3
4	2022-01-03	최			990,000	3
5	2022-01-04	파워엔지니어링	송유기	기가비트	72,000	9
6	2022-01-04	파워엔지니어링	PC 스피커	2채널	135,000	2
7	2022-01-05	오케이북아트	고급 복사지	500매	3,000	7
8	2022-01-05	오케이북아트	PC 스피커	2채널	135,000	3
9	2022-01-05	오케이북아트	PC 스피커	2채널	135,000	8
10	2022-01-05	소프트아티즘	잉크젯 프린터	컬러	324,000	1
11	2022-01-05	소프트아티즘	잉크젯 프린터	컬러	324,000	8
12	2022-01-05	소프트아티즘	고급 복사지	500매	3,000	7
13	2022-01-06	이한아이티	잉크젯 프린터	컬러	324,000	2
14	2022-01-06	이한아이티	레이저 복합기	흑백	253,800	3
15	2022-01-06	이한아이티	고급 복사지	500매	3,000	8
16	2022-01-07	오케이북아트	노트북2	1.0~1.3kg	1,080,000	4
17	2022-01-07	오케이북아트	외장 하드	USB 3.0	58,500	6
18	2022-01-07	오케이북아트	모니터1	24인치	180,000	2
19	2022-01-10	이지스퍼블리싱	레이저 프린터	흑백	320,000	6
20	2022-01-10	이지스퍼블리싱	잉크젯 프린터	컬러	324,000	5
21	2022-01-10	이지스퍼블리싱	PC 스피커	2채널	135,000	10
22	2022-01-11	킴앤정스튜디오	공유기	기가비트	72,000	5
23	2022-01-11	킴앤정스튜디오	마우스1	유선	13,500	1

	거래일자	거래처명	품목	규격	단가	수량
924	2022-12-21	May디자인	마우스2	무선	21,600	8
925	2022-12-21	은하수페이퍼	레이저 프린터	흑백	320,000	2
926	2022-12-21	은하수페이퍼	노트북2	1.0~1.3kg	1,080,000	8
927	2022-12-21	은하수페이퍼	공유기	기가비트	72,000	9
928	2022-12-22	한국대학교IT융합	고급 복사지	500매	3,000	3
929	2022-12-22	한국대학교IT융합	마우스1	유선	13,500	5
930	2022-12-23	동구디자인센터	마우스1	유선	13,500	9
931	2022-12-23	동구디자인센터	노트북2	1.0~1.3kg	1,080,000	3
932	2022-12-23	동구디자인센터	레이저 복합기	흑백	253,800	3
933	2022-12-23	산들				4
934		그	[A2:A946] 셀이 빠르게 선택됨			5
935	2022-12-26	그란디디움			13,500	3
936	2022-12-26	도서출판나무글눈	PC 스피커	2채널	135,000	10
937	2022-12-27	서울종합기술	PC2	i5	990,000	7
938	2022-12-27	서울종합기술	마우스1	유선	13,500	7
939	2022-12-27	서울종합기술	PC 스피커	2채널	135,000	1
940	2022-12-27	산들닷컴	마우스1	유선	13,500	6
941	2022-12-29	May디자인	마우스1	유선	13,500	7
942	2022-12-29	윤앤테레인퍼	모니터2	27인치	270,000	5
943	2022-12-29	윤앤테레인퍼	외장 하드	USB 3.0	58,500	9
944	2022-12-29	윤앤테레인퍼	마우스1	유선	13,500	6
945	2022-12-30	우리열린교육	노트북2	1.0~1.3kg	1,080,000	2
946	2022-12-30	우리열린교육	고급 복사지	500매	3,000	9

2. 이번에는 데이터베이스 머리글 행을 제외하고 거래 내역만 모두 선택해 보겠습니다. [A2] 셀을 선택한 상태에서 `Ctrl` + `Shift` + `→`, `↓`를 한 번 누릅니다. 머리글 행을 제외하고 거래 내역만 선택됩니다.

	거래일자	거래처명	품목	규격	단가	수량	공급가액	세액	판매금액	입금액
924	2022-12-21	May디자인	마우스2	무선	21,600	8	157,091	15,709	172,800	172,800
925	2022-12-21	은하수페이퍼	레이저 프린터	흑백	320,000	2	581,818	58,182	640,000	640,000
926	2022-12-21	은하수페이퍼	노트북2	1.0~1.3kg	1,080,000	8	7,854,545	785,455	8,640,000	
927	2022-12-21	은하수페이퍼	공유기	기가비트	72,000	9	589,091	58,909	648,000	
928	2022-12-22	한국대학교IT융합	고급 복사지	500매	3,000	3	8,182	818	9,000	9,000
929	2022-12-22	한국대학교IT융합	마우스1	유선	13,500	5	61,364	6,136	67,500	67,500
930	2022-12-23	동구디자인센터	마우스1	유선	13,500	9	110,455	11,045	121,500	121,500
931	2022-12-23	동구디자인센터	노트북2	1.0~1.3kg	1,080,000	3	2,945,455	294,545	3,240,000	3,240,000
932	2022-12-23	동구디자인센터	레이저 복합기	흑백	253,800	5	1,153,636	115,364	1,269,000	1,269,000
933	2022-12-23	산들닷컴	노트북2	1.0~1.3kg	1,080,000	4	3,927,273	392,727	4,320,000	4,320,000
934	2022-12-26	그린미디어㈜	PC1	i7	1,170,000	1	1,063,636	106,364	1,170,000	1,170,000
935	2022-12-26	그린미디어㈜	마우스1	유선	13,500	3	36,818	3,682	40,500	40,500
936	2022-12-27	도서출판나무그늘	PC 스피커	2채널	135,000	10	1,227,273	122,727	1,350,000	1,350,000
937	2022-12-27	서울종합기술	PC2	i5	990,000	7	6,300,000	630,000	6,930,000	6,930,000
938	2022-12-27	서울종합기술	마우스1	유선	13,500	7	85,909	8,591	94,500	94,500
939	2022-12-27	서울종합기술	PC 스피커	2채널	135,000	1	122,727	12,273	135,000	135,000
940	2022-12-28	산들닷컴	마우스1	유선	13,500	6	73,636	7,364	81,000	81,000
941	2022-12-29	May디자인	마우스1	유선	13,500	7	85,909	8,591	94,500	94,500
942	2022-12-29	윤엔터테인먼트	모니터2	27인치	270,000	5	1,227,273	122,727	1,350,000	1,350,000
943	2022-12-29	윤엔터테인먼트	외장 하드	USB 3.0	58,500	9	478,636	47,864	526,500	526,500
944	2022-12-29	윤엔터테인먼트	마우스1	유선	13,500	6	73,636	7,364	81,000	81,000
945	2022-12-30	우리열린교육	노트북2	1.0~1.3kg	1,080,000	2	1,963,636	196,364	2,160,000	2,160,000
946	2022-12-30	우리열린교육	고급 복사지	500매	3,000	9	24,545	2,455	27,000	27,000

2022년

3. 이 외에도 데이터에서 임의의 셀을 선택하고 Ctrl + * 또는 Ctrl + A 를 누르면 현재 선택된 셀을 기준으로 인접한 범위에 있는 모든 셀이 선택되고, 셀 포인터가 어떤 셀을 선택하고 있든 Ctrl + Home 을 누르면 [A1] 셀 위치로 순간 이동할 수 있습니다.

> Ctrl + * 에서 * 는 키패드의 * 이며, Ctrl + Home 의 경우 Home 버튼이 없는 노트북에서는 사용하지 못합니다.

하면 된다! } 단축키 사용해 합계 구하기

범위를 선택하는 방법을 사용해 판매금액과 입금액 합계를 쉽게 구하는 방법을 배워보겠습니다.

1. ❶ [M2] 셀을 선택하고 ❷ [수식] 탭 → [함수 라이브러리] 그룹 → [자동 합계]를 누릅니다. 이때 판매금액 범위가 아닌 다른 범위가 선택됩니다. 마우스로 드래그해 판매금액 범위를 선택하면 되는데, 선택하려고 하는 데이터 양이 많으면 힘이 듭니다. 이 경우에도 단축키를 사용하면 됩니다.

> 함께 보면 좋은 동영상 강의
>
>

2. ❶ [I2] 셀을 선택하고 (Ctrl) + (Shift) + (↓)를 누릅니다. 합계를 구할 판매금액
   범위가 빠르게 선택되고 =SUM(표1[판매금액])으로 수식이 작성됩니다.
   ❷ (Enter)를 누르면 판매금액 합계가 구해집니다.

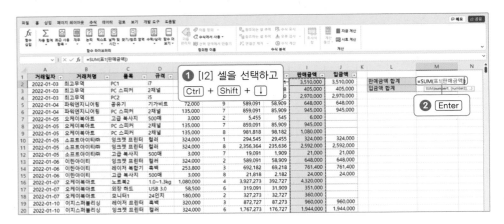

하면 된다! ╳ 빈 셀이 포함된 입금액 합계 구하기

이번에는 입금액 합계를 구해보겠습니다.

함께 보면 좋은
동영상 강의

1. ❶ [M3] 셀을 선택하고 ❷ [자동 합계]를 누릅니다.
   ❸ [J2] 셀을 선택하고 (Ctrl) + (Shift) + (↓)를 누릅니다.
   그런데 입금액 범위가 제대로 선택되지 않네요. 판매금액과
   달리 입금액 범위에는 빈 셀이 포함되어 있어 단축키를 사용
   해 범위를 선택할 수 없습니다.

2. 이 경우에는 직접 합계를 구할 범위를 입력해야 합니다.

❶ SUM 함수 괄호 안의 주소를 지우고 표1을 입력한 후 [(여는 대괄호)를 입력하면 표1 범위의 필드 이름을 모두 보여줍니다.

❷ 입금액 합계를 구하기 위해 (...)입금액을 더블클릭합니다.

❸](닫는 대괄호)를 입력하면 입금액 범위가 선택되고, Enter 를 누르면 입금액 합계가 구해집니다.

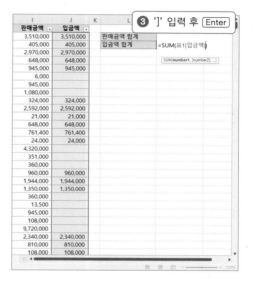

질문 있어요! 표 서식이 적용되지 않은 데이터의 경우 빈 셀이 포함된 범위의 합계는 어떻게 구하나요?

표 서식이 적용되지 않은 경우에는 합계를 구할 셀 주소를 입력하면 됩니다. 합계를 구하려는 범위는 [J2:J946]이므로 =SUM(J2:J946)으로 입력하면 됩니다.

02-4
위/아래 데이터와 두 시트를 한 화면에서 비교하는 방법

• 실습 파일 02-4_실습.xlsx • 완성 파일 02-4_완성.xlsx

하나의 시트에 정리된 많은 양의 데이터 중 1월 거래 내역과 9월 거래 내역을 한눈에 비교하기는 쉽지 않습니다. 이 경우 창을 가로로 나누어 위쪽 창은 1월 데이터를, 아래쪽 창은 9월 데이터를 볼 수 있도록 설정할 수 있습니다.

하면 된다! ┠ 나누기를 사용해 창을 위/아래로 나누어 데이터 비교하기

창을 위/아래로 나누어 위쪽 창과 아래쪽 창의 데이터를 비교해 보겠습니다.

함께 보면 좋은
동영상 강의

1. ❶ [2022년] 시트에서 [A13] 셀을 선택합니다.
❷ [보기] 탭 → [창] 그룹 → [나누기]를 선택합니다. 선택한 셀을 기준으로 위쪽에 구분 선이 생기고 화면이 위/아래로 나누어집니다.

창을 구분하는 구분 선을 위/아래로 드래그하면 창 높이를 조절할 수 있음

해상도와 화면 확대/축소 상태에 따라 가운데 위치가 다를 수 있습니다.

2. 위쪽은 1월 데이터가 보이도록 하고 아래쪽은 9월 데이터가 보이도록 스크롤해 맞춥니다. 1월과 9월의 데이터 비교가 훨씬 쉬워졌죠?

3. 나누기 기능을 취소하려면 다시 [나누기]를 선택하면 됩니다.

하면 된다! } 두 시트를 나란히 배치하고 데이터 비교하기

[5월], [6월] 두 시트의 거래 내역을 비교하기 위해 현재 통합 문서를 별도 창으로 하나 더 열어 정렬해 보겠습니다.

함께 보면 좋은
동영상 강의

1. [보기] 탭 → [창] 그룹 → [새 창]을 선택합니다. 같은 문서가 새로 하나 더 열리는데, 같은 크기에 같은 위치에 열리다 보니 새 창이 열렸는지 구분이 안 됩니다. 하지만 제목 표시줄을 확인해 보면 파일 이름에 2가 표시됩니다.

2. ❶[보기] 탭 → [창] 그룹 → [모두 정렬]을 선택합니다.

❷[창 정렬] 대화상자에서 [세로]를 선택한 후 ❸[확인]을 누릅니다.

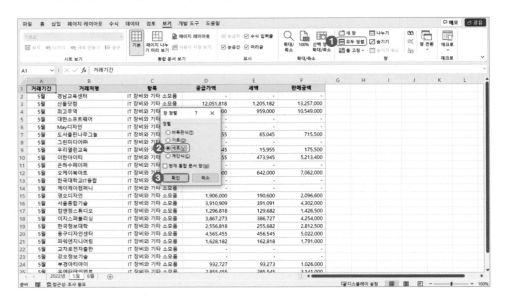

3. 현재 통합 문서가 2개가 열려 세로로 정렬되었죠? 왼쪽 창은 [5월] 시트를, 오른쪽 창은 [6월] 시트를 선택합니다. 데이터를 비교하기 훨씬 쉬워졌습니다.

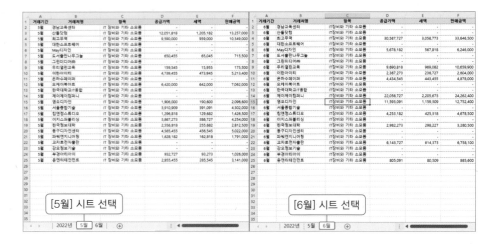

4. 데이터 비교가 끝나면 둘 중 아무 창이나 닫으면 됩니다.

02-5
데이터 정렬 기능 제대로 배우기

• 실습 파일 02-5_실습.xlsx • 완성 파일 02-5_완성.xlsx

거래처 정보를 정리해 놓은 데이터가 있습니다. 데이터 중간에 빈 행이 포함되어 있네요. 오랫동안 수작업으로 데이터를 관리해 온 분이 작성한 거래처 정보 시트입니다. 거래처를 ㄱ~ㅎ 순서로 입력하고 새로운 거래처를 추가할 것에 대비해 중간중간 빈 행을 두었다고 합니다. 하지만 엑셀을 사용한다면 추가할 데이터를 미리 염두에 두고 작성할 필요가 없습니다. **정렬** 기능이 있으니까요. 빈 행을 두지 말고 추가하는 거래처는 맨 마지막 행에 입력하면 됩니다.

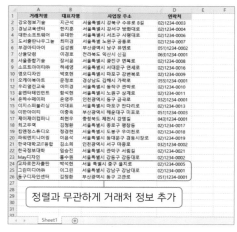

추가할 거래처를 염두에 두고 작성한 거래처 정보   빈 행을 두지 않고 작성한 거래처 정보

오름차순/내림차순 정렬

특정 필드의 값을 기준으로 데이터의 순서를 정하는 것을 **정렬**이라고 합니다. 정렬 방법에는 오름차순 정렬과 내림차순 정렬, 사용자 지정 정렬 방식이 있습니다. 오름차순 정렬은 A → Z, ㄱ → ㅎ, 작은 수 → 큰 수 순으로 정렬하고, 내림차순 정렬은 오름차순의 역순으로 정렬합니다.

정렬할 기준이 하나일 때 필드명을 선택한 후 [텍스트 오름차순 정렬] 또는 [텍스트 내림차순 정렬]을 선택하면 빠르게 정렬할 수 있습니다. 그럼 정렬해 볼까요?

하면 된다! ⟩ 거래처명을 오름차순 또는 내림차순으로 정렬하기

정렬 방법은 아주 간단합니다. 정렬할 기준 셀을 선택한 후 정렬 버튼을 누르면 됩니다.

함께 보면 좋은
동영상 강의

1. 우선 거래처명을 기준으로 오름차순 정렬을 해보겠습니다.
   ❶ [거래처명] 필드를 선택합니다.
   ❷ [데이터] 탭 → [정렬 및 필터] 그룹 → [텍스트 오름차순 정렬]을 선택합니다. 거래처 정보가 오름차순으로 정렬됩니다.

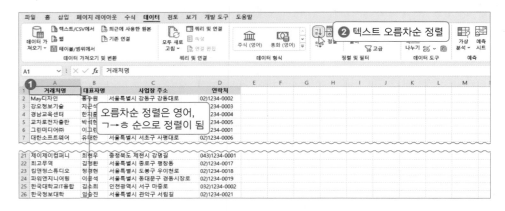

2. 이번에는 거래처명을 기준으로 내림차순 정렬을 해보겠습니다.
   ❶ [거래처명] 필드를 선택합니다.
   ❷ [데이터] 탭 → [정렬 및 필터] 그룹 → [텍스트 내림차순 정렬]을 선택합니다.

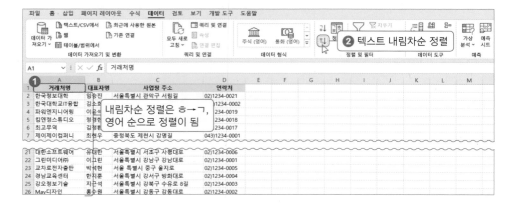

정렬 기준이 여러 개인 경우

[2022년] 시트를 선택하면 거래일자별로 정리된 거래 내역이 있습니다. 거래처명을 오름차순으로 정렬한 후 해당 거래처의 판매금액이 높은 순으로 정렬해 보겠습니다. 먼저 거래처명을 기준으로 오름차순으로 정렬하겠습니다. 앞에서 배운 것과 같이 [거래처명] 필드를 선택하고 [텍스트 오름차순 정렬]을 선택합니다.

이번에는 판매금액이 많은 순으로 정렬하기 위해 [판매금액] 필드를 선택한 후 [텍스트 내림차순 정렬]을 선택합니다.

판매금액이 많은 순으로 정렬했더니 오름차순으로 정렬해 놓은 거래처명 정렬 결과가 취소되어 버렸네요.

	A	B	C	D	E	F	G	H	I	J
1	거래일자	거래처명	품목	규격	단가	수량	공급가액	세액	판매금액	입금액
2	2022-08-30	경남교육센터	노트북2	1.0~1.3kg	1,080,000	10	9,818,182	981,818	10,800,000	10,800,000
3	2022-05-05	산들닷컴	노트북1	1kg 미만	1,260,000					10,800,000
4	2022-09-13	오케이북아트	PC2	i5	990,000					9,900,000
5	2022-10-25	이지스퍼블리싱	PC2	i5	990,000					9,900,000
6	2022-05-25	May디자인	노트북2	1.0~1.3kg	1,080,000	9	8,836,364	883,636	9,720,000	9,720,000
7	2022-01-12	산들닷컴	노트북2	1.0~1.3kg	1,080,000	9	8,836,364	883,636	9,720,000	9,720,000
8	2022-09-07	May디자인	PC2	i5	990,000	9	8,100,000	810,000	8,910,000	8,910,000
9	2022-03-29	그린미디어㈜	PC2			9	8,100,000	810,000	8,910,000	8,910,000
10	2022-04-26	대한소프트웨어	PC2			9	8,100,000	810,000	8,910,000	8,910,000
11	2022-05-23	도서출판나무그늘	PC2			9	8,100,000	810,000	8,910,000	8,910,000
12	2022-10-20	우리열린교육	PC2			9	8,100,000	810,000	8,910,000	8,910,000
13	2022-11-15	우리열린교육	PC2	i5	990,000	9	8,100,000	810,000	8,910,000	8,910,000
14	2022-05-31	이한아이티	PC2	i5	990,000	9	8,100,000	810,000	8,910,000	8,910,000
15	2022-05-10	최고무역	PC2	i5	990,000	9	8,100,000	810,000	8,910,000	8,910,000
16	2022-08-22	한국대학교IT융합	PC2	i5	990,000	9	8,100,000	810,000	8,910,000	8,910,000
17	2022-08-04	도서출판나무그늘	노트북2	1.0~1.3kg	1,080,000	8	7,854,545	785,455	8,640,000	8,640,000
18	2022-12-21	은하수페이퍼	노트북2	1.0~1.3kg	1,080,000	8	7,854,545	785,455	8,640,000	
19	2022-02-11	제이제이컴퍼니	노트북2	1.0~1.3kg	1,080,000	8	7,854,545	785,455	8,640,000	8,640,000

두 번째 정렬 기준인 판매금액이 많은 순으로 정렬됨

첫 번째 정렬 기준인 거래처명 정렬 결과가 취소됨

이렇게 정렬 기준이 2개 이상일 때에는 어떻게 정렬해야 할까요?

하면 된다! } 정렬 기준이 2개 이상일 때 정렬하기

정렬 기준이 2개 이상일 때 정렬하는 방법을 배워보겠습니다.

함께 보면 좋은
동영상 강의

1. ❶ 데이터에서 임의의 셀을 선택하고 [데이터] 탭 → [정렬
   및 필터] 그룹 → [정렬]을 선택합니다.
   ❷ [정렬] 대화상자에서 [정렬 기준]은 거래처명, ❸ [정렬]
   방식은 오름차순을 선택합니다.

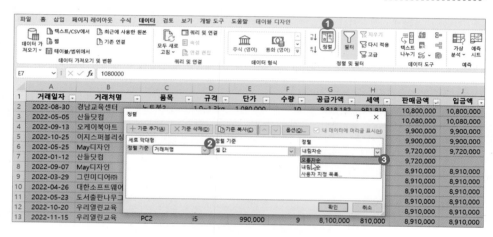

2. ❶ 대화상자에서 [기준 추가]를 선택합니다.
   ❷ 추가된 [다음 기준]에는 판매금액, ❸ [정렬] 방식은 내림차순을 선택한 후 ❹ [확
   인]을 누릅니다.

3. 거래처별로 정리된 결과에서 판매금액이 많은 순으로 정렬되었습니다.

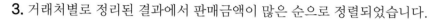

	A	B	C	D	E	F	G	H	I	J
1	거래일자	거래처명	품목	규격	단가	수량	공급가액	세액	판매금액	입금액
2	2022-05-25	May디자인	노트북2	1.0~1.3kg	1,080,000	9	8,836,364	883,636	9,720,000	9,720,000
3	2022-09-07	May디자인	PC2	i5			8,910,000		8,910,000	8,910,000
4	2022-11-14	May디자인	PC1	i7					5,850,000	5,850,000
5	2022-08-11	May디자인	노트북1	1kg 미만	1,260,000	4	4,581,818	458,182	5,040,000	5,040,000
6	2022-05-25	May디자인	PC1	i7	1,170,000	4	4,254,545	425,455	4,680,000	4,680,000
7	2022-11-11	May디자인	PC				4,254,545	425,455	4,680,000	4,680,000
8	2022-12-06	May디자인	PC				4,254,545	425,455	4,680,000	4,680,000
9	2022-09-20	May디자인	노트북1	1kg 미만	1,260,000	3	3,436,364	343,636	3,780,000	3,780,000
10	2022-02-22	May디자인	잉크젯 프린터	컬러	324,000	10	2,945,455	294,545	3,240,000	3,240,000
11	2022-08-11	May디자인	모니터3	30인치	540,000	6	2,945,455	294,545	3,240,000	3,240,000
12	2022-11-11	May디자인	잉크젯 프린터	컬러	324,000	9	2,650,909	265,091	2,916,000	2,916,000
13	2022-02-23	May디자인	모니터3	30인치	540,000	5	2,454,545	245,455	2,700,000	2,700,000

'판매금액'이 내림차순으로 정렬됨

'거래처명'이 오름차순으로 정렬됨

사용자 지정 정렬

직위를 기준으로 오름차순 정렬을 하면 '과장 → 대리 → 부장 → 사원 → 주임' 순으로 정렬되고, 내림차순으로 정렬하면 '주임 → 사원 → 부장 → 대리 → 과장' 순으로 정렬됩니다. 일반적인 '가나다' 순서가 아닌, 회사 내 직위 순인 부장 → 과장 → 대리 → 주임 → 사원 순으로 정렬하려면 어떻게 해야 할까요?

하면 된다! } 회사 내 직위 순으로 정렬하기

1. 회사 내 직위 순으로 정렬하기 위해 [직원현황] 시트를 선택합니다.

❶ 데이터에서 임의의 셀을 선택하고 [데이터] 탭 → [정렬 및 필터] 그룹 → [정렬]을 선택합니다.

❷ [정렬] 대화상자에서 [정렬 기준]은 직위, ❸ [정렬] 방식은 사용자 지정 목록...을 선택합니다.

함께 보면 좋은 동영상 강의

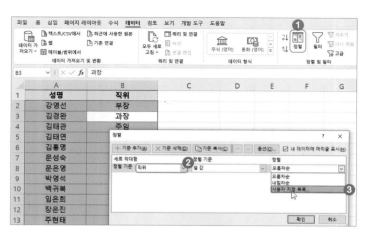

액셀 기본

데이터베이스

수식과 함수

함수 심화

보고용 차트

2. ❶ [사용자 지정 목록] 대화상자에서 [목록 항목]에 부장 과장 대리 주임 사원 순
으로 입력합니다.

❷ [추가]를 눌러 [사용자 지정 목록]에 추가한 후 ❸ [확인]을 누릅니다.

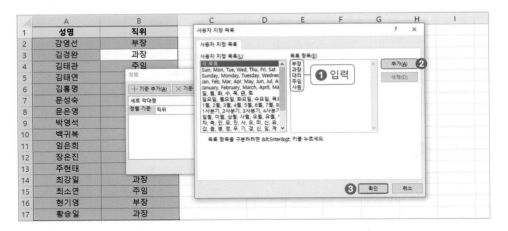

3. ❶ [정렬] 방식을 부장, 과장, 대리, 주임, 사원으로 선택한 후 ❷ [확인]을 누르면
회사 내 직위 순으로 정렬됩니다.

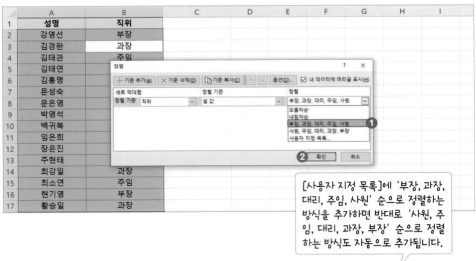

[사용자 지정 목록]에 '부장, 과장,
대리, 주임, 사원' 순으로 정렬하는
방식을 추가하면 반대로 '사원, 주
임, 대리, 과장, 부장' 순으로 정렬
하는 방식도 자동으로 추가됩니다.

02-6
마우스 한두 번 클릭으로 특정 데이터만 뽑아보는 필터

• 실습 파일 02-6_실습.xlsx   • 완성 파일 02-6_완성.xlsx

필터는 방대한 데이터에서 특정 조건에 맞는 데이터만 화면에 나타내는 기능입니다. 마우스로 한두 번 클릭하는 것만으로도 필요한 데이터를 순식간에 뽑아볼 수 있습니다. 거래처명 같은 텍스트로 입력된 데이터뿐만 아니라 날짜, 숫자로 입력된 데이터에도 다양한 조건을 쉽게 적용할 수 있어 데이터를 다루는 업무에서 반드시 알아둬야 할 기능입니다.

하면 된다! } 필터 사용법 익히기

'이지스퍼블리싱'에 거래된 '잉크젯 프린터' 내역만 화면에 나타나도록 필터 조건을 적용해 보고, 조건을 취소하는 방법도 배워보겠습니다.

함께 보면 좋은
동영상 강의

1. ❶ [거래처명] 필드의 필터 버튼(▼)을 누른 후 ❷ (모두 선택)의 체크 표시를 해제합니다.
❸ 스크롤 바를 아래로 내려 이지스퍼블리싱에 체크 표시한 후 ❹ [확인]을 누릅니다.

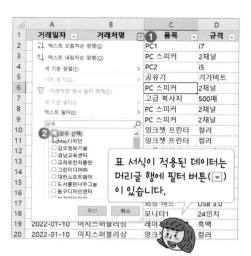

2. '이지스퍼블리싱'에 거래된 내역만 필터되고 조건에 맞지 않는 레코드는 감춰집니다.

	A	B	C	D	E	F	G	H	I	J
1	거래일자	거래처명	품목	규격	단가	수량	공급가액	세액	판매금액	입금액
19	2022-01-10	이지스퍼블리싱	레이저 프린터	흑백	320,000	3	872,727	87,273	960,000	960,000
20	2022-01-10	이지스퍼블리싱	잉크젯 프린터	컬러	324,000	6	1,767,273	176,727	1,944,000	1,944,000
21	2022-01-10	이지스퍼블리싱	PC 스피커	2채널	135,000	10	1,227,273	122,727	1,350,000	1,350,000
164	2022-03-14	이지스퍼블리싱	마우스1	유선	13,500	8	98,182	9,818	108,000	108,000
165	2022-03-14	이지스퍼블리싱	모니터1	24인치	180,000	8	1,309,091	130,909	1,440,000	1,440,000
166	2022-03-14	이지스퍼블리싱	레이저 복합기	흑백	253,800	4	922,909	92,291	1,015,200	1,015,200
252	2022-04-25	이지스퍼블리싱	고급 복사지	500매	3,000	7	19,091	1,909	21,000	21,000
253	2022-04-25	이지스퍼블리싱	모니터1	24인치	180,000	6	981,818	98,182	1,080,000	1,080,000
283	2022-05-10	이지스퍼블리싱	마우스1	유선	13,500	6	73,636	7,364	81,000	81,000
284	2022-05-10	이지스퍼블리싱	레이저 복합기	흑백	253,800	5	1,153,636	115,364	1,269,000	1,269,000
343	2022-06-01	이지스퍼블리싱	PC1	i7	1,170,000	5	5,318,182	531,818	5,850,000	5,850,000
344	2022-06-01	이지스퍼블리싱	잉크젯 프린터	컬러	324,000	5	1,472,727	147,273	1,620,000	1,620,000
345	2022-06-01	이지스퍼블리싱	외장 하드	USB 3.0	58,500	1	53,182	5,318	58,500	58,500
437	2022-07-06	이지스퍼블리싱	잉크젯 프린터	컬러	324,000	9	2,650,909	265,091	2,916,000	2,916,000
438	2022-07-06	이지스퍼블리싱	마우스1	유선	13,500	3	36,818	3,682	40,500	40,500
439	2022-07-06	이지스퍼블리싱	레이저 복합기	흑백	253,800	2	461,455	46,145	507,600	507,600
440	2022-07-06	이지스퍼블리싱	마우스1	유선	13,500	9	110,455	11,045	121,500	121,500
528	2022-08-09	이지스퍼블리싱	PC2	i5	990,000	3	2,700,000	270,000	2,970,000	2,970,000
529	2022-08-09	이지스퍼블리싱	잉크젯 프린터	컬러	324,000	10	2,945,455	294,545	3,240,000	3,240,000
530	2022-08-09	이지스퍼블리싱	마우스1	유선	13,500	10	122,727	12,273	135,000	135,000

3. ❶ 이번에는 [품목] 필드의 필터 버튼(▼)을 누른 후 ❷ (모두 선택)의 체크 표시를 해제합니다.

❸ 스크롤 바를 아래로 내려 잉크젯 프린터에 체크 표시한 후 ❹ [확인]을 누릅니다.

4. [거래처명]과 [품목] 필드에 각각 조건을 적용해 '이지스퍼블리싱'의 '잉크젯 프린터' 거래 내역만 필터됩니다. 필터 버튼을 보면 조건이 적용된 필터 버튼(🔽)과 적용되지 않은 필터 버튼(🔽)의 모습이 구별됩니다.

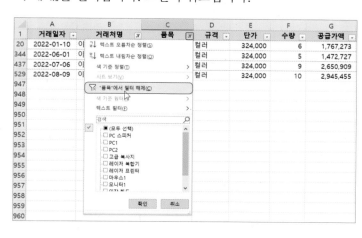

하면 된다! > 필터 조건 지우기

일부 조건 지우기

1. 거래처명 결과는 그대로 둔 상태에서 품목에 적용한 조건만 취소하려면 [품목] 필드의 필터 버튼(🔽)을 눌러 ["품목"에서 필터 해제]를 선택합니다. 조건이 취소됩니다.

함께 보면 좋은
동영상 강의

모든 조건 지우기

2. 거래처명과 품목에 적용된 조건을 한 번에 취소하려면 [데이터] 탭 → [정렬 및 필터] 그룹 → [지우기]를 선택합니다.

질문 있어요! 표 서식이 적용되지 않은 데이터베이스에 필터를 적용하려면?

데이터에서 임의의 셀을 하나 선택한 후 [데이터] 탭 → [정렬 및 필터] 그룹 → [필터]를 선택하거나 Ctrl + Shift + L 을 누르면 됩니다. 각 필드명 옆에 필터 버튼(▼)이 표시됩니다.

필터 적용을 취소하려면 [필터]를 한 번 더 누르거나 Ctrl + Shift + L 을 누르면 됩니다.

텍스트 필터

거래처명, 품목과 같이 텍스트로 입력된 필드에서 필터 버튼(▼)을 누르면 [텍스트 필터] 메뉴가 표시됩니다. 시작 문자와 끝 문자가 같거나 특정 문자를 포함하는 경우의 조건을 지정해 원하는 결과를 정확히 필터할 수 있습니다.

하면 된다! ╠ 텍스트 필터 조건 지정하기

1. ❶ [품목] 필드의 필터 버튼(▼)을 누르고 ❷ [텍스트 필터]
   → [포함]을 선택합니다.

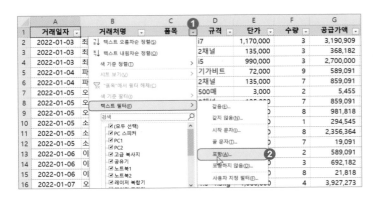

함께 보면 좋은
동영상 강의

2. [사용자 지정 자동 필터] 대화상자에서 ❶ 조건 입력 창에 프린터를 입력한 후 ❷ [확인]을 누릅니다.

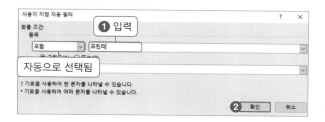

3. 잉크젯 프린터, 레이저 프린터 등 프린터를 포함하는 모든 품목의 거래 내역이 표시됩니다.

	A	B	C	D	E	F	G	H	I	J
1	거래일자	거래처명	품목	규격	단가	수량	공급가액	세액	판매금액	입금액
10	2022-01-05	소프트아이티㈜	잉크젯 프린터	컬러	324,000	1	294,545	29,455	324,000	324,000
11	2022-01-05	소프트아이티㈜	잉크젯 프린터	컬러	324,000	8	2,356,364	235,636	2,592,000	2,592,000
13	2022-01-06	이한아이티	잉크젯 프린터	컬러	324,000	2	589,091	58,909	648,000	648,000
19	2022-01-10	이지스퍼블리싱	레이저 프린터	흑백	320,000	3	872,727	87,273	960,000	960,000
20	2022-01-10	이지스퍼블리싱	잉크젯 프린터	컬러	324,000	6	1,767,273	176,727	1,944,000	1,944,000
33	2022-01-17	최고무역	레이저 프린터	흑백	320,000	5	1,454,545	145,455	1,600,000	1,600,000
50	2022-01-21	영오디자인	레이저 프린터	흑백	320,000	1	290,909	29,091	320,000	320,000
53	2022-01-25	서울종합기술	잉크젯 프린터	컬러	324,000	6	1,767,273	176,727	1,944,000	
66	2022-02-01	한국정보대학	레이저 프린터	흑백	320,000	2	581,818	58,182	640,000	
75	2022-02-04	이한아이티	잉크젯 프린터	컬러	324,000	8	2,356,364	235,636	2,592,000	2,592,000
84	2022-02-10	킴앤정스튜디오	잉크젯 프린터	컬러	324,000	9	2,650,909	265,091	2,916,000	2,916,000
96	2022-02-15	제이제이컴퍼니	레이저 프린터	흑백	320,000	4	1,163,636	116,364	1,280,000	1,280,000
109	2022-02-22	May디자인	잉크젯 프린터	컬러	324,000	10	2,945,455	294,545	3,240,000	3,240,000

4. 이번에는 프린터뿐만 아니라 복합기까지 거래된 내용을 필터해 보겠습니다.
  ❶ 프린터 거래 내역이 필터된 결과를 그대로 두고 다시 [품목] 필드의 필터 버튼 (🔽)을 눌러 [텍스트 필터] → [포함]을 선택합니다.
  ❷ 두 번째 조건 입력 창에 복합기를 입력한 후 ❸ 포함을 선택합니다.
  ❹ 또는을 선택하고 ❺ [확인]을 누릅니다.

텍스트로 된 둘 이상의 조건은 '또는'을 선택해야 합니다.

5. '프린터' 또는 '복합기' 텍스트가 포함된 품목을 모두 표시합니다.

	A	B	C	D	E	F	G	H	I	J
1	거래일자	거래처명	품목	규격	단가	수량	공급가액	세액	판매금액	입금액
10	2022-01-05	소프트아이티㈜	잉크젯 프린터	컬러	324,000	1	294,545	29,455	324,000	324,000
11	2022-01-05	소프트아이티㈜	잉크젯 프린터	컬러	324,000	8	2,356,364	235,636	2,592,000	2,592,000
13	2022-01-06	이한아이티	잉크젯 프린터	컬러	324,000	2	589,091	58,909	648,000	648,000
14	2022-01-06	이한아이티	레이저 복합기	흑백	253,800	3	692,182	69,218	761,400	761,400
19	2022-01-10	이지스퍼블리싱	레이저 프린터	흑백	320,000	3	872,727	87,273	960,000	960,000
20	2022-01-10	이지스퍼블리싱	잉크젯 프린터	컬러	324,000	6	1,767,273	176,727	1,944,000	1,944,000
33	2022-01-17	최고무역	레이저 프린터	흑백	320,000	5	1,454,545	145,455	1,600,000	1,600,000
48	2022-01-20	최고무역	레이저 복합기	흑백	253,800	5	1,153,636	115,364	1,269,000	1,269,000
49	2022-01-21	영오디자인	레이저 복합기	흑백	253,800	7	1,615,091	161,509	1,776,600	1,776,600

숫자 필터

이번에는 단가, 수량, 공급가액 등과 같이 숫자 필터에서 조건을 적용하는 방법을 배워보겠습니다.

하면 된다! ▶ 숫자 필터 조건 적용하기

판매금액이 500만 원 이상인 거래 내역을 필터해 보겠습니다.

함께 보면 좋은
동영상 강의

1. [데이터] 탭 → [정렬 및 필터] 그룹 → [지우기]를 선택해 앞에서 추출한 필터 결과를 지웁니다.

2. ❶ [판매금액] 필드의 필터 버튼(▼)을 눌러 ❷ [숫자 필터] → [크거나 같음]을 선택합니다.

3. ❶ 조건 입력 창에 5000000을 입력하고 ❷ [확인]을 누릅니다.

1	거래일자	거래처명	품목	규격	단가	수량	공급가액	세액	판매금액	입금액
26	2022-01-12	산들닷컴	노트북2	1.0~1.3kg	1,080,000	9	8,836,364	883,636	9,720,000	
87	2022-02-11	제이제이컴퍼니	노트북2	1.0~1.3kg	1,080,000	8	7,854,545	785,455	8,640,000	8,640,000
104	2022-02-18	우리열린교육	노트북1	1kg 미만	1,260,000	4	4,581,818	458,182	5,040,000	5,040,000
114	2022-02-24	영오디자인	노트북2	1.0~1.3kg	1,080,000	6	5,890,909	589,091	6,480,000	6,480,000
136	2022-03-01	영오디자인	PC2	i5	990,000	8	7,200,000	720,000	7,920,000	7,920,000
167	2022-03-15	제이제이컴퍼니	PC2	i5	99				5,940,000	5,940,000
174	2022-03-18	은하수페이퍼	노트북2	1.0~1.3kg	1,08				5,400,000	5,400,000
180	2022-03-21	도서출판나무그늘	노트북2	1.0~1.3kg	1,08			09	5,400,000	5,400,000
195	2022-03-29	그린미디어㈜	PC2	i5	990,000	9	8,100,000	810,000	8,910,000	8,910,000
213	2022-04-07	대한소프트웨어	PC1	i7	1,170,000	5	5,318,182	531,818	5,850,000	5,850,000
243	2022-04-20	은하수페이퍼	PC2	i5	990,000	6	5,400,000	540,000	5,940,000	5,940,000
254	2022-04-26	대한소프트웨어	PC2	i5	990,000	9	8,100,000	810,000	8,910,000	8,910,000
276	2022-05-05	산들닷컴	노트북1	1kg 미만	1,260,000	4	4,581,818	458,182	5,040,000	5,040,000

> 판매금액이 500만 원 이상인 레코드가 필터됨

하면 된다! ⟩ 단가가 100만 원대인 거래 내역 필터하기

앞서 필터한 500만 원 이상인 결과 안에서 이번에는 단가가 100만 원대에 해당하는 내역만 필터해 보겠습니다. 100만 원대면 100만 원 이상, 200만 원 미만이 됩니다. 조건을 지정해 보겠습니다.

1. ❶ [단가] 필드의 필터 버튼(▼)을 눌러 ❷ [숫자 필터] → [해당 범위]를 선택합니다.

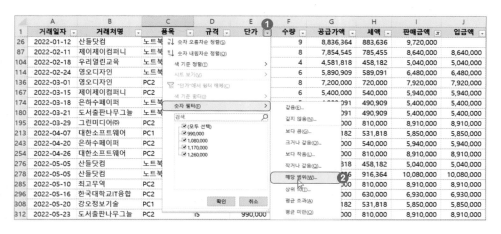

2. ❶ 첫 번째 조건 입력 창에 1000000을 입력합니다. 연산자는 >=(이상) 상태로 그대로 둡니다.

❷ 두 번째 조건 입력 창에 2000000을 입력합니다.

❸ 연산자를 <(미만)으로 변경하고 **❹** [확인]을 누릅니다.

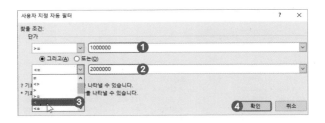

3. 판매금액이 500만 원 이상인 거래 내역 중 단가 100만 원대에 해당하는 거래 내역을 필터했습니다. 현재 결과에서 판매금액이 많은 순으로 정렬하려면 판매금액 필터 버튼(▼)을 눌러 [숫자 내림차순 정렬]을 선택하면 됩니다.

	A	B	C	D	E	F	G	H	I	J
1	거래일자	거래처명	품목	규격	단가	수량	공급가액	세액	판매금액	입금액
26	2022-08-30	경남교육센터	노트북2	1.0~1.3kg	1,080,000	10	9,818,182	981,818	10,800,000	10,800,000
87	2022-05-05	산들닷컴	노트북1	1kg 미만	1,260,000	8	9,163,636	916,364	10,080,000	10,080,000
104	2022-01-12	산들닷컴	노트북2	1.0~1.3kg	1,080,000	9	8,836,364	883,636	9,720,000	
114	2022-05-25	May디자인	노트북2	1.0~1.3kg	1,080,000	9	8,836,364	883,636	9,720,000	9,720,000
174	2022-02-11	제이제이컴퍼니	노트북2	1.0~1.3kg	1,080,000	8	7,854,545	785,455	8,640,000	8,640,000
180	2022-08-04	도서출판나무그늘	노트북2	1.0~1.3kg	1,080,000	8	7,854,545	785,455	8,640,000	8,640,000
213	2022-11-02	한국대학교IT융합	노트북2	1.0~1.3kg	1,080,000	8	7,854,545	785,455	8,640,000	8,640,000
276	2022-12-19	최고무역	노트북2	1.0~1.3kg	1,080,000	8	7,854,545	785,455	8,640,000	
278	2022-12-21	은하수페이퍼	노트북2	1.0~1.3kg	1,080,000	8	7,854,545	785,455	8,640,000	
308	2022-09-22	경남교육센터	노트북2	1.0~1.3kg	1,080,000	7	6,872,727	687,273	7,560,000	7,560,000
323	2022-02-24	영오디자인	노트북2	1.0~1.3kg	1,080,000	6	5,890,909	589,091	6,480,000	6,480,000
343	2022-08-22	경남교육센터	노트북2	1.0~1.3kg	1,080,000	6	5,890,909	589,091	6,480,000	6,480,000
406	2022-06-23	산들닷컴	노트북1	1kg 미만	1,260,000	5	5,727,273	572,727	6,300,000	6,300,000
441	2022-07-06	동구디자인센터	노트북1	1kg 미만	1,260,000	5	5,727,273	572,727	6,300,000	6,300,000
514	2022-09-16	그린미디어㈜	노트북1	1kg 미만	1,260,000	5	5,727,273	572,727	6,300,000	6,300,000
519	2022-09-22	경남교육센터	노트북1	1kg 미만	1,260,000	5	5,727,273	572,727	6,300,000	6,300,000
525	2022-10-18	산들닷컴	노트북1	1kg 미만	1,260,000	5	5,727,273	572,727	6,300,000	6,300,000

상위 10 자동 필터

판매금액이 가장 높은 순으로 10건만 필터해야 한다면 숫자 필터에 있는 상위 10 필터를 사용하면 됩니다. 판매금액이 높은 순으로 또는 낮은 순으로 필터할 데이터 개수를 지정할 수 있고, 상위 몇 %, 하위 몇 %에 해당하는 계산이 필요한 데이터도 계산 없이 쉽게 필터할 수 있습니다.

하면 된다! } 판매금액이 높은 순으로 10건 필터하기

1. [데이터] 탭 → [정렬 및 필터] 그룹 → [지우기]를 선택해 앞에서 추출한 필터 결과를 지웁니다.

함께 보면 좋은
동영상 강의

2. ❶ [판매금액] 필드의 필터 버튼(▼)을 눌러 ❷ [숫자 필터] → [상위 10]을 선택합니다.

	A	B	C	D	E	F	G	H	I	J	K
1	거래일자	거래처명	품목	규격	단가	수량	공급가액	세액	판매금액	입금액	
2	2022-01-03	최고무역	PC1	i7	1,170,000	3	3,19			3,510,000	
3	2022-01-03	최고무역	PC 스피커	2채널	135,000	3	36			405,000	
4	2022-01-03	최고무역	PC2	i5	990,000	3	2,70			2,970,000	
5	2022-01-04	파워엔지니어링	공유기	기가비트	72,000	9	58			648,000	
6	2022-01-04	파워엔지니어링	PC 스피커	2채널	135,000	7	85			945,000	
7	2022-01-05	오케이북아트	고급 복사지	500매	3,000	2					
8	2022-01-05	오케이북아트	PC 스피커	2채널	135,000	7	89				
9	2022-01-05	오케이북아트	PC 스피커	2채널	135,000	8	98				
10	2022-01-05	소프트아이티㈜	잉크젯 프린터	컬러	324,000	1	29				
11	2022-01-05	소프트아이티㈜	잉크젯 프린터	컬러	324,000	8	2,35				
12	2022-01-05	소프트아이티㈜	고급 복사지	500매	3,000	7					
13	2022-01-06	이한아이티	잉크젯 프린터	컬러	324,000	2	58				
14	2022-01-06	이한아이티	레이저 복합기	흑백	253,800	3	69				
15	2022-01-06	이한아이티	고급 복사지	500매	3,000	8					
16	2022-01-07	오케이북아트	노트북2	1.0~1.3kg	1,080,000	4	3,92				
17	2022-01-07	오케이북아트	외장 하드	USB 3.0	58,500	6	31				

3. [상위 10 자동 필터] 대화상자에서 ❶ 상위, 10, 항목이라고 지정되었는지 확인한 후 ❷ [확인]을 누릅니다.

4. 추출된 결과가 15건이나 되네요. 이유는 같은 금액이 있기 때문입니다.

	A	B	C	D	E	F	G	H	I	J
1	거래일자	거래처명	품목	규격	단가	수량	공급가액	세액	판매금액	입금액
26	2022-01-12	산들닷컴	노트북2	1.0~1.3kg	1,080,000	9	8,836,364	883,636	9,720,000	
195	2022-03-29	그린미디어㈜	PC2	i5	990,000	9	8,100,000	810,000	8,910,000	8,910,000
254	2022-04-26	대한소프트웨어	PC2	i5	990,000	9	8,100,000	810,000	8,910,000	8,910,000
278	2022-05-05	산들닷컴	노트북1	1kg 미만	1,260,000	8	9,163,636	916,364	10,080,000	10,080,000
285	2022-05-10	최고무역	PC2	i5	990,000	9	8,100,000	810,000	8,910,000	8,910,000
312	2022-05-23	도서출판나무그늘	PC2	i5	990,000	9	8,100,000	810,000	8,910,000	8,910,000
323	2022-05-25	May디자인	노트북2	1.0~1.3kg	1,080,000	9	8,836,364	883,636	9,720,000	9,720,000
340	2022-05-31	이한아이티	PC2	i5	990,000	9	8,100,000	810,000	8,910,000	8,910,000
565	2022-08-22	한국대학교IT융합	PC2	i5	990,000	9	8,100,000	810,000	8,910,000	8,910,000
587	2022-08-30	경남교육센터	노트북2	1.0~1.3kg	1,080,000	10	9,818,182	981,818	10,800,000	10,800,000
613	2022-09-07	May디자인	PC2	i5	990,000	9	8,100,000	810,000	8,910,000	8,910,000
629	2022-09-13	오케이북아트	PC2	i5	990,000	10	9,000,000	900,000	9,900,000	9,900,000
730	2022-10-20	우리열린교육	PC2	i5	990,000	9	8,100,000	810,000	8,910,000	8,910,000
742	2022-10-25	이지스퍼블리싱	PC2	i5	990,000	10	9,000,000	900,000	9,900,000	9,900,000
813	2022-11-15	우리열린교육	PC2	i5	990,000	9	8,100,000	810,000	8,910,000	8,910,000

질문 있어요! 숫자 필터에 대해 더 알고 싶어요!

하위, 10, 항목을 선택하면 판매금액이 낮은 순으로 10건을 필터합니다.

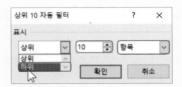

상위, 10, %를 선택하면 판매금액 중 상위 10%에 해당하는 거래 내역을 필터합니다.

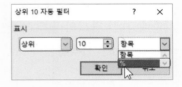

[숫자 필터] → [평균 초과]나 [평균 미만]을 선택하면 전체 판매금액의 평균을 초과하는 거래 내역을 필터하거나 평균에 미달하는 거래 내역을 필터해 볼 수 있습니다.

날짜 필터

[거래일자] 필드와 같은 날짜 필드의 경우 **날짜 필터**를 사용하여 연도별, 월별 또는 주별, 분기별 등 아주 상세한 기간의 결과를 얻을 수 있습니다.

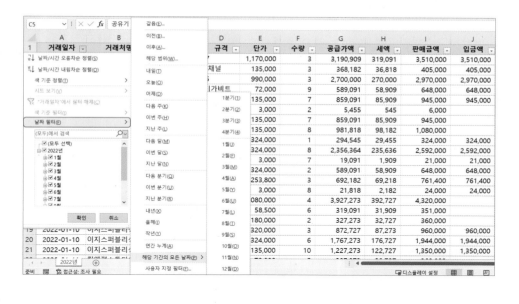

하면 된다! } 교육과 대학이 포함된 거래처의 5월 거래 내역 필터하기

1. [데이터] 탭 → [정렬 및 필터] 그룹 → [지우기]를 선택해
앞의 필터 결과를 지웁니다.

함께 보면 좋은
동영상 강의

2. ❶ [거래일자] 필드의 필터 버튼(▾)을 누릅니다.

❷ (모두 선택)의 체크 표시를 해제하고 ❸ 5월에 체크 표시합니다.

❹ [확인]을 누르면 5월 거래 내역이 필터됩니다.

3. 5월 거래 내역 결과 내에서 '교육'과 '대학'이 포함된 거래 내역을 다시 추출해 보겠습니다.

❶ [거래처명] 필드의 필터 버튼(▼)을 눌러 ❷ [텍스트 필터] → [포함]을 선택합니다.

4. ❶ 첫 번째 조건 입력 창에 교육을 입력합니다.

❷ 두 번째 조건 입력 창에 대학을 입력합니다.

❸ 포함을 선택합니다.

❹ 또는을 선택합니다.

❺ [확인]을 누릅니다.

'교육'과 '대학'이 포함된 거래 내역이 필터되었습니다.

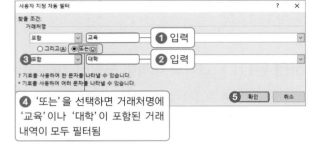

	A	B	C	D	E	F	G	H	I	J
1	거래일자	거래처명	품목	규격	단가	수량	공급가액	세액	판매금액	입금액
271	2022-05-03	우리열린교육	고급 복사지	500매	3,000	9	24,545	2,455	27,000	27,000
272	2022-05-03	우리열린교육	잉크젯 프린터	컬러	324,000	9	2,650,909	265,091	2,916,000	2,916,000
273	2022-05-03	우리열린교육	키보드	멤브레인	18,000	10	163,636	16,364	180,000	180,000
274	2022-05-04	한국정보대학	키보드	멤브레인	18,000	4	65,455	6,545	72,000	72,000
275	2022-05-04	한국정보대학	PC 스피커	2채널	135,000	2	245,455	24,545	270,000	270,000
289	2022-05-11	한국정보대학	키보드	멤브레인	18,000	8	130,909	13,091	144,000	144,000
290	2022-05-11	한국정보대학	외장 하드	USB 3.0	58,500	4	212,727	21,273	234,000	234,000
291	2022-05-12	한국대학교IT융합	레이저 복합기	흑백	253,800	4	922,909	92,291	1,015,200	1,015,200
292	2022-05-12	한국대학교IT융합	고급 복사지	500매	3,000	6	16,364	1,636	18,000	18,000
295	2022-05-16	한국대학교IT융합	외장 하드	USB 3.0	58,500	4	212,727	21,273	234,000	234,000
296	2022-05-16	한국대학교IT융합	PC2	i5	990,000	7	6,300,000	630,000	6,930,000	6,930,000
303	2022-05-19	경남교육센터	PC 스피커	2채널	135,000	3	368,182	36,818	405,000	405,000
304	2022-05-19	경남교육센터	마우스2	무선	21,600	10	196,364	19,636	216,000	216,000
305	2022-05-19	경남교육센터	외장 하드	USB 3.0	58,500	3	159,545	15,955	175,500	175,500
316	2022-05-23	우리열린교육	PC1	i7	1,170,000	2	2,127,273	212,727	2,340,000	2,340,000
317	2022-05-23	우리열린교육	마우스1	유선	13,500	7	85,909	8,591	94,500	94,500
330	2022-05-27	경남교육센터	잉크젯 프린터	컬러	324,000	5	1,472,727	147,273	1,620,000	1,620,000
331	2022-05-27	경남교육센터	노트북2	1.0~1.3kg	1,080,000	3	2,945,455	294,545	3,240,000	3,240,000
947										
948										

2022년 (+)

준비 945개 중 18개의 레코드가 있습니다. 접근성: 조사 필요   디스플레이 설정

하면 된다! ⟩ 3분기에 거래한 내역 필터하기

1. [데이터] 탭 → [정렬 및 필터] 그룹 → [지우기]를 선택해 앞의 필터 결과를 지웁니다.

함께 보면 좋은
동영상 강의

2. 3분기에 해당하는 7월, 8월, 9월에 체크 표시해 필터합니다. [날짜 필터] → [해당 기간의 모든 날짜] → [3분기]를 선택해도 3분기에 거래된 내용을 필터할 수 있습니다.

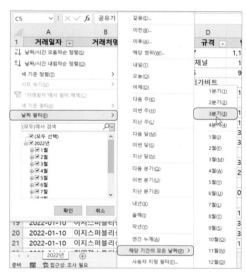

하면 된다! ⟩ 특정 기간에 해당하는 거래 내역 필터하기

이번에는 5월 11일부터 6월 10일까지 거래된 내역을 필터해 보겠습니다. 이제 감이 잡히죠? 날짜 필터에서 해당 범위를 조건으로 지정하면 쉽게 추출할 수 있습니다.

함께 보면 좋은
동영상 강의

1. [데이터] 탭 → [정렬 및 필터] 그룹 → [지우기]를 선택해 앞에서 추출한 필터 결과를 지웁니다.

2. ❶ [거래일자] 필드의 필터 버튼(▼)을 눌러 [날짜 필터] → [해당 범위]를 선택합니다.

❷ 첫 번째 조건 입력 창에 2022-5-11을 입력합니다.

❸ 두 번째 조건 입력 창에 2022-6-10을 입력합니다.

❹ [확인]을 누르면 2022년 5월 11일부터 6월 10일까지의 거래 내역이 필터됩니다.

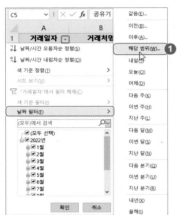

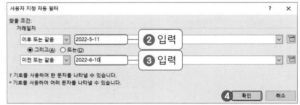

02-7
많은 양의 데이터를 분석하고 집계하는 피벗 테이블

• 실습 파일 02-7_실습.xlsx • 완성 파일 02-7_완성.xlsx

피벗 테이블은 복잡하고 방대한 데이터베이스를 분석하고 집계하는 기능으로 엑셀 기능 중 최고라고 할 수 있을 만큼 실무에 많이 활용됩니다. 마우스 클릭 몇 번, 드래그 몇 번으로 쉽게 집계표를 작성할 수 있습니다.

하면 된다! } 피벗 테이블 작성하기

현재 데이터베이스는 2022년 한 해 동안 판매된 데이터입니다. 이 데이터를 기초로 거래처별 품목에 해당하는 판매금액의 합계를 나타내는 집계표를 작성해 보겠습니다.

함께 보면 좋은
동영상 강의

1. 데이터에서 임의의 셀을 선택하고 [삽입] 탭 → [표] 그룹 → [피벗 테이블]을 선택합니다.

	A	B	C	D	E	F	G	H	I	J
1	거래일자	거래처명	품목	규격	단가	수량	공급가액	세액	판매금액	입금액
2	2022-01-03	최고무역	PC1	i7	1,170,000	3	3,190,909	319,091	3,510,000	3,510,000
3	2022-01-03	최고무역	PC 스피커	2채널	135,000	3	368,182	36,818	405,000	405,000
4	2022-01-03	최고무역	PC2	i5	990,000	3	2,700,000	270,000	2,970,000	2,970,000
5	2022-01-04	파워엔지니어링	공유기	기가비트	72,000	9	589,091	58,909	648,000	648,000
6	2022-01-04	파워엔지니어링	PC 스피커	2채널	135,000	7	859,091	85,909	945,000	945,000
7	2022-01-05	오케이북아트	고급 복사지	500매	3,000	2	5,455	545	6,000	

2. [피벗 테이블 만들기] 대화상자가 실행되고 데이터 범위가 자동으로 선택됩니다. 피벗 테이블을 작성할 위치로 [새 워크시트]가 선택된 상태에서 [확인]을 누릅니다.

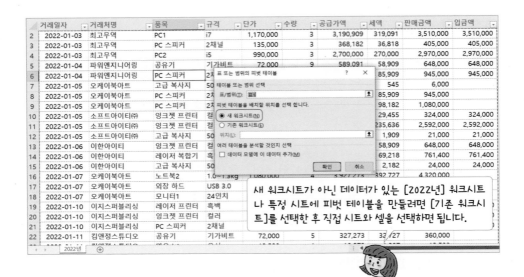

	거래일자	거래처명	품목	규격	단가	수량	공급가액	세액	판매금액	입금액
2	2022-01-03	최고무역	PC1	i7	1,170,000	3	3,190,909	319,091	3,510,000	3,510,000
3	2022-01-03	최고무역	PC 스피커	2채널	135,000	3	368,182	36,818	405,000	405,000
4	2022-01-03	최고무역	PC2	i5	990,000	3	2,700,000	270,000	2,970,000	2,970,000
5	2022-01-04	파워엔지니어링	공유기	기가비트	72,000	9	589,091	58,909	648,000	648,000
6	2022-01-04	파워엔지니어링	PC 스피커	2채	72,000			85,909	945,000	945,000
7	2022-01-05	오케이북아트	고급 복사지	50				545	6,000	
8	2022-01-05	오케이북아트	PC 스피커	2채				85,909	945,000	
9	2022-01-05	오케이북아트	PC 스피커	2채				98,182	1,080,000	
10	2022-01-05	소프트아이티㈜	잉크젯 프린터	컬				29,455	324,000	324,000
11	2022-01-05	소프트아이티㈜	잉크젯 프린터	컬				235,636	2,592,000	2,592,000
12	2022-01-05	소프트아이티㈜	고급 복사지	50				1,909	21,000	21,000
13	2022-01-06	이한아이티	잉크젯 프린터	컬				58,909	648,000	648,000
14	2022-01-06	이한아이티	레이저 복합기					69,218	761,400	761,400
15	2022-01-06	이한아이티	고급 복사지	50				2,182	24,000	24,000
16	2022-01-07	오케이북아트	노트북2	1.0~1.3kg	1,080,000	4	3,927,273	392,727	4,320,000	
17	2022-01-07	오케이북아트	외장 하드	USB 3.0						
18	2022-01-07	오케이북아트	모니터1	24인치						
19	2022-01-10	이지스퍼블리싱	레이저 프린터	흑백						
20	2022-01-10	이지스퍼블리싱	잉크젯 프린터	컬러						
21	2022-01-10	이지스퍼블리싱	PC 스피커	2채널						
22	2022-01-11	킴앤정스튜디오	공유기	기가비트	72,000	5	327,273	32,727	360,000	

새 워크시트가 아닌 데이터가 있는 [2022년] 워크시트나 특정 시트에 피벗 테이블을 만들려면 [기존 워크시트]를 선택한 후 직접 시트와 셀을 선택하면 됩니다.

3. 새 워크시트가 추가되고 피벗 테이블을 작성할 수 있는 상태가 됩니다. 오른쪽에 [피벗 테이블 필드] 창이 실행되는데 이곳에서 피벗 테이블 레이아웃을 설정할 수 있습니다. [보고서에 추가할 필드 선택] 영역을 보면 [2022년] 시트에 있는 일자별 거래 내역 데이터베이스의 필드가 표시됩니다. 왼쪽 영역은 피벗 테이블이 작성될 범위입니다.

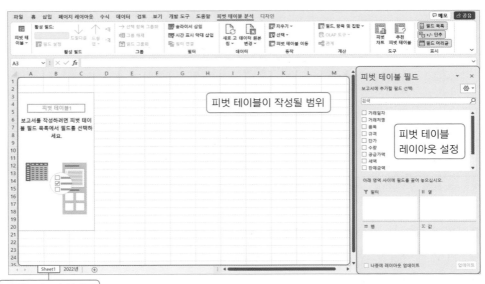

4. [보고서에 추가할 필드 선택] 영역에서 **거래처명, 품목, 판매금액**에 체크 표시합니다. 텍스트 형식의 [거래처명]과 [품목] 필드는 [행] 레이블에 추가되고, 숫자 형식의 [판매금액] 필드는 [값] 영역에 추가됩니다. 필드를 [행] 레이블과 [값] 영역에 추가하는 것만으로 거래처별 품목에 대한 판매금액 합계를 구하는 피벗 테이블이 완성됩니다.

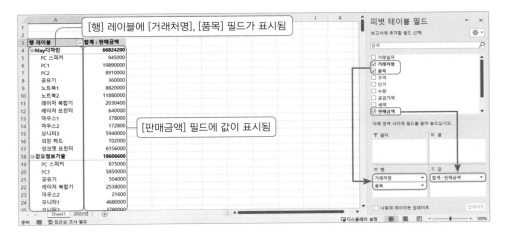

5. ❶ 판매금액 범위인 [B4:B357] 셀을 선택하고 ❷ 마우스 오른쪽 버튼을 눌러 🗳(쉼표 스타일)을 선택합니다. 판매금액의 단위가 읽기 쉬워집니다. 피벗 테이블을 확인해 보면 May디자인의 PC1 판매금액이 19,890,000원인 것을 쉽게 알 수 있습니다.

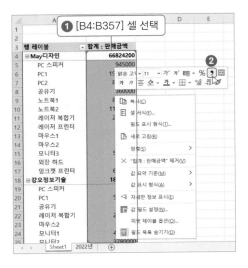

하면 된다! ┊ 피벗 테이블 레이아웃 변경하기

피벗 테이블을 작성한 후에 필드를 추가하거나 제거해 피벗
테이블을 수정할 수 있고, [행] 레이블과 [열] 레이블의 위치
를 변경해 레이아웃을 변경할 수 있습니다.

함께 보면 좋은
동영상 강의

1. [보고서에 추가할 필드 선택] 영역에서 수량, 공급가액, 세
액에 체크 표시합니다. 숫자로 구성된 필드에 체크 표시하면
[값] 영역에 추가되고 피벗 테이블에도 바로 반영됩니다.

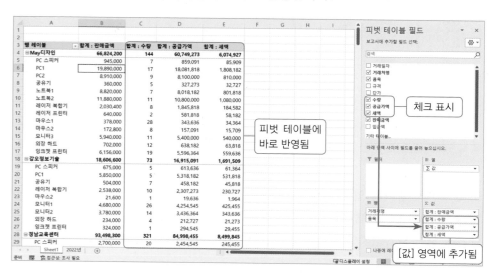

2. '판매금액'을 '세액' 아래로 드래그해 위치를 변경하면 '수량', '공급가액', '세
액', '판매금액' 순으로 피벗 테이블에 표시됩니다. 매번 레이아웃이 다른 피벗 테이
블을 작성할 필요 없이 필드 배열만 변경해 주면 빠르게 레이아웃이 변경됩니다.

3. 이번에는 추가한 '수량', '공급가액', '세액'을 제거해 보겠습니다.

❶ [수량] 필드를 선택해 메뉴가 실행되면 ❷ [필드 제거]를 선택해 [수량] 필드를 제거합니다.

❸ 같은 방법으로 [판매금액]만 남기고 [공급가액], [세액] 필드도 제거합니다.

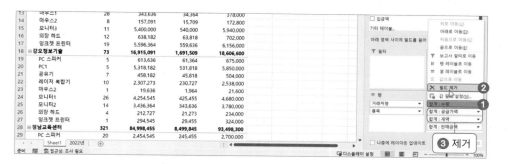

4. [행] 레이블에 추가된 [품목] 필드를 [열] 레이블로 옮겨 피벗 테이블 레이아웃을 변경해 보겠습니다. [품목] 필드를 [열] 레이블로 드래그해 위치를 변경합니다. 피벗 테이블 레이아웃이 쉽게 변경됩니다.

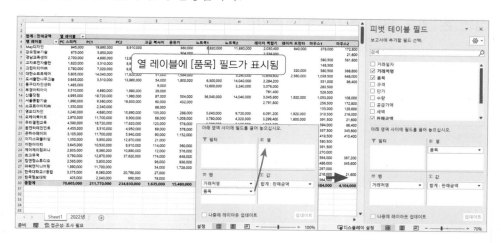

열 레이블에 [품목] 필드가 표시됨

질문 있어요! 피벗 테이블을 작성할 때 레이아웃 설정이 어렵다면?

다음 그림과 같이 오른쪽 [피벗 테이블 필드] 창 아래에도, 왼쪽 피벗 테이블이 작성될 영역에도 크로스를 그려보세요. [피벗 테이블 필드]의 [행] 레이블, [열] 레이블, [값] 영역에 필드를 추가하면 피벗 테이블도 같은 위치에 필드가 배치됩니다.

하면 된다! } 필터 영역에 필드 추가하기

이번에는 [필터] 영역에 필드를 추가해 보겠습니다.

1. [품목] 필드를 [필터] 영역으로 드래그해 위치를 변경합니다.

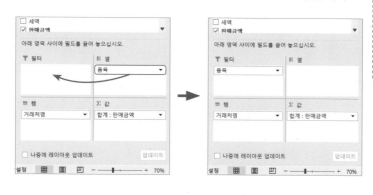

함께 보면 좋은
동영상 강의

2. ❶ [필터] 영역에 추가된 [품목]의 필터 버튼(▼)을 눌러 ❷ 공유기를 선택하고 ❸ [확인]을 누릅니다. 피벗 테이블에 공유기의 거래 내역만 표시됩니다.

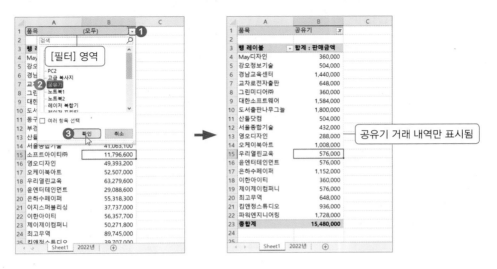

3. 이번에는 '마우스1'과 '마우스2'가 판매된 거래 내역만 필터해 보겠습니다.

❶ [품목]의 필터 버튼(▼)을 누른 후 ❷ [여러 항목 선택]에 체크 표시합니다. 품목명 왼쪽에 체크박스가 생기는데 하나 이상의 품목을 선택할 수 있습니다.

❸ 공유기의 체크 표시를 해제하고 ❹ 스크롤 바를 아래로 내려 마우스1과 마우스2에 체크 표시합니다.

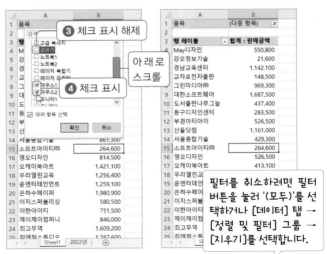

필터를 취소하려면 필터 버튼을 눌러 '(모두)'를 선택하거나 [데이터] 탭 → [정렬 및 필터] 그룹 → [지우기]를 선택합니다.

피벗 테이블은 최소 행과 값의 조합으로 작성

다음과 같이 피벗 테이블의 모양을 갖추려면 최소 [행] 레이블과 [값] 영역에 필드가 추가되어야 합니다.

[값] 영역에만 필드를 추가한 경우

[값] 영역에만 필드를 추가했더니 피벗 테이블에 합계만 표시됩니다. 제대로 된 집계표라고 할 수 없습니다.

[열] 레이블과 [값] 영역에 필드를 추가한 경우

피벗 테이블이 작성되었지만 보기 편한 모양은 아닙니다. 우리는 열 방향으로 입력한 테이블에 익숙하므로 최소 단위의 피벗 테이블을 작성할 때 [열] 레이블과 [값] 영역의 조합보다는 [행] 레이블과 [값] 영역의 조합으로 작성하는 것이 좋습니다.

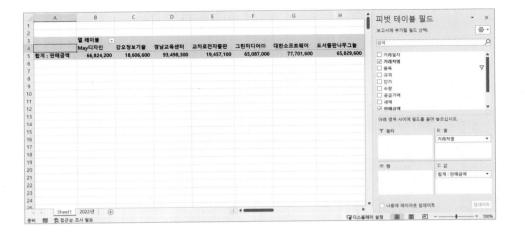

필드 그룹화

거래일자별로 작성한 피벗 테이블을 월별, 분기별, 연도별로 그룹화해 관리할 수 있습니다.

하면 된다! ⟩ 피벗 테이블로 그룹화된 월별/일자별 판매금액 확인하기

이번에는 월별/일자별 판매금액을 집계하는 피벗 테이블을 작성해 보겠습니다.

함께 보면 좋은 동영상 강의

1. ❶ [거래일자] 필드를 [행] 레이블에, ❷ [판매금액] 필드를 [값] 영역에 추가합니다.

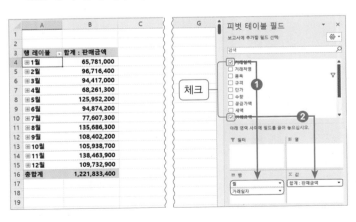

체크

2. 월별로 그룹화된 셀을 보면 ⊞ 버튼이 있습니다. 하위 항목을 포함하고 있다는 의미이며, 버튼을 누르면 일자별 판매금액을 확인할 수 있습니다. ⊟ 버튼을 누르면 하위 항목을 다시 감춥니다.

3. 하위 항목을 한꺼번에 모두 나타낼 수 있습니다.

❶ [1월] 셀을 선택한 후 ❷ 마우스 오른쪽 버튼을 눌러 [확장/축소] → [전체 필드 확장]을 선택하면 모든 일자별 목록이 나타납니다.

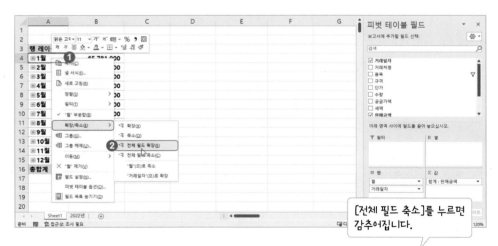

[전체 필드 축소]를 누르면 감추어집니다.

하면 된다! ⟩ 다양한 방법으로 단위를 지정해 날짜 그룹화하기

분기별 판매금액을 집계하는 피벗 테이블을 작성해 보겠습니다.

함께 보면 좋은
동영상 강의

1. ❶ [1월] 셀을 선택한 후 ❷ 마우스 오른쪽 버튼을 눌러 [그룹]을 선택합니다.
   ❸ 일과 월을 선택 해제합니다.

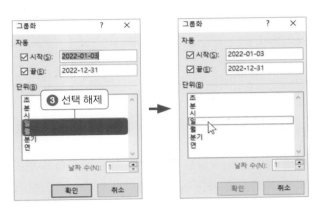

2. ❶ [분기]를 선택하고 ❷ [확인]을 누르면 분기별 판매금액을 집계하는 피벗 테이블이 작성됩니다.

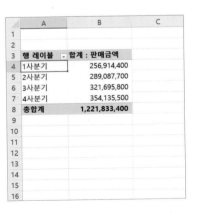

3. 이번에는 15일 간격으로 날짜를 그룹화해 보겠습니다.

❶ [A4] 셀을 선택하고 마우스 오른쪽 버튼을 눌러 [그룹]을 선택합니다.

❷ [그룹화] 대화상자에서 [분기]를 선택 해제하고 ❸ [일]을 선택합니다.

❹ [날짜 수]에 15를 입력하고 ❺ [확인]을 누릅니다.

2022-01-03을 시작으로 15일 간격으로 그룹화되었습니다.

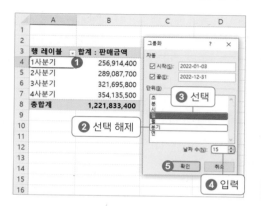

데이터 새로 고침

피벗 테이블이 작성된 이후에는 원본 데이터가 변경되거나 데이터가 추가되더라도 피벗 테이블에 자동으로 반영되지 않습니다. 데이터가 변경되거나 추가되면 피벗 테이블을 새로 고침 해야 합니다.

하면 된다! 〉 피벗 테이블 작성 후 데이터 수정하고 추가하기

1. [Sheet1] 시트에서 날짜 구간 중 임의의 셀을 선택한 후 피벗 테이블을 월 단위로 그룹화하고 다시 월별 판매금액을 집계하는 피벗 테이블로 변경합니다.

함께 보면 좋은 동영상 강의

2. [2022년] 시트를 선택한 후 2022-01-03에 거래된 최고무역의 수량을 3에서 10으로 변경합니다.

	A	B	C	D	E	F	G	H	I	J
1	거래일자	거래처명	품목	규격	단가	수량	공급가액	세액	판매금액	입금액
2	2022-01-03	최고무역	PC1	i7	1,170,000	10	10,636,364	1,063,636	11,700,000	3,510,000
3	2022-01-03	최고무역	PC 스피커	2채널	135,000	3	368,182	36,818	405,000	405,000
4	2022-01-03	최고무역	PC2	i5			00,000	270,000	2,970,000	2,970,000

3 → 10으로 변경

3. [Sheet1] 시트에서 피벗 테이블을 확인해 보면 1월의 판매금액 합계가 65,781,000 으로 변경된 값이 반영되지 않았습니다. 피벗 테이블에서 임의의 셀을 선택한 후 마우스 오른쪽 버튼을 눌러 [새로 고침]을 선택하면 1월 판매금액의 합계가 변경됩니다.

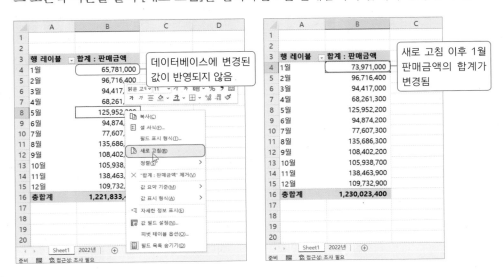

데이터베이스에 변경된 값이 반영되지 않음

새로 고침 이후 1월 판매금액의 합계가 변경됨

4. 이번에는 맨 마지막 행에 데이터를 추가해 보겠습니다. [2022년] 시트를 선택한 후 맨 마지막 행에 다음과 같이 데이터를 추가합니다.

	거래일자	거래처명	품목	규격	단가	수량	공급가액	세액	판매금액	입금액
935	2022-12-26	그린미디어㈜	마우스1	유선	13,500	3	36,818	3,682	40,500	40,500
936	2022-12-27	도서출판나무그늘	PC 스피커	2채널	135,000	10	1,227,273	122,727	1,350,000	1,350,000
937	2022-12-27	서울종합기술	PC2	i5	990,000	7	6,300,000	630,000	6,930,000	6,930,000
938	2022-12-27	서울종합기술	마우스1	유선	13,500	7	85,909	8,591	94,500	94,500
939	2022-12-27	서울종합기술	PC 스피커	2채널	135,000	1	122,727	12,273	135,000	135,000
940	2022-12-28	산들닷컴	마우스1	유선	13,500	6	73,636	7,364	81,000	81,000
941	2022-12-29	May디자인	마우스1	유선	13,500	7	85,909	8,591	94,500	94,500
942	2022-12-29	윤엔터테인먼트	모니터2	27인치	270,000	5	1,227,273	122,727	1,350,000	1,350,000
943	2022-12-29	윤엔터테인먼트	외장 하드	USB 3.0	58,500	9	478,636	47,864	526,500	526,500
944	2022-12-29	윤엔터테인먼트	마우스1	유선	13,500	6	73,636	7,364	81,000	81,000
945	2022-12-30	우리열린교육	노트북2	1.0~1.3kg	1,080,000	2	1,963,636	196,364	2,160,000	2,160,000
946	2022-12-30	우리열린교육	고급 복사지	500매	3,000	9	24,545	2,455	27,000	27,000
947	2022-12-30	우리열린교육	PC1	i7	1,170,000	10	10,636,364	1,063,636	11,700,000	
948										

데이터 추가

5. 데이터가 추가된 경우도 이미 작성된 피벗 테이블에 반영되지 않습니다. 이 경우에도 피벗 테이블에서 임의의 셀을 선택하고 마우스 오른쪽 버튼을 눌러 [새로 고침]을 선택합니다. 12월 금액이 109,732,900에서 121,432,900으로 변경됩니다.

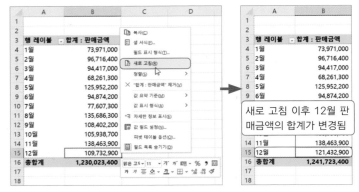

질문 있어요! **표 서식이 적용된 데이터베이스가 아니라면?**

현재 피벗 테이블에서 사용된 데이터베이스는 표 서식이 적용된 데이터입니다. 표 서식이 적용된 데이터베이스는 레코드가 추가되었을 때 자동으로 데이터베이스 범위에 추가된 레코드가 포함됩니다.

표 서식이 적용된 데이터베이스가 아니라면 새로 고침을 하더라도 추가된 레코드의 판매금액이 피벗 테이블에 포함되지 않습니다. 피벗 테이블을 작성할 때 원본 데이터 범위가 고정되었기 때문에 새로 추가된 데이터는 피벗 테이블에 추가할 수 없는 거죠.

그럼 표 서식을 적용하지 않은 데이터베이스를 피벗 테이블 원본 범위로 사용하고 있다면 어떻게 해야 할까요? 이 경우 피벗 테이블에서 임의의 셀을 선택하고 [피벗 테이블 분석] 탭 → [데이터] 그룹 → [데이터 원본 변경]을 선택하면 됩니다.

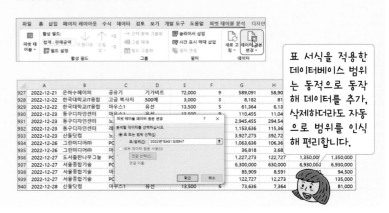

표 서식을 적용한 데이터베이스 범위는 동적으로 동작해 데이터를 추가, 삭제하더라도 자동으로 범위를 인식해 편리합니다.

03

수식과 기본 함수 익히기

김 사원의 이야기

"이번 행사 목표 잘 알고 있죠? 수치가 틀리면 안 되니 정확하게 부탁해요!"
그간 엑셀 특훈이 빛을 발할 때! 어렵게만 느껴지던 엑셀이 이제 익숙해졌지만… 수식과 함수는 또 새로운 영역인 것 같은데? 머리가 새하얘진 김 사원. 그때 이 사원의 한 마디.
"김 사원님~ 혹시 '짤막한 강좌' 알아요?"

03-1 수식에서 실제 값이 아닌 셀 주소를 사용하는 이유

03-2 엑셀 함수의 필요성과 기본 함수 익히기

03-3 개수를 세는 COUNT 함수 활용하기

03-4 지정한 자릿수로 반올림, 올림, 버림하는 함수

03-1
수식에서 실제 값이 아닌 셀 주소를 사용하는 이유

• 실습 파일 03-1_실습.xlsx   • 완성 파일 03-1_완성.xlsx

이번에는 단순히 수식을 작성하기보다 어떻게 하면 효율적으로 계산표를 작성하는지 그 원리를 익히고, 수식을 배우는 데 있어 첫 관문인 셀 참조 방식을 배워보겠습니다. 많은 양의 데이터를 반복적으로 계산해야 한다면 엑셀에서 수식을 작성하고 채우기를 해보세요. 기다릴 틈도 없이 엑셀은 결과를 내줍니다.

함께 보면 좋은
동영상 강의

수식을 작성할 때 빠트릴 수 없는 요소가 연산자입니다. 그중에서도 기본적으로 사용되는 산술 연산자, 연결 연산자, 비교 연산자가 있습니다. 다음 표에 산술 연산자와 연결 연산자를 정리해 놓았습니다.

연산자	기능	연산자	기능
+	더하기	/	나누기
-	빼기	%	백분율
*	곱하기	&	연결 연산자

IT 장비와 기타 소모품 할인 행사 목표를 작성해 놓은 표에서 금액과 할인 금액, 행사 금액을 구해보겠습니다. PC1 금액을 구할 [F5] 셀을 선택하고 =1170000*120 을 입력한 후 Enter 를 누르면 금액이 구해집니다. 엑셀은 계산기니까요.

품목	규격	단가	수량	금액
PC1	i7	1,170,000	120	=1170000*120
모니터3	30인치	540,000	70	
잉크젯 프린터	컬러	324,000	100	
레이저 복합기	흑백	253,800	40	
마우스	무선	13,500	400	
PC 스피커	2채널	135,000	30	
고급 복사지	500매	3,000	2,500	
합계				

금액	할인 금액	행사 금액
		할인율 5%
140400000		

하지만 수량을 120에서 100으로 수정을 했을 때 금액은 수정되지 않습니다. 다시 수식을 수정해 줘야 합니다.

A B	품목	규격	단가	수량	금액
IT 장비와 기타 소모품 할인 행사					
PC1	120 → 100으로 수정			100	140400000
모니터3	30인치		540,000	70	
잉크젯 프린터	컬러		324,000	100	
레이저 복합기	흑백		253,800	40	
마우스	무선		13,500	400	
PC 스피커	2채널		135,000	30	
고급 복사지	500매		3,000	2,500	
합계					

품 할인 행사 목표		
할인율		5%
금액	할인 금액	행사 금액
140400000		

값이 수정될 때마다 이미 작성해 둔 수식을 매번 수정한다면 아주 번거로운 일이겠죠? 그래서 수식을 작성할 때 실제 값을 사용하지 않고 셀 주소를 사용합니다. 셀 주소를 사용해 계산하는 방식을 **셀 참조**라고 합니다.

그럼 셀 주소를 참조하여 수식을 작성해 보겠습니다.

하면 된다! } 셀 주소 참조해 수식 작성하기

1. ❶ [F5] 셀을 선택한 후 =을 입력하고 단가 [D5] 셀을 선택해 참조합니다. 직접 *(곱하기)를 입력하고 수량에 해당하는 [E5] 셀을 선택한 후 Enter 를 누릅니다.
❷ 결과를 구한 [F5] 셀을 선택한 상태에서 마우스 오른쪽 버튼을 눌러 ▌(쉼표 스타일)을 적용합니다.

함께 보면 좋은
동영상 강의

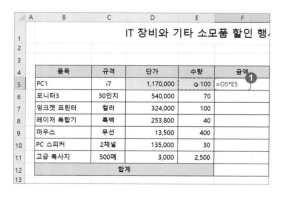

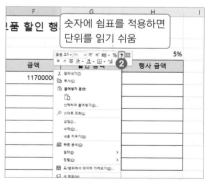

숫자에 쉼표를 적용하면
단위를 읽기 쉬움

2. [E5] 셀의 수량을 120으로 수정한 후 [Enter]를 누릅니다. 금액이 117,000,000 에서 140,400,000으로 변경되었죠? 수식을 수정할 필요가 없습니다. 그래서 실제 값을 사용하지 않고 셀 주소를 참조해 수식을 작성하는 겁니다.

	품목	규격	단가	수량	금액		금액	할인 금액	행사 금액
						할인율			5%
5	PC1	i7	1,170,000	120	117,000,000		140,400,000		
6	모니터3	30인치		70					
7	잉크젯 프린터	컬러	100 → 120으로 수정						
8	레이저 복합기	흑백	253,800	40					
9	마우스	무선	13,500	400					
10	PC 스피커	2채널	135,000	30					
11	고급 복사지	500매	3,000	2,500					
12	합계								

3. 채우기 핸들에 마우스 커서를 맞추고 [F11] 셀까지 드래그해 수식을 복사합니다. 모든 품목의 금액이 구해졌습니다.

	품목	규격	단가	수량	금액		금액	할인 금액	행사 금액
						할인율			5%
5	PC1	i7	1,170,000	120	140,400,000		140,400,000		
6	모니터3	30인치	540,000	70			37,800,000		
7	잉크젯 프린터	컬러	324,000	100			32,400,000		
8	레이저 복합기	흑백	253,800	40	드래그		10,152,000		
9	마우스	무선	13,500	400			5,400,000		
10	PC 스피커	2채널	135,000	30			4,050,000		
11	고급 복사지	500매	3,000	2,500			7,500,000		
12	합계								

상대 참조

앞에서 소개한 것과 같이 PC1의 금액을 구하는 수식을 복사해 나머지 품목에 대한 금액을 구했습니다. 수식을 다시 작성할 필요가 없었죠? 단지 수식을 복사했을 뿐 인데 나머지 품목의 금액이 어떻게 구해졌는지 확인해 보겠습니다.

[F5] 셀을 더블클릭하면 수식을 확인할 수 있는데, 수식에 작성된 셀 주소와 참조된 셀의 색상이 같아 한눈에 참조 셀을 확인할 수 있습니다.

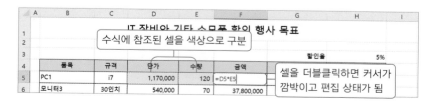

	품목	규격	단가	수량	금액			
			IT 장비와 기타 소모품 할인 행사 목표					
			수식에 참조된 셀을 색상으로 구분					
						할인율		5%
5	PC1	i7	1,170,000	120	=D5*E5	셀을 더블클릭하면 커서가 깜박이고 편집 상태가 됨		
6	모니터3	30인치	540,000	70	37,800,000			

이번에는 [F6] 셀을 더블클릭합니다. 참조 셀이 변했죠? [F5] 셀에 작성한 수식은 =D5*E5였는데 수식을 복사했더니 D6*E6으로 참조 셀이 변했습니다. 이렇게 수식에서 참조한 셀 주소가 변하는 것을 **상대 참조**라고 합니다.

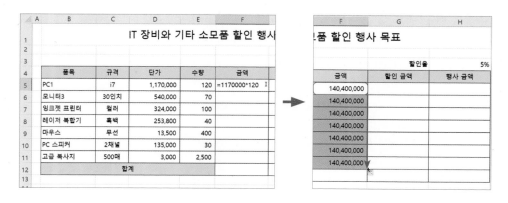

[F7] 셀, [F8] 셀, 그다음 셀도 마찬가지입니다. 상대 참조 방식은 수식을 복사하면 복사한 위치에 맞게 참조 셀도 변합니다. 이렇게 상대 참조 방식 덕분에 반복되는 수식을 여러 번 작성하지 않아도 수식 복사만으로 결과를 쉽고 빠르게 구할 수 있는 거죠. 수식을 작성할 때 실제 값을 사용하지 않고 셀 주소를 참조해야 하는 또 다른 이유가 됩니다.

다음 그림에서처럼 실제 값으로 수식을 작성하여 이를 복사하면 모든 품목의 금액이 140,400,000이 되어버립니다.

절대 참조

이번에는 금액에 할인율을 곱해 할인 금액을 구해보겠습니다. [H3] 셀에 할인율 5%를 입력해 두었습니다. 수식을 작성할 때 바로 5%를 곱해도 되지만 별도의 셀에 할인율을 입력한 이유는 할인율을 꼭 5%가 아닌 7%, 10%로 변경했을 때 할인 금액을 바로 확인할 수 있도록 하기 위해서입니다.

이렇게 변동이 잦은 값을 수식에서 참조할 때 실제 값을 사용하기보다 지금처럼 셀에 값을 입력해 두고 수식에서 참조하는 것이 좋습니다. 그럼 값이 변경되었을 때 매번 수식을 수정하는 것이 아니라 셀의 값만 수정하면 자동으로 계산되기 때문이죠.

할인 금액을 구할 [G5] 셀을 선택하고 =F5*H3으로 수식을 작성한 후 (Enter)를 누릅니다.

	품목	규격	단가	수량	금액	할인 금액	행사 금액
						할인율	5%
5	PC1	i7	1,170,000	120	140,400,000	=F5*H3	
6	모니터3	30인치	540,000	70	37,800,000		
7	잉크젯 프린터	컬러	324,000	100	32,400,000		
8	레이저 복합기	흑백	253,800	40	10,152,000		
9	마우스	무선	13,500	400	5,400,000		
10	PC 스피커	2채널	135,000	30	4,050,000		
11	고급 복사지	500매	3,000	2,500	7,500,000		
12	합계						

(IT 장비와 기타 소모품 할인 행사 목표)

> 변동된 할인 금액을 확인하려면 셀에 할인율을 입력하고 수식에서 셀 주소를 참조하는 것이 좋음

앞에서 배운 대로 할인 금액 수식을 [G11] 셀까지 복사해 나머지 품목의 할인 금액도 구합니다. 그런데 할인 금액은 구해지지 않고 #VALUE!와 −(회계 형식이 적용된 0)이 표시됩니다. [G6] 셀을 더블클릭해 오류를 확인합니다.

	품목	규격	단가	수량	금액	할인 금액	행사 금액
						할인율	5%
5	PC1	i7	1,170,000	120	140,400,000	7,020,000	
6	모니터3	30인치	540,000	70	37,800,000	#VALUE!	-
7	잉크젯 프린터	컬러	324,000	100	32,400,000		-
8	레이저 복합기	흑백	253,800	40	10,152,000		-
9	마우스	무선	13,500	400	5,400,000		-
10	PC 스피커	2채널	135,000	30	4,050,000		-
11	고급 복사지	500매	3,000	2,500	7,500,000		-
12	합계						

(IT 장비와 기타 소모품 할인 행사 목표)

> #VALUE!는 문자가 입력된 셀을 참조했을 때 발생함

오류가 발생하면 먼저 수식을 확인해야 합니다. 처음 [G5] 셀에 작성한 수식은 =F5*H3이었습니다. [G6] 셀의 수식은 =F6*H4입니다. 수식을 복사한 위치만큼 상대 참조되어 PC1의 금액을 참조하던 [F5] 셀은 모니터3의 금액을 참조하도록 [F6] 셀로 변하는 것이 맞지만, 할인율 5%가 있는 [H3] 셀은 변하면 안 됩니다. [G6] 셀의 수식은 모니터3의 금액과 '행사 금액'이라는 문자가 곱하기되어 수식에 오류가 발생한 것입니다.

	품목	규격	단가	수량	금액	할인 금액	행사 금액
						할인율	5%
PC1	i7	1,170,000	120	140,400,000	7,020,000		
모니터3	30인치	540,000	70	37,800,000	=F6*H4		
잉크젯 프린터	컬러	324,000	100	32,400,000			
레이저 복합기	흑백	253,800	40	10,152,000	-		
마우스	무선	13,500	400	5,400,000	-		
PC 스피커	2채널	135,000	30	4,050,000	-		
고급 복사지	500매	3,000	2,500	7,500,000	-		
합계							

IT 장비와 기타 소모품 할인 행사 목표

[G7] 셀도 확인해 보겠습니다. [F5] 셀을 참조하던 수식이 잉크젯 프린터 금액이 있는 [F7] 셀을 상대 참조하고 있고, 할인율이 있는 [H3] 셀도 [H5] 셀을 상대 참조하고 있습니다. [H5] 셀은 빈 셀입니다. 금액에 빈 셀을 곱하면 결과는 0이 됩니다.

	품목	규격	단가	수량	금액	할인 금액	행사 금액
						할인율	5%
PC1	i7	1,170,000	120	140,400,000	7,020,000		
모니터3	30인치	540,000	70	37,800,000	#VALUE!		
잉크젯 프린터	컬러	324,000	100	32,400,000	=F7*H5		
레이저 복합기	흑백	253,800	40	10,152,000	-		
마우스	무선	13,500	400	5,400,000	-		
PC 스피커	2채널	135,000	30	4,050,000	-		
고급 복사지	500매	3,000	2,500	7,500,000	-		
합계							

IT 장비와 기타 소모품 할인 행사 목표

이렇게 할인율 셀은 모든 품목의 금액과 곱해야 하므로 참조 셀이 변하면 안 됩니다. 수식을 작성하고 복사할 때 변하면 안 되는 셀을 참조해야 할 경우가 있습니다. 이 경우 절대 참조 방식을 사용해 수식을 복사하더라도 참조 셀이 변하지 않도록 할 수 있습니다.

하면 된다! } 할인 금액을 구하는 수식으로 절대 참조 방식 익히기

1. ❶ [G5] 셀을 더블클릭한 후 [H3] 셀에 커서를 두고 F4 를 누릅니다. H3이 $H$3으로 변경되었죠? 절대 참조가 된 겁니다.
   ❷ 수식을 복사해 볼까요? 오류 없이 결과가 구해집니다.

함께 보면 좋은 동영상 강의

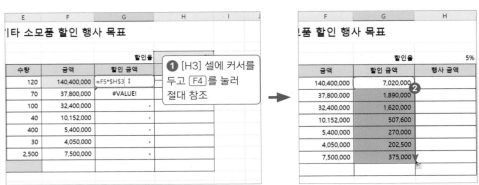

❶ [H3] 셀에 커서를 두고 F4 를 눌러 절대 참조

2. [G6] 셀을 더블클릭합니다. [$H$3] 셀이 고정된 것을 알 수 있습니다. [G7] 셀, [G8] 셀도 더블클릭해 보세요. 모든 품목의 할인 금액 수식은 [H3] 셀과 곱한 것을 확인할 수 있습니다.

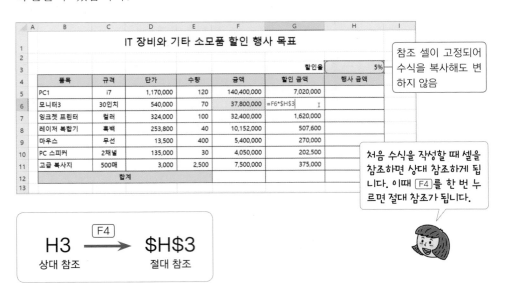

참조 셀이 고정되어 수식을 복사해도 변하지 않음

처음 수식을 작성할 때 셀을 참조하면 상대 참조하게 됩니다. 이때 F4 를 한 번 누르면 절대 참조가 됩니다.

H3 상대 참조 → $H$3 절대 참조 (F4)

3. 행사 금액은 금액에서 할인 금액을 빼면 됩니다. [H5] 셀을 선택하고 수식 =F5-G5를 작성한 후 [Enter]를 누릅니다. 수식을 복사해 나머지 품목의 행사 금액도 구합니다.

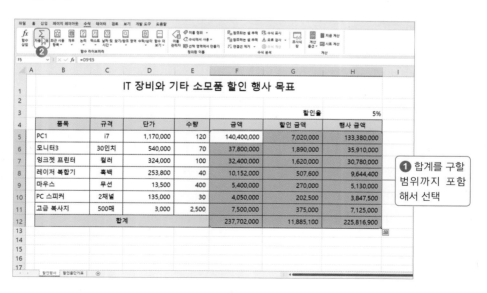

4. 마지막으로 금액, 할인 금액, 행사 금액 합계를 구하겠습니다. 한 번에 합계를 구할 땐 블록 계산식을 사용하면 편리합니다.

❶ [F5:H12] 셀을 선택합니다.

❷ [수식] 탭 → [함수 라이브러리] 그룹 → [자동 합계]를 선택하면 합계가 구해집니다.

5. [H3] 셀에 입력된 할인율을 7%로 수정해 보겠습니다. 수식을 수정할 필요 없이 계산표는 7% 할인율에 맞게 수정됩니다.

	품목	규격	단가	수량	금액	할인 금액	행사 금액
					할인율		7%
4	PC1	i7	1,170,000	120	140,400,000	9,828,000	130,572,000
5	모니터3	30인치	540,000	70	37,800,000	2,646,000	35,154,000
6	잉크젯 프린터	컬러			00	2,268,000	30,132,000
7	레이저 복합기	흑백			00	710,640	9,441,360
8	마우스	무선			00	378,000	5,022,000
9	PC 스피커	2채널			00	283,500	3,766,500
10	고급 복사지	500매	3,000	2,500	7,500,000	525,000	6,975,000
11	합계				237,702,000	16,639,140	221,062,860

> 할인율을 변경하면 할인 금액, 행사 금액이 자동으로 변경됨

> '7' 입력, 표시 형식이 백분율로 적용되어 있어 %를 입력할 필요가 없음

혼합 참조

이번에는 [할인율단가표] 시트를 선택하여 품목별로 5%, 10%, 15% 할인율을 적용해 단가표를 완성해 보겠습니다. 먼저 5% 할인 단가를 구할 [E4] 셀을 선택해 =D4*(1-E3)을 입력한 후 Enter 를 누릅니다. 수식을 복사해 나머지 품목의 할인 단가도 구합니다.

IT 장비와 기타 소모품 할인 단가표

(단위: 원)

품목	규격	단가	5%	10%	15%
PC1	i7	1,170,000	=D4*(1-E3)		
모니터3	30인치	540,000			
잉크젯 프린터	컬러	324,000			
레이저 복합기	흑백	253,800			
마우스	무선	13,500			
PC 스피커	2채널	135,000			
고급 복사지	500매	3,000			

> (1-E3)은 (100%-5%)와 같은 뜻입니다. 괄호 속의 수식은 먼저 계산하라는 의미입니다.

셀이 #으로 채워지기도 하고 결과가 잘못된 것 같네요. [E5] 셀을 더블클릭해 수식을 확인해 보겠습니다. 모니터3의 5% 할인 단가를 구하는 수식에서 5%에 해당하는 [E3] 셀이 아닌 [E4] 셀을 참조하고 있습니다. 수식이 복사되면서 [E3] 셀이 [E4] 셀로 상대 참조한 것입니다.

모니터3도 잉크젯 프린터도 할인율 단가를 구하는 수식은 5%가 있는 셀을 참조해야 하므로 [E3] 셀은 절대 참조가 되어야 합니다.

	A	B	C	D	E	F	G	H	I
3		품목	규격	단가	5%	10%	15%		
4		PC1	i7	1,170,000	1,111,500	1,000,350	850,298		
5		모니터3	30인치	540,000	-600,209,460,000	###########	###########		
6		잉크젯 프린터	컬러	324,000	###########	###########	###########		
7		레이저 복합기	흑백	253,800	###########	###########	###########		
8		마우스	무선	13,500	###########	###########	###########		
9		PC 스피커	2채널	135,000	###########	###########	#NUM!		
10		고급 복사지	500매	3,000	###########	###########	#NUM!		
11									

	A	B	C	D	E	F	G	H	I
3		품목	규격	단가	5%	10%	15%		
4		PC1	i7	1,170,000	1,111,500	1,000,350	850,298		
5		모니터3	30인치	540,000	=D5*(1-E4)	###########	###########		
6		잉크젯 프린터	컬러	324,000	###########	###########	###########		
7		레이저 복합기	흑백	253,800	###########	###########	###########		
8		마우스	무선	13,500	###########	###########	###########		
9		PC 스피커	2채널	135,000	###########	###########	#NUM!		
10		고급 복사지	500매	3,000	###########	###########	#NUM!		
11									

[E4] 셀을 더블클릭한 후 [E3] 셀에 커서를 두고 F4 를 눌러 절대 참조합니다. 수식을 복사해 결과를 확인해 보겠습니다.

	A	B	C	D	E	F	G	H	I
3		품목	규격	단가	5%				
4		PC1	i7	1,170,000	=D4*(1-$E$3)				
5		모니터3	30인치	540,000	-600,209,460,000	###			
6		잉크젯 프린터	컬러	324,000	###########	###########	###########		
7		레이저 복합기	흑백	253,800	###########	###########	###########		
8		마우스	무선	13,500	###########	###	###########		
9		PC 스피커	2채널	135,000	###########	###########	#NUM!		
10		고급 복사지	500매	3,000	###########	###########	#NUM!		
11									

[E3] 셀에 커서를 두고 F4 를 눌러 절대 참조

수식 복사

[E5] 셀을 더블클릭해 수식을 확인해 보니 제대로 [E3] 셀을 참조하고 있습니다. 그럼 [E4:E10] 셀을 선택한 후 [G10] 셀까지 드래그해 수식을 복사합니다.

	A	B	C	D	E	F
3		품목	규격	단가	5%	10%
4		PC1	i7	1,170,000	1,111,500	1,000,350
5		모니터3	30인치	540,000	=D5*(1-$E$3)	-513,
6		잉크젯 프린터	컬러	324,000	307,800	###########
7		레이저 복합기	흑백	253,800	241,110	###########
8		마우스	무선	13,500	12,825	###########
9		PC 스피커	2채널	135,000	128,250	###########
10		고급 복사지	500매	3,000	2,850	###########
11						

더블클릭

	E	F	G
3	5%	10%	15%
4	1,111,500	1,000,350	850,298
5	513,000	-513,179,037,000	###########
6	307,800	###########	###########
7	241,110	###########	###########
8	12,825	######	###########
9	128,250	######	###########
10	2,850	###########	###########
11			

수식 복사

할인율별로 단가가 제대로 구해졌는지 확인해 보겠습니다. 모니터3의 10% 할인 단가에 해당하는 [F5] 셀을 더블클릭합니다. 정확한 수식은 =D5*(1−F3)이 되어야 하는데 단가가 있는 [D5] 셀이 [E5] 셀로 상대 참조되었고, 10%가 있는 [F3] 셀을 참조해야 하는데 [E3] 셀을 절대 참조하고 있어 잘못된 결과가 됩니다.

	A	B	C	D	E	F	G	H	I
3		품목	규격	단가	5%	10%	15%		
4		PC1	i7	1,170,000	1,111,500	1,055,925			
5		모니터3	30인치	540,000	513,000	=E5*(1-$E$3)			
6		잉크젯 프린터	컬러	324,000	307,800	292,410			
7		레이저 복합기	흑백	253,800	241,110	229,055			
8		마우스	무선	13,500	12,825	12,184	11,575		
9		PC 스피커	2채널	135,000	128,250	121,838	115,746		
10		고급 복사지	500매	3,000	2,850	2,708	2,572		
11									

> 수식과 셀의 색상을 보면 참조 셀을 한눈에 확인할 수 있음

이와 같이 가로/세로 방향으로 수식을 복사해 결과를 구하려고 한다면 상대 참조, 절대 참조 방식만으로는 한계가 있습니다. 이럴 때 상대 참조와 절대 참조를 섞어서 사용하는 **혼합 참조** 방식을 사용하면 됩니다.

하면 된다! ⟩ 할인 단가를 구하는 수식으로 혼합 참조 방식 익히기

1. [E4] 셀을 더블클릭한 후 [D4] 셀에 커서를 두고 F4 를 세 번 눌러 $D4로 변경해 열은 고정되고 행은 변하는 혼합 참조를 합니다.

> 함께 보면 좋은 동영상 강의

	A	B	C	D	E		
3		품목	규격	단가			
4		PC1	i7	1,170,000	=$D4*(1-$E$3)	1,055,925	1,003,129
5		모니터3	30인치	540,000	513,000	487,350	462,983
6		잉크젯 프린터	컬러	324,000	307,800		
7		레이저 복합기	흑백	253,800	241,110		
8		마우스	무선	13,500	12,825		
9		PC 스피커	2채널	135,000	128,250		
10		고급 복사지	500매	3,000	2,850		
11							

> 수식을 오른쪽으로 복사하면 [D] 열은 절대 참조되어 참조 셀이 고정됨

> 수식을 아래쪽으로 복사하면 [4] 행은 상대 참조되어 [E5]~[E10] 셀로 참조 셀이 변함

D4	→	$D$4	→	D$4	→	$D4
상대 참조	F4	절대 참조	F4	혼합 참조 행 머리글 고정	F4	혼합 참조 열 머리글 고정

2. 이번에는 $E$3에 커서를 두고 F4를 한 번 눌러 E$3으로 변경해 열은 변하고 행은 고정되는 혼합 참조를 합니다.

	A	B	C	D	E	F	G	H	I
3		품목	규격	단가	5%	10%	15%		
4		PC1	i7	1,170,000	=$D4*(1-E$3)	1,055,925	1,003,129		
5		모니터3	30인치	540,000	513,000	487,350	462,983		
6		잉크젯 프린터	컬러	324,000	307,800				
7		레이저 복합기							
8		마우스							
9		PC 스피커	2채널	135,000	128,250	121,838	115,746		
10		고급 복사지	500매	3,000	2,850	2,708	2,572		
11									

> 수식을 아래쪽으로 복사하면 [3] 행은 고정됨

> 수식을 오른쪽으로 복사하면 [E] 열은 상대 참조되어 [F3], [G3] 셀로 참조 셀이 변함

3. 수식을 복사한 후 수식을 다시 확인해 보겠습니다. [F5] 셀을 더블클릭합니다. 모니터3의 단가 [D5] 셀과 10% 단가 [F3] 셀을 제대로 참조하고 있습니다. 다른 셀도 더블클릭해서 제대로 참조하고 있는지 확인해 보세요.

	A	B	C	D	E	F	G	H	I
3		품목	규격	단가	5%	10%	15%		
4		PC1	i7	1,170,000	1,111,500	1,053,000	994,500		
5		모니터3	30인치	540,000	513,000	=$D5*(1-F$3)	459,000		
6		잉크젯 프린터	컬러	324,000	307,800	291,600	275,400		
7		레이저 복합기	흑백	253,800	241,110	228,420	215,730		
8		마우스	무선	13,500	12,825	12,150	11,475		
9		PC 스피커	2채널	135,000	128,250	121,500	114,750		
10		고급 복사지	500매	3,000	2,850	2,700	2,550		
11									

> 혼합 참조 방식을 처음 배우면 조금 헷갈릴 수 있지만 반복해서 학습하면 익힐 수 있습니다.

03-2
엑셀 함수의 필요성과 기본 함수 익히기

• 실습 파일 03-2_실습.xlsx • 완성 파일 03-2_완성.xlsx

함수의 필요성

거래처별/분기별 판매보고서에서 분기별 평균을 구하려고 합니다. 단순히 사칙 연산을 사용해 평균을 구한다면 거래처 판매 금액을 모두 더한 후 그 결과를 판매 횟수만큼 나누어야 합니다. 먼저 1/4분기 평균을 구해볼까요?

[D30] 셀을 선택하고 수식 =(D4+D5+D8+D10+D11+D12+D13+D14+D15+D16+D17+D18+D19+D20+D21+D22+D23+D24+D25+D26+D27+D29)/22 를 작성합니다.

		거래처명	1/4분기	2/4분기	3/4분기	4/4분기	합계	순위		최고 매출액	
	1	그린미디어㈜	10,060,200	13,168,200	27,851,400	14,007,200				최저 매출액	
	2	May디자인	6,246,000	15,201,900	25,039,000	20,337,300					
	3	강오정보기술		11,592,000	3,960,000	3,054,600					
	4	경남교육센터		22,578,300	56,317,500	14,602,500					
	5	교차로전자출판	12,753,000			6,704,100					
	6	대한소프트웨어		46,985,400	8,924,400	21,791,800					
	7	도서출판나무그늘	18,306,900	14,634,000	13,252,500	19,636,200					
	8	동구디자인센터	5,022,000		6,984,000	12,001,500					
	9	부경아티아이	1,026,000	5,580,000	8,036,400	2,452,500					
	10	산들닷컴	19,168,000	32,853,600	14,209,500	26,463,500					
	11	서울종합기술	4,302,000	3,645,000	8,467,800	24,648,300					
	12	영오디자인	33,765,800	5,018,700	4,086,900	6,521,800					
	13	오케이북아트	7,062,000	13,167,900	16,984,000	15,293,100					
	14	우리얼린교육	11,091,900	5,557,500	9,274,500	37,355,700					
	15	유&아이소프트웨어	1,296,000	175,500	5,292,000	6,156,000					
	16	윤엔터테인먼트	2,730,600	5,922,000	5,559,000	1,957,500					
	17	은하수페이퍼	20,699,700	11,486,400	2,341,500	20,790,700					
	18	이지스퍼블리싱	6,817,200	9,979,500	9,930,600	11,009,700					
	19	이한아이티	9,628,200	14,346,000	26,069,100	6,314,400					
	20	제이제이컴퍼니	32,668,400	7,248,000	3,623,400	6,732,000					
	21	소프트아이티㈜	2,937,000	144,000	6,966,000	1,749,600					
	22	최고무역	33,215,500	27,048,500	15,067,500	14,413,500					
	23	킴엔정스튜디오	6,105,000	1,719,000	1,138,500	30,744,500					
	24	파워엔지니어링	2,236,500	1,042,200	16,492,500	1,778,400					
	25	한국대학교IT융합		14,902,200	13,744,800	23,414,400					
	26	한국정보대학	9,776,500	5,091,900	12,083,000	4,204,700					
		분기별 평균	=(D4+D5+D8+D10+D11+D12+D13+D14+D15+D16+D17+D18+D19+D20+D21+D22+D23+D24+D25+D26+D27+D29)/22								

판매보고서

간단한 평균을 구하는데도 수식이 길고 작성하기 불편한데 복잡하고 양이 많은 데이터를 계산해야 한다면 수식 작성은 더 불편하고 어려워집니다. 엑셀에서는 복잡한 계산도 쉽고 빠르게 할 수 있도록 다양한 종류의 **함수**를 제공하고 있습니다.

그럼 함수를 사용하는 방법을 배워보겠습니다. 엑셀은 사용자가 함수를 쉽고 빠르게 사용할 수 있는 다양한 방법을 제공합니다. 그중 합계와 평균 등과 같이 자주 사용되는 함수들은 [자동 합계] 메뉴를 사용해 마우스를 한 번 클릭하는 것만으로 결과를 구할 수 있어 편리합니다.

하면 된다! } 함수 사용해 평균 구하기

[자동 합계] 메뉴를 사용해 분기별 평균을 구해보겠습니다.

함께 보면 좋은
동영상 강의

1. ❶ [D30] 셀을 선택하고 ❷ [수식] 탭 → [함수 라이브러리] 그룹 → [자동 합계 ▾] → [평균]을 선택합니다.

2. 평균을 구하는 AVERAGE 함수가 작성됩니다. [D4:D29] 셀을 마우스로 드래그해 선택한 후 Enter 를 누릅니다.

		거래처명	1/4분기	2/4분기	3/4분기
3					
4	1	그린미디어㈜	10,060,200	13,168,200	27,851,400
5	2	May디자인	6,246,000	15,201,900	25,039,000
6	3	강오정보기술		11,592,000	3,960,000
7	4	경남교육센터		22,578,300	56,317,500
8	5	교차로전자출판	12,753,000		
9	6	대한소프트웨어		46,985,400	8,924,400
10	7	도서출판나무그늘	18,306,900	14,634,000	13,252,500
11	8	동구디자인센터	5,022,000		6,984,000
12	9	부경아티아이	1,026,000	5,580,000	8,036,400
13	10	산물닷컴	19,168,000	32,853,600	14,209,500
14	11	서울종합기술	4,302,000	3,645,000	8,467,800
15	12	영오디자인	33,765,800	5,018,700	4,086,900
16	13	오케이북아트	7,062,000	13,167,900	16,984,000
17	14	우리컬린교육	11,091,900	5,557,500	9,274,500
18	15	유&아이소프트웨어	1,296,000	175,500	5,292,000
19	16	윤엔터테인먼트	2,730,600	5,922,000	5,559,000
20	17	은하수페이퍼	20,699,700	11,486,400	2,341,500
21	18	이지스퍼블리싱	6,817,200	9,979,500	9,930,600
22	19	이한아이티	9,628,200	14,346,000	26,069,100
23	20	제이제이컴퍼니	32,668,400	7,248,000	3,623,400
24	21	소프트아이티㈜	2,937,000	144,000	6,966,000
25	22	최고무역	33,215,500	27,048,500	15,067,500
26	23	칩앤정스튜디오	6,105,000	1,719,000	1,138,500
27	24	파워엔지니어링	2,236,500	1,042,200	16,492,500
28	25	한국대학교IT융합		14,902,200	13,744,800
29	26	한국정보대학	9,776,500	5,091,900	12,083,000
30		분기별 평균	=AVERAGE(D4:D29)		

> 평균을 구할 1/4분기 판매금액 범위를 드래그한 후 Enter

> AVERAGE 함수는 입력되었지만 평균을 구할 범위가 잘못 인식됨

3. 함수를 사용하니 평균이 너무 쉽게 구해졌죠? [D30] 셀에 작성된 수식을 [G30] 셀까지 복사합니다.

25	22	최고무역	33,215,500	27,048,500	15,067,500	14,413,500	
26	23	김앤정스튜디오	6,105,000	1,719,000	1,138,500	30,744,500	
27	24	파워엔지니어링	2,236,500	1,042,200	16,492,500	1,778,400	
28	25	한국대학교IT융합		14,902,500	13,744,800	23,414,400	
29	26	한국정보대학	9,776,500	5,091,900	12,083,000	4,204,700	
30		분기별 평균	11,677,927	12,045,321	12,867,832	13,620,598	
31							

> 엑셀은 합계와 평균 등과 같이 자주 사용하는 함수는 [자동 합계] 메뉴를 만들어 쉽고 빠르게 사용하도록 하고 있습니다.

하면 된다! } 자동 합계 사용해 합계 구하기

거래처별 1/4분기에서 4/4분기까지의 합계를 구해보겠습니다.

함께 보면 좋은 동영상 강의

1. 합계를 구할 [H4] 셀을 선택한 후 [수식] 탭 → [함수 라이브러리] 그룹 → [자동 합계]를 선택합니다. 합계를 구하는 SUM 함수가 작성되고 자동으로 1/4분기에서 4/4분기까지 범위를 참조합니다.

2. Enter 를 눌러 합계를 구한 후 [H4] 셀 채우기 핸들에 마우스 커서를 맞추고 아래로 드래그하거나 더블클릭해 수식을 복사합니다. 더블클릭은 데이터가 많을 때 수식을 복사하는 방법으로 아주 편리하죠?

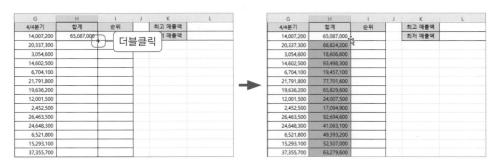

하면 된다! 〉 최고 매출액 구하기

이번에는 전체 판매액에서 가장 매출이 큰 최고 매출액을 구해보겠습니다.

함께 보면 좋은 동영상 강의

1. ❶ 먼저 최고 매출액을 구할 [L3] 셀을 선택합니다.
   ❷ [수식] 탭 → [함수 라이브러리] 그룹 → [자동 합계 ▾]
   → [최대값]을 선택합니다.

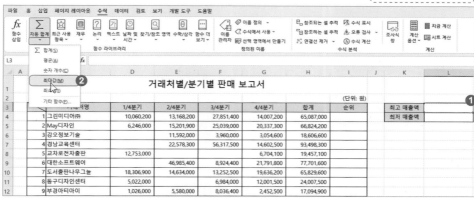

2. 최대값을 구하는 MAX 함수가 입력됩니다. [D4:G29] 셀을 선택하고 (Enter)를 누르면 최고 매출액이 구해집니다.

		거래처명	1/4분기	2/4분기	3/4분기	4/4분기	합계	순위		최고 매출액	=MAX(D4:G29)
										최저 매출액	MAX(number1, [num
4	1	그린미디어㈜	10,060,200	13,168,200	27,851,400	14,007,200	65,087,000				
5	2	May디자인	6,246,000	15,201,900	25,039,000	20,337,300	66,824,200				
6	3	강오정보기술		11,592,000	3,960,000	3,054,600	18,606,600				
7	4	경남교육센터		22,578,300	56,317,500	14,602,500	93,498,300				
8	5	교차로전자출판	12,753,000			6,704,100	19,457,100				
9	6	대한소프트웨어		46,985,400	8,924,400	21,791,800	77,701,600				
10	7	도서출판나무그늘	18,306,900	14,634,000	13,252,500	19,636,200	65,829,600				
11	8	동구디자인센터	5,022,000		6,984,000	12,001,500	24,007,500				
12	9	부경아티아이	1,026,000	5,580,000	8,036,400	2,452,500	17,094,900				
13	10	산들닷컴	19,168,000	32,853,6							
14	11	서울종합기술	4,302,000	3,645,0	드래그해 범위를 수식에 참조						
15	12	영오디자인	33,765,800	5,018,700	4,086,900	6,521,800	49,393,200				
16	13	오케이북아트	7,062,000	13,167,900	16,984,000	15,293,100	52,507,000				
17	14	우리열린교육	11,091,900	5,557,500	9,274,500	37,355,700	63,279,600				
18	15	유&아이소프트웨어	1,296,000	175,500	5,292,000	6,156,000	12,919,500				
19	16	윤엔터테인먼트	2,730,600	5,922,000	5,559,000	1,957,500	16,169,100				
20	17	은하수페이퍼	20,699,700	11,486,400	2,341,500	20,790,700	55,318,300				
21	18	이지스퍼블리싱	6,817,200	9,979,500	9,930,600	11,009,700	37,737,000				
22	19	이한아이티	9,628,200	14,346,000	26,069,100	6,314,400	56,357,700				
23	20	제이제이컴퍼니	32,668,400	7,248,000	3,623,400	6,732,000	50,271,800				
24	21	소프트아이티㈜	2,937,000	144,000	6,966,000	1,749,600	11,796,600				
25	22	최고무역	33,215,500	27,048,500	15,067,500	14,413,500	89,745,000				
26	23	김앤정스튜디오	6,105,000	1,719,000	1,138,500	30,744,500	39,707,000				
27	24	파워엔지니어링	2,236,500	1,042,200	16,492,500	1,778,400	21,549,600				
28	25	한국대학교IT융합		14,902,200	13,744,800	23,414,400	52,061,400				
29	26	한국정보대학	9,776,500	5,091,900	12,083,000	4,204,700	31,156,100				
30		분기별 평균	11,677,927	12,045,321	12,867,832	13,620,596					

판매보고서

[자동 합계 ▾] → [최소값]을 선택한 후 매출액 범위를 지정하면 최저 매출액을 구할 수 있습니다.

RANK.EQ 함수로 순위 구하기

거래처별 판매금액 순위를 구하려면 RANK 함수를 사용하면 됩니다. RANK 함수는 2010 버전 이상부터 RANK.EQ와 RANK.AVG로 구분해 사용할 수 있으며, 이전 버전과의 호환을 위해 RANK 함수를 제공하고 있습니다.

RANK.EQ는 RANK와 동일한 결과를 구하는 함수입니다. 예를 들어 RANK.EQ는 2위가 2명이면 공동 2위가 되고 다음 순위는 3위 없이 4위가 됩니다. RANK.AVG는 공동 순위가 있는 경우 순위의 구간 평균값을 구합니다. 예를 들어 1등이 2명이면 1.5등, 2등이 2명이면 2.5등이 됩니다.

> =RANK.EQ(Number, Ref, Order), =RANK.AVG(Number, Ref, Order)
> - Number: 순위를 구하려는 수입니다.
> - Ref: 순위를 구하기 위해 비교되는 숫자 범위입니다.
> - Order: 순위를 정할 방법을 지정하는 수입니다. 0이나 생략하면 내림차순(큰 값)으로, 0이 아닌 값을 지정하면 오름차순(작은 값)으로 순위가 정해집니다.

하면 된다! 〉 RANK.EQ 함수로 판매 순위 구하기

판매보고서에서 판매 합계가 가장 많은 순으로 순위를 매겨 보겠습니다.

함께 보면 좋은 동영상 강의

1. ❶ 첫 번째 판매 순위를 구할 [I4] 셀을 선택해 =ra라고 입력합니다. 함수 라이브러리가 열리고 RA로 시작하는 모든 함수를 보여줍니다.
❷ RANK.EQ 함수를 더블클릭합니다.

	A	B	거래처명	D	1/4분기	E	2/4분기	F	3/4분기	G	4/4분기	H	최고	I	순위	J	K	최고 매출액	L
2																	(단위: 원)		
3			거래처명		1/4분기		2/4분기		3/4분기		4/4분기		최고		순위			최고 매출액	56,317,500
4		1	그린미디어㈜		10,060,200	13						7,000	=ra				최저 매출액	144,000
5		2	May디자인		6,246,000	15						4,200		RADIANS				
6		3	강오정보기술				11,592,000	3,960,000	3,054,600	18,606,600			RAND				
7		4	경남교육센터				22,578,300	56,317,500	14,602,500	93,498,300			RANDARRAY				
8		5	교차로전자출판		12,753,000			6,704,100	19,457,100			RANDBETWEEN				
9		6	대한소프트웨어				46,985,400	8,924,400			RANK.AVG				
10		7	도서출판나무그늘		18,306,900	14,634,000	13,252,500			RANK.EQ	수 목록 내에서 지정한 수의 크기 순위			
11		8	동구디자인센터		5,022,000		6,984,000	12,001,500	24,007,500		RATE				
12		9	부경아이티아이		1,026,000	5,580,000	8,036,400	2,452,500	17,094,900	RANK				
13		10	산들닷컴		19,168,000	32,853,600	14,209,500	26,463,500	92,694,600				
14		11	서울종합기술		4,302,000	3,645,000	8,467,800	24,648,300	41,063,100				
15		12	영오디자인		33,765,800	5,018,700	4,086,900	6,521,800	49,393,200				
16		13	오케이북아트		7,062,000	13,167,900	16,984,000	15,293,100	52,507,000				
17		14	우리열린교육		11,091,900	5,557,500	9,274,500	37,355,700	63,279,600				

❶ '='과 함수 첫 두 글자 입력

❷ 더블클릭

2. 함수가 입력되면 [함수 삽입 fx]을 누르거나 Ctrl + A을 눌러 [함수 인수] 대화상자를 실행합니다.

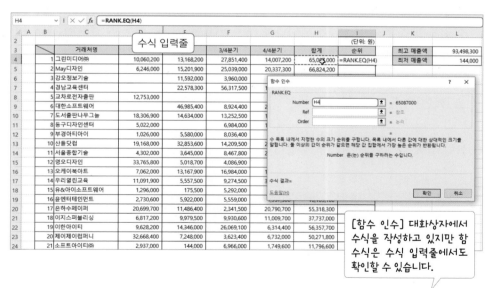

3. Number 인수 입력 창에 커서가 있는 상태에서 [H4] 셀을 선택합니다. Number 인수에 [H4] 셀이 참조되어 입력됩니다. 현재 순위를 구하려는 값은 그린미디어㈜의 합계이기 때문입니다.

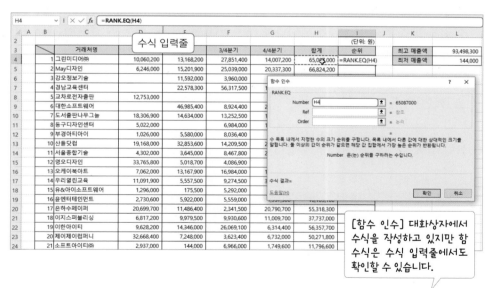

[함수 인수] 대화상자에서 수식을 작성하고 있지만 함 수식은 수식 입력줄에서도 확인할 수 있습니다.

4. 이번에는 Ref 인수 입력 창을 선택한 후 [H4:H29] 셀을 드래그해 참조하고 F4 를 눌러 절대 참조합니다. Ref 인수 입력 창에 $H$4:$H$29가 입력됩니다.

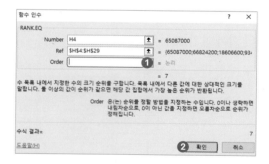

[H4] 셀을 선택한 후 Ctrl + Shift + ↓ 를 누르면 [H4:H29] 셀을 빠르게 선택할 수 있음

여기서 Ref 인수는 [H4] 셀이 몇 번째 큰 값인지 비교할 참조 범위가 됩니다. 이 범위가 절대 참조되어야 하는 이유는 수식을 복사해 다른 거래처의 순위를 구할 때 Ref 인수에 지정한 범위가 변하면 안 되기 때문입니다.

5. ❶ Order 인수는 생략합니다. 생략하거나 0을 입력하면 합계가 많은 경우 1위가 되고, 0이 아닌 값을 입력하면 작은 값이 1위가 됩니다. 지금은 합계가 많은 경우 1위가 되어야 하니까 생략합니다.
❷ [확인]을 누릅니다.

6. [I4] 셀에 작성한 수식을 복사합니다.

	B	거래처명	1/4분기	2/4분기	3/4분기	4/4분기	합계	순위			최고 매출액	
								(단위: 원)				
4	1	그린미디어㈜	10,060,200	13,168,200	27,851,400	14,007,200	65,087,000	7			93,498,300	
5	2	May디자인	6,246,000	15,201,900	25,039,000	20,337,300	66,824,200	5		최저 매출액	144,000	
6	3	강오정보기술		11,592,000	3,960,000	3,054,600	18,606,600	22				
7	4	경남교육센터		22,578,300	56,317,500	14,602,500	93,498,300	1				
8	5	교차로전자출판	12,753,000			6,704,100	19,457,100	21				
9	6	대한소프트웨어		46,985,400	8,924,400	21,791,800	77,701,600	4				
20	17	온하수페이퍼	20,699,700	11,486,400	2,341,500	20,790,700	55,318,300	10				
21	18	이지스퍼블리싱	6,817,200	9,979,500	9,930,600	11,009,700	37,737,000	17		수식 복사		
22	19	이한아이티	9,628,200	14,346,000	26,069,100	6,314,400	56,357,700	9				
23	20	제이제이컴퍼니	32,668,400	7,248,000	3,623,400	6,732,000	50,271,800	13				
24	21	소프트아이티㈜	2,937,000	144,000	6,966,000	1,749,600	11,796,600	26				
25	22	최고무역	33,215,500	27,048,500	15,067,500	14,413,500	89,745,000	3				
26	23	킴앤정스튜디오	6,105,000	1,719,000	1,138,500	30,744,500	39,707,000	16				
27	24	파워엔지니어링	2,236,500	1,042,200	16,492,500	1,778,400	21,549,600	20				
28	25	한국대학교IT융합		14,902,200	13,744,800	23,414,400	52,061,400	12				
29	26	한국정보대학	9,776,500	5,091,900	12,083,000	4,204,700	31,156,100	18				
30		분기별 평균	11,677,927	12,045,321	12,867,832	13,620,596						

판매보고서

03-3
개수를 구하는 COUNT 함수 활용하기

• 실습 파일 03-3_실습.xlsx • 완성 파일 03-3_완성.xlsx

COUNT 함수로 숫자가 입력된 셀 개수 구하기

거래처 입금내역에서 입금이 완료된 거래처 수를 구하려면
COUNT 함수를 사용하면 됩니다. COUNT 함수는 셀 범위
에서 숫자 셀의 개수만 세는 함수로 [수식] 탭 → [함수 라이
브러리] 그룹 → [자동 합계 ⬇] → [숫자 개수]를 선택하면
쉽게 구할 수 있습니다.

함께 보면 좋은
동영상 강의

=COUNT(Value1, Value2, ...)
• Value1, Value2, ...: 255개의 인수로서 개수를 구할 값과 셀입니다.

[H2] 셀을 선택하고 [수식] 탭 → [함수 라이브러리] 그룹 → [자동 합계 ⬇] → [숫
자 개수]를 선택합니다.

A	B	C	D	E	F	G	H	I
1				(단위: 원)				
2		판매액	입금액	사은품		입금 완료 거래처 수		
3		65,087,000	65,087,000			미입금 거래처 수		
4	May디자인	66,824,200	66,824,200	y		사은품 지급 거래처 수		
5	강오정보기술	18,606,600						
6	경남교육센터	93,498,300	93,498,300					
7	교차로전자출판	19,457,100	19,457,100					
8	대한소프트웨어	77,701,600	77,701,600	y				
9	도서출판나무그늘	65,829,600	65,829,600	y				
10	동구디자인센터	24,007,500	24,007,500	y				
11	부경아티아이	17,094,900		y				
12	산들닷컴	92,694,600	92,694,600	y				
13	서울종합기술	41,063,100						
14	영오디자인	49,393,200	49,393,200					
15	오케이북아트	52,507,000	52,507,000					
16	우리열린교육	63,279,600						
17	윤엔터테인먼트	12,919,500	12,919,500					
18	은하수페이퍼	55,318,300	55,318,300					
19	이지스퍼블리싱	37,737,000	37,737,000	y				
20	이한아이티	56,357,700	56,357,700	y				
21	제이제이컴퍼니	50,271,800	50,271,800					
22	소프트아이티㈜	11,796,600	11,796,600					
23	최고무역	89,745,000						

개수를 구하는 COUNT 함수가 입력됩니다. [D3:D27] 셀을 선택하고 Enter 를 누르면 입금 완료 거래처 수 19가 구해집니다.

	A	B	C	D	E	F	G	H	I
1									
2		거래처명	판매액	입금액	사은품		입금 완료 거래처 수	=COUNT(D3:D27)	
3		그린미디어㈜	65,087,000	65,087,000			미입금 거래처 수	COUNT(value1, [value2], ...)	
4		May디자인	66,824,200	66,824,200	y		사은품 지급 거래처 수		
5		강오정보기술	18,606,600						
6		경남교육센터	93,498,300	93,498,300					
7		교차로전자출판	19,457,100	19,457,100					
8		대한소프트웨어	77,701,600	77,701,600	y		입금 완료 거래처 수	19	
9		도서출판나무그늘	65,829,600	65,829,600	y		미입금 거래처 수		
10		동구디자인센터	24,007,500	24,007,500	y		사은품 지급 거래처 수		
11		부경아이티아이	17,094,900		y				
12		산들닷컴	92,694,600	92,694,600	y				
13		서울종합기술	41,063,100						
14		영오디자인	49,393,200	49,393,200					
15		오케이북아트	52,507,000	52,507,000		드래그			
16		우리열린교육	63,279,600						
17		윤엔터테인먼트	12,919,500	12,919,500					
18		은하수페이퍼	55,318,300	55,318,300					
19		이지스퍼블리싱	37,737,000	37,737,000	y				
20		이한아이티	56,357,700	56,357,700	y				
21		제이제이컴퍼니	50,271,800	50,271,800					
22		소프트아이티㈜	11,796,600	11,796,600					
23		최고무역	89,745,000						
24		킴앤정스튜디오	39,707,000	39,707,000					
25		파워엔지니어링	21,549,600						
26		한국대학교IT융합	52,061,400	52,061,400	y				
27		한국정보대학	31,156,100	31,156,100	y				
28									

COUNTBLANK 함수로 빈 셀 개수 구하기

입금이 되지 않은 미입금 거래처 수를 구하려면 빈 셀의 개수를 세는 COUNTBLANK 함수를 사용하면 됩니다. COUNTBLANK 함수는 [자동 합계] 메뉴에서 제공되는 함수가 아니기 때문에 직접 함수식을 작성해야 합니다. 그럼 COUNTBLANK 함수를 사용해 미입금 거래처 수를 구해보겠습니다.

=COUNTBLANK(Range)
• Range: 빈 셀의 개수를 구하려는 셀 범위입니다.

[H3] 셀을 선택한 후 =COU를 입력하고 함수 라이브러리에서 COUNTBLANK 함수를 더블클릭합니다. 빈 셀 개수를 셀 입금액 범위 [D3:D27]을 선택한 후 괄호를 닫고 Enter 를 누릅니다. 미입금 거래처 수 6이 구해집니다.

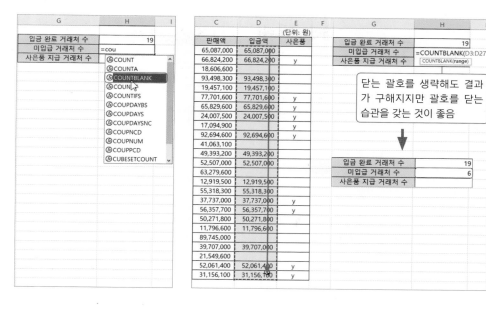

COUNTA 함수로 문자가 입력된 셀 개수 구하기

이번에는 사은품이 지급된 거래처 수를 구해보겠습니다. [자동 합계 ▼]를 누르면
나오는 [숫자 개수]는 COUNT 함수로 숫자가 입력된 셀의 개수를 세는 함수입니
다. 사은품을 지급한 경우는 사은품 범위에 'y'가 입력되어 COUNT 함수를 사용해
개수를 구할 수 없습니다. 이 경우에는 숫자와 문자가 입력된 셀의 개수를 모두 구
하는 COUNTA 함수를 사용하면 됩니다.

> =COUNTA(Value1, [Value2], ...)
> • Value1, Value2, ...: 255개의 인수로서 개수를 구할 값과 셀입니다.

[H4] 셀을 선택한 후 =COU를 입력하고 함수 라이브러리에서 COUNTA 함수를
더블클릭합니다. 사은품 범위에 해당하는 [E3:E27] 셀을 드래그해 인수로 지정한
후 괄호를 닫고 Enter 를 누릅니다. 사은품 지급 거래처 수 10이 구해집니다.

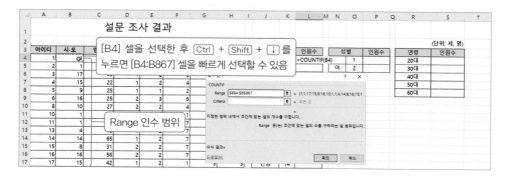

	거래처명	판매액	입금액	사은품			
				(단위: 원)		입금 완료 거래처 수	19
	그린미디어㈜	65,087,000	65,087,000			미입금 거래처 수	6
	May디자인	66,824,200	66,824,200	y		사은품 지급 거래처 수	=COUNTA(E3:E27
	강오정보기술	18,606,600					COUNTA(value1, [value2], ...)
	경남교육센터	93,498,300	93,498,300				
	교차로전자출판	19,457,100	19,457,100				
	대한소프트웨어	77,701,600	77,701,600	y		입금 완료 거래처 수	19
	도서출판나무그늘	65,829,600	65,829,600	y		미입금 거래처 수	6
	동구디자인센터	24,007,500	24,007,500	y		사은품 지급 거래처 수	10
	부경아이앤아이	17,094,900		y			
	산들닷컴	92,694,600	92,694,600	y			
	서울종합기술	41,063,100					
	영오디자인	49,393,200	49,393,200				
	오케이북아트	52,507,000	52,507,000				
	우리열린교육	63,279,600					
	윤엔터테인먼트	12,919,500	12,919,500				
	은하수페이퍼	55,318,300	55,318,300				
	이지스퍼블리싱	37,737,000	37,737,000	y			
	이한아이티	56,357,700	56,357,700	y			
	제이제이컴퍼니	50,271,800	50,271,800				
	소프트아이티㈜	11,796,600	11,796,600				
	최고무역	89,745,000					
	킴앤정스튜디오	39,707,000	39,707,000				
	파워엔지니어링	21,549,600					
	한국대학교IT융합	52,061,400	52,061,400	y			
	한국정보대학	31,156,100	31,156,100	y			

COUNTIF 함수로 조건에 맞는 인원수 구하기

이번에는 [설문조사] 시트의 설문 조사 결과를 가지고 시·도별 인원수를 구해보겠습니다. 이와 같이 특정 조건에 맞는 셀의 개수를 구할 때 COUNTIF 함수를 사용합니다.

> =COUNTIF(Range, Criteria)
> - Range: 조건에 맞는 셀의 수를 구하려는 셀 범위입니다.
> - Criteria: 숫자, 수식, 텍스트 형태의 조건입니다.

[L4] 셀을 선택하고 =COUNTIF(를 입력한 후 Ctrl + A 를 눌러 [함수 인수] 대화 상자를 실행합니다. Range 인수에 조건에 맞는 셀의 개수를 구할 설문조사 결과표의 시·도 범위인 [B4:B867] 셀을 지정한 후 F4 를 눌러 절대 참조합니다.

Criteria 인수에는 조건에 해당하는 [K4] 셀을 지정하고 [확인]을 누릅니다.

[L4] 셀의 수식을 복사해 시·도별 인원수를 구합니다.

같은 방법으로 성별 인원수도 구해보겠습니다. [P4] 셀을 선택하고 =COUNTIF(를 입력한 후 [함수 인수] 대화상자를 실행합니다. Range 인수에 성별 범위에 해당하는 [D4:D867] 셀을 지정한 후 절대 참조하고, Criteria 인수에 [O4] 셀을 지정한 후 [확인]을 누릅니다.

수식을 복사해 남/여 인원수를 구합니다.

시·도		인원수		성별		인원수		연령	인원수
								(단위: 세, 명)	
서울	1	129		남	1	443		20대	
부산	2	60		여	2	421		30대	
대구	3	42						40대	
인천	4	49						50대	
광주	5	31						60대	
대전	6	35							

COUNTIFS 함수로 두 개 이상의 조건에 맞는 인원수 구하기

연령별 인원수를 구할 집계표를 작성할 때 조건이 되는 연령은 숫자로 입력해야 합니다. 만일 20이 아닌 20대라고 입력하면 문자로 인식되어 오류가 납니다. 따라서 연령은 숫자 20, 30, 40 순으로 입력하고 표시 형식을 적용해 단위를 표시합니다.

[설문조사] 시트에서 [R4:R8] 셀을 선택한 후 Ctrl + 1 을 눌러 [셀 서식] 대화상자를 실행합니다. [표시 형식] 탭 → [사용자 지정] 범주를 선택한 후 형식 입력 창에 0"대"를 입력하고 [확인]을 누릅니다.

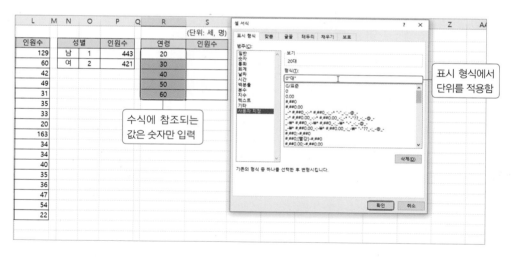

인원수를 구할 조건은 2개입니다. 20대 인원수는 20~29까지 해당하는 인원수를 구해야 합니다. 20 이상, 29 이하가 되는 거죠. 이렇게 둘 이상의 조건에 맞는 인원수(개수)를 구하는 함수가 COUNTIFS 함수입니다. 앞에서 배운 COUNTIF 함수는 하나의 조건에 맞는 개수를 구하는 함수이고, 둘 이상의 조건에 맞는 개수를 구하려면 COUNTIFS 함수를 사용해야 합니다.

> =COUNTIFS(Criteria_range1, Criteria1, ... Criteria_range127, Criteria127)
> • Criteria_range1: 첫 번째 조건을 검사할 셀 범위입니다.
> • Criteria1: 숫자, 수식, 텍스트 형태의 조건입니다.

COUNTIFS 함수를 사용해 연령대별 인원수를 구하는 수식을 작성해 보겠습니다. [S4] 셀을 선택한 후 =COUNTIFS(를 입력하고 [함수 인수] 대화상자를 실행합니다. Criteria_range1과 Criteria1은 첫 번째 조건을 작성하는 인수입니다. Criteria_range1 인수에 연령 범위에 해당하는 [C4:C867] 셀을 지정한 후 F4 를 눌러 절대 참조합니다. 그런 다음 Criteria1 인수에 >=를 입력한 후 [R4] 셀을 참조하고 다음 조건을 작성할 Criteria_range2 인수 입력 창을 선택합니다. 그런데 Criteria1에 작성한 인수가 문자열로 처리됩니다.

실제 값을 조건으로 작성하면 큰따옴표로 묶어(예: ">=20") 작성하는 것이 맞습니다. 이번 예시는 실제 값이 아니라 셀 주소를 참조합니다. 조건이 ">=R4"로 작성되면 R4는 셀 주소가 아닌 문자열로 처리되어 원하지 않는 결과가 발생합니다.

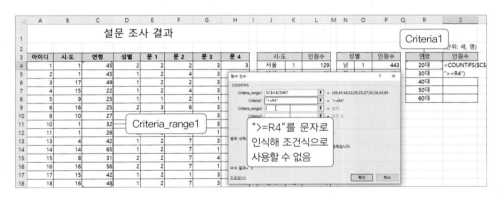

그럼 셀 주소를 참조하는 조건식은 어떻게 작성할까요? >=을 큰따옴표로 묶어주고 &(연결 연산자)를 사용해 셀 주소를 참조합니다. 즉 조건식은 ">="&R4가 됩니다. 조건식을 작성하는 규칙이니까 꼭 기억해 두세요.

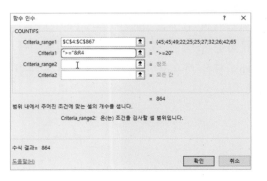

이번에는 연령이 29세 이하라는 조건을 작성하겠습니다. Criteria_range2 인수에 다시 설문조사 결과 표의 연령 범위 [C4:C867] 셀을 지정한 후 절대 참조하고, Criteria2 인수에 "<="&R4+9를 입력한 후 [확인]을 누릅니다. [R4] 셀의 20에 9를 더해 29 이하라는 조건이 작성됩니다.

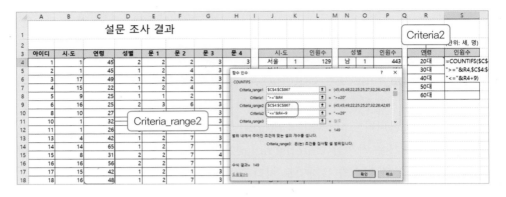

첫 번째 조건 20 이상, 두 번째 조건 29 이하에 맞는 인원수가 구해졌습니다. 수식을 복사해 60대까지 인원수를 구합니다.

COUNTIF, COUNTIFS 함수를 사용해 시·도별 인원수, 성별 인원수, 연령대별 인원수를 구해보았습니다. 조건에 따라 함수를 구분해 사용했는데, 자격증 시험처럼 특정 함수가 명시된 경우가 아니라면 실무에서는 조건이 한 개든 두 개 이상이든 COUNTIFS 함수를 사용하면 됩니다.

지금까지 함수를 사용해 조건에 맞는 인원수를 구해보았는데 연령대별 인원수를 구하는 규칙이 조금 어려웠죠? 인원수를 구하는 방법으로 02장에서 배웠던 피벗 테이블을 사용하면 쉽게 같은 결과를 구할 수 있습니다.

하면 된다! } 피벗 테이블로 연령별 인원수 구하기

1. ❶ [설문조사] 시트의 표 내부에 있는 임의의 셀을 하나 선
택한 후 ❷ [삽입] 탭 → [표] 그룹 → [피벗 테이블]을 선택합
니다.

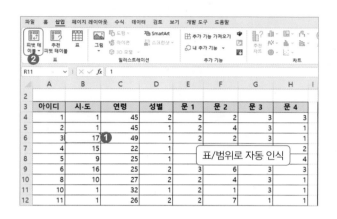

2. [표 또는 범위의 피벗 테이블] 대화상자에 [A3:H867] 셀이 자동으로 표/범위로
지정됩니다.

　❶ [피벗 테이블을 배치할 위치를 선택합니다]에서 기존 워크시트를 선택한 후 ❷
[R11] 셀을 선택하고 ❸ [확인]을 누릅니다.
　[R11] 셀을 시작으로 피벗 테이블이 작성됩니다.

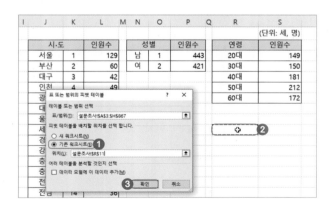

3. 오른쪽 [피벗 테이블 필드] 작업 창에서 **연령** 필드를 [행] 레이블로 드래그한 후 다시 [값] 영역으로 한 번 더 드래그해 추가합니다. 연령별 합계가 구해졌습니다. 인원수를 구하려면 합계가 아닌 개수로 지정해야 합니다.

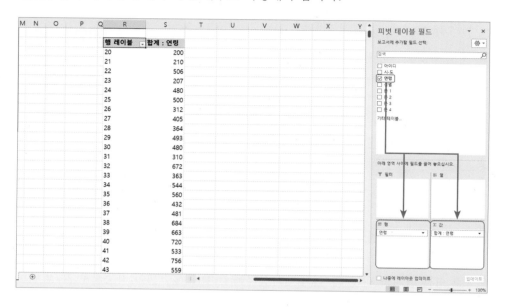

4. ❶ [합계 : 연령] 필드 중에서 임의의 셀을 선택한 후 ❷ 마우스 오른쪽 버튼을 눌러 [값 필드 설정]을 선택합니다.

❸ [값 필드 설정] 대화상자에서 [선택한 필드의 데이터]를 합계가 아닌 개수로 선택한 후 ❹ [확인]을 누릅니다.

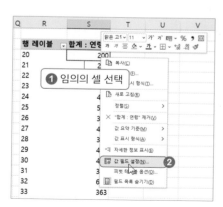

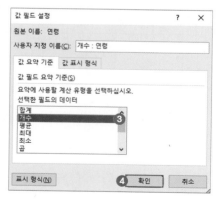

5. ❶ [R12] 셀을 선택한 후 마우스 오른쪽 버튼을 눌러 [그룹]을 선택합니다.

❷ [그룹화] 대화상자가 실행되면 기본값 그대로 두고 [확인]을 누릅니다.
자동으로 설정된 값을 보면 시작 20에서 끝 69 사이를 10 단위로 그룹화하도록
되어 있습니다.

6. 행 레이블의 연령이 그룹화되어 20~29세에서 60~69세까지 인원수를 빠르게
집계하였습니다. 피벗 테이블을 사용하여 연령대별 인원수를 구해보니 함수식보다
쉽죠? [R12] 셀을 선택한 후 20대로 수정하고 나머지 연령대도 수정합니다.

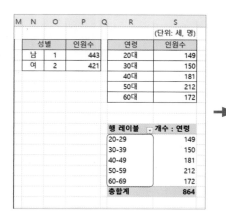 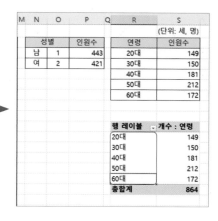

7. 작성된 피벗 테이블에 총합계가 보이지 않도록 설정할 수 있습니다.

❶ 피벗 테이블이 선택된 상태에서 마우스 오른쪽 버튼을 눌러 [피벗 테이블 옵션]을 선택합니다.

❷ [피벗 테이블 옵션] 대화상자의 [요약 및 필터] 탭에서 **열 총합계 표시**의 체크 표시를 해제하고 ❸ [확인]을 누릅니다.

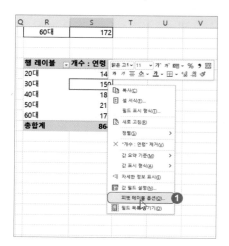

03-4

지정한 자릿수로 반올림, 올림, 버림하는 함수

• 실습 파일 03-4_실습.xlsx • 완성 파일 03-4_완성.xlsx

[지급내역] 시트의 아르바이트 임금 지급 내역 표에서 소득세와 실지급액을 구해보
겠습니다. 먼저 지급액에 세율 6.6%를 곱해 소득세를 구하는 수식을 작성합니다.
소득세가 1원 단위까지 구해지는데 1원 단위의 값은 반올림해 10원 단위까지 나타
내 보겠습니다.

	이름	시급	시간	지급액	소득세
	권성호	12,000	28	336,000	=E5*6.6%
	김세원	12,000	76	912,000	
	김효린	12,000	68	816,000	
	박준희	12,000	48	576,000	
	방명호	12,000	43	516,000	
	방현숙	12,000	76	912,000	
	이영미	12,000	35	420,000	
	최윤희	12,000	48	576,000	
	한혜경	12,000	52	624,000	
	합계				

아르바이트 임금 지급 내역

임금 지급 내역

지급액	소득세
336,000	22,176.0
912,000	60,192.0
816,000	53,856.0
576,000	38,016.0
516,000	34,056.0
912,000	60,192.0
420,000	27,720.0
576,000	38,016.0
624,000	41,184.0

이 경우 ROUND 함수를 사용해 1원 단위가 0이 되도록 처리할 수 있습니다. ROUND
함수는 숫자를 지정한 자릿수로 반올림하는 함수이고, 이와 비슷하게 올림하는
ROUNDUP 함수와 버림하는 ROUNDDOWN 함수가 있습니다.

> =ROUND(Number, Num_digits)
> • Number: 반올림할 숫자입니다.
> • Num_digits: 반올림할 자릿수입니다.
>
> =ROUNDUP(Number, Num_digits)
> • Number: 올림할 숫자입니다.
> • Num_digits: 올림할 자릿수입니다.
>
> =ROUNDDOWN(Number, Num_digits)
> • Number: 버림할 숫자입니다.
> • Num_digits: 버림할 자릿수입니다.
>
> Num_digits 인수는 1원 단위, 10원 단위 등의 자릿수를 지정할 때 음수
> 로 입력하고, 소수 이하 자릿수를 지정할 때 양수로 입력합니다.
>
> ③②① ❶❷❸
> **458.247**

하면 된다! } ROUND 함수로 1원 단위 반올림하기

앞에서 작성한 소득세 결과를 지우고 ROUND 함수를 사용해 수식을 다시 작성해 보겠습니다.

함께 보면 좋은
동영상 강의

1. ❶ 소득세를 구할 [F5] 셀을 선택한 후 =ROUND(를 입력하고 Ctrl + A 를 누릅니다.

❷ [함수 인수] 대화상자에서 Number 인수 입력 창에 소득세를 구할 수식 E5*6.6%를 작성합니다.

	A	B	C	D	E	F	G	H	I	J
2			아르바이트 임금 지급 내역							
3							2022-12-23			
4		이름	시급	시간	지급액	소득세	실지급액			
5		권성호	12,000	28	336,000	=ROUND(E5*6.6%) ❶				
6		김세원	12,000	76	912,000					
7		김효린	12,000	68	816,000					
8		박준희	12,000	48	576,000					
9		방명호	12,000	43	516,000					
10		방현숙	12,000	76	912,000					
11		이영미	12,000	35	420,000					
12		최윤희	12,000	48	576,000					
13		한혜경	12,000	52	624,000					
14			합계							
15										

2. Number 인수 오른쪽에서 수식의 결과를 확인할 수 있습니다.

❶ 22176에서 6원을 반올림하고 1원 단위를 0으로 처리하기 위해 Num_digits 인수에 -1을 입력합니다.

❷ [확인]을 누릅니다.

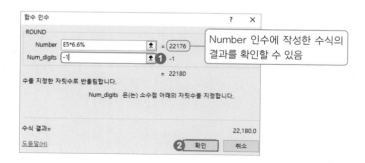

Number 인수에 작성한 수식의 결과를 확인할 수 있음

3. 1원 단위가 0으로 내림되었습니다.

❶ 수식을 복사해 나머지 소득세도 구합니다.

❷ 마우스 오른쪽 버튼을 눌러 **,** [쉼표 스타일]을 적용합니다.

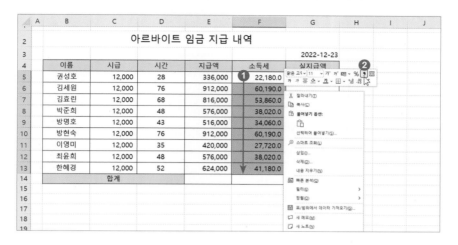

4. ❶ 지급액에서 소득세를 빼 실지급액을 구합니다.

❷ 수식을 복사해 나머지 실지급액도 구합니다.

시간	지급액	소득세	실지급액	
28	336,000	22,180	=E5-F5	❶
76	912,000	60,190		
68	816,000	53,860		
48	576,000	38,020		
43	516,000	34,060		
76	912,000	60,190		
35	420,000	27,720		
48	576,000	38,020		
52	624,000	41,180		

2022-12-23

시간	지급액	소득세	실지급액	
28	336,000	22,180	313,820	❷
76	912,000	60,190	851,810	
68	816,000	53,860	762,140	
48	576,000	38,020	537,980	
43	516,000	34,060	481,940	
76	912,000	60,190	851,810	
35	420,000	27,720	392,280	
48	576,000	38,020	537,980	
52	624,000	41,180	582,820	

2022-12-23

5. ❶ 지급액에서 실지급액까지의 셀 범위 [E5:G14]를 선택합니다.

❷ [수식] 탭 → [함수 라이브러리] 그룹 → [자동 합계]를 선택해 합계를 구합니다

이름	시급	시간	지급액	소득세	실지급액
			아르바이트 임금 지급 내역		
					2022-12-23
권성호	12,000	28	336,000	22,180	313,820
김세원	12,000	76	912,000	60,190	851,810
김효린	12,000	68	816,000	53,860	762,140
박준희	12,000	48	576,000	38,020	537,980
방명호	12,000	43	516,000	34,060	481,940
방현숙	12,000	76	912,000	60,190	851,810
이영미	12,000	35	420,000	27,720	392,280
최윤희	12,000	48	576,000	38,020	537,980
한혜경	12,000	52	624,000	41,180	582,820
합계			5,688,000	375,420	5,312,580

하면 된다! } 소수 이하 첫째 자리까지 나타내고 반올림하기

ROUND 함수로 소수 이하 자리를 반올림할 수 있습니다. [가맹점현황] 시트에서 구성비를 구한 후 소수 첫째 자리까지 나타내고 나머지는 반올림해 보겠습니다. 구성비를 구하는 수식은 =업종별 개수/전체 업종 개수입니다.

함께 보면 좋은 동영상 강의

1. 결과를 구할 [E5] 셀을 선택한 후 =D5/$D$4*100으로 수식을 작성하고 Enter 를 누릅니다. 이때 전체 업종 [D4] 셀은 절대 참조합니다.

업 종 별	2021년	2022년	구성비(%) (반올림)	구성비(%) (올림)	구성비(%) (버림)
전체 업종	210,099	215,587			
편의점	41,359	41,444	=D5/$D$4*100		
문구점	1,688	1,676			
의약품	3,632	3,839			
안경.렌즈	3,184	3,171			
한식	29,209	31,025			
외국식	7,561	7,508			
제과점	7,354	7,397			
피자·햄버거	11,576	12,486			
치킨	25,110	25,741			

단위 %를 표시하지 않고 구성비를 구할 경우 구성비를 구하는 수식에 100을 곱하면 됩니다.

2. 구성비 결과에서 마우스 오른쪽 버튼을 눌러 [자릿수 줄임]을 선택해 소수 첫째 자리까지 나타나도록 자릿수를 줄여줍니다.

	A	B	C	D	E	F	G	H
1								
2		업 종 별	2021년	2022년	구성비(%)	구성비(%)	구성비(%)	
3					(반올림)			
4		전체 업종	210,099	215,587				
5		편의점	41,359	41,444	19.2237936			
6		문구점	1,688	1,676				
7		의약품	3,632	3,839				
8		안경. 렌즈	3,184	3,171				
9		한식	29,209	31,025				

3. [E5] 셀의 채우기 핸들에 마우스 커서를 맞추고 더블클릭해 수식을 복사합니다.

	A	B	C	D	E	F	G	H
1								
2		업 종 별	2021년	2022년	구성비(%)	구성비(%)	구성비(%)	
3					(반올림)	(올림)	(버림)	
4		전체 업종	210,099	215,587				
5		편의점	41,359	41,444	19.2			
6		문구점	1,688	1,676	0.8			
7		의약품	3,632	3,839	1.8			
8		안경. 렌즈	3,184	3,171	1.5			
9		한식	29,209	31,025	14.4			
10		외국식	7,561	7,508	3.5			
11		제과점	7,354	7,397	3.4			
12		피자·햄버거	11,576	12,486	5.8	수식 복사		
13		치킨	25,110	25,741	11.9			
14		김밥·간이음식	13,077	13,344	6.2			
15		생맥주·기타주점	11,676	9,994	4.6			
16		커피·비알코올음료	17,615	18,380	8.5			
17		자동차 수리	7,038	7,068	3.3			
18		두발미용	3,897	3,934	1.8			
19		가정용 세탁	4,575	4,836	2.2			
20		기타	21,548	23,744	11.0			
21								

이렇게 [자릿수 줄임]을 눌러 소수 자릿수를 지정하면 이하 자릿수는 반올림됩니다. ROUND 함수까지 사용할 필요가 없죠. 하지만 앞에서 소개한 1원 단위, 10원 단위를 0으로 맞추고 반올림하는 경우라면 함수를 사용해야 합니다.

하면 된다! 〉 소수 이하 첫째 자리까지 나타내고 올림과 버림하기

1. ❶ [F5] 셀을 선택하고 =ROUNDUP(를 입력한 후 [함수
인수] 대화상자를 실행합니다.

❷ Number 인수에 구성비를 구하는 수식 D5/$D$4*100
을 작성합니다.

❸ Num_digits 인수에 1을 입력합니다. 소수 자리를 나타
낼 때에는 인수를 양수로 입력합니다.

함께 보면 좋은
동영상 강의

	A	B	C	D	E	F	G	H
1								
2		업 종 별	2021년	2022년	구성비(%) (반올림)	구성비(%) (올림)	구성비(%) (버림)	
3								
4		전체 업종	210,099	215,587				
5		편의점	41,359	41,444	19.2	=ROUNDUP(D5/ ❶		
6		문구점	1,688	1,676				
7		의약품	3,632	3,839				
8		안경. 렌즈	3,184	3,171				
9		한식	29,209	31,025				
10		외국식	7,561	7,508				
11		제과점	7,354	7,397				
12		피자·햄버거	11,576	12,486				
13		치킨	25,110	25,741				
14		김밥·간이음식	13,077	13,344				
15		생맥주·기타주점	11,676	9,994	4.6			
16		커피·비알코올음료	17,615	18,380	8.5			

함수 인수 ? ×
ROUNDUP
Number D5/$D$4*100 ❷ = 19.22379364
Num_digits 1 ❸ = 1
= 19.3
0에서 멀어지도록 수를 올림합니다.
Num_digits 은(는) 올림하려는 자릿수입니다.
수식 결과= 19.3
도움말(H) 확인 취소

2. 이번에는 ROUNDDOWN 함수를 사용해 소수 이하 첫째 자리까지 나타내고 버
림해 보겠습니다. 먼저 [G5] 셀을 선택하고 =ROUNDDOWN(를 입력한 후 [함수
인수] 대화상자를 실행합니다.

❶ Number 인수에 구성비를 구
하는 수식 D5/$D$4*100을 작
성합니다.

❷ Num_digits 인수에 1을 입력
합니다. 소수 자리를 나타낼 때에
는 인수를 양수로 입력합니다.

직접 실습을 해보면 함수를 익히기 훨씬 쉽습니다. 반올림, 올림, 버림한 결과를 확
인해 보세요.

업무에 반드시 사용하는 함수

이 사원이 알려준 '짤막한 강좌'로 공부해 본 김 사원. 강좌에서 여러 함수를 익혀 나갔고 VLOOKUP 함수까지 배우고 나니 엑셀의 모든 기능을 안 것만 같다.

"내가 원하는 값을 찾거나 등급을 매길 수 있는 VLOOKUP 함수!"

04-1 조건을 판별하는 IF, AND, OR 함수

04-2 특정 조건에 맞는 데이터를 강조하는 조건부 서식

04-3 문자를 추출하고 대체하는 텍스트 함수

04-4 셀에 입력된 값을 나누는 텍스트 나누기

04-5 실시간으로 반영되는 날짜 함수

04-6 조건에 맞는 데이터를 찾는 VLOOKUP 함수

04-1
조건을 판별하는 IF, AND, OR 함수

• 실습 파일 04-1_실습.xlsx • 완성 파일 04-1_완성.xlsx

조건을 판별하는 기본, IF 함수

영업 담당별 상반기와 하반기 실적을 정리하는 보고서가 있습니다. 담당별 하반기 영업 실적이 상반기보다 증가했는지 감소했는지에 따라 평가 항목에 **증가** 또는 **감소**로 표시해 보겠습니다.

	영업 담당	상반기	하반기	합계	평가	보너스	수당	휴가
				담당별 영업 실적 보고서				
								(단위: 원)
4	고윤아	250,000,000	184,500,000	434,500,000	감소	대상자	8,690,000	○
5	김진석	77,112,000	58,000,000	135,112,000	감소		2,702,240	
6	박태원	254,430,000	284,580,000	539,010,000	증가	대상자	26,950,500	○
7	변지원	64,886,000	99,489,500	164,375,500	증가		8,218,775	○
8	유인화	82,269,000	58,000,000	140,269,000	감소		2,805,380	
9	은현오	33,210,000	28,540,000	61,750,000	감소		1,235,000	
10	이석태	140,940,000	283,680,000	424,620,000	증가	대상자	21,231,000	○
11	최성훈	72,895,000	126,159,200	199,054,200	증가		9,952,710	○
12	한세정	180,000,000	250,000,000	430,000,000	증가	대상자	21,500,000	○
13	홍영현	72,300,000	51,300,000	123,600,000	감소		2,472,000	

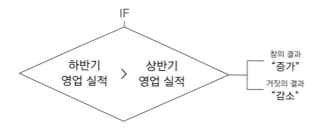

이렇게 조건을 판단해 참과 거짓의 결과를 구하려면 **IF 함수**를 사용하면 됩니다.

> =IF(Logical_test, Value_if_true, Value_if_false)
> - Logical_test: 참과 거짓을 판단할 조건을 입력합니다.
> - Value_if_true: 조건에 대한 참의 결괏값입니다.
> - Value_if_false: 조건에 대한 거짓의 결괏값입니다.

수식을 작성할 때 알아둬야 하는 연산자들, 기억하시지요? 수식과 마찬가지로 조건 식을 작성할 때 빠트릴 수 없는 요소가 비교 연산자입니다.
다음 표에 비교 연산자를 정리해 두었습니다.

연산자	기능	연산자	기능
=	같다	<>	같지 않다
>	크다(초과)	<	작다(미만)
>=	크거나 같다(이상)	<=	작거나 같다(이하)

하면 된다! } IF 함수를 사용해 조건에 맞는 참과 거짓의 결과 구하기

그럼 하반기 실적과 상반기 실적을 비교해 평가 결과를 구해 보겠습니다. 이 예제를 통해 IF 함수를 사용하는 기본 사용법을 쉽게 익힐 수 있습니다.

함께 보면 좋은
동영상 강의

1. [F4] 셀을 선택한 후 =IF(를 입력하고 [함수 인수] 대화상자를 실행하여 Logical_test 인수 입력 창에 D4>C4로 조건을 작성합니다. 하반기 실적이 상반기 실적보다 큰 경우의 조건이 됩니다.

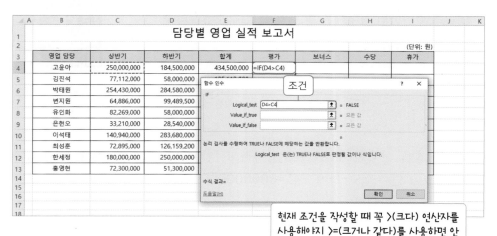

현재 조건을 작성할 때 꼭 >(크다) 연산자를 사용해야지 >=(크거나 같다)를 사용하면 안 됩니다. 하반기 실적과 상반기 실적이 같은 경우는 실적이 증가한 경우가 아닙니다.

2. ❶ Value_if_true 인수 입력 창에 "증가"를 입력합니다.

❷ Value_if_false 인수 입력 창에 "감소"를 입력합니다.

❸ [확인]을 누릅니다. 실적 비교 결과 [F4] 셀에 '감소'라고 나타납니다.
수식을 복사해 다른 영업 담당자의 실적도 평가합니다.

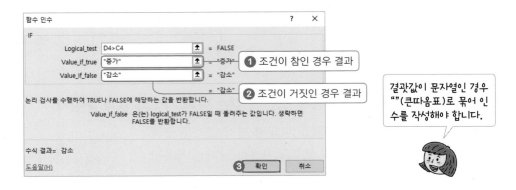

하면 된다! ⟩ 결괏값을 빈 셀로 표시하기

조건에 대한 참과 거짓의 결괏값은 문자뿐만 아니라 특수문자, 수식, 빈 셀로 다양하게 표시할 수 있습니다. 이번에는 영업 실적 합계가 3억 이상인 경우 보너스 필드에 대상자로 표시하고, 3억 미만인 경우에는 빈 셀로 표시해 보겠습니다.

함께 보면 좋은 동영상 강의

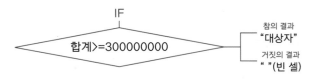

1. [G4] 셀을 선택한 후 =IF(를 입력하고 [함수 인수] 대화상자를 실행하여 Logical_test 인수 입력 창에 E4>=300000000, Value_if_true 인수 입력 창에 "대상자"를 입력합니다.

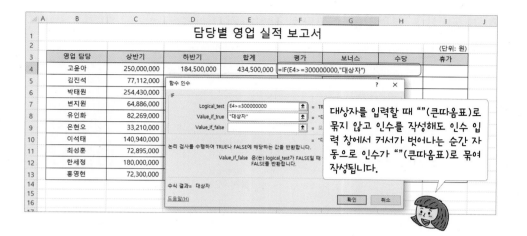

2. ① Value_if_false 인수 입력 창에 ""을 입력합니다. ""는 공백을 의미하는 것으로 빈 셀로 처리할 때 사용합니다.

② [확인]을 누릅니다. [G4] 셀에 대상자라고 표시됩니다.

③ 수식을 복사해 다른 영업 담당자의 보너스 대상 여부를 구합니다.

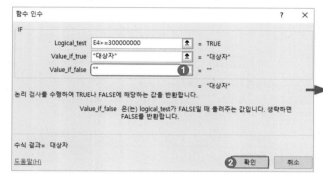

Value_if_false 인수를 생략하면 보너스 대상자가 아닌 경우 FALSE로 결과가 표시됩니다.

하면 된다! } 결괏값을 수식으로 작성하기

이번에는 하반기 영업 실적이 증가한 경우 실적 합계의 5%를
수당으로 지급하고, 감소한 경우에는 2%를 지급하도록 IF 함
수식을 작성해 보겠습니다.

함께 보면 좋은
동영상 강의

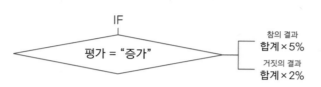

1. [H4] 셀을 선택한 후 =IF(를 입력하고 [함수 인수] 대화상자를 실행하여
Logical_test 인수 입력 창에 **F4="증가"**로 조건식을 작성합니다. 조건값이 문자열
인 경우 **""**(큰따옴표)로 묶어 입력해야 합니다.

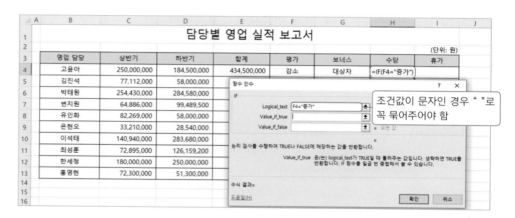

2. ❶ Value_if_true 인수 입력 창에 **E4*5%**를 입력하고 ❷ Value_if_false 인수
입력 창에 **E4*2%**를 입력한 후 ❸ [확인]을 누릅니다.

❹ 🎵(쉼표 스타일)을 적용한 후 수식을 복사해 다른 영업 담당의 수당도 구합니다.

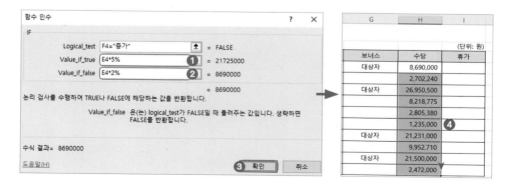

조건이 둘 이상이라면 ─ AND 함수와 OR 함수

이제 휴가 여부만 구하면 담당별 영업 실적 보고서가 완성됩니다. 휴가 여부는 실적이 증가했거나 또는 실적 합계가 3억 이상인 경우 ○ 표시를 해보겠습니다. 현재와 같이 조건이 둘 이상인 경우 두 조건이 모두 참일 때 참의 결과를 반환해야 하는지, 둘 중 어느 조건 하나만이라도 참일 때 참의 결과를 반환해야 하는지 IF 함수는 알지 못합니다. 따라서 두 가지 경우를 판단할 수 있는 AND 또는 OR 함수 중 하나를 IF 함수 조건식에 중첩해 작성해야 합니다.

AND 함수는 모든 조건이 참일 때 True를 반환하는 함수이고, OR 함수는 조건 중에 하나라도 참이면 True를 반환하는 함수입니다.

=AND(Logical1, Logical2, …)
=OR(Logical1, Logical2, …)
- Logical1, Logical2, …: True, False 값을 갖는 조건, 1~255개까지 지정할 수 있습니다.

하면 된다! } IF 함수에 OR 함수 중첩하기

휴가 여부를 구하는 함수식을 작성하면서 함수를 중첩하는 방법을 배워보겠습니다.

함께 보면 좋은
동영상 강의

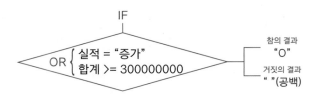

1. ❶ [I4] 셀을 선택한 후 =IF(를 입력하고 [함수 인수] 대화상자를 실행합니다. Logical_test 인수 입력 창에 OR()를 입력해 함수를 중첩합니다.
❷ 수식 입력줄에서 중첩한 OR 함수를 선택합니다. [함수 인수] 대화상자는 중첩한 [OR 함수 인수] 대화상자로 변경됩니다.

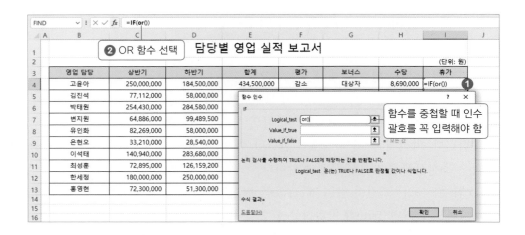

2. Logical1 인수 입력 창에 첫 번째 조건 F4="증가", Logical2 인수 입력 창에 두 번째 조건 E4>=300000000을 입력합니다. 조건은 순서 상관없이 작성해도 됩니다.

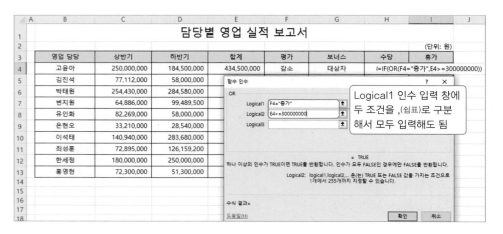

3. OR 함수의 두 조건을 모두 작성했다면 수식 입력줄에서 IF 함수를 선택합니다. [IF 함수 인수] 대화상자로 변경됩니다.

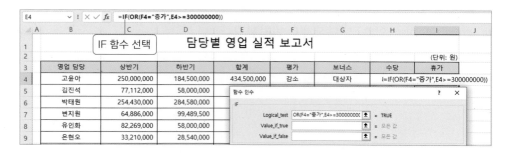

4. ❶ Value_if_true 인수 입력 창에 한글 자음 ㅁ을 입력합니다.

　　❷ 한자 를 눌러 [심볼 입력] 창이 실행되면 ○를 더블클릭합니다.

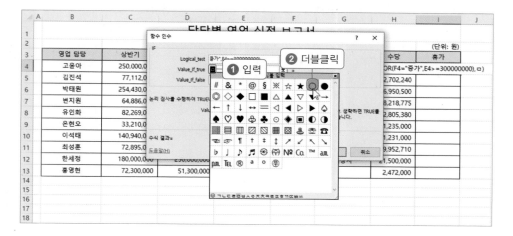

5. ❶ Value_if_false 인수 입력 창에 ""를 입력한 후 ❷ [확인]을 누릅니다.

　　❸ 수식을 복사해 다른 영업 담당의 휴가 여부도 구합니다.

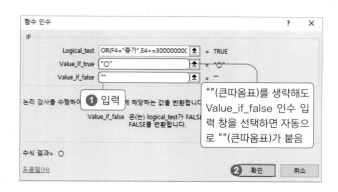

04-2
특정 조건에 맞는 데이터를 강조하는 조건부 서식

• 실습 파일 04-2_실습.xlsx • 완성 파일 04-2_완성.xlsx

[가맹점현황] 시트의 표에서 업종 수가 가장 많은 3건만 강조해 보겠습니다. 함수나 필터를 사용해도 되지만, 색상으로 강조해 시각화할 수 있는 조건부 서식을 사용하면 효과적입니다.

조건부 서식은 특정 조건에 맞는 데이터를 한눈에 확인하기 위해 셀이나 셀 범위에 글꼴 색, 굵게, 채우기 색 등의 서식을 설정하는 기능입니다.

하면 된다! } 상위 3개 항목을 채우기 색으로 강조하기

1. ❶ 서식을 적용할 [C5:C20] 셀을 선택합니다.
❷ [홈] 탭 → [스타일] 그룹 → [조건부 서식] → [상위/하위 규칙] → [상위 10개 항목]을 선택합니다.

함께 보면 좋은
동영상 강의

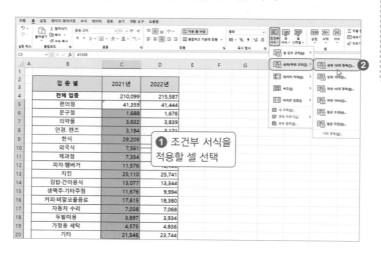

❶ 조건부 서식을
적용할 셀 선택

2. ❶ [상위 10개 항목] 대화상자에서 10을 3으로 변경합니다. 변경하는 순간 가맹점 수가 많은 3건에 해당하는 셀에 색상이 적용됩니다. ❷ [확인]을 누릅니다.

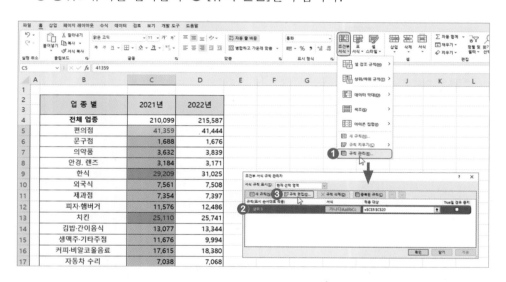

3. 방금 적용한 조건부 서식의 채우기 색상을 노랑으로, 글꼴 색은 검정으로 변경해 보겠습니다.

❶ [C5:C20] 셀이 선택된 상태에서 [조건부 서식] → [규칙 관리]를 선택합니다.
❷ 상위3 규칙을 선택한 후 ❸ [규칙 편집]을 누릅니다.

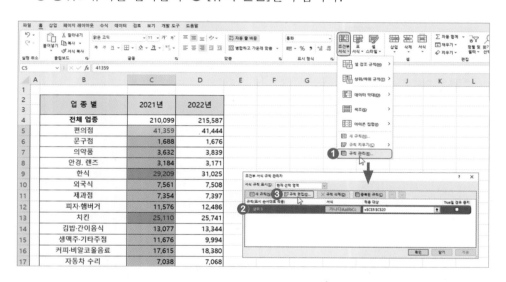

4. ❶ [서식 규칙 편집] 대화상자에서 [서식]을 누릅니다.

❷ [셀 서식] 대화상자에서 [글꼴] 탭을 눌러 [색]을 검정, **텍스트1**로 선택합니다.

❸ [채우기] 탭을 눌러 [배경색]을 **노랑**으로 선택하고 ❹ [확인]을 누릅니다.

❺ [서식 규칙 편집] 대화상자에서 다시 [확인]을 눌러 조건부 서식 규칙 편집을 완료합니다.

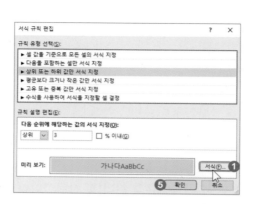

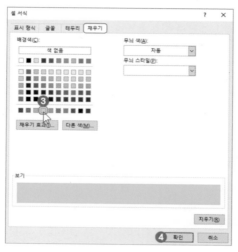

A	B	C	D	E
	업 종 별	2021년	2022년	
	전체 업종	210,099	215,587	
	편의점	41,359	41,444	
	문구점	1,688	1,676	
	의약품	3,632	3,839	
	안경, 렌즈	3,184	3,171	
	한식	29,209	31,025	
	외국식	7,561	7,508	
	제과점	7,354	7,397	
	피자·햄버거	11,576	12,486	
	치킨	25,110	25,741	
	김밥·간이음식	13,077	13,344	
	생맥주·기타주점	11,676	9,994	
	커피·비알코올음료	17,615	18,380	
	자동차 수리	7,038	7,068	
	두발미용	3,897	3,934	
	가정용 세탁	4,575	4,836	
	기타	21,548	23,744	

조건부 서식의 상위/하위 규칙

[조건부 서식]의 [상위/하위 규칙]은 상위 10개 항목뿐
만 아니라 하위 항목에도 서식을 적용할 수 있고, 별도의
수식 작성 없이 상위/하위 10%에 해당하는 값과 평균
초과, 평균 미만의 값을 한눈에 확인할 수 있도록 시각화
할 수 있습니다.

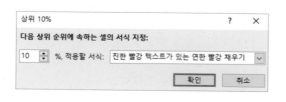

10%뿐만 아니라 값을 변경해 상위 5%,
1%의 조건을 설정할 수 있습니다.

하면 된다! } 셀 강조 규칙으로 ~보다 작은 수에 서식 적용하기

2022년 가맹점 수가 5000 이하인 셀에 색상을 적용해 보겠습니다.

함께 보면 좋은
동영상 강의

1. ❶ 서식을 적용할 [D5:D20] 셀을 선택합니다.

❷ [조건부 서식] → [셀 강조 규칙] → [보다 작음]을 선택합니다.

업 종 별	2021년	2022년
전체 업종	210,099	215,587
편의점	41,359	41,444
문구점	1,688	1,676
의약품	3,632	3,839
안경. 렌즈	3,184	3,171
한식	29,209	31,025
외국식	7,561	7,508
제과점	7,354	7,397
피자·햄버거	11,576	12,486
치킨	25,110	25,741
김밥·간이음식	13,077	13,344
생맥주·기타주점	11,676	9,994
커피·비알코올음료	17,615	18,380
자동차 수리	7,038	7,068
두발미용	3,897	3,934
가정용 세탁	4,575	4,836
기타	21,548	23,744

2. ❶ [보다 작음] 대화상자에서 5000으로 값을 변경합니다.

❷ [적용할 서식 ▼]을 눌러 [사용자 지정 서식]을 선택합니다.

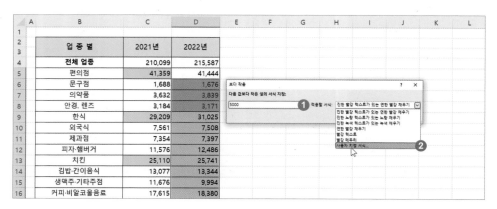

3. ❶ [셀 서식] 대화상자에서 [채우기] 탭을 눌러 파랑, 강조 5, 80% 더 밝게를 선택한 후 ❷ [확인]을 누릅니다. 5000보다 작은 값의 경우 밝은 파란색으로 강조되었습니다.

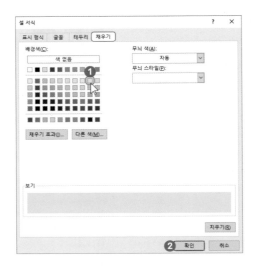

	A	B	C	D	E
1					
2		업 종 별	2021년	2022년	
3					
4		전체 업종	210,099	215,587	
5		편의점	41,359	41,444	
6		문구점	1,688	1,676	
7		의약품	3,632	3,839	
8		안경. 렌즈	3,184	3,171	
9		한식	29,209	31,025	
10		외국식	7,561	7,508	
11		제과점	7,354	7,397	
12		피자·햄버거	11,576	12,486	
13		치킨	25,110	25,741	
14		김밥·간이음식	13,077	13,344	
15		생맥주·기타주점	11,676	9,994	
16		커피·비알코올음료	17,615	18,380	
17		자동차 수리	7,038	7,068	
18		두발미용	3,897	3,934	
19		가정용 세탁	4,575	4,836	
20		기타	21,548	23,744	
21					

하면 된다! 〉 규칙 수정과 규칙 지우기

[조건부 서식] → [셀 강조 규칙] 메뉴에서는 [보다 큼], [보다 작음]만 선택할 수 있는데, 5000을 포함하는 작은 값에 서식을 적용하려면 어떻게 해야 할까요? 이 경우 [규칙 관리]에서 수정할 수 있습니다.

함께 보면 좋은 동영상 강의

1. ❶ [D5:D20] 셀을 선택한 상태에서 [홈] 탭 → [스타일] 그룹 → [조건부 서식] → [규칙 관리]를 선택합니다.

❷ [조건부 서식 규칙 관리자] 대화상자에서 규칙을 선택한 후 ❸ [규칙 편집]을 누릅니다.

2. ❶ [서식 규칙 편집] 대화상자에서 연산자를 <=(작거나 같음)으로 변경한 후 ❷ [확인]을 누릅니다.

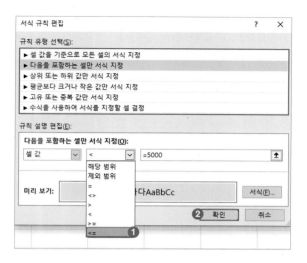

3. 규칙을 지우려면 [조건부 서식] → [규칙 지우기] → [선택한 셀의 규칙 지우기]를 선택합니다. [선택한 셀의 규칙 지우기]와 [시트 전체에서 규칙 지우기]를 선택할 수 있는데, 현재 선택한 2022년 규칙을 지우려면 [선택한 셀의 규칙 지우기]를 선택하면 되고, 2021년과 2022년에 적용된 규칙을 한 번에 지우려면 [시트 전체에서 규칙 지우기]를 선택하면 됩니다.

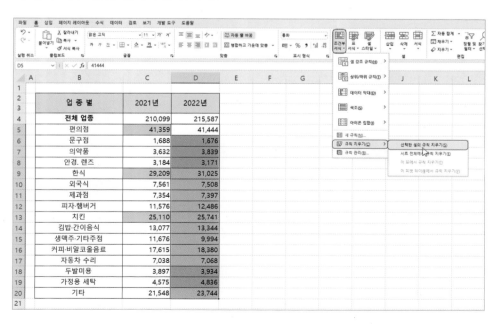

데이터 막대, 색조, 아이콘으로 조건부 서식 적용하기

데이터 막대, 색조, 아이콘 집합을 사용해 셀 범위의 값을 더 쉽게 비교할 수 있습니다. [조건부 서식] → [데이터 막대]를 선택한 후 [그라데이션 채우기] 또는 [단색 채우기]를 선택해 값의 크고 작음을 상대적으로 비교할 수 있습니다.

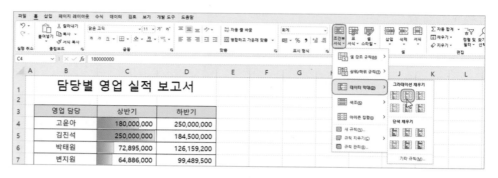

[조건부 서식] → [아이콘 집합]을 선택해 임계값으로 구분되는 3~5가지 범주로 데이터를 표시할 수 있고, [조건부 서식] → [규칙 관리]를 선택해 [서식 규칙 편집] 대화상자에서 숫자, 백분율, 수식, 백분위수 중 하나를 선택해 값의 범위를 지정한 후 다양한 아이콘 모양으로 표시할 수 있습니다.

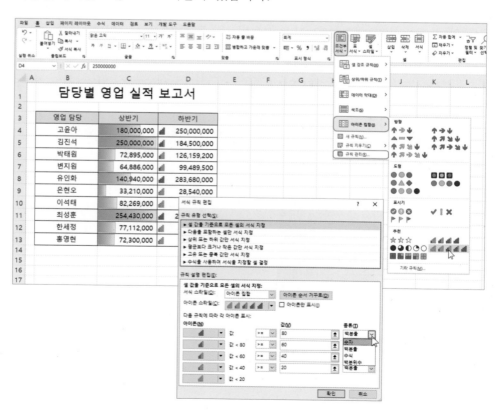

하면 된다! ﹜ 수식 사용해 조건부 서식 적용하기

[실적보고서2] 시트에서 담당별 영업 실적이 상반기보다 하반기 실적이 증가한 경우 그 행 전체를 색을 적용해 강조해 보겠습니다.

함께 보면 좋은
동영상 강의

1. ❶ 서식을 적용할 [B4:F13] 셀을 선택합니다.

❷ [조건부 서식] → [새 규칙]을 선택합니다.

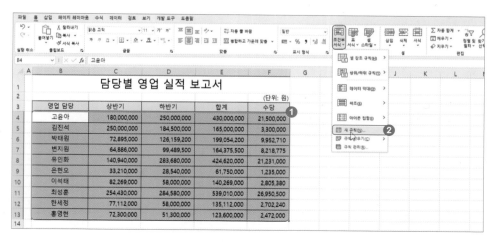

2. ❶ [새 서식 규칙] 대화상자의 [규칙 유형 선택]에서 수식을 사용하여 서식을 지정할 셀 결정을 선택합니다.

❷ [다음 수식이 참인 값의 서식 지정]에서 =$D4>$C4로 수식을 작성합니다.

❸ [서식]을 누릅니다.

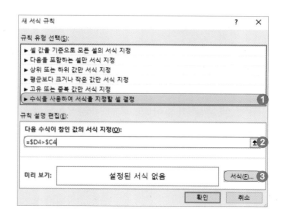

3. ❶ [셀 서식] 대화상자에서 [채우기] 탭을 눌러 **황금색, 강조 4, 80% 더 밝게**를 선택한 후 ❷ [확인]을 누릅니다.

실적이 증가한 경우 해당 색이 적용된 것을 볼 수 있습니다.

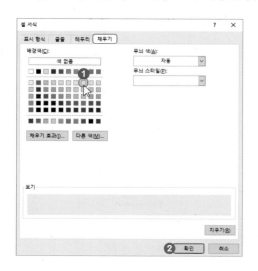

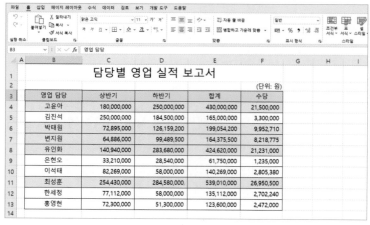

이해를 돕기 위해 조건부 서식에서 작성한 수식을 보충 설명하면 =$D4>$C4로 수식을 작성할 때 열은 고정되고 행은 상대 참조되는 혼합 참조 방식으로 변경해야 합니다. 그러면 D4가 C4보다 크면 그 행 전체에 색상을 적용하고, 그런 다음 참조 셀이 상대 참조되어 C5가 D5보다 큰지 비교하게 됩니다. 그리고 조건에 맞지 않으면 색상이 적용되지 않습니다.

04-3
문자를 추출하고 대체하는 텍스트 함수

• 실습 파일 04-3_실습.xlsx • 완성 파일 04-3_완성.xlsx

문자를 추출하는 LEFT, RIGHT, MID 함수

주민등록번호와 같은 개인 정보가 담긴 문서를 다른 사람과 공유하려면 번호가 모두 노출되지 않도록 일부 내용을 ****** 처리를 해야 합니다. [명단] 시트에 입력된 주민등록번호 중 성별을 구분하는 문자까지를 제외하고 나머지 뒷자리를 ****** 처리하면서 기본 텍스트 함수 사용법을 배워보겠습니다.

	이름	주민등록번호	주민등록번호	생년월일	이름	성별
	최현희	000325-4715526	000325-4******	2000-03-25	최*희	여자
	이경호	021201-3190622	021201-3******	2002-12-01	이*호	남자
	차준영	011020-4240417	011020-4******	2001-10-20	차*영	여자
	김성현	001129-3107911	001129-3******	2000-11-29	김*현	남자
	고현주	030929-4155019	030929-4******	2003-09-29	고*주	여자
	강하나	020509-4110913	020509-4******	2002-05-09	강*나	여자
	허영	040321-3146018	040321-3******	2004-03-21	허*	남자
	방송현	010413-3829119	010413-3******	2001-04-13	방*현	남자
	이준석	031110-4172211	031110-4******	2003-11-10	이*석	여자

문자를 단순하게 분리하는 것이 목적이라면 04-4에서 소개할 텍스트 나누기를 사용하면 됩니다. 하지만 문자 일부를 추출해 수식에 문자를 사용할 목적이라면 함수를 사용해야 합니다.
LEFT 함수를 사용해 왼쪽에서 8개의 문자를 추출한 후 &"******"를 입력하면 간단하게 처리됩니다.

LEFT 함수는 텍스트의 왼쪽에서 지정한 개수만큼 추출하는 함수이며, 텍스트의 오른쪽에서 지정한 개수만큼 추출하는 RIGHT 함수, 지정한 위치에서 지정한 개수만큼 문자를 추출하는 MID 함수도 있습니다

> =LEFT(Text, Num_chars) / =RIGHT(Text, Num_chars)
> - Text: 추출하려는 문자가 포함된 문자열입니다.
> - Num_chars: 추출할 문자 개수를 지정합니다. 생략하면 1이 됩니다.
>
> =MID(Text, Start_num, Num_chars)
> - Text: 추출할 문자가 포함된 문자열입니다.
> - Start_num: 추출할 문자열의 첫 번째 문자의 위치입니다. 문자열의 첫 문자는 1이 됩니다.
> - Num_chars: 문자열에서 추출할 개수입니다.

하면 된다! } LEFT 함수와 &(연결 연산자)를 사용해 주민등록번호 뒤 여섯 자리를 ******로 바꾸기

1. ❶ 결과를 구할 [D3] 셀을 선택한 후 =LEFT(를 입력하고 [함수 인수] 대화상자를 실행하여 Text 인수는 주민등록번호가 있는 [C3] 셀을 참조하고, Num_chars 인수 입력 창에 추출할 개수 8을 입력합니다.
❷ [확인]을 누릅니다. 주민등록번호 왼쪽에서 순서대로 8개 문자가 추출됩니다.

함께 보면 좋은
동영상 강의

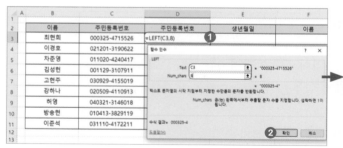

2. ❶ 결과 셀을 더블클릭해 &"******"를 입력한 후 Enter 를 누릅니다.
❷ 수식을 복사해 나머지 결과도 구합니다.

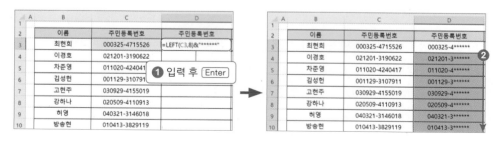

하면 된다! } LEFT 함수와 텍스트 나누기를 활용해 생년월일 구하기

주민등록번호만 있어도 생년월일, 성별을 모두 구할 수 있습니다. 생년월일에 해당하는 주민등록번호 앞 여섯 자리 값을 LEFT 함수로 추출한 후, 텍스트 나누기를 활용해 생년-월-일 형식으로 나타내 보겠습니다. 텍스트 나누기를 활용하면 아주 쉽게 텍스트 형식을 날짜 형식으로 변경할 수 있어 실무에서 요긴하게 사용됩니다.

함께 보면 좋은
동영상 강의

1. [E3] 셀을 선택한 후 수식 =LEFT(C3,6)을 작성하고 Enter 를 누릅니다. 사용할 인수를 정확히 알면 [함수 인수] 대화상자를 사용하지 않고 작성하면 편합니다. 다른 사람의 생년월일 셀에도 수식을 복사합니다.

	A	B	C	D	E	F	G	H
1								
2		이름	주민등록번호	주민등록번호	생년월일	이름	성별	
3		최현희	000325-4755526	000325-4******	=LEFT(C3,6)			
4		이경호	021201-3190622	021201-3******				
5		차준영	011020-4240417	011020-4******				
6		김성헌	001129-3107911	001129-3******				
7		고현주	030929-4155019	030929-4******				
8		강하나	020509-4110913	020509-4******				
9		허영	040321-3146018	040321-3******				
10		방송현	010413-3829119	010413-3******				
11		이준석	031110-4172211	031110-4******				
12								

2. 텍스트 나누기를 사용해 변경하려면 셀의 값이 수식이면 안 됩니다. 실제 눈으로 보이는 값은 000325이지만 셀에는 수식이 있습니다. [E3:E11] 셀을 선택하고 마우스 오른쪽 버튼을 눌러 [복사]를 선택합니다.

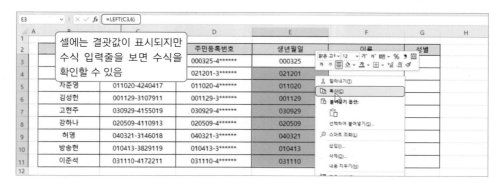

3. 셀이 선택된 상태에서 다시 마우스 오른쪽 버튼을 눌러 [붙여넣기 옵션]의 [값 ▦] 을 선택합니다. 그럼 수식이 아닌 실제 값으로 붙여넣기 됩니다.

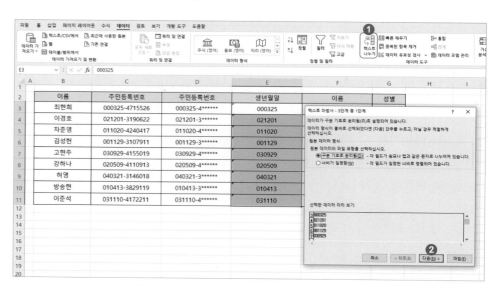

4. ❶ 생년월일 셀이 선택된 상태에서 [데이터] 탭 → [데이터 도구] 그룹 → [텍스트 나누기]를 선택해 [텍스트 마법사]를 실행합니다.

❷ 실제 텍스트를 나누려고 하는 것이 아니기 때문에 [다음]을 눌러 [텍스트 마법 사 - 3단계 중 3단계]로 넘어갑니다.

5. ❶ 대화상자의 [열 데이터 서식]에서 [날짜]를 선택한 후 ❷ [마침]을 누릅니다. 생년-월-일 형식으로 생년월일이 구해졌습니다.

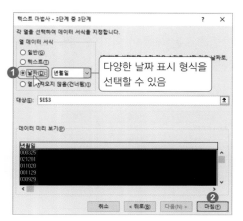

REPLACE 함수로 이름 가운데 글자를 *로 변경하기

이번에는 앞에서 배운 LEFT 함수와 &(연결 연산자), 그리고 RIGHT 함수를 사용해 이름 가운데 글자를 *로 처리해 보겠습니다.

LEFT 함수와 RIGHT 함수는 인수 작성이 간단해 [함수 인수] 대화상자를 사용하지 않고 작성하면 편합니다. 먼저 성씨를 추출할 수식 =LEFT(B3,1)을 작성한 후 &를 입력하고 "*"를 입력합니다. 그런 다음 다시 &를 입력하고 RIGHT(B3,1)이라고 수식을 작성한 후 [Enter]를 누릅니다. 수식을 복사해 나머지 이름도 구합니다.

	A	B	C	D	E	F	G	H
1								
2		이름	주민등록번호	주민등록번호	생년월일	이름	성별	
3		최현희	000325-4715526	000325-4******	2000-(=LEFT(B3,1)&"*"&RIGHT(B3,1)			
4		이경호	021201-3190622	021201-3******	2002-12-01			
5		차준영	011020-4240417	011020-4******	2001-10-20			
6		김성현	001129-3107911	001129-3******	2000-11-29			
7		고현주	030929-4155019	030929-4******	2003-09-29			
8		강하나	020509-4110913	020509-4******	2002-05-09			
9		허영	040321-3146018	040321-3******	2004-03-21			
10		방송현	010413-3829119	010413-3******	2001-04-13			
11		이준석	031110-4172211	031110-4******	2003-11-10			
12								

그런데 이름이 외자인 허영의 경우 허*로 표시되어야 하는데 허*영으로 표시됩니다. 앞에서 배운 주민등록번호 뒷자리를 구하는 방법으로는 이름이 외자인 경우 표시할 수 없습니다. 이 경우 REPLACE 함수를 사용하면 원하는 결과를 얻을 수 있습니다.

	이름	주민등록번호	주민등록번호	생년월일	이름	성별
	최현희	000325-4715526	000325-4******	2000-03-25	최*희	
	이경호	021201-3190622	021201-3******	2002-12-01	이*호	
	차준영	011020-4240417	011020-4******	2001-10-20	차*영	
	김성헌	001129-3107911	001129-3******	2000-11-29	김*헌	
	고현주	030929-4155019	030929-4******	2003-09-29	고*주	
	강하나	020509-4110913	020509-4******	2002-05-09	강*나	
	허영	040321-3146018	040321-3******	2004-03-21	허*영	
	방송현	010413-3829119	010413-3******	2001-04-13	방*현	
	이준석	031110-4172211	031110-4******	2003-11-10	이*석	

=REPLACE(Old_text, Start_num, Num_chars, New_text)
- Old_text: 일부분을 바꾸려는 텍스트입니다.
- Start_num: 바꾸기를 시작할 위치입니다. 숫자로 표시합니다.
- Num_chars: Old_text에서 바꾸려는 문자의 개수입니다.
- New_text: Old_text의 일부를 대체할 새 텍스트입니다.

하면 된다! } REPLACE 함수로 이름 가운데 글자를 *로 표시하기

1. 먼저 [F3:F11] 셀을 선택한 후 Delete 를 눌러 수식을 지웁니다.

함께 보면 좋은
동영상 강의

2. [F3] 셀을 선택한 후 =REPLACE(를 입력하고 [함수 인수] 대화상자를 실행하여 Old_text 인수 입력 창에 [B3] 셀을 참조합니다.

	이름	주민등록번호	주민등록번호	생년월일	이름	성별
	최현희	000325-4715526	000325-3******	2000-03-25	=REPLACE(B3)	
	이경호	021201-3190622	021201-3******			
	차준영	011020-4240417	011020-4******			
	김성헌	001129-3107911	001129-3******			
	고현주	030929-4155019	030929-4******			
	강하나	020509-4110913	020509-4******			
	허영	040321-3146018	040321-3******			
	방송현	010413-3829119	010413-3******			
	이준석	031110-4172211	031110-4******			

3. ❶ Start_num 인수 입력 창에 바꿀 문자의 시작 위치인 2를 입력합니다.

❷ Num_chars 인수 입력 창에 바꿀 문자 개수인 1을 입력합니다.

❸ New_text 인수 입력 창에 "*"를 입력합니다.

❹ [확인]을 눌러 결과를 구합니다.

❺ 수식을 복사해 나머지 이름도 구합니다. '허*영'이 '허*'으로 표시되었습니다.

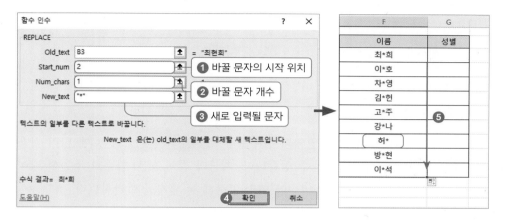

하면 된다! ﹜ MID 함수로 성별 구분하는 문자 추출하기

이번에는 주민등록번호에서 성별을 구분하는 텍스트를 추출
해 보겠습니다.

주민등록번호에서
여덟 번째 위치의
텍스트가 성별을
구분함

함께 보면 좋은
동영상 강의

1. ❶ [G3] 셀을 선택한 후 =MID(를 입력하고 [함수 인수] 대
화상자를 실행합니다.

❷ Text 인수로 [C3] 셀을 참조하고, Start_num 인수 입력 창에 추출할 문자의
시작 위치 8을, Num_chars 인수 입력 창에 추출할 문자 개수 1을 입력한 후 ❸ [확
인]을 누릅니다.

❹ 수식을 복사해 나머지 결과도 구합니다. MID 함수로 구한 결과는 성별을 구분
하는 3과 4로 표시됩니다.

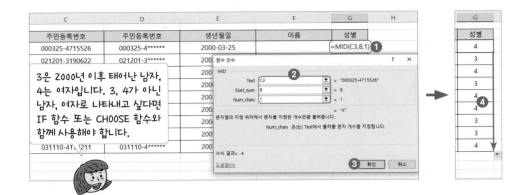

말풍선: 3은 2000년 이후 태어난 남자, 4는 여자입니다. 3, 4가 아닌 남자, 여자로 나타내고 싶다면 IF 함수 또는 CHOOSE 함수와 함께 사용해야 합니다.

CHOOSE 함수

CHOOSE 함수는 찾기/참조 영역의 함수로 1~254개의 인덱스 번호에 미리 값을 정해놓고 한 개의 값을 선택할 수 있습니다. 지금과 같이 MID 함수로 추출한 값이 3이면 CHOOSE 함수 Value3 인수에 미리 입력해 둔 남자를 반환합니다.

=CHOOSE(Index_num, Value1, Value2, … Value254)
- Index_num: 1부터 254까지의 숫자입니다.
- Value1~Value254: 입력받는 수에 맞게 결괏값을 작성해 두면 됩니다. 예를 들어 Index_num 인수가 3이면 Value3에 남자, 4면 Value4에 여자를 입력합니다.

하면 된다! } CHOOSE 함수로 남자 또는 여자로 성별 표시하기

1. [G3:G11] 셀을 선택해 MID 함수로 구한 결괏값을 Delete 를 눌러 지웁니다.

함께 보면 좋은 동영상 강의

2. ❶ [G3] 셀을 선택한 후 =CHOOSE(를 입력하고 [함수 인수] 대화상자를 실행하여 Index_num 인수 입력 창에 MID()를 입력해 함수를 중첩합니다.
❷ 수식 입력줄에서 MID 함수를 선택합니다. [함수 인수] 대화상자는 MID 함수를 작성하도록 변경됩니다.

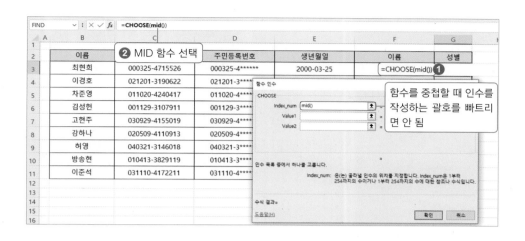

3. ❶ [함수 인수] 대화상자에서 Text 인수는 C3, Start_num 인수는 8, Num_ chars 인수는 1을 입력합니다.

❷ 수식 입력줄에서 CHOOSE 함수를 선택합니다.

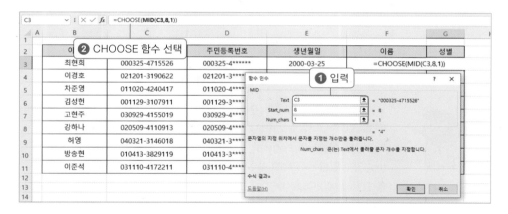

4. CHOOSE 함수는 총 254개의 Value 값을 지정할 수 있습니다. Value2 인수 입력 창을 선택하면 Value3, Value4 인수 입력 창이 나타납니다.

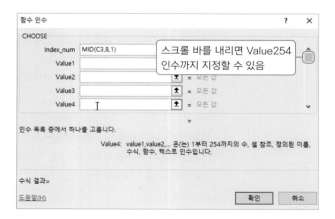

5. 현재 구할 성별은 2000년 이후 생이므로 3과 4에 해당하는 남자와 여자만 지정하면 됩니다.

❶ Value3 인수 입력 창에 "남자", Value4 인수 입력 창에 "여자"를 입력한 후
❷ [확인]을 누릅니다.
❸ 수식을 복사해 나머지 명단의 결과도 구합니다.

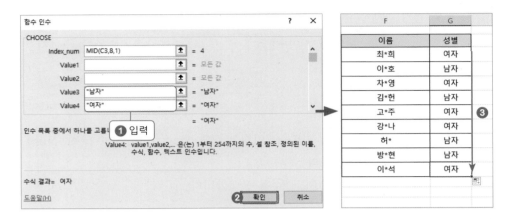

질문 있어요! **IF 함수로 성별을 구하려면 어떻게 해야 하나요?**

결과를 구할 셀을 선택한 후 =IF(를 입력하고 [함수 인수] 대화상자를 실행하여 Logical_test 인수 입력 창에 MID 함수를 중첩해 MID(C3,8,1)="3" 조건식을 작성합니다.

이때 주의해야 할 부분이 있습니다. MID 함수로 추출한 성별을 구분하는 값을 "3"이라고 작성해야지 3이라고 작성하면 잘못된 결과가 나온다는 것입니다. MID 함수와 같이 텍스트 함수로 추출한 값은 텍스트 형식이므로 꼭 "3"으로 조건을 비교해야 합니다.

Value_if_true 인수 입력 창에 "남자", Value_if_false 인수 입력 창에 "여자"를 입력한 후 [확인]을 누릅니다.

CHOOSE 또는 IF 함수를 사용해 성별을 구할 수 있지만, 성별을 구하는 경우에는 CHOOSE 함수를 추천합니다. 명단에 1900년생 이후까지 포함된 경우라면 1과 3은 남자, 2와 4는 여자로 조건이 둘 이상일 때 IF 함수를 사용하면 수식이 복잡해집니다.

04-4
셀에 입력된 값을 나누는 텍스트 나누기

• 실습 파일 04-4_실습.xlsx • 완성 파일 04-4_완성.xlsx

업체 정보 데이터베이스가 있습니다. 업체 정보 필드에 업체명, 대표이사, 사업자
등록번호가 함께 입력되어 있는데, 각 필드는 형식에 맞는 하나의 데이터를 입력하
고 가급적 세부적으로 분류하여 작성하는 것이 좋습니다. 이 경우 04-3에서 배운
LEFT, RIGHT, MID 함수를 사용해도 되지만, 텍스트 나누기를 사용해 간단하게
나눌 수 있습니다. 그럼 하나의 필드에 작성된 데이터를 텍스트 나누기를 사용하여
대표자명, 사업자등록번호 셀에 나누어 보겠습니다.

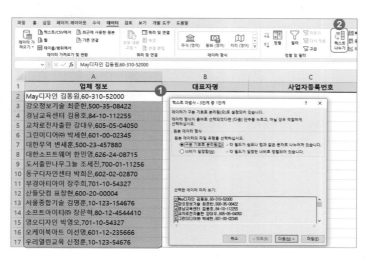

하면 된다! } 텍스트 나누기

1. ❶ [업체 정보] 시트에서 [A2:A28] 셀을 선택합니다.

❷ [데이터] 탭 → [데이터 도구] 그룹 → [텍스트 나누기]
를 선택합니다. 텍스트 마법사가 실행되고 전체 3단계를
거쳐 텍스트를 나눕니다.

함께 보면 좋은
동영상 강의

2. ➊ [텍스트 마법사 – 3단계 중
1단계] 대화상자에서 구분 기
호로 분리됨을 선택한 후 ➋
[다음]을 누릅니다.

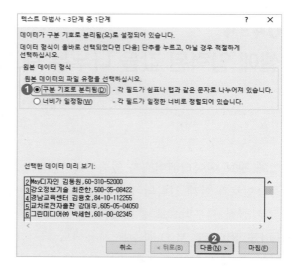

> 나눌 텍스트 사이가 빈칸, 쉼표
> 등으로 구분되어 있으면 원본 데
> 이터 형식을 '구분 기호로 분리
> 됨'으로 선택하면 됩니다.

3. ➊ [텍스트 마법사 – 3단계 중 2단계] 대화상자의 [구분 기호]에서 **쉼표**와 **공백**
에 체크 표시합니다.

➋ [다음]을 누르고 ➌ [마침]을 누르면 함께 있던 텍스트가 업체 정보, 대표자명,
사업자등록번호로 각각 나누어집니다.

➍ 열 너비를 보기 좋게 조정합니다.

> 기본으로 선택된 '탭'은 그대로
> 선택되어 있어도 무관합니다.

> 데이터 미리 보기 창을 보면 업체명,
> 대표자명, 사업자등록번호 사이에
> 구분선이 생기는데 이는 데이터가
> 나누어졌음을 의미함

➍ [A:C] 열 머리
선택 후 더블클릭

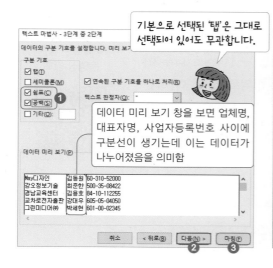

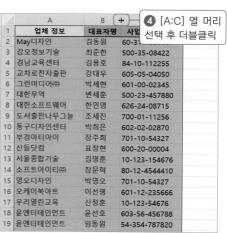

열 데이터 서식 설정

[학생연락처] 시트를 보면 학생정보 필드에 학년-반-번호와 이름이 하나의 필드에 함께 입력되어 있어 제대로 설계된 필드라고 볼 수 없습니다. 텍스트 나누기를 사용해 학년-반-번호와 이름을 나누어 보겠습니다.

텍스트를 나눌 때 한 가지 주의해야 할 점이 있는데, 학생정보 필드 오른쪽에 빈 열이 꼭 있어야 합니다. 그렇지 않으면 학년-반-번호와 이름이 나누어지면서 바로 오른쪽 열에 나누어진 이름이 덮어쓰기 됩니다. 학생정보와 학생번호 사이에 열을 하나 추가하겠습니다.

[B] 열 머리글을 선택하고 Ctrl + + 를 누르면 열이 추가됩니다.

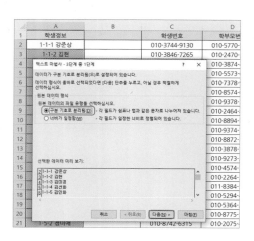

[A2:A88] 셀을 선택한 후 [데이터] 탭 → [데이터 도구] 그룹 → [텍스트 나누기]를 선택합니다. [텍스트 마법사] 대화상자가 실행되면 원본 데이터 형식에서 구분 기호로 분리됨을 선택하고 [다음]을 누릅니다.

다음 단계에서 구분 기호는 공백을 선택하고 [데이터 미리 보기]를 확인해 보면 학년-반-번호와 이름 사이에 구분선이 생깁니다. [마침]을 누릅니다.

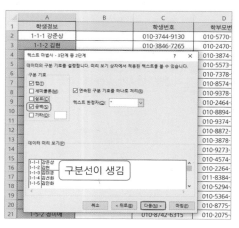

메시지 창이 나타나면 [확인]을 누릅니다. 텍스트가 잘 나누어졌지만 학년-반-번호
가 날짜 형식으로 변해 버렸네요. 엑셀은 1-1-1 형식으로 입력된 데이터를 날짜로
인식해 텍스트를 나누면서 자동으로 형식을 변경해 버립니다. 이런 경우 텍스트 나
누기 3단계에서 형식을 설정할 수 있습니다. Ctrl + Z 를 눌러 작업을 취소합니다.

하면 된다! } 열 데이터 서식 설정하기

1. 다시 [A2:A88] 셀을 선택하고 [텍스트 나누기]를 선택합
니다. 텍스트 마법사 1단계와 2단계는 앞에서 설정한 방법 그
대로 설정하고 [다음]을 누릅니다. 열 데이터 서식은 텍스트
마법사 3단계에서 지정할 수 있습니다.

함께 보면 좋은
동영상 강의

2. ❶ [텍스트 마법사 − 3단계 중 3단계] 대화상자에서 [열 데
  이터 서식]을 텍스트로 선택하고 ❷ [마침]을 누릅니다.

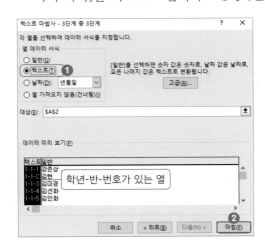

3. 학년-반-번호가 날짜가 아닌 텍스트로 정상적으로 표시됩니다. 필드 이름을 학년 반 번호, 이름으로 각각 입력합니다.

	A	B	C	D	E
1	학생정보	이름	학생번호	학부모번호	
2	1-1-1	강준상	010-3744-9130	010-5770-5544	
	'학년 반 번호' 입력	'이름' 입력	010-3846-7265	010-2470-3235	
4	1-1-3	김미영	010-4143-3670	010-3874-4741	
5	1-1-4	김선화	010-4443-7669	010-5573-6191	
6	1-1-5	김인화	010-4547-2038	010-7378-9599	
7	1-1-6	박찬우	010-5342-2269	010-8574-6782	
8	1-2-1	박민선	010-5743-4410	010-9378-3911	
9	1-2-2	하태훈	010-6344-3315	010-2464-8130	
10	1-2-3	성유림	010-6442-2260	010-8894-5111	
11	1-2-4	진하영	010-6542-7781	010-9374-7861	
12	1-3-1	최정우	010-8843-4944	010-8872-3679	
13	1-3-2	안형석	010-9043-5220	010-3878-7781	

원본 데이터 형식 설정 — 너비가 일정함

[세미나명단] 시트를 선택해 팀원 필드를 보면 팀명과 이름이 하나의 셀에 함께 입력되어 있습니다. 각 셀에 팀명과 이름이 나누어져 있는 것이 좋습니다.

텍스트를 나눌 때 텍스트 마법사 1단계에서 원본 데이터 형식을 지정합니다. '구분 기호로 분리됨'과 '너비가 일정함' 두 유형이 있는데, 앞에서 배운 것처럼 나누려고 하는 텍스트가 공백, 쉼표 등으로 구분된 경우 '구분 기호로 분리됨'을 선택합니다. 하지만 세미나 명단의 팀원 필드는 팀명과 이름 사이가 구분되어 있지 않습니다. 그럼 두 번째 '너비가 일정함'을 선택하고 나누면 될까요? 나누려는 글자에 구분 기호가 없다고 무조건 너비가 일정함을 선택할 수 있는 건 아닙니다. 팀원 필드의 팀명과 같이 나누려는 글자의 앞자리 글자 수가 같으면 '너비가 일정함'을 선택해 나눌 수 있습니다. 그렇지 않고 구분 기호도 없고 글자 수도 다르다면 함수를 사용해야 합니다.

	A	B	C	D	E	F
1	팀원	세미나실	팀장	연구내용	평가점수	
2	1팀김주원	A	홍태석			
3	1팀박명희	A	홍태석			
4	1팀성화영	A	홍태석			
5	1팀이진화	A	홍태석			
6	1팀최민주	A	홍태석			
7	1팀홍태석	A	홍태석			
8	2팀박석현	B	유영미			
9	2팀강문규	B	유영미			
10	2팀김민지	B	유영미			

하면 된다! } '너비가 일정함' 유형으로 텍스트 나누기

1. ❶ [A]와 [B] 열 머리글 사이에 열을 추가합니다.

❷ [A2:A19] 셀을 선택한 후 [텍스트 나누기]를 선택해 텍스트 마법사를 실행합니다.

❸ [텍스트 마법사 – 3단계 중 1단계] 대화상자의 [원본 데이터 형식]에서 너비가 일정함을 선택한 후 ❹ [다음]을 누릅니다.

함께 보면 좋은
동영상 강의

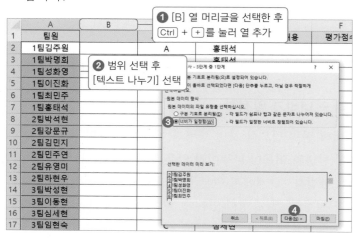

2. ❶ [텍스트 마법사 – 3단계 중 2단계]의 [데이터 미리 보기] 창에서 1팀과 이름 사이 눈금선에 마우스 커서를 맞추고 클릭하면 구분선이 생깁니다.

❷ [다음]을 누릅니다.

❸ [텍스트 마법사 – 3단계 중 3단계]에서는 특별히 데이터 서식을 바꿀 필요가 없으므로 [마침]을 누릅니다. 경고 메시지 창이 뜨면 [확인]을 누릅니다.

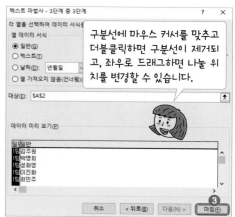

구분선에 마우스 커서를 맞추고 더블클릭하면 구분선이 제거되고, 좌우로 드래그하면 나눌 위치를 변경할 수 있습니다.

3. [A1] 셀에 **팀명**, [B1] 셀에 **이름**이라고 입력하고 마무리합니다.

	A	B	C	D	E	F	G
1	팀명	이름	세미나실	팀장	연구내용	평가점수	
2	1팀	김주원	A	홍태석			
3	1팀	박명희	A	홍태석			
4	1팀	성화영	A	홍태석			
5	1팀	이진화	A	홍태석			
6	1팀	최민주	A	홍태석			
7	1팀	홍태석	A	홍태석			
8	2팀	박석현	B	유영미			
9	2팀	강문규	B	유영미			

(입력 ← [B2] 셀 위치)

질문 있어요!   여러 셀에 나누어져 있는 텍스트를 하나의 셀에 합치려면?

& 연산자를 사용해 수식을 작성하거나 CONCAT(Microsoft 365, Excel 2021 버전에서 사용 가능) 함수를 사용해 텍스트를 합칠 수 있지만, 단축키 한 번으로 빠르게 텍스트를 합치는 **빠른 채우기**를 사용하면 편리합니다. 빠른 채우기는 Excel 2013 버전 이상부터 사용할 수 있습니다.

업체 정보와 대표자명을 하나의 셀에 합쳐보겠습니다. [D2] 셀을 선택하고 **May디자인 김동훈**을 입력한 후 [Enter]를 누릅니다. 빠른 채우기 단축키 [Ctrl] + [E]를 누르면 업체 정보와 대표자명이 합쳐져 나머지 셀에도 채워집니다.

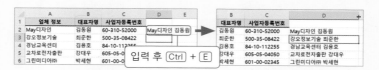

빠른 채우기의 또 다른 장점은 기존 데이터에 새로운 문자를 추가할 수 있다는 것입니다. 다음 예시와 같이 [D2] 셀에 대표자명을 괄호 속에 넣어 입력한 후 빠른 채우기를 하면 나머지 셀의 대표자명도 모두 괄호 속에 표시됩니다.

	A	B	C	D	E	F
1	업체 정보	대표자명	사업자등록번호			
2	May디자인	김동원	60-310-52000	May디자인(김동원)		
3	강오정보기술	최준한	500-35-08422	강오정보기술(최준한)		
4	경남교육센터	김용호	84-10-112255	경남교육센터(김용호)		
5	교차로전자출판	강대우	605-05-04050	교차로전자출판(강대우)		
6	그린미디어㈜	박세현	601-00-02345	그린미디어㈜(박세현)		
7	대한무역	변세훈	500-23-457880	대한무역(변세훈)		
8	대한소프트웨어	한민영	626-24-08715	대한소프트웨어(한민영)		

빠른 채우기는 텍스트를 합치는 경우뿐만 아니라 텍스트를 추출할 때에도 사용하면 편리합니다.

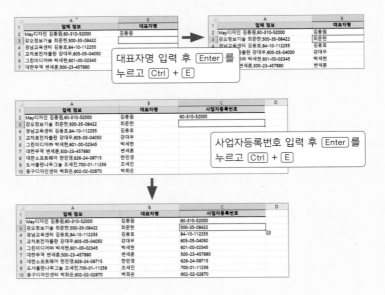

하지만 빠른 채우기 기능이 만능은 아닙니다. 데이터 사이에 공백, 괄호, 쉼표 등 규칙이 성립되어야지 텍스트를 추출하고 합칠 수 있습니다. 그러나 수식과 함수를 사용하는 방법과 비교한다면 아주 간단한 방법으로 실무에 활용하기 좋은 기능입니다.

04-5
실시간으로 반영되는 날짜 함수

• 실습 파일 04-5_실습.xlsx • 완성 파일 04-5_완성.xlsx

현재 날짜를 입력할 때 2022-3-1과 같이 입력하면 되는데 왜 어렵게 함수를 사용할까요? 함수로 입력한 날짜는 실시간으로 반영되기 때문입니다. 예를 들어 기준일에 맞게 대여일을 계산하는 현황표를 작성해야 한다면 현황표를 열어볼 때마다 그 날짜에 맞는 대여일이 계산되어야 합니다. 이런 경우 TODAY 함수를 사용해 기준일을 작성한 후 대여일을 계산하면 현황표를 열어보는 날짜에 맞게 대여 기간을 확인할 수 있습니다.

TODAY, NOW 함수

TODAY 함수와 NOW 함수는 현재 날짜를 표시하는 함수입니다. 현재 날짜와 시간을 표시하고 싶다면 NOW 함수를 사용하면 됩니다. 두 함수 모두 인수가 필요 없습니다. 함수를 사용해 작성한 엑셀 문서는 해당 날짜에 맞춰 날짜를 표시하고 계산에 자동으로 반영됩니다.

> =TODAY(): 현재 날짜를 표시합니다.
> =NOW(): 현재 날짜와 시간을 표시합니다.

	A	B	C	D	E
1					
2	함수식	=TODAY()	=NOW()		
3	결과	2022-03-26	2022-03-26 17:06		
4					
5					

하면 된다! ┝ TODAY 함수를 사용해 대여일 구하기

1. [날짜함수1] 시트에서 먼저 기준일을 구할 [E3] 셀을 선택한 후 =TODAY()를 입력하고 Enter 를 누릅니다. 기준일에 현재 날짜가 입력됩니다.

함께 보면 좋은
동영상 강의

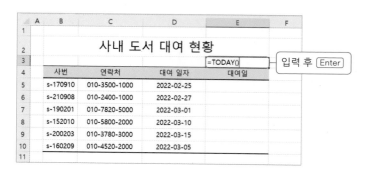

입력 후 Enter

2. 대여일은 기준일에서 대여 일자를 빼면 됩니다.
  ❶ [E5] 셀에 =$E$3-D5를 입력한 후 결과를 구합니다.
  ❷ [E10] 셀까지 수식을 복사해 나머지 셀의 대여일도 구합니다.

기준일 셀은 F4 를 눌러 절대 참조함.
그렇지 않고 수식을 복사하면 기준일
셀이 상대 참조되어 주소가 변하게 됨

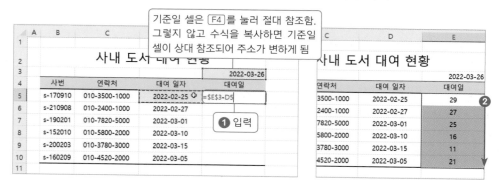

❶ 입력

3. 대여일에 단위 '일'을 붙여보겠습니다.
  ❶ 대여일의 셀 범위 [E5:E10]이 선택된 상태에서 Ctrl + 1 을 눌러 [셀 서식] 대화상자를 실행합니다.
  ❷ [표시 형식] 탭 → [사용자 지정] 범주를 선택합니다.
  ❸ [형식] 입력 창에서 0"일"을 입력한 후 ❹ [확인]을 누릅니다.

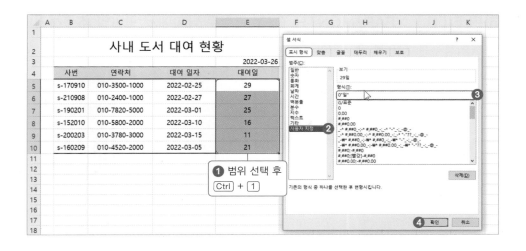

현재 작성한 사내 도서 대여 현황 문서를 다음 날 또는 그다음 날에 열어보면 [E5]
셀의 대여일이 29일이 아닌 30일, 31일로 자동 계산됩니다.

YEAR, MONTH, DAY 함수

고객 명단의 생년월일로 나이를 구해보겠습니다. 나이를 구하는 식은 **현재 연도-생
년+1**입니다. 현재 날짜에서 연도와 생년월일에서 생년을 추출하려면 **YEAR 함수**를
사용하면 됩니다. 그 외에 월을 추출하려면 **MONTH 함수**, 일을 추출하려면 **DAY
함수**를 사용합니다.
함수 사용법을 먼저 익히고 나이를 구하는 수식을 배워보겠습니다.

=YEAR(Serial_number)

=MONTH(Serial_number)

=DAY(Serial_number)

• Serial_number: 엑셀에서 사용하는 날짜-시간입니다.

하면 된다! > YEAR, MONTH, DAY 함수로 날짜에서 연월일 추출하기

YEAR 함수를 사용해 생년월일에서 연도를 먼저 추출하고, MONTH 함수와 DAY 함수를 사용해 월/일을 추출해 보겠습니다.

함께 보면 좋은 동영상 강의

1. [날짜함수2] 시트에서 연도를 구할 [D4] 셀을 선택한 후 =YEAR(를 입력하고 [C4] 셀을 인수로 지정한 후 Enter 를 누릅니다.

	A	B	C	D	E	F	G	H
1				고객 명단				
2							(단위: 세)	
3		이름	생년월일	연				
4		최현희	2000-03-25	=YEAR(C4				
5		이경호	2002-12-01	YEAR(serial_number)				
6		차준영	2001-10-20					
7		김성현	2000-11-29					

닫는 괄호를 생략해도 오류가 생기지 않으며, Enter 를 누르면 자동으로 닫는 괄호가 입력됨

2. 월을 구할 [E4] 셀을 선택한 후 =MONTH(를 입력하고 [C4] 셀을 인수로 지정한 후 Enter 를 누릅니다.

	A	B	C	D	E	F	G	H
1				고객 명단				
2							(단위: 세)	
3		이름	생년월일	연	월	일	나이	
4		최현희	2000-03-25	2000	=MONTH(C4)			
5		이경호	2002-12-01					
6		차준영	2001-10-20					
7		김성현	2000-11-29					

3. 일을 구할 [F4] 셀을 선택한 후 =DAY(를 입력하고 [C4] 셀을 인수로 지정한 후 Enter 를 누릅니다.

	A	B	C	D	E	F	G	H
1				고객 명단				
2							(단위: 세)	
3		이름	생년월일	연	월	일	나이	
4		최현희	2000-03-25	2000	3	=DAY(C4)		
5		이경호	2002-12-01					
6		차준영	2001-10-20					
7		김성현	2000-11-29					

4. ❶ [D4:F4] 셀을 선택한 후 ❷ 채우기 핸들에 마우스 커서를 맞추고 더블클릭해 [F12] 셀까지 수식을 복사합니다.

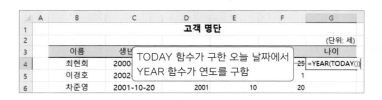

하면 된다! } 날짜 함수를 활용해 나이 구하기

1. [G4] 셀을 선택해 =YEAR(를 입력하고 TODAY() 함수를 중첩한 후, 이어서 수식을 작성해야 하므로 괄호를 닫습니다.

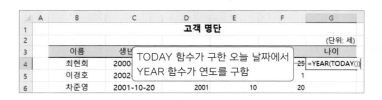

TODAY 함수가 구한 오늘 날짜에서 YEAR 함수가 연도를 구함

함께 보면 좋은
동영상 강의

2. -(빼기)를 입력하고 계속해서 YEAR(C4)+1을 입력한 후 Enter 를 누릅니다. 날짜 연산을 하면 결과가 날짜로 나타나는 경우가 있습니다.

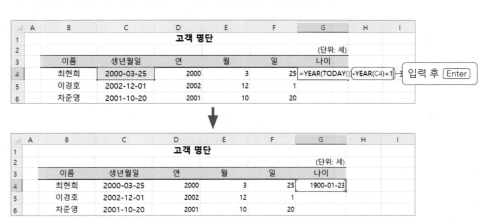

입력 후 Enter

3. ❶ Ctrl + 1을 눌러 [셀 서식] 대화상자를 실행해 [표시 형식] 탭 → [일반]을
선택한 후 ❷ [확인]을 누르면 나이가 정상적으로 표시됩니다.
❸ [G12] 셀까지 수식을 복사합니다.

DATEDIF 함수

[날짜함수3] 시트를 선택해 승진자 명단에서 [F2] 셀의 날짜를 기준으로 근무 연수
와 근무 기간을 구해보겠습니다. 이 경우 두 날짜 사이의 일, 월 또는 연수를 계산
하는 DATEDIF 함수를 사용하면 됩니다. DATEDIF 함수는 함수 라이브러리에 등
록되어 있지 않아 직접 수식을 입력해야 합니다. 따라서 함수 규칙에 신경 써서 인
수와 인수 사이를 ,(쉼표)로 구분하고 Unit 인수를 입력할 때 ""(큰따옴표)를 빠트리면
안 됩니다.

=DATEDIF(Start_date, End_date, Unit)
- Start_date: 기간의 첫 번째 또는 시작 날짜입니다.
- End_date: 기간의 마지막 날짜나 종료 날짜입니다.
- Unit: 반환값을 나타냅니다.

Unit	반환값
"Y"	두 날짜 사이의 경과된 연수를 계산합니다.
"M"	두 날짜 사이의 경과된 월수를 계산합니다.
"D"	두 날짜 사이의 경과된 일수를 계산합니다.
"MD"	두 날짜 사이에서 월수를 제외한 일수를 계산합니다.
"YM"	두 날짜 사이에서 연수를 제외한 월수를 계산합니다.
"YD"	두 날짜 사이에서 연수를 제외한 일수를 계산합니다.

하면 된다! ▶ DATEDIF 함수로 근무 연수와 근무 기간 구하기

1. [E4] 셀을 선택한 후 =DATEDIF(D4,$F$2,"Y")를 입력하고 Enter 를 누릅니다. 첫 번째 인수 Start_date에는 근무연수 [D4] 셀을 지정하고 ,(쉼표)를 입력합니다. End_date에는 기준 날짜 [F2] 셀을 참조한 후 F4 를 눌러 절대 참조합니다. 마지막으로 Unit 인수에는 연수를 구해야 하므로 "Y"를 입력합니다.

함께 보면 좋은
동영상 강의

	A	B	C	D	E	F
1				승진자 명단		
2						2022-07-01
3		사번	이름	입사 일자	근무 연수	근무 기간
4		s-050201	김준희	=DATEDIF(D4,$F$2,"Y")		
5		s-100203	이영호	2010-02-03		
6		s-190908	박성현	20		
7		s-160910	도병완	20		
8		s-150201	최태준	20		
9		s-040209	김석환	2004-02-09		

D	E
승진자 명단	
입사 일자	근무 연수
2005-02-01	17
2010-02-03	
2019-09-08	

Unit 인수는 대소문자
구분 없이 사용함

DATEDIF 함수의 첫 번째 인수는 시작 날짜,
두 번째 인수는 종료 날짜가 됩니다. 순서를
바꿔 작성하면 #NUM! 오류가 뜹니다.

2. 근무 연수에 단위 "년"을 붙여보겠습니다. 표시 형식을 변경해도 되지만 이번에는 &(연결 연산자)를 사용해 단위를 붙여보겠습니다.

❶ [E4] 셀을 더블클릭해 작성해 놓은 수식 오른쪽 끝에 &"년"을 입력한 후 Enter 를 누릅니다.

❷ [E9] 셀까지 수식을 복사합니다.

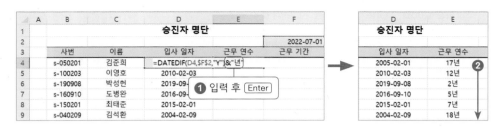

3. 근무 기간을 구할 [F4] 셀을 선택한 후 연수를 구하는 수식 =DATEDIF(D4, $F$2,"Y")&"년"을 입력합니다. 그런 다음 다시 &를 입력한 후 DATEDIF(D4,$F$2, "YM")을 입력합니다.

	A	B	C	D	E	F	G	H	I
1				**승진자 명단**					
2						2022-07-01			
3		사번	이름	입사 일자	근무 연수	근무 기간			
4		s-050201	김준희	2005-02-01	=DATEDIF(D4,$F$2,"Y")&"년"&DATEDIF(D4,$F$2,"YM")				
5		s-100203	이영호	2010-02-03	12년				
6		s-190908	박성헌	2019-09-08	2년				
7		s-160910	도병완	2016-09-10	5년				
8		s-150201	최태준	2015-02-01	7년				
9		s-040209	김석환	2004-02-09	18년				

4. 마지막으로 &를 입력한 후 "개월"을 입력하고 [Enter]를 누릅니다.

	A	B	C	D	E	F	G	H	I
1				**승진자 명단**					
2						2022-07-01			
3		사번	이름	입사 일자	근무 연수	근무 기간			
4		s-050201	김준희	2005-02-01	=DATEDIF(D4,$F$2,"Y")&"년"&DATEDIF(D4,$F$2,"YM"&"개월"				
5		s-100203	이영호	2010-02-03	12년				
6		s-190908	박성헌	2019-09-08	2년				
7		s-160910	도병완	2016-09-10	5년				
8		s-150201	최태준	2015-02-01	7년				
9		s-040209	김석환	2004-02-09	18년				

입력 후 [Enter]

5. [F9] 셀까지 수식을 복사해 완성합니다.

	A	B	C	D	E	F	G	H	I
1				**승진자 명단**					
2						2022-07-01			
3		사번	이름	입사 일자	근무 연수	근무 기간			
4		s-050201	김준희	2005-02-01	17년	17년5개월			
5		s-100203	이영호	2010-02-03	12년	12년4개월			
6		s-190908	박성헌	2019-09-08	2년	2년9개월			
7		s-160910	도병완	2016-09-10	5년	5년9개월			
8		s-150201	최태준	2015-02-01	7년	7년5개월			
9		s-040209	김석환	2004-02-09	18년	18년4개월			

질문 있어요! Unit 인수 사용 시 주의할 점은?

개월을 구하는 수식의 Unit 인수에 "YM"이 아닌 "M"을 입력하면 22년7개월이 아닌 22년271개월이 됩니다. 근무 기간과 같이 ○○년○○개월을 구하는 경우 연수를 제외된 개월수를 구하는 "YM"을 사용해야 합니다.

	A	B	C	D	E	F	G
1				**승진자 명단**			
2						2022-07-01	
3		사번	이름	입사 일자	근무 연수	근무 기간	
4		s-050201	김준희	2005-02-01	17년	17년209개월	
5		s-100203	이영호	2010-02-03	12년	12년148개월	
6		s-190908	박성헌	2019-09-08	2년	2년33개월	
7		s-160910	도병완	2016-09-10	5년	5년69개월	
8		s-150201	최태준	2015-02-01	7년	7년89개월	
9		s-040209	김석환	2004-02-09	18년	18년220개월	
10							

04-6
조건에 맞는 데이터를 찾는 VLOOKUP 함수

• 실습 파일 04-6_실습.xlsx • 완성 파일 04-6_완성.xlsx

VLOOKUP 함수

목록 버튼을 눌러 업체명을 선택하면 공급받는자의 사업장 주소와 연락처가 자동으로 입력되도록 수식을 작성해 보겠습니다. 업체명에 맞는 사업장 주소와 전화번호는 [업체정보] 시트를 참조하겠습니다.

업체명을 찾아오는 함수로 VLOOKUP 함수를 사용하면 됩니다. VLOOKUP 함수는 조건에 맞는 값을 지정한 테이블의 첫 열에서 검색해 해당하는 열의 값을 찾아오는 함수입니다. 이 함수를 사용하려면 조건에 맞는 값을 정리해 놓은 테이블이 반드시 있어야 합니다.

그럼 업체정보 테이블의 첫 열에서 업체명을 검색해 사업장 주소와 전화번호를 찾아오는 수식을 작성해 보겠습니다.

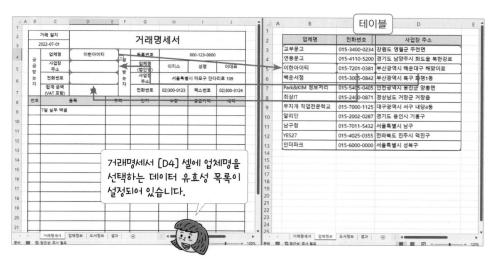

인수를 작성하는 규칙을 정확히 익히면 VLOOKUP 함수를 실무에 잘 활용할 수 있습니다.

> =VLOOKUP(Lookup_value, Table_array, Col_Index_num, Range_lookup)
> - Lookup_value: 테이블의 첫 열에서 검색할 조건이 되는 값입니다.
> - Table_array: 조건에 해당하는 값을 검색하고 값을 추출하려는 테이블입니다.
> - Col_index_num: Table_array 내의 열 번호입니다. Table_array 인수 첫 열은 1이 됩니다.
> - Range_lookup: 정확하게 일치하는 값을 찾으려면 0, 비슷하게 일치하는 값을 찾으려면 생략하거나 1을 입력합니다.

하면 된다! } VLOOKUP 함수로 업체 정보 찾기

1. ❶ [D5] 셀을 선택한 후 =VLOOKUP(를 입력합니다.

❷ Ctrl + A 를 눌러 [함수 인수] 대화상자를 실행하여 첫 번째 인수 Lookup_value에 업체명 [D4] 셀을 참조합니다.

함께 보면 좋은
동영상 강의

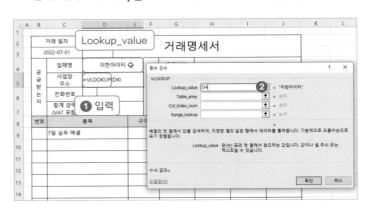

2. Table_array 인수에는 [업체정보] 시트를 선택한 후 [B3:D13] 셀을 참조합니다.

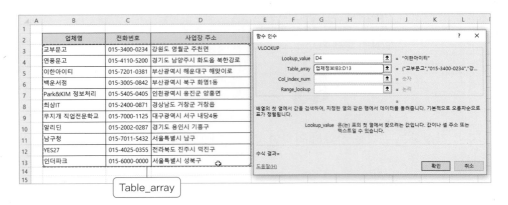

3. Col_index_num 인수에 3을 입력합니다. Table_array 인수에서 지정한 테이블의 범위는 첫 번째 열부터 1, 2, 3, … 순으로 번호가 매겨집니다. 사업장 주소를 찾아와야 하므로 3을 입력합니다.

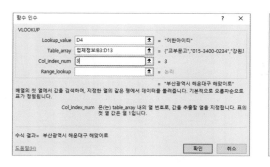

4. ❶ Range_lookup 인수에 0을 입력합니다.
❷ [확인]을 누르면 연풍문고의 사업장 주소가 표시됩니다.
찾으려는 '연풍문고'가 [업체정보] 테이블의 첫 열에 해당하는 업체명과 정확하게 일치하는 것을 찾을 때 FALSE 또는 0을 입력합니다.

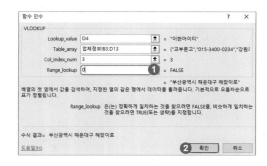

하면 된다! ⎬ Table_array 인수 범위를 이름으로 정의하기

수식에서 참조하는 셀 또는 범위가 다른 시트에 있으면 수식을 작성할 때 범위를 잘못 지정할 수도 있고 불편합니다. 미리 범위를 이름으로 정의해 두고 수식을 작성하면 쉽습니다.

함께 보면 좋은 동영상 강의

1. ❶ [B3:D13] 셀을 선택한 후 ❷ [이름 상자]에 업체정보를 입력하고 (Enter)를 누릅니다. [이름 상자]를 선택하면 추가된 '업체정보'라는 이름을 확인할 수 있고, 수식에서 셀 주소 대신 이름을 사용할 수 있습니다.

2. 업체명을 구한 수식과 같은 방법으로 전화번호도 구해보겠습니다.

[D6] 셀을 선택한 후 =VLOOKUP(를 입력하고 [함수 인수] 대화상자를 실행합니다. 첫 번째 Lookup_value 인수에 업체명 [D4] 셀을 참조하고, Table_array 인수에는 앞에서 정의해 놓은 **업체정보**를 입력합니다. Col_index_num 인수에 2를 입력하고, Range_lookup 인수에는 0을 입력한 후 [확인]을 누릅니다.

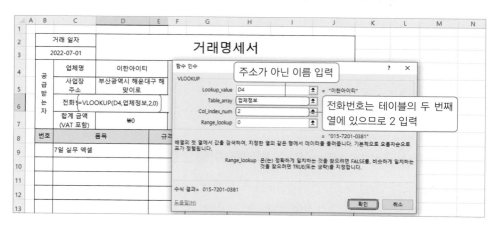

하면 된다! } 품목에 맞는 규격과 단가 찾기

이번에는 목록 버튼을 눌러 품목을 선택하면 [도서정보] 시트
에서 도서명을 찾아 규격과 단가가 자동으로 입력되도록 수
식을 작성해 보겠습니다. 품목을 입력하는 셀에도 데이터 유
효성 목록이 설정되어 있어 목록 버튼을 누르면 도서명을 선
택할 수 있습니다.

함께 보면 좋은
동영상 강의

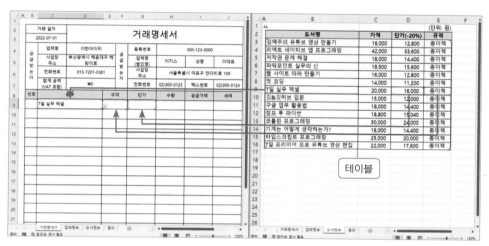

1. 먼저 [도서정보] 시트를 선택해 도서정보 테이블 범위를 이름으로 정의하겠습니
다. [B3:E16] 셀을 선택한 후 이름 상자에 **도서정보**를 입력하고 Enter를 누릅니
다. 이름 상자에 '도서정보'가 추가됩니다.

2. [거래명세서] 시트를 선택해 규격부터 수식을 작성해 보겠습니다. [E9] 셀을 선택한 후 =VLOOKUP(를 입력하고 [함수 인수] 대화상자를 실행하여 Lookup_value 인수에는 [C9] 셀, Table_array 인수에는 도서정보, Col_index_num 인수에는 4, Range_lookup 인수에는 0을 입력한 후 [확인]을 누릅니다.

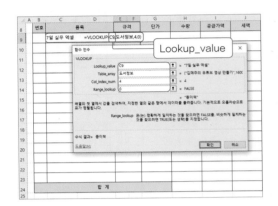

3. [E9] 셀에 작성한 수식을 [E23] 셀까지 복사합니다. 품목이 입력되지 않은 규격에 #N/A 오류가 발생합니다.

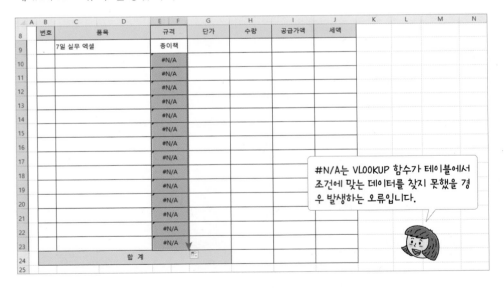

#N/A는 VLOOKUP 함수가 테이블에서 조건에 맞는 데이터를 찾지 못했을 경우 발생하는 오류입니다.

IFERROR 함수

[C10] 셀의 목록 버튼을 눌러 **첫 코딩**을 선택하면 오류가 없어지고 규격이 표시됩니다. 미리 수식을 넣어두고 품목을 입력하면 자동으로 규격이 입력되도록 하려면, IFERROR 함수와 VLOOKUP 함수를 중첩해 품목 입력 유무와 상관없이 오류가 표시되지 않도록 할 수 있습니다.

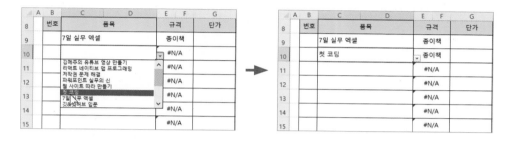

IFERROR는 계산된 결괏값에 오류가 생기면 오류 대신 사용자가 원하는 값을 반환받을 수 있도록 처리하는 함수입니다.

> =IFERROR(Value, Value_if_error)
> - Value: 수식 또는 참조 셀입니다.
> - Value_if_error: 오류 대신 반환할 값입니다.

하면 된다! } IFERROR 함수로 #N/A 오류 없애기

1. IFERROR 함수를 추가해 수식을 수정해 보겠습니다.

❶ [E9] 셀을 더블클릭한 후 VLOOKUP 함수 왼쪽에 IFERROR(를 입력합니다.

❷ [함수 삽입 ⨍ₓ]을 눌러 [함수 인수] 대화상자를 실행합니다.

함께 보면 좋은 동영상 강의

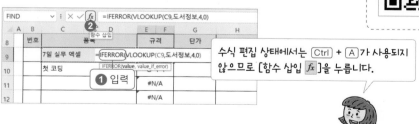

수식 편집 상태에서는 Ctrl + A 가 사용되지 않으므로 [함수 삽입 ⨍ₓ]을 누릅니다.

2. ❶ 수식 입력줄에서 IFERROR 함수를 선택해 IFERROR를 작성할 수 있는 [함수 인수] 대화상자를 실행합니다.

❷ Value_if_error 인수에 ""를 입력한 후 ❸ [확인]을 누릅니다.

[E23] 셀까지 수식을 복사하면 #N/A 대신 공백이 표시됩니다.

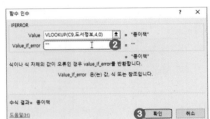

3. IFERROR 함수에 VLOOKUP 함수를 중첩해 단가를 구해보겠습니다.

❶ [G9] 셀에 =IFERROR(를 입력한 후 [함수 인수] 대화상자를 실행하여 Value 인수에 VLOOKUP() 함수를 중첩합니다.

❷ 수식 입력줄에서 VLOOKUP 함수를 선택합니다. [함수 인수] 대화상자가 VLOOKUP 함수로 변경됩니다.

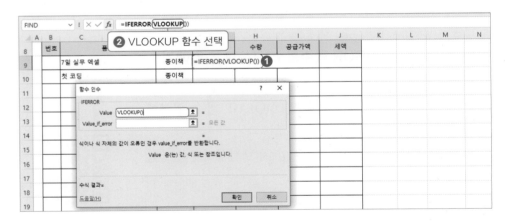

4. ❶ Lookup_value 인수에는 C9, Table_array 인수에는 **도서정보**, Col_index_ num 인수에는 3, Range_lookup 인수에는 0을 입력합니다.
❷ 수식 입력줄에서 IFERROR 함수를 선택합니다. [함수 인수] 대화상자가 IFERROR 함수로 변경됩니다.

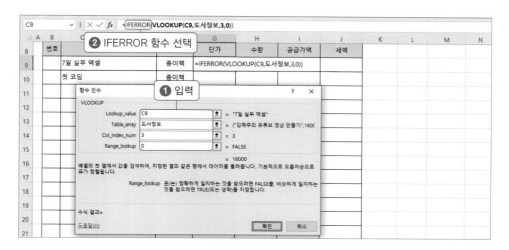

5. ❶ Value_if_error 인수에 0을 입력한 후 **❷** [확인]을 누르면 단가가 표시됩니다. ""(공백)이 아닌 0을 입력한 이유는 단가는 수량과 곱해 공급가액을 구하는 수식 의 참조 셀이기 때문입니다. [G23] 셀까지 수식을 복사합니다.

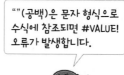
""(공백)은 문자 형식으로 수식에 참조되면 #VALUE! 오류가 발생합니다.

HLOOKUP 함수

[결과] 시트를 선택해 직원 IT 평가 결과 표에서 평균에 맞는 학점을 구해보겠습니다. 평균 점수별 학점은 오른쪽 학점표를 참조하면 됩니다. 학점표의 첫 행에서 평균을 검색해 학점을 찾아오는 경우에는 HLOOKUP 함수를 사용해야 합니다.

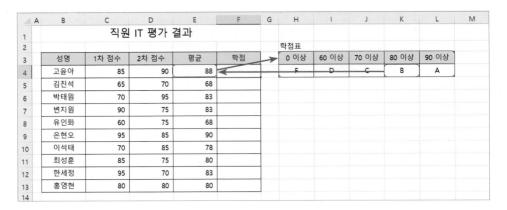

=HLOOKUP(Lookup_value, Table_array, Row_Index_num, Range_lookup)
- Lookup_value: 테이블의 첫 행에서 검색할 조건이 되는 값입니다.
- Table_array: 조건에 해당하는 값을 검색하고 값을 추출하려는 테이블입니다.
- Row_index_num: Table_array 내의 행 번호입니다. Table_array 인수 첫 열은 1이 됩니다.
- Range_lookup: 정확하게 일치하는 값을 찾으려면 0, 비슷하게 일치하는 값을 찾으려면 생략하거나 1을 입력합니다.

하면 된다! } HLOOKUP 함수로 학점 찾기

함께 보면 좋은
동영상 강의

1. [F4] 셀을 선택한 후 =HLOOKUP(를 입력하고 [함수 인수] 대화상자를 실행합니다. Lookup_value 인수에 [E4] 셀을 참조한 후, Table_array 인수에는 [H3:L4] 셀을 선택하고 F4 를 눌러 절대 참조합니다. 수식을 복사해 나머지 직원의 학점을 구할 때 Table_array 인수에 지정한 셀 주소는 변하면 안 되니까요.

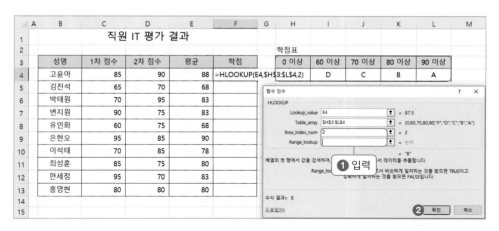

	성명	1차 점수	2차 점수	평균	학점		학점표				
							0 이상	60 이상	70 이상	80 이상	90 이상
4	고윤아	85	90	88	=HLOOKUP(E4,$H$3:$L$4)		D	C	B	A	
5	김진석	65	70	68							
6	박태원	70	95	83							
7	변지원	90	75	83							
8	유인화	60	75	68							
9	은현오	95	85	90							
10	이석태	70	85	78							
11	최성훈	85	75	80							
12	한세정	95	70	83							
13	홍영현	80	80	80							

2. ❶ Table_array 인수 범위에서 두 번째 행의 값인 학점을 찾으려면 Row_index_num 인수에는 2를 입력하고, Range_lookup 인수에는 True 또는 1을 입력하거나 생략하면 됩니다. 여기서는 인수를 생략했습니다.

❷ [확인]을 누르면 학점이 표시됩니다.

❸ 수식을 복사하여 학점을 모두 표시합니다.

	성명	1차 점수	2차 점수	평균	학점		학점표				
							0 이상	60 이상	70 이상	80 이상	90 이상
4	고윤아	85	90	88	B		F	D	C	B	A
5	김진석	65	70	68	D						
6	박태원	70	95	83	B						
7	변지원	90	75	83	B						
8	유인화	60	75	68	D						
9	은현오	95	85	90	A						
10	이석태	70	85	78	C						
11	최성훈	85	75	80	B						
12	한세정	95	70	83	B						
13	홍영현	80	80	80	B						

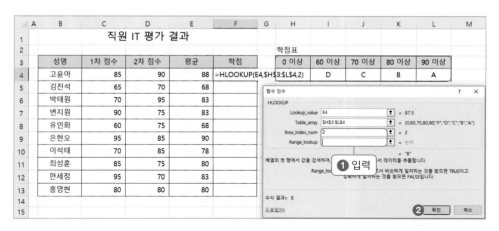

Range_lookup 인수가 True인 경우는 비슷하게 일치하는 값을 찾는 경우가 됩니다. 예를 들면 고윤아의 평균은 88점이지만 학점표의 첫 행에는 88점이 없습니다. 학점표를 작성할 때 모든 평균 점수를 테이블에 작성할 수는 없습니다. 80 이상 90 미만의 점수 구간만 봐도 1점 간격이라고 했을 때 80, 81, 82, 83, 84, 85, 86, 87, 88, 89점까지가 모두 B가 됩니다. 이 경우 점수 구간의 가장 작은 값 80을 테이블에 입력합니다. 88점을 테이블의 첫 행에서 검색하면 비슷하게 일치하는 80점의 학점 B를 찾게 되는 거죠.

> **질문 있어요!** **수식을 작성할 때 발생하는 오류들을 알고 싶어요!**
>
> 수식을 작성하다 보면 오류들을 자주 만나게 됩니다. 이 오류가 왜 생겼는지 알면 문제를 해결하는 데에도 도움이 될 거예요.
> 수식 작성 시 발생할 수 있는 오류들을 표로 정리했습니다. 또한 오류들에 관해 조금 더 알고 싶은 사람을 위해 동영상 강의도 준비했습니다.
>
> 함께 보면 좋은
> 동영상 강의
>
>

오류 표시	발생 이유
#VALUE!	수식 입력에 오류가 있거나 참조하는 셀이 잘못된 경우 (예: 수식에 문자가 입력된 셀을 참조했을 때)
#DIV/0!	숫자를 0으로 나눌 경우
#NAME?	함수명이 잘못 입력되었거나 정의되지 않은 이름을 수식에서 참조하는 경우
#REF!	수식에서 잘못된 셀을 참조하는 경우 (예: 수식에서 참조한 셀이 삭제되었을 때)
#NUM!	수식이나 함수에 잘못된 숫자를 입력하거나 수식 결과가 너무 크거나 너무 작은 숫자여서 엑셀이 처리할 수 없는 경우
#NULL!	값을 알 수 없는 상태 또는 값이 없는 경우 (예: =SUM(A1 B1)과 같이 인수와 인수 사이가 공백일 때)
#N/A	수식에서 참조된 값을 찾을 수 없는 경우 (예: VLOOKUP 함수에서 찾으려는 값이 조회 테이블에 없을 때)

05

데이터를 집계하고 시각화하는
보고용 차트 만들기

김 사원의 이야기

숫자로 보다가 그래프로 보니 눈에 더 잘 들어온다!

촤르륵~

별거 아니쥬!

대망의 실적 결산 회의를 앞둔 김 사원. 이제껏 배운 엑셀 실력을 뽐낼 기회다.
수만 행의 데이터를 정리하고 차트로 만드는 과정! 엑셀에서 제공하는 차트의 종류는 다양하지만 김 사원이 실제로 사용할 차트는 4개!
"숫자로 보다가 그래프로 보니 눈에 더 잘 들어온다!"

05-1 여러 범주의 값을 시각적으로 비교하는 막대형 차트

05-2 월별 변화가 잘 보이는 꺾은선형 차트

05-3 구성비를 표현할 때 좋은 원형 차트

05-4 표현할 값 범위의 편차가 큰 경우에는 콤보 차트

05-1
여러 범주의 값을 시각적으로 비교하는 막대형 차트

• 실습 파일 05-1_실습.xlsx • 완성 파일 05-1_완성.xlsx

거래일자별 판매금액을 정리한 많은 양의 데이터 중에 판매금액이 높은 5개 거래처를 분기별로 집계해 보고서를 작성해 보겠습니다. 먼저 피벗 테이블을 사용해 데이터를 빠르게 집계한 후, 분기별 거래처 판매금액을 비교하는 세로 막대형 차트로 시각화해 보고서를 완성하면 됩니다.

하면 된다! } 분기별 판매금액이 높은 5개 거래처를 집계하는
피벗 테이블 만들기

1. ❶ [2022년판매내역] 시트에서 [삽입] 탭 → [표] 그룹 → [피벗 테이블]을 선택합니다. [피벗 테이블] 대화상자가 실행되고 표/범위가 자동으로 인식됩니다.
❷ [새 워크시트]를 선택하고 ❸ [확인]을 누릅니다.

함께 보면 좋은
동영상 강의

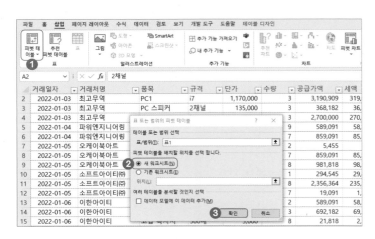

2. 오른쪽 피벗 테이블 필드에서 ❶ 품목 필드를 [필터] 영역으로, ❷ 거래일자 필드를 [행] 레이블로, ❸ 거래처명 필드를 [열] 레이블로, ❹ 판매금액 필드를 [값] 영역으로 각각 드래그해 추가합니다.

3. ❶ 피벗 테이블이 완성되면 열 레이블의 필터 버튼(▼)을 눌러 [값 필터] → 상위 10을 선택합니다.

❷ [상위 10 필터(거래처명)] 대화상자에서 10을 5로 변경한 후 ❸ [확인]을 누릅니다. 판매금액이 높은 5개 거래처가 필터됩니다.

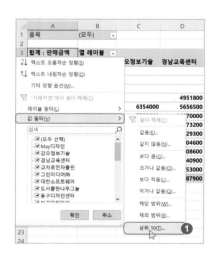

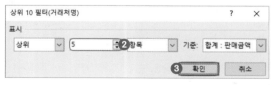

4. 이번에는 월별로 그룹화된 행 레이블을 분기별로 그룹화해 보겠습니다.

❶ [A5] 셀을 선택한 후 마우스 오른쪽 버튼을 눌러 [그룹]을 선택합니다.

❷ [그룹화] 대화상자에서 월과 일을 선택 해제하고 분기를 선택합니다.

❸ [확인]을 누릅니다.

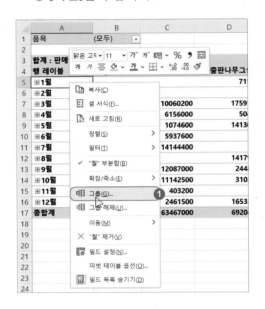

5. [B5:G9] 셀을 선택한 후 판매금액의 단위를 읽기 쉽게 마우스 오른쪽 버튼을 눌러 **⑨**(쉼표 스타일)을 적용합니다.

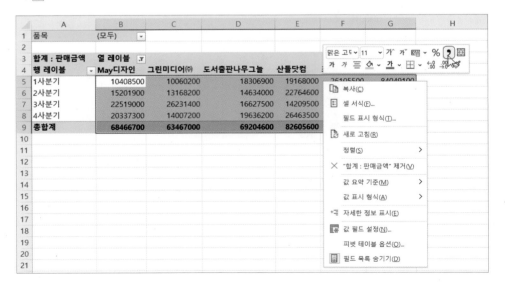

하면 된다! 〉 피벗 테이블 레이아웃과 스타일 변경하기

완성된 피벗 테이블에서 행과 열의 총합계를 나타낼 필요가
없어 표시를 해제하고 보기 좋은 보고서 레이아웃과 스타일
로 변경해 보겠습니다.

함께 보면 좋은
동영상 강의

1. ❶ 피벗 테이블이 선택된 상태에서 [디자인] 탭 → [레이아
웃] 그룹 → [총 합계] → [행 및 열의 총합계 해제]를 선택
합니다.
❷ [보고서 레이아웃] → [테이블 형식으로 표시]를 선택합니다.

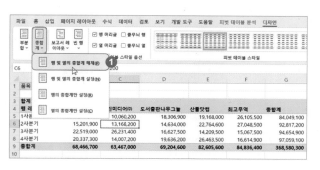

2. ❶ [피벗 테이블 스타일] 그룹의 [자세히]를 눌러 ❷ 연한 녹색, 피벗 스타일 밝게
21을 선택합니다. 레이아웃과 스타일이 변경되었습니다.

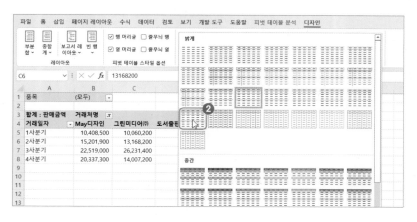

하면 된다! 〉세로 막대형 차트 만들기

막대형 차트는 항목별로 데이터를 비교해 설명할 때 유용한 차트로 2차원, 3차원 세로 막대형 차트와 가로 막대형 차트가 있습니다. 예제를 연습해 보면서 상황에 따라 어떤 차트를 선택할지 배워보겠습니다.

함께 보면 좋은
동영상 강의

1. ❶ 피벗 테이블 내의 셀을 선택한 후 [삽입] 탭 → [차트] 그룹 → [세로 또는 가로 막대형 차트 삽입] → [2차원 세로 막대형: 묶은 세로 막대형]을 선택합니다.

   ❷ 차트를 피벗 테이블 아래로 위치를 변경한 후 크기도 변경합니다.

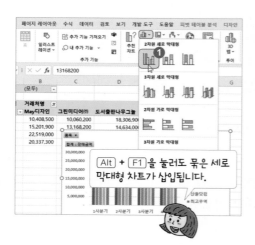

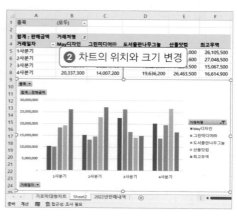

2. 차트에 제목을 추가해 보겠습니다.

   ❶ 차트를 선택한 후 [차트 요소 ➕]를 눌러 차트 제목에 체크 표시합니다.

   ❷ '차트 제목'이 추가되면 제목을 분기별 판매 현황으로 입력합니다.

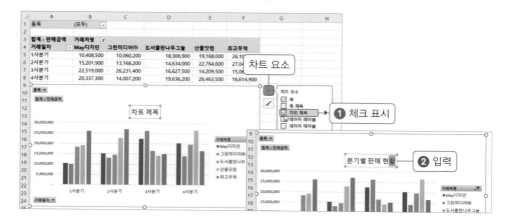

3. 세로 막대형 차트는 기본적으로 가로 눈금선이 표시되어 있는데 세로 눈금선도 추가해 보겠습니다. [차트 요소 ⊞] → [눈금선 ▶] → 기본 주 세로에 체크 표시합니다. 세로 눈금선이 추가되었습니다.

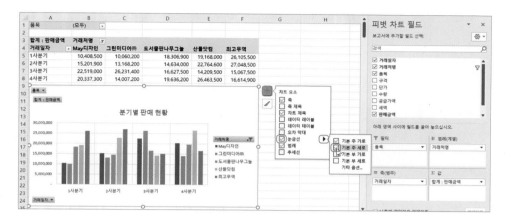

필드 단추 숨기기

피벗 테이블을 원본으로 작성한 차트를 **피벗 차트**라고 합니다. 피벗 차트는 차트 영역에 필드 단추가 표시됩니다. 그중 보고서 필터 필드 단추와 축 필드 단추, 범례 필터 단추를 선택해 조건을 설정하면 필터된 결과에 맞게 차트를 변경할 수 있습니다.

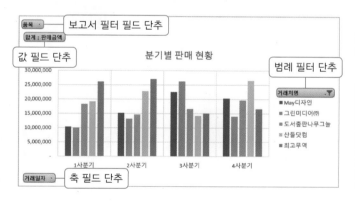

차트를 선택한 후 [피벗 차트 분석] 탭 → [표시/숨기기] 그룹 → [필드 단추] 그림 메뉴를 누르면 필드 단추가 모두 제거됩니다. [필드 단추] 글자 메뉴를 누르면 단추 종류를 선택해 제거할 수 있습니다.

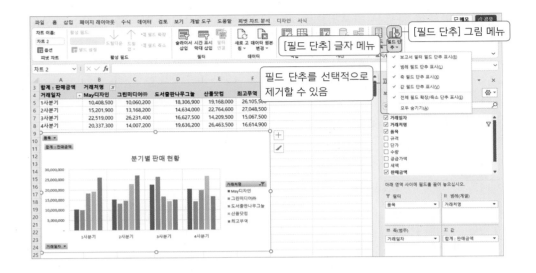

[필드 단추] 그림 메뉴

[필드 단추] 글자 메뉴

필드 단추를 선택적으로
제거할 수 있음

하면 된다! ▶ 가로 막대형 차트 만들기

품목별 수량의 합계도 단순히 표로 보는 것보다 차트를 작성
하면 한눈에 볼 수 있어 내용을 이해하기 쉽습니다.

함께 보면 좋은
동영상 강의

1. ❶ [가로막대형차트] 시트에서 피벗 테이블 내의 셀을 선
택한 후 Alt + F1 을 누르면 세로 막대형 차트가 기본으
로 삽입됩니다.

❷ 차트 크기를 크게 변경하고 보기 좋게 배치합니다.

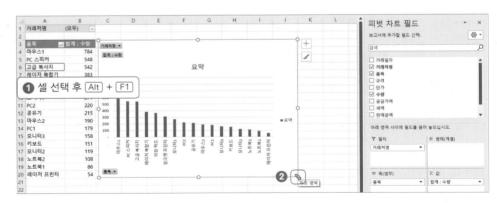

2. 완성된 차트를 살펴보니 항목 축의 품명이 세로로 표시되어 보기가 불편합니다. 이러한 경우에는 가로 막대형 차트로 변경하는 것이 좋습니다.

❶ 차트를 선택한 후 마우스 오른쪽 버튼을 눌러 [차트 종류 변경]을 선택합니다.

❷ [차트 종류 변경] 대화상자에서 [가로 막대형] → [묶은 가로 막대형]을 선택하고 ❸ [확인]을 누릅니다.

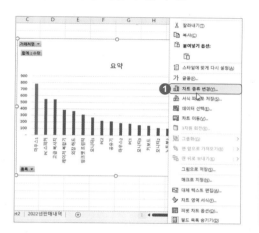

3. 방금 만든 가로 막대형 차트는 품목 필드에 해당하는 계열이 하나라서 범례가 필요 없습니다. 범례를 없애기 위해 ❶ [차트 요소⊞]를 눌러 ❷ [범례]의 체크 표시를 해제합니다.

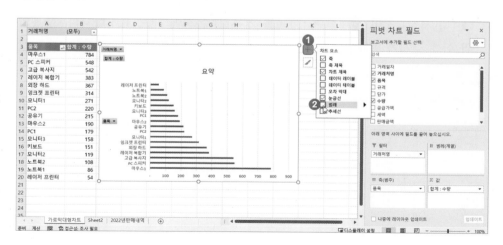

4. ❶ 차트 제목을 품목별 판매 수량으로 수정합니다.

❷ [피벗 차트 분석] 탭 → [표시/숨기기] 그룹 → [필드 단추] 그림 메뉴를 선택해 차트에 있는 필드 단추를 모두 제거합니다.

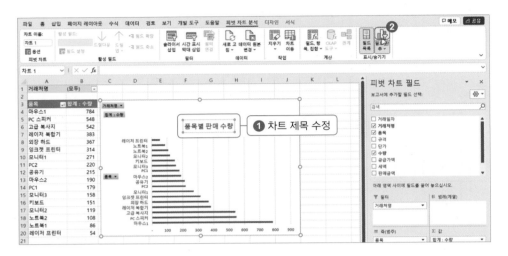

5. 가로 막대형 차트는 원본 데이터의 첫 번째 계열이 차트 맨 아래에서부터 표시됩니다. 표에서처럼 데이터가 많은 순으로 나타나게 하려면 '항목을 거꾸로'라는 축 옵션을 적용해야 합니다.

❶ 세로 (항목) 축에서 마우스 오른쪽 버튼을 눌러 [축 서식]을 선택합니다.

❷ [축 서식] 창이 실행되면 [항목을 거꾸로] 옵션에 체크 표시합니다. 항목의 위/아래 순서가 변경됩니다.

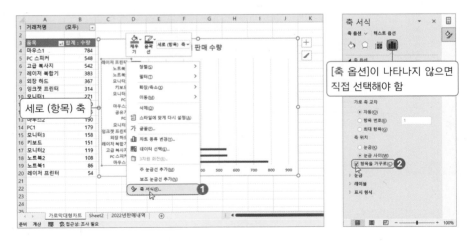

6. '항목을 거꾸로' 옵션을 적용했더니 가로 (값) 축의 레이블 위치 또한 위쪽에 표시되어 차트가 어색합니다. 아래쪽에 배치해 보겠습니다. 가로 (값) 축을 선택하면 [축 서식] 창은 가로 (값) 축의 옵션들로 변경됩니다. [레이블]에서 [레이블 위치]를 **높은 쪽**으로 선택합니다.

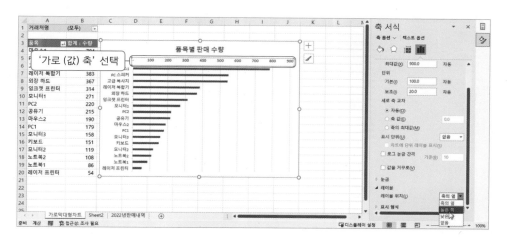

7. 막대 차트는 처음 모양이 막대의 폭은 좁고 막대 사이의 간격은 넓게 작성됩니다. 막대의 간격을 줄여 상대적으로 막대를 굵게 표시해 보겠습니다.

❶ 차트에서 마우스1 막대를 선택합니다. 전체 계열이 선택되고 오른쪽 [축 서식] 창은 [데이터 계열 서식] 창으로 변경됩니다.

❷ [계열 옵션]에서 [간격 너비]를 80%로 입력하고 Enter 를 누릅니다. 막대 간격과 굵기가 변경되었습니다.

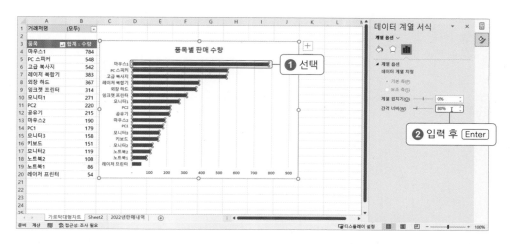

8. 판매 수량을 한눈에 볼 수 있도록 막대 끝에 값 레이블을 표시해 보겠습니다. 차트를 선택한 후 [차트 요소 ⊞]를 눌러 [데이터 레이블]에 체크 표시합니다. 막대 끝에 레이블 값이 각각 표시됩니다.

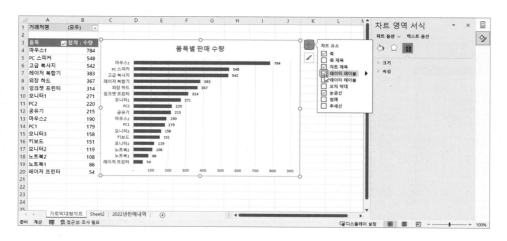

9. ❶ [차트 스타일 ✎]을 누릅니다.

　　❷ [색] → 단색 색상표 6을 선택해 적용합니다.

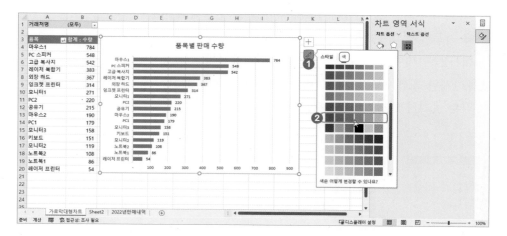

10. ❶ 다시 [차트 요소 ⊞]를 눌러 ❷ [눈금선 ▶] → [기본 주 가로]와 [기본 부 세로]에 각각 체크 표시해 세부 눈금선을 표시합니다.

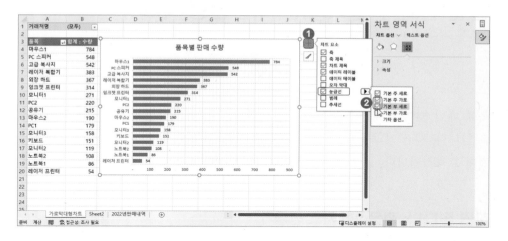

11. ❶ 필터 영역의 거래처명 필터 버튼(▼)을 눌러 ❷ 이지스퍼블리싱을 선택한 후 ❸ [확인]을 누릅니다. 차트는 이지스퍼블리싱의 판매 수량을 나타내는 차트로 변경됩니다.

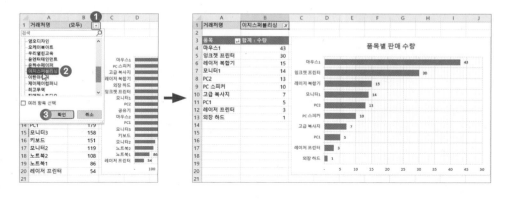

05-2
월별 변화가 잘 보이는 꺾은선형 차트

· 실습 파일 05-2_실습.xlsx · 완성 파일 05-2_완성.xlsx

목표 대비 월별 판매금액을 비교하는 데이터를 차트로 작성해 보고서를 정리하려고 합니다. 시간 경과에 따라 항목의 변화를 비교할 때는 꺾은선형 차트로 보여주는 것이 효과적입니다.

하면 된다! } 꺾은선형 차트 만들기

1. ❶ [Sheet1] 시트에서 표 내부의 셀을 선택합니다.

❷ [삽입] 탭 → [차트] 그룹 → [꺾은선형 또는 영역형 차트 삽입] → [2차원 꺾은선형: 표식이 있는 꺾은선형]을 선택합니다.

❸ 차트 제목을 목표 대비 판매금액이라고 입력합니다.

함께 보면 좋은
동영상 강의

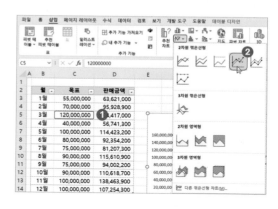

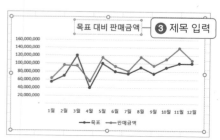

차트에서 목표와 판매금액을 빠르게 구별하는 방법으로 색상을 다르게 적용하는 것보다 선 종류를 다르게 사용하는 것이 효과적입니다. 처음 작성된 꺾은선형 차트는 목표와 판매금액이 색상으로 구별되어 있는데, 목표가 어떤 꺾은선인지 범례에서 확인할 수 있습니다.

2. ❶ 목표에 해당하는 꺾은선을 선택합니다.

❷ [서식] 탭 → [도형 스타일] 그룹 → [도형 윤곽선]을 선택합니다.

❸ 판매금액과 동일한 색상을 적용합니다.

❹ [도형 윤곽선] → [대시] → 둥근 점선을 선택합니다.

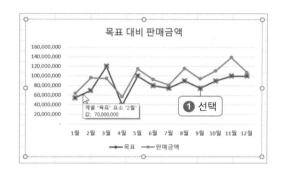

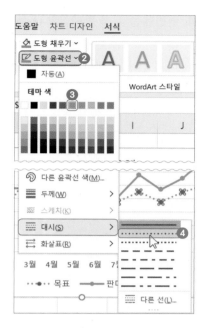

3. 표식의 색상도 꺾은선과 같은 색상으로 통일하겠습니다.

❶ 표식을 하나 선택합니다.

❷ 마우스 오른쪽 버튼을 눌러 [데이터 계열 서식]을 선택합니다.

❸ [데이터 계열 서식] 창에서 [채우기 및 선] → [표식] → [채우기] → [단색 채우기]를 선택한 후 ❹ [색] → 주황, 강조 2를 선택합니다.

목표 대비 판매금액을 비교하면서 추이까지 확인할 수 있는 차트가 작성됩니다.

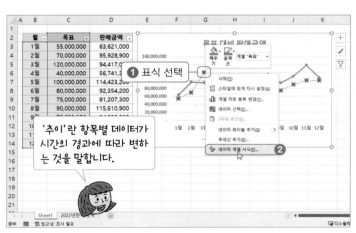

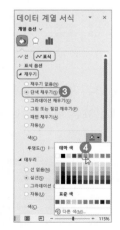

'추이'란 항목별 데이터가 시간의 경과에 따라 변하는 것을 말합니다.

4. 이번에는 최저 판매금액과 목표 값 레이블을 표시해 강조해 보겠습니다.

❶ 먼저 4월 판매금액을 선택합니다. 하지만 판매금액 전체 계열이 선택되네요. 다시 한번 선택하면 4월 판매금액 요소만 선택됩니다.

❷ [차트 요소 ⊞] → [데이터 레이블 ▶] → [오른쪽]을 선택합니다. 4월 판매금액 요소에 값 레이블이 표시됩니다.

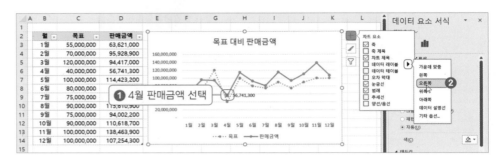

5. ❶ 4월 목표에 해당하는 요소를 선택합니다.

❷ [차트 요소 ⊞] → [데이터 레이블 ▶] → [아래쪽]을 선택합니다. 4월 목표 요소에 값 레이블이 표시됩니다.

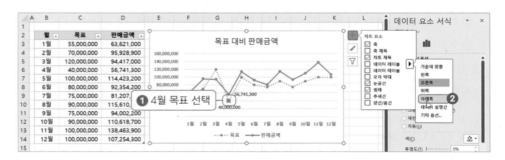

6. 같은 방법으로 최고 판매금액인 11월 판매금액의 위쪽에 레이블을 표시하고, 11월 목표는 아래쪽에 레이블을 추가합니다.

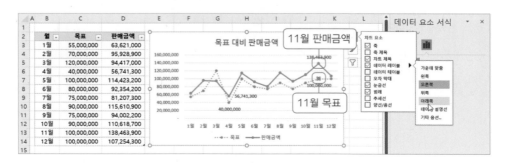

05-3
구성비를 표현할 때 좋은 원형 차트

• **실습 파일** 05-3_실습.xlsx • **완성 파일** 05-3_완성.xlsx

필터된 5개 거래처의 잉크젯 프린터 판매금액의 구성비를 나타내는 차트를 작성하고 보고서를 완성해 보겠습니다.

하면 된다! } 원형 차트 만들기

현재 피벗 테이블은 거래처명이 오름차순으로 정렬되어 있는데, 판매금액이 높은 순으로 정렬한 후 전체에 대한 계열별 비율을 가장 잘 나타내는 원형 차트를 작성해 보겠습니다.

1. ❶ 그린미디어(주)의 판매금액 [B4] 셀을 선택합니다.
❷ 마우스 오른쪽 버튼을 눌러 [정렬] → [숫자 내림차순 정렬]을 선택하면 판매금액이 높은 순으로 정렬됩니다.

함께 보면 좋은
동영상 강의

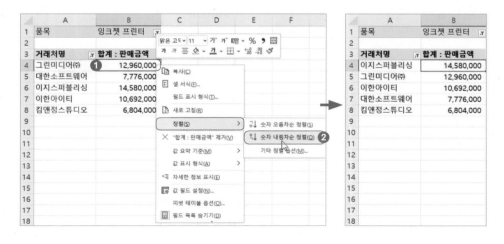

2. ❶ 피벗 테이블 내부의 임의의 셀을 선택한 후 ❷ [삽입] 탭 → [차트] 그룹 → [원형 또는 도넛형 차트 삽입] → [2차원 원형: 원형]을 선택합니다.

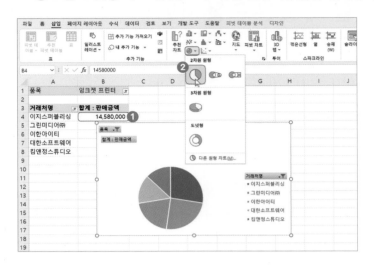

3. ❶ 차트 크기를 변경하고 보기 좋게 배치합니다.

　　❷ [디자인] 탭 → [차트 스타일] 그룹 → [스타일 5]를 선택합니다.

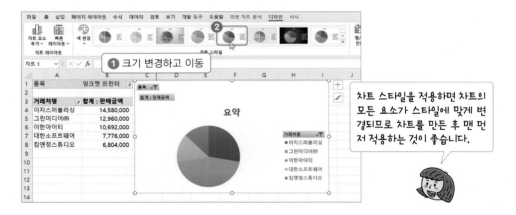

> 차트 스타일을 적용하면 차트의 모든 요소가 스타일에 맞게 변경되므로 차트를 만든 후 맨 먼저 적용하는 것이 좋습니다.

4. 원형 차트가 생겼지만 원형 조각만 봐서는 어느 거래처가 전체 판매금액에서 몇 %를 차지하는지 정확히 알 수 없어 원형 조각(계열)에 직접 거래처명과 구성비를 표시하겠습니다. 그럼 범례는 필요 없겠죠? 차트를 선택한 후 [디자인] 탭 → [차트 레이아웃] 그룹 → [빠른 레이아웃] → [레이아웃 1]을 선택합니다.

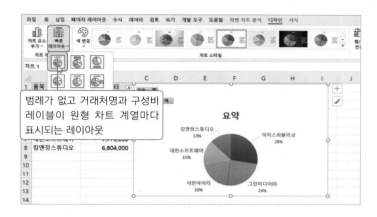

범례가 없고 거래처명과 구성비 레이블이 원형 차트 계열마다 표시되는 레이아웃

5. [피벗 차트 분석] 탭 → [표시/숨기기] 그룹 → [필드 단추] 그림 메뉴를 눌러 차트 내에 있는 필드 단추를 모두 제거합니다.

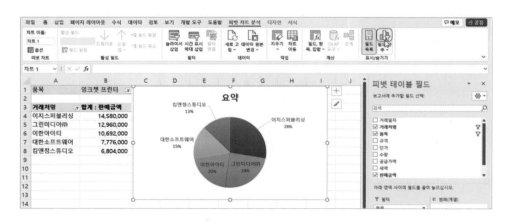

6. 차트 제목을 피벗 테이블 필터 영역에 표시된 품목 셀과 연동해 품목을 필터할 때마다 제목과 차트 내용이 필터된 품목에 맞게 변경되도록 설정해 보겠습니다.

❶ 차트 제목 텍스트 상자를 선택합니다.

❷ 수식 입력줄에 =을 입력한 후 [B1] 셀을 선택하고 [Enter]를 누릅니다.

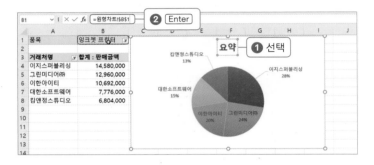

7. 차트 제목은 잉크젯 프린터로 변경되고 차트의 내용도 잉크젯 프린터가 판매된 거래처별 구성비로 변경됩니다. 제대로 동작하는지 확인해 보겠습니다.

❶ [B1] 셀의 필터 버튼을 눌러 ❷ 레이저 복합기를 선택한 후 ❸ [확인]을 누릅니다.

8. 제목이 레이저 복합기로 변경되고 차트 내용도 레이저 복합기가 판매된 거래처별 구성비로 변경됩니다.

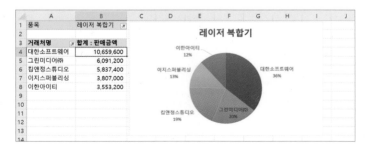

9. ❶ 다시 잉크젯 프린터로 필터합니다.

❷ 데이터 레이블을 한 번 선택해 레이블을 모두 선택합니다.

❸ [글자 크기]를 9로 변경하고 ❹ [글꼴 색]을 검정, 텍스트 1로 변경합니다.
데이터 레이블 글자 크기와 색이 진하게 변경되었습니다.

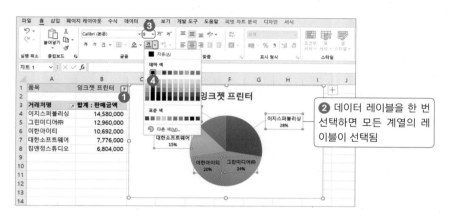

❷ 데이터 레이블을 한 번 선택하면 모든 계열의 레이블이 선택됨

10. 판매금액이 가장 높은 '이지스퍼블리싱' 요소만 분리해 강조해 보겠습니다.

❶ '이지스퍼블리싱'을 한 번 선택하면 계열 전체가 선택되고, 다시 한번 선택하면 '이지스퍼블리싱' 요소만 선택됩니다.

❷ '이지스퍼블리싱' 요소를 오른쪽으로 살짝 드래그해 차트에서 분리시킵니다.

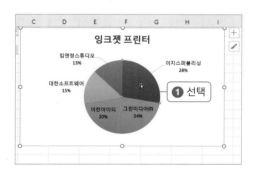

❶ 선택

❷ 오른쪽으로 드래그

05-4
표현할 값 범위의 편차가 큰 경우에는 콤보 차트

• 실습 파일 05-4_실습.xlsx • 완성 파일 05-4_완성.xlsx

목표와 판매금액을 비교하면서 목표 대비 판매금액의 달성률을 정리해 놓은 집계
표가 있습니다. 월별 추이를 확인하면서 달성률을 함께 비교하는 꺾은선형 차트로
작성하고 보니 달성률이 차트에서 보이지 않네요.

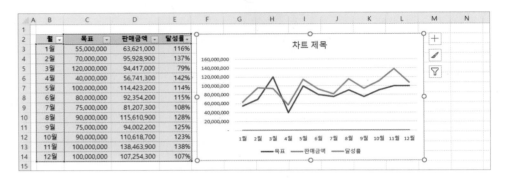

백분율인 달성률은 상대적으로 다른 값들과 차이나기 때문인데, 이런 경우에는 달
성률을 보조축으로 나타내어 편차가 큰 값을 표현할 때 적합한 콤보 차트를 작성하
면 됩니다. 콤보 차트는 일반적으로 막대형과 꺾은선형을 혼합해 사용합니다. 그럼
차트 종류를 변경해 보겠습니다.

하면 된다! } 콤보 차트 만들기

목표, 판매금액, 목표 대비 달성률까지 한눈에 볼 수 있는 콤
보 차트를 완성해 보겠습니다.

함께 보면 좋은
동영상 강의

1. ❶ 차트를 선택한 후 마우스 오른쪽 버튼을 눌러 [차트 종
류 변경]을 선택합니다.
❷ [차트 종류 변경] 대화상자에서 [혼합]을 선택합니다.
❸ 달성률 계열의 보조축에 체크 표시하고 ❹ [확인]을 누
릅니다.

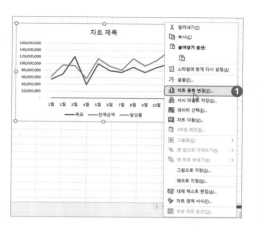

2. 목표와 판매금액 계열은 '묶은 세로 막대형'으로, 편차가 있는 달성률 계열은 보조축을 기준으로 '꺾은선형' 차트로 나타냅니다.

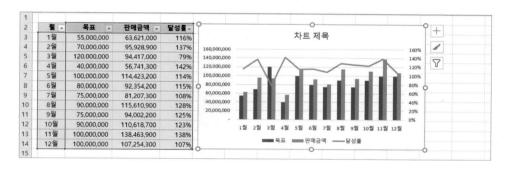

3. ❶ 목표 계열을 선택하고 ❷ [서식] 탭 → [도형 스타일] 그룹 → [도형 채우기] → 주황, 강조 2, 60% 더 밝게를 선택합니다. 목표 계열이 판매금액 계열과 유사한 밝은 색상으로 변경되었습니다.

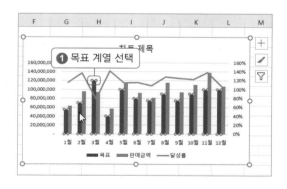

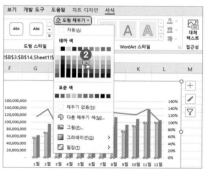

4. ❶ 달성률 계열을 선택하고 ❷ [도형 윤곽선] → 파랑을 선택합니다. 달성률 계열의 색상이 파랑으로 변경되었습니다.

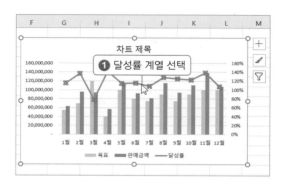 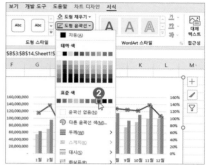

5. 이번에는 달성률 계열에 직접 값을 레이블로 표시하고 보조축 레이블은 감추겠습니다. 달성률 계열이 선택된 상태에서 [차트 요소 ⊞] → [데이터 레이블 ▶] → [위쪽]을 선택합니다.

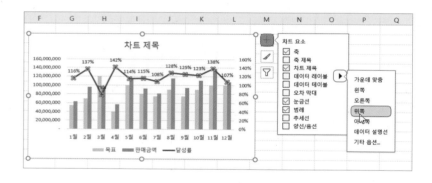

6. ❶ 보조 세로 (값) 축에서 마우스 오른쪽 버튼을 눌러 [축 서식]을 선택합니다.
❷ [축 서식] 창에서 레이블 위치를 [없음]으로 변경합니다.

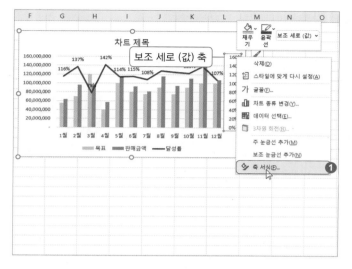
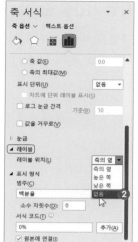

7. 3월 달성률 레이블이 선에 가려 잘 보이지 않아 위치를 변경하겠습니다.

❶ 3월 레이블을 선택하면 전체 달성률 레이블이 선택됩니다.

❷ 다시 한번 3월 레이블만 선택해 달성률 수치를 확인하기 쉽도록 아래로 드래 그해 위치를 변경합니다.

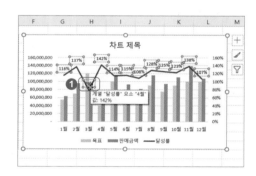
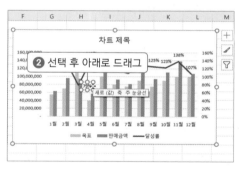

작업 시간을 줄이는 엑셀 단축키

엑셀을 마무리하며 알아 두면 좋은 엑셀 단축키를 소개합니다. 자주 쓰는 단축키를 외워 활용하면 작업 시간을 훨씬 줄일 수 있습니다.

함께 보면 좋은
동영상 강의

단축키	설명
Ctrl + ↓, ↑, →, ←	선택된 셀의 방향키 방향으로 데이터가 입력된 마지막 셀로 이동
Ctrl + Shift + ↓, ↑, →, ←	선택된 셀의 방향키 방향으로 연속된 데이터 범위를 선택
Ctrl + Home	[A1] 셀로 이동
Ctrl + *, Ctrl + A	선택된 셀을 기준으로 연속된 데이터 범위를 모두 선택
Ctrl + B	굵게
Ctrl + I	기울임꼴
Ctrl + U	밑줄(한 번 더 누르면 적용 취소)
Ctrl + Shift + 1	₩ 없는 통화 형식(천 단위 구분 기호)
Ctrl + Shift + 4	₩ 있는 통화 형식
Ctrl + ~	일반 형식
Ctrl + 1	[셀 서식] 대화상자 실행
Ctrl + +, Ctrl + −	열 머리글 또는 행 머리글을 선택한 후 +를 누르면 누른 횟수만큼 열과 행을 삽입, −를 누른 횟수만큼 열과 행을 삭제
Ctrl + Spacebar	선택한 셀의 전체 열을 선택
Shift + Spacebar	선택한 셀의 전체 행을 선택
Ctrl + C	복사
Ctrl + V	붙여넣기
Alt + Shift + F1	새 시트 추가
Ctrl + Alt + V	선택하여 붙여넣기
Ctrl + D	바로 위의 셀 내용과 서식을 복사
Ctrl + R	바로 왼쪽의 셀 내용과 서식을 복사
Ctrl + ;	현재 날짜 입력
Ctrl + :	현재 시간 입력
Alt, H, O, I	자동 열 너비
F2	선택한 셀의 내용 또는 수식을 수정
Alt + Enter	같은 셀 안에서 줄 바꿈
F4	절대 참조/상대 참조 순서대로 전환
Ctrl + `	결과 값을 수식으로 표시
Alt + F3	이름 상자로 이동
Ctrl + F3	[이름 관리자] 실행
Ctrl + Enter	선택한 셀 범위에 현재 입력한 내용을 채움
Ctrl + F	찾기
Ctrl + H	바꾸기
Ctrl + E	빠른 채우기
Ctrl + Shift + L	필터 적용/취소
Ctrl + PgDn	다음 시트로 이동
Ctrl + PgUp	이전 시트로 이동
Ctrl + F1	리본 메뉴 숨기기/보이기
Ctrl + P	인쇄

둘째마당

발표 잘하는 사람,
된다! 파워포인트

회사에서 일하는
순서대로 배우는
실무 파워포인트!
이제 시작해 볼까요?

01 • 슬라이드와 텍스트 슬라이드

02 • 도형을 활용해 슬라이드 꾸미기

03 • 그림과 아이콘을 활용한 슬라이드 만들기

04 • 발표 자료에 신뢰를 주는 표와 그래프

05 • 발표를 위한 슬라이드 노하우

01

슬라이드와
텍스트 슬라이드

최 주임의 이야기

파워포인트,
어떻게
하는거지?

공무원 최 주임. 국민 삶의 질 관련 자료를 토대
로 발표 준비를 해야 한다. 자료를 정리해서 보
고서로 작성하는 것에는 자신 있지만, 이것을 시
각화하는 데에는 익숙치 않다. 파워포인트를 잘
활용하면 될 것 같은데….
"파워포인트, 어떻게 하는 거지?"

01-1 파워포인트 사전 작업하기

01-2 슬라이드 다루기

01-3 깔끔한 텍스트 슬라이드 만들기

01-1
파워포인트 사전 작업하기

• 실습 파일 없음(새 문서)

슬라이드 구성

발표 자료를 작성하기 위해 파워포인트를 바로 실행하는 것은 좋은 방법이 아닙니다. A4 용지에 슬라이드 모양의 사각형을 여러 개 그려 각 슬라이드에 나타낼 내용을 스토리보드로 작성해 보는 것이 좋습니다.

함께 보면 좋은
동영상 강의

A4 용지에 스토리보드를 작성해 보세요!

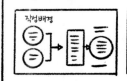  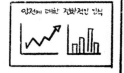 

먼저 발표 주제에 맞게 목차를 구성합니다. 대략 목차가 정해지면 각 슬라이드에 목차를 제목으로 입력해 전체 윤곽을 잡습니다. 그리고 슬라이드 내용으로 채울 자료를 수집하고 정리한 후 텍스트, 이미지, 도형 등을 사용해 내용을 직관적으로 이해할 수 있도록 도식화하면서 초안을 만듭니다.

발표 자료를 작성할 때 제목, 목차, 간지, 내용(여러 장으로 구성), 마무리 슬라이드로 구성하는 것이 일반적이며, 분량에 따라 간지 슬라이드는 생략할 수 있습니다.

제목 슬라이드

목차 슬라이드

간지 슬라이드

내용 슬라이드

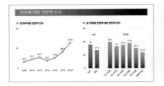

마무리 슬라이드

본격적인 실습에 앞서 몇 가지 필요한 설정을 해두면 좋습니다. 사용자가 문서를 저장하지 않더라도 일정 시간이 지나면 자동으로 문서를 저장하는 자동 복구 정보 저장 간격과 실행 취소 최대 횟수를 늘리고, 발표 자료에 적합한 글꼴을 미리 설치해두는 것입니다.

자동 복구 정보 저장 간격

파워포인트 작업은 이미지와 동영상, 글꼴 등을 문서에 포함해 저장하므로 저장하는 시간이 오래 걸릴 수 있습니다. 기본으로 설정된 자동 저장 10분은 작업을 하다 보면 너무 짧아 작업을 방해할 수 있어 30분으로 설정해 보겠습니다.

파워포인트를 실행하고 새 문서 상태에서 [파일] → [PowerPoint 옵션] → [저장] 탭 → [자동 복구 정보 저장 간격]에서 30을 입력한 후 [확인]을 누릅니다.

실행 취소 최대 횟수

작업을 하다 보면 Ctrl + Z를 눌러 이전 작업으로 되돌려야 하는 경우가 많습니다. 기본으로 설정된 횟수는 20회이지만 최대 횟수 150회까지 설정하는 것이 좋습니다.

[파일] → [PowerPoint 옵션] → [고급] 탭 → [실행 취소 최대 횟수]에서 150을 입력한 후 [확인]을 누릅니다.

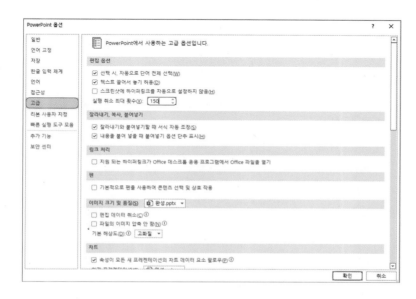

나눔스퀘어체 설치

예제에서 사용하고 있는 '나눔스퀘어', '나눔스퀘어 Bold', '나눔스퀘어 ExtraBold' 글꼴은 Windows 운영체제에서 사용되는 기본 글꼴이 아니기 때문에 별도로 컴퓨터에 설치를 해야 사용할 수 있습니다. 나눔스퀘어체는 네이버에서 무료로 제공하는 글꼴로 다운로드해 사용하면 됩니다.

함께 보면 좋은
동영상 **강의**

hangeul.naver.com/font로 접속해 나눔 글꼴을 선택한 후 나눔스퀘어 다운로드를 클릭합니다. 파일이 다운로드 되면 압축을 해제합니다. '나눔스퀘어', '나눔스퀘어 Bold', '나눔스퀘어 ExtraBold' 외에도 여러 개의 나눔스퀘어 종류의 글꼴이 다운로드 됩니다. 3개 폰트만 선택해 설치해도 되고 모두 선택해 설치해도 됩니다.

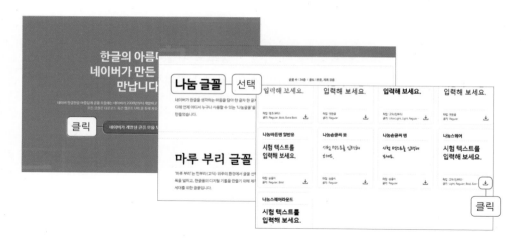

[실습파일] → [1장] → [글꼴] 폴더에 미리 내려받은 글꼴 파일을 모두 선택한 후 마우스 오른쪽 버튼을 눌러 [설치]를 선택합니다. '나눔스퀘어', '나눔스퀘어 Bold', '나눔스퀘어 ExtraBold' 외 3개 글꼴이 C:₩Windows₩Fonts 위치에 저장됩니다. 글꼴을 설치했는데 파워포인트 글꼴 목록에 나눔스퀘어체가 없다면 파워포인트를 종료한 후 다시 실행합니다. 글꼴을 설치할 때 파워포인트가 실행되어 있으면 안 됩니다.

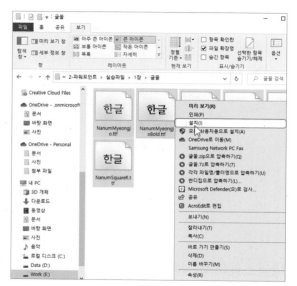

글꼴을 문서에 포함해 저장하기

나눔스퀘어체가 설치되지 않은 컴퓨터에서 문서를 열면 다른 글꼴로 보입니다. 오른쪽 슬라이드를 보면 나눔스퀘어체가 기본 글꼴로 표시되어 한 줄에 표시되어야 하는 내용이 두 줄이 되었습니다. 이 문제를 해결하려면 글꼴을 문서에 포함해 저장해야 합니다.

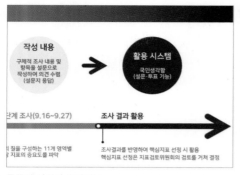
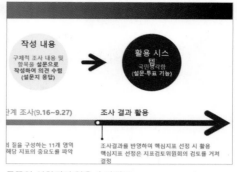

글꼴이 설치된 슬라이드   글꼴이 설치되지 않은 슬라이드

하면 된다! } 글꼴을 문서에 포함해 저장하기

글꼴을 문서에 포함해 저장해 보겠습니다.

1. ❶ [파일] → [다른 이름으로 저장]을 선택해 저장할 위치
를 지정합니다.
❷ [도구] → [저장 옵션]을 선택합니다.

함께 보면 좋은
동영상 **강의**

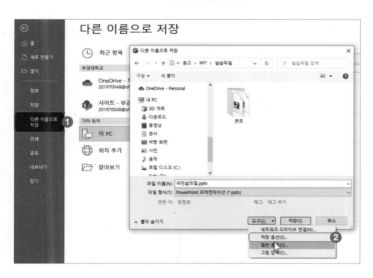

2. ❶ [파일의 글꼴 포함]에 체크 표시를 한 후 ❷ [확인]을 누릅니다.

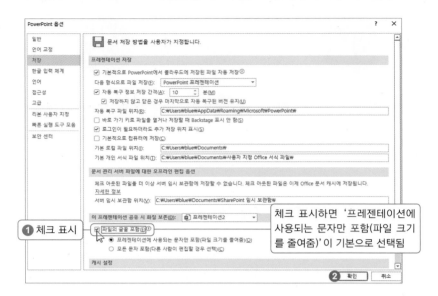

❶ 체크 표시

체크 표시하면 '프레젠테이션에 사용되는 문자만 포함(파일 크기를 줄여줌)'이 기본으로 선택됨

❷ 확인

글꼴이 설치되어 있지 않은 컴퓨터에서 문서를 열면 다음과 같은 메시지 창이 실행됩니다. 이 경우 [읽기 전용으로 열기]를 누르면 되고, 읽기 전용으로 연 문서는 나눔스퀘어체가 사용된 그대로 열립니다. 단, 문서를 수정할 수는 없습니다. 문서를 수정해야 한다면 글꼴을 설치해야 합니다.

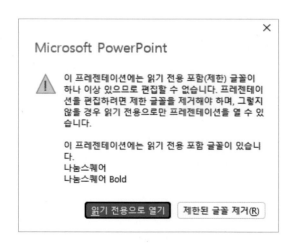

01-2
슬라이드 다루기

• 실습 파일 01-2_실습.pptx • 완성 파일 01-2_완성.pptx

파워포인트를 실행하면 제목 슬라이드를 제일 먼저를 만나게 됩니다. 오른쪽 **슬라이드 창**은 텍스트, 이미지, 표를 삽입해 편집하는 곳입니다. 그리고 왼쪽 **축소판 그림창**에는 작성된 슬라이드가 순서대로 표시되고, 슬라이드를 선택하면 슬라이드 창에 나타납니다.

함께 보면 좋은 동영상 강의

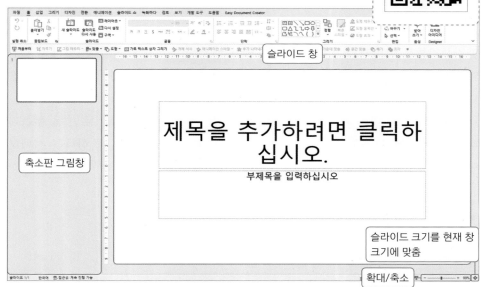

슬라이드 크기 변경

새로 만드는 프레젠테이션의 기본값은 와이드스크린(16:9) 설정입니다. 그러나 발표 현장의 환경에 따라 표준(4:3) 비율로 설정할 수 있고, 인쇄를 목적으로 한다면 슬라이드 크기를 A4 용지(210×297㎜)로 설정하면 됩니다.

슬라이드 크기를 변경하려면 [디자인] 탭 → [사용자 지정] 그룹 → [슬라이드 크기] → [사용자 지정 슬라이드 크기]를 선택합니다.

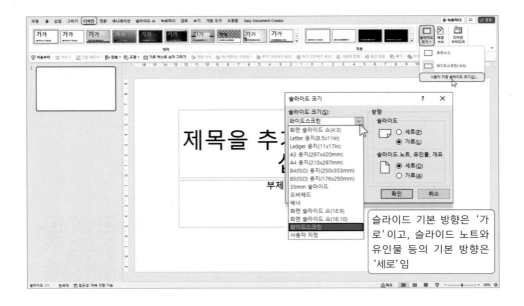

슬라이드 기본 방향은 '가로'이고, 슬라이드 노트와 유인물 등의 기본 방향은 '세로'임

파워포인트는 이미지와 텍스트 상자를 쉽게 배치해 문서를 구성할 수 있다는 장점이 있어 슬라이드 방향을 세로로 변경해 원페이지 보고서 등을 쉽게 작성할 수 있습니다.

[슬라이드 크기] 대화상자에서 슬라이드 방향을 세로로 선택한 후 [확인]을 누릅니다. 슬라이드에 작성된 콘텐츠가 없어 [최대화] 또는 [맞춤 확인] 중 하나를 선택하면 됩니다. 슬라이드가 세로 방향으로 변경되었습니다.

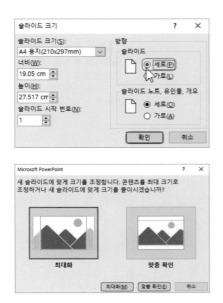

슬라이드에 텍스트, 그림 등의 콘텐츠가 삽입되어 있는 상태에서 방향을 변경하거나 슬라이드 크기를 변경하려면 [최대화] 또는 [맞춤 확인] 중에서 선택해야 합니다.

슬라이드 크기를 A4로 변경한 후 [최대화]를 선택하면 콘텐츠 크기가 확대됩니다. 콘텐츠가 슬라이드 크기와 맞지 않을 수 있습니다.

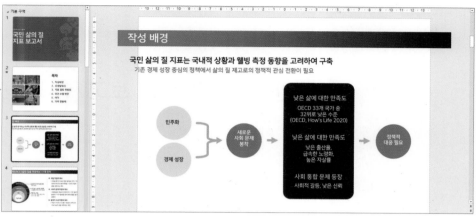

[최대화] 선택 시

슬라이드 크기를 A4로 변경한 후 [맞춤 확인]을 선택하면 콘텐츠 크기가 축소되지만 슬라이드에 전체 콘텐츠가 표시됩니다.

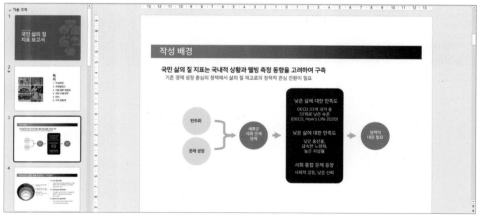

[맞춤 확인] 선택 시

슬라이드 추가와 삭제

'제목을 추가하려면 클릭하십시오.'가 입력된 텍스트 상자를 선택하면 내용은 지워
지고 커서만 남게 됩니다. 국민 삶의 질 지표 보고서라고 제목을 입력한 후 슬라이
드 빈 곳을 클릭합니다.

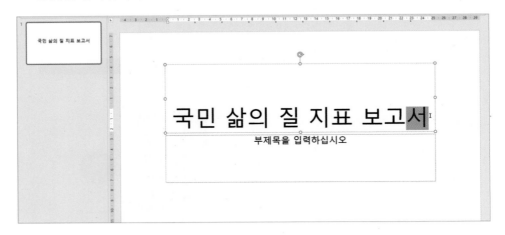

대략 제목 슬라이드를 작성했다면 다음 슬라이드를 추가해 보겠습니다. [홈] 탭 →
[슬라이드] 그룹 → [새 슬라이드 ▾] → [제목 및 내용]을 선택합니다.

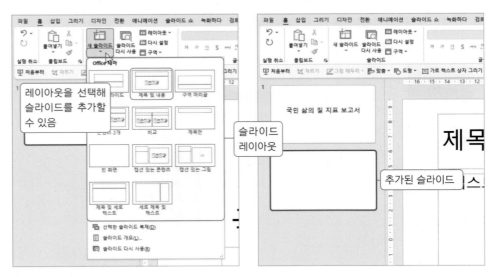

추가하려는 슬라이드 레이아웃이 바로 위에 있는 슬라이드와 같다면 축소판 그림 창에서 슬라이드를 선택한 후 Enter 를 누르면 빠르게 슬라이드가 추가됩니다.

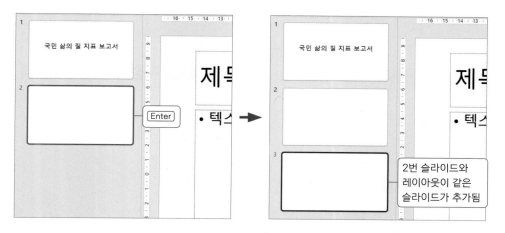

필요 없는 슬라이드를 삭제하려면 슬라이드를 선택한 후 Delete 를 누릅니다.

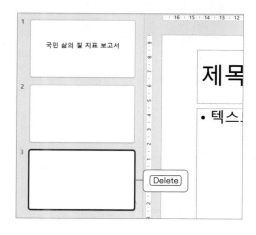

슬라이드 레이아웃 변경

슬라이드에 제목을 입력하고 내용을 작성하는 도중에 레이아웃을 변경해야 한다면 작성 중인 슬라이드를 삭제한 후 새 슬라이드를 삽입할 필요 없이 레이아웃만 변경 하면 됩니다. 그럼 작성해 놓은 내용을 그대로 유지할 수 있습니다.

[홈] 탭 → [슬라이드] 그룹 → [레이아웃]을 선택한 후 변경할 레이아웃을 선택하면 됩니다. 현재 예시에서는 제목만을 선택했습니다.

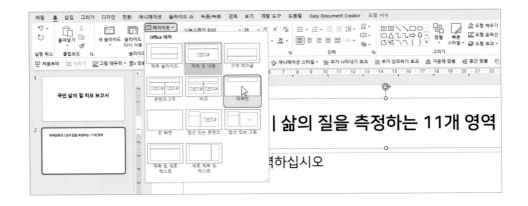

슬라이드 이동과 복사

발표 자료 작성 중에 축소판 그림창에서 슬라이드 순서를 변경할 수 있습니다. 순서를 변경할 슬라이드를 선택한 후 아래로 또는 위로 드래그하면 됩니다.

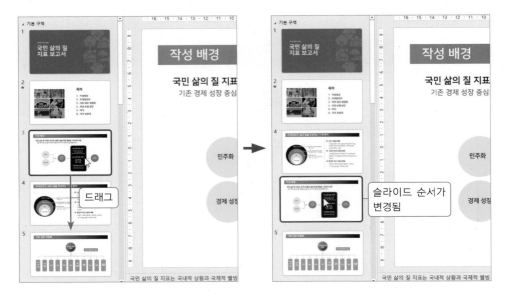

Ctrl 을 누른 상태에서 슬라이드를 원하는 위치로 드래그하면 슬라이드가 복사됩니다. 복사할 슬라이드를 선택한 후 Ctrl + D 를 눌러도 슬라이드가 복사됩니다.

구역 추가

슬라이드 개수가 많아지면 소주제별로 구역을 설정해 사용하면 편리합니다. 예시에서는 '여가', '가족공동체'로 소주제별 구역을 설정해 보겠습니다.

구역을 설정할 첫 번째 슬라이드인 6번 슬라이드를 선택한 후 [홈] 탭 → [슬라이드] 그룹 → [구역] → [구역 추가]를 선택합니다. [구역 이름 바꾸기] 대화상자가 실행되면 구역 이름을 여가로 입력한 후 [이름 바꾸기]를 누르면 이후 슬라이드가 구역으로 설정됩니다.

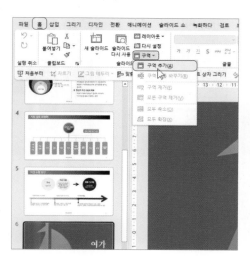

구역이 추가되고 이후 슬라이드가 구역에 포함됨

구역 축소

'여가'와 '가족공동체' 구역을 추가했습니다. 구역 이름 왼쪽의 삼각형 기호(구역 축소/확장)를 눌러 슬라이드를 감추거나 펼칠 수 있습니다.

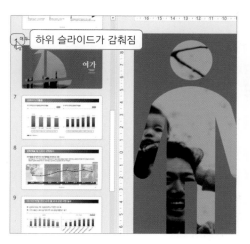

하위 슬라이드가 감춰짐

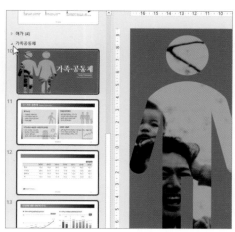

구역 제거

'가족공동체' 구역 이름을 선택한 후 [홈] 탭 → [슬라이드] 그룹 → [구역] → [구역 제거]를 선택하면 '가족공동체' 구역만 제거됩니다. [모든 구역 제거]를 누르면 '여가'와 '가족공동체' 구역을 한 번에 제거할 수 있습니다.

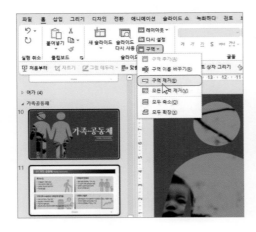 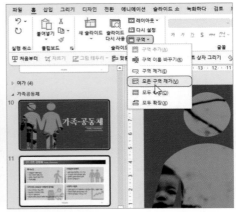

01-3
깔끔한 텍스트 슬라이드 만들기

• 실습 파일 01-3_실습.pptx　　• 완성 파일 01-3_완성.pptx

앞서 슬라이드를 효과적으로 다루는 방법을 배웠습니다. 이제 본격적으로 발표 자료를 작성하는 방법을 배워볼까요? 발표 자료를 구성하는 다양한 콘텐츠 중 가장 많이 사용되는 것이 텍스트입니다. 가독성이 높고 일관성 있는 잘 정돈된 텍스트 슬라이드를 작성하는 데 필요한 기능들을 배워보겠습니다.

하면 된다! } 텍스트 서식 적용하기

제목 슬라이드는 발표 자료의 첫인상을 좌우합니다. 굵은 글꼴을 사용해 안정감 있게 작성해 보겠습니다. 제목에 사용되는 글꼴은 '나눔스퀘어 ExtraBold'입니다.

함께 보면 좋은
동영상 강의

1. ❶ 제목을 블록 지정합니다. 제목 텍스트 상자를 선택해도 됩니다.

   ❷ [글꼴]을 나눔스퀘어 ExtraBold로 지정합니다.

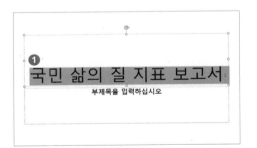

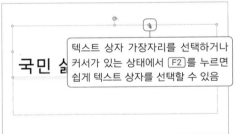

텍스트 상자 가장자리를 선택하거나 커서가 있는 상태에서 F2를 누르면 쉽게 텍스트 상자를 선택할 수 있음

2. 부제목 텍스트 상자는 필요 없어 제거하겠습니다. 텍스트 상자 가장자리를 선택한 후 [Delete]를 누릅니다.

3. ❶ [홈] 탭 → [슬라이드] 그룹 → [새 슬라이드 🔳]를 선택하거나 [Ctrl] + [M]을 누르면 제목 및 내용 슬라이드가 추가됩니다.

❷ 제목을 프레임워크 | 삶의 질을 측정하는 11개 영역으로 입력합니다.

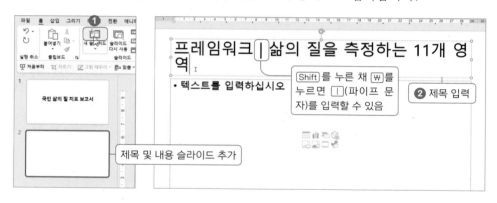

4. ❶ 제목을 블록 지정하거나 텍스트 상자를 선택합니다.

❷ [글꼴]을 나눔스퀘어 Bold로 지정하고 ❸ [글꼴 크기 작게]를 두 번 눌러 글자 크기를 줄여줍니다.

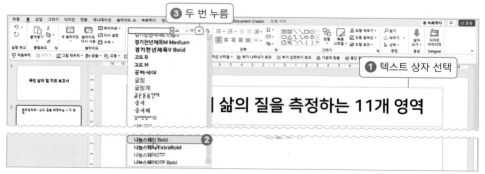

5. 다음과 같이 내용을 입력합니다.

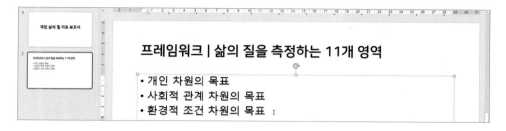

질문 있어요!   기호를 쉽게 입력할 방법은 없나요?

본문 텍스트를 입력할 때 화살표를 입력해야 할 일이 많을 경우 일일이 문자표를 열어 입력하는 것은 번거로운 일이죠. 파워포인트에서는 화살표와 스마일 같은 몇 가지 문자를 빠르게 입력할 수 있습니다. -->를 입력하면 자동으로 →로 변환되어 입력되고, 반대로 <--를 입력하면 ←로 입력됩니다. 또한 ==>를 입력하면 ➡로, <==를 입력하면 ⬅로 입력됩니다.

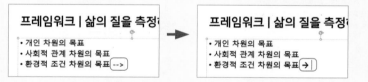

스마일 기호를 입력할 일이 있다면 :)를 입력해 보세요. 빠르게 ☺ 기호로 변환되어 입력됩니다. :(는 ☹ 기호로, :|는 ☺ 기호로 입력됩니다. :|에서 |는 Shift 를 누른 채 ₩ 를 누르면 입력됩니다.

단, 이들 기호는 [파일] → [Power Point 옵션] → [언어 교정] → [자동 고침 옵션]을 선택해 [자동 고침] 대화상자의 [입력할 때 자동 서식] 탭에서 [웃는 얼굴 :-)과 화살표(==>)를 기호로] 옵션이 설정되어 있어야 사용할 수 있습니다.

하면 된다! ⟩ 글꼴 바꾸기

작성 중인 모든 슬라이드의 글꼴은 통일하는 것이 좋습니다.
같은 글꼴을 사용하되 제목과 내용의 글꼴 굵기에 변화를 주
면 됩니다. 슬라이드를 추가할 때마다 글꼴을 변경하는 것은
번거로운 일입니다. 이런 경우 마스터('05-3 슬라이드 마스터로
서식 통일하기' 참고)에서 글꼴을 지정해 두는 방법도 있지만, **글
꼴 바꾸기** 기능으로 슬라이드에 사용되는 기본 글꼴을 변경해
도 됩니다.

함께 보면 좋은
동영상 **강의**

1. ❶ [홈] 탭 → [편집] 그룹 → [바꾸기 ▾] → [글꼴 바꾸기]를 선택합니다.

   ❷ [글꼴 바꾸기] 대화상자에서 [새 글꼴]을 나눔스퀘어로 변경합니다.

   ❸ [바꾸기], ❹ [닫기]를 차례로 누릅니다. 슬라이드의 모든 글꼴이 '나눔스퀘어'
로 변경되고, 앞으로 추가하는 슬라이드의 글꼴도 '나눔스퀘어'로 적용됩니다.

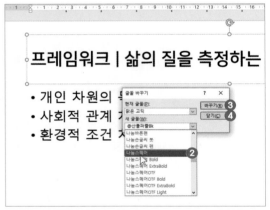

2. ❶ 목록을 블록 지정하거나 텍
스트 상자를 선택합니다.

   ❷ [글꼴 크기 작게]를 한 번 눌
러 글자 크기를 줄여줍니다.

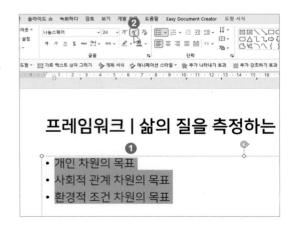

하면 된다! ⟩ 글머리 기호 변경하기

이번에는 글머리 기호를 변경해 보겠습니다.

함께 보면 좋은
동영상 강의

1. 목록이 블록 지정된 상태에서 [홈] 탭 → [단락] 그룹 → [글머리 기호 ▾] → [별표 글머리 기호]를 선택합니다.

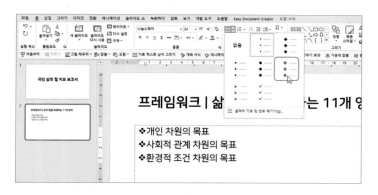

2. 기본적으로 제공되는 모양 외에도 더 다양한 모양으로 글머리 기호를 사용할 수 있습니다.

❶ 다시 목록을 블록 지정한 후 ❷ [홈] 탭 → [단락] 그룹 → [글머리 기호 ▾] → [글머리 기호 및 번호 매기기]를 선택합니다.

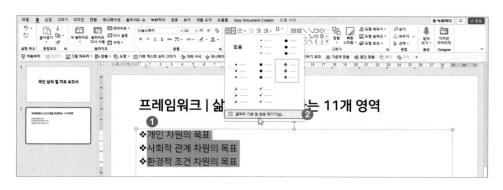

3. ❶ [사용자 지정]을 누릅니다.

❷ [기호] 대화상자에서 [글꼴]을 Wingdings로 지정하고 ❸ ● 를 선택한 후 ❹ [확인]을 누릅니다.

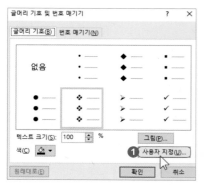 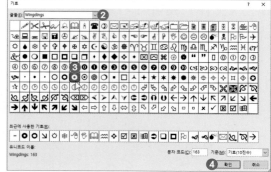

4. ❶ [색]을 녹색, 강조 6, 25% 더 어둡게로 선택한 후 ❷ [확인]을 누릅니다.

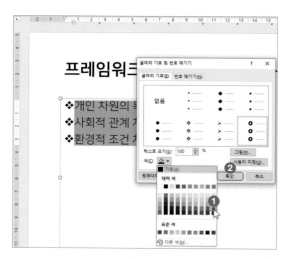 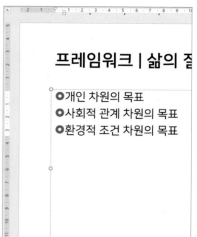

5. 글머리 기호를 변경했더니 텍스트와의 사이에 공백이 없어 텍스트 시작 위치를 오른쪽으로 조금 옮겨 간격을 조절해 보겠습니다. 블록을 지정하면 눈금자에 표식이 생깁니다. 표식을 1 위치로 끌어놓습니다.

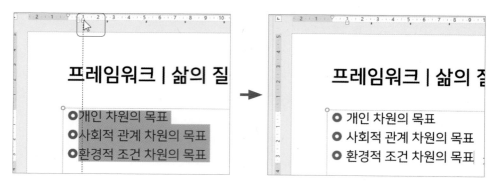

글머리 기호 위치

텍스트 위치

글머리 기호와 텍스트 위치를
한 번에 변경할 수 있음

눈금자가 표시되어 있지 않다면
[보기] 탭 → [표시] 그룹 → [눈
금자]에 체크 표시하면 됩니다.

하면 된다! 〉 단락 순서 변경하기

내용을 작성한 후 단락의 순서를 변경해야 하는 경우가 있습니다. 단락 순서를 변경하는 간단한 방법을 배워보겠습니다.

함께 보면 좋은
동영상 강의

1. 두 번째 단락의 글머리 기호를 선택한 후 아래로 드래그하면 선이 생깁니다. 두 번째 단락과 세 번째 단락의 순서가 변경됩니다.

2. 다시 세 번째 단락에 글머리 기호를 선택하고 한 단계 위로 드래그해 '개인 차원의 목표', '사회적 관계 차원의 목표', '환경적 조건 차원의 목표' 순으로 변경합니다.

하면 된다! 〉 단락 수준 조절하기

슬라이드 단락을 수준별로 정리해 작성할 수 있습니다. 현재
입력된 내용에 하위 수준의 내용을 입력하려면 [Tab]을 누르
면 됩니다.

함께 보면 좋은
동영상 강의

1. ❶ 첫 번째 단락의 끝에서 [Enter]를 누른 후 ❷ [Tab]을 눌
러 수준을 변경합니다.

2. 다음과 같이 내용을 입력한 후 같은 방법으로 나머지 단락의 하위 수준 내용도
입력합니다.

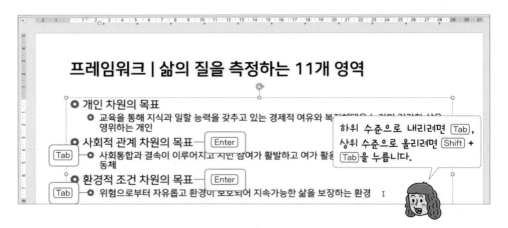

3. 2 수준의 글머리 기호와 글꼴 색을 변경해 1 수준과 구분되도록 하겠습니다.
　❶ 첫 번째 단락의 2 수준 글머리 기호를 선택하면 내용이 모두 선택됩니다.
　❷ [Ctrl]을 누른 상태에서 두 번째 단락의 2 수준 글머리 기호를 선택하고 ❸ 이
어 세 번째 단락의 2 수준 글머리 기호를 선택합니다.

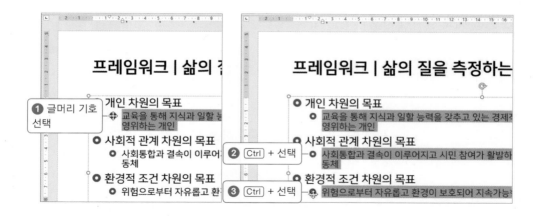

4. 내용이 모두 선택되면 [홈] 탭 → [단락] 그룹 → [글머리 기호 ▾] → [글머리 기호 및 번호 매기기]를 선택합니다.

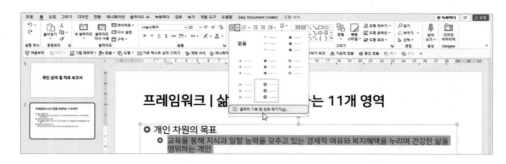

5. ❶ [글머리 기호 및 번호 매기기] 대화상자에서 [사용자 지정]을 누릅니다.
❷ [기호] 대화상자에서 [글꼴]을 (현재 글꼴)로, ❸ [하위 집합]을 기본 라틴 문자로 선택한 후 ❹ 기호 중에서 -(하이픈)을 선택하고 ❺ [확인]을 누릅니다.
❻ 글머리 기호 색을 검정 텍스트1, 35% 더 밝게로 변경한 후 ❼ [확인]을 누릅니다.

6. 글꼴 색도 글머리 기호와 같은 검정 텍스트1, 35% 더 밝게로 변경합니다.

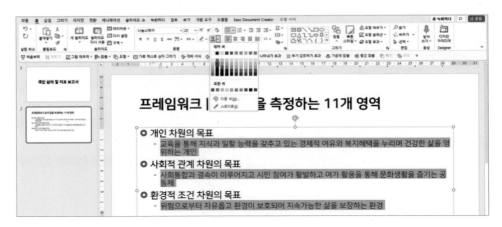

질문 있어요! 단락 끝의 한글 단어가 잘리지 않게 할 수 있나요?

단락 끝에 있는 단어가 잘리지 않고 한 단락 내에 위치할 수 있도록 설정할 수 있습니다. 적용할 단락을 블록 지정한 후 [단락]을 선택해 [단락] 대화상자에서 [한글 입력 체계] 탭 → [한글 단어 잘림 허용]의 체크 표시를 해제하면 됩니다.

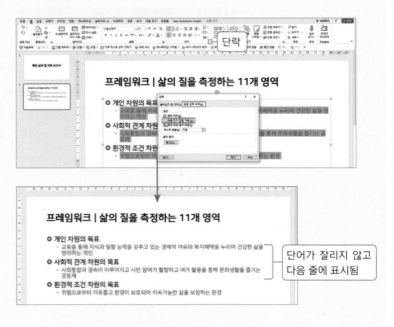

하면 된다! ⟩ 줄 간격 조절하기

텍스트의 줄 간격을 조절해 내용을 읽기 쉽게 할 수 있습니다.

1. 내용을 모두 블록 지정한 후 [홈] 탭 → [단락] 그룹 → [줄 간격 ≡▾] → 1.5를 선택합니다.

함께 보면 좋은 동영상 **강의**

2. 줄 간격이 넓게 변경됩니다. 내용에 따라 줄 간격 1.0은 좁고 1.5는 넓다면 [줄 간격 옵션]을 선택해 직접 지정하면 됩니다.

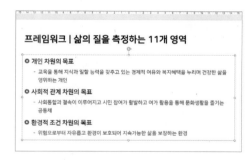

3. [단락] 대화상자에서 [줄 간격]을 배수로 변경하고 [값]을 1.1로 입력합니다. 텍스트로 슬라이드 내용을 구성하는 경우 줄 간격은 보통 1.1에서 1.2가 가장 보기 편합니다.

텍스트 슬라이드 배치

다음과 같이 텍스트 슬라이드에 도해를 추가해 슬라이드를 작성하려면 작성해둔 텍스트 상자의 크기를 줄여 오른쪽으로 배치해야 합니다.

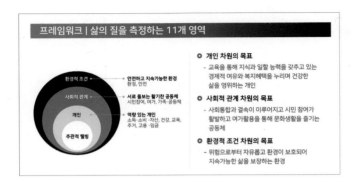

텍스트 상자 왼쪽 테두리에 있는 크기 조정 핸들에 마우스 커서를 양방향 화살표 모양이 되도록 맞추고 오른쪽으로 드래그합니다.

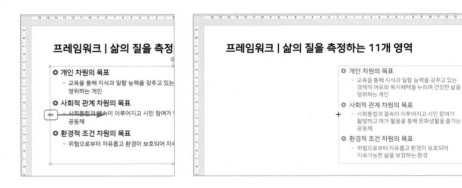

텍스트 상자 크기에 비해 내용이 너무 꽉 찬 것 같아 글자 크기를 한 단계 줄이겠습니다. 텍스트 상자를 선택한 상태에서 [글꼴 크기 작게]를 한 번 눌러 글자 크기를 작게 합니다. 여러 줄로 작성된 경우 줄 간격의 배수를 늘려 줄 간격을 넓게 해주면 텍스트 구성이 답답해 보이지 않습니다. [줄 간격 옵션]을 선택해 [줄 간격]을 배수 1.3으로 변경합니다.

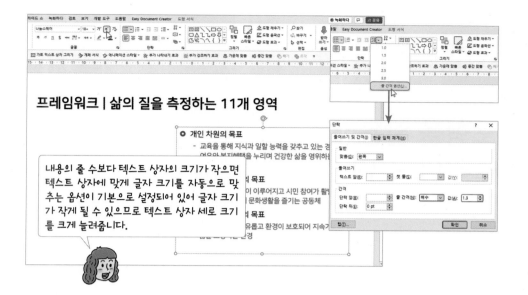

내용의 줄 수보다 텍스트 상자의 크기가 작으면 텍스트 상자에 맞게 글자 크기를 자동으로 맞추는 옵션이 기본으로 설정되어 있어 글자 크기가 작게 될 수 있으므로 텍스트 상자 세로 크기를 크게 늘려줍니다.

파워포인트 기본

도형 활용

그림과 아이콘

표와 그래프

슬라이드 노하우

02

도형을 활용해
슬라이드 꾸미기

최 주임의 이야기

오오~ 도형을
활용한 슬라이드
꾸미기!!

파워포인트의 기초를 익힌 최 주임.
슬라이드의 개념과 작성 방법도 알았고…, 이
제 실전이다! 도형을 활용해 슬라이드를 꾸며
효과적인 발표 자료를 만들려 한다!
"도형을 활용한 슬라이드 꾸미기!"

02-1 도형을 잘 다루는 핵심! 조정 핸들과 안내선

02-2 그라데이션으로 제목 상자 꾸미기

02-3 꺾인 연결선을 사용해 조직도 만들기

02-1
도형을 잘 다루는 핵심! 조정 핸들과 안내선

• 실습 파일 02-1_실습.pptx • 완성 파일 02-1_완성.pptx

발표 자료를 작성하거나 인포그래픽을 제작할 때 그림과 함께 도형은 필수적으로 사용되는 아이템입니다. 도형을 잘 다루어야 완성도 있는 결과물을 얻을 수 있겠죠? 이번에는 도형을 삽입하고 편집하는 방법을 배워보겠습니다.

'인포그래픽'이란 정보, 데이터, 지식을 시각적으로 표현한 것입니다!

도형 삽입

3번 슬라이드를 선택한 후 [삽입] 탭 → [일러스트레이션] 그룹 → [도형] → [사각형: 직사각형]을 선택해 도형을 삽입할 시작 위치에서 클릭한 후 오른쪽 아래로 드래그합니다. 직사각형이 삽입되었죠?

다시 직사각형을 선택한 후 (Shift)를 누르고 드래그하면 정사각형이 삽입됩니다. 모든 도형은 (Shift)를 누르고 드래그하면 가로/세로 비율이 같은 크기로 삽입할 수 있습니다.

함께 보면 좋은 동영상 강의

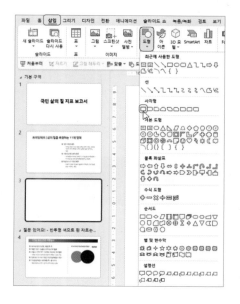

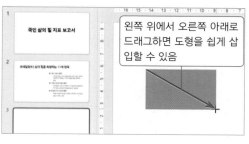

왼쪽 위에서 오른쪽 아래로 드래그하면 도형을 쉽게 삽입할 수 있음

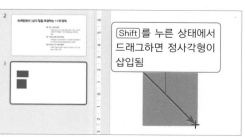

(Shift)를 누른 상태에서 드래그하면 정사각형이 삽입됨

직사각형을 선택한 후 (Shift)를 누른 상태에서 정사각형을 선택하면 두 도형을 한 번에 선택할 수 있습니다. (Delete)를 누르면 도형이 삭제됩니다.

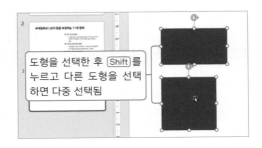

선을 삽입할 때에도 (Shift)를 누르고 드래그하면 직선을 쉽게 그을 수 있습니다.

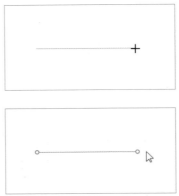

도형 변경 핸들

[삽입] 탭 → [일러스트레이션] 그룹 → [도형] → [사각형: 둥근 모서리]를 선택해 도형을 삽입합니다. 도형 가장자리에 크기 조정 핸들, 회전 핸들, 모양 조정 핸들이 있어 도형을 변경할 수 있습니다.

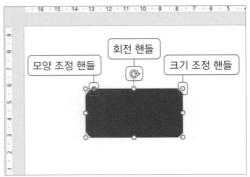

크기 조정 핸들에 마우스 커서를 양방향 화살표 모양이 되도록 맞추고 드래그하면 크기를 변경할 수 있습니다.

모서리에 있는 크기 조정 핸들에 마우스 커서를 맞추고 Shift를 누른 상태에서 오른쪽 아래로 드래그하면 가로/세로 비율이 유지되면서 크기가 변경됩니다.

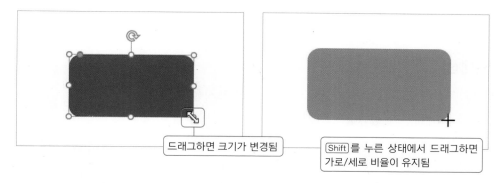

회전 핸들에 마우스 커서를 맞추고 오른쪽, 왼쪽으로 드래그해 도형을 회전할 수 있습니다.

모양 조정 핸들에 마우스 커서를 맞추고 오른쪽, 왼쪽으로 드래그해 모서리 곡률을 변경할 수 있습니다.

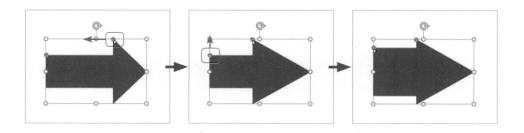

안내선

[보기] 탭 → [표시] 그룹 → [안내선]에 체크 표시를 하면 가로/세로 안내선이 정중앙에 표시됩니다. 가로 안내선에 마우스 커서를 맞추고 Ctrl 을 누른 상태에서 드래그하면 안내선이 복사됩니다. 제목과 내용이 적당한 간격을 유지할 수 있도록 안내선을 복사합니다. 그러면 모든 슬라이드에 통일되도록 내용의 위치를 맞추기 쉽습니다.

함께 보면 좋은
동영상 **강의**

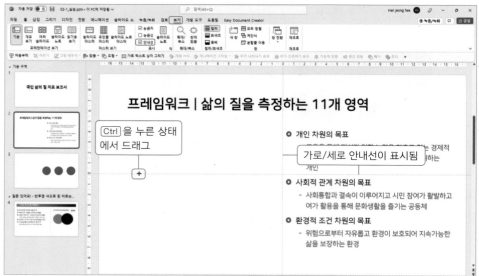

안내선을 복사할 때 마우스 커서에는 안내선의 눈금 위치가 표시됩니다. 안내선 가운데 0을 기준으로 상/하, 좌/우 위치가 표시됩니다. 위쪽 안내선 위치를 '5.40'에 배치합니다.

좌/우 안내선 위치를 '15.50'에 복사해 놓으면 좌/우 여백을 같게 내용을 배치하기 쉽습니다.

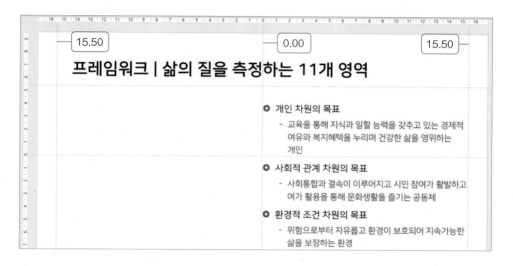

제목 텍스트 상자 크기를 줄여 텍스트 상자 아래쪽 테두리를 가로 안내선에 맞춥니다. 그리고 내용 텍스트 상자의 위치와 크기를 다음과 같이 안내선에 맞춥니다.

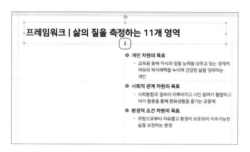

'0.00' 위치의 안내선에서 마우스 오른쪽 버튼을 눌러 [삭제]를 선택합니다. 안내선이 제거됩니다.

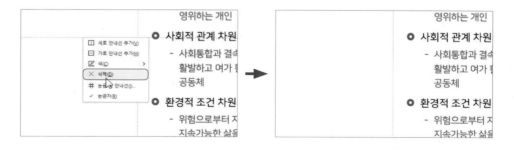

조합키

다음은 도형을 다룰 때 꼭 알아두어야 할 조합키입니다.

	Shift	Ctrl
삽입	정방향의 도형과 직선 삽입	마우스로 선택한 곳이 중심이 되어 도형 삽입
이동	수직, 수평으로 이동	세밀하게 이동
크기 변경	가로/세로 비율을 유지하면서 크기 변경	개체 중심을 기준으로 크기 변경
회전	15° 간격으로 회전	
개체 선택	여러 개체 선택	도형 복사

먼저 [보기] 탭 → [표시] 그룹 → [안내선]에 체크 표시하여 가로/세로 안내선이 표시되도록 합니다.

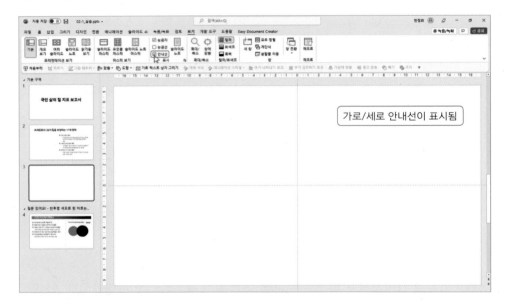

도형을 삽입하기 위해 [삽입] 탭 → [일러스트레이션] 그룹 → [도형] → [기본 도형: 타원]을 선택합니다.

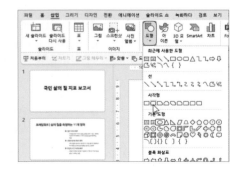

안내선 중심점에서 시작해 Shift 를 누른 상태에서 오른쪽 아래로 드래그하면 원이
삽입되고, 안내선 중심점에서 Ctrl + Shift 를 누른 상태에서 오른쪽 아래로 드래그
하면 안내선 중심을 기준으로 원이 삽입됩니다.

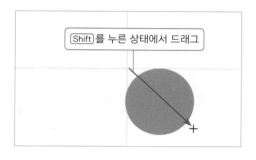
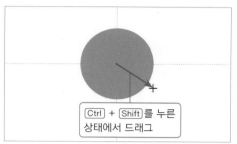

이미 삽입한 도형의 크기를 변경할 때도 마찬가지입니다. 가로/세로 비율이 유지된
상태에서 도형 크기를 변경하려면 크기 조정 핸들에 마우스 커서를 맞춘 후 Ctrl +
Shift 를 누른 상태에서 드래그하면 됩니다.

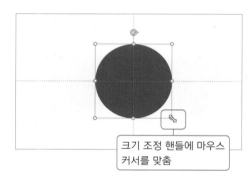
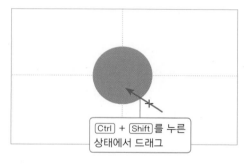

도형을 복사할 때에도 Ctrl 을 누른 상태에서 드래그하면 됩니다. 이때 Shift 와 함
께 누르면 수평 위치에 맞게 정렬되어 복사됩니다.

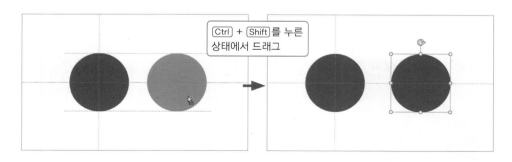

도형을 복사할 때 점선이 표시 되는데 이것을 **스마트 가이드** 라고 합니다. 선이 생기는 위 치에 도형이 정렬되었음을 뜻 하며, 화살표는 도형의 간격이 같다는 의미입니다.

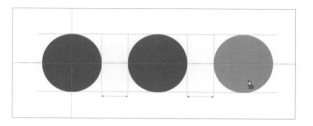

여러 개의 도형을 선택할 때 먼저 도형 하나를 선택한 후 Shift를 누르고 다른 도형 을 선택하면 다중 선택이 됩니다.

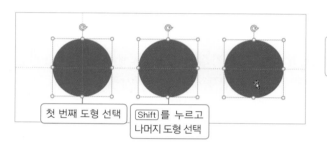

첫 번째 도형 선택

Shift를 누르고 나머지 도형 선택

슬라이드 빈 곳을 클릭하면 선택이 해제됩니다.

선택할 도형 개수가 많은 경우 도형 근처 슬라이드 빈 곳에서 드래그해 도형이 모 두 포함되도록 범위를 지정하면 한 번에 도형을 선택할 수 있습니다.

드래그

하면 된다! ⟩ 원을 겹쳐 단계별 정보 나타내기

텍스트로 구성된 슬라이드의 내용을 쉽게 파악할 수 있도록 원을 겹쳐 단계별 정보를 나타내는 도해를 작성하면서 기본 도형 사용법을 익혀보겠습니다.

함께 보면 좋은 동영상 **강의**

1. ❶ 2번 슬라이드를 선택합니다.

❷ [삽입] 탭 → [일러스트레이션] 그룹 → [도형] → [기본 도형: 타원]을 선택합니다.

❸ [Shift]를 누른 상태에서 시작 지점에서 오른쪽 아래 대각선 방향으로 드래그합니다. [Shift]를 누르면 타원을 원으로 쉽게 삽입할 수 있습니다.

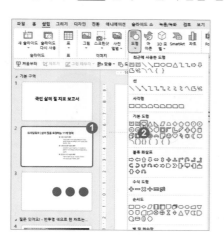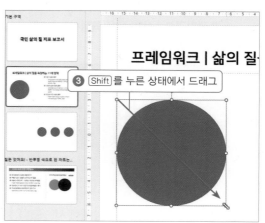

2. ❶ 삽입한 원을 선택한 상태에서 [도형 서식] 탭 → [도형 스타일] 그룹 → [도형 윤곽선] → [윤곽선 없음]을 선택합니다.

❷ [도형 채우기] → [진한 파랑]을 선택합니다.

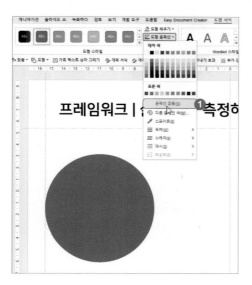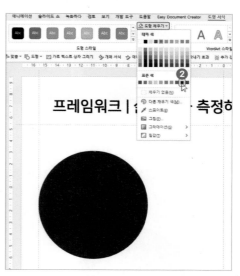

3. ❶ 원을 선택한 후 Ctrl 을 누른 상태에서 오른쪽으로 드래그하면 원이 하나 복사됩니다.

❷ 복사한 원의 오른쪽 아래 크기 조정 핸들에 마우스 커서를 양방향 화살표 모양이 되도록 맞추고 Shift 를 누른 채 왼쪽 상단으로 드래그해 크기를 줄입니다.

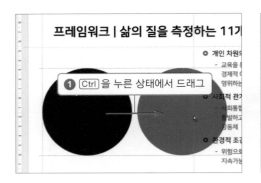
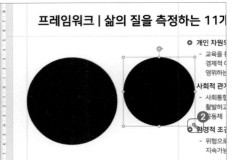

4. ❶ 복사한 원을 선택한 상태에서 [도형 채우기] → 녹색, 강조 6을 선택해 도형 색상을 변경한 후 ❷ 원을 겹쳐 아래쪽 간격이 좁게 되도록 배치합니다.

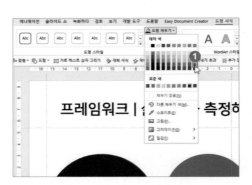

5. 같은 방법으로 도형을 복사해 크기를 작게 조정한 후 황금색, 강조 4, 60% 더 밝게와 흰색으로 각각 변경하고 도형을 겹칩니다.

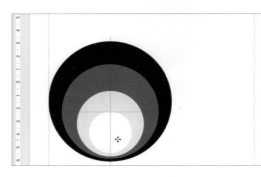

질문 있어요! 도형의 위치를 정확하게 맞추고 싶어요!

도형을 모두 선택한 후 [도형 서식] 탭 → [정렬] 그룹 → [맞춤] → 가운데 맞춤을 선택합니다.

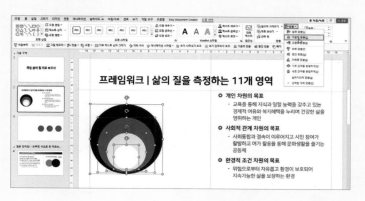

6. 도형이 모두 선택된 상태에서 마우스 오른쪽 버튼을 눌러 [그룹화] → [그룹]을 선택합니다. 여러 개의 도형을 사용해 작성한 도해인 경우 그룹으로 묶어두면 위치를 옮기거나 크기를 변경할 때 편리합니다.

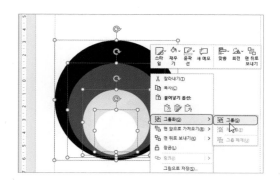

도형이 모두 선택된 상태에서 Ctrl + G 를 눌러도 그룹이 됩니다. 반대로 그룹을 해제하려면 Ctrl + Shift + G 를 누르면 됩니다.

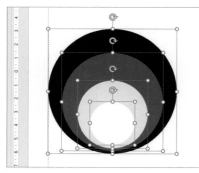
그룹이 되지 않은 상태

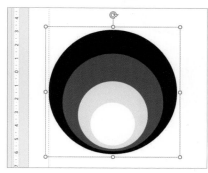
그룹이 된 상태

7. ❶ [홈] 탭 → [그리기] 그룹 → [텍스트 상자] 또는 [삽입] 탭 → [텍스트] 그룹 →
[텍스트 상자]를 선택합니다.

❷ 슬라이드 빈 곳에서 클릭합니다.

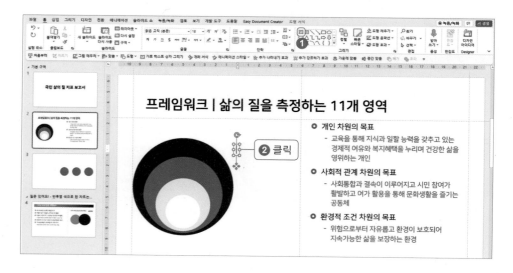

8. ❶ 텍스트 상자에 환경적 조건을 입력합니다.

❷ 텍스트 상자를 이동하여 파란색 원 위에 배치합니다.

9. 텍스트 상자가 선택된 상태에서 ❶ [글꼴] 나눔스퀘어 Bold, ❷ [글꼴 크기] 14, ❸ [글꼴 색] 흰색, 배경 1로 변경합니다.

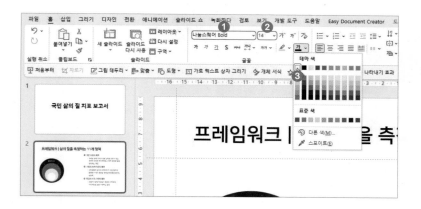

10. ❶ Ctrl + Shift 를 누른 상태에서 텍스트 상자를 아래로 드래그해 복사하고 녹색 원에 배치합니다.

❷ [홈] 탭 → [단락] 그룹 → [가운데 맞춤]을 선택합니다.

❸ 텍스트는 사회적 관계라고 입력합니다.

11. ❶ 노란색과 흰색 원에도 같은 방법으로 텍스트를 각각 입력합니다.

❷ 그룹된 원과 텍스트 상자를 모두 선택합니다.

❸ [도형 서식] 탭 → [정렬] 그룹 → [맞춤] → [가운데 맞춤]을 선택합니다.

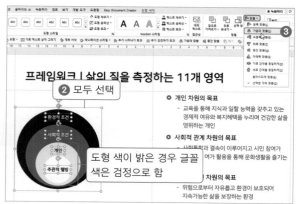

텍스트를 수직 가운데로 정렬해 배치하는 경우 텍스트 상자의 내용을 가운데 맞춤해야 합니다. 복사한 텍스트 상자에 입력할 내용의 글자 개수가 달라도 가운데 맞춤된 상태에서 내용이 입력되므로 위치를 다시 변경해 줄 필요가 없습니다.

가운데 맞춤 한 상태

가운데 맞춤 하지 않은 상태

12. ❶ '환경적 조건'이 입력된 텍스트 상자를 Ctrl 을 누른 상태에서 드래그해 복사합니다.

❷ 안전하고 지속 가능한 환경으로 내용을 변경하고 Enter 를 누른 후 환경, 안전을 입력합니다.

❸ [글꼴] 나눔스퀘어, ❹ [글꼴 색] 검정, 텍스트 1, 35% 더 밝게를 적용해 수준별로 구분해 줍니다.

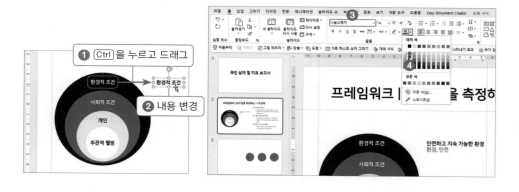

13. ❶ 텍스트 상자를 아래에 두 개 더 복사합니다.

    ❷ 다음과 같이 내용을 입력합니다.

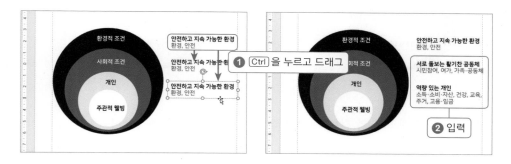

14. ❶ [삽입] 탭 → [일러스트레이션] 그룹 → [도형] → [선: 선]을 선택합니다.

    ❷ '환경적 조건' 텍스트와 '안전하고 지속 가능한 환경' 텍스트 사이에 선을 삽입합니다.

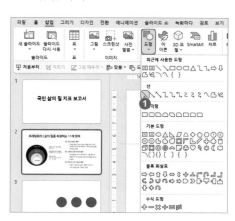

15. ❶ 삽입한 선을 선택한 상태에서 [도형 윤곽선] → 흰색, 배경 1, 35% 더 어둡게를 선택해 선 색을 변경합니다.

❷ [도형 윤곽선] → [화살표] → 화살표 스타일 11을 선택합니다.

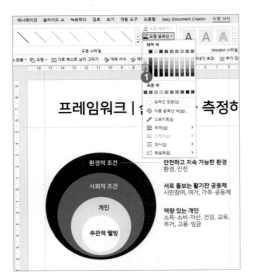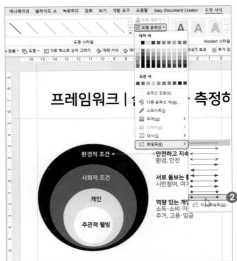

16. 선을 복사해 다음과 같이 배치한 후 보기 좋게 위치를 조정합니다.

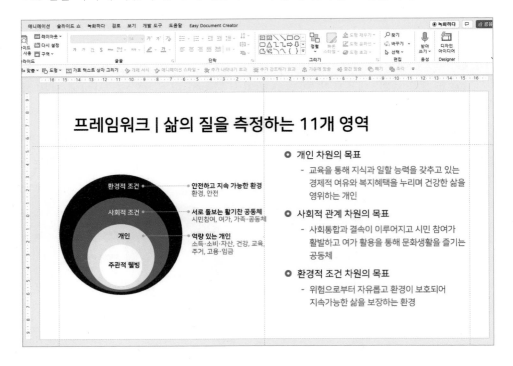

17. ❶ 안내선을 해제한 후 다시 선을 선택해 도해와 텍스트 상자 사이에 세로로 삽입합니다.

❷ [도형 윤곽선] → 흰색, 배경 1, 25% 더 어둡게를 선택해 색을 적용합니다.

❸ 다시 [도형 윤곽선] → [대시] → 파선을 선택합니다.

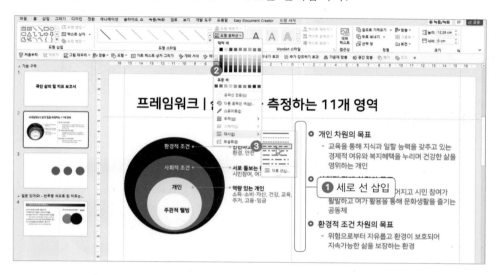

18. ❶ 왼쪽에 있는 도해를 선택한 후 [Ctrl] + [G]를 눌러 그룹으로 묶습니다.

❷ 도해, 세로 선, 오른쪽 텍스트 상자를 모두 선택합니다.

❸ [도형 서식] 탭 → [정렬] 그룹 → [맞춤] → [중간 맞춤], ❹ [가로 간격을 동일하게]를 선택합니다.

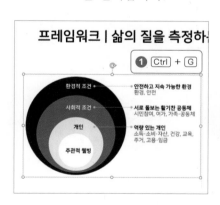

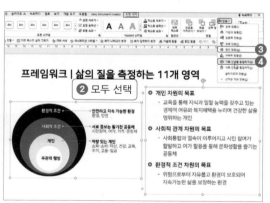

질문 있어요! 반투명 색으로 된 차트는 어떻게 만드나요?

반투명이 적용된 두 도형을 겹치면 겹친 부분의 아래쪽 이미지가 비춰보여 세련되게 보이는 효과가 있습니다.

함께 보면 좋은
동영상 강의

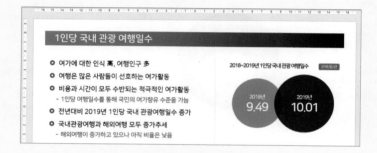

도형을 선택한 후 [도형 채우기] → [다른 채우기 색]을 선택해 [색] 대화상자에서 투명도 10%를 입력합니다. 오른쪽 도형에도 같은 방법으로 투명도를 적용합니다. 투명도 0%는 불투명이고, 100%는 투명입니다.

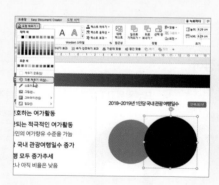

02-2
그라데이션으로 제목 상자 꾸미기

• 실습 파일 02-2_실습.pptx   • 완성 파일 02-2_완성.pptx

텍스트로만 작성된 밋밋한 제목에 그라데이션이 적용된 사각형 배경을 삽입하면서 도형에 그라데이션을 적용하는 방법을 배워보겠습니다.

하면 된다! } 그라데이션 제목 상자 만들기

1. ❶ 2번 슬라이드를 선택한 후 ❷ [보기] 탭 → [표시] 그룹 → 안내선에 체크 표시합니다. ❸ [삽입] 탭 → [일러스트 레이션] 그룹 → [도형] → [사각형: 직사각형]을 선택해 ❹ 안내선에 맞춰 직사각형을 삽입합니다.

함께 보면 좋은 동영상 강의

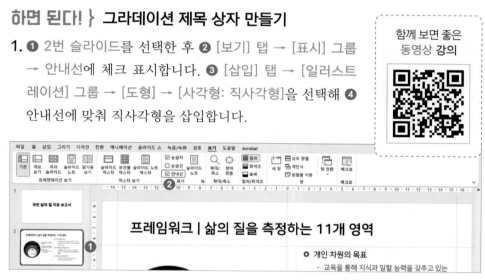

❹ 드래그해 직사각형 만들기

2. ❶ 도형을 선택한 후 **❷** [도형 서식] 탭 → [도형 스타일] 그룹 → [도형 윤곽선]
→ [윤곽선 없음]을 선택합니다.

❸ 다시 [도형 채우기] → [그라데이션] → [기타 그라데이션]을 선택합니다.

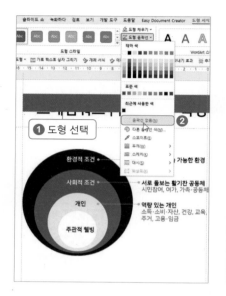
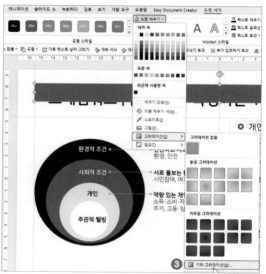

3. ❶ [도형 서식] 창에서 [그라데이션을 채우기]를 선택하고 **❷** [방향]을 선형 오른
쪽으로 선택합니다.

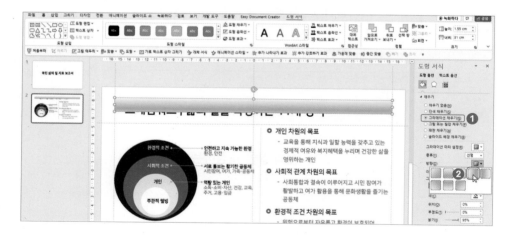

4. ❶ 두 번째와 세 번째 그라데이션 중지점을 선택하고 ❷ [그라데이션 중지점 제거]를 눌러 제거합니다. ❸ 왼쪽 중지점을 선택하고 ❹ 색을 녹색, 강조 6으로 선택한 후, ❺ 오른쪽 중지점을 선택하고 ❻ 색을 진한 파랑으로 선택합니다.

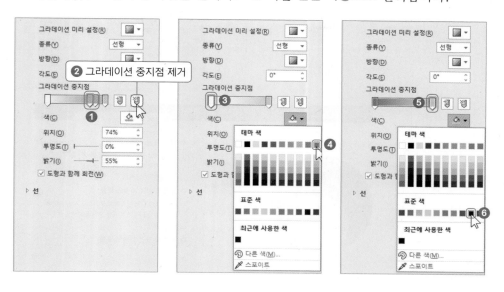

5. ❶ 그라데이션이 적용된 도형을 선택한 후 ❷ [도형 서식] 탭 → [정렬] 그룹 → [뒤로 보내기] → [맨 뒤로 보내기]를 선택하면 텍스트를 가리던 도형이 텍스트 아래쪽으로 배치됩니다.

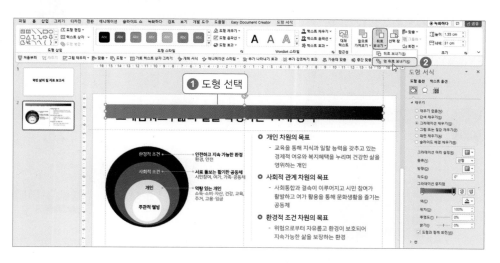

6. ❶ 텍스트 상자의 세로 크기를 도형 세로 크기에 맞춰 조정한 후 ❷ [글꼴 크기 작게]를 한 번 누르고 ❸ [글꼴 색]을 흰색으로 변경합니다.

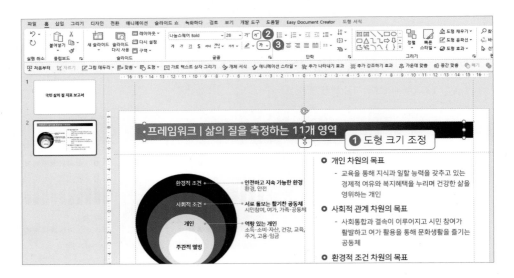

그라데이션 세부 옵션

그라데이션 세부 옵션을 익히면 다양한 색상 표현을 할 수 있습니다. [그라데이션 미리 설정]을 누르면 30개의 그라데이션이 제공되고 도형에 빠르게 적용할 수 있습니다. [종류]에서 선형, 방사형, 사각형, 경로형 네 가지 종류의 그라데이션을 선택할 수 있고, [방향]도 지정할 수 있습니다.

함께 보면 좋은
동영상 **강의**

가운데 그라데이션 - 강조 2

[종류] 선형
[방향] 선형 오른쪽

[종류] 방사형
[방향] 가운데에서

[종류] 사각형
[방향] 오른쪽 아래 모서리에서

[종류] 경로형

그라데이션 중지점은 기본 4개로 구성되고, 필요에 따라 중지점을 더 추가할 수 있고 삭제할 수도 있습니다. 슬라이더 막대에서 클릭하면 중지점이 추가되고, 중지점을 선택한 후 (Delete)를 누르면 삭제됩니다. 오른쪽에 있는 [중지점 추가]를 누르거나 중지점을 선택한 후 [중지점 삭제]를 누르면 추가하거나 삭제할 수 있습니다.

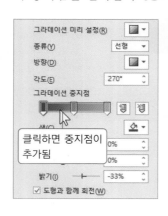
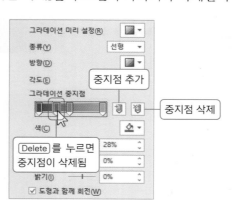

그라데이션 세부 옵션으로 다양한 색상의 그라데이션을 설정할 수 있습니다.
왼쪽 중지점을 선택한 후 [색] → 노랑을 선택하고, 가운데와 오른쪽 중지점을 선택한 후 녹색과 파랑을 각각 선택하면 세 가지 색으로 그라데이션이 적용됩니다.

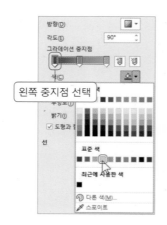
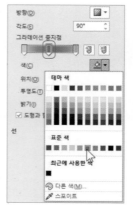
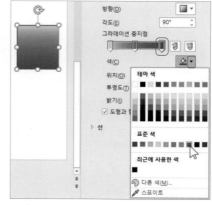

중지점이 3개일 때 왼쪽 중지점의 위치는 0%, 가운데 중지점은 50%, 오른쪽 중지점은 100%입니다. 도형에 색상이 표시되는 범위가 일정한 상태입니다. 필요에 따라 위치를 변경하면 색상이 차지하는 범위를 변경할 수 있습니다. 오른쪽 그림은 중지점을 추가해 무지개색으로 그라데이션을 적용한 예시입니다.

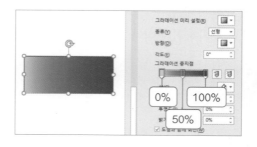

02-3
꺾인 연결선을 사용해 조직도 만들기

• 실습 파일 02-3_실습.pptx   • 완성 파일 02-3_완성.pptx

꺾인 연결선을 사용해 조직도를 만들어 보겠습니다. 새 슬라이드를 추가하지 않고 2번 슬라이드를 복사해 제목을 제외한 내용을 지운 후 조직도를 작성하겠습니다. 슬라이드를 복사해 사용하면 제목 배경으로 사용되는 도형을 다시 작성할 필요가 없습니다.

함께 보면 좋은
동영상 **강의**

하면 된다! ⟩ 원 도형을 활용해 관리자 도형 만들기

1. ❶ 2번 슬라이드를 선택한 후 Ctrl + D 를 눌러 슬라이드를 복사합니다. ❷ 제목을 제외한 내용을 모두 선택한 후 Delete 를 눌러 지웁니다.

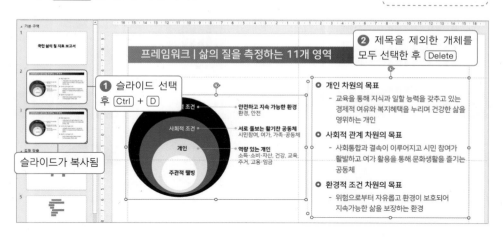

2. 내용을 모두 지워도 텍스트 상자가 남게 됩니다. 텍스트 상자도 지워줍니다.

> 마스터를 사용하면 슬라이드를 복사하지 않고도 일관성 있는 서식을 사용할 수 있습니다. 마스터는 '05-3 슬라이드 마스터로 서식 통일하기'에서 학습합니다.

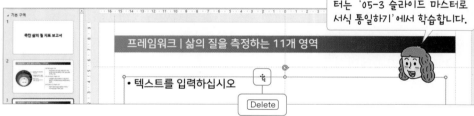

3. ❶ 제목을 지표 검토 위원회로 수정한 후 **❷** [삽입] 탭 → [일러스트레이션] 그룹
→ [도형] → [기본 도형: 타원]을 선택하고 **❸** 원을 드래그해 삽입합니다.

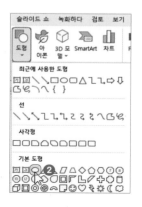
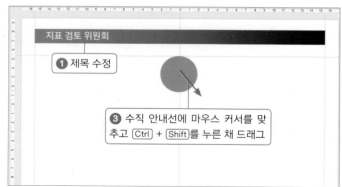

4. ❶ [도형 윤곽선] → [윤곽선 없음]을 선택하고 **❷** [도형 채우기] → [그라데이션]
→ [기타 그라데이션]을 선택합니다.

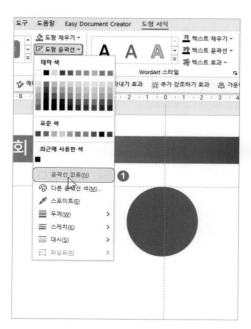
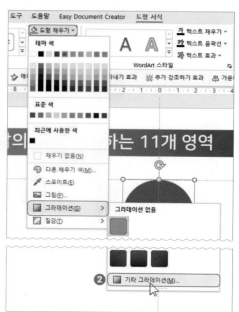

5. ❶ [도형 서식] 창에서 [그라데이션 채우기]를 선택한 후 **❷** [방향]을 선형 대각선
- 왼쪽 위에서 오른쪽 아래로를 선택합니다.
❸ 가운데 그라데이션 중지점 2개를 제거한 후 왼쪽 중지점 색을 녹색, 강조 6으
로, 오른쪽 중지점 색을 진한 파랑으로 선택합니다.

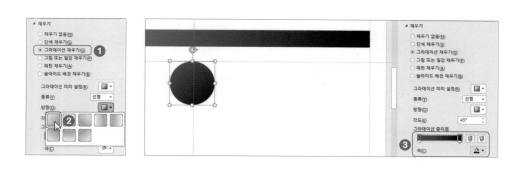

6. ① 원을 복사한 후 ② [단색 채우기]를 선택하고 ③ [색]을 흰색, 배경 1, 15% 더 어둡게로 선택합니다. ④ 모서리에 있는 크기 조정 핸들에 마우스 커서를 맞춘 후 Ctrl + Shift 를 누른 상태에서 드래그해 크기를 조금 크게 키웁니다.

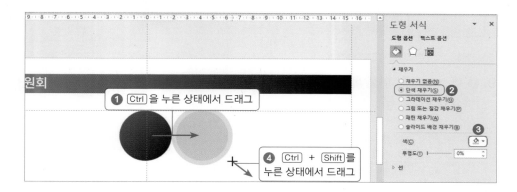

7. ① 원을 겹친 후 ② [도형 서식] 탭 → [정렬] 그룹 → [뒤로 보내기] → [맨 뒤로 보내기]를 선택합니다.

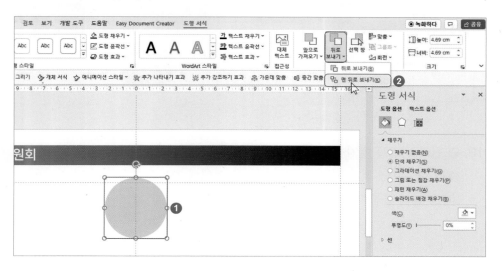

8. ❶ [삽입] 탭 → [텍스트] 그룹 → [텍스트 상자]를 선택해 ❷ 슬라이드 빈 곳을 클릭한 후 지표 검토 위원회 위원장이라고 입력합니다.

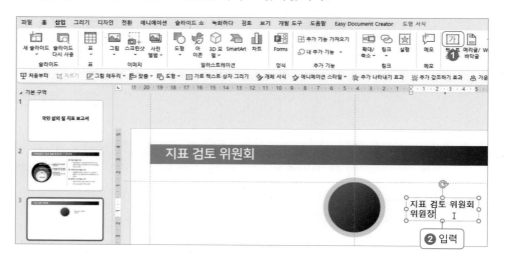

9. ❶ 텍스트를 원 위에 배치하고 ❷ [글꼴] 나눔스퀘어 Bold, ❸ [글꼴 크기] 16, ❹ [가운데 맞춤], ❺ [글꼴 색] 흰색, ❻ [문자 간격] 좁게로 적용합니다.

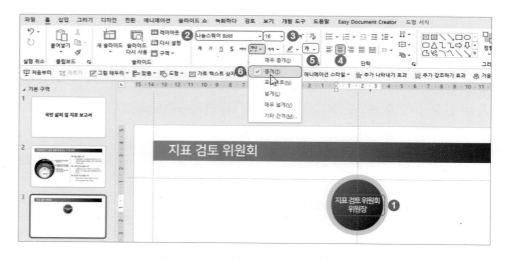

10. ❶ 원과 텍스트 상자를 모두 선택한 후 ❷ [도형 서식] 탭 → [정렬] 그룹 → [맞춤] → [가운데 맞춤]과 ❸ [중간 맞춤]을 선택해 정가운데 정렬하고 ❹ Ctrl + G를 눌러 그룹화합니다.

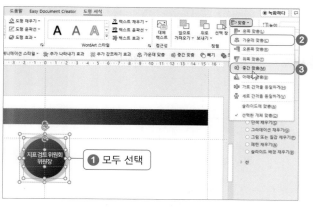

❶ 모두 선택

❹ Ctrl + G 를 눌러 하나의 개체로 그룹화

하면 된다! } 모서리가 둥근 사각형을 활용해 하위 조직 만들기

1. ❶ 가로 안내선에 '지표 검토 위원회 위원장'의 원 위치를 맞추고 **❷** 안내선을 2.30 위치까지 드래그해 복사합니다.

함께 보면 좋은
동영상 강의

❶ 안내선에 원을 맞춤

❷ Ctrl 을 누른 상태에서 2.30 위치까지 드래그

2. ❶ [도형] → [사각형: 둥근 모서리]를 선택해 **❷** 복사한 안내선에 맞춰 도형을 삽입합니다. **❸** [도형 윤곽선] → [윤곽선 없음]을 선택한 후 **❹** [도형 채우기] → 흰색, 배경 1, 25% 더 어둡게를 선택합니다.

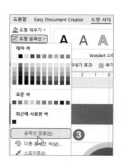

3. ❶ 도형이 선택된 상태에서 소비를 입력한 후 Enter 를 누릅니다. **❷** 한글 자음 ㄱ을 입력한 후 한자 를 눌러 ·(중간 점)을 입력하고 **❸** 계속해서 소득·자산을 입력합니다. **❹** 내용을 블록 지정하고 마우스 오른쪽 버튼을 눌러 [글꼴 크기]를 16pt로 변경한 후 **❺** [단락]을 선택합니다.

4. ❶ [단락] 대화상자에서 [줄 간격]을 배수로 선택하고 **❷** [값]에 0.9를 입력한 후 **❸** [확인]을 누릅니다.

❹ Ctrl + Shift 를 누른 상태에서 드래그해 도형을 10개 더 복사합니다. 도형 간격은 무시하고 왼쪽/오른쪽 안내선에 맞춰 대강 복사합니다.

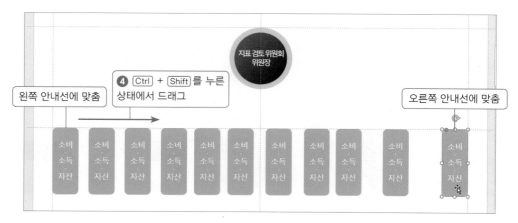

5. ❶ 복사한 도형을 포함해 선택한 후 ❷ [도형 서식] 탭 → [정렬] 그룹 → [맞춤]
→ [가로 간격을 동일하게]를 선택합니다.

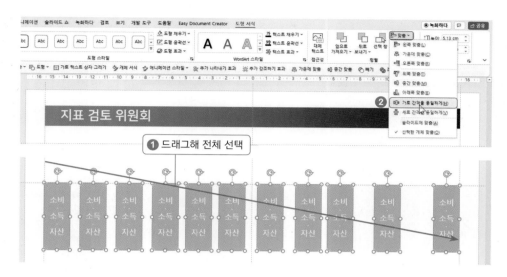

6. 다음과 같이 도형에 내용을 입력합니다. 글자를 입력하고 줄 바꿈 하려면 Enter
를 누르면 됩니다. 그런데 7번째 도형과 11번째 도형에 내용을 입력하면 공동체의
'체'와 주관적의 '적' 자가 줄 바꿈 되어 입력됩니다.

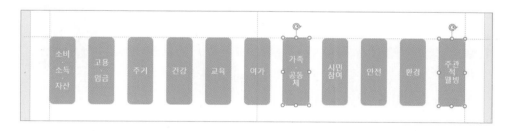

7. ❶ 7번째 도형과 11번째 도형을 선택한 후 ❷ 마우스 오른쪽 버튼을 눌러 [개체
서식]을 선택합니다.

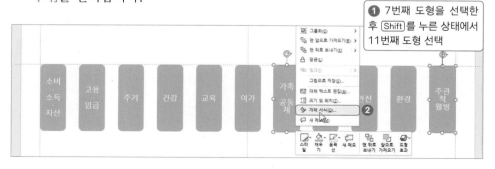

8. ❶ 오른쪽 [도형 서식] 창에서 [텍스트 옵션]을 선택해 ❷ [텍스트 상자]의 왼쪽 여백과 오른쪽 여백을 모두 0으로 변경합니다.

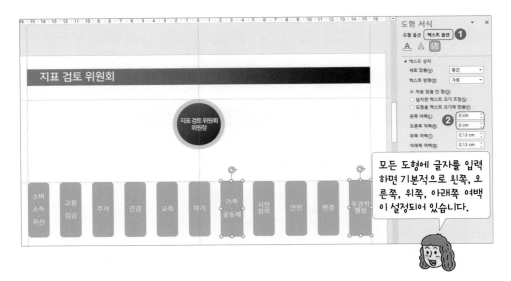

하면 된다! } 꺾인 연결선을 사용해 조직도 완성하기

꺾인 연결선을 사용해 도형과 도형을 연결할 수 있습니다. 여기에서는 '지표 검토 위원회 위원장' 도형과 11개의 위원회 도형을 연결해 보겠습니다.

함께 보면 좋은
동영상 강의

1. ❶ [도형] → [연결선: 꺾임]에서 마우스 오른쪽 버튼을 눌러 [그리기 잠금 모드]를 선택합니다. (Esc)를 누르기 전까지 선을 삽입할 수 있는 상태가 됩니다.

❷ '지표 검토 위원회 위원장' 도형에 마우스를 가져다 대면 도형 가장자리에 여러 개의 연결점이 표시됩니다. 맨 아래 연결점에서 마우스 왼쪽 버튼을 누른 상태에서 '소비·소득·자산' 도형으로 드래그합니다.

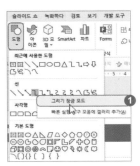

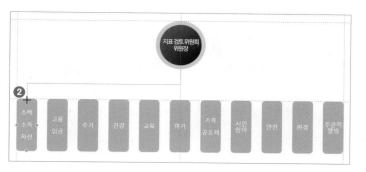

2. 같은 방법으로 '지표 검토 위원회 위원장' 도형을 '주관적 웰빙' 도형까지 연결한 후 [Esc]를 눌러 연결선을 취소합니다.

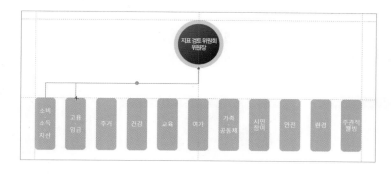

3. 연결선을 모두 선택합니다.

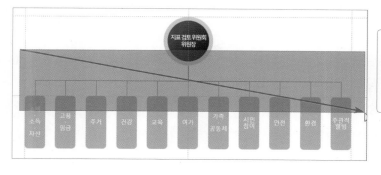

여러 개의 선을 한 번에 선택할 때 범위를 지정해 선택하면 범위 속에 포함된 선만 모두 선택됩니다.

4. ❶ [도형 서식] 창에서 [채우기 및 선] → [선] → [색] → 흰색, 배경 1, 25% 더 어둡게를 선택하고 ❷ [너비]를 0.75pt로 입력합니다.

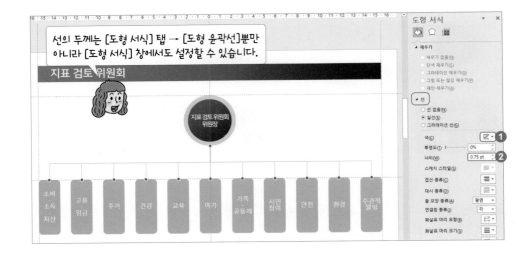

선의 두께는 [도형 서식] 탭 → [도형 윤곽선]뿐만 아니라 [도형 서식] 창에서도 설정할 수 있습니다.

5. ❶ 아래 도형을 하나 복사해 가로로 길게 변경한 후 경제사회통계연구실장으로
내용을 입력하고 ❷ [색]을 녹색, 강조 6으로 변경합니다.

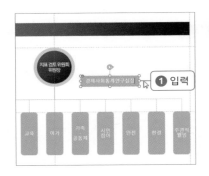
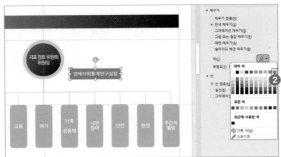

6. ❶ [도형] → [연결선: 꺾임]을 선택하고 ❷ 지표 검토 위원회 위원장 도형과 경제
사회통계연구실장 도형을 꺾인선으로 연결합니다.

❸ [도형 서식] 창에서 선의 [색]을 흰색, 배경 1, 25% 더 어둡게로 선택합니다.

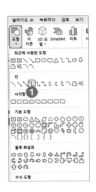

도형 맞춤

파워포인트 슬라이드에 조직도를 작성하거나 여러 장의 그림을 배치할 때 개체의 간격이 일정하고 수평 또는 수직으로 나란히 배치되도록 설정해야 결과물의 완성도가 높아집니다. 대충 눈대중으로 개체를 배치하는 것이 아니라 맞춤 기능을 사용하면 완성도 높은 슬라이드를 작성할 수 있습니다.

크기가 다른 직사각형을 여러 개 삽입해 놓은 실습 파일을 이용해 여러 개의 직사각형을 정렬하는 방법을 배워 보겠습니다. [보기] 탭 → [표시] 그룹 → [안내선]의 체크 표시를 해제한 후 도형을 모두 선택합니다.

함께 보면 좋은 동영상 강의

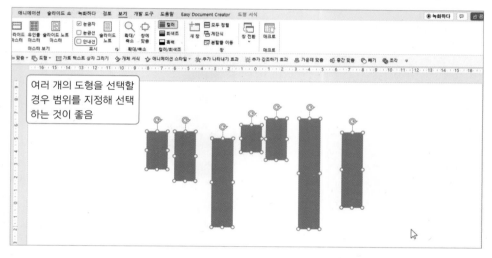

여러 개의 도형을 선택할 경우 범위를 지정해 선택하는 것이 좋음

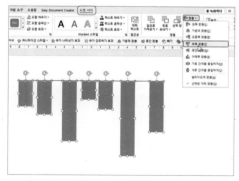

[맞춤] → 위쪽 맞춤
가장 위에 위치한 여섯 번째 도형에 맞춰 모든 도형이 정렬됩니다.

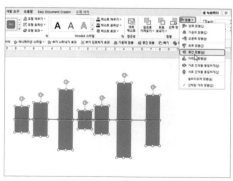

[맞춤] → 중간 맞춤

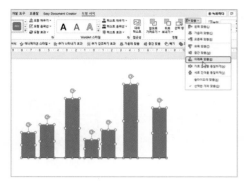

[맞춤] → 아래쪽 맞춤
가장 아래에 위치한 여섯 번째 도형에 맞춰 모든 도형이
정렬됩니다.

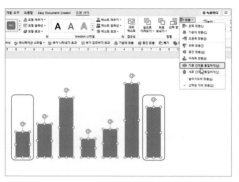

[맞춤] → 가로 간격을 동일하게
맨 왼쪽 도형과 맨 오른쪽 도형 사이의 간격을 동일하게
맞춥니다.

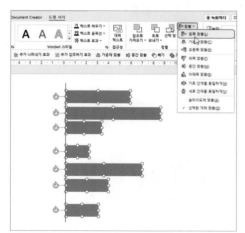

[맞춤] → 왼쪽 맞춤
가장 왼쪽에 위치한 세 번째 도형에 맞춰 모든 도형이
정렬됩니다.

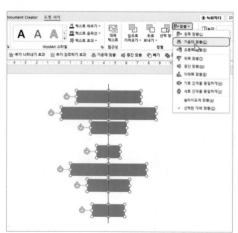

[맞춤] → 가운데 맞춤

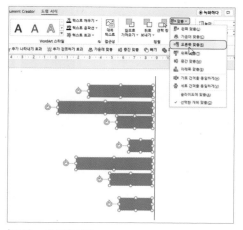

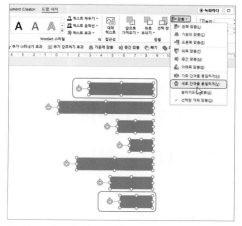

[맞춤] → 오른쪽 맞춤
가장 오른쪽에 위치한 두 번째 도형에 맞춰 모든 도형이
정렬됩니다.

[맞춤] → 세로 간격을 동일하게
맨 위쪽 도형과 맨 아래쪽 도형을 기준으로 도형 간격을
동일하게 맞춥니다.

도형 복제

앞서 소개한 맞춤 기능 외에도 도형 복제 방법이 있습니다. 도형을 복제하고 정렬하
는 다양한 방법을 알아두면 상황에 맞게 사용할 수 있습니다.

도형을 선택한 후 Ctrl + D 를 눌러 도형이 하나 복사되면 오른쪽에 배치합니다.
그런 다음 복사할 개수만큼 Ctrl + D 를 누르면 위치 정보까지 복사되어 일정한
간격으로 도형이 배치됩니다.

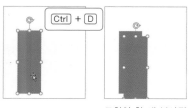

도형이 한 개 복사됩
니다.

두 번째 도형을 오른
쪽에 배치합니다.

복사할 개수만큼 Ctrl + D 를 누르면 일
정한 간격으로 나란하게 배치됩니다.

03

그림과 아이콘을 활용한
슬라이드 만들기

최 주임의 이야기

"최 주임, 자료 살펴봤는데 그림 자료가 부족한 것 같아요! 그림 좀 넣어줄 수 있을까요?" 과장님의 피드백을 받은 최 주임. 어제 살펴본 '짤막한 강좌'의 강의를 떠올리며 슬라이드에 그림을 삽입한다.

03-1 그림 삽입하고 편집하기

03-2 아이콘으로 직관적인 발표 자료 만들기

03-3 발표의 첫인상을 좌우하는 제목 슬라이드

03-4 발표의 흐름을 보여주는 목차 슬라이드

03-5 주제 구분을 명확하게 보여주는 간지 슬라이드

03-1
그림 삽입하고 편집하기

• 실습 파일 03-1_실습.pptx   • 완성 파일 03-1_완성.pptx

발표 자료를 작성할 때 내용을 보충 설명할 수 있는 그림을 삽입하면 더 효과적인 결과를 얻을 수 있습니다. 그림은 내 컴퓨터에 저장된 그림을 삽입하거나 인터넷에서 발표 내용에 맞는 그림을 내려받아 삽입할 수 있습니다.

그림 삽입

4번 슬라이드에서 [삽입] 탭 → [이미지] 그룹 → [그림] → [이 디바이스]를 선택한 후 여가활동1.jpg 파일을 선택하고 [열기]를 누릅니다.

함께 보면 좋은
동영상 **강의**

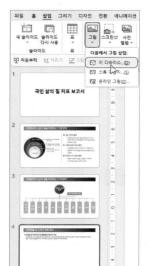

그림 크기를 줄이고 왼쪽에 배치합니다. 그림 크기를 줄일 때 모서리에 있는 크기 조정 핸들을 사용해 가로/세로 크기를 한 번에 변경해야 합니다. 한쪽 방향으로 그림 크기를 변경하면 원본 비율이 달라져 그림이 왜곡되어 보입니다.

그림 자르기

자유롭게 그림 자르기

그림을 선택한 후 [그림 서식] 탭 → [크기] 그룹 → [자르기]를 선택하면 크기 조정 핸들이 자르기 조정 핸들로 변합니다.

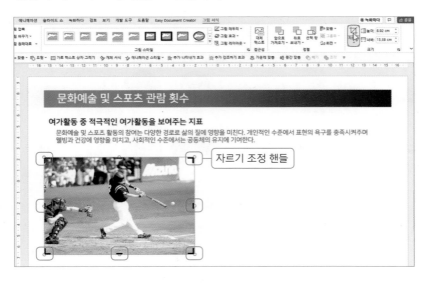

자르기 조정 핸들에 마우스 커서를 맞추고 오른쪽으로 드래그하면 그림이 일부 잘립니다. 회색 범위는 잘리는 영역이 됩니다. 그림에 마우스 커서(⊕)를 맞추고 드래그하면 원하는 그림 영역을 나타낼 수 있습니다. 슬라이드 빈 곳을 클릭하면 완료됩니다.

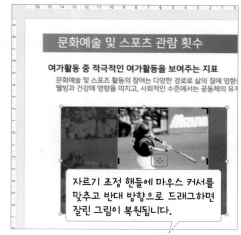

자르기 조정 핸들에 마우스 커서를 맞추고 반대 방향으로 드래그하면 잘린 그림이 복원됩니다.

그림을 선택한 후 [그림 서식] 탭 → [조정] 그룹 → [그림 원래대로 ▾] → [그림 및 크기 다시 설정]을 선택해 처음 삽입한 상태로 되돌립니다.

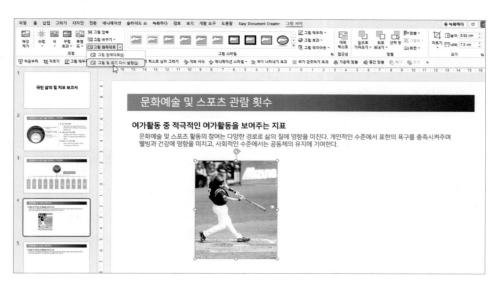

가로/세로 비율에 맞게 자르기

그림을 선택한 후 [자르기] → [가로 세로 비율] → 3:4를 선택합니다. 원하는 이미지 영역이 표시되도록 그림 가운데를 선택한 후 좌우로 드래그해 맞춥니다.

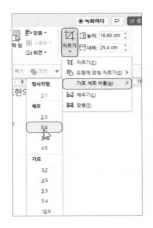

하면 된다! ╎ 같은 크기로 그림 삽입하기

크기가 다른 여러 장의 그림을 같은 크기로 삽입하는 쉬운 방법을 소개하겠습니다.

함께 보면 좋은
동영상 **강의**

1. ❶ [보기] 탭 → [표시] 그룹 → [안내선]에 체크 표시를 합니다.
    ❷ 3:4 비율에 맞게 자르기한 그림을 크기를 줄인 후 3개 더 복사해 다음과 같이 정렬해 놓습니다.

2. ① 복사한 두 번째 그림을 선택합니다.

  ② [그림 서식] 탭 → [조정] 그룹 → [그림 바꾸기] → [파일에서]를 선택합니다.

  ③ 여가활동2.jpg 파일을 선택하고 ④ [삽입]을 누릅니다.

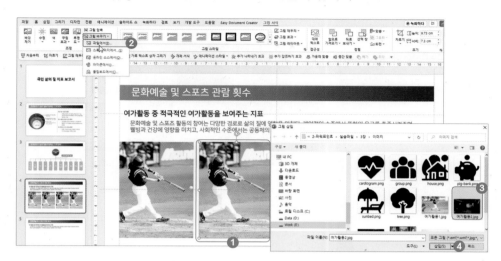

3. 두 번째 그림이 선택한 그림으로 바뀌었습니다. [자르기]를 선택한 후 그림 좌우로 드래그해 나타낼 이미지 영역이 표시되도록 맞춥니다.

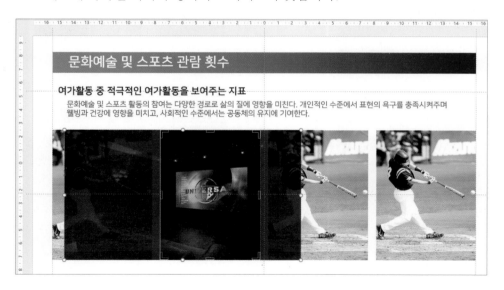

질문 있어요! 인터넷에서 검색한 이미지를 슬라이드에 바로 삽입할 수 있나요?

검색한 그림에서 마우스 오른쪽 버튼을 눌러 [이미지 복사]를 선택합니다.

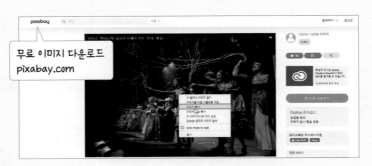

바꿀 그림을 선택한 후 [그림 서식] 탭 → [조정] 그룹 → [그림 바꾸기] → [클립보드에서]를 선택합니다.

그림이 변경되면 [자르기]를 선택한 후 그림을 좌우로 드래그해 나타낼 이미지 영역이 표시되도록 맞춥니다.

4. 네 번째 그림은 여가활동4.jpg 파일로 변경해 완성합니다.

그림을 원하는 모양으로 자르기

'도형에 맞춰 자르기'를 사용하면 그림을 원 또는 모서리가
둥근 사각형 모양 등으로 쉽게 나타낼 수 있습니다.

함께 보면 좋은
동영상 **강의**

여가활동1.jpg 파일을 삽입한 후 [그림 서식] 탭 → [크기] 그룹 → [자르기] → [도형에 맞춰 자르기] → [기본 도형: 타원]을 선택합니다.

[자르기] → [가로 세로 비율] → 1:1을 선택하면 원 모양으로 그림이 잘립니다.

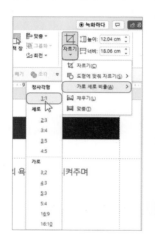

그림 가운데를 선택한 후 마우스로 드래그해 그림의 원하는 위치가 표시되도록 맞춘 후 슬라이드의 빈 곳을 클릭합니다.

그림 스타일

이미지 편집 프로그램을 사용하지 않더라도 갤러리에 있는
스타일을 선택하는 것만으로 이미지의 모양, 테두리, 그림자
등을 적용해 빠르게 이미지를 편집할 수 있습니다.

함께 보면 좋은
동영상 강의

슬라이드의 그림을 모두 선택한 후 [그림 서식] 탭 → [그림
스타일] 그룹 → 자세히(▽)를 누릅니다.

반사형 모서리가 둥근 직사각형에 마우스를 갖다 대면 슬라이드에서 결과를 확인할
수 있습니다. 스타일을 선택하면 적용됩니다. 갤러리에 있는 스타일 외에도 [그림
테두리], [그림 효과], [그림 레이아웃]에서 상세 설정을 할 수 있습니다. 하지만 바
쁜 업무 중에 작성하는 발표 자료인 만큼 그림을 꾸미는 데 너무 많은 시간을 빼앗
기지 않는 것이 좋습니다.

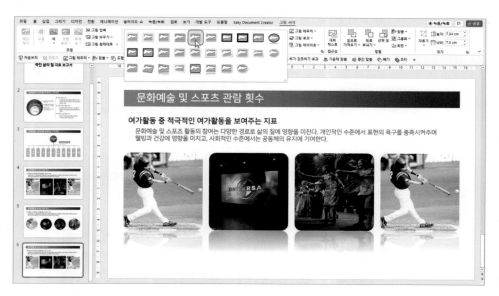

슬라이드 하나에 한 장의 사진을 삽입할 때 사
진 개수가 많으면 시간도 많이 걸리고 힘이 듭
니다. 이 경우 **사진 앨범** 기능을 사용하면 여러
장의 사진을 각 슬라이드에 쉽게 삽입할 수 있
습니다.

[삽입] 탭 → [이미지] 그룹 → [사진 앨범] →
[새 사진 앨범]을 선택한 후 [사진 앨범] 대화
상자에서 [파일/디스크]를 누릅니다.

함께 보면 좋은
동영상 **강의**

[사진앨범] 폴더에 있는 사진을 한 장 선택한 후 Ctrl + A를 눌러 사진
을 모두 선택하고 [삽입]을 누릅니다. 기본 그림 레이아웃인 [슬라이드에
맞춤]이 선택된 상태에서 [만들기]를 누릅니다.

슬라이드 하나에 한 장의 그림이 삽입되었습니다. 검은색의 슬라이드 배
경은 변경하면 됩니다.

03-2
아이콘으로 직관적인 발표 자료 만들기

• 실습 파일 03-2_실습.pptx   • 완성 파일 03-2_완성.pptx

도형과 텍스트로 구성한 내용에 그림을 추가하면 설득력 있는 발표 자료를 작성하는 데 매우 효과적입니다. 사진뿐만 아니라 파워포인트에서 제공하는 아이콘을 삽입해도 비슷한 효과를 얻을 수 있습니다. 아이콘은 단순한 이미지에 명확한 정보를 포함하고 있어 직관적으로 의미를 전달할 수 있습니다.

하면 된다! } 아이콘이 들어간 발표 자료 만들기

1. ❶ 6번 슬라이드를 선택한 후 ❷ [삽입] 탭 → [일러스트레이션] 그룹 → [아이콘]을 선택합니다.
❸ 검색 창에 노인을 입력하고 ❹ 검색된 결과 아이콘 중 하나를 선택한 후 ❺ [삽입]을 누릅니다.

함께 보면 좋은
동영상 강의

2. ❶ 아이콘 크기를 독거노인의 내용 오른쪽 여백에 맞춰 변경합니다.

❷ [그래픽 형식] 탭 → [크기] 그룹 → [자르기]를 선택해 ❸ 아이콘을 보기 좋게 잘라 배치합니다.

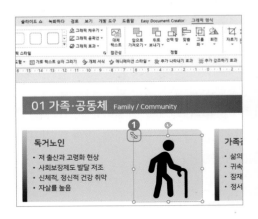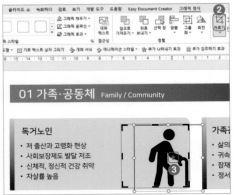

3. ❶ [그래픽 형식] 탭 → [그래픽 스타일] 그룹 → [그래픽 채우기] → 흰색, 배경 1, 25% 더 어둡게를 선택해 색을 변경합니다.

❷ 같은 크기로 아이콘을 삽입하기 위해 아이콘을 복사해 각 위치에 배치합니다.

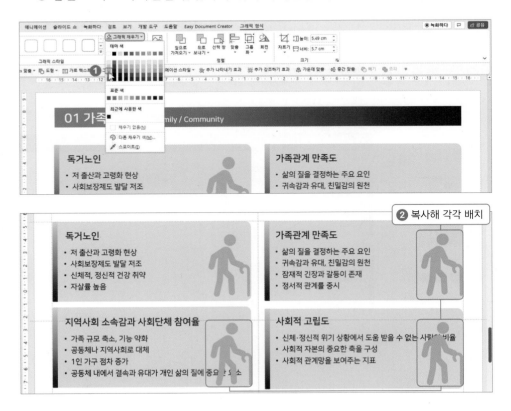

4. ❶ 복사한 두 번째 아이콘을 선택하고 **❷** [그래픽 변경] → [아이콘에서]를 선택합니다.

❸ 검색 창에 가족을 입력해 검색한 후 **❹** 원하는 아이콘을 선택합니다.

❺ [삽입]을 누르면 아이콘이 변경됩니다.

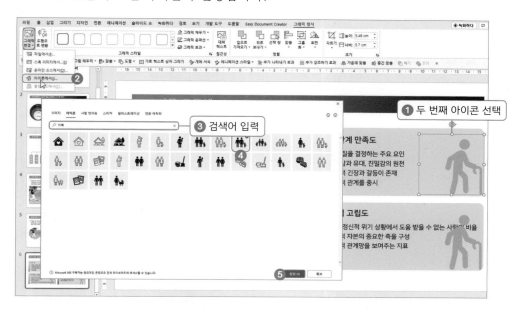

5. ❶ [그래픽 형식] 탭 → [크기] 그룹 → [자르기]를 선택합니다.

❷ 아이콘의 위치를 맞춰 보기 좋게 표시합니다.

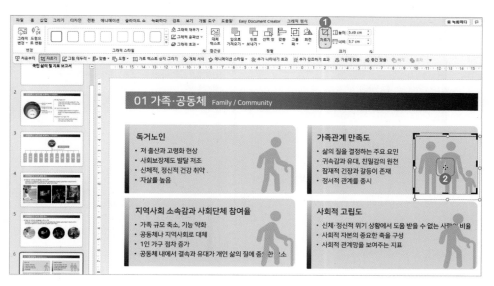

6. 같은 방법으로 세 번째 아이콘을 선택하고 [그래픽 변경] → [아이콘에서]를 선택한 후 ❶ 검색 창에 공동체를 입력해 검색합니다.

❷ 원하는 아이콘을 선택한 후 ❸ [삽입]을 누릅니다.

❹ [자르기]를 선택해 아이콘을 보기 좋게 표시하고 ❺ 크기를 변경합니다.

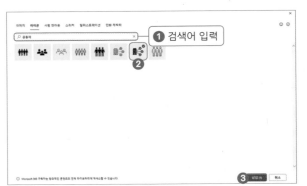

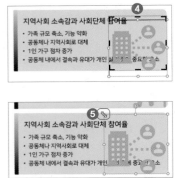

7. 아이콘이 텍스트를 가리는 경우에는 텍스트 상자를 선택한 후 마우스 오른쪽 버튼을 눌러 [맨 앞으로 가져오기]를 선택해 정렬합니다.

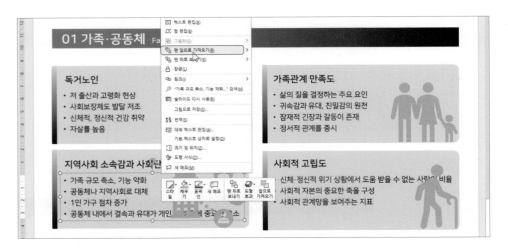

8. 앞에서와 같은 방법으로 네 번째 아이콘을 선택한 후 그래프로 검색한 아이콘으로 변경합니다.

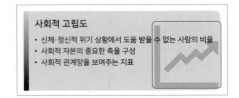

질문 있어요! 아이콘에 색상이나 그라데이션을 적용할 수 있나요?

아이콘을 삽입한 후 [그래픽 형식] 탭 → [그래픽 스타일] 그룹 → [그래픽 채우기]를 선택하면 다양한 색상을 적용할 수 있습니다. 그러나 아이콘에 색상이나 그라데이션을 적용하려면 먼저 아이콘을 도형으로 변환해야 합니다.

아이콘을 마우스 오른쪽 버튼으로 눌러 [도형으로 변환]을 선택합니다.

아이콘을 선택하면 [그래픽 형식] 탭이 표시됨

도형으로 변환하면 아이콘이 분해됩니다. 그라데이션을 채우기 전에 먼저 그룹화한 후 [도형 채우기] → [그라데이션] → [왼쪽 아래 모서리에서]를 선택합니다.

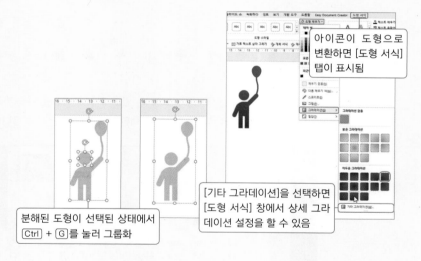

아이콘이 도형으로 변환하면 [도형 서식] 탭이 표시됨

분해된 도형이 선택된 상태에서 Ctrl + G를 눌러 그룹화

[기타 그라데이션]을 선택하면 [도형 서식] 창에서 상세 그라데이션 설정을 할 수 있음

질문 있어요! **사용 중인 버전에 아이콘 기능이 없다면?**

아이콘 기능은 Microsoft 365에서만 사용할 수 있습니다. 아이콘 기능을 사용할 수 없는 파워포인트 버전을 사용 중이라면 무료로 제공되는 아이콘 사이트를 이용하면 됩니다. 많은 사이트 중에 필자가 자주 이용하는 flaticon 사이트를 소개합니다. 나무 모양의 아이콘을 검색하고 다운로드해 파워포인트 슬라이드로 삽입해 보겠습니다.

flaticon.com으로 접속한 후 검색창에 tree를 입력합니다. 검색어는 꼭 영어로 입력해야 합니다. 관련 아이콘 검색 결과가 표시됩니다. 맨 아래로 스크롤해 [Next page]를 누르면 더 많은 아이콘을 확인할 수 있습니다.

PNG와 SVG(유료) 형식 중 선택할 수 있고 PNG는 16~512px까지 크기를 선택할 수 있습니다. 512px이 선택된 상태에서 PNG를 누릅니다.

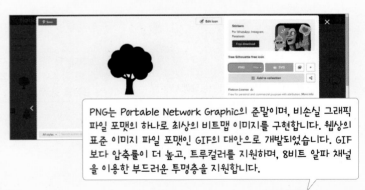

PNG는 Portable Network Graphic의 준말이며, 비손실 그래픽 파일 포맷의 하나로 최상의 비트맵 이미지를 구현합니다. 웹상의 표준 이미지 파일 포맷인 GIF의 대안으로 개발되었습니다. GIF보다 압축률이 더 높고, 트루컬러를 지원하며, 8비트 알파 채널을 이용한 부드러운 투명층을 지원합니다.

[Free download]를 누르면 [즐겨찾기] → [다운로드] 폴더에 저장됩니다.

다운로드된 아이콘을 파워포인트 슬라이드에 삽입하려면 [삽입] 탭 → [이
미지] 그룹 → [그림]을 선택합니다.

03-3
발표의 첫인상을 좌우하는 제목 슬라이드

· 실습 파일 03-3_실습.pptx   · 완성 파일 03-3_완성.pptx

제목 슬라이드는 발표 자료의 첫인상이라 할 수 있으며, 발표 주제에 어울리는 그림 또는 영상을 배경으로 사용하면 효과적입니다. 어울리는 그림을 삽입해 제목 슬라이드를 작성해 보겠습니다.

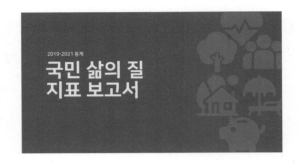

하면 된다! ⟩ 제목 슬라이드 작성하기

1. ❶ 1번 슬라이드를 선택한 후 ❷ 슬라이드 빈 곳에서 마우스 오른쪽 버튼을 눌러 [배경 서식]을 선택합니다.
❸ [배경 서식] 창에서 [단색 채우기]를 선택합니다.
❹ [색]을 녹색, 강조 6, 25% 더 어둡게로 선택해 배경색을 적용합니다.

함께 보면 좋은
동영상 강의

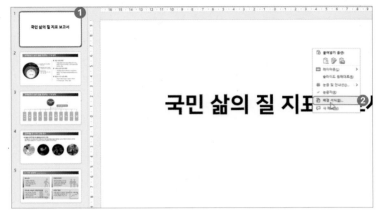

2. ❶ [글꼴 크기] 72pt, **❷** [글꼴 색] 흰색, 배경 1, 5% 더 어둡게로 변경합니다.
❸ 텍스트 상자 크기를 줄여 왼쪽에 배치합니다.

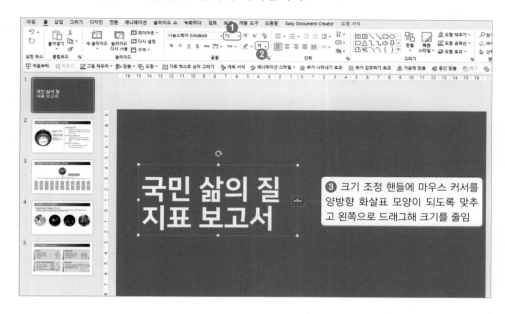

3. ❶ [삽입] 탭 → [텍스트] 그룹 → [텍스트 상자]를 선택합니다.
❷ 제목 텍스트 바로 위를 클릭한 후 2019-2021 통계를 입력합니다.
❸ [글꼴] 나눔스퀘어 Bold, **❹** [글꼴 크기] 18pt, **❺** [글꼴 색] 흰색, 배경 1,
5% 더 어둡게를 선택해 적용합니다.

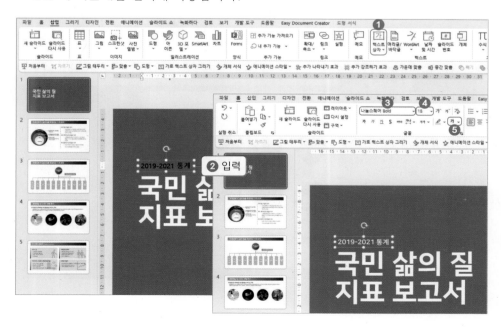

4. ❶ 두 텍스트 상자를 [Shift]를 눌러 선택합니다.

ᅠᅠ❷ [도형 서식] 탭 → [정렬] 그룹 → [맞춤] → [왼쪽 맞춤]을 선택합니다.

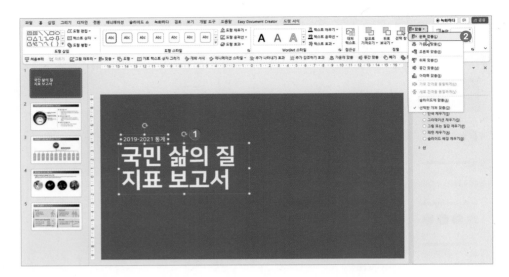

5. 슬라이드 오른쪽 공간에 발표 주제에 어울리는 그림을 삽입해 보겠습니다. 삽입할 그림은 flaticon.com에서 다운로드하여 미리 준비해 두었습니다.

ᅠᅠ❶ [삽입] 탭 → [이미지] 그룹 → [그림] → [이 디바이스]를 선택합니다.

ᅠᅠ❷ cardiogram.png 파일을 선택하고 ❸ [삽입]을 누릅니다.

ᅠᅠ❹ 크기를 줄여 오른쪽 상단에 배치하고 이미지 일부를 잘라 표시합니다.

6. 배경으로 적합하게 이미지 색상을 배경에 묻히도록 희미하게 변경하고 반투명하게 설정해 보겠습니다.

❶ 삽입한 그림이 선택된 상태에서 [그림 서식] → [색] → [다시 칠하기: 희미하게]를 선택합니다.

❷ [투명도] → [투명도: 80%]를 선택해 적용합니다.

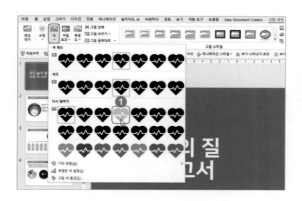

7. 이번에는 나머지 그림을 선택해 한 번에 삽입합니다.

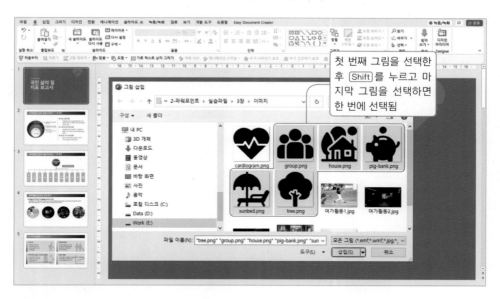

8. ❶ 첫 번째 삽입한 그림을 선택한 후 ❷ [그림 서식] 탭 → [크기] 그룹에서 그림 크기를 먼저 확인해 둡니다.

❸ 삽입된 나머지 그림을 모두 선택한 후 ❹ [높이]를 첫 번째 그림 크기인 5.51cm로 변경하여 그림을 각각의 위치에 배치합니다.

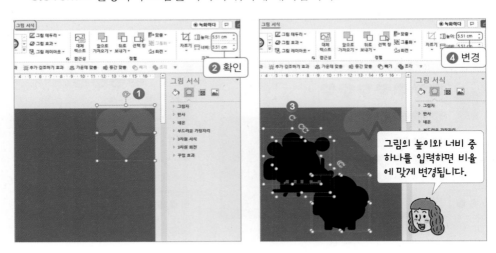

9. 이제 나머지 그림에 첫 번째 그림과 같은 색상과 투명도를 적용해야 합니다. 이 경우 서식 복사를 하면 편리합니다.

❶ 첫 번째 그림을 선택한 후 ❷ [홈] 탭 → [클립보드] 그룹 → [서식 복사]를 더블클릭합니다. 더블클릭하면 Esc 를 누르기 전까지 계속해서 서식 복사를 할 수 있습니다. 서식 복사 중에는 마우스 커서가 🖌 모양으로 변경됩니다.

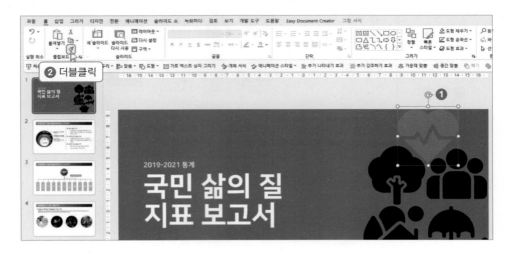

10. 서식을 적용할 아이콘을 차례로 선택하면 색과 투명도가 그대로 적용됩니다. 복사가 끝나면 Esc를 눌러 서식 복사를 해제합니다.

11. [자르기]를 눌러 돼지저금통 이미지에서 동전 그림을 자르기 합니다.

12. [그림 서식] 탭 → [정렬] 그룹 → [맞춤] → [중간 맞춤]과 [가운데 맞춤]을 선택해 그림을 수직/수평으로 맞춤합니다.

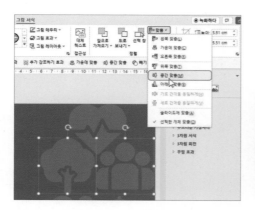
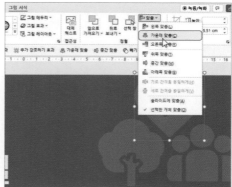

제목 슬라이드를 보기 좋게 꾸미는 것이 어렵다면 **디자인 아이디어**를 활용해 보세요. 발표 주제에 맞는 그림이 준비되었다면 슬라이드에 삽입하는 것만으로 다양한 디자인을 연출할 수 있습니다. 이 실습은 03-3_질문있어요.pptx 파일에서 진행합니다.

함께 보면 좋은
동영상 강의

[파일] → [옵션]을 선택해 [PowerPoint 옵션] 대화상자에서 [일반] 탭 → [디자인 아이디어를 자동으로 표시]에 체크 표시하고 [확인]을 누릅니다.

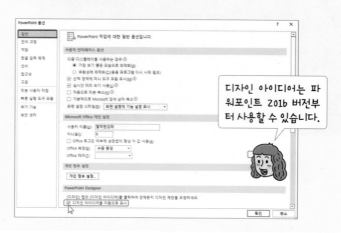

디자인 아이디어는 파워포인트 2016 버전부터 사용할 수 있습니다.

1번 슬라이드에서 [삽입] 탭 → [이미지] 그룹 → [그림]을 선택한 후 표지
이미지.jpg 파일을 선택하고 [삽입]을 누릅니다.

그림이 삽입되면 오른쪽 [디자인 아이디어] 창이 실행되고 다양한 디자인
이 제시됩니다. 디자인을 선택하면 슬라이드에 바로 반영됩니다.

디자인 아이디어가 적용된 이후에도 글꼴, 크기, 위치, 색 등을 변경할 수
있습니다.

03-4
발표의 흐름을 보여주는 목차 슬라이드

• 실습 파일 03-4_실습.pptx • 완성 파일 03-4_완성.pptx

목차 슬라이드는 발표의 순서를 한눈에 볼 수 있도록 정리해 놓은 것으로 발표의 흐름을 파악하는 데 필요한 요소입니다. 목차 제목은 **차례**, **순서**로 표기하거나 INDEX, CONTENTS 등 영문으로 표기하면 됩니다. 목차를 구분하기 위해 글머리 기호를 사용하기보다는 1, 2, 3 또는 Ⅰ, Ⅱ, Ⅲ과 같이 순서가 있는 번호를 붙입니다. 단순한 텍스트로만 작성하기보다 발표 내용을 연상할 수 있는 그림을 텍스트 주변에 배치해 구성하는 것도 좋은 방법입니다.

하면 된다! ﹜ 목차 슬라이드 작성하기

목차 내용에 여러 장의 그림을 모서리가 둥근 사각형으로 삽입하고 전체 슬라이드 색상과 어울리도록 그림 색을 변경하는 방법을 학습하면서 목차 슬라이드를 완성해 보겠습니다.

함께 보면 좋은
동영상 **강의**

1. ❶ 1번 슬라이드를 선택한 후 ❷ [홈] 탭 → [슬라이드] 그룹 → [새 슬라이드]를 선택해 제목 및 내용 슬라이드를 추가합니다.

❸ 제목을 목차로 입력한 후 목차 내용을 입력합니다.

❹ [홈] 탭 → [단락] 그룹 → [번호 매기기]를 선택합니다.

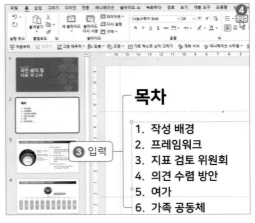

2. ❶ [보기] 탭 → [표시] 그룹 → [안내선]에 체크 표시합니다.

❷ 제목과 내용 텍스트 상자 크기를 줄여 오른쪽으로 배치합니다.

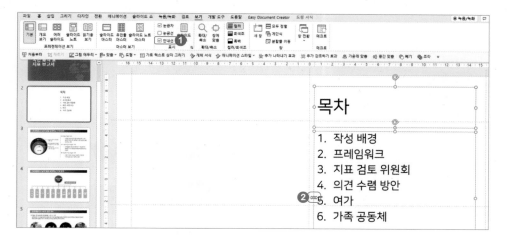

3. ❶ 제목 텍스트 상자를 선택해 [글꼴] 나눔스퀘어 ExtraBold, [글꼴 크기] 44pt, [글꼴 색] 검정, 텍스트 1, 25% 더 밝게로 변경합니다.

❷ 내용 텍스트 상자를 선택해 [글꼴] 나눔스퀘어 Bold, [글꼴 크기] 28pt, [글꼴 색] 검정, 텍스트 1, 25% 더 밝게로 변경합니다.

❸ [줄 간격] → [줄 간격 옵션]을 선택한 후 ❹ [줄 간격] 배수, [값] 1.1을 입력하고 ❺ [확인]을 누릅니다.

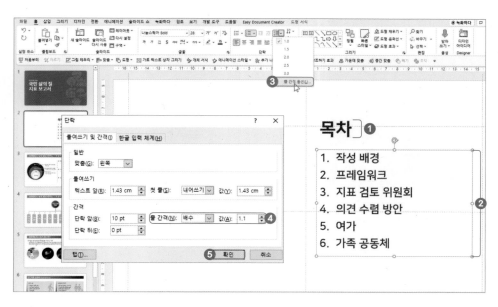

4. ❶ [삽입] 탭 → [이미지] 그룹 → [그림] → [이 디바이스]를 선택합니다.

❷ 목차1.png 파일을 선택하고 ❸ [삽입]을 누릅니다.

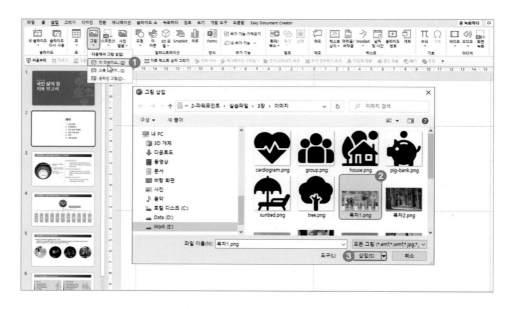

5. ❶ 삽입된 그림 크기를 줄입니다.

❷ [그림 서식] 탭 → [크기] 그룹 → [자르기] → [도형에 맞춰 자르기] → [사각형: 둥근 모서리]를 선택합니다.

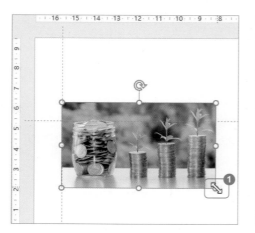

6. ❶ [자르기] → [가로 세로 비율] → 3:2를 선택합니다.

❷ 모양 조정 핸들에 마우스 커서를 맞추고 왼쪽으로 드래그해 모서리 곡률을 조정합니다.

❸ 자르기한 그림을 Ctrl 을 누른 상태에서 드래그해 5개 더 복사해 배치합니다.

 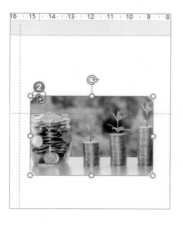 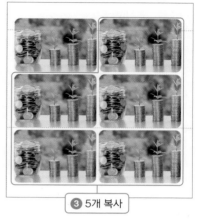

❸ 5개 복사

7. ❶ 두 번째 그림을 선택합니다.

❷ [그림 서식] 탭 → [조정] 그룹 → [그림 바꾸기] → [파일에서]를 선택해 그림을 변경합니다.

❸ 나머지 그림도 같은 방법으로 모두 변경합니다.

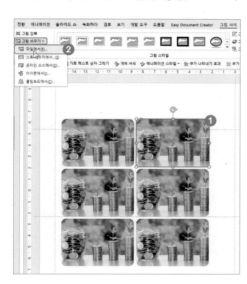 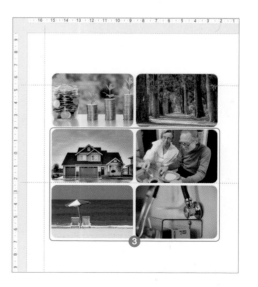

8. 그림을 모두 선택한 후 [그림 서식] 탭 → [조정] 그룹 → [색] → 녹색, 어두운 강조색 6을 선택해 전체 슬라이드의 색상 분위기에 맞게 통일합니다.

03-5
주제 구분을 명확하게 보여주는 간지 슬라이드

• 실습 파일 03-5_실습.pptx   • 완성 파일 03-5_완성.pptx

발표 자료의 세부 주제가 바뀌는 위치에 간지를 작성해 넣어보겠습니다. 예시에 사용된 발표 자료는 여가, 가족, 공동체, 교육, 안전 등의 세부 주제로 구성되어 있는데, 지금처럼 여러 개의 세부 주제로 나누어지고 전체 슬라이드 수가 많으면 슬라이드를 구역으로 정리하고 구역이 시작될 때 간지를 삽입하는 것이 좋습니다.

먼저 완성된 예시를 보면 내용과 어울리는 그림을 왼쪽에 배치하고 제목을 오른쪽에 배치했는데, 왼쪽에 있는 그림은 아이콘을 삽입해 그림을 채워 만들면 됩니다. 만드는 방법은 간단하지만 세련된 결과물을 얻을 수 있습니다.

하면 된다! ⟩ 간지 슬라이드 만들기

1. ❶ 6번 슬라이드를 선택한 후 ❷ [홈] 탭 → [슬라이드] 그룹 → [새 슬라이드] → [빈 화면]을 선택합니다. 바로 아래에 슬라이드가 추가됩니다.

❸ 슬라이드가 추가되면 마우스 오른쪽 버튼을 눌러 [배경 서식]을 선택합니다.

❹ 오른쪽 [배경 서식] 창에 [단색 채우기]가 선택된 상태에서 [색]을 전체 슬라이드에 사용된 색상과 통일감이 있는 녹색, 강조 6, 25% 더 어둡게로 선택합니다.

함께 보면 좋은 동영상 강의

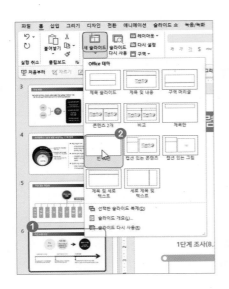
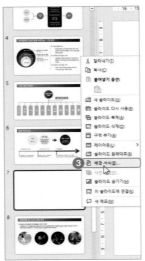

2. ❶ [삽입] 탭 → [일러스트레이션] 그룹 → [아이콘]을 선택합니다.
❷ 검색 창에서 배를 입력하고 검색하여 ❸ 원하는 아이콘을 선택한 후 ❹ [삽입]
을 누릅니다.

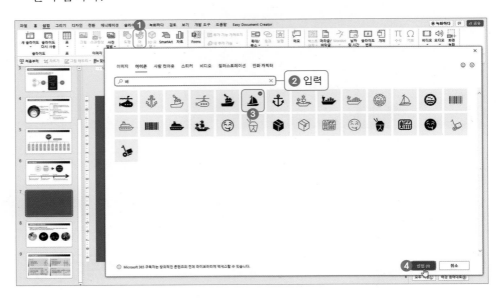

3. ① 아이콘에는 그림을 채울 수 없어 삽입한 아이콘을 마우스 오른쪽 버튼으로 눌러 [도형으로 변환]을 선택합니다.

② 아이콘이 도형으로 변환되면 그룹이 해제되어 2개 이상의 도형 조각으로 분리됩니다. 그림을 도형에 채우려면 다시 그룹화해야 합니다.

③ 분리된 그림이 모두 선택된 상태에서 [Ctrl] + [G]를 눌러 그룹화합니다.

 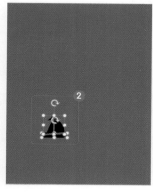 

4. 슬라이드 세로 크기만큼 아이콘 크기를 크게 변경합니다. 그룹 개체는 크기를 변경할 때 모서리에 있는 크기 조정 핸들에 마우스 커서를 맞추고 [Shift]를 누른 상태에서 크기를 변경해야 가로/세로 비율을 유지하면서 변경됩니다.

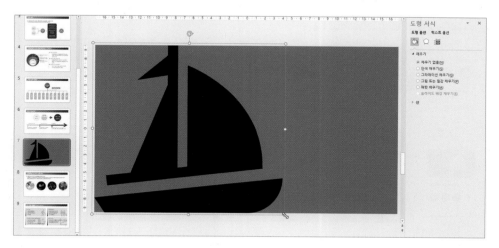

5. ❶ 그룹 개체를 선택한 상태에서 [도형 서식] 창에서 [그림 또는 질감 채우기]를 선택하고 ❷ [삽입]을 누릅니다.

❸ [파일에서]를 선택한 후 ❹ 휴가1.png 파일을 선택하고 ❺ [삽입]을 누릅니다.

6. 그림 색상을 배경과 어울리도록 편집해 보겠습니다. [그림 서식] 탭 → [조정] 그룹 → [색] → [다시 칠하기: 녹색, 어두운 강조색 6]을 선택합니다.

7. ❶ [수정] → [그림 수정 옵션]을 선택해 ❷ [그림 서식] 창에서 밝기 -32%, 대비 40%로 변경합니다.

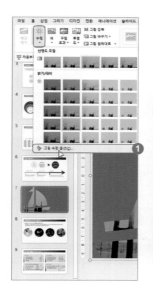

8. ❶ [삽입] 탭 → [텍스트] 그룹 → [텍스트 상자]를 선택해 슬라이드 오른쪽 빈 곳을 클릭하고 여가라고 제목을 입력한 후 [글꼴] 나눔명조 ExtraBold, [글꼴 크기] 80pt, [글꼴 색] 흰색, 배경 1로 지정합니다.

❷ 아래에 Leisure라고 입력한 후 [글꼴] 나눔스퀘어, [글꼴 크기] 20pt, [글꼴 색] 흰색, 배경 1로 지정합니다.

9. ❶ [삽입] 탭 → [일러스트레이션] 그룹 → [도형] → [선: 선]을 선택합니다.

❷ Shift 를 눌러 Leisure 텍스트 위에 선을 삽입합니다.

❸ 선이 선택된 상태에서 [도형 서식] 탭 → [도형 스타일] 그룹 → [도형 윤곽선]
→ 흰색, 배경1을 선택합니다.

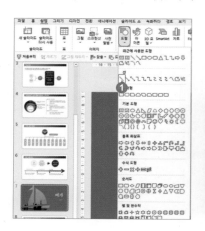 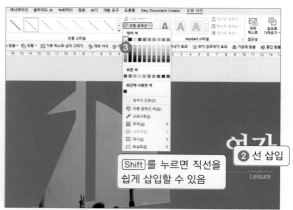

10. ❶ 선을 Leisure 텍스트 아래로 복사합니다.

❷ 선과 텍스트 상자를 선택합니다.

❸ [도형 서식] 탭 → [정렬] 그룹 → [맞춤] → [가운데 맞춤]과 ❹ [세로 간격을
동일하게]를 선택해 정렬합니다.

11. ① 두 텍스트 상자와 선을 선택한 후 [Ctrl] + [G]를 눌러 그룹화합니다.

② 그림과 그룹 개체를 선택하고 **③** [맞춤] → [중간 맞춤]을 선택해 정렬합니다.

04

발표 자료에 신뢰를 주는
표와 그래프

최 주임의 이야기

'그림만으로는 부족한데···. 많은 양의 데이터와
수치는 표와 그래프를 사용해 정리하는게 낫겠어!'
발표 자료를 다듬던 최 주임, 점점 다양한 기능의
필요성을 느낀다. 표와 그래프는 엑셀 자료에서
가져올 수 있다고 하는데···.
'엑셀과 연동되는 신기한 파워포인트!'

04-1 표로 데이터 정리하기

04-2 그래프로 데이터 시각화하기

04-1
표로 데이터 정리하기

• 실습 파일 04-1_실습.pptx   • 완성 파일 04-1_완성.pptx

데이터를 일정한 형식과 순서에 따라 보기 쉽게 정리하려면 표를 활용하면 됩니다.

하면 된다! } 표 만들기

주택임대료 비율을 연도별로 정리한 표를 작성하면서 전체 슬라이드와 어울리도록 빠르고 쉽게 표를 편집하는 방법을 배워보겠습니다.

함께 보면 좋은
동영상 **강의**

1. ❶ 11번 슬라이드를 선택합니다.

❷ [삽입] 탭 → [표] 그룹 → [표]를 선택해 ❸ 8열 5행을 드래그합니다.
슬라이드에 표가 삽입되었습니다.

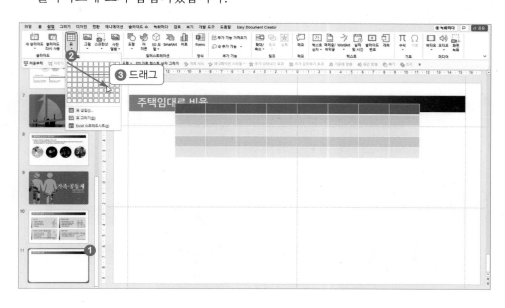

2. 표를 제목 아래에 배치합니다. 표 오른쪽 가장자리에 있는 크기 조정 핸들에 마우스 커서를 맞춘 후 Ctrl 을 누른 채 오른쪽으로 드래그하면 표의 좌우 크기가 늘어납니다.

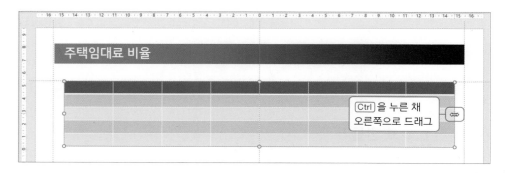

3. 표의 내용을 입력합니다.

주택임대료 비율

	2010	2012	2014	2016	2017	2018	2019
전국	19.2	19.8	20.3	18.1	17.0	15.5	16.1
수도권	20.9	23.3	21.6	17.9	18.4	18.6	20.0
광역시	16.4	16.8	16.6	15.4	15.3	16.3	16.3
도	14.4	14.5	15.8	14.2	15.0	15.0	12.7

4. 열 너비를 개별적으로 변경할 때 열과 열 사이의 경계선에 마우스 커서를 양방향 화살표 모양이 되도록 맞추고 오른쪽 또는 왼쪽으로 드래그하여 열 너비를 넓혀줍니다. 상대적으로 오른쪽 열 너비는 좁아집니다.

주택임대료 비율

	2010	2012	2014	2016	2017	2018	2019
전국	19.2	19.8	20.3	18.1	17.0	15.5	16.1
수도권	20.9	23.3	21.6	17.9	18.4	18.6	20.0
광역시	16.4	16.8	16.6	15.4	15.3	16.3	16.3
도	14.4	14.5	15.8	14.2	15.0	15.0	12.7

5. 두 번째 열에서 마지막 열까지 선택한 후 [레이아웃] 탭 → [셀 크기] 그룹 → [열 너비를 같게]를 선택하면 열 너비가 일정한 크기로 변경됩니다.

6. 표 아래쪽 크기 조정 핸들에 마우스 커서를 맞추고 아래로 드래그해 표 전체 높이를 변경합니다. 모든 행의 높이가 일정하면서 표 전체의 높이는 크게 변경됩니다.

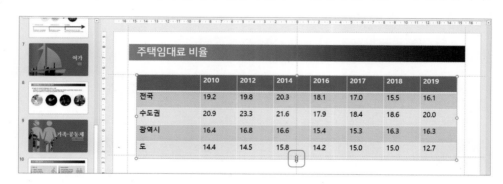

7. 셀 위쪽으로 내용이 정렬되어 있어 [레이아웃] 탭 → [맞춤] 그룹 → [세로 가운데 맞춤]을 선택해 내용을 가운데 맞춤 합니다.

8. 숫자로 구성된 열만 모두 선택한 후 [오른쪽 맞춤]을 누르거나 Ctrl + R 을 눌러 셀 오른쪽으로 맞춤 합니다.

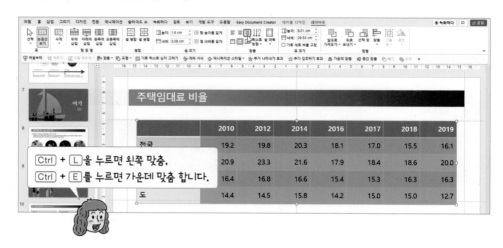

9. ❶ 셀을 모두 선택한 후 [글꼴]을 나눔스퀘어로 지정합니다.

  ❷ [글꼴 크기 크게]를 한 번 눌러 20pt로 글꼴 크기를 변경합니다.

질문 있어요! **엑셀에서 작성한 표를 슬라이드로 가져오려면?**

엑셀에서 작성한 표를 파워포인트 슬라이드로 가져와 편집할 수 있습니다. 숫자로 구성되는 표는 엑셀에서 작성한 후 파워포인트 슬라이드로 가져오면 훨씬 완성하기 쉽습니다.

	A	B	C	D	E	F	G	H	I
1		2010	2012	2014	2016	2017	2018	2019	
2	전국	19.2	19.8	20.3	18.1	17.0	15.5	16.1	
3	수도권	20.9	23.3	21.6	17.9	18.4	18.6	20.0	
4	광역시	16.4	16.8	16.6	15.4	15.3	16.3	16.3	
5	도	14.4	14.5	15.8	14.2	15.0	15.0	12.7	
6									

엑셀에서 작성한 데이터를 복사해 파워포인트 슬라이드에 붙여넣기 합니다. 엑셀의 기본 글자 크기가 11pt이다보니 슬라이드에 아주 작게 표가 붙여넣기 됩니다. 표를 선택한 후 [글꼴]은 나눔스퀘어, [글꼴 크기 크게]를 눌러 20pt가 되도록 크기를 조정하고 표 크기를 적당한 크기로 변경합니다.

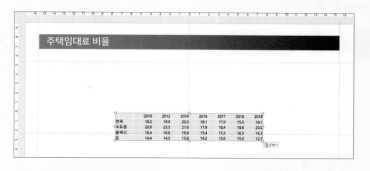

하면 된다! 〉 테이블 디자인 지정하기

파워포인트에서 표를 삽입하면 기본 표 스타일이 적용됩니다. 작성 중인 슬라이드와 색상을 통일하기 위해 먼저 기본 스타일을 제거한 후 테이블 디자인을 지정해 보겠습니다.

함께 보면 좋은
동영상 강의

1. 표를 선택한 상태에서 [테이블 디자인] 탭 → [표 스타일] 그룹 → [스타일 없음, 눈금 없음]을 선택해 기본 스타일을 제거합니다.

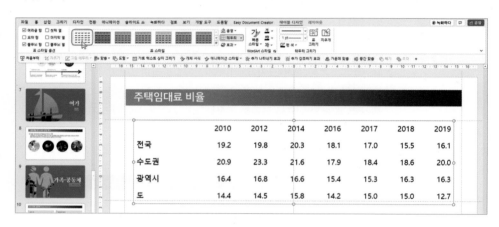

2. 이번에는 테두리로 사용할 색상을 선택하겠습니다. 표가 선택된 상태에서 [테이블 디자인] 탭 → [테두리 그리기] 그룹 → [펜 색] → 녹색, 강조 6, 25% 더 어둡게를 선택합니다.

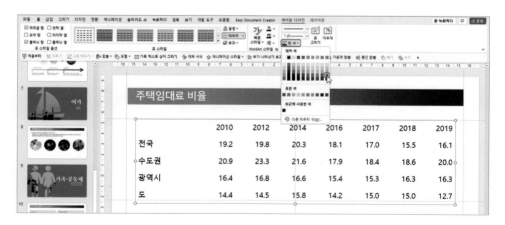

3. [표 스타일] 그룹 → [테두리 ⬚] → [안쪽 가로 테두리]를 선택합니다.

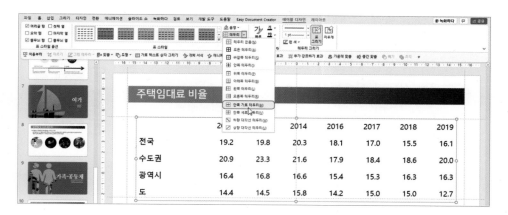

4. 다시 [위쪽 테두리]와 [아래쪽 테두리]를 선택합니다. 표의 가로 테두리가 모두 표시됩니다.

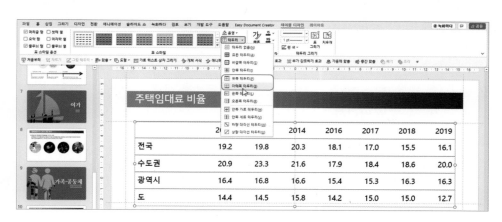

5. 표의 첫 행을 선택한 후 [표 스타일] 그룹 → [음영] → 녹색, 강조 6, 80% 더 밝게를 선택해 표의 머리글 행을 강조합니다.

하면 된다! ﹥ 단위를 표시하는 텍스트 상자 삽입하기

1. ❶ 표를 조금 아래로 내려 배치한 후 [삽입] 탭 → [일러스
트레이션] 그룹 → [도형] → [사각형: 둥근 모서리]를 선택
해 표 오른쪽 상단에 적당한 크기로 삽입합니다.

   ❷ 도형이 선택된 상태에서 [도형 서식] 탭 → [도형 스타
일] 그룹 → [도형 윤곽선] → [윤곽선 없음]을 선택합니다.

함께 보면 좋은
동영상 강의

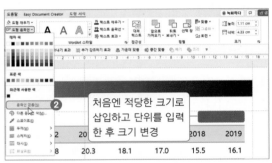

> 처음엔 적당한 크기로 삽입하고 단위를 입력한 후 크기 변경

2. ❶ [도형 채우기] → 흰색, 배경1, 50% 더 어둡게를 선택합니다.

   ❷ 단위: %/년을 입력하고 [글꼴] 나눔스퀘어 Bold, [글꼴 크기] 12pt로 지정합
니다.

   ❸ 텍스트 상자의 크기를 내용에 맞게 줄입니다.

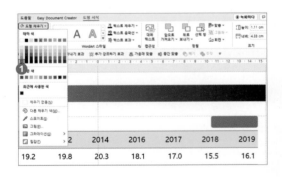

> ❸ 크기 줄이기
>
> 단위: %/년
>
> ❷ 입력

04-2
그래프로 데이터 시각화하기

• 실습 파일 04-2_실습.pptx   • 완성 파일 04-2_완성.pptx

2008년에서 2020년까지 2년 간격으로 성별, 연령별 안전에 대한 전반적인 인식을 조사한 후 엑셀에서 그 비율을 정리해 표 슬라이드로 작성해 보았습니다. 물론 표 슬라이드도 자료를 깔끔하게 정리할 수 있지만, 수치의 변화를 쉽게 파악하는 자료는 표보다는 그래프로 나타내는 것이 훨씬 효과적입니다.

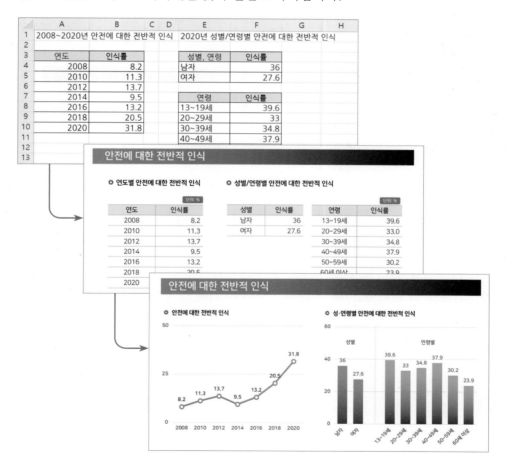

하면 된다! } 꺾은선형 그래프로 전반적인 추이 표현하기

그래프를 작성하는 다양한 옵션들을 익혀두면 그래프를 이용해 데이터 결과를 효과적으로 표현할 수 있습니다. 먼저 꺾은선형 그래프를 작성하면서 기능을 익혀보겠습니다.

함께 보면 좋은
동영상 **강의**

1. ❶ 13번 슬라이드를 선택한 후 ❷ [삽입] 탭 → [일러스트레이션] 그룹 → [차트]를 선택합니다.
   ❸ [차트 삽입] 대화상자에서 [꺾은선형] → [표식이 있는 꺾은선형]을 선택하고 ❹ [확인]을 누릅니다.

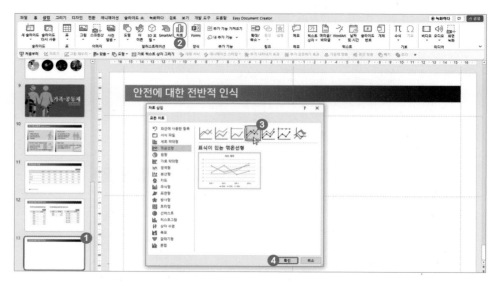

2. 워크시트가 실행되고 이미 입력된 기본 데이터에 맞게 차트가 삽입됩니다.
   ❶ 차트를 슬라이드 왼쪽에 배치하고 크기를 작게 변경합니다.
   ❷ 데이터 입력이 편하도록 워크시트의 크기를 늘립니다.

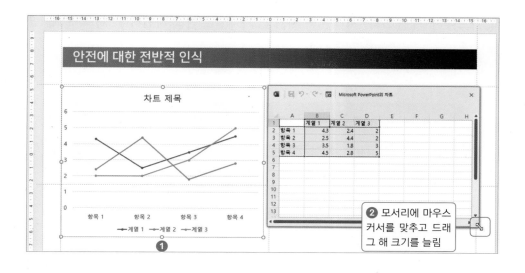

3. ❶ '항목' 범위에 연도를 입력한 후 '계열 1' 범위에 인식률을 입력합니다. 데이터를 입력하면 차트에 바로 반영됩니다.

❷ '계열 2'와 '계열 3'의 기본 데이터가 차트에서 제외되도록 파란색 색상 범위를 변경합니다.

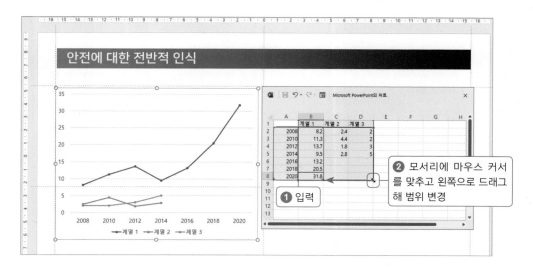

4. 차트에서 '계열 2'와 '계열 3'이 제거되고 '계열 1'만 표시됩니다. 워크시트를 닫습니다.

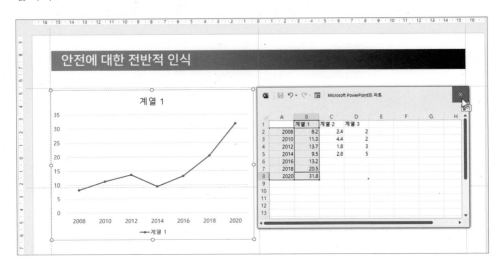

5. 차트 제목과 범례가 필요 없어 제거하고 계열 위쪽에 레이블을 표시해 보겠습니다. ❶ [차트 요소 ▦]를 눌러 ❷ 축 제목과 범례의 체크 표시를 해제하고 ❸ 데이터 레이블에 체크 표시합니다.

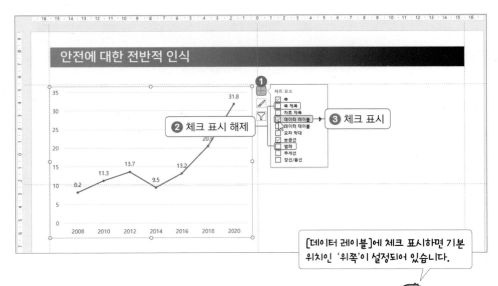

[데이터 레이블]에 체크 표시하면 기본 위치인 '위쪽'이 설정되어 있습니다.

6. ❶ '세로 (값) 축'에서 마우스 오른쪽 버튼을 눌러 [축 서식]을 선택하거나 '세로 (값) 축'을 더블클릭합니다.

❷ [축 서식] 창에서 [경계] 최대값 50, ❸ [단위] 기본 25, 보조 5로 변경한 후 (Enter)를 누릅니다.

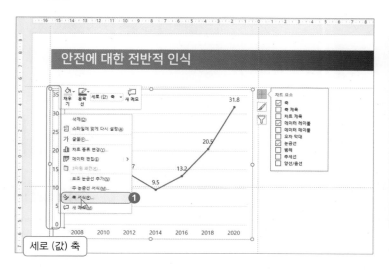
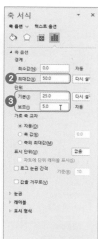

7. ❶ 계열(꺾은선)을 선택하면 [축 서식] 창은 [데이터 계열 서식] 창으로 변경됩니다.
❷ [채우기 및 선]을 선택해 ❸ 선의 [너비]를 4.5pt, ❹ [색]을 녹색, 강조 6으로 변경합니다.

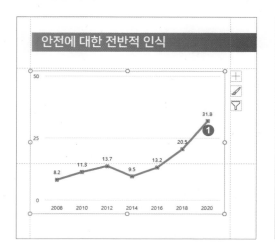

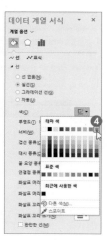

8. ❶ [표식]을 선택해 ❷ [표식 옵션]에서 [기본 제공]을 선택한 후 ❸ [크기]를 11로 변경합니다.

❹ [채우기]에서 [단색 채우기]를 선택하고 ❺ [색]을 흰색으로 변경합니다.

❻ [테두리]에서 [너비]를 3.25pt로 변경하고 ❼ [색]을 녹색, 강조 6으로 선택합니다.

 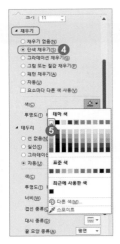  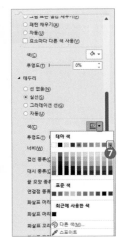

9. ❶ 차트 영역을 선택하고 ❷ [글꼴] 나눔스퀘어 Bold, ❸ [글꼴 크기] 14로 전체 차트의 글꼴과 크기를 변경합니다.

❹ 차트를 아래로 배치한 후 크기를 조금 줄입니다.

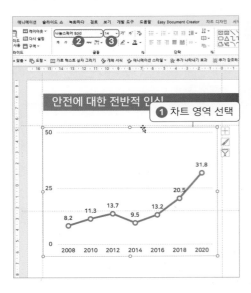 

10. ❶ [삽입] 탭 → [텍스트] 그룹 → [텍스트 상자]를 선택합니다.

❷ 차트 위쪽을 클릭하고 안전에 대한 전반적 인식이라고 제목을 입력합니다.

11. ❶ [글꼴] 나눔스퀘어 Bold, [글꼴 크기] 16pt로 지정합니다.

❷ [홈] 탭 → [단락] 그룹 → [글머리 기호 ▾] → [글머리 기호 및 번호 매기기]를 선택합니다.

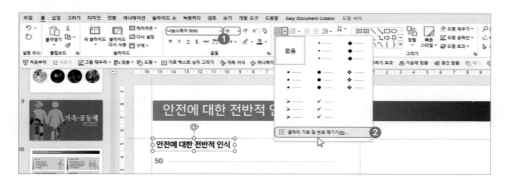

12. ❶ [글머리 기호 및 번호 매기기] 대화상자에서 [사용자 지정]을 선택합니다.

❷ [기호] 대화상자에서 [글꼴]을 Wingdings로 지정하고 ❸ ● 를 선택한 후 ❹ [확인]을 누릅니다.

❺ 다시 [글머리 기호 및 번호 매기기] 대화상자에서 색을 녹색, 강조 6, 25% 더 어둡게로 선택한 후 ❻ [확인]을 누릅니다.

Wingdings는 그림과 같은 기호로 구성된 글꼴임

하면 된다! } 세로 막대형 그래프로 분포도 표현하기

이번에는 성별, 연령별 인식률을 표시하는 막대 그래프를 작성해 보겠습니다. 하나의 슬라이드에 연도별 그래프를 이미 왼쪽에 만들어 두었기 때문에 성별과 연령을 하나의 차트에서 표현해 보겠습니다.

함께 보면 좋은
동영상 **강의**

1. ❶ [삽입] 탭 → [일러스트레이션] 그룹 → [차트]를 선택합니다.

❷ [차트 삽입] 대화상자에서 [세로 막대형] → [묶은 세로 막대형]을 선택한 후 ❸ [확인]을 누릅니다.

2. ❶ 워크시트가 실행되면 차트를 오른쪽에 배치하고 크기를 줄입니다.

❷ 성별과 연령이 차트에서 구분되도록 4행을 비워두고 데이터를 입력합니다.

❸ '계열 2'와 '계열 3'이 차트에서 제외되도록 색상 범위를 변경한 후 워크시트를 닫습니다.

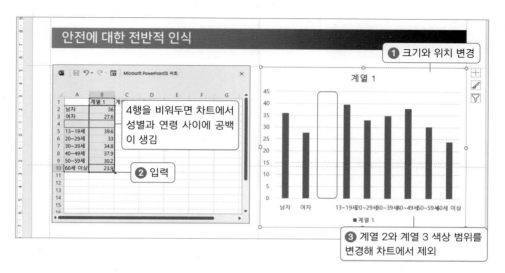

3. ❶ [차트 요소 ➕]를 누르고 ❷ 차트 제목과 범례의 체크 표시를 해제하여 차트에서 제목과 범례를 제거하고 ❸ 데이터 레이블에 체크 표시해 데이터 레이블을 계열(막대) 위에 배치합니다.

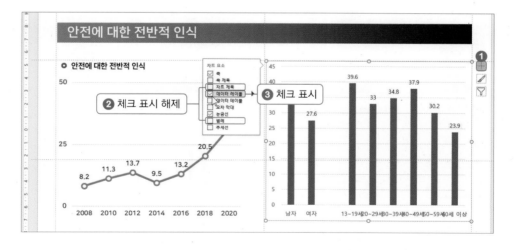

4. ❶ 세로 (값) 축을 더블클릭합니다.

❷ [축 서식] 창에서 축 옵션을 선택하고 ❸ [경계] 최대값을 60, ❹ [단위] 기본을 20으로 변경한 후 Enter 를 누릅니다.

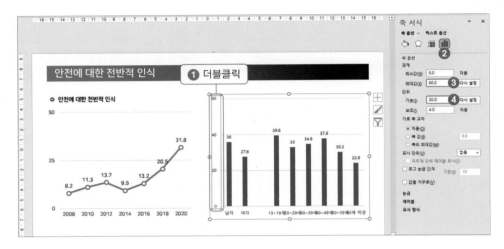

5. ❶ 차트 영역을 선택합니다.

❷ [글꼴]을 나눔스퀘어 Bold로 지정하고 ❸ [글꼴 크기 크게]를 한 번 누릅니다. 전체 차트 글꼴과 글꼴 크기가 변경되었습니다.

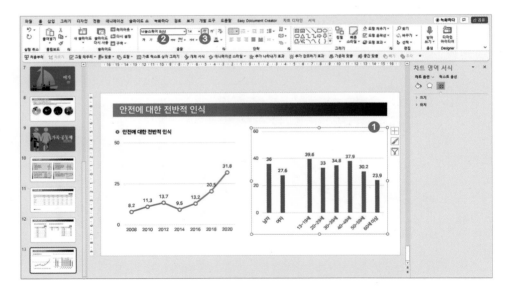

6. ❶ 데이터 계열(막대)을 선택합니다.

❷ [데이터 계열 서식] 창에서 [간격 너비]를 60%로 변경합니다.

계열 사이의 간격이 좁아지면서 상대적으로 데이터 계열이 두꺼워집니다.

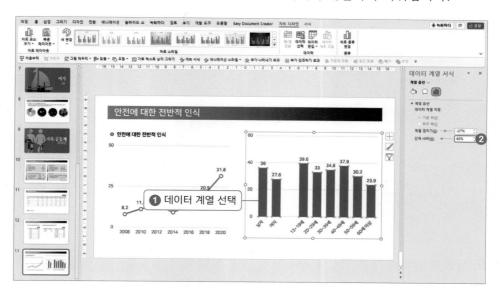

7. ❶ [데이터 계열 서식] 창에서 [채우기 및 선] → [그라데이션 채우기]를 선택합니다.

❷ 그라데이션 [종류]는 선형, ❸ [방향]은 선형 아래쪽을 선택합니다.

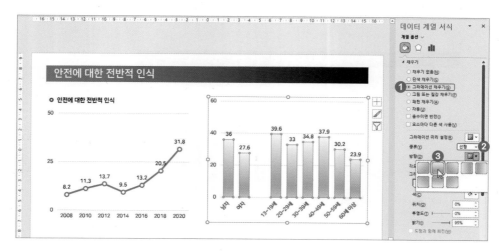

8. 중지점은 2개만 남기고 나머지를 제거한 후 첫 번째 중지점은 연한 녹색, 마지막 중지점은 녹색, 강조 6, 50% 더 어둡게로 색을 선택합니다.

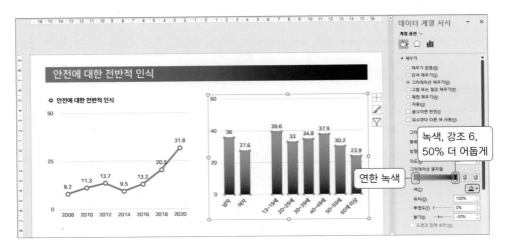

9. 성별과 연령별 계열 색상을 구분하기 위해 성별 계열 색상을 다르게 설정하겠습니다. 전체 계열이 선택된 상태에서 남자 막대를 선택하면 해당 요소만 선택되고 오른쪽 [데이터 계열 서식] 창이 [데이터 요소 서식] 창으로 변경됩니다. 그라데이션 첫 번째 중지점 색을 연한 파랑, 마지막 중지점 색을 파랑, 강조 5, 50% 더 어둡게로 변경합니다.

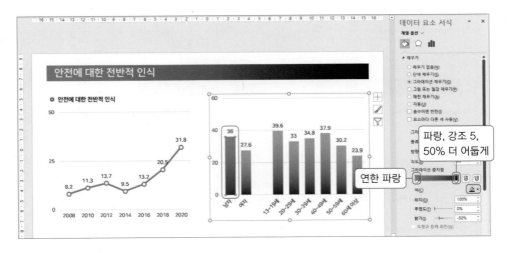

10. 여자 요소도 선택해 같은 방법으로 그라데이션 색상을 변경합니다.

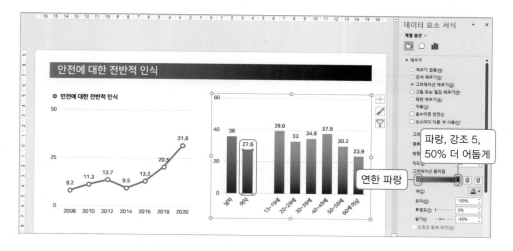

11. 데이터 레이블도 데이터 계열과 같은 색상으로 변경하겠습니다.

❶ 데이터 레이블을 선택하면 전체 레이블이 선택됩니다. 연령에 해당하는 요소의 개수가 많으므로 레이블의 색을 먼저 변경하겠습니다.

❷ [데이터 레이블 서식] 창에서 [텍스트 옵션] → [텍스트 채우기 및 윤곽선] → [단색 채우기]를 선택합니다.

❸ 색을 녹색, 강조 6으로 선택합니다.

❹ 남자 요소의 레이블을 선택한 후 색을 파랑으로 변경합니다.

❺ 같은 방법으로 여자 요소의 레이블 색도 파랑으로 변경합니다.

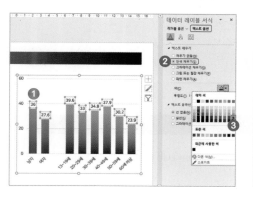 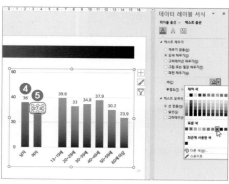

12. 두 차트의 위쪽 눈금선과 아래쪽 눈금선 위치가 맞도록 차트 크기를 변경해 맞춰줍니다.

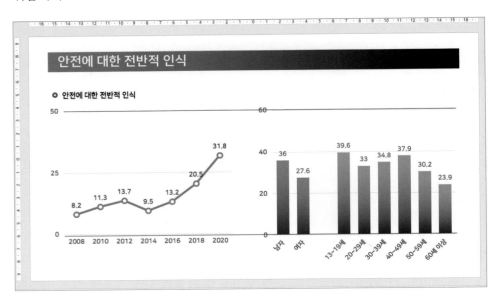

13. ❶ 왼쪽 차트의 제목을 복사한 후 ❷ 성·연령별 안전에 대한 전반적 인식으로 제목을 입력합니다.

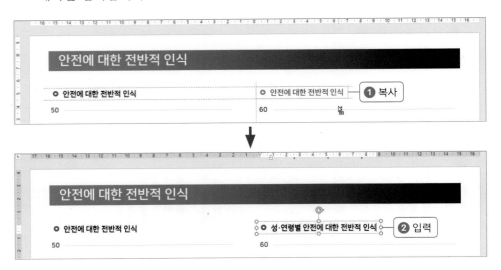

14. ❶ [삽입] 탭 → [일러스트레이션] 그룹 → [도형] → [선: 선]을 선택합니다.

❷ 성별과 연령 범위 사이에 선을 삽입합니다.

❸ 선을 선택한 상태에서 [도형 윤곽선] → 흰색, 배경 1, 35% 더 어둡게로 색을 적용하고 ❹ [도형 윤곽선] → [대시] → [파선]을 선택합니다.

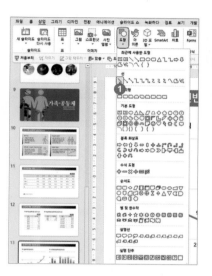
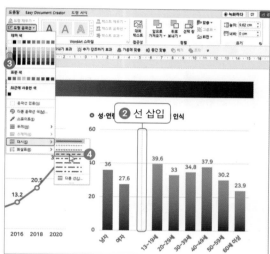

15. ❶ [삽입] 탭 → [텍스트] 그룹 → [텍스트 상자]를 선택합니다.

❷ 텍스트 상자에 성별이라고 입력합니다.

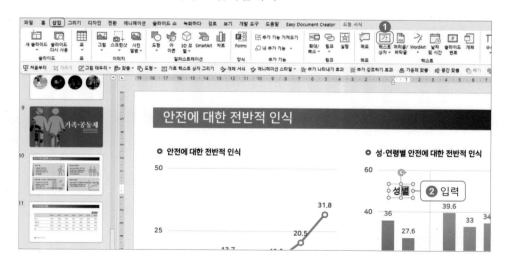

16. ❶ 성별이 입력된 텍스트 상자를 선택한 상태에서 [글꼴] 나눔스퀘어, [글꼴 크기] 14pt로 변경하고 ❷ [가운데 정렬]을 선택합니다.
❸ [글꼴 색]을 검정, 텍스트 1, 25% 더 밝게로 지정합니다.

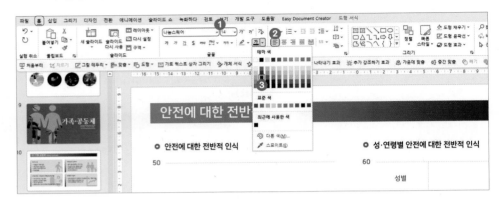

17. ❶ 성별 텍스트 상자를 연령별 영역에 드래그해 복사한 후 ❷ 연령별이라고 입력합니다.

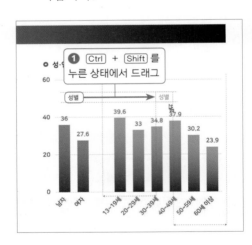
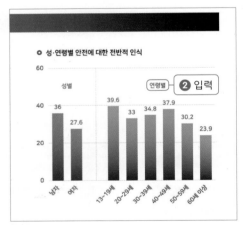

05

발표를 위한
슬라이드 노하우

최 주임의 이야기

드디어 발표 전날! 모든 준비는 끝났다!
슬라이드에 도형과 그림, 그래프… 시청각 자료
삽입까지! 이제 남은 것은 최종 점검이다! 첨부
파일 정리부터 인쇄까지! 최 주임의 눈에서는
자신감이 넘쳐난다.
"이제 나도 파워포인트 고수!"

05-1 슬라이드에 오디오 삽입하기

05-2 슬라이드에 비디오 삽입하기

05-3 슬라이드 마스터로 서식 통일하기

05-4 슬라이드 쇼와 애니메이션

05-5 슬라이드 인쇄하기

05-1
슬라이드에 오디오 삽입하기

• 실습 파일 05-1_실습.pptx   • 완성 파일 05-1_완성.pptx

발표 자료에 대화, 음성, 내레이션 등을 포함할 수 있고, 배경 음악을 삽입해 영상 파일로 저장하여 배포할 수 있습니다.

슬라이드에 오디오를 삽입하면 스피커 모양의 아이콘이 표시되고, 아이콘이 선택된 상태에서는 [오디오 형식] 탭, [재생] 탭이 표시됩니다. [오디오 형식] 탭에서는 '오디오' 아이콘의 크기, 정렬, 색상 등을 변경할 수 있으며, [재생] 탭에서는 볼륨을 조절할 수 있고, 오디오 일부 구간만 재생되도록 잘라내는 오디오 트리밍, 오디오가 점점 커지고 작아지도록 하는 페이드 지속 시간 등의 옵션을 지정할 수 있습니다.

삽입할 수 있는 오디오 파일 형식

파일 형식	확장자	파일 형식	확장자
AIFF 오디오 파일	.aiff	MPEG-4 오디오 파일 (PowerPoint 2013 이상에서만 사용 가능)	.m4a, .mp4
AU 오디오 파일	.au		
MIDI 파일	.mid 또는 .midi	Windows 오디오 파일	.wav
MP3 오디오 파일	.mp3	Windows Media 오디오 파일	.wma

하면 된다! 〉 배경 음악으로 오디오 삽입하기

슬라이드에 오디오를 삽입해 보겠습니다.

1. ❶ [삽입] 탭 → [미디어] 그룹 → [오디오] → [내 PC의 오디오]를 선택합니다.

   ❷ 배경 음악으로 사용할 How_it_Began.mp3 파일을 선택하고 ❸ [삽입]을 누릅니다.

함께 보면 좋은
동영상 강의

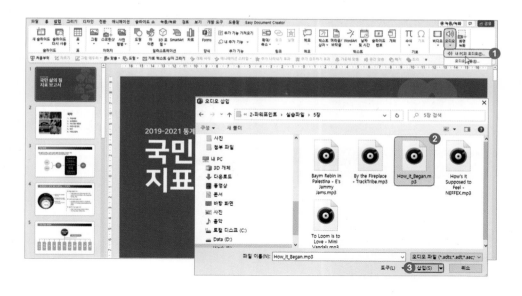

2. ❶ 먼저 슬라이드 편집이 불편하지 않도록 '오디오' 아이콘을 왼쪽 상단에 배치합니다.

❷ 슬라이드 쇼가 끝날 때까지 배경 음악이 재생되도록 하기 위해 '오디오' 아이콘이 선택된 상태에서 [재생] 탭 → [오디오 스타일] 그룹 → [백그라운드에서 재생]을 선택합니다.

[백그라운드에서 재생]을 선택하면 슬라이드 쇼 시작 시 오디오가 '자동 실행'되고, '모든 슬라이드에서 재생', '반복 재생', '쇼 동안 숨기기' 옵션에 체크됩니다.

3. 삽입한 오디오가 배경 음악으로 적당한지 볼륨 크기를 확인해 보겠습니다.

❶ [재생 ▶]을 눌러 소리의 크기를 확인합니다.

❷ [재생] 탭 → [오디오 옵션] 그룹 → [볼륨] → [낮음]을 선택합니다.

F5를 눌러 슬라이드 쇼를 진행해 마지막 슬라이드까지 오디오가 재생되는지 확인합니다.

내레이션 없이 발표 자료를 영상으로 저장할 때 발표 내용에 어울리는 배경 음악을 삽입하면 지루함을 없애고 몰입하게 하는 효과가 있습니다. 영상 파일로 저장하는 방법은 05-4의 '하면 된다! 홍보 영상 MP4로 저장하기'를 참고하세요.

오디오 파일의 재생 시작이 중요한 경우

슬라이드 배경 음악이 아닌 '오디오' 아이콘을 클릭할 때 오디오가 재생되도록 하려면 재생 시작에 신경 써야 합니다. 즉 발표 내용 중 사례, 예시와 같은 음성이나 음악을 삽입한다면 오디오 재생을 어떻게 시작할지 지정해야 합니다. 슬라이드 쇼 중에 '오디오' 아이콘을 클릭했을 때 재생되도록 할 것인지, 해당 슬라이드로 전환했을 때 자동으로 재생되도록 할 것인지 등을 선택할 수 있습니다.

18번 슬라이드를 선택한 후, 슬라이드 쇼 진행 중에 '오디오' 아이콘을 클릭했을 때 소리가 재생되도록 하기 위해 '오디오' 아이콘을 선택하고 [재생] 탭 → [오디오 옵션] 그룹 → [시작: 클릭할 때]로 설정합니다.

[마우스 클릭 시]를 선택하면 슬라이드 쇼 진행 시 슬라이드를 클릭하면 오디오가 재생됩니다.

두 번째 '오디오' 아이콘을 선택하고 (Shift)를 눌러 세 번째 아이콘을 선택한 후 [재생] 탭 → [오디오 옵션] 그룹 → [시작: 클릭할 때]로 설정합니다.

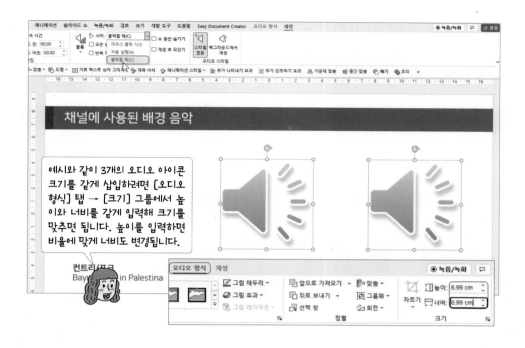

예시와 같이 3개의 오디오 아이콘
크기를 같게 삽입하려면 [오디오
형식] 탭 → [크기] 그룹에서 높
이와 너비를 같게 입력해 크기를
맞추면 됩니다. 높이를 입력하면
비율에 맞게 너비도 변경됩니다.

[Shift] + [F5]를 눌러 현재 슬라이드부터 슬라이드 쇼를 진행한 후 '오디오' 아이콘을 눌러 재생되는지 확인합니다. [일시 정지 ▮▮]를 누르고 두 번째 오디오 아이콘도 눌러봅니다.

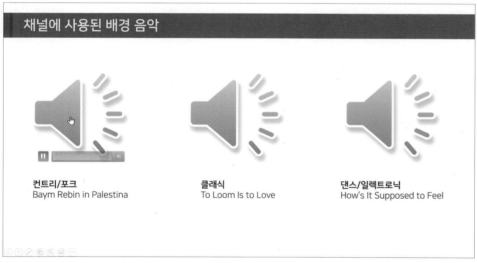

슬라이드 쇼 상태

하면 된다! } 오디오 트리밍하기

오디오 일부 구간만 재생되도록 위치를 정해 오디오를 잘라
낼 수 있습니다.

함께 보면 좋은
동영상 **강의**

1. '오디오' 아이콘이 선택된 상태에서 [재생] 탭 → [편집] 그
룹 → [오디오 트리밍]을 선택합니다.

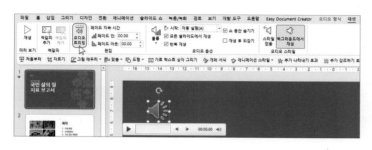

2. 먼저 [재생 ▶]을 눌러 오디오를 들어가며 잘라낼 시점을 찾습니다. 이때 [이전
프레임], [다음 프레임]을 눌러 미세하게 위치를 조정할 수 있습니다.

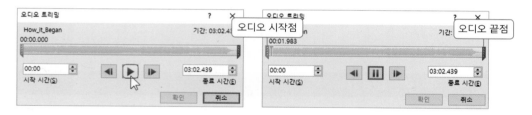

3. 잘라낼 위치의 시간을 확인한 후 오디오 끝점을 끌어놓거나 종료 시간을 입력합
니다.

같은 방법으로 오디오 시작 위치도
지정할 수 있습니다.

페이드 지속 시간 설정

트리밍된 오디오는 종료되는 부분이 어색할 수밖에 없습니다. 이 경우 자연스럽게 종료되도록 페이드 아웃을 설정하면 됩니다. 시작 부분이 트리밍된 경우도 마찬가지입니다.

[재생] 탭 → [편집] 그룹 → [페이드 아웃]을 선택해 1을 입력합니다. 재생 막대의 종료 가까운 위치를 클릭한 후 [재생]을 눌러 확인해 보면 서서히 오디오가 종료되는 것을 알 수 있습니다.

질문 있어요!   두 번째 슬라이드까지 오디오가 재생되도록 하려면?

'오디오' 아이콘을 선택한 후 [애니메이션] 탭 → [애니메이션] 그룹 → 추가 효과 옵션 표시(⬊)를 누릅니다. [오디오 재생] 대화상자에서 [재생 중지]의 '지금부터'에 2를 입력한 후 [확인]을 누릅니다.

F5를 눌러 슬라이드 쇼를 진행한 후 마우스를 클릭해 다음 슬라이드로 전환합니다. 두 번째 슬라이드까지 배경 음악이 재생되고 세 번째 슬라이드부터는 재생되지 않습니다.

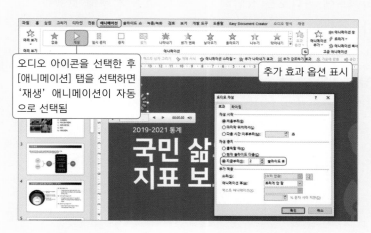

오디오 아이콘을 선택한 후 [애니메이션] 탭을 선택하면 '재생' 애니메이션이 자동으로 선택됨

추가 효과 옵션 표시

05-2
슬라이드에 비디오 삽입하기

• 실습 파일 05-2_실습.pptx　• 완성 파일 05-2_완성.pptx

발표 도입부에 영상을 삽입하면 발표 내용을 미리 짐작하고 집중할 수 있는 효과가 있고, 발표 마무리에 영상을 삽입하면 발표 전체 내용을 정리할 수 있는 효과가 있습니다. 영상은 발표 도입부에서든 마무리에서든 사용했을 때 좋은 결과를 얻을 수 있는 아이템 중 하나입니다.

최근에는 제목 슬라이드에 영상을 삽입해 발표를 기다리는 청중에게 호기심을 불러일으키는 목적으로도 사용되고 있습니다.

삽입할 수 있는 비디오 파일 형식

파일 형식	확장자
Windows 비디오 파일(일부 .avi 파일에는 추가 코덱이 필요할 수 있음)	.asf, .avi
MP4 비디오 파일(PowerPoint 2013 이상에서만 사용 가능)	.mp4, .m4v, .mov
동영상 파일	.mpg 또는 .mpeg
Windows Media 비디오 파일	.wmv

하면 된다! } 슬라이드에 비디오 삽입하기

슬라이드에 비디오를 삽입해 슬라이드 쇼를 실행해 보겠습니다.

함께 보면 좋은
동영상 **강의**

1. ❶ 마지막 18번 슬라이드를 선택한 후 [삽입] 탭 → [미디어] 그룹 → [비디오] → [이 디바이스]를 선택합니다.
   ❷ 비디오1.mp4 파일을 선택하고 ❸ [삽입]을 누릅니다.

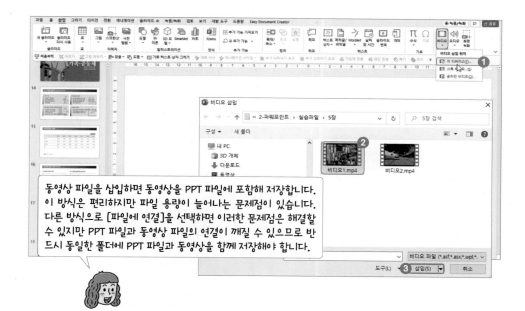

동영상 파일을 삽입하면 동영상을 PPT 파일에 포함해 저장합니다. 이 방식은 편리하지만 파일 용량이 늘어나는 문제점이 있습니다. 다른 방식으로 [파일에 연결]을 선택하면 이러한 문제점은 해결할 수 있지만 PPT 파일과 동영상 파일의 연결이 깨질 수 있으므로 반드시 동일한 폴더에 PPT 파일과 동영상을 함께 저장해야 합니다.

2. 모서리의 크기 조정 핸들에서 드래그해 크기를 변경합니다. 이렇게 하지 않고 한쪽 방향에서 변경하면 비율이 맞지 않게 됩니다. 그런 다음 [비디오 형식] 탭 → [비디오 스타일] 그룹 → [자세히 ⯆] → [강함: 입체 원근감(왼쪽)]을 선택합니다. 다양하게 제공되는 비디오 스타일 중에서 발표 자료 분위기에 맞게 스타일을 선택하면 됩니다.

3. ➊ 다시 비디오 스타일을 [단순 입체 사각형] 스타일로 변경한 후 ➋ [정렬] 그룹
→ [맞춤] → [가운데 맞춤]과 [중간 맞춤]을 선택해 슬라이드 한가운데로 정렬되
도록 설정합니다.

4. [재생] 탭 → [비디오 옵션] 그룹 → [시작: 마우스 클릭 시]를 선택한 후 Shift +
F5 를 누르면 현재 선택된 슬라이드가 슬라이드 쇼 됩니다. 영상에 마우스 커서를
두고 클릭하면 영상이 재생됩니다.

5. Esc 를 두 번 눌러 슬라이드 쇼에서 빠져나옵니다
➊ [시작: 자동 실행]으로 선택하고 ➋ [전체 화면 재생]에 체크 표시합니다.
➌ Shift + F5 를 눌러 슬라이드 쇼를 실행하면 슬라이드에 삽입한 영상 크기
와 관계없이 화면에 꽉 차게 영상이 재생됩니다.

비디오 트리밍

오디오와 마찬가지로 비디오도 특정 구간이 재생되도록 트리밍할 수 있습니다.

[재생] 탭 → [편집] 그룹 → [비디오 트리밍]을 선택한 후 [재생]을 눌러 [비디오 시작점]과 [비디오 끝점]을 드래그해 맞추고 [확인]을 누릅니다.

하면 된다! 〉 동영상을 사용해 다이내믹한 제목 배경 만들기

제목 배경에 동영상을 삽입하면 발표 시작 시 청중의 호기심을 불러일으키는 데 효과가 있고 분위기를 다이내믹하게 연출할 수 있습니다.

함께 보면 좋은
동영상 강의

1. ❶ 1번 슬라이드를 선택한 후 ❷ [삽입] 탭 → [미디어] 그룹 → [비디오] → [이 디바이스]를 선택합니다.
   ❸ 비디오2.mp4 파일을 선택하고 ❹ [삽입]을 누릅니다.

2. 동영상이 제목 텍스트를 가리고 있으므로 ❶ 동영상을 선택한 상태에서 마우스 오른쪽 버튼을 눌러 [맨 뒤로 보내기]를 선택합니다. 동영상을 배경으로 사용하기 위해 ❷ [재생] 탭 → [비디오 옵션] 그룹 → [시작: 자동 실행]으로 설정한 후 ❸ [반복 재생]에 체크합니다. 이때 [전체 화면 재생]에 체크하면 슬라이드 쇼 실행 시 텍스트 상자가 보이지 않으므로 주의합니다.

3. 복잡한 그림이나 동영상이 배경으로 사용되는 경우 제목 텍스트가 잘 안 보이는 문제가 있을 수 있습니다. 이 경우 반투명 배경을 사용하면 해결할 수 있습니다.

❶ [삽입] 탭 → [일러스트레이션] 그룹 → [도형] → [사각형: 둥근 모서리]를 선택한 후 제목 텍스트 상자 크기보다 조금 크게 삽입합니다.

❷ 도형이 선택된 상태에서 [도형 서식] 탭 → [도형 스타일] 그룹 → [도형 윤곽선] → [윤곽선 없음]을 선택합니다.

❸ [도형 채우기] → [다른 채우기 색]을 선택합니다.

❹ [색]을 검정으로 선택한 후 ❺ [투명도] 50을 입력하고 ❻ [확인]을 누릅니다.

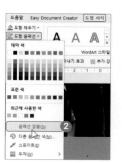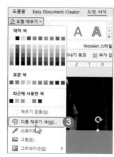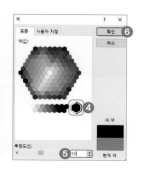

4. 반투명 상자가 제목 텍스트를 가려 텍스트 뒤로 정렬해 보겠습니다. 이때 [맨 뒤로 보내기]를 하면 동영상 뒤로 상자가 정렬되기 때문에 [선택 창]을 열어 개체를 정렬해야 합니다.

❶ [홈] 탭 → [편집] 그룹 → [선택] → [선택 창]을 선택해 [선택] 창을 실행합니다.

❷ [사각형: 둥근 모서리 1]을 선택하고 ❸ [뒤로 보내기]를 눌러 제목 1 아래로 배치합니다.

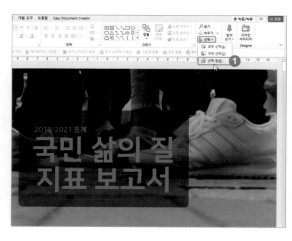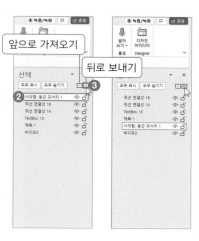

5. F5 를 눌러 슬라이드 쇼를 실행해 정상적으로 슬라이드 쇼가 진행되는지 확인합니다.

05-3
슬라이드 마스터로 서식 통일하기

• 실습 파일 05-3_실습.pptx • 완성 파일 05-3_완성.pptx

발표 자료는 서식을 통일하는 것이 좋습니다. 슬라이드마다 글꼴과 색상, 제목의 위치가 다르다면 산만해 보일 수밖에 없습니다. 발표 시간에 청중을 집중시켜 좋은 결과를 얻기 위해서는 많은 준비가 필요하지만 그중 발표 자료의 가독성도 아주 중요합니다.

모든 슬라이드에 통일된 서식을 적용할 때 **슬라이드 마스터**를 사용합니다. 슬라이드 마스터가 왜 필요한지, 먼저 슬라이드 마스터를 실행하고 기본 구성부터 살펴보겠습니다.

슬라이드 마스터의 구성

[보기] 탭 → [마스터 보기] 그룹 → [슬라이드 마스터]를 선택하거나 (Shift)를 누른 상태에서 오른쪽 하단에 있는 [기본] 보기를 더블클릭하면 슬라이드 마스터가 실행됩니다.

왼쪽 축소판 그림 창에서 스크롤 바를 맨 위로 올리면 **슬라이드 마스터**가 있고, 그 아래로 여러 개의 **레이아웃 마스터**가 있습니다. 슬라이드 마스터를 변경하면 모든 슬라이드에 변경 내용이 반영됩니다. 그럼 간단한 예시를 통해 슬라이드 마스터를 이해해 보겠습니다.

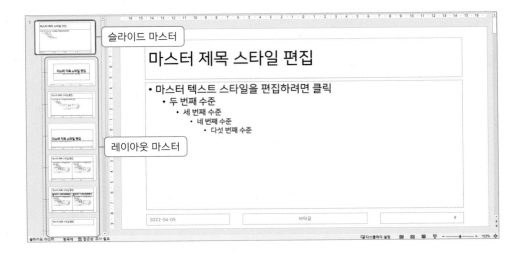

하면 된다! > 모든 슬라이드에 로고 삽입하기

모든 슬라이드 오른쪽 아래에 로고를 삽입해 보겠습니다. 슬라이드 마스터를 사용하면 슬라이드마다 로고를 삽입할 필요가 없습니다.

함께 보면 좋은
동영상 강의

1. 먼저 Shift 를 누른 상태에서 [기본] 보기를 더블클릭해 슬라이드 마스터를 실행합니다.

❶ 왼쪽 축소판 그림 창에서 슬라이드 마스터를 선택한 후
[삽입] 탭 → [이미지] 그룹 → [그림] → [이 디바이스]를 선택합니다.
❷ 로고_그레이.png 파일을 선택한 후 ❸ [삽입]을 누릅니다.
❹ 오른쪽 아래에 로고를 배치하고 크기를 조금 작게 줄입니다.

2. [슬라이드 마스터] 탭 → [닫기] 그룹 → [마스터 보기 닫기]를 선택합니다.

3. 모든 슬라이드의 오른쪽 아래에 로고가 삽입되었습니다. 이렇게 슬라이드 마스터를 사용하면 로고를 한 번만 삽입해도 모든 슬라이드에 로고를 삽입할 수 있어 작업이 아주 효율적입니다.

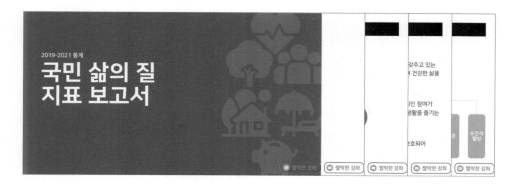

> **질문 있어요!** 제목과 간지 슬라이드에 로고를 나타내고 싶지 않다면?
>
> 제목 슬라이드 레이아웃과 빈 화면 레이아웃을 선택하고 [슬라이드 마스터] 탭 → [배경] 그룹 → [배경 그래픽 숨기기]에 체크 표시한 후 [마스터 보기 닫기]를 누릅니다.
>
>
>
> '제목 슬라이드 레이아웃'을 선택한 후 Ctrl 을 누른 상태에서 '빈 화면 레이아웃' 선택

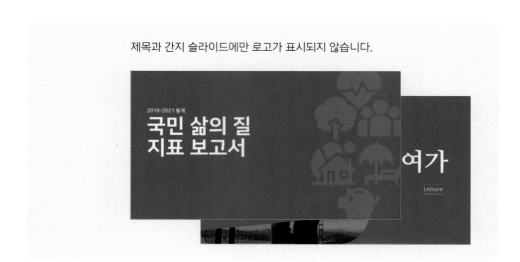

제목과 간지 슬라이드에만 로고가 표시되지 않습니다.

슬라이드 마스터를 사용하는 이유

슬라이드 마스터의 필요성을 이해했다면 조금 더 세부적으로 들어가 보겠습니다. 일반적으로 발표 자료는 표지 → 목차 → 간지 → 내용 → 마무리 슬라이드로 구성됩니다. 표지, 목차, 마무리 슬라이드는 한 장만 작성하면 되지만, 내용과 간지 슬라이드는 여러 장을 작성해야 합니다.

앞서 텍스트와 그림, 도형, 표, 그래프 등을 사용해 여러 장의 내용 슬라이드를 작성했습니다. 내용 슬라이드는 모두 제목 상자의 색상과 글꼴, 글꼴 크기, 글꼴 색이 같습니다. 간지 슬라이드도 마찬가지입니다. 배경색과 글꼴, 글꼴 크기 등이 같죠? 따라서 슬라이드를 작성할 때마다 앞에서 만든 슬라이드를 복사해 내용을 수정하는 것보다 슬라이드 마스터를 사용하는 것이 훨씬 효율적입니다. 제목 글꼴이나 색을 변경할 때 일일이 슬라이드에서 수정하는 것이 아니라 슬라이드 마스터에서 한 번 수정하면 됩니다.

슬라이드 마스터를 사용해야 하는 또 다른 이유는, 발표 자료는 그림과 도형, 미디어 등이 삽입되므로 슬라이드 수가 많으면 많을수록 파일 용량이 커질 수밖에 없기 때문입니다. 발표 장소에 있는 컴퓨터의 성능이 낮다면 프레젠테이션 중 슬라이드 전환 시 버벅거리는 문제가 발생할 수 있습니다.

의 주석:
- 제목 슬라이드
- 목차 슬라이드
- 내용과 간지 슬라이드
- [보기] 탭 → [프레젠테이션 보기] 그룹 → [여러 슬라이드] 또는 오른쪽 아래의 [여러 슬라이드]를 선택하면 모든 슬라이드 내용을 한눈에 볼 수 있습니다.
- 여러 슬라이드

현재 작성 중인 발표 자료에서 내용 슬라이드와 간지 슬라이드의 서식을 슬라이드 마스터로 설정해 놓고 사용하면 편리합니다.

슬라이드 마스터 아래를 보면 레이아웃 마스터 종류가 많이 있습니다. 이 레이아웃 은 [홈] 탭 → [슬라이드] 그룹 → [새 슬라이드]를 선택하면 나타나는 슬라이드와 같습니다. 슬라이드 마스터 화면에서 레이아웃 마스터를 삭제하거나 수정하면 해 당 [새 슬라이드]에도 반영됩니다.

간지 슬라이드로는 '빈 화면 레이아웃', 내용 슬라이드로는 '제목 및 내용 레이아웃' 과 '제목만 레이아웃'이 사용되었습니다.

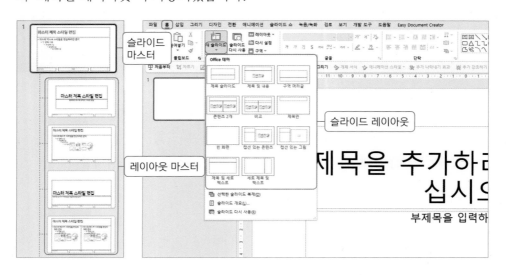

의 주석:
- 슬라이드 마스터
- 레이아웃 마스터
- 슬라이드 레이아웃

하면 된다! ⟩ 레이아웃 마스터 설정하기

1. Ctrl + N 을 눌러 새 프레젠테이션을 실행한 후 Shift 를 누른 상태에서 오른쪽 하단에 있는 [기본] 보기를 더블클릭해 슬라이드 마스터를 실행합니다.

함께 보면 좋은
동영상 **강의**

❶ 왼쪽 축소판 그림 창에서 '제목 및 내용 레이아웃', '제목만 레이아웃', '빈 화면 레이아웃' 마스터만 남기고 나머지 레이아웃 마스터는 선택해 Delete 를 눌러 삭제합니다.

❷ [마스터 보기 닫기]를 누르고 [새 슬라이드▾]를 선택해 보면 제거한 슬라이드 레이아웃이 보이지 않습니다. 이렇게 슬라이드 마스터와 [새 슬라이드]는 연결되어 있음을 알 수 있습니다.

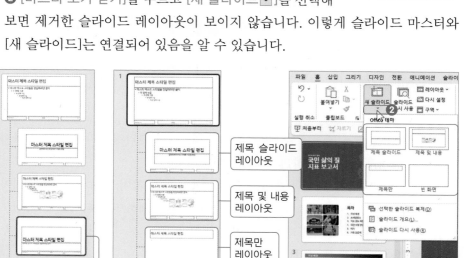

2. ❶ 다시 슬라이드 마스터를 실행하고 빈 화면 레이아웃을 선택합니다.

❷ 슬라이드 빈 곳에서 마우스 오른쪽 버튼을 눌러 [배경 서식]을 선택합니다.

❸ [배경 서식] 창에서 [색]을 녹색, 강조 6, 25% 더 어둡게로 선택합니다.

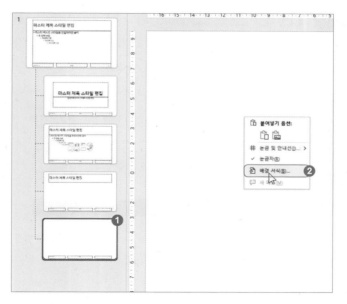
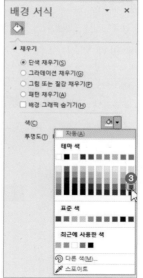

3. ❶ 제목 및 내용 레이아웃을 선택합니다.

❷ 제목 배경 상자를 작성합니다. 제목 상자 작성은 '02-2 그라데이션으로 제목 상자 꾸미기'를 참고하세요.

❸ 작성된 제목 배경 상자를 선택한 상태에서 마우스 오른쪽 버튼을 눌러 [맨 뒤로 보내기]를 선택합니다. 제목 텍스트 상자가 제목 배경 상자 위로 배치됩니다.

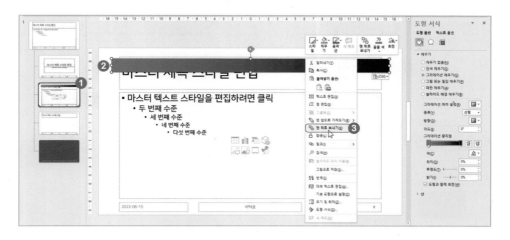

4. 제목 텍스트 상자를 선택해 ❶ [글꼴] 나눔스퀘어 Bold, ❷ [글꼴 크기] 28pt, ❸ [글꼴 색] 흰색, 배경 1로 지정한 후 ❹ 제목 텍스트 상자의 크기를 제목 배경 상자에 맞게 변경합니다.

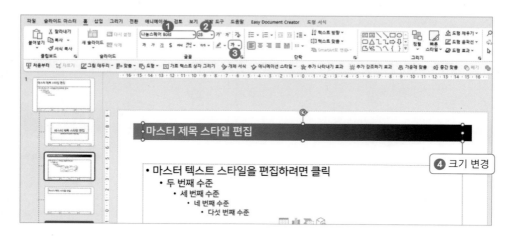

5. 내용 텍스트 상자를 선택한 후 ❶ [글꼴]을 나눔스퀘어로 지정하고 ❷ [글꼴 크기 작게]를 한 번 눌러 크기를 줄인 후 ❸ [글꼴 색]은 검정 텍스트1, 35% 더 밝게로 변경합니다. ❹ 내용 텍스트 상자를 약간 위로 배치합니다.

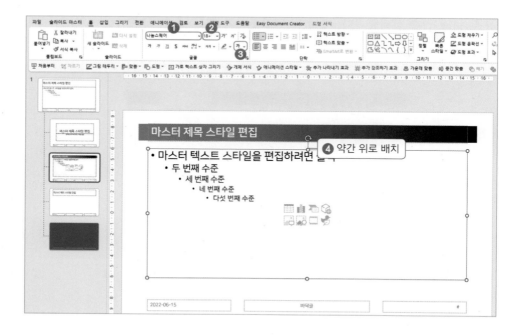

6. ❶ 내용 텍스트 첫 번째 수준에서 마우스 오른쪽 버튼을 눌러 [번호 매기기 ▶]
→ [글머리 기호 및 번호 매기기]를 선택합니다.

❷ [글머리 기호 및 번호 매기기] 대화상자에서 [사용자 지정]을 누릅니다.

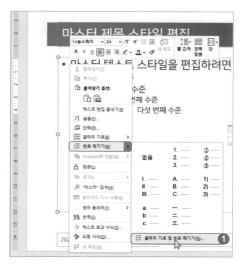
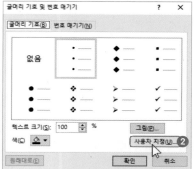

7. ❶ [기호] 대화상자의 [최근에 사용한 기호] 중에서 ●를 선택하고 ❷ [확인]을
누릅니다.

❸ [색]은 녹색, 강조 6, 25% 더 어둡게를 선택하고 ❹ [확인]을 누릅니다.

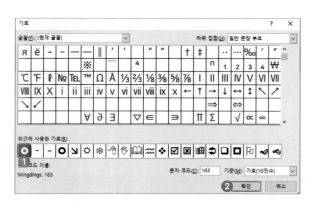

8. 눈금자에서 ⌂ 표식을 1 위치로 끌어놓습니다.

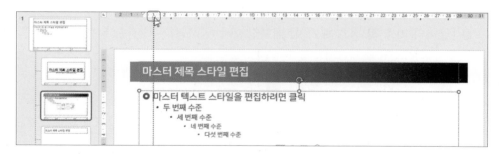

9. 이번에는 두 번째 수준에 커서를 두고 6번 과정과 같이 [번호 매기기 ▣] → [글머리 기호 및 번호 매기기]를 선택한 후 [사용자 지정]을 누릅니다.

❶ [기호] 대화상자에서 - 기호를 선택한 후 ❷ [확인]을 누릅니다.

❸ 글머리 기호의 [색]을 검정 텍스트1, 35% 더 밝게로 변경한 후 ❹ [확인]을 누릅니다. 내용 텍스트의 글꼴 색도 같게 수정합니다.

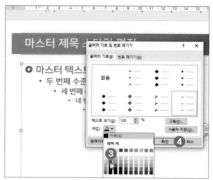

10. 제목 배경 상자를 선택하고 Shift 를 눌러 제목 텍스트 상자를 선택한 후 Ctrl + C 를 눌러 복사합니다.

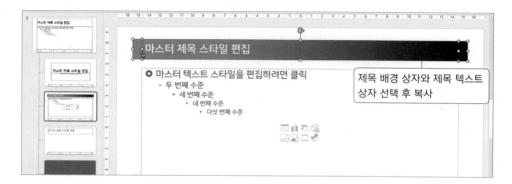

제목 배경 상자와 제목 텍스트 상자 선택 후 복사

11. ❶ 제목만 레이아웃을 선택합니다.

❷ 제목 텍스트 상자를 선택해 Delete를 눌러 제거한 후 Ctrl+ V를 눌러 붙여넣기 합니다.

12. 슬라이드 마스터가 모두 설정되었습니다. [슬라이드 마스터] 탭 → [닫기] 그룹 → [마스터 보기 닫기]를 누릅니다.

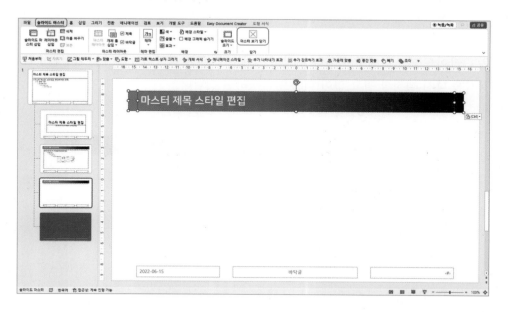

하면 된다! ﹜ 마스터가 적용된 슬라이드 추가하기

1. ❶ [홈] 탭 → [슬라이드] 그룹 → [새 슬라이드 ▾]를 선택
하면 마스터에서 설정한 서식이 적용된 슬라이드 레이아
웃이 표시됩니다.

❷ 제목 및 내용 슬라이드를 선택해 추가합니다.

함께 보면 좋은
동영상 강의

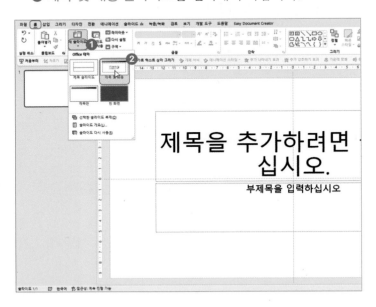

2. 슬라이드 마스터에서 설정한 서식이 그대로 적용된 슬라이드가 추가되었습니다.
서식을 다시 설정할 필요 없이 내용을 작성하면 됩니다.

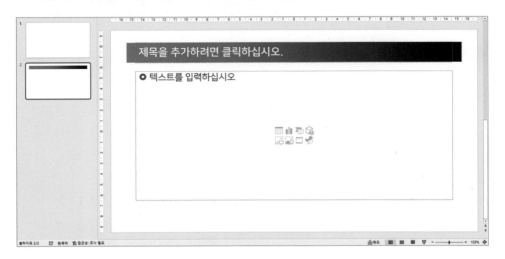

3. 빈 화면 슬라이드도 추가해 봅니다. 이제 미리 서식이 설정된 내용 슬라이드와 간지 슬라이드를 필요한 만큼 추가해 내용만 작성하면 됩니다.

05-4
슬라이드 쇼와 애니메이션

• 실습 파일 05-4_실습.pptx   • 완성 파일 05-4_완성.pptx

슬라이드가 모두 작성되면 발표 흐름에 맞게 슬라이드 순서
가 맞는지 슬라이드 쇼를 진행해 실전 연습을 해봐야 합니다.

첫 번째 슬라이드부터 슬라이드 쇼를 진행하려면 [슬라이드
쇼] 탭 → [슬라이드 쇼 시작] 그룹 → [처음부터]를 선택하거
나 F5 를 누르면 되고, 현재 작성 중인 슬라이드가 슬라이드
쇼 진행에서 어떻게 보일지 확인하려면 [현재 슬라이드부터]
를 선택하거나 Shift + F5 를 누르면 됩니다.

함께 보면 좋은
동영상 강의

F5 를 누르면 화면에 꽉 차게 첫 번째 슬라이드부터 표시되고, 마우스 왼쪽 버튼을
누르면 다음 슬라이드로 전환됩니다.

포인터 옵션

슬라이드 쇼를 진행할 때 발표자는 보통 컴퓨터 앞이 아닌 청중 앞에 서서 프레젠터를 사용해 화면을 전환해 가며 발표를 합니다. 또한 직접 마우스를 잡고 화면을 전환하며 펜 또는 형광펜 등 포인터 옵션을 사용해 발표 내용의 특정 부분을 체크하거나 화살표를 그려 강조해 가며 발표를 진행하기도 합니다.

슬라이드 쇼 상태에서 마우스 오른쪽 버튼을 눌러 [포인터 옵션] → [펜]을 선택하거나 Ctrl + P 를 누릅니다. 기본 잉크색은 빨강이며, [잉크 색]을 선택해 색상을 변경할 수 있습니다.

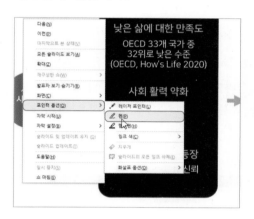
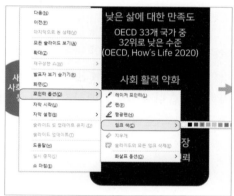

슬라이드에 직접 동그라미나 화살표, 선을 그어가며 발표를 진행합니다. 펜 사용 중에 다음 슬라이드로 전환하려면 스페이스 바 또는 오른쪽 방향 키를 누르면 되고, E 를 누르면 화면에서 포인터 표시를 모두 지울 수 있습니다.

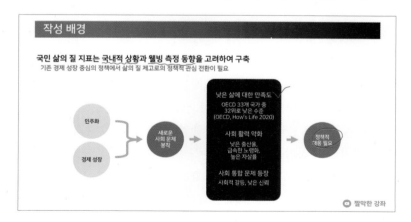

슬라이드 쇼 중에 알아두면 편리한 잉크/레이저 포인터 단축키

단축키	내용	단축키	내용
Ctrl + P	포인터를 펜으로 변경	Esc	펜, 형광펜 사용 취소/슬라이드 쇼 마침
Ctrl + I	포인터를 형광펜으로 변경	Ctrl + L	포인터를 레이저 포인터로 변경
Ctrl + A	포인터를 화살표로 변경	B	화면을 검정으로 설정(프레젠테이션 중 쉬는 시간에 화면을 검정으로 설정)
Ctrl + E	포인터를 지우개로 변경	W	화면을 흰색으로 설정
Ctrl + M	잉크 표시/숨기기	+ / −	화면을 확대/축소, 마우스를 드래그해 이동
E	펜, 형광펜 표시 지우기	Ctrl + S	모든 슬라이드 대화상자 실행

슬라이드 쇼 중에 청중의 반응을 펜으로 표시해 두면 프레젠테이션을 종료할 때 슬라이드에 잉크 주석을 남길 수 있습니다. 슬라이드 쇼가 종료될 때 '잉크 주석을 유지하시겠습니까?'라는 메시지 창이 뜨면 [예]를 누릅니다. 잉크 주석은 선택한 후 Delete 를 누르면 제거할 수 있습니다.

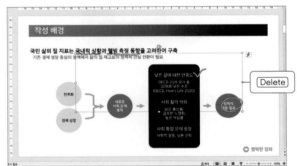

화면 전환

슬라이드를 전환할 때 움직임 효과를 적용하면 프레젠테이션에 생동감을 줄 수 있습니다. 기본값으로 마우스를 클릭하면 슬라이드를 전환할 수 있으며, 시간을 설정해 일정 시간이 지난 후 자동으로 슬라이드를 전환할 수 있습니다. 그리고 효과음을 추가해 침체된 프레젠테이션 분위기를 환기시킬 수도 있습니다.
[전환] 탭 → [슬라이드 화면 전환] 그룹에서 전환 효과를 선택합니다. 발표 내용에 맞게 슬라이드마다 개별적으로 어울리는 전환 효과를 적용할 수 있는데, 모든 슬라이드에 같은 전환 효과를 일괄적으로 적용하려면 [모두 적용]을 누릅니다. [자세히]를 누르면 더 다양한 전환 효과를 사용할 수 있습니다.

하면 된다! ⎬ 전환 효과 적용하기

이번에는 슬라이드에 전환 효과를 적용해 보겠습니다.

함께 보면 좋은
동영상 **강의**

1. ❶ [전환] 탭 → [슬라이드 화면 전환] 그룹 → [닦아내기]
를 선택합니다.

❷ [효과 옵션] → [왼쪽 위에서]를 선택합니다.

기본 효과 옵션은 '오른쪽에서'로
설정되어 있습니다.

2. ❶ [전환] 탭 → [타이밍] 그룹 → [소리 ▾] → [요술봉]을 선택합니다.

❷ [모두 적용]을 눌러 모든 슬라이드에 적용합니다.

'소리'에서 금전 등록기, 동전과
같은 너무 요란한 소리는 피하
는 것이 좋습니다.

화면 전환 시간 설정

화면 전환 시간을 설정하면 발표자 없는 프레젠테이션 자료를 작성할 수 있습니다. 발표자 없는 프레젠테이션은 어떤 경우일까요? 전시회나 공공기관 등에서 전시 내용이나 안건 등을 모니터를 통해 방문자에게 전달할거나, 동영상 파일(MP4)로 저장해 SNS를 통해 홍보 자료로 게시할 때 많이 사용됩니다.

하면 된다! } 홍보 영상 MP4로 저장하기

홍보 영상은 자동으로 슬라이드가 전환되도록 시간을 설정하고 내레이션을 삽입하거나 배경 음악을 넣는 것이 좋습니다. 여기에서는 MP4 형식의 동영상 파일로 저장하는 방법을 배워보겠습니다.

함께 보면 좋은
동영상 강의

1. 1번 슬라이드를 선택한 후 ❶ [삽입] 탭 → [미디어] 그룹 → [오디오] → [내 PC의 오디오]를 선택합니다.
   ❷ 원하는 배경 음악 파일을 선택한 후 ❸ [삽입]을 누릅니다.

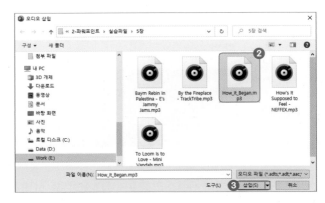

2. 슬라이드에 삽입된 '오디오' 아이콘을 선택한 상태에서 [재생] 탭 → [오디오 스타일] 그룹 → [백그라운드에서 재생]을 선택합니다. 그럼 [오디오 옵션] 그룹에 '시작: 자동 실행', '모든 슬라이드에서 재생', '반복 재생', '쇼 동안 숨기기' 옵션이 선택됩니다.

3. [전환] 탭 → [타이밍] 그룹 → [화면 전환]에서 [다음 시간 후]에 60을 입력한 후 Enter 를 누르면 01:00.00이 입력됩니다. F5 를 눌러 슬라이드 쇼를 실행하면 마우스를 클릭하지 않아도 1분마다 화면이 자동 전환됩니다.

> 60초를 입력하면
> 1분으로 표시됨

4. [파일] → [다른 이름으로 저장] → [찾아보기]를 선택해 저장 위치를 선택합니다.
❶ [파일 형식]을 MPEG-4 비디오 (*.mp4)로 선택하고 [파일 이름]을 홍보영상이라고 입력한 후 ❷ [저장]을 누릅니다.

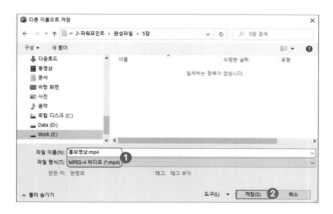

애니메이션

애니메이션은 텍스트, 이미지, 도형 등이 순차적으로 나타나거나 사라지게 할 수 있고, 회전하거나 확대되도록 설정해 특정 발표 내용을 강조할 수 있습니다. 애니메이션을 사용하는 목적은 청중에게 전달하고자 하는 내용을 효과적으로 보여주기 위해서입니다. 단, 슬라이드마다 애니메이션을 설정하면 발표가 산만해지거나 발표 시간이 길어질 수 있으니 주의해야 합니다.

[애니메이션] 탭 → [애니메이션] 그룹 → [자세히]를 눌러 [나타내기], [강조], [끝내기], [이동 경로] 등 네 가지 애니메이션을 설정할 수 있고, [추가 효과]를 선택하면 더 다양한 애니메이션을 설정할 수 있습니다. 애니메이션을 취소하려면 [없음]을 선택하면 됩니다.

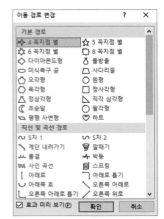

애니메이션을 설정할 개체를 선택한 후 [애니메이션] 탭 → [애니메이션] 그룹 →
[닦아내기]를 선택하면 바로 애니메이션을 확인할 수 있습니다. 애니메이션에 따라
다양한 효과를 선택할 수 있는데, 현재 개체는 내용의 흐름상 아래에서 위로 닦아내
기는 어울리지 않습니다. [효과 옵션] → [왼쪽에서]를 선택하면 왼쪽에서 오른쪽으
로 닦아내기가 됩니다.

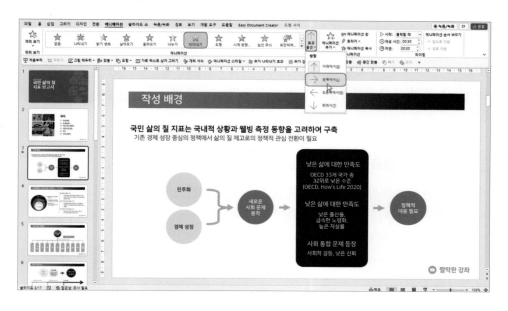

Shift + F5 를 누르면 현재 편집 중인 슬라이드부터 슬라이드 쇼가 진행됩니다.
애니메이션이 설정된 개체는 슬라이드가 전환되었을 때 화면에 보이지 않습니다.
마우스를 클릭하면 개체가 왼쪽에서 오른쪽으로 닦아내듯 나타나는데, 클릭했을
때 애니메이션을 시작하는 것이 기본값으로 설정되어 있습니다.

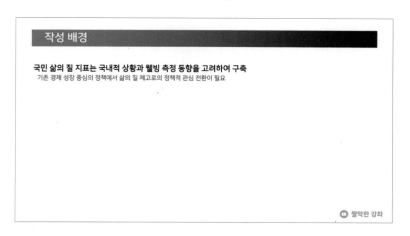

'클릭할 때' 외에도 '이전 효과와 함께', '이전 효과 다음에'를 설정할 수 있습니다.

❶ 클릭할 때: 슬라이드를 클릭할 때 애니메이션이 시작됩니다.

❷ 이전 효과와 함께: 슬라이드가 전환되거나 또는 이전 애니메이션과 동시에 애니메이션이 재생됩니다.

❸ 이전 효과 다음에: 이전 애니메이션 효과가 발생한 후 애니메이션이 시작됩니다.

애니메이션 재생 시간을 초 단위로 조절할 수 있고 지연 시간을 지정할 수 있습니다. 예를 들어 1초 동안 애니메이션을 재생하고 싶다면 1을 입력한 후 Enter 를 누르면 됩니다.

하면 된다! 〉 발표 흐름에 맞게 애니메이션 설정하기

마우스를 클릭했을 때 왼쪽 원 도형 두 개와 화살표가 왼쪽에서 오른쪽으로 보이고, 다시 클릭하면 오른쪽 원이 확대되도록 한 후, 그다음 아래 단계별 조사 기간과 내용을 설명하는 개체가 왼쪽에서 오른쪽으로 보이도록 닦아내기 애니메이션을 설정해 보겠습니다.

함께 보면 좋은
동영상 강의

1. ❶ 왼쪽 원 도형 두 개를 선택한 후 Ctrl + G 를 눌러 그룹화합니다.

❷ 아래 단계별 조사에 관련된 도형도 모두 선택한 후 그룹화합니다. 이렇게 동시에 같은 애니메이션을 설정할 때 개체를 그룹화하는 것이 좋습니다.

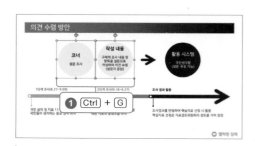

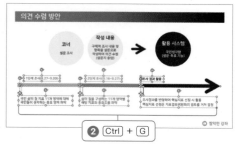

2. ❶ 그룹 개체와 화살표를 선택한 후 ❷ [애니메이션] 탭 → [애니메이션] 그룹 → [닦아내기]를 선택합니다.

❸ [효과 옵션] → [왼쪽에서]를 선택합니다. 이와 같이 그룹 개체와 화살표에 같은 애니메이션을 적용할 때 한 번에 선택한 후 적용하면 좋습니다.

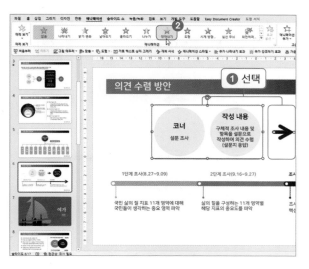 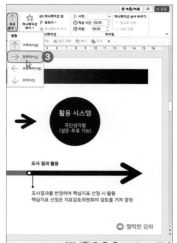

3. 그룹 개체가 먼저 닦아내기 되고 그다음 화살표가 닦아내기 되어야 하므로 애니메이션 시작을 [클릭할 때]로 적용합니다. 그럼 마우스를 클릭했을 때 그룹 개체가 먼저 닦아내기 되고, 다시 클릭하면 화살표가 닦아내기 됩니다.

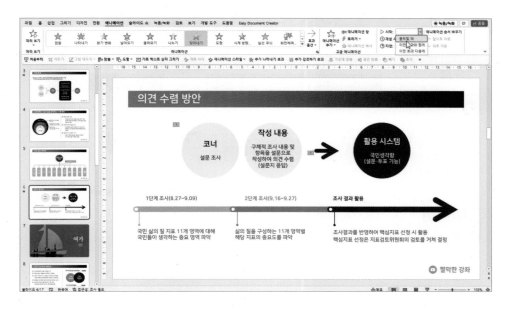

4. ❶ 오른쪽 원을 선택한 후 ❷ [애니메이션] 탭 → [애니메이션] 그룹 → [확대/축소]를 선택합니다.

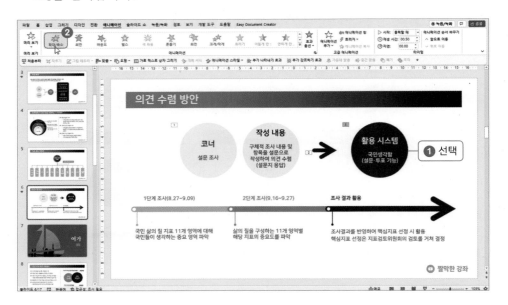

5. ❶ 이번에는 아래쪽 단계별 조사에 관련된 도형을 선택한 후 ❷ [애니메이션] 탭 → [애니메이션] 그룹 → [닦아내기]를 선택합니다.
❸ [효과 옵션] → [왼쪽에서]를 선택합니다.

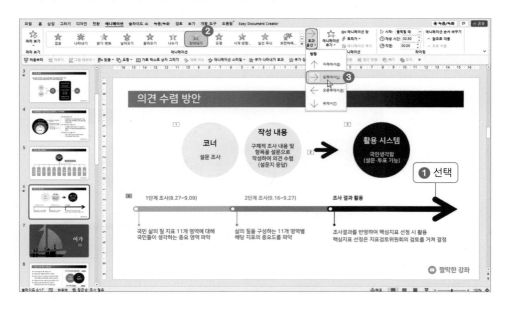

6. [타이밍] 그룹 → [재생 시간]에 1을 입력한 후 Enter 를 누릅니다. 각 개체에 애니메이션 진행 순서가 번호로 표시됩니다. Shift + F5 를 눌러 슬라이드 쇼를 실행하고 마우스를 클릭해 애니메이션이 제대로 동작하는지 확인합니다.

질문 있어요! 애니메이션 순서를 바꾸려면?

애니메이션 맨 마지막 순서인 단계별 조사에 관련된 도형을 먼저 애니메이션 되도록 순서를 변경해 보겠습니다.

[애니메이션] 탭 → [고급 애니메이션] 그룹 → [애니메이션 창]을 선택합니다. 오른쪽에 [애니메이션] 창이 실행되면 4★ 그룹 3 ⬛ 을 선택한 후 첫 번째 순서가 되도록 ▲ 를 누르거나 맨 위로 드래그합니다.

[모두 재생]을 누르면 미리 볼 수 있습니다.

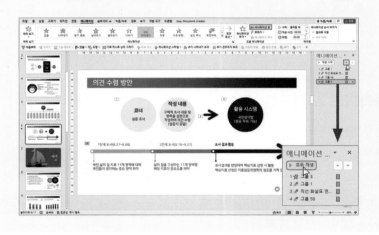

애니메이션 추가

하나의 개체에 여러 애니메이션을 추가할 수 있습니다. 오른쪽 원 도형을 선택한 후 [고급 애니메이션] 그룹 → [애니메이션 추가] → [나타내기: 회전]을 선택합니다. 이미 확대/축소 애니메이션이 설정된 원 도형에 회전 효과까지 추가되었습니다. 미리 보기를 해보면 원 도형은 확대된 후 회전합니다.

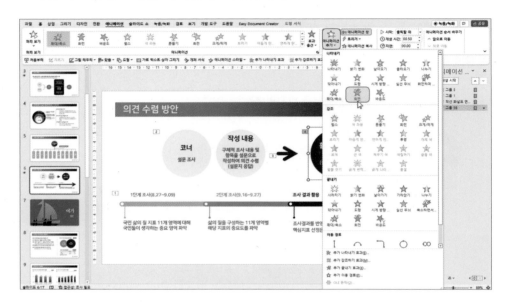

슬라이드 쇼 재구성

일부 슬라이드만 프레젠테이션 할 경우 별도 파일로 저장할 필요 없이 슬라이드를 재구성할 수 있습니다.

[슬라이드 쇼] 탭 → [슬라이드 쇼 시작] 그룹 → [슬라이드 쇼 재구성] → [쇼 재구성]을 선택합니다.

[쇼 재구성] 대화상자가 실행되면 [새로 만들기]를 누릅니다. [쇼 재구성 하기] 대화상자에서 [슬라이드 쇼 이름]에 발표준비라고 입력한 후 1~4 슬라이드와 6 슬라이드에 체크 표시하고 [추가]를 누릅니다.

 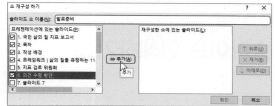

오른쪽 영역에 선택한 슬라이드가 추가되면 [확인]을 누릅니다. [쇼 재구성] 대화상
자에 발표준비 슬라이드 쇼가 생성됩니다. [쇼 보기]를 누르면 재구성된 5개 슬라이
드만 슬라이드 쇼가 실행됩니다.

파워포인트 기본

도형 활용

그림과 아이콘

표와 그래프

슬라이드 노하우

05-5
슬라이드 인쇄하기

• 실습 파일 05-5_실습.pptx　　• 완성 파일 05-5_완성.pptx

유인물 인쇄하기

유인물은 미리 배포하거나 발표가 모두 끝난 다음 배포할 수 있습니다. 발표 유형에 따라 결정하면 됩니다. 유인물을 미리 배포하면 발표 내용의 전반적인 흐름을 이해하는 데 도움을 줄 수 있지만, 발표 내용을 듣지 않고 유인물만 보게 되어 발표 내용에 집중하지 못하는 문제가 생길 수도 있습니다. 발표가 모두 끝난 다음 유인물을 배포하면 발표 내용을 다시 상기시킬 수 있는 효과가 있습니다.

함께 보면 좋은
동영상 강의

[파일] 탭 → [인쇄] 또는 Ctrl + P를 누른 후 유인물 모양을 선택하는 옵션 중 유인물 범주에 있는 2슬라이드를 선택합니다. 오른쪽 미리 보기 화면에서 한 장의 용지에 두 개의 슬라이드가 표시되면 [인쇄]를 누릅니다.

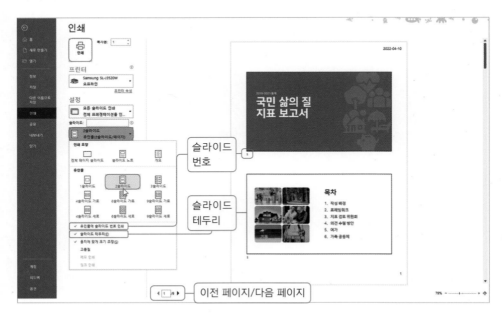

30부를 인쇄하려면 복사본에 인쇄할 유인물 부수 30을 입력하고 [인쇄]를 누릅니다. 이때 한 부씩 인쇄할지 안 할지를 결정할 수 있는데, 예를 들어 15장의 슬라이드를 30부 인쇄할 경우 [한 부씩 인쇄]는 1~15 슬라이드를 모두 인쇄한 후 다음 부수를 인쇄하는 방식이고, [한 부씩 인쇄 안 함]은 슬라이드 1을 30부 인쇄한 후 슬라이드 2를 30부 인쇄하는 방식입니다.

현재 선택한 슬라이드 한 장을 인쇄하려면 [현재 슬라이드 인쇄]를 선택하면 됩니다. [슬라이드:]에 인쇄할 슬라이드 번호를 입력하면 원하는 슬라이드만 인쇄할 수 있습니다. 그리고 인쇄할 슬라이드 번호를 ,(쉼표)로 구분해 입력하고, 연속 범위는 -(하이픈)으로 입력합니다.

4개 슬라이드를 유인물로 인쇄할 경우 용지 방향을 기본값인 세로 방향으로 인쇄하는 것보다 가로 방향으로 변경해 인쇄하면 용지에 꽉 차게 보기 좋게 인쇄할 수 있습니다.

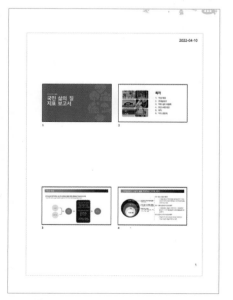

세로 방향으로 인쇄할 경우

가로 방향으로 인쇄할 경우

슬라이드 노트 인쇄하기

슬라이드 노트는 '발표자의 노트'라고도 하며, 발표자가 발표 시 참고할 내용을 각 슬라이드마다 정리한 후 인쇄해 참고할 수 있습니다.

노트를 작성할 슬라이드를 선택해 슬라이드 노트 창을 확장한 후 내용을 입력하면 됩니다.

함께 보면 좋은
동영상 **강의**

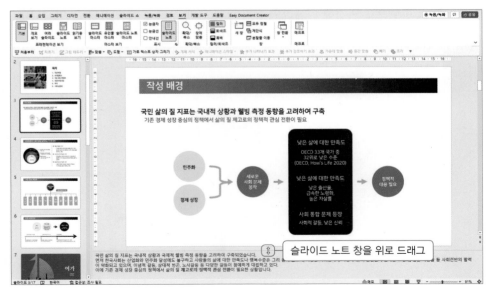

[보기] 탭 → [프레젠테이션 보기] 그룹 → [슬라이드 노트]를 선택해 노트 내용을 입력할 수도 있습니다. 슬라이드 노트 보기 상태에서는 글꼴 모양, 크기, 색상을 변경할 수 있습니다.

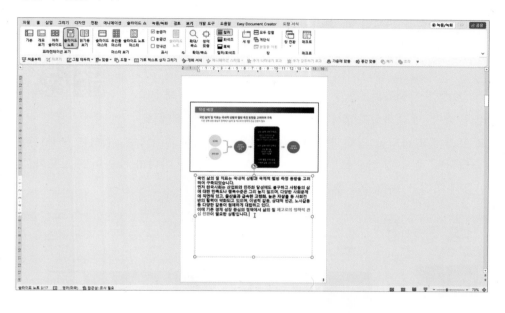

Ctrl + P 를 눌러 [슬라이드 노트]를 선택한 후 [인쇄]를 누릅니다.

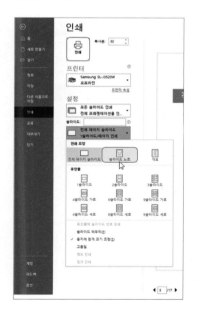
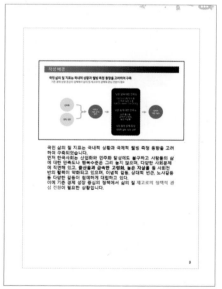

제본할 목적으로 인쇄하기

제본을 목적으로 인쇄할 때 [전체 페이지 슬라이드]를 선택해 용지 한 장에 꽉 차게 슬라이드 하나를 인쇄하는 것이 좋습니다. 슬라이드를 인쇄할 때 페이지 번호와 페이지마다 반복해 표시할 문구, 날짜 등을 삽입해 인쇄할 수 있습니다.

함께 보면 좋은 동영상 **강의**

[삽입] 탭 → [텍스트] 그룹 → [머리글/바닥글]을 선택해 [머리글/바닥글] 대화상자에서 [슬라이드 번호]와 [바닥글]에 체크 표시하고 바닥글 입력 창에 바닥글 내용을 입력한 후 [모두 적용]을 누릅니다. [슬라이드 노트 및 유인물] 탭을 누르면 슬라이드뿐만 아니라 슬라이드 노트와 유인물에 머리글/바닥글을 추가할 수 있습니다.

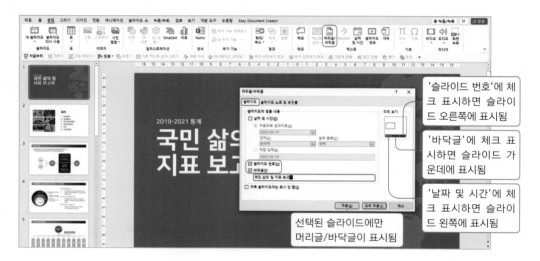

'슬라이드 번호'에 체크 표시하면 슬라이드 오른쪽에 표시됨

'바닥글'에 체크 표시하면 슬라이드 가운데에 표시됨

'날짜 및 시간'에 체크 표시하면 슬라이드 왼쪽에 표시됨

선택된 슬라이드에만 머리글/바닥글이 표시됨

모든 슬라이드에 바닥글과 슬라이드 번호가 표시됩니다. 제목 슬라이드와 같이 배경색이 진한 경우 바닥글과 슬라이드 번호가 잘 보이지 않는데, 바닥글과 슬라이드 번호 텍스트 상자를 선택해 글꼴 색을 변경하면 됩니다.

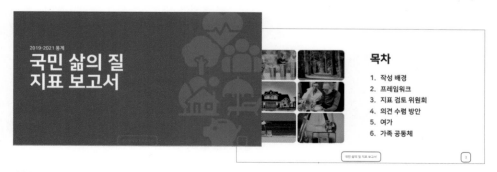

표지에 해당하는 제목 슬라이드에는 슬라이드 번호 등 바닥글을 표시하지 않는 것
이 좋습니다.

[삽입] 탭 → [텍스트] 그룹 → [머리글/바닥글]을 선택해 [머리글/바닥글] 대화상
자가 실행되면 [슬라이드] 탭에서 제목 슬라이드에는 표시 안 함에 체크 표시한 후
[모두 적용]을 누릅니다.

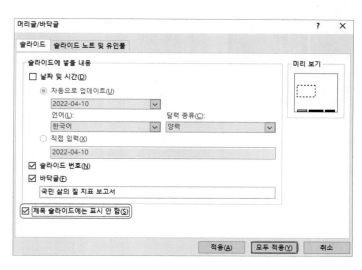

제목 슬라이드에 슬라이드 번호는 표시되지 않지만 여전히 두 번째 슬라이드에 번
호가 2로 표시됩니다.

[디자인] 탭 → [사용자 지정] 그룹 → [슬라이드 크기] → [사용자 지정 슬라이드 크
기]를 선택한 후 [슬라이드 크기] 대화상자에서 [슬라이드 시작 번호]를 0으로 입력
하고 [확인]을 누릅니다.

 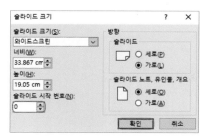

첫 번째 슬라이드 번호는 0, 두 번째 슬라이드 번호는 1이 되었습니다.

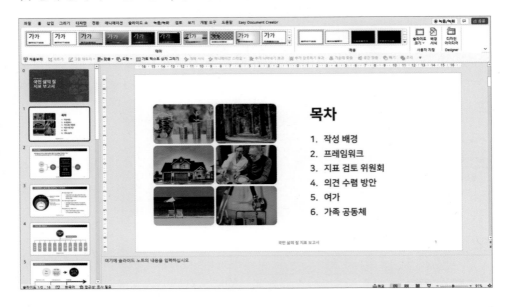

보고 잘하는 사람,
된다! **워드**

회사에서 일하는
순서대로 배우는
실무 워드!
이제 시작해 볼까요?

01 • 기본 문서 편집에 필요한 모든 것

02 • 제목 작성하고 빠르게 본문 꾸미기

03 • 문서를 돋보이게 하는 개체 활용

04 • 워드, 문서 인쇄와 배포하기

01

기본 문서 편집에 필요한
모든 것

"김신입 씨! 혹시 워드도 잘 하세요?"
엑셀 발표를 잘 마친 김신입, 그에게 새로운 미션이 주어진다. 바로 발표 자료를 토대로 워드 보고서를 작성하는 것. 학교에서 과제 제출할 때 조금 해본 것밖에 없어 자신 없는데….
"워드는 또 어떻게 하는 거지?"

01-1 편리한 문서 작성을 위한 화면 설정하기

01-2 기호와 특수 문자 입력하기

01-3 문서 작성의 번거로움을 줄이는 방법

01-1
편리한 문서 작성을 위한 화면 설정하기

• 실습 파일 01-1_실습.docx

보기 모드

문서 작성을 하기 위해서는 먼저 작업을 편리하게 할 수 있도록 기본 환경을 설정해야 합니다. 기본 보기 상태는 [인쇄 모양]입니다. 종이에 인쇄했을 때 어떤 모양으로 나타날지 각 페이지의 레이아웃을 보면서 작업할 수 있습니다.

함께 보면 좋은
동영상 강의

보기: 인쇄 모양

[읽기 모드]는 내용을 편집하지 않고 보기만 할 때 사용합니다.

[웹 모양]은 웹 페이지로 저장했을 때 나타나는 모양을 보여줍니다. 페이지 구분이 없고 따로 지정하지 않는 한 가로 방향으로도 제한 없는 너비입니다.

이 외에 [개요]는 내용이 글머리 기호로 표시되는 개요 형식으로 문서를 나타내고, 문서를 수준별로 구성하거나 단락을 옮길 때 편리하게 작업할 수 있는 환경을 제공합니다. [초안]은 텍스트만 보이는 모드로, [머리글/바닥글]을 표시하지 않고 개체들도 보이지 않아 내용을 작성하는 데 집중할 수 있도록 합니다. 한글의 '쪽 윤곽 표시 안 함'과 같은 모습입니다.

보기: 읽기 모드

보기: 웹 모양

편집 기호 표시/숨기기

[홈] 탭 → [단락] 그룹 → [편집 기호 표시/숨기기 ⤶]를 누르면 단락 기호 및 그외 숨겨진 서식 기호를 표시하거나 숨기도록 설정할 수 있습니다. 단축키는 Ctrl + Shift + 8입니다.

[파일] → [옵션] → [표시] → [화면에 항상 표시할 서식 기호]에서 항상 나타낼 항목에 체크 표시하면 체크 표시한 항목만 화면에 표시됩니다.

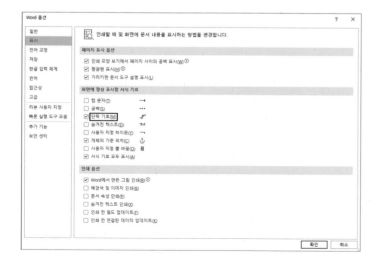

확대/축소

필요에 따라서 문서 전체를 보면서 편집하기 위해 화면을 축소하거나 세밀한 조정을 위해 특정 부분을 확대해서 작업할 수 있습니다.

Ctrl 을 누른 상태에서 마우스 휠을 위/아래로 굴리면 화면이 확대/축소됩니다. 또한 워드 화면의 오른쪽 아래 [100%]를 선택해 실제 크기와 같은 비율로 나타내거나, 한 페이지, 여러 페이지를 선택해 한 페이지 전체를 화면에 표시하거나 여러 페이지를 한 화면에 나타낼 수도 있습니다.

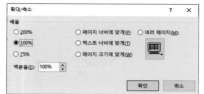

[확대/축소]는 보기가 [인쇄 모양]인 경우 모두 적용되고 그 외의 보기인 경우엔 일부만 적용됩니다.

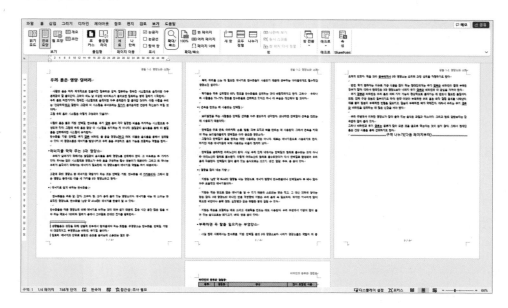

하면 된다! ⟩ 간단한 문서 작성하기

앞에서 배운 설정을 기본으로 하여 간단한 문서를 작성해 보겠습니다.

함께 보면 좋은
동영상 강의

1. [파일] → [새로 만들기] → [새 문서]를 선택합니다.

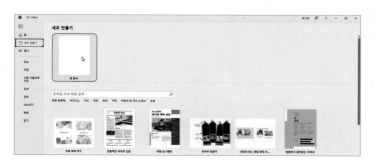

2. 우리 몸은 영양 덩어리를 입력한 후 Enter 를 누르면 단락이 바뀌고 그 위치에 단락 기호가 표시됩니다. 빈 줄을 추가하려면 Enter 를 한 번 더 누르면 됩니다.

3. ~컴퓨터는 정해진 시스템대로 움직이면 아를 입력한 후 Enter 를 누르면 안 됩니다. 단락이 끝나지 않았다면 자동으로 줄 바꿈 되도록 계속 내용을 입력해야 합니다. ~병에 걸리기 시작한다.까지 입력한 후 Enter 를 누르면 단락이 변경됩니다. 아래쪽 단락도 마찬가집니다. 단락이 끝나지 않으면 Enter 를 누르지 말고 계속 입력한 후 단락이 끝나는 위치에서 Enter 를 누릅니다.

하면 된다! ⫛ 문서 저장하기와 열기, PDF로 저장하기

1. 워드 문서(*.docx)로 저장하기

❶ [빠른 실행 도구 모음]의 [저장]을 누르거나 [파일] → [저장]을 누른 후 ❷ 저장할 위치를 지정하기 위해 [찾아보기]를 선택합니다.

❸ 파일 이름을 따로 지정하지 않으면 첫 단락에 입력한 글자가 나타납니다. 파일 이름은 나타난 글자 그대로 두고 [저장]을 누릅니다.

함께 보면 좋은
동영상 강의

Ctrl + S를 눌러도
저장할 수 있습니다.

2. 문서 열기

❶ [파일] → [열기]를 누르거나 Ctrl + O를 눌러 [열기]를 나타냅니다.

❷ [찾아보기]를 눌러 저장된 위치에서 파일을 선택하거나 최근 문서 목록에 표시된 파일 이름을 선택합니다.

문서를 닫으려면 [파일] →
[닫기]를 선택하거나 Ctrl +
F4를 누르면 됩니다.

3. 다른 이름으로 저장하기

한 번 저장해서 파일 이름이 지정된 파일에 내용을 추가하거나 수정해서 저장하면 따로 파일 이름을 묻지 않고 덧씌워 저장됩니다.

❶ 내용이 추가된 파일을 별개로 저장하려면 [파일] → [다른 이름으로 저장]을 선택하거나 F12를 누릅니다.

❷ 파일 이름을 우리 몸은 영양 덩어리_수정으로 고친 후 ❸ [저장]을 누릅니다.

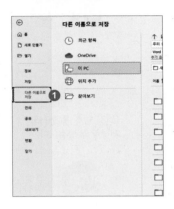

4. PDF로 저장하기

문서를 교환 형식으로 저장하려면 PDF 형식으로 저장하면 됩니다.

❶ [파일] → [내보내기] → [PDF/XPS 문서 만들기]를 선택합니다.

❷ 파일 이름을 확인한 후 ❸ [게시]를 누릅니다.

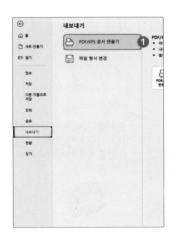

01-2
기호와 특수 문자 입력하기

• 실습 파일 없음(새 문서)

문서를 작성하다 보면 키보드로 입력할 수 없는 기호나 특수 문자를 입력해야 하는
경우가 있습니다.
워드에서 기호 문자를 입력하는 방법에는 두 가지가 있습니다. 윈도우의 기본 기능
을 이용하는 방법과 워드의 기능을 이용하는 방법입니다. 두 방법 모두 유용하게 사
용할 수 있으니 하나씩 실습하면서 배워보겠습니다.

하면 된다! } 윈도우 기본 기능으로 기호 입력하기

보통 기호나 특수 문자를 입력하기 위해서는 한글 자음을 입
력하고 키보드의 [한자]를 눌러 기호나 특수 문자를 입력합니
다. 그런데 워드에서는 [한자] 대신 ▦ + [/]를 눌러야 합니다.

함께 보면 좋은
동영상 강의

1. 한글 자음 ㅁ을 입력하고 ▦ + [/]를 누르면 기호를 입력
할 수 있습니다. 이때 [Tab]을 누르거나 아래 [보기 변경]을 누
르면 전체 목록을 볼 수 있습니다.

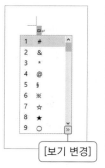

[보기 변경]

2. 오른쪽 방향키 →를 이용하여 원하는 행과 열로 이동해 Enter를 누르거나 마우스로 클릭해 선택합니다.

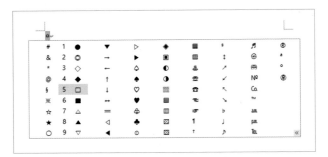

선택한 글꼴에 따라서 달라질 수 있지만 한글 자음 입력에 따라 선택할 수 있는 기호나 특수 문자는 기본적으로 다음과 같습니다.

자음	기호(특수 문자)
ㄱ	! ' , . / : ; ? ^ _ ` | ￣ 、 。 · … ‥ ¨ 〃 ― ‖ \ ~ ´ ～ ˇ ˘ ˝ ˚ ˙ , ˛ ¡ ¿ :
ㄴ	" ( ) [ ] { } ' ' " " 〔 〕 < > 《 》 「 」 『 』【 】
ㄷ	+ − 〈 = 〉 ± × ÷ ≠ ≤ ≥ ∞ ∴ ♂ ♀ ∠ ⊥ ⌒ ∂ ∇ ≡ ≒ ≪ ≫ √ ∽ ∝ ∵ ∫ ∬ ∈ ∋ ⊆ ⊇ ⊂ ⊃ ∪ ∩ ∧ ∨ ￢ ⇒ ⇔ ∀ ∄ Σ Π
ㄹ	\$ % ₩ F ′ ″ ℃ Å ￠ £ ¥ ¤ ℉ ‰ € ㎕ ㎖ ㎗ ℓ ㎘ ㏄ ㎣ ㎤ ㎥ ㎦ ㎙ ㎚ ㎛ ㎜ ㎝ ㎞ ㎟ ㎠ ㎡ ㎢ ㏊ ㎍ ㎎ ㎏ ㏏ ㎈ ㎉ ㏈ ㎧ ㎨ ㎰ ㎱ ㎲ ㎳ ㎴ ㎵ ㎶ ㎷ ㎺ ㎻ ㎼ ㎽ ㎾ ㎿ ㎐ ㎑ ㎒ ㎓ Ω ㏀ ㏁ ㎊ ㎋ ㎌ ㏖ ㏅ ㎭ ㎮ ㎯ ㏛ ㎩ ㎪ ㎫ ㎬ ㏐ ㏑ ㏔ ㏉ ㏊ ㎅ ㎆
ㅁ	# & * @ § ※ ☆ ★ ○ ● ◎ ◇ ◆ □ ■ △ ▲ ▽ ▼ → ← ↑ ↓ ↔ = ◁ ◀ ▷ ▶ ♤ ♠ ♡ ♥ ♧ ♣ ◈ ▣ ◐ ◑ ▒ ▤ ▥ ▨ ▧ ▦ ▩ ♨ ☏ ☎ ☜ ☞ ¶ † ‡ ↕ ↗ ↙ ↖ ↘ ♭ ♩ ♪ ♬ ㉿ ㈜ No. Co. ™ a.m. p.m. Tel. ® ⓐ ⓞ
ㅂ	─ │ ┌ ┐ └ ┘ ├ ┤ ┬ ┴ ┼ ━ ┃ ┏ ┓ ┗ ┛ ┣ ┫ ┳ ┻ ╋ ┠ ┯ ┨ ┷ ┿ ┝ ┰ ┥ ┸ ╂ ┒ ┑ ┚ ┙ ┖ ┕ ┎ ┍ ┞ ┟ ┡ ┢ ┦ ┧ ┩ ┪ ┭ ┮ ┱ ┲ ┵ ┶ ┹ ┺ ┽ ┾ ╀ ╁ ╃ ╄ ╅ ╆ ╇ ╈ ╉ ╊
ㅅ	㉠ ㉡ ㉢ ㉣ ㉤ ㉥ ㉦ ㉧ ㉨ ㉩ ㉪ ㉫ ㉬ ㉭ ㉮ ㉯ ㉰ ㉱ ㉲ ㉳ ㉴ ㉵ ㉶ ㉷ ㉸ ㉹ ㉺ ㉻ ㈀ ㈁ ㈂ ㈃ ㈄ ㈅ ㈆ ㈇ ㈈ ㈉ ㈊ ㈋ ㈌ ㈍ ㈎ ㈏ ㈐ ㈑ ㈒ ㈓ ㈔ ㈕ ㈖ ㈗ ㈘ ㈙ ㈚ ㈛
ㅇ	ⓐ ⓑ ⓒ ⓓ ⓔ ⓕ ⓖ ⓗ ⓘ ⓙ ⓚ ⓛ ⓜ ⓝ ⓞ ⓟ ⓠ ⓡ ⓢ ⓣ ⓤ ⓥ ⓦ ⓧ ⓨ ⓩ ① ② ③ ④ ⑤ ⑥ ⑦ ⑧ ⑨ ⑩ ⑪ ⑫ ⑬ ⑭ ⑮ (a) (b) (c) (d) (e) (f) (g) (h) (i) (j) (k) (l) (m) (n) (o) (p) (q) (r) (s) (t) (u) (v) (w) (x) (y) (z) (1) (2) (3) (4) (5) (6) (7) (8) (9) (10) (11) (12) (13) (14) (15)
ㅈ	1 2 3 4 5 6 7 8 9 ⅰ ⅱ ⅲ ⅳ ⅴ ⅵ ⅶ ⅷ ⅸ ⅹ Ⅰ Ⅱ Ⅲ Ⅳ Ⅴ Ⅵ Ⅶ Ⅷ Ⅸ Ⅹ
ㅊ	½ ⅓ ⅔ ¼ ¾ ⅛ ⅜ ⅝ ⅞ ¹ ² ³ ⁴ ⁿ ₁ ₂ ₃ ₄
ㅋ	ㄱ ㄲ ㄳ ㄴ ㄵ ㄶ ㄷ ㄸ ㄹ ㄺ ㄻ ㄼ ㄽ ㄾ ㄿ ㅀ ㅁ ㅂ ㅃ ㅄ ㅅ ㅆ ㅇ ㅈ ㅉ ㅊ ㅋ ㅌ ㅍ ㅎ ㅏ ㅑ ㅐ ㅒ ㅓ ㅔ ㅕ ㅖ ㅗ ㅘ ㅙ ㅚ ㅛ ㅜ ㅝ ㅞ ㅟ ㅠ ㅡ ㅢ ㅣ
ㅌ	ㅥ ㅦ ㅧ ㅨ ㅩ ㅪ ㅫ ㅬ ㅭ ㅮ ㅯ ㅰ ㅱ ㅲ ㅳ ㅴ ㅵ ㅶ ㅷ ㅸ ㅹ ㅺ ㅻ ㅼ ㅽ ㅾ ㅿ ㆀ ㆁ ㆂ ㆃ ㆄ ㆅ ㆆ ㅥ ㅛ ㆌ ㆍ ㆎ · ᆞ

ㅍ	A B C D E F G H I J K L M N O P Q R S T U V W X Y Z a b c d e f g h i j k l m n o p q r s t u v w x y z
ㅎ	A B Γ Δ E Z H Θ I K Λ M N Ξ O Π P Σ T Y Φ X Ψ Ω α β γ δ ε ζ η θ ι κ λ μ ν ξ ο π ρ σ τ υ φ χ ψ ω
ㄲ	Æ Ð Ħ IJ Ŀ Ł Ø Œ Þ Ŧ Ŋ æ ð đ ħ ı ij ĸ ŀ ł ø œ ß ŧ ŋ ń
ㄸ	ぁ あ ぃ い ぅ う ぇ え ぉ お か が き ぎ く ぐ け げ こ ご さ ざ し じ す ず せ ぜ そ ぞ た だ ち ぢ っ つ づ て で と ど な に ぬ ね の は ば ぱ ひ び ぴ ふ ぶ ぷ へ べ ぺ ほ ぼ ぽ ま み む め も ゃ や ゅ ゆ ょ よ ら り る れ ろ ゎ わ ゐ ゑ を ん
ㅃ	ァ ア ィ イ ゥ ウ ェ エ ォ オ カ ガ キ ギ ク グ ケ ゲ コ ゴ サ ザ シ ジ ス ズ セ ゼ ソ ゾ タ ダ チ ヂ ッ ツ ヅ テ デ ト ド ナ ニ ヌ ネ ノ ハ バ パ ヒ ビ ピ フ ブ プ ヘ ベ ペ ホ ボ ポ マ ミ ム メ モ ャ ヤ ュ ユ ョ ヨ ラ リ ル レ ロ ヮ ワ ヰ ヱ ヲ ンカ ケ
ㅆ	А Б В Г Д Е Ё Ж З И Й К Л М Н О П Р С Т У Ф Х Ц Ч Ш Щ Ъ Ы Ь Э Ю Я а б в г д е ё ж з и й к л м н о п р с т у ф х ц ч ш щ ъ ы ь э ю В

하면 된다! ⟩ 워드 기능으로 기호 입력하기

한글의 [문자표]와 같은 기능이 워드에도 있습니다. 윈도우 기본 기능보다 더 다양한 기호들이 있으니 원하는 기호를 찾아 사용해 보세요.

함께 보면 좋은
동영상 강의

1. [삽입] 탭 → [기호] 그룹 → [기호] → [다른 기호]를 선택합니다. 최근에 사용한 기호 목록에 원하는 기호가 있으면 바로 선택할 수 있습니다.

2. ❶ [기호] 대화상자의 [하위 집합]에서 도형 기호를 선택합니다.
   ❷ 목록에서 원하는 기호를 선택합니다.
   ❸ [삽입]을 누른 후 ❹ [닫기]를 누릅니다.
   커서가 있는 위치에 기호가 삽입됩니다.

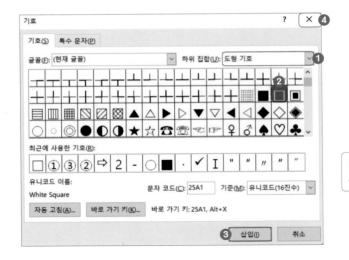

[글꼴]은 '(현재 글꼴)'을 선택한
상태 그대로 둡니다.

하면 된다! } 자주 사용하는 기호를 바로 가기 키로 등록하기

글꼴 중 기호 문자용 글꼴인 Wingdings를 선택하면 다양한
기호 문자를 선택할 수 있습니다.

함께 보면 좋은
동영상 강의

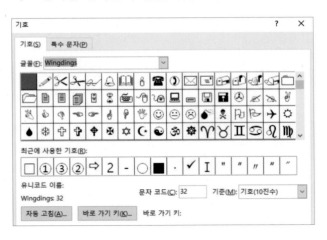

기호 문자용 글꼴은 Wingdings,
Wingdings 2, Wingdings 3,
Webdings로 총 4개입니다.

Wingdings 2와 같은 기호 문자용 글꼴에 있는 기호를 자주 사용하는 경우엔 [바
로 가기 키]로 등록해 두고 사용하는 것이 편리합니다. 현재 글꼴에서 바로 선택하
는 기호와 달리 글꼴부터 선택한 뒤 찾아야 하기 때문입니다. 자주 사용하는 기호를
[바로 가기 키]로 등록해 보겠습니다.

1. ❶ [삽입] 탭 → [기호] 그룹 → [기호] → [다른 기호]를 선택합니다.

❷ [기호] 대화상자에서 등록하려는 기호를 선택합니다.

❸ [바로 가기 키]를 누릅니다.

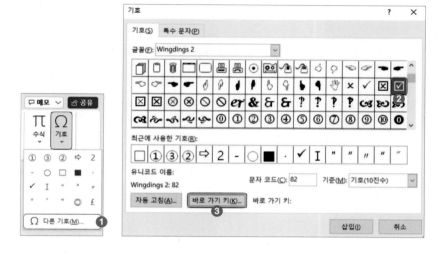

2. [키보드 사용자 지정] 대화상자에서 [새 바로 가기 키]에 원하는 바로 가기 키를 등록합니다. 이미 할당된 바로 가기 키라면 [현재 할당 상태]에 표시되므로 표시되는 내용을 확인하고 중복되지 않도록 피해서 다른 키를 지정하세요.

보통 워드에서는 [Alt] + [Shift] 와 다른 키를 조합해 사용하는 것을 추천합니다. 여기에서는 [Alt] + [Shift] + [1] 을 눌러 입력한 후 [지정]을 누릅니다. [현재 키]에 Alt+! 가 표시되면 [닫기]를 누릅니다.

3. 앞에서 등록한 바로 가기 키 [Alt] + [Shift] + [1]을 누르면 설정한 기호가 손쉽게 입력됩니다.

하면 된다! ⟩ 자주 사용하는 기호를 자동 고침에 등록하기

자주 사용하는 기호를 등록해 사용하는 또 다른 방법은 [자동 고침]에 등록하는 것입니다. 기호를 [자동 고침]에 등록하는 방법에 대해 알아보겠습니다.

함께 보면 좋은 동영상 강의

1. [삽입] 탭 → [기호] 그룹 → [기호] → [다른 기호]를 선택한 후 ❶ [기호] 대화상자에서 등록할 기호를 선택하고 ❷ [자동 고침]을 누릅니다.

2. ❶ [자동 고침] 대화상자에서 [입력]에 0)를 입력합니다. 입력 문자는 일반적인 내용을 입력할 때는 잘 쓰이지 않는 것으로 만들어야 합니다. [자동 고침]으로 등록된 내용은 입력한 순간 바로 변환이 되기 때문입니다.

❷ [결과]에 서식 포함이 선택된 상태에서 [추가]를 누르고 ❸ [확인]을 누릅니다.

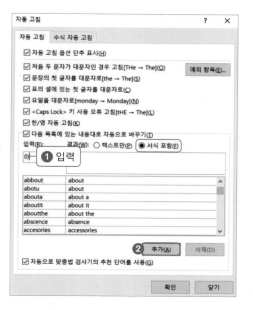
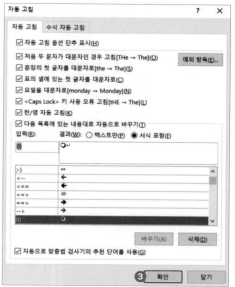

3. ❶ 등록을 마쳤다면 0)를 입력해 보세요. 자동으로 바뀝니다.

　　❷ Ctrl + Z 를 누르면 기호로 바뀐 것이 입력한 대로 되돌려집니다.

질문 있어요!　다른 기호를 등록하려면 어떻게 해야 하나요?

기호 문자용 글꼴에 있는 기호를 등록할 때는 [결과]에 '서식 포함'이 선택된 상태로 추가해야 합니다. 현재 글꼴이 [자동 고침]에 추가할 때 선택했던 기호 문자용 글꼴이 아닌 경우 다른 모양의 글자가 나타나기 때문입니다. 반대로 현재 글꼴에 있는 기호를 [자동 고침]에 등록할 때는 [결과]에 '텍스트만'을 선택한 상태로 추가합니다.

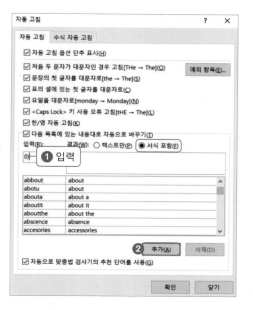

하면 된다! ﹥ 원 문자 입력하기

기호 문자로도 입력할 수 없는 문자가 있습니다. 예를 들어 원 문자 ⑯ 이상이나 ㉧ 같은 문자입니다. 이 경우 **원 문자** 기능을 이용하면 됩니다.

함께 보면 좋은
동영상 강의

1. 원 문자를 입력하기 위해 [홈] 탭 → [글꼴] 그룹 → [원 문자]를 선택합니다.

2. 먼저 원 문자 ⑯을 만들어 보겠습니다.
❶ [원 문자] 대화상자에서 [텍스트]에 16을 입력합니다.
❷ [스타일]에서 기호를 크게를 선택합니다.
❸ [확인]을 누릅니다.

3. 원 문자 ㉧을 만드는 방법도 마찬가지입니다.
❶ [텍스트]에 상을 입력합니다.
❷ [스타일]에서 기호를 크게를 선택합니다.
❸ [확인]을 누릅니다.

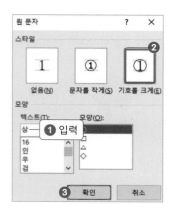

그러나 이와 같이 삽입한 문자는 기호 문자로 삽입한 문자 크기와 비교해 차이가 나는 문제가 있습니다. 원 문자를 만들 때 원 문자 스타일 중 '문자를 작게'를 선택해 만들면 입력한 텍스트와 선택한 모양이 겹쳐서 보기 싫게 표시되므로 어쩔 수 없이 스타일에서 '기호를 크게'를 선택합니다. 이런 이유로 문제가 발생하는 것인데, '원문자' 기능은 필요한 문자를 나타내기 위해 어쩔 수 없이 사용하는 기능이므로 꼭 필요할 때만 사용하는 것이 좋습니다.

01-3
문서 작성의 번거로움을 줄이는 방법

• 실습 파일 01-3_실습.docx   • 완성 파일 01-3_완성.docx

워드는 마우스를 이용해 작업을 하는 것이 편리한 그래픽 기반 프로그램입니다. 그렇지만 사용자가 활용할 수 있도록 다양한 바로 가기 키를 제공하고 있습니다. 자주 사용하는 기능은 바로 가기 키를 이용하면 편리합니다.

다음 표는 바로 가기 키를 사용 목적에 따라 정리한 것입니다.

파일 관련

바로 가기 키	작업	바로 가기 키	작업
Ctrl + N	새 문서 만들기	Ctrl + P	인쇄
Ctrl + O	문서 열기	Ctrl + Z	방금 작업 실행 취소
Ctrl + S	문서 저장	Ctrl + Y	가능한 경우 방금 작업 재실행
F12	다른 이름으로 저장	Ctrl + F1	리본 메뉴 확장/축소
Ctrl + W	문서 닫기	Shift + F10	컨텍스트 메뉴 표시
Ctrl + A	모든 항목 선택		

서식 관련

바로 가기 키	작업	바로 가기 키	작업
Ctrl + B	굵게 서식 적용	Ctrl + E	단락 가운데 맞춤
Ctrl + I	기울임꼴 서식 적용	Ctrl + L	단락 왼쪽 맞춤
Ctrl + U	밑줄 서식 적용	Ctrl + R	단락 오른쪽 맞춤
Ctrl + =	아래 첨자 서식 적용	Ctrl + J	단락 양쪽 맞춤
Ctrl + Shift + =	위 첨자 서식 적용	Ctrl + Shift + *	편집 기호 표시/숨기기
Ctrl + [	글꼴 크기 1포인트 줄이기	Ctrl + Shift + C	리본 메뉴 확장/축소
Ctrl +]	글꼴 크기 1포인트 늘리기	Ctrl + Shift + V	선택한 서식 복사

이동 관련

바로 가기 키	작업
Ctrl + ← / →	커서를 단어 단위로 왼쪽/오른쪽으로 이동
Ctrl + ↑ / ↓	커서를 단락 단위로 위쪽/아래쪽으로 이동
Ctrl + Alt + PgUp	커서를 현재 화면 위쪽으로 이동
Ctrl + Alt + PgDn	커서를 현재 화면 아래쪽으로 이동
Ctrl + PgUp	커서를 이전 페이지 첫 위치로 이동
Ctrl + PgDn	커서를 다음 페이지 첫 위치로 이동
Ctrl + Home	커서를 문서 처음으로 이동
Ctrl + End	커서를 문서 마지막으로 이동
Shift + F5	커서를 이전 위치로 순차적으로 이동
Ctrl + G	이동 대화상자를 의미함

범위 선택 관련

바로 가기 키	작업
Shift + ← / →	범위 선택
Ctrl + Shift + ← / →	단어 단위 범위 선택
Ctrl + Shift + ↑ / ↓	단락 단위 범위 선택
Shift + Home	현재 커서 위치에서 줄 앞까지 범위 선택
Shift + End	현재 커서 위치에서 줄 끝까지 범위 선택
Ctrl + Shift + ↑	현재 커서 위치에서 현재 단락 시작까지 범위 선택
Ctrl + Shift + ↓	현재 커서 위치에서 현재 단락 끝까지 범위 선택
Shift + PgUp	현재 커서 위치에서 화면 위쪽까지 범위 선택
Shift + PgDn	현재 커서 위치에서 화면 아래쪽까지 범위 선택
Ctrl + Shift + Home	현재 커서 위치에서 문서 처음까지 범위 선택
Ctrl + Shift + End	현재 커서 위치에서 문서 끝까지 범위 선택
F8	선택 영역 확장
Shift + F8	선택 영역 축소
Ctrl + Shift + F8	세로 블록으로 텍스트 선택

편집 관련

바로 가기 키	작업
Ctrl + Delete	오른쪽 한 단어 삭제
Ctrl + Backspace	왼쪽 한 단어 삭제
F2	선택한 텍스트를 원하는 위치로 이동, Enter 를 누르면 나타남
Shift + F2	선택한 텍스트를 원하는 위치로 복사, Enter 를 누르면 나타남
Ctrl + Enter	페이지 나누기
Shift + Enter	줄바꿈
Ctrl + M	단락 들여쓰기
Ctrl + Shift + M	단락 들여쓰기 해제
Ctrl + T	단락 첫 줄 내어쓰기
Ctrl + Shift + T	단락 첫 줄 내어쓰기 해제
Ctrl + Q	단락 서식 제거
Ctrl + 1	단락 간격 1
Ctrl + 2	단락 간격 2
Ctrl + 5	단락 간격 1.5
Ctrl + 0	단락 앞 간격 추가/제거
Alt + Shift + ↑ / ↓	선택한 단락을 위쪽/아래쪽으로 이동

하면 된다! } 마우스와 키보드를 이용해 범위 선택하기

가장 기본적인 범위 선택 방법은 마우스로 클릭하고 드래그
해서 범위를 선택하는 것입니다. 그러나 이것 말고도 여러 가
지 범위 선택 방법이 있습니다.

함께 보면 좋은
동영상 강의

마우스로 선택하는 방법

1. 첫 번째 줄 박물관에 커서를 두고 더블클릭하면 단어가 선
택됩니다.

"어려서부터 꿈꾼 박물관 큐레이터가 되었어요"

송한나 큐레이터

❙ 유치원 때부터 큐레이터가 꿈이었어요.

한나 씨는 유치원 때부터 큐레이터가 되고 싶었다고 한다. 물론 큐레이터라는 직업을 정확
히 알고 있던 건 아니다. 어릴 적부터 박물관 다니는 것을 매우 좋아했고, 박물관에 가면 그
안에 있는 유물들을 직접 만져보고 싶었다. 그러기 위해선 박물관에서 일해야 한다고 어린
나이 때부터 생각한 것이다.

2. 한 번 클릭하면 선택이 해제되고, 세 번 클릭하면 단락이 선택됩니다.

"어려서부터 꿈꾼 박물관 큐레이터가 되었어요"

송한나 큐레이터

▮ 유치원 때부터 큐레이터가 꿈이었어요

한나 씨는 유치원 때부터 큐레이터가 되고 싶었다고 한다. 물론 큐레이터라는 직업을 정확히 알고 있던 건 아니다. 어릴 적부터 박물관 다니는 것을 매우 좋아했고, 박물관에 가면 그 안에 있는 유물들을 직접 만져보고 싶었다. 그러기 위해선 박물관에서 일해야 한다고 어린 나이 때부터 생각한 것이다.

3. 왼쪽 여백에 커서를 두고 한 번 클릭하면 줄이 선택됩니다.

"어려서부터 꿈꾼 박물관 큐레이터가 되었어요"

송한나 큐레이터

▮ 유치원 때부터 큐레이터가 꿈이었어요

한나 씨는 유치원 때부터 큐레이터가 되고 싶었다고 한다. 물론 큐레이터라는 직업을 정확히 알고 있던 건 아니다. 어릴 적부터 박물관 다니는 것을 매우 좋아했고, 박물관에 가면 그 안에 있는 유물들을 직접 만져보고 싶었다. 그러기 위해선 박물관에서 일해야 한다고 어린 나이 때부터 생각한 것이다.

4. 두 번 클릭하면 단락이 선택됩니다.

"어려서부터 꿈꾼 박물관 큐레이터가 되었어요"

송한나 큐레이터

▮ 유치원 때부터 큐레이터가 꿈이었어요

한나 씨는 유치원 때부터 큐레이터가 되고 싶었다고 한다. 물론 큐레이터라는 직업을 정확히 알고 있던 건 아니다. 어릴 적부터 박물관 다니는 것을 매우 좋아했고, 박물관에 가면 그 안에 있는 유물들을 직접 만져보고 싶었다. 그러기 위해선 박물관에서 일해야 한다고 어린 나이 때부터 생각한 것이다.

5. 세 번 클릭하면 문서 전체가 선택됩니다.

"어려서부터 꿈꾼 박물관 큐레이터가 되었어요"

송한나 큐레이터

▮ 유치원 때부터 큐레이터가 꿈이었어요

한나 씨는 유치원 때부터 큐레이터가 되고 싶었다고 한다. 물론 큐레이터라는 직업을 정확히 알고 있던 건 아니다. 어릴 적부터 박물관 다니는 것을 매우 좋아했고, 박물관에 가면 그 안에 있는 유물들을 직접 만져보고 싶었다. 그러기 위해선 박물관에서 일해야 한다고 어린 나이 때부터 생각한 것이다.

▮ 큐레이터가 되기 위해 치열하게 공부했어요

한나 씨는 다양한 문화 체험이 큐레이터가 되는데 도움이 될 수 있다고 생각하고 유학을 결심했다. 호주에서 공부했는데 이곳 역시 대학 입시가 굉장히 치열했다. 또한, 호주에서는 공

키보드로 선택하는 방법

1. 네 번째 줄 한나 씨 앞에 커서를 두고 F8 을 누른 뒤 오른쪽 방향키를 누르면 누른 만큼 해당 방향으로 선택 범위가 확장됩니다. 선택 범위 확장을 중지하려면 Esc 를 누릅니다.

2. 다시 한나 씨 앞에 커서를 두고 F8 을 두 번 누르면 현재 커서 위치의 단어를 선택합니다.

3. 이 상태에서 F8 을 한 번 더 누릅니다. 즉 F8 을 세 번 누른 상태입니다. 문장이 선택됩니다.

4. 한 번 더 F8 을 누릅니다. 즉 F8 을 네 번 누른 상태이며, 단락이 선택됩니다.

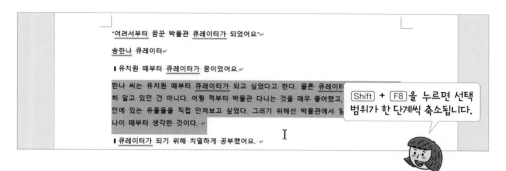

5. 다시 한나 씨 앞에 커서를 두고 Ctrl + Shift + F8 을 누르고 오른쪽 방향키를 한 번, 아래쪽 방향키를 세 번 누릅니다. 세로 방향으로 범위가 선택됩니다.

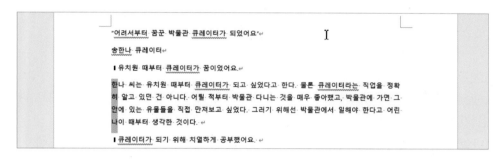

하면 된다! 〉 리본 탭을 활용해 바로 가기 키 이용하기

리본에 표시되는 모든 항목에 접근할 수 있는 바로 가기 키가 있습니다. 네 번째 줄 '한나 씨'로 시작하는 단락을 꾸며보겠습니다.

함께 보면 좋은
동영상 강의

1. 커서를 네 번째 줄 한나 씨 앞에 두고 Alt 를 누른 후 손을 뗍니다. 그럼 각 메뉴에 맞는 바로 가기 키가 나타납니다. [삽입] 탭을 보니 리본에 'N'이라고 쓰여 있습니다. 키보드의 N 을 누르세요.

2. [텍스트] 그룹의 [단락의 첫 문자 장식]을 나타내는 ⓡ, ⓒ를 누릅니다.

3. [본문]을 선택한 상태에서 [Enter]를 누르면 단락의 첫 글자인 한이 세 줄에 걸쳐 크게 꾸며집니다.

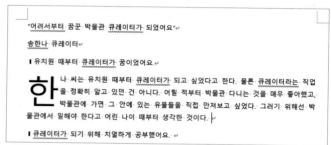

[Alt]를 누르면 항목에 접근할 수 있는 키가 표시되고, 키를 입력하면 차례대로 다음 키가 표시되어 마우스를 이용하지 않고도 기능을 선택할 수 있습니다.
[단락의 첫 문자 장식]을 실행하는 바로 가기 키는 [Alt], ⓝ, ⓡ, ⓒ입니다. 이 기능을 자주 사용한다면 '빠른 실행 도구 모음'에 추가해 쓰는 것이 좋습니다.

4. [삽입] 탭 → [텍스트] 그룹 → [단락의 첫 문자 장식]에 마우스 오른쪽 버튼을 눌러 나타난 메뉴에서 [빠른 실행 도구 모음에 추가]를 선택합니다.

5. 네 번째 줄의 [단락의 첫 문자 장식]을 해제하겠습니다. [Alt] + ⓵를 눌러 빠른 실행 도구 모음에 추가해 둔 [단락의 첫 문자 장식]을 실행해 [없음]을 선택하면 해제됩니다.

6. 이번에는 빠른 실행 도구 모음에 추가
된 항목을 제거하겠습니다. 빠른 실행 도
구 모음 해당 항목에 마우스 오른쪽 버튼
을 누르면 나타나는 메뉴 중에서 [빠른
실행 도구 모음에서 제거]를 선택합니다.

하면 된다! } 서식 복사로 빠르게 문서 만들기

몇 가지 형식의 서식을 여러 단락에 적용할 경우 적용할 단락
을 선택해 일일이 서식을 지정하는 것보다는, 기본이 될 단락
에 필요한 서식을 적용한 뒤 같은 유형이 적용되어야 할 단락
에는 기본 단락의 서식을 복사해 서식을 붙여넣기 하면 좀 더
빠르게 서식을 적용할 수 있습니다. 이것이 **서식 복사** 기능입
니다.

함께 보면 좋은
동영상 강의

1. 내용만 입력된 문서에 서식을 적용해 보겠습니다.
❶ Ctrl + A 를 눌러 모든 내용을 선택합니다.
❷ 마우스 오른쪽 버튼을 눌러 [단락]을 선택합니다.

2. ❶ [단락] 대화상자에서 [단락 뒤]의 간격을
0 pt로 선택합니다.
❷ [줄 간격]은 1.5줄로 지정합니다.
❸ [확인]을 누릅니다.

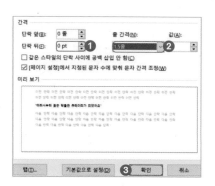

3. Ctrl + D를 눌러 [글꼴] 대화상자에서 [한글 글꼴]을 바탕으로 선택하고 [확인]을 누릅니다.

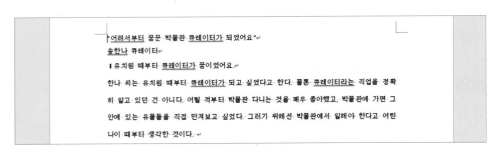

4. 첫 번째 줄을 선택한 후 Ctrl + D를 눌러 [글꼴] 대화상자에서 [글꼴 스타일]은 굵게, [크기]는 18로 선택하고 [확인]을 누릅니다. Ctrl + E를 눌러 가운데 정렬합니다.

5. 세 번째 줄을 선택하고 Ctrl + D를 눌러 [글꼴] 대화상자에서 [크기]는 11, [글꼴 색]은 파랑을 선택하고 [확인]을 누릅니다.

6. 파란색 문단이 선택된 상태에서 마우스 오른쪽 버튼을 눌러 [단락]을 선택해 [단락] 대화상자에서 간격을 [단락 앞]은 10pt, [단락 뒤]는 5pt로 단위까지 입력하고 [확인]을 누릅니다.

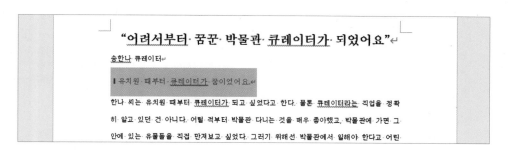

7. 네 번째 줄 한나 씨로 시작하는 단락을 선택하고 [단락] 대화상자의 [들여쓰기]에서 [왼쪽]에 1 글자를 선택하고 [확인]을 누릅니다.

8. 이제 두 번째 줄 송한나 큐레이터에 첫 번째 줄 서식을 복사해 적용하겠습니다.

❶ 첫 번째 줄에 커서를 두고 ❷ [홈] 탭 → [클립보드] 그룹 → [서식 복사]를 선택합니다.

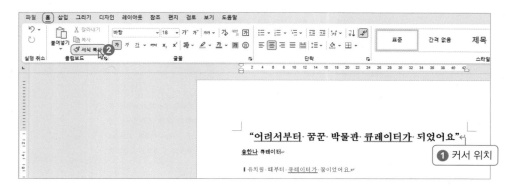

❶ 커서 위치

9. 커서가 붓 모양으로 바뀐 상태에서 서식을 붙여넣을 범위를 드래그하면 서식이 복사됩니다.

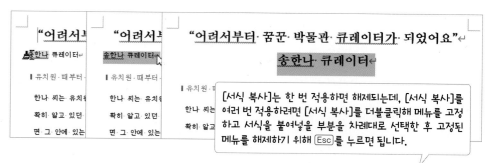

[서식 복사]는 한 번 적용하면 해제되는데, [서식 복사]를 여러 번 적용하려면 [서식 복사]를 더블클릭해 메뉴를 고정하고 서식을 붙여넣을 부분을 차례대로 선택한 후 고정된 메뉴를 해제하기 위해 Esc를 누르면 됩니다.

10. ❶ 세 번째 줄 유치원 때부터~에 커서를 두고 ❷ [홈] 탭 → [클립보드] 그룹 → [서식 복사]를 더블클릭합니다.

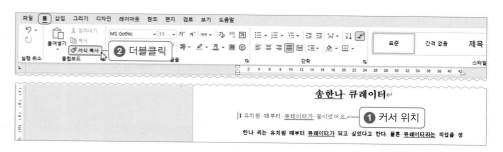

11. 커서가 붓 모양으로 바뀐 상태에서 마우스로 드래그해 소제목 부분에 [서식 복사]를 붙여넣습니다. 동일한 서식을 적용할 내용이 있다면 같은 방법으로 서식을 복사합니다. [서식 복사]를 완료하면 Esc를 눌러 [서식 복사]를 종료합니다.

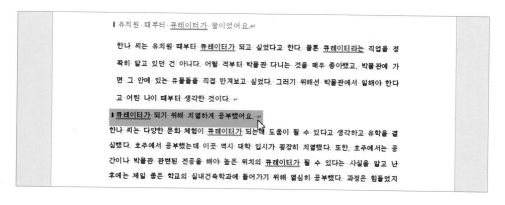

12. 이번에는 바로 가기 키를 이용해 서식을 복사해 보겠습니다.

❶ 네 번째 줄에 커서를 두고 [Ctrl] + [Shift] + [C]를 누릅니다.

❷ 큐레이터가 되기 위해 치열하게 공부했어요. 아래 단락을 선택해 [Ctrl] + [Shift] + [V]를 누릅니다.

같은 방법으로 박물관에 대한 인식을 바꾸고 싶어요. 아래 단락들에도 서식 복사를 적용합니다.

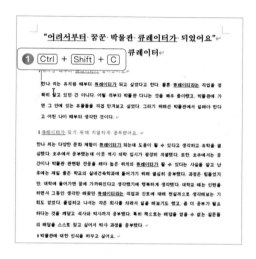
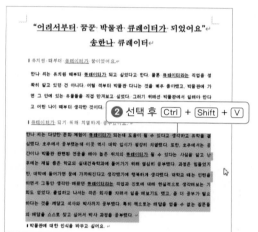

13. 페이지 나누기 전 마지막 줄의 출처는 [글꼴 크기] 8, 오른쪽 맞춤을 적용합니다.

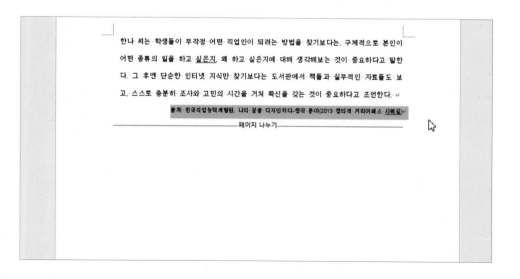

하면 된다! ⟩ 잘린 한글 단어 문제 해결하기

한나 씨는 유치원 때부터~로 시작하는 단락 첫 번째 줄 오른쪽 끝을 보면 정확히란 단어가 두 줄에 걸쳐 나뉘어 나타납니다. 영문과 달리 한글은 단어가 잘려 나타나도 맞춤법이 틀린 것은 아니지만, 한글 단어도 잘리지 않게 문서를 작성하도록 요구하는 경우가 있습니다. 이와 같이 잘린 한글 단어 문제를 해결하는 방법을 알아보겠습니다.

함께 보면 좋은
동영상 강의

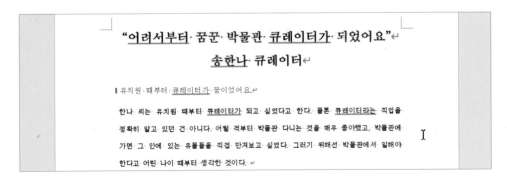

자동으로 해결하는 방법

1. [단락] 대화상자에서 [한글 입력 체계] 탭을 선택해 [줄 바꿈]에 있는 한글 단어 잘림 허용의 체크 표시를 해제합니다.

2. 정확히란 단어가 잘리지 않고 다음 줄로 넘어갔습니다. 하지만 이 방법은 단어를 잘리지 않게 하려고 자간을 넓게 설정해 잘리는 단어를 다음 줄로 보내기 때문에 문서를 수정한 티가 많이 나 잘 사용하지 않습니다.

수동으로 해결하는 방법

자간을 줄여서 잘린 단어를 당겨오는 방법은 자동으로 처리되지 않습니다. 이 작업은 수작업으로 할 수밖에 없는데, 그 방법을 알아보겠습니다.

1. 첫 번째 줄 오른쪽 끝에 정확히까지 놓이도록 당기기 위해 첫 번째 줄 전체와 당겨올 단어까지 선택합니다. 최대한 많은 범위를 선택해야지 자간을 조금만 줄여 표시나지 않게 당길 수 있습니다.

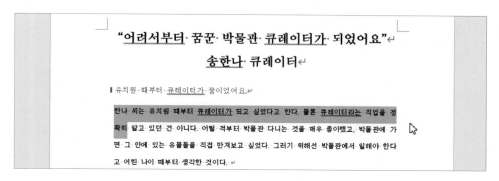

2. Ctrl + D 를 눌러 [글꼴] 대화상자를 실행해 [고급] 탭에서 [문자 간격] 항목 중 [간격]을 좁게, [값]을 0.2로 설정한 후 [확인]을 누릅니다.

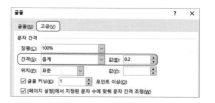

3. 정확히가 한 줄에 나타나고 자간이 줄여졌지만 수정한 티가 거의 나지 않습니다.

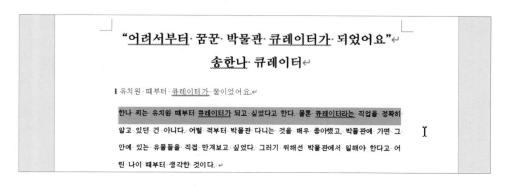

그러나 이 방법도 권장하는 방법은 아닙니다. 한글 단어가 잘리지 않도록 문서를 작성해야 한다는 규정이 있을 경우 어쩔 수 없이 선택하는 방법입니다.

자간 값을 0.2로 지정한 것은 한 번에 맞춘 것이 아니라 여러 번 값을 넣어 결과를 확인하고 그중 가장 최선의 값을 선택한 것입니다. 그리고 이 작업은 수작업으로 할 수밖에 없기 때문에 모든 편집 작업을 마친 뒤 마지막 순간에 해야 두 번 작업하지 않습니다.

질문 있어요! 입력된 기호의 문자 코드는 어떻게 확인하나요?

비슷한 모양의 기호가 많기 때문에 입력된 기호가 어떤 기호인지 혼동될 수 있습니다. 문자 코드를 정확히 알고자 한다면, 먼저 알아보려는 기호를 선택한 뒤 [삽입] 탭 → [기호] 그룹 → [기호] → [다른 기호]를 선택합니다. [기호] 대화상자에 선택된 기호가 표시되고, 아래 [문자 코드]에서 코드명을 확인할 수 있습니다.

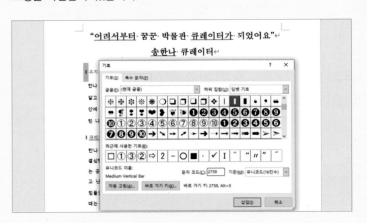

하면 된다! ┃ 맞춤법 표시 없애기

화면에서 볼 수 있는 빨간 물결 밑줄 표시는 맞춤법에 어긋날 수도 있는 글을 나타내는 것으로 문제가 없다면 무시하면 됩니다. 편집 화면에서만 표시되고 '읽기 모드'나 '인쇄'에선 나타나지 않습니다. 그래도 나타나지 않게 하고 싶다면 현재 파일에서만 맞춤법 기능을 해제할 수 있습니다.

함께 보면 좋은
동영상 강의

1. 빨간 물결 밑줄이 표시되는 글자에 커서를 두고 마우스 오른쪽 버튼을 눌러 [맞춤법] → [자세히 보기]를 선택합니다.

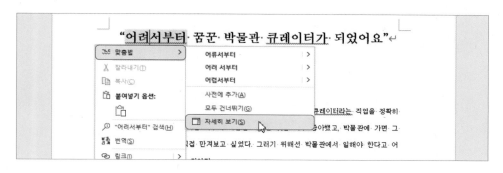

2. ❶ 화면 오른쪽 [편집기] 창에서 [설정]을 선택해 [Word 옵션] 대화상자를 실행하고 ❷ [언어 교정] 옵션을 선택합니다.
❸ [예외 항목]에서 작업할 파일을 선택한 후 ❹ 현재 문서에서만 맞춤법 오류 숨기기에 체크 표시하고 ❺ [확인]을 누릅니다.

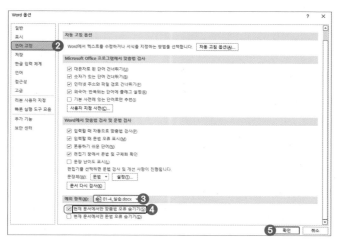

3. 문서에서 빨간 물결 밑줄 표시가 사라진 것을 확인할 수 있습니다.

> ## "어려서부터 꿈꾼 박물관 큐레이터가 되었어요"
> ### 송한나 큐레이터
>
> **▌유치원 때부터 큐레이터가 꿈이었어요**
>
> 한나 씨는 유치원 때부터 큐레이터가 되고 싶었다고 한다. 물론 큐레이터라는 직업을 정확히 알고 있던 건 아니다. 어릴 적부터 박물관 다니는 것을 매우 좋아했고, 박물관에 가면 그 안에 있는 유물들을 직접 만져보고 싶었다. 그러기 위해선 박물관에서 일해야 한다고 어린 나이 때부터 생각한 것이다.
>
> **▌큐레이터가 되기 위해 치열하게 공부했어요.**
>
> 한나 씨는 다양한 문화 체험이 큐레이터가 되는데 도움이 될 수 있다고 생각하고 유학을 결심했다. 호주에서 공부했는데 이곳 역시 대학 입시가 굉장히 치열했다. 또한, 호주에서는 공간이나 박물관 관련된 전공을 해야 높은 위치의 큐레이터가 될 수 있다는 사실을 알고 난 후에는 제일 좋은 학교의 실내건축학과에 들어가기 위해 열심히 공부했다. 과정은 힘들었지만, 대학에 들어가면 꿈에 가까워진다고 생각했기에 행복하게 생각했다. 대학교 때는 인턴을 하면서 그동안 생각만 해왔던 큐레이터라는 직업과 진로에 대해 현실적으로 생각해보는 기회도 얻었다. 졸업하고 나서는 작은 회사를 차려서 일을 해보기도 했고, 좀 더 공부가 필요하다는 것을 깨닫고 석사와 박사까지 공부했다. 특히 책으로는 해답을 얻을 수 없는 질문들의 해답을 스스로 찾고 싶어서 박사 과정을 공부했다.

02

제목 작성하고
빠르게 본문 꾸미기

워드의 매력에 빠져든 김신입. 문서 작성 시간을 줄여주는 비법까지 배우니 이제 워드 고수가 된 듯하다. 하지만 이 사원이 작성한 깔끔하게 정리된 보고서를 보고 놀라는 김신입. "이 사원님, 서식 설정을 어떻게 하셨어요?" 이 사원의 한마디, "워드 스타일, 이 기능을 꼭 써보세요!"

02-1 페이지 설정의 기본, 용지 종류와 여백

02-2 텍스트 상자와 표를 사용해 제목 상자 만들기

02-3 서식을 일관성 있게 설정하는 스타일

02-4 글머리 기호, 번호 매기기, 다단계 목록 활용하기

02-1
페이지 설정의 기본, 용지 종류와 여백

• 실습 파일 02-1_실습.docx

문서 작성을 할 때 처음 해야 하는 작업은 페이지 설정입니다. 용지 종류를 선택하고 여백을 설정한 상태에서 문서 작성을 해야 표와 그림 등의 개체가 문서 너비에 맞게 자동으로 배치됩니다. 개체를 삽입한 후에 용지 종류와 여백 설정을 한다면 일일이 문서 너비에 맞게 개체의 너비나 위치를 수정해야 할 수도 있습니다.

하면 된다! } 용지 종류 선택하고 여백 설정하기

1. ❶ [레이아웃] 탭 → [페이지 설정] 그룹 → [크기]를 선택해 여러 규격의 용지 종류 중 하나를 선택합니다.

❷ 원하는 규격 용지가 없거나 더 정확한 용지 종류 및 크기를 설정하려면 맨 아래 [기타 용지 크기]를 선택해 [페이지 설정] 대화상자에서 설정합니다.

함께 보면 좋은
동영상 강의

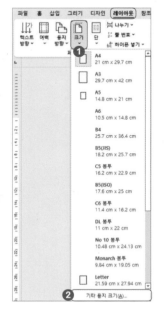

2. ❶ 용지의 여백을 설정하기 위해서 [여백] 탭을 선택합니다.

❷ [위쪽], [아래쪽]에 각각 '머리글', '바닥글'을 나타낼 공간을 포함해 여백을 설정해야 합니다. [위쪽], [아래쪽] 여백을 2.5cm로, [왼쪽], [오른쪽] 여백을 2cm로 설정합니다.

3. ❶ [레이아웃] 탭을 선택합니다.

❷ [머리글/바닥글] 여백을 '가장자리에서' 각각 1cm로 설정합니다.

❸ [확인]을 눌러 마무리합니다.

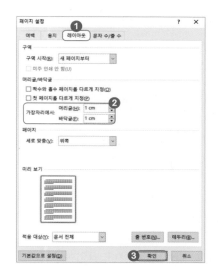

하면 된다! ⟩ 한 문서 내에서 용지 방향 변경하기

하나의 문서에서 용지를 세로 방향으로 설정한 페이지와 가로 방향으로 설정한 페이지를 동시에 사용할 수 있습니다. 또한 문서를 작성할 때 A4 용지가 기본이지만 필요에 따라 A3나 A5 용지를 쓸 경우가 있는데, 이때에도 하나의 문서에서 페이지에 따라 용지 크기를 다르게 설정할 수 있습니다.

함께 보면 좋은 동영상 강의

1. ❶ 첫 번째 페이지의 입력된 내용 끝에 커서를 두고 ❷ [레이아웃] 탭 → [페이지 설정] 그룹 → ⬚를 선택합니다.

2. ❶ [페이지 설정] 대화상자에서 [여백] 탭 → [용지 방향] → 가로로 설정합니다. ❷ [적용 대상]에서 현재 위치 다음부터를 선택한 후 ❸ [확인]을 누릅니다.

3. 커서가 있었던 위치에 '구역 나누기(다음 페이지부터)'라는 편집 기호가 나타나고, 다음 페이지는 용지가 가로 방향으로 바뀌어 있습니다.

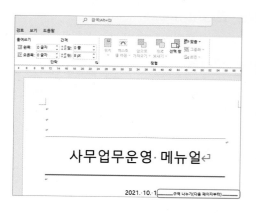

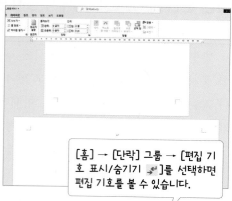

[홈] → [단락] 그룹 → [편집 기호 표시/숨기기 ✦]를 선택하면 편집 기호를 볼 수 있습니다.

4. 세 번째 페이지부터는 용지 방향을 다시 세로로 되돌려 보겠습니다.

❶ 두 번째 페이지에 커서를 두고 Enter 를 한 번 누른 후 ❷ [레이아웃] 탭 → [페이지 설정] 그룹 → ⌐ 를 선택합니다.

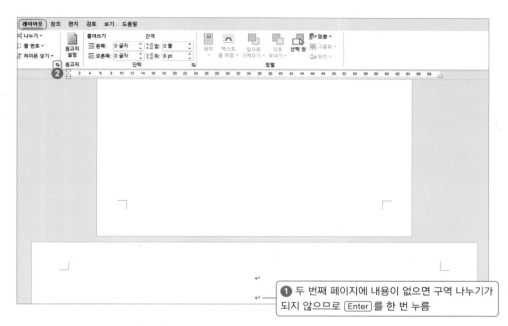

❶ 두 번째 페이지에 내용이 없으면 구역 나누기가 되지 않으므로 Enter 를 한 번 누름

5. ❶ [페이지 설정] 대화상자에서 [용지 방향] 을 세로로 선택합니다.

❷ [적용 대상]은 현재 위치 다음부터로 선택합니다.

❸ [확인]을 누릅니다.

[적용 대상]에 '이 구역'이란 항목이 추가로 나타나 있는데, 현재 페이지의 용지 방향을 바꾸는 것이 아니므로 앞에서처럼 '현재 위치 다음부터' 를 선택하는 것입니다.

6. 세 번째 페이지가 표시되며 용지 방향이 세로로 되어 있습니다.

질문 있어요!　　페이지를 나눌 때 Enter를 여러 번 누르지 않고 한 번에 나눌 수 있나요?

한 페이지에 내용을 꽉 채워 작성하지 않고 다음 페이지로 넘어가야 할 때 Enter를 여러 번 눌러 넘어가는 경우가 있습니다. 이렇게 해도 원하는 결과를 얻을 수는 있지만 불편한 방법입니다.

또 특정한 내용이 페이지의 첫 위치에 나타나도록 하고 싶을 때 Enter를 여러 번 눌러 위치를 맞춰 놓았는데 문서 편집을 하면서 맞춰 놓은 위치가 달라지기도 합니다.

이런 경우 **페이지 나누기** 바로 가기 키 Ctrl + Enter를 누르면 쉽게 페이지를 넘길 수 있습니다.

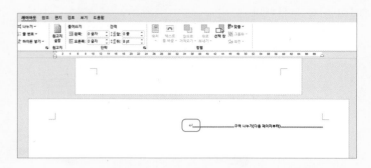

02-2
텍스트 상자와 표를 사용해 제목 상자 만들기

• 실습 파일 02-2_실습.docx

보고서를 작성할 때 첫 시작 위치에 전체 내용을 요약 정리한 제목을 나타내야 합니다. 제목은 다른 내용과 구분하고 한눈에 볼 수 있도록 텍스트 상자와 표를 사용해 꾸미면 좋습니다.

하면 된다! ⑂ 텍스트 상자를 사용해 제목 상자 만들기

먼저 텍스트 상자를 사용해 제목 상자를 만들어 보겠습니다.

1. [삽입] 탭 → [텍스트] 그룹 → [텍스트 상자] → [가로 텍스트 상자 그리기]를 선택합니다.

함께 보면 좋은
동영상 강의

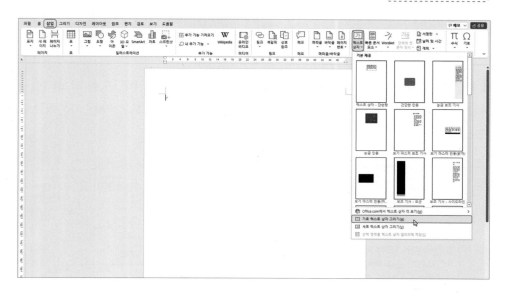

2. 마우스로 드래그하여 문서 너비에서 1cm 정도 모자란 크기로 텍스트 상자를 그립니다. 문서 너비에 딱 맞게 그리는 것보다 조금 작게 그린 뒤 가운데 정렬해서 나타내는 것이 보기 좋습니다.

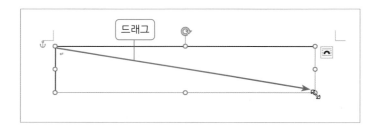

3. ❶ 텍스트 상자에 프랜차이즈[가맹점] 조사 결과[요약]이라고 입력합니다.

ㅤㅤ❷ 범위를 선택한 후 [글꼴 크기]를 22로 설정합니다.

ㅤㅤ❸ [단락] 그룹에서 가운데 맞춤을 선택합니다.

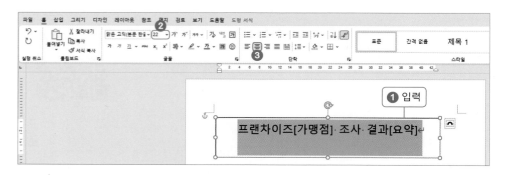

4. 텍스트 상자 안에서 텍스트를 세로 방향 중간에 나타내기 위해 [도형 서식] 탭 → [텍스트] 그룹 → [텍스트 맞춤] → [중간]을 선택합니다. 텍스트 상자는 기본적으로 텍스트를 위쪽에 나타내도록 설정되어 있습니다.

버전에 따라 [도형 서식] 탭이 [그리기 도구 서식] 탭으로 나타날 수 있습니다.

5. [도형 서식] 탭 →[도형 스타일] 그룹 → [도형 채우기] → 파랑, 강조 5, 80% 더 밝게를 선택합니다.

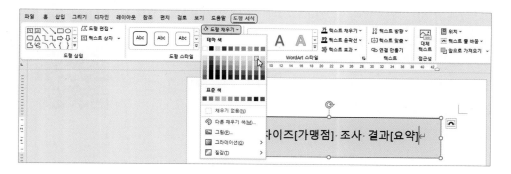

6. 텍스트 상자 오른쪽에 표시되는 [레이아웃 옵션 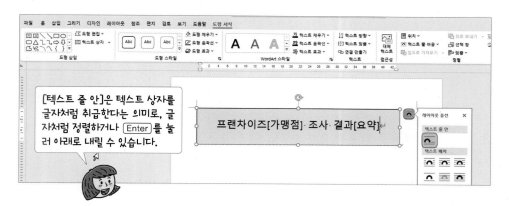]을 눌러 [텍스트 줄 안]을 선택합니다.

> [텍스트 줄 안]은 텍스트 상자를 글자처럼 취급한다는 의미로, 글자처럼 정렬하거나 Enter를 눌러 아래로 내릴 수 있습니다.

7. ❶ 텍스트 상자 바깥의 단락 기호에 커서를 두고 ❷ [홈] 탭 → [단락] 그룹 → [가운데 맞춤]을 선택합니다.

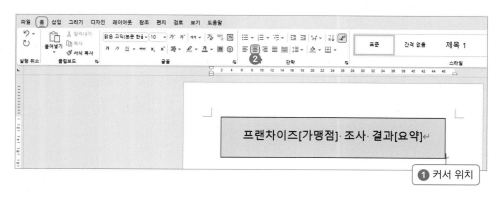

❶ 커서 위치

하면 된다! ﹜ 제목 상자에 둥근 모서리와 그림자 추가하기

앞에서 텍스트 상자로 만든 제목 상자가 너무 밋밋해 보입니다. 그래서 이번에는 모양을 꾸며 나타낼 때 많이 사용하는 둥근 모서리에 그림자가 있는 제목 상자를 만들어 보겠습니다.

함께 보면 좋은
동영상 강의

1. 텍스트 상자를 선택한 후 [도형 서식] 탭 → [도형 삽입] 그룹 → [도형 편집] → [도형 모양 변경] → [사각형: 둥근 모서리]를 선택합니다.

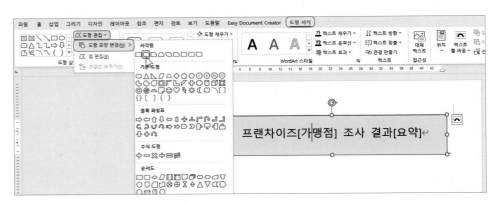

2. 모양 조정 핸들을 완전히 오른쪽으로 당겨 둥근 모서리를 만듭니다.

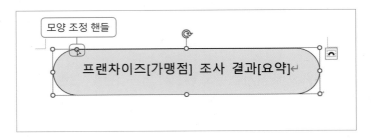

3. [도형 서식] 탭 → [도형 스타일] 그룹 → [도형 효과] → [그림자] → [바깥쪽: 오프셋: 오른쪽 아래]를 선택합니다.

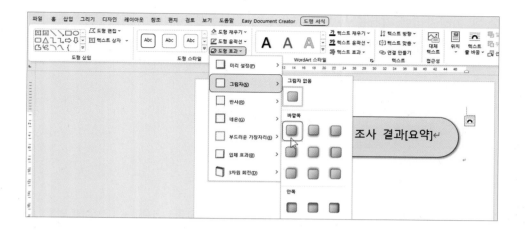

하면 된다! ﹜ 표를 사용해 제목 상자 만들기

텍스트 상자나 도형으로 만든 제목 상자와 달리 표를 사용해
제목 상자를 만들면 상하좌우의 선 종류를 다르게 설정할 수
있습니다.

함께 보면 좋은
동영상 강의

1. 앞에서 만든 제목 상자 끝부분에 커서를 두고 [Enter] 를 두
번 눌러 아래로 커서를 옮긴 후 [삽입] 탭 → [표] 그룹 → [표]
→ 1×1 표를 선택합니다.

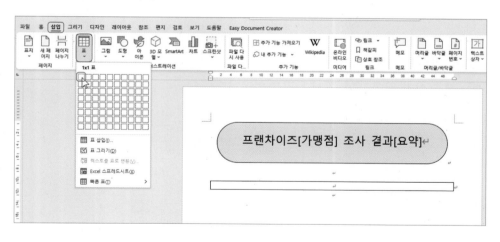

2. 표 가장자리에 커서를 두면 테두리 높이나 너비를 조절할 수 있는 커서 모양이 됩니다. 커서를 해당 위치에 놓고 마우스 왼쪽 버튼으로 누르고 드래그해 높이를 조금 늘입니다.

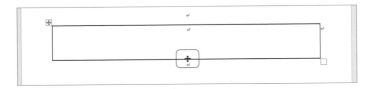

3. 제목을 복사해 붙여넣기 한 후 [레이아웃] 탭 → [맞춤] 그룹 → [가운데 맞춤]을 선택합니다.

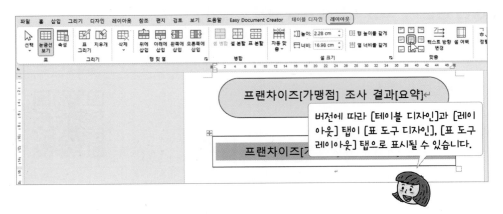

4. 표를 선택한 상태에서 ❶ [테이블 디자인] 탭 → [테두리] 그룹 → [펜 스타일] → 테두리 없음을 선택한 후 ❷ [테두리] → 왼쪽 테두리, 오른쪽 테두리를 선택해 표로 만든 제목 상자 왼쪽, 오른쪽 테두리를 없앱니다.

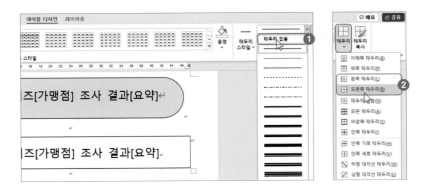

5. 이번에는 ❶ [펜 스타일] → 실선, ❷ [펜 두께] → 3 pt, ❸ [테두리] → 아래쪽 테두리, ❹ [음영] → 파랑, 강조 5, 80% 더 밝게를 선택합니다.

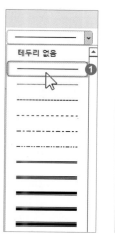 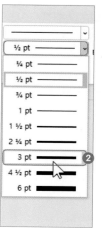  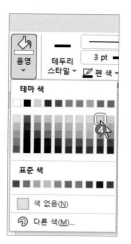

6. 표 기능으로 만든 제목 상자가 완성되었습니다.

프랜차이즈[가맹점] 조사 결과[요약].

하면 된다! ﹜ 단락 제목 상자 만들기

문서의 제목을 나타내는 제목 상자 외에도 문서 중간마다 작은 제목인 단락 제목도 제목 상자 모양으로 표를 이용해 꾸밀 수 있습니다.

함께 보면 좋은
동영상 강의

1. [삽입] 탭 → [표] 그룹 → [표] → 3×1 표를 선택해 표를 삽입합니다.

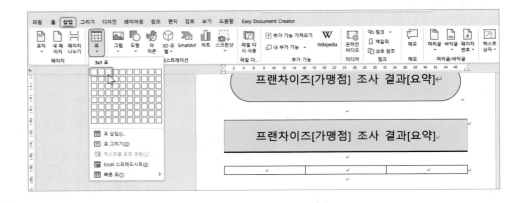

2. ❶ 첫 번째 셀에 1을 입력하고 세 번째 셀에 프랜차이즈[가맹점] 주요 현황을 입력한 후 표 전체를 선택합니다.

❷ [글꼴 크기]를 16으로 설정합니다.

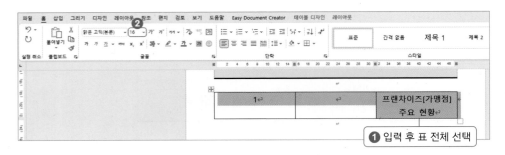

3. ❶ 첫 번째 셀과 두 번째 셀 너비를 적당히 줄입니다. 두 번째 셀 너비를 좀 더 작게 줄여야 하는데 현재 상태에서는 더 줄어들지 않습니다. 최소 여백이 설정되어 있기 때문입니다.

❷ 세 번째 셀은 왼쪽 정렬 합니다.

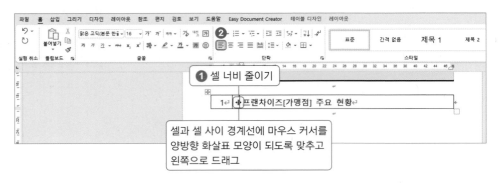

4. ❶ 두 번째 셀이 선택된 상태에서 [레이아웃] 탭 → [표] 그룹 → [속성]을 선택합니다.

❷ [표 속성] 대화상자에서 [셀] 탭 → [옵션]을 선택합니다

❸ [셀 옵션] 대화상자에서 [셀 여백]의 전체 표에 동일하게 적용의 체크 표시를 해제하고 ❹ [왼쪽], [오른쪽]에 모두 0을 입력한 후 ❺ [확인]을 누릅니다.

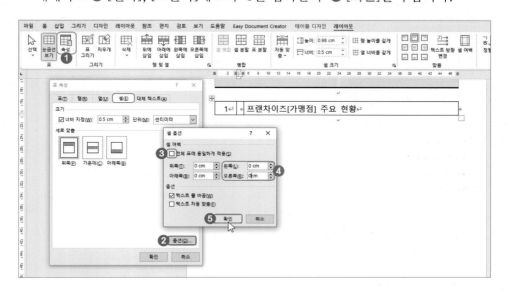

5. [표 속성] 대화상자에서 [너비 지정]을 0.2로 수정합니다.

6. ❶ 두 번째 셀이 선택된 상태에서 [테이블 디자인] 탭 → [테두리] 그룹 → [펜 스
타일] → 테두리 없음을 선택합니다.

❷ [테두리] → 위쪽 테두리와 아래쪽 테두리를 선택해 테두리를 없앱니다.

7. 제목 상자로 만든 단락 제목이 완성되었습니다.

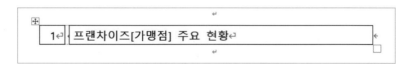

하면 된다! } 빠른 문서 요소에 등록하고 사용하기

앞에서 만든 제목 상자를 필요할 때마다 그때그때 만들어 쓰
자니 너무 불편합니다. 이때 **빠른 문서 요소** 기능을 이용하면
앞서 만든 제목 상자를 쉽게 만들 수 있습니다. 빠른 문서 요
소는 자주 사용할 만한 요소를 저장해 두고 필요할 때 불러와
사용하는 기능으로, 한글에서는 '상용구' 기능에 해당합니다.
사용자가 직접 만들지 않아도 이미 많은 요소가 만들어져 사
용할 수 있도록 준비되어 있지만, 여기에선 직접 만들어 **빠른**

함께 보면 좋은
동영상 강의

문서 요소에 등록하는 방법과 **빠른 문서 요소**를 사용하는 방법을 소개하겠습니다.

1. ❶ '빠른 문서 요소'에 등록할 제목 상자를 선택한 후 ❷ [삽입] 탭 → [텍스트] 그룹
→ [빠른 문서 요소] → [선택 영역을 빠른 문서 요소 갤러리에 저장]을 선택합니다.

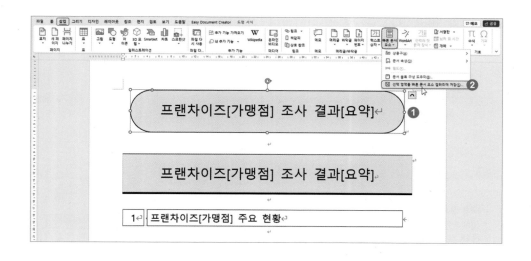

2. [새 문서 블록 만들기] 대화상자에서 ❶ [이름]
에 제목상자-텍스트 상자를 입력하고 ❷ [설명]에
텍스트 상자를 이용해 만든 제목상자를 입력한 후
❸ [확인]을 누릅니다.

3. ❶ 표를 이용해 만든 제목 상자를 선택하고 같은 방법으로 제목상자-표를 등록합
니다.

❷ 같은 방법으로 단락상자1도 등록합니다.

> 표 선택이 어렵다면 표 위의 ⊞를
> 누르면 쉽게 선택할 수 있습니다.

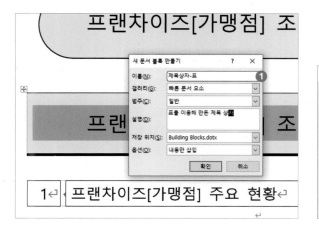

4. 등록된 '빠른 문서 요소'를 확인하려면 [삽입] 탭 → [텍스트] 그룹 → [빠른 문서 요소]를 선택합니다. '일반' 부분에 최근 등록한 빠른 문서 요소가 표시됩니다. 단락 상자1을 선택하면 다시 만들 필요 없이 재사용이 가능합니다.

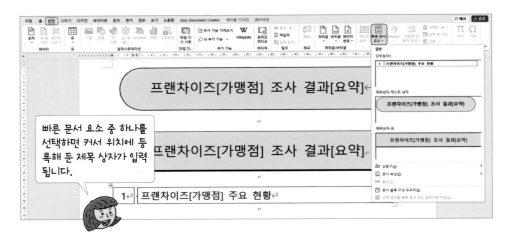

5. 등록된 목록을 확인하거나 수정 또는 삭제할 때에는 [삽입] 탭 → [텍스트] 그룹 → [빠른 문서 요소] → [문서 블록 구성 도우미]를 선택합니다. [문서 블록 구성 도우미] 대화상자에 기본으로 등록된 항목과 방금 등록한 항목이 모두 표시되는데, '갤러리' 기준으로 오름차순으로 정렬되어 있습니다.

질문 있어요! 빠른 문서 요소에 저장한 것을 다른 워드 파일에서도 사용할 수 있나요?

프로그램을 종료할 때 경고 창이 나타납니다. 빠른 문서 요소를 기록하는 파일인 'Building Blocks.dotx'에 수정된 내용을 저장할 것인가 물어보는 내용으로, [저장]을 누르면 다른 워드 파일에서도 사용할 수 있습니다.

02-3
서식을 일관성 있게 설정하는 스타일

• 실습 파일 02-3_실습.docx • 완성 파일 02-3_완성.docx

같은 수준의 내용에 같은 서식을 지정해 문서를 작성할 때 서식을 바꿀 경우 일일이 다시 바꿔야 하는 문제가 있습니다. 짧은 문서라면 하나씩 바꾼다고 해도 큰 어려움이 없지만, 여러 장의 문서라면 일일이 바꾸는 것은 너무 번거로운 작업입니다.

또 여러 문서를 만들 때 어떤 문서는 제목 글자 크기가 18pt이고 다른 문서는 20pt인 식으로 서식이 통일되지 않고 그때 그때 달라진다면 완성도에 있어 수준이 떨어져 보입니다. 한 사람이 만드는 문서뿐만 아니라 한 부서, 한 기관에서 만드는 문서는 일관성 있어야 합니다.

이러한 문제를 해결해 주는 것이 **스타일** 기능입니다. 스타일 기능으로 일관된 서식을 유지할 수 있습니다. 따로 지정하지 않으면 '표준' 스타일이 적용됩니다.

다음 표를 참고해서 3개 수준의 스타일을 추가해 빠르게 보고서를 편집하는 방법을 배워보겠습니다.

스타일	글머리 기호	글꼴 서식	단락 서식
글머리표1	□	글꼴/한글 글꼴: 바탕, 글꼴 크기: 14pt, 글꼴 스타일: 굵게	들여쓰기 왼쪽: 0cm, 단락 앞 간격: 15pt, 단락 뒤 간격: 8pt, 줄 간격: 배수, 1.08
글머리표2	○	글꼴/한글 글꼴: 바탕, 글꼴 크기: 12pt, 글꼴 스타일: 보통	단락 뒤 간격: 0pt
글머리표3	-	글꼴/한글 글꼴: 바탕, 글꼴 크기: 12pt	들여쓰기 왼쪽: 1.41cm, 단락 뒤 간격: 0pt

하면 된다! } 스타일 만들기

첫 번째 스타일 만들기

1. ❶ 2019년 프랜차이즈~로 시작하는 단락을 선택합니다.
❷ [홈] 탭 → [스타일] 그룹 → ⬇를 눌러 ❸ [스타일 만들기]
를 선택합니다.

함께 보면 좋은
동영상 강의

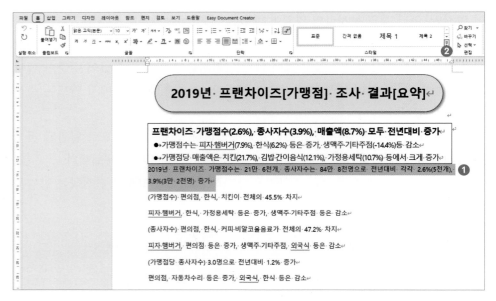

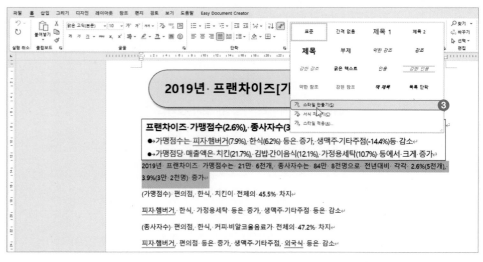

2. ❶ [서식에서 새 스타일 만들기] 대화상자에서 [이름]에 글머리표1을 입력한 후 ❷ [수정]을 누릅니다. 현재 선택된 단락 서식을 스타일로 등록하려면 바로 [확인]을 누르면 됩니다.

❸ 적용하려는 스타일에 맞게 서식을 수정하기 위해 왼쪽 아래 [서식]을 누르고 ❹ [글꼴]을 선택합니다.

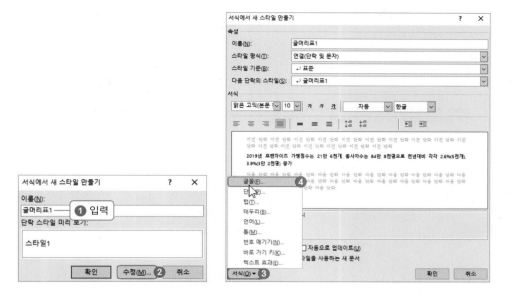

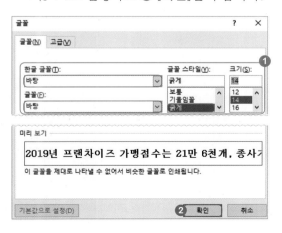

3. ❶ [글꼴] 대화상자에서 [한글 글꼴] 바탕, [글꼴] 바탕, [글꼴 스타일] 굵게, [크기] 14로 설정하고 ❷ [확인]을 누릅니다.

4. ❶ 이번에는 [서식] → [번호 매기기]를 선택합니다.

❷ [번호 매기기 및 글머리 기호] 대화상자에서 [글머리 기호] 탭 → [새 글머리 기호 정의]를 선택합니다.

5. ❶ [새 글머리 기호 정의] 대화상자에서 [기호]를 선택해 [기호] 대화상자를 실행합니다.

❷ [글꼴] (현재 글꼴), ❸ [하위 집합] 도형 기호, ❹ 기호 □를 선택합니다.

❺ [확인]을 계속 눌러 [서식에서 새 스타일 만들기] 대화상자로 돌아옵니다.

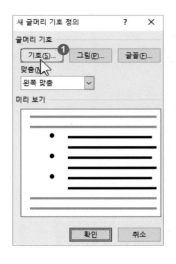
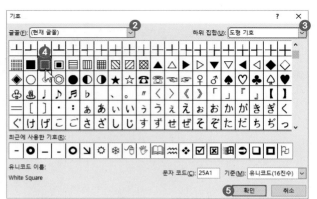

6. ❶ 이번에는 [서식] → [단락]을 선택해 [단락] 대화상자를 실행합니다.
❷ 들여쓰기는 [왼쪽] 0cm, ❸ 간격은 [단락 앞] 15pt로 선택합니다.
❹ [단락 뒤]는 기본값이 8pt, [줄 간격] 배수, [값] 1.08로 되어 있는데, 만약 다르다면 직접 입력합니다. ❺ 모두 입력하였다면 [확인]을 누릅니다.

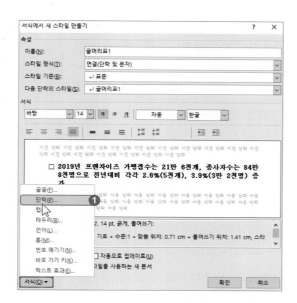

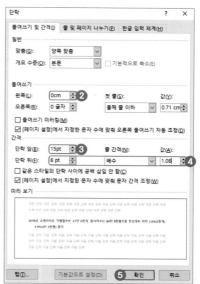

7. 새 스타일에 적용하려는 서식을 모두 선택했습니다. [확인]을 눌러 새 스타일을 만듭니다.

8. [스타일] 목록에 새로 만든 '글머리표1' 스타일이 추가되었고 선택한 단락에 스타일이 적용되었습니다.

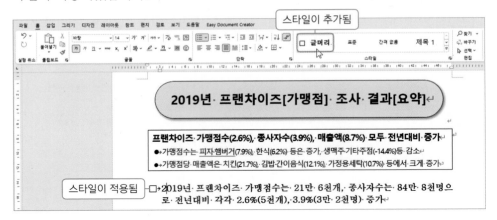

두 번째 스타일 만들기

1. ❶ (가맹점수) 편의점~으로 시작하는 단락을 선택합니다.

　　❷ [홈] 탭 → [스타일] 그룹 → ▼ → [스타일 만들기]를 선택합니다.

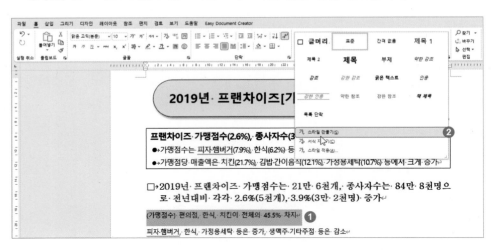

2. ❶ [서식에서 새 스타일 만들기] 대화상자에서 [이름]에 글머리표2를 입력하고 ❷ [수정]을 누릅니다.

3. ❶ [서식] → [글꼴]을 선택해 [글꼴] 대화상자를 실행합니다.

    ❷ [한글 글꼴]과 [글꼴] 모두 바탕, [글꼴 스타일] 보통, [크기] 12로 설정한 후

    ❸ [확인]을 누릅니다.

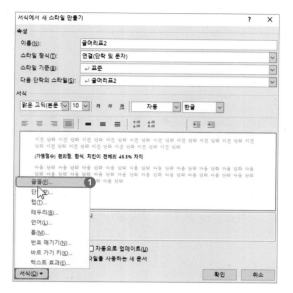

4. ❶ 이번에는 [서식] → [번호 매기기]를 선택합니다.

    ❷ [글머리 기호] 탭 → [새 글머리 기호 정의]를 선택합니다.

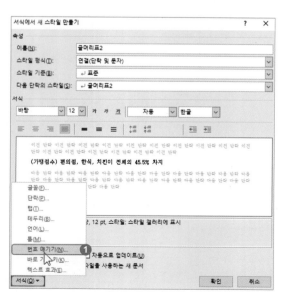
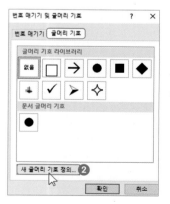

5. ❶ [새 글머리 기호 정의] 대화상자에서 [기호]를 선택해 [기호] 대화상자를 실행합니다.

❷ [글꼴] (현재 글꼴), ❸ [하위 집합] 도형 기호, ❹ 기호 ○를 선택한 후 ❺ [확인]을 누릅니다.

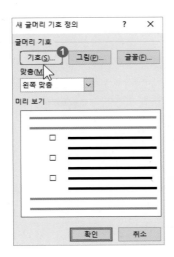

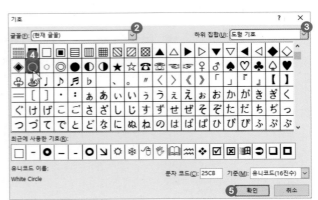

6. ❶ 이어서 [서식] → [단락]을 선택합니다.

❷ [단락] 대화상자에서 [단락 뒤] 간격에만 0을 입력하고 ❸ [확인]을 누릅니다.

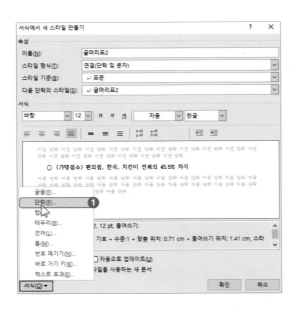

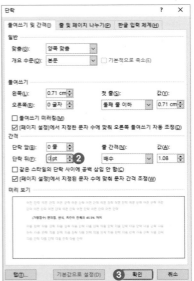

7. 스타일 이름과 선택한 서식을
확인한 후 [확인]을 누릅니다.

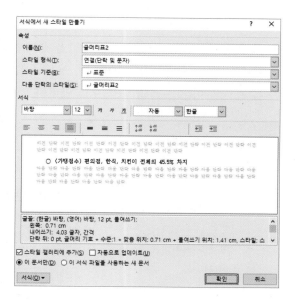

8. 새로 등록한 스타일 '글머리표2'가 [스타일] 목록에 표시되고 선택한 단락에 스타일이 적용되었습니다.

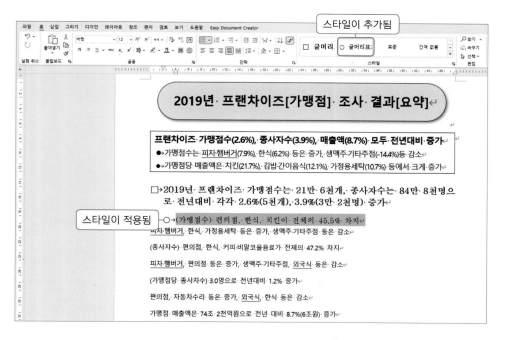

세 번째 스타일 만들기

1. ❶ 피자·햄버거~로 시작하는 단락을 선택합니다.

❷ [홈] 탭 → [스타일] 그룹 → ▽ → [스타일 만들기]를 선택합니다.

❸ 스타일 이름을 글머리표3으로 입력하고 ❹ [수정]을 누릅니다.

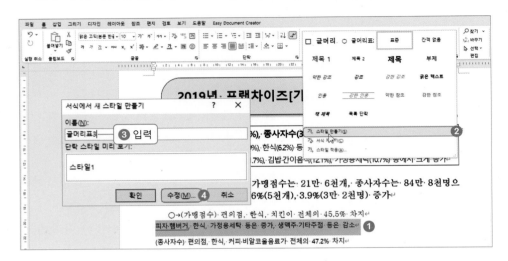

2. ❶ [서식] → [글꼴]을 선택합니다.

❷ [글꼴] 대화상자에서 [한글 글꼴] 바탕, [글꼴] 바탕, [글꼴 스타일] 보통, [크기] 12로 선택하고 ❸ [확인]을 누릅니다.

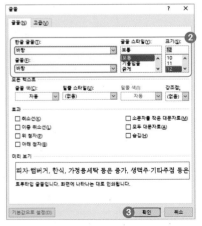

3. ① [서식] → [번호 매기기]를 선택합니다.

② [번호 매기기 및 글머리 기호] 대화상자에서 [글머리 기호] 탭 → [새 글머리 기호 정의]를 선택합니다.

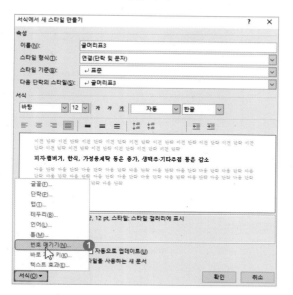

4. ① [새 글머리 기호 정의] 대화상자에서 [기호]를 선택해 [기호] 대화상자를 실행합니다.

② [글꼴] (현재 글꼴), ③ [하위 집합] 기본 라틴 문자, ④ 기호 –를 선택힌 후 ⑤ [확인]을 누릅니다.

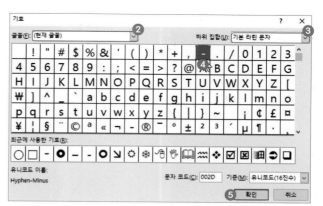

5. ❶ 이어서 [서식] → [단락]을 선택합니다.

　❷ [단락] 대화상자에서 [왼쪽] 들여쓰기를 1.41cm로, ❸ [단락 뒤] 간격을 0pt로 지정하고 ❹ [확인]을 누릅니다.

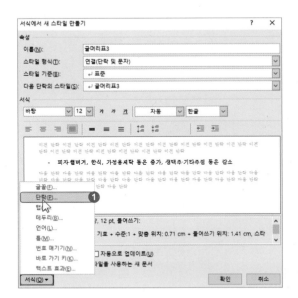

6. 서식이 제대로 선택되었는지 확인하고 [확인]을 누릅니다.

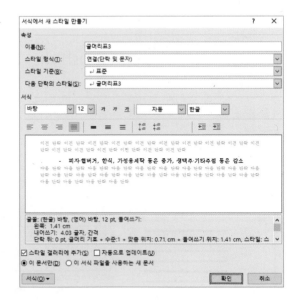

하면 된다! ⟩ 스타일 적용하기

1. ❶ (종사자수) 편의점~으로 시작하는 스타일을 적용할 단락을 선택합니다.

❷ [스타일] 그룹 → 글머리표2 스타일을 선택합니다.

함께 보면 좋은
동영상 **강의**

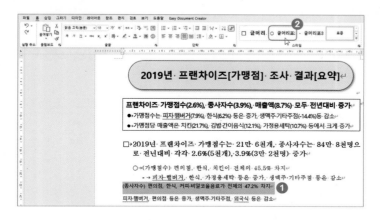

2. 해당 단락에 선택한 스타일이 적용되었습니다. 나머지 단락에도 다음과 같이 스타일을 적용합니다.

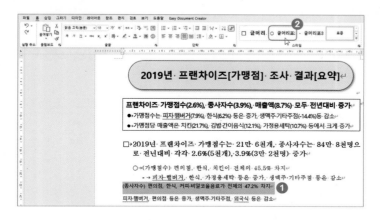

새로 만든 스타일 형식이 '연결(단락 및 문자)'이므로 적용할 단락이 여러 개 연속해 있지 않은 경우 범위를 선택하지 않고 커서만 해당 단락에 두고 스타일을 적용해도 됩니다. 스타일을 적용해야 할 단락이 많다면 스타일에 바로 가기 키를 지정해 사용할 수도 있습니다.

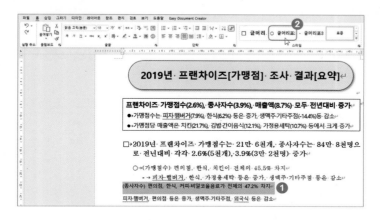

하면 된다! 〉 문자 스타일 등록하기

스타일이 적용된 단락 중 일부 텍스트에만 강조 서식을 적용하려고 합니다. 이때 스타일 형식 중 '문자' 스타일을 사용합니다. [스타일] 목록에 있는 기본 스타일 중 '굵은 텍스트'의 스타일 형식이 '문자'이고 [글꼴]의 '굵게'를 적용하는 스타일입니다.

함께 보면 좋은
동영상 강의

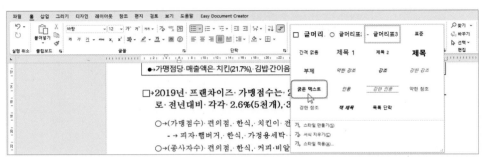

따라서 새 스타일을 만들 필요 없이 '굵은 텍스트' 스타일을 사용하면 되지만, 여기서는 [스타일 만들기]를 선택해 스타일 형식이 '문자' 스타일인 스타일을 만드는 방법을 배워보겠습니다.

1. ❶ 본문 텍스트에서 (가맹점수)를 선택한 후 ❷ [홈] 탭 → [스타일] 그룹 → ⬇ → [스타일 만들기]를 선택합니다.

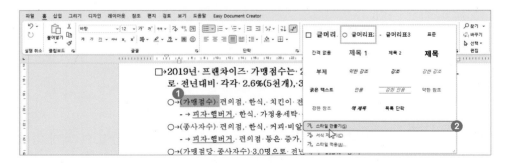

2. ❶ 스타일 [이름]을 문자 강조로 입력하고 ❷ [수정]을 누릅니다.
❸ [스타일 형식]을 문자로 선택하고 ❹ [서식]에서 굵게를 선택한 뒤 ❺ [확인]을 누릅니다.

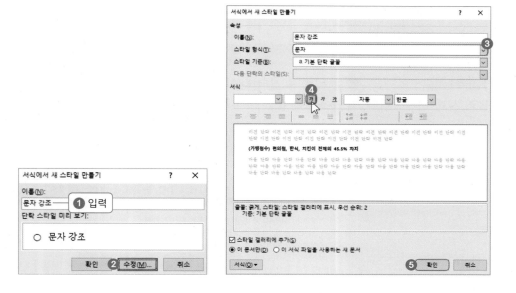

3. 본문에서 괄호로 묶인 문자를 선택한 후 새로 만든 문자 강조 스타일을 선택해 각각 적용합니다.

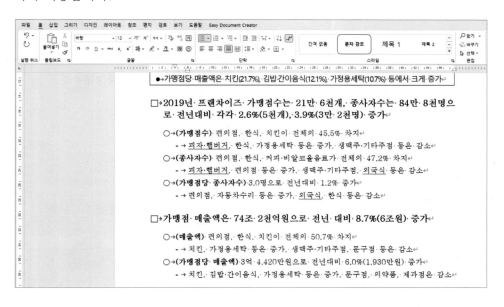

하면 된다! } 스타일 수정하기

스타일로 서식을 적용하면 서식을 수정할 일이 있을 때 적용한 서식 스타일만 수정하면 각 단락의 서식이 한꺼번에 바뀝니다. 여러 페이지로 된 문서인 경우 빠르게 서식을 변경할 수 있어 효율적입니다.

함께 보면 좋은
동영상 강의

1. [홈] 탭 → [단락] 그룹 → [편집 기호 표시/숨기기 ↵]를 눌러 선택 해제합니다. 화면에서 편집 기호가 숨겨집니다.

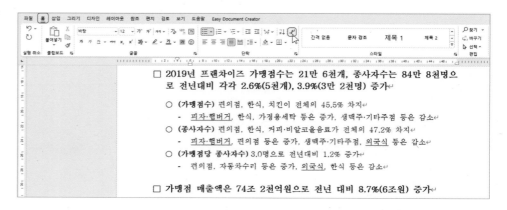

2. '글머리표3' 스타일이 적용된 단락을 보면 글머리 기호와 본문 글자 사이 간격이 많이 벌어져 있습니다. 해당 단락에 커서를 두면 위쪽 눈금자에 표식이 나타납니다.

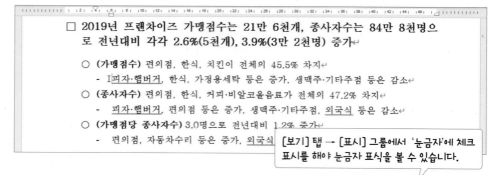

[보기] 탭 → [표시] 그룹에서 '눈금자'에 체크 표시를 해야 눈금자 표식을 볼 수 있습니다.

3. 아래쪽 삼각형 부분에 커서를 두고 마우스 왼쪽 버튼으로 누르고 왼쪽으로 조금 끌어 본문 글자를 글머리 기호 가까이 붙입니다.

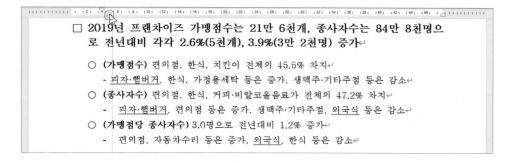

4. 커서를 수정한 단락에 두고 [스타일] 목록에서 글머리표3을 마우스 오른쪽 버튼으로 누른 후 [선택 영역과 일치하도록 글머리표3 업데이트]를 선택합니다.

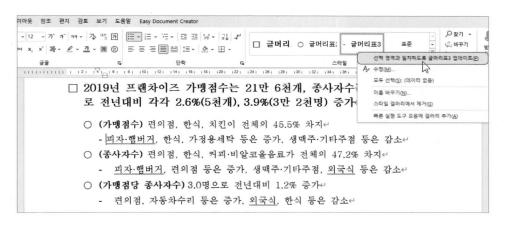

5. '글머리표3' 스타일이 적용된 단락들이 모두 변경됩니다.

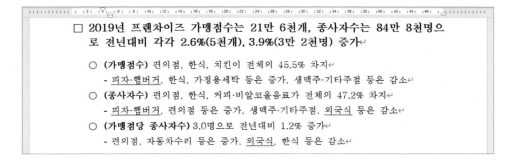

6. 이번에는 '문자 강조' 스타일을 수정해 보겠습니다. [스타일] 목록에서 문자 강조 스타일을 마우스 오른쪽 버튼으로 누른 후 [수정]을 선택합니다.

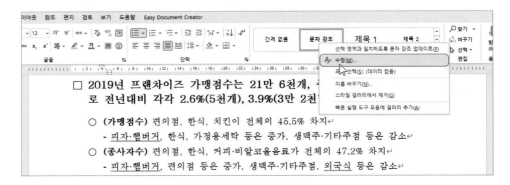

7. ❶ [스타일 수정] 대화상자에서 [서식] → [테두리]를 선택합니다.

❷ [테두리 및 음영] 대화상자에서 [음영] 탭 → [채우기] → 파랑, 강조 5, 80% 더 밝게를 선택한 후 ❸ [확인]을 누릅니다.

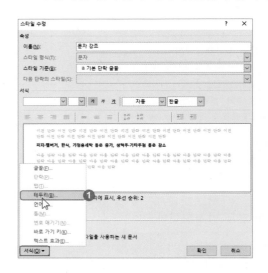

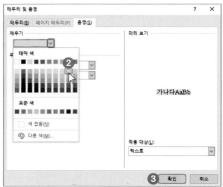

8. [스타일 수정] 대화상자를 보면 텍스트에 음영이 삽입된 서식으로 변경된 것이 표시됩니다.

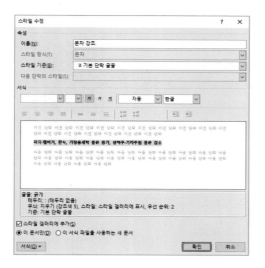

9. '문자 강조' 스타일이 적용된 문자들이 일괄 수정되었습니다.

2019년 프랜차이즈[가맹점] 조사 결과[요약]

프랜차이즈 가맹점수(2.6%), 종사자수(3.9%), 매출액(8.7%) 모두 전년대비 증가
- 가맹점수는 피자·햄버거(7.9%), 한식(6.2%) 등은 증가, 생맥주·기타주점(-14.4%)등 감소
- 가맹점당 매출액은 치킨(21.7%), 김밥·간이음식(12.1%), 가정용세탁(10.7%) 등에서 크게 증가

□ 2019년 프랜차이즈 가맹점수는 21만 6천개, 종사자수는 84만 8천명으로 전년대비 각각 2.6%(5천개), 3.9%(3만 2천명) 증가
  ○ (가맹점수) 편의점, 한식, 치킨이 전체의 45.5% 차지
    - 피자·햄버거, 한식, 가정용세탁 등은 증가, 생맥주·기타주점 등은 감소
  ○ (종사자수) 편의점, 한식, 커피·비알코올음료가 전체의 47.2% 차지
    - 피자·햄버거, 편의점 등은 증가, 생맥주·기타주점, 외국식 등은 감소
  ○ (가맹점당 종사자수) 3.0명으로 전년대비 1.2% 증가
    - 편의점, 자동차수리 등은 증가, 외국식, 한식 등은 감소

□ 가맹점 매출액은 74조 2천억원으로 전년 대비 8.7%(6조원) 증가
  ○ (매출액) 편의점, 한식, 치킨이 전체의 50.7% 차지
    - 치킨, 가정용세탁 등은 증가, 생맥주·기타주점, 문구점 등은 감소
  ○ (가맹점당 매출액) 3억 4,420만원으로 전년대비 6.0%(1,930만원) 증가
    - 치킨, 김밥·간이음식, 가정용세탁 등은 증가, 문구점, 의약품, 제과점은 감소

하면 된다! 〉 스타일 삭제하기

이번에는 앞에서 만든 '문자 강조' 스타일을 삭제해 보겠습니다.

함께 보면 좋은
동영상 강의

1. ❶ [홈] 탭 → [스타일] 그룹 → ⬛를 선택합니다.
   ❷ [스타일] 창에서 문자 강조 스타일에 마우스 커서를 두면 오른쪽에 펼침 표시(▼)가 생깁니다. 이것을 눌러 [문자 강조 삭제]를 선택합니다.

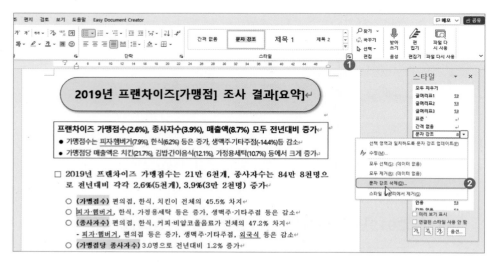

2. 경고 창에서 [예]를 선택하면 '문자 강조' 스타일이 삭제됩니다.

질문 있어요! 만든 스타일을 다른 문서에서 사용할 수 있게 설정하려면 어떻게 하나요?

스타일을 새로 만들거나 수정할 때 [스타일 수정] 대화상자에서 [이 서식 파일을 사용하는 새 문서]을 선택하고 [확인]을 누르면 Normal.dotm이 란 이름의 기본 서식 파일에 저장됩니다. Normal.dotm에 저장된 서식은 모든 워드 문서에서 사용할 수 있습니다.

02-4
글머리 기호, 번호 매기기, 다단계 목록 활용하기

• 실습 파일 새 문서, 02-4_실습.docx   • 완성 파일 02-4_완성_1~2.docx

목록을 나열할 때 글 앞에 글머리 기호나 번호를 매겨 나타내는데, 이때 나열하는 순서의 의미가 없으면 글머리 기호를 붙이고, 순서대로 나열하는 경우에는 번호를 매겨 나타냅니다.

목록은 제1장, 제1절, 제1항 등의 형식으로 수준별로 나타낼 수 있습니다. 문서 전체에서 목록을 수준별로 나타내는 경우엔 **다단계 목록**을 이용합니다.

하면 된다! 〉 번호 매기기

[번호 매기기] 기능을 적용해 내용을 입력해 보겠습니다.

함께 보면 좋은
동영상 강의

1. 새 문서에서 [홈] 탭 → [단락] 그룹 → [번호 매기기]를 선택하면 번호 1.이 입력됩니다.

2. 번호 1. 옆에 행정업무운영 개요를 입력하고 (Enter)를 누릅니다. 다음 행에 2.가 자동 입력됩니다.

3. ❶ `Tab` 을 누르면 한 수준을 내려 A.가 입력됩니다.

   ❷ 업무의 의의라고 입력한 후 `Enter` 를 누릅니다. B.가 입력됩니다.

4. 이어서 운영의 의의를 입력하고 `Enter` 를 누릅니다. 같은 방법으로 행정업무의 효율적 운영의 의의, 행정업무운영 제도의 발전 과정을 각각 입력하고 `Enter` 를 누릅니다.

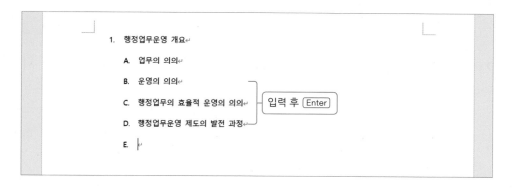

5. ❶ E.에서 `Shift` + `Tab` 을 눌러 한 수준 올리고 공문서 관리 등 행정업무의 처리를 입력하고 ❷ `Enter` 를 누릅니다.

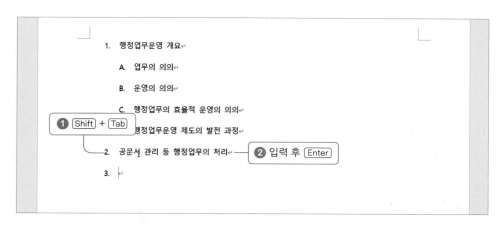

6. 다시 Tab 을 눌러 한 수준 내리고 공문서의 작성 및 처리, 업무관리시스템의 구축, 운영, 서식의 재정 및 활용, 관인의 관리를 각각 입력합니다.

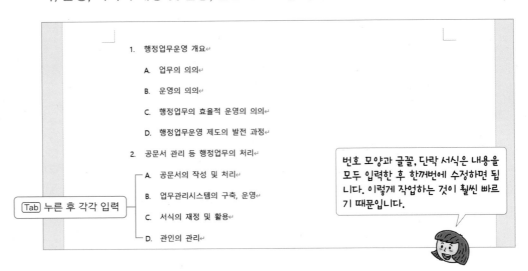

1. 행정업무운영 개요
   A. 업무의 의의
   B. 운영의 의의
   C. 행정업무의 효율적 운영의 의의
   D. 행정업무운영 제도의 발전 과정
2. 공문서 관리 등 행정업무의 처리
   A. 공문서의 작성 및 처리 ← Tab 누른 후 각각 입력
   B. 업무관리시스템의 구축, 운영
   C. 서식의 재정 및 활용
   D. 관인의 관리

> 번호 모양과 글꼴, 단락 서식은 내용을 모두 입력한 후 한꺼번에 수정하면 됩니다. 이렇게 작업하는 것이 훨씬 빠르기 때문입니다.

7. [번호 매기기]를 적용하면 자동으로 들여쓰기가 되는데, 이것을 기본 위치로 되돌리겠습니다.

❶ Ctrl + A 를 눌러 입력한 내용을 모두 선택하고 ❷ [홈] 탭 → [단락] 그룹 → [내어쓰기]를 한 번 누릅니다. 수준별로 들여쓰기 된 상태를 유지하면서 기본 위치로 내어쓰기 됩니다.

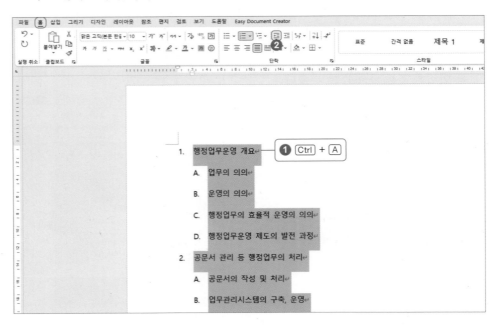

하면 된다! } 번호 모양 바꾸기

이번에는 번호 모양을 제1장, 제1절 형식으로 바꿔보겠습니다.

함께 보면 좋은
동영상 강의

1. 번호를 선택하면 같은 수준이 동시에 선택됩니다.

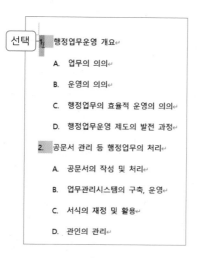
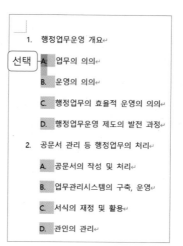

2. ❶ 첫 번째 수준의 번호를 선택한 후 [홈] 탭 → [단락] 그룹 → [번호 매기기 ▾] → [새 번호 서식 정의]를 선택합니다.

❷ [새 번호 서식 정의] 대화상자에서 [번호 서식]에 1.으로 입력되어 있는 것을 번호 스타일인 1은 그대로 두고 앞에 제, 뒤에 장을 입력하고 .는 삭제합니다.

❸ [확인]을 누릅니다.

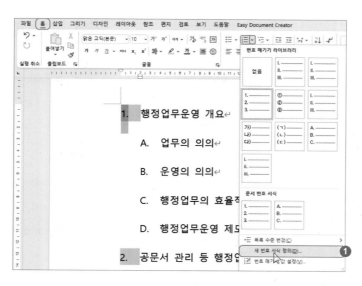

3. ❶ 두 번째 수준의 번호에 커서를 두고 다시 [새 번호 서식 정의]를 선택합니다.

❷ [번호 스타일]이 'A'로 입력되어 있는데 이것을 1, 2, 3, ...으로 바꾸면 [번호 서식]이 1.로 자동 입력됩니다.

❸ 1은 그대로 두고 앞에 제, 뒤에 절을 입력하고 .는 삭제합니다.

❹ [확인]을 누릅니다.

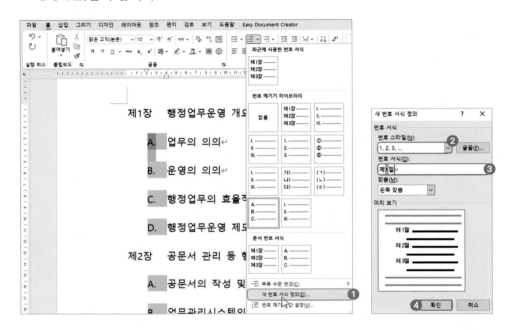

4. 번호 모양은 변경되었지만 번호와 내용 사이 간격이 넓어졌네요. 간격을 줄여보겠습니다. 내어쓰기에 마우스 커서를 맞추고 Alt 를 눌러 오른쪽, 왼쪽으로 드래그하여 원하는 간격으로 변경합니다. Alt 를 누르면 미세하게 간격을 조절할 수 있습니다. 같은 방법으로 두 번째 수준도 간격을 조절합니다.

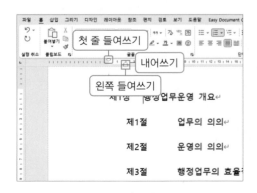

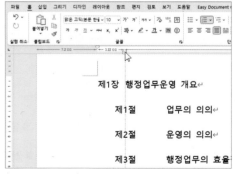

5. '제2장 공문서 관리 등 행정업무의 처리' 문단은 번호와 내용의 간격을 다시 조절할 필요 없이 앞에서 설정한 것을 서식 복사하면 됩니다.

❶ 제1장 행정업무운영 개요에 커서를 두고 ❷ [서식 복사]를 선택합니다.

❸ 제2장 공문서 관리 등 행정업무의 처리 범위를 선택하면 간격이 그대로 적용됩니다.

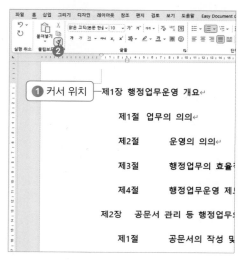
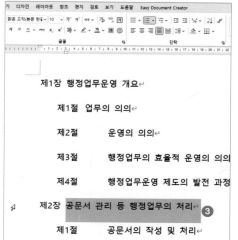

6. 같은 방법으로 제1절 업무의 의의에 커서를 두고 [서식 복사]를 더블클릭한 후 제2절 운영의 의의에서 제4절 행정업무운영 제도의 발전 과정까지 범위를 선택해 서식 복사를 합니다. 그런 다음 제2장 아래 제1절 공문서 작성 및 처리에서 제4절 관인의 관리까지 범위를 선택하면 간격이 그대로 적용됩니다.

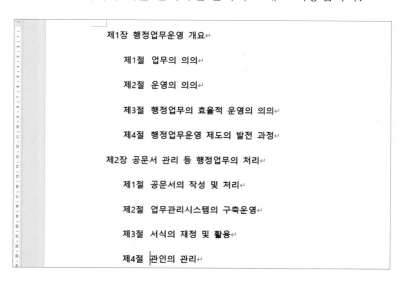

질문 있어요! 번호와 내용 사이 간격이 일정하지 않을 때 어떻게 하나요?

번호 자릿수가 커지면 번호와 내용 사이 간격이 일정하지 않게 됩니다. 이런 경우 번호를 오른쪽 맞춤 하면 됩니다.
자세한 내용은 동영상 강의를 참고하세요.

함께 보면 좋은
동영상 강의

I. 문서의 개요	I. 문서의 개요
II. 문서의 성립과 효력 발생	II. 문서의 성립과 효력 발생
III. 문서 작성의 일반 원칙	III. 문서 작성의 일반 원칙
IV. 문서의 작성 기준	IV. 문서의 작성 기준
V. 문서의 구성 체계	V. 문서의 구성 체계
VI. 문서의 기안	VI. 문서의 기안

1. ❶ 번호를 선택한 후 ❷ [홈] 탭 → [단락] 그룹 → [번호 매기기] → [새 번호 서식 정의]를 선택해 [새 번호 서식 정의] 대화상자를 실행합니다. ❸ 오른쪽 맞춤을 선택하고 ❹ [확인]을 누릅니다.

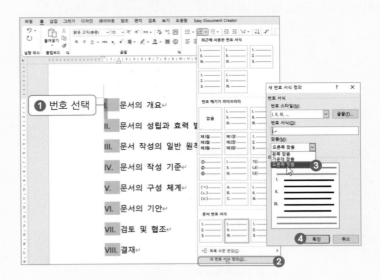

504   셋째마당 • 보고 잘하는 사람, 된다! 워드

2. 번호가 오른쪽 맞춤 되어 간격은 일정해졌지만 번호와 내용 사이 간격이 너무 넓어져 간격을 줄여 보기 좋게 해보겠습니다.

❶ I. 문서의 개요에 커서를 두고 ❷ 내어쓰기에 마우스 커서를 맞춘 후 Alt 를 누른 채로 드래그해 번호와 내용의 간격을 맞춥니다.

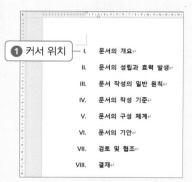
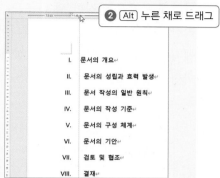

3. ❶ I. 문서의 개요에 커서를 두고 ❷ [서식 복사]를 누른 후 ❸ II. 문서의 성립과 효력 발생에서 VIII. 결재까지 범위를 선택해 번호와 내용의 사이 간격이 같도록 복사합니다.

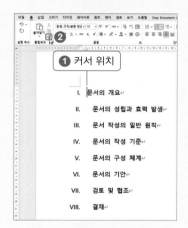
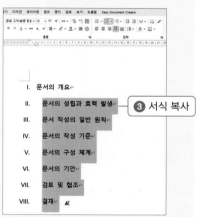

하면 된다! } 다단계 목록 설정하기

다단계 목록을 설정하면 글머리 기호나 번호를 넣는 것뿐만
아니라, 스타일과 연결해 서식을 바로 지정할 수 있고 자동으
로 제목 차례도 만들 수 있습니다.
다단계 목록을 설정한 뒤 내용을 작성하는 것이 보통인데, 편
리한 실습을 위해 내용이 입력되어 있는 실습 파일에서 다음
예시를 참고해 다단계 목록을 설정해 보겠습니다.
이번 실습은 02-4_실습_2.docx 파일에서 진행합니다.

함께 보면 좋은
동영상 강의

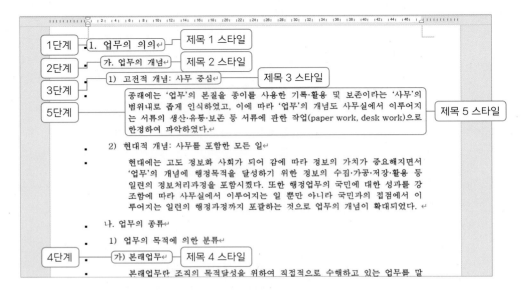

1. ❶ 첫 단락에 커서를 두고 ❷ [홈] 탭 → [단락] 그룹 → [다단계 목록] → [새 다단
계 목록 정의]를 선택합니다.

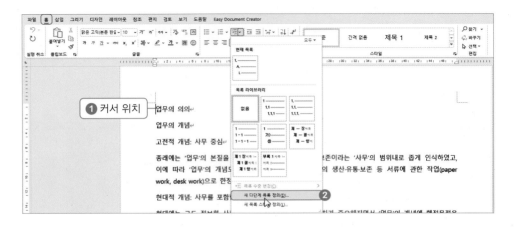

2. ❶ [새 다단계 목록 정의] 대화상자 아래에 있는 [자세히]를 누릅니다.

❷ [번호의 서식을 입력하세요]에서 현재 표시된 번호 스타일 1 뒤에 .을 추가합니다.

❸ [단계에 연결할 스타일]에서 제목 1을 선택합니다.

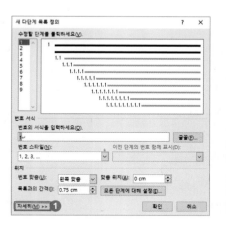
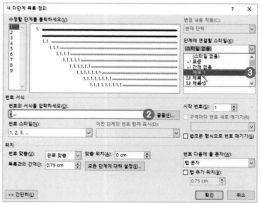

3. ❶ 2단계를 선택합니다.

❷ [번호의 서식을 입력하세요]에 기본으로 설정된 서식을 지우고 [번호 스타일]에서 가, 나, 다 …를 선택합니다.

❸ [번호의 서식을 입력하세요]에 가가 입력되면 뒤에 .을 추가합니다.

❹ [단계에 연결할 스타일]에서 제목 2를 선택합니다.

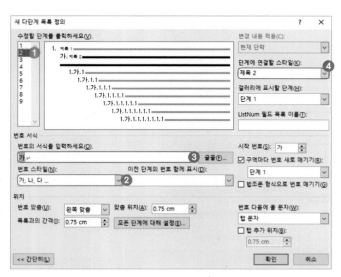

4. ❶ 3단계를 선택합니다.

❷ 기존 입력된 번호 서식을 지우고 [번호 스타일]에서 1, 2, 3, ...을 선택합니다.

❸ [번호의 서식을 입력하세요]에 1이 입력되면)를 추가합니다.

❹ [단계에 연결할 스타일]에서 제목 3을 선택합니다.

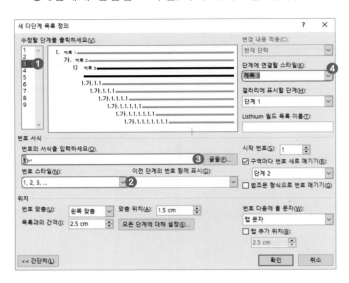

5. ❶ 4단계를 선택합니다.

❷ 기존 입력된 번호 서식을 지우고 [번호 스타일]에서 가, 나, 다 ...를 선택합니다.

❸ [번호의 서식을 입력하세요]에 가가 입력되면)를 추가합니다.

❹ [단계에 연결할 스타일]에서 제목 4를 선택합니다.

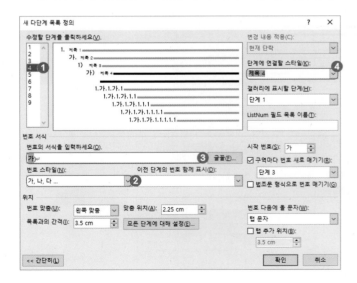

6. ❶ 마지막으로 5단계를 선택합니다.

❷ 번호 서식을 지우고 [번호 스타일]을 (없음)으로 선택합니다.

❸ [단계에 연결할 스타일]에서 제목 5를 선택한 후 ❹ [확인]을 누릅니다.

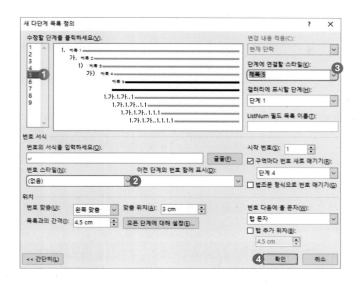

7. 현재 문서에 적용해 보겠습니다.

❶ 업무의 개념에 커서를 두고 ❷ [다단계 목록] → [현재 목록]을 선택합니다.

❸ (Tab)을 눌러 2단계로 변경합니다.

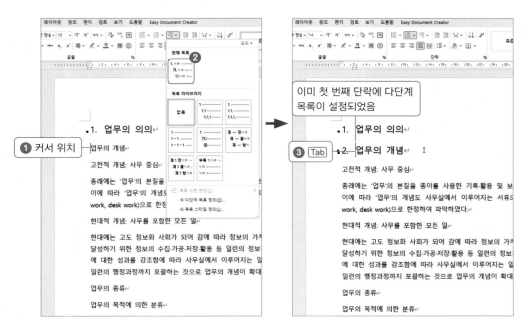

8. ❶ 고전적 개념~에 커서를 두고 같은 방법으로 [다단계 목록]을 적용한 후 Tab 을
두 번 눌러 3단계로 변경합니다.

❷ 종래에는~에 커서를 둡니다. 이 단락은 4단계가 아닌 5단계로 적용하겠습니
다. [다단계 목록]을 적용한 후 Tab 을 네 번 눌러 5단계로 변경합니다.

1. 업무의 의의↵	1. 업무의 의의↵
가. 업무의 개념↵	가. 업무의 개념↵
1) 고전적 개념: 사무 중심↵	1) 고전적 개념: 사무 중심↵
종래에는 '업무의 본질을 종이를 사용한 기록·활용 및 보존이라는 [❶ Tab 을 두 번 누름] 실에서 이루어지는 서류의 생산·유 work, desk work)으로 단순히 파악하였다.↵	종래에는 '업무'의 본질을 종이를 사용한 범위내로 좁게 인식하였고, 이에 따라 '업 [❷ Tab 을 네 번 누름] 통·보존 등 서류에 관한 였다.↵
현대적 개념: 사무를 포함한 모든 일↵	

9. ❶ 현대적 개념~에 커서를 두고 [다단계 목록]을 적용한 후 Tab 을 두 번 누릅니
다. 3단계가 적용되었죠?

❷ 현대에는~에 커서를 두고 [다단계 목록]을 적용한 후 Tab 을 네 번 누릅니다.
5단계가 적용됩니다.

2) 현대적 개념: 사무를 포함한 모든 일↵	2) 현대적 개념: 사무를 포함한 모든 일↵
현대에는 고도 정보화 사회가 되어 감에 따라 정보의 가치가 중요하 [❶ Tab 을 두 번 누름] 저장·활용 등 일련의 정보처리과정을 사무실에서 이루어지는 일 뿐만 아 일련의 행정과정까지 포괄하는 것으로 업무의 개념이 확대되었다.↵	현대에는 고도 정보화 사회가 되어 감에 '업무'의 개념에 행정목적을 달성하기 위 [❷ Tab 을 네 번 누름] 음을 포함시켰다. 또한 행 에서 이루어지는 일 뿐 어지는 일련의 행정과정까지 포괄하는 것
업무의 종류↵	
업무의 목적에 의한 분류↵	업무의 종류↵
본래업무↵	업무의 목적에 의한 분류↵

하면 된다! } 다단계 목록 스타일 변경하기

현재 문서는 다단계 목록 번호와 스타일에 설정된 기본 글꼴,
단락으로 문서 모양이 마음에 들지 않습니다. 이 경우 스타일
을 수정하면 됩니다.

함께 보면 좋은
동영상 **강의**

1. 스타일 그룹에서 ⬜를 눌러 [스타일] 창을 엽니다. 스타일
창은 왼쪽에 배치하겠습니다.

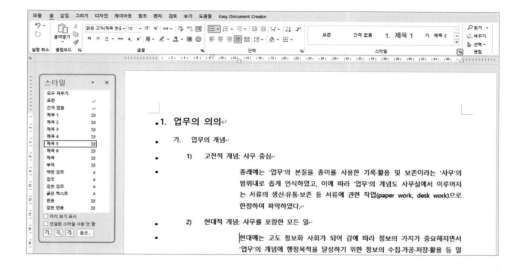

2. ❶ 업무의 의의에 블록을 지정합니다.

❷ [글꼴]을 바탕으로 변경합니다.

❸ [스타일] 창에서 제목 1을 마우스 오른쪽 버튼으로 눌러 [선택 영역과 일치하도록 제목 1 업데이트]를 선택합니다. 방금 변경한 글꼴이 스타일에 적용됩니다.

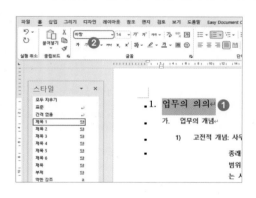

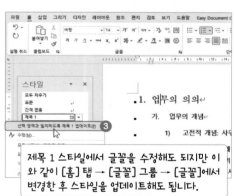

제목 1 스타일에서 글꼴을 수정해도 되지만 이와 같이 [홈] 탭 → [글꼴] 그룹 → [글꼴]에서 변경한 후 스타일을 업데이트해도 됩니다.

3. ❶ 2단계에 해당하는 업무의 개념에 블록을 지정합니다.

❷ [글꼴] 바탕, [글꼴 크기] 12로 변경합니다.

❸ [내어쓰기]를 왼쪽으로 조금 드래그해 번호와 내용의 간격을 조금 좁게 변경합니다.

❹ [왼쪽 들여쓰기]를 왼쪽으로 드래그해 예시와 같은 위치에 배치합니다.

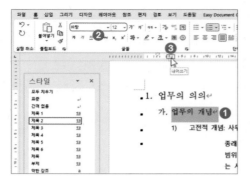
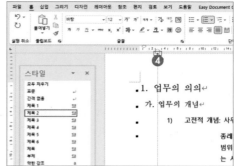

4. 변경된 서식을 제목 2 스타일에 반영하겠습니다. [스타일] 창에서 제목 2를 마우스 오른쪽 버튼으로 눌러 [선택 영역과 일치하도록 제목 2 업데이트]를 선택합니다. 현재 문서에 제목 2 스타일이 적용되어 있거나 앞으로 적용할 단락에 그대로 적용됩니다.

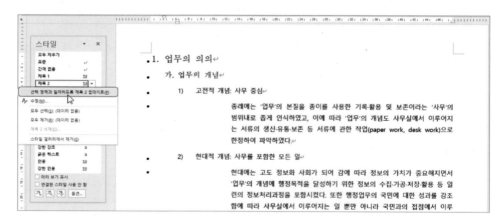

5. ❶ 3단계에 해당하는 고전적 개념~을 블록 지정합니다.

❷ [글꼴] 바탕, [글꼴 크기] 12로 변경합니다.

❸ [왼쪽 들여쓰기 ▢]를 왼쪽으로 드래그해 예시와 같은 위치에 배치하고 번호와 내용의 간격을 조금 변경합니다.

❹ 다시 3단계 고전적 개념~을 블록 지정합니다.

❺ [스타일] 창에서 제목 3을 마우스 오른쪽 버튼으로 눌러 [선택 영역과 일치하도록 제목 5 업데이트]를 선택합니다.

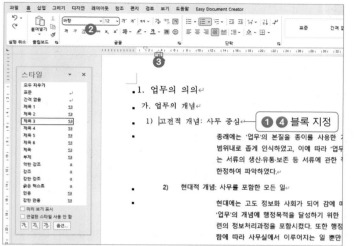
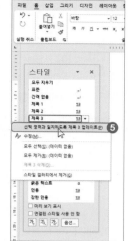

6. ❶ 5단계에 해당하는 종래에는~에 블록을 지정합니다.

    ❷ [글꼴] 바탕, [글꼴 크기] 12로 변경합니다.

    ❸ [왼쪽 들여쓰기 ▢]를 왼쪽으로 드래그해 예시와 같은 위치에 배치합니다.
단계별 문서 모양이 보기 좋게 변경되었습니다.

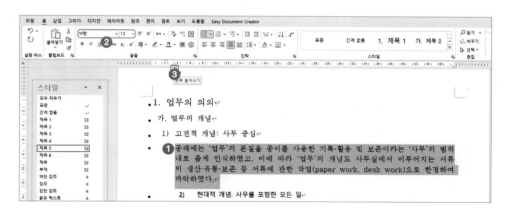

7. ❶ 방금 서식을 변경한 종래에는~ 단락에 커서를 둡니다.

    ❷ [스타일] 창에서 제목 5를 마우스 오른쪽 버튼으로 눌러 [선택 영역과 일치하도록 제목 5 업데이트]를 선택합니다.

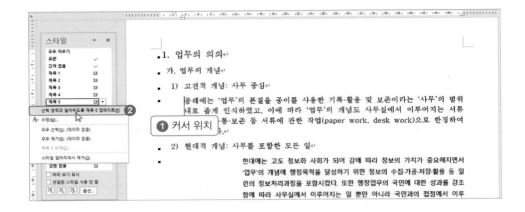

반복해서 서식을 변경한 후 [스타일] 창에서 스타일 업데이트를 해보았습니다. 나머지 단락에 다단계 목록을 적용해 보겠습니다. 앞에서와 같이 적용해도 되지만 스타일까지 모두 수정되었기 때문에 단락에 스타일을 적용하는 것만으로 다단계 목록과 스타일에 설정된 서식이 한 번에 적용됩니다.

8. ❶ 업무의 종류에 커서를 두고 [스타일] 창에서 제목 2 스타일을 선택합니다.
❷ 업무의 목적에~에 커서를 두고 제목 3 스타일을 적용합니다.

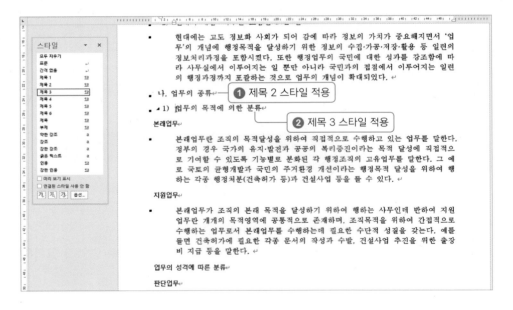

9. 본래업무는 4단계에 해당하는데 앞서 4단계를 적용할 단락이 없어 설정하지 않았습니다.

❶ 본래업무에 커서를 두고 [다단계 목록]을 현재 목록으로 적용한 후 Tab 을 세 번 누르고 ❷ [글꼴] 바탕, [글꼴 크기] 12로 변경합니다.

❸ [내어쓰기 ◻]와 [왼쪽 들여쓰기 ◻]로 예시와 같은 위치에 배치하고 ❹ [스타일] 창에서 제목 4를 마우스 오른쪽 버튼으로 눌러 [선택 영역과 일치하도록 제목 4 업데이트]를 선택합니다.

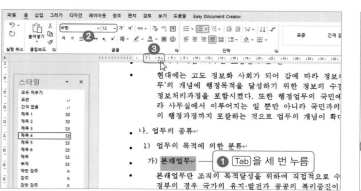

10. [스타일] 창에서 스타일을 선택해 각 단락에 적용합니다.

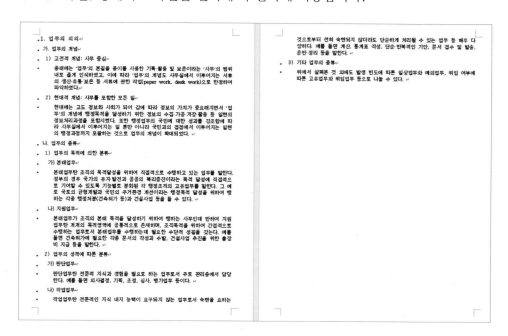

질문 있어요! 자동 번호 매기기는 어떻게 해제하나요?

내용을 입력할 때 특정한 글자(-, *, 1.)로 시작되는 단락을 입력하면 자동으로 번호 매기기나 글머리 기호가 적용되는 경우가 있습니다. [입력할 때 자동 서식] 기능이 활성화되어 있기 때문입니다.

자동 번호 매기기 기능을 해제하려면 먼저 [파일] → [옵션]을 선택해 [Word 옵션] 대화상자에서 [언어 교정] → [자동 고침 옵션]을 누릅니다. [자동 고침] 대화상자가 실행되면 [입력할 때 자동 서식] 탭을 선택해 [자동으로 글머리 기호 넣기]와 [자동으로 번호 매기기]의 체크 표시를 해제하고 [확인]을 누르면 됩니다.

03

문서를 돋보이게 하는
개체 활용

김 사원의 이야기

엑셀에서 정리한 데이터를 워드로 옮겨야 하는 김신입. 워드에서 표 삽입은 어떻게 해야 할까? 어려울 때마다 찾는 '짤막한 강좌' 영상을 참고하니 어려웠던 문제들이 아주 쉽게 해결된다! "워드에 표 삽입, 이것만 알면 정말 쉽구나!"

03-1 표 만들고 수정하기

03-2 표의 수식 기능 활용하기

03-3 그림 삽입하기

03-1
표 만들고 수정하기

• 실습 파일 03-1_실습_1~2.docx   • 완성 파일 03-1_완성_1~2.docx

표는 가장 많이 사용되는 개체로, 내용을 요약해 한눈에 볼 수 있도록 해줍니다. 표는 행과 열로 구성되며, 한 개의 표는 한 개의 단락이 됩니다.

하면 된다! 〉 표 삽입하고 내용 입력하기

다음 완성된 표를 참고하여 문서에 표를 삽입한 후 내용을 입력해 보겠습니다.

함께 보면 좋은 동영상 강의

1. ❶ 표를 삽입할 위치에 커서를 두고 ❷ [삽입] 탭 → [표] 그룹 → [표] → [표 삽입]을 선택합니다.
   ❸ [표 삽입] 대화상자에서 [열 개수] 8, [행 개수] 6을 입력한 후 ❹ [확인]을 누릅니다.

2. 커서 위치에 표가 삽입되었습니다. 셀에 데이터를 입력합니다. 입력할 때 나타나는 모양에는 신경 쓰지 말고 내용만 입력합니다. 셀 사이를 이동할 때는 Tab을 이용해도 되고 방향키를 이용해도 됩니다. Shift + Tab을 누르면 바로 전 셀로 이동합니다.

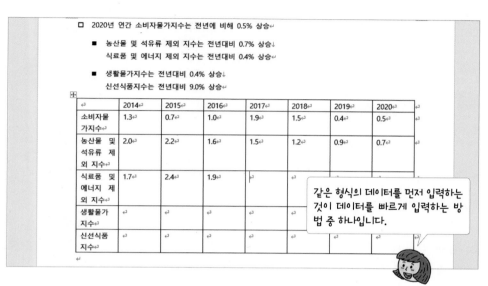

같은 형식의 데이터를 먼저 입력하는 것이 데이터를 빠르게 입력하는 방법 중 하나입니다.

3. ❶ 8번째 열 데이터를 마우스 왼쪽 버튼으로 누르고 드래그하거나 선택할 열의 첫 셀에 커서를 두고 Shift+↓을 여러 번 눌러 선택합니다.
❷ [홈] 탭 → [글꼴] 그룹 → [굵게]를 선택하거나 Ctrl + B를 누릅니다.

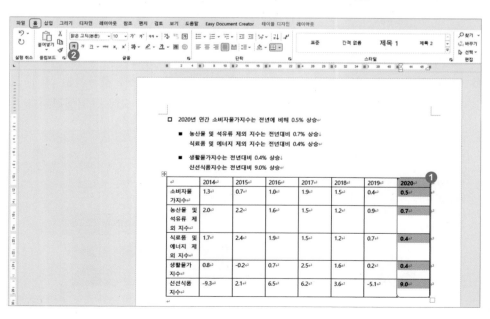

4. 8번째 열의 데이터가 굵게 표시되었습니다. 첫 번째 열과 두 번째 열 사이 테두리에 마우스 커서를 맞추고 오른쪽으로 드래그해 너비를 넓혀줍니다.

- 농산물 및 석유류 제외 지수는 전년대비 0.7% 상승
  식료품 및 에너지 제외 지수는 전년대비 0.4% 상승

- 생활물가지수는 전년대비 0.4% 상승
  신선식품지수는 전년대비 9.0% 상승

	2014	2015	2016	2017	2018	2019	**2020**
소비자물가지수	1.3	0.7	1.0	1.9	1.5	0.4	**0.5**
농산물 및 석유류 제외 지수	2.0	2.2	1.6	1.5	1.2	0.9	**0.7**
식료품 및 에너지 제외 지수	1.7	2.4	1.9	1.5	1.2	0.7	**0.4**
생활물가지수	0.8	-0.2	0.7	2.5			
신선식품지수	-9.3	2.1	6.5	6.2			

> 글꼴 크기나 글꼴 스타일 관련 서식 작업을 먼저 한 후 열 너비를 맞추는 것이 좋습니다.

5. 셀에 입력된 내용을 나타낼 수 있는 최소 열 너비보다 좁게 줄일 수는 없으므로 다른 열 너비를 적당히 줄여 여유 공간을 만든 후 열 너비를 맞춥니다.

신선식품지수는 전년대비 9.0% 상승

	2014	2015	2016	2017	2018	2019	**2020**
소비자물가지수	1.3	0.7	1.0	1.9	1.5	0.4	**0.5**
농산물 및 석유류 제외 지수	2.0	2.2	1.6	1.5	1.2	0.9	**0.7**
식료품 및 에너지 제외 지수	1.7	2.4	1.9	1.5	1.2	0.7	**0.4**
생활물가지수	0.8	-0.2	0.7	2.5	1.6	0.2	**0.4**
신선식품지수	-9.3	2.1	6.5	6.2	3.6	-5.1	**9.0**

6. ❶ 첫 번째 열을 제외한 나머지 열을 선택하고 ❷ [레이아웃] 탭 → [셀 크기] 그룹 → [열 너비를 같게]를 선택합니다. 선택한 열의 너비가 모두 동일해집니다.

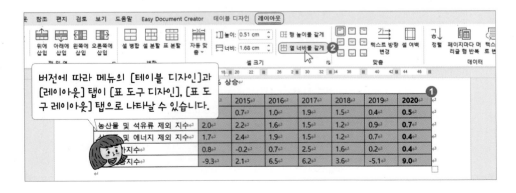

> 버전에 따라 메뉴의 [테이블 디자인]과 [레이아웃] 탭이 [표 도구 디자인], [표 도구 레이아웃] 탭으로 나타날 수 있습니다.

7. ❶ 첫 번째 행 연도가 입력된 셀부터 숫자 셀 범위를 모두 선택합니다.

❷ [레이아웃] 탭 → [맞춤] 그룹 → [오른쪽 가운데 맞춤]을 선택합니다.

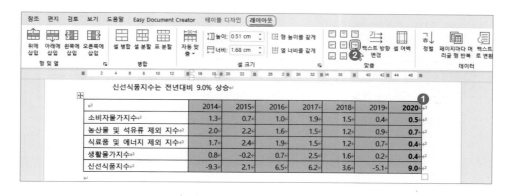

8. ❶ 첫 번째 열을 선택하고 ❷ [왼쪽 가운데 맞춤]을 누릅니다. 기본값으로 왼쪽 맞춤이 되어 있기 때문에 [왼쪽 가운데 맞춤]을 선택해도 겉으로 보이는 모습은 차이가 없습니다.

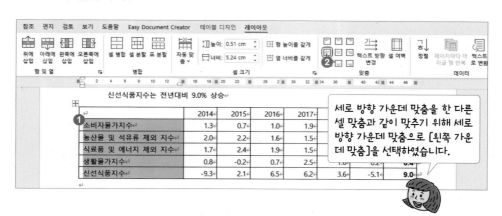

하면 된다! ♭ 표의 테두리 설정하기

표의 테두리를 설정하려면 적절하게 범위 선택을 해야 합니다. 표 위쪽과 아래쪽은 '굵은 선', 왼쪽과 오른쪽은 '선 없음'으로 설정해 보겠습니다.

1. ❶ 표에 마우스를 가져가면 나타나는 표 선택 아이콘(⊕)을 눌러 표를 선택합니다.

❷ [테이블 디자인] 탭 → [테두리] 그룹 → [테두리 ▾] → [테두리 및 음영]을 선택합니다.

함께 보면 좋은
동영상 강의

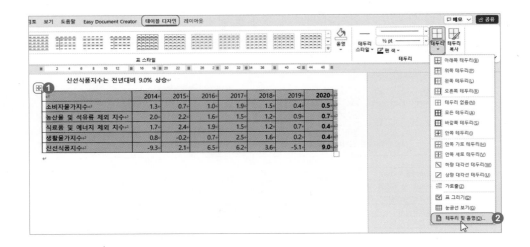

2. [테두리 및 음영] 대화상자 오른쪽 [미리 보기]에서 아래쪽에 있는 왼쪽 테두리와 오른쪽 테두리를 눌러 선택을 해제합니다. 왼쪽 [설정] 항목이 '사용자 지정'으로 변경되고 [미리 보기]에서 왼쪽과 오른쪽 테두리가 나타나지 않는 것을 확인할 수 있습니다.

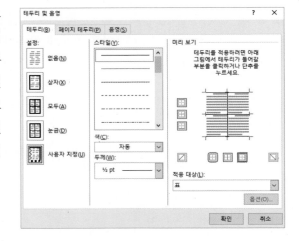

3. ❶ [두께]를 1½ pt로 선택하고 ❷ 위쪽 테두리를 두 번 눌러 [두께] 1½ pt를 적용합니다. ❸ 이어서 아래쪽 테두리를 두 번 눌러 [두께] ½ pt를 적용한 후 ❹ [확인]을 누릅니다.

[미리 보기]에서 설정한 테두리를 확인할 수 있습니다.

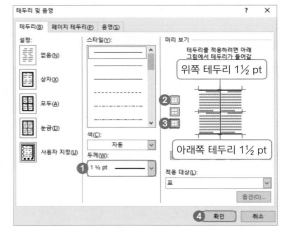

4. 테두리 모양이 바뀐 것을 확인할 수 있습니다.

	2014	2015	2016	2017	2018	2019	2020
소비자물가지수	1.3	0.7	1.0	1.9	1.5	0.4	0.5
농산물 및 석유류 제외 지수	2.0	2.2	1.6	1.5	1.2	0.9	0.7
식료품 및 에너지 제외 지수	1.7	2.4	1.9	1.5	1.2	0.7	0.4
생활물가지수	0.8	-0.2	0.7	2.5	1.6	0.2	0.4
신선식품지수	-9.3	2.1	6.5	6.2	3.6	-5.1	9.0

5. 첫 번째 행과 두 번째 행 사이에 두 줄 테두리가 나타나도록 설정해 보겠습니다.

❶ 첫 번째 행을 선택하고 ❷ [테이블 디자인] 탭 → [테두리] 그룹 → [테두리
🔽] → [테두리 및 음영]을 선택합니다.

[테두리 및 음영] 대화상자의 [적용 대상]에 표 일부를 선택했기 때문에 셀이 선
택되어 있습니다.

❸ [스타일]에서 두 줄을 선택합니다.

❹ [미리 보기]에서 아래쪽 테두리를 두 번 눌러 두 줄 테두리를 적용합니다.

❺ [확인]을 누릅니다.

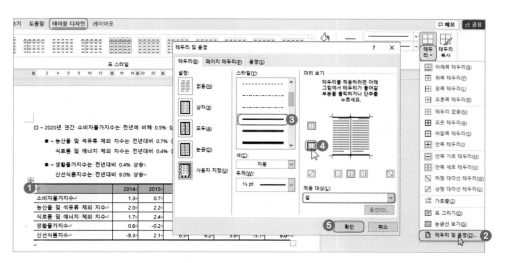

6. 첫 번째 열을 선택해서 같은 방법으로 오른쪽 테두리가 두 줄로 나타나도록 설정합니다.

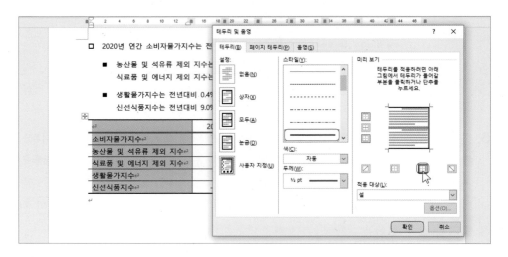

7. ❶ 마지막 열을 선택합니다.

❷ [테두리 및 음영] 대화상자에서 [음영] 탭 → [채우기] → 주황, 강조 2, 80% 더 밝게를 선택하고 ❸ [확인]을 누르면 테두리와 음영이 적용됩니다.

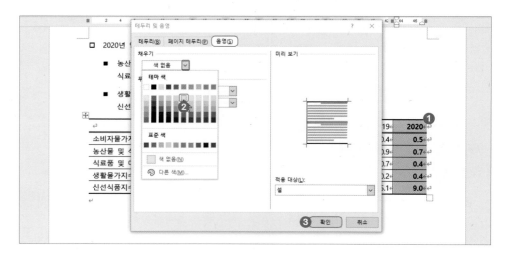

실무에서 많이 활용하는 표 편집

다음 완성된 표와 같이 연도 열에 '전년대비 등락률'로 제목을 붙이면서 행과 열을 삽입하고 셀을 병합하는 방법을 배워보겠습니다.

	품목수	가중치	전년대비 등락률(%)						
			2014	2015	2016	2017	2018	2019	2020
생활물가지수	141	532.8	1.8	-0.2	0.7	2.5	1.6	0.2	0.4
(식품)	81	190.5	0.5	2.4	2.6	3.3	2.3	0.8	2.9
(식품이외)	60	342.3	1.0	-1.3	-0.4	2.0	1.2	-0.1	-0.1
전월세포함 생활물가지수	143	626.5	1.1	0.2	0.8	2.3	1.4	0.2	0.4

함께 보면 좋은
동영상 강의

하면 된다! } 행과 열 삽입하고 셀 병합하기

1. ❶ 표 아래에 다음과 같이 내용을 입력합니다.
   ❷ 커서를 첫 번째 줄로 옮깁니다.
   ❸ [홈] 탭 → [클립보드] 그룹 → [서식 복사]를 선택합니다.

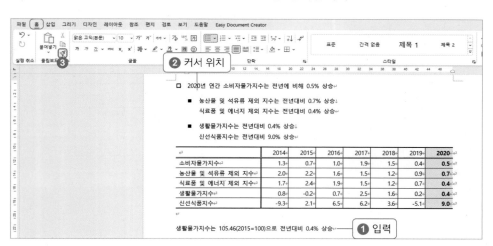

2. 방금 입력한 내용에 서식을 적용합니다.

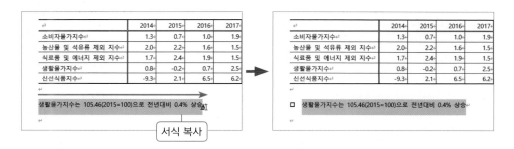

3. [삽입] 탭 → [표] 그룹 → [표] → 8×5 표를 선택해 5행 8열의 표를 삽입합니다.

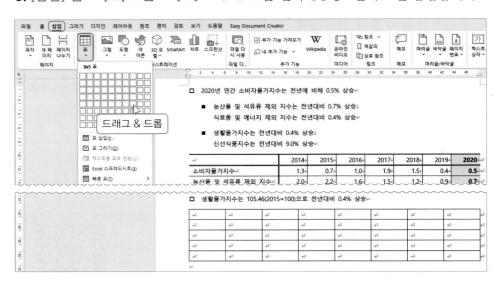

4. 표에 내용을 입력합니다.

□ 생활물가지수는 105.46(2015=100)으로 전년대비 0.4% 상승							
	2014	2015	2016	2017	2018	2019	2020
생활물가지수	0.8	-0.2	0.7	2.5	1.6	0.2	0.4
(식품)	0.5	2.4	2.6	3.3	2.3	0.8	2.9
(식품이외)	1.0	-1.3	-0.4	2.0	1.2	-0.1	-1.0
전월세포함 생활물가지수	1.1	0.2	0.8	2.3	1.4	0.2	0.4

5. 첫 번째 열 오른쪽에 열 2개를 삽입하겠습니다.

  ❶ 커서를 첫 번째 셀에 둡니다.

  ❷ [레이아웃] 탭 → [행 및 열] 그룹 → [오른쪽에 삽입]을 두 번 누릅니다.

6. 첫 번째 행 위에 행을 하나 삽입하겠습니다.

❶ 커서를 첫 번째 셀에 두고 ❷ [위에 삽입]을 한 번 누릅니다.

7. 첫 번째 열 너비를 입력된 내용에 맞게 조절합니다.

8. ❶ 두 번째 열부터 나머지 열까지 선택합니다.

❷ [레이아웃] 탭 → [셀 크기] 그룹 → [열 너비를 같게]를 선택합니다.

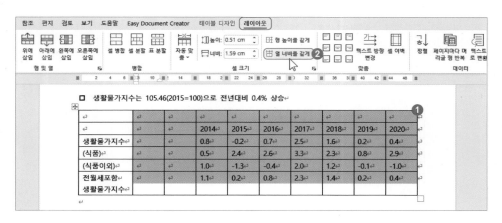

9. 1~3열의 첫 번째 행과 두 번째 행을 병합하겠습니다.

❶ 첫 번째 행과 두 번째 행의 첫 번째 열을 선택합니다.

❷ [레이아웃] 탭 → [병합] 그룹 → [셀 병합]을 선택합니다.

❸ 오른쪽의 나머지 두 열도 같은 방법으로 [셀 병합] 합니다.

10. 첫 번째 행의 네 번째 열부터 나머지 열까지 선택해서 [셀 병합] 합니다.

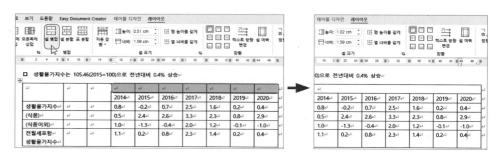

11. ❶ 추가한 셀에 수치를 입력하고 ❷ 병합한 셀에 품목수, 가중치, 전년대비 등락률(%)을 각각 입력한 후 블록 지정합니다.

❸ [레이아웃] 탭 → [맞춤] 그룹 → [가운데 맞춤]을 선택합니다.

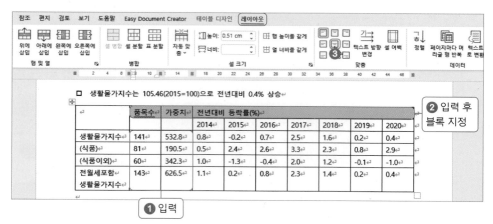

12. ❶ 표에서 연도 셀 범위를 선택하고 ❷ [오른쪽 가운데 맞춤]을 누릅니다.

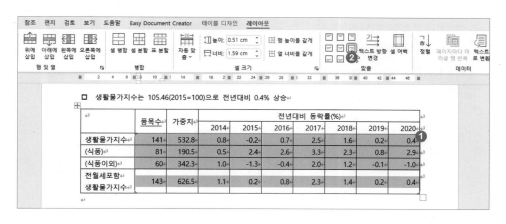

13. ❶ 숫자 셀 범위도 선택하고 ❷ [오른쪽 가운데 맞춤]을 누릅니다.

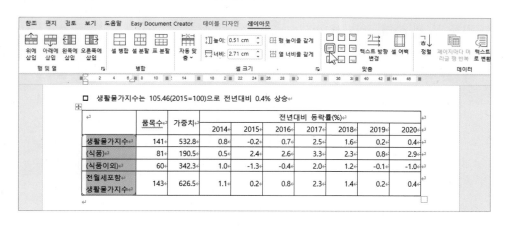

14. 첫 번째 열은 [왼쪽 가운데 맞춤] 합니다.

하면 된다! ▶ 표에 테두리와 음영 설정하기

표에서 맨 위쪽과 아래쪽은 '굵은 선', 왼쪽과 오른쪽은 '선 없음'을 설정하고, 제목과 본문은 '두 줄 선', 본문 영역의 가로 줄은 '선 없음', 2020년 열은 '음영'을 설정해 보겠습니다.

함께 보면 좋은
동영상 **강의**

1. ❶ 표 전체를 선택하고 ❷ [테이블 디자인] 탭 → [테두리] 그룹 → [테두리 ▼] → [테두리 및 음영]을 선택합니다.
   ❸ [테두리 및 음영] 대화상자의에서 왼쪽 테두리, 오른쪽 테두리를 눌러 선 없음을 설정합니다.

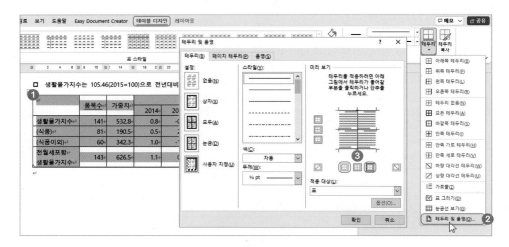

2. ❶ [두께]를 1½ pt로 지정합니다.
   ❷ 위쪽 테두리, 아래쪽 테두리를 두 번 눌러 굵은 선으로 설정합니다.
   ❸ [확인]을 누릅니다.

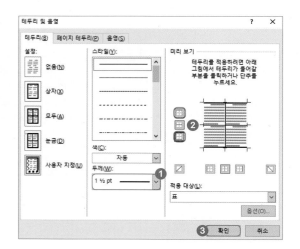

3. ❶ 첫 번째 행과 두 번째 행을 선택하고 ❷ [테두리 및 음영]을 선택합니다.

❸ [테두리 및 음영] 대화상자의 [스타일]에서 두 줄을 선택하고 ❹ 아래쪽 테두리를 두 번 눌러 두 줄을 적용한 후 ❺ [확인]을 누릅니다.

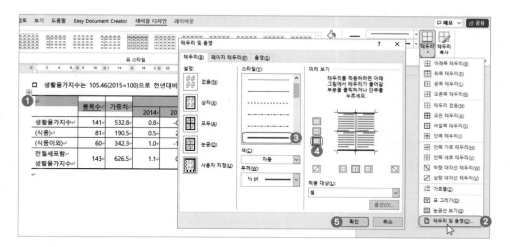

4. ❶ 첫 번째 열을 선택하고 ❷ [테두리 및 음영]을 선택합니다.

❸ [테두리 및 음영] 대화상자의 [두께]에서 ½ pt로 지정합니다.

❹ 오른쪽 테두리를 두 번 누른 후 ❺ [확인]을 누릅니다.

5. ① 1행과 2행을 제외한 나머지 행을 모두 선택하고 ② [테두리 및 음영]을 선택합니다.

③ 현재 선택된 스타일이나 두께에 상관없이 가로 가운데 테두리를 한 번 눌러 가운데 줄이 나타나지 않도록 설정한 후 ④ [확인]을 누릅니다.

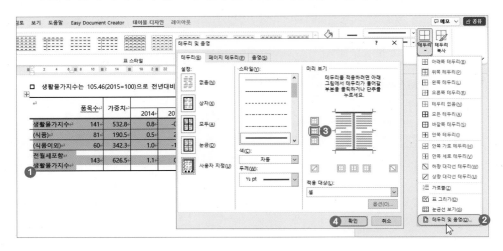

6. ① 2020년 데이터 부분을 선택하고 ② [테두리 및 음영]을 선택합니다.

③ [음영] 탭 → [채우기] → 주황, 강조 2, 80% 더 밝게를 선택한 후 ④ [확인]을 누릅니다. 설정한 음영이 적용됩니다.

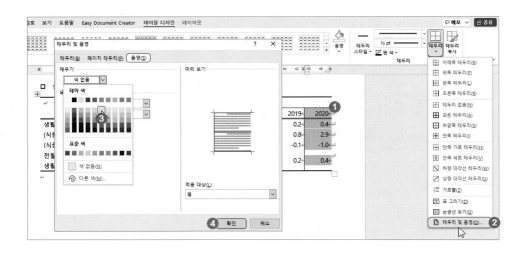

질문 있어요! 테두리가 '선 없음'일 경우 편집할 때 테두리가 표시되도록 할 수 있나요?

표 내부를 선택한 후 [레이아웃] 탭 → [표] 그룹 → [눈금선 보기]를 선택하면 '선 없음'이 설정된 테두리를 회색 점선으로 표시합니다. 이 회색 점선은 편집할 때만 나타내고 인쇄할 때는 나타나지 않습니다.

표 관련 바로 가기 키

바로 가기 키	작업	바로 가기 키	작업
Tab	다음 셀로 이동	Shift + Tab	이전 셀로 이동
Alt + Home	행의 첫 번째 셀로 이동	Alt + End	행의 마지막 셀로 이동
Alt + PgUp	열의 첫 번째 셀로 이동	Alt + PgDn	열의 마지막 셀로 이동
Alt + Shift + ↓	현재 선택된 행 아래로 이동	Alt + Shift + ↑	현재 선택된 행 위로 이동
Shift + ↓	셀 범위 선택	Ctrl + Tab	셀에 탭(Tab) 문자 삽입
Delete	선택 범위 내용 지우기	Backspace	선택 범위 지우기

하면 된다! } 표 분할하기와 합치기

만들어진 표가 너무 길어 보기 불편한 경우 분할할 수 있고, 또한 나눠진 표를 다시 합쳐 사용할 수 있습니다.
이번 실습은 03-1_실습_2.docx 파일에서 진행합니다.

 함께 보면 좋은 동영상 강의

1. 표 분할하기

❶ 6번째 행에 커서를 두고 ❷ [레이아웃] 탭 → [병합] 그룹 → [표 분할]을 선택합니다. 커서가 놓여 있던 행부터 다른 표가 됩니다.

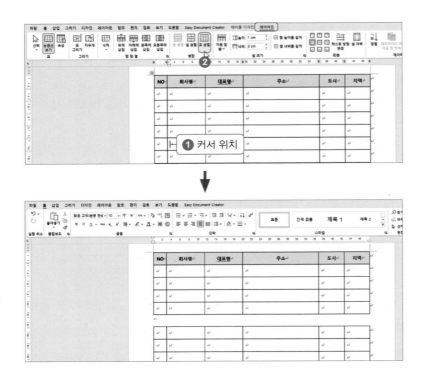

2. 표 합치기

표를 다시 합치는 메뉴는 따로 없으며, 나누어진 표 사이 단락을 삭제하면 하나의
표로 합쳐집니다. 빈 단락에 커서를 두고 Delete를 누르면 됩니다.

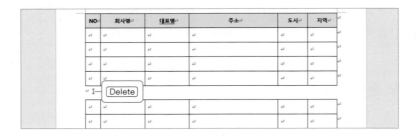

3. 표를 합칠 때 열 개수가 같아야 하는 제한 조건은 없습니다. 다만 합치려는 표 모두
[레이아웃] 탭 → [표] 그룹 → [속성]을 선택하여 [표 속성] 대화상자에서 [표] 탭 →
[텍스트 배치: 없음]이 선택되어 있어야 표를 합칠 수 있습니다.

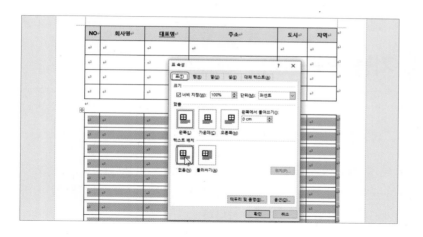

하면 된다! } 페이지마다 표 머리글 행 표시하기

표가 시작되는 첫 페이지에는 머리글 행이 있어 각 열에 어떤 내용이 입력되는지 쉽게 확인할 수 있지만, 다음 페이지로 넘어갈 경우 머리글 행이 없어 불편합니다. 다음 페이지에도 머리글 행이 표시되도록 해보겠습니다.

함께 보면 좋은
동영상 강의

1. 머리글 행에 커서를 두고 [레이아웃] 탭 → [데이터] 그룹 → [페이지마다 머리글 행 반복]을 선택합니다.

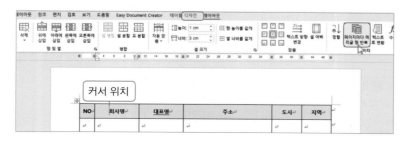

2. 다음 페이지에도 머리글 행이 표시됩니다.

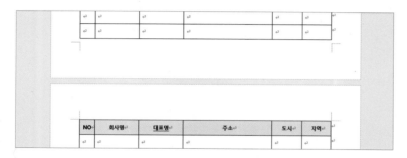

03-2
표의 수식 기능 활용하기

· 실습 파일 03-2_실습.docx   · 완성 파일 03-2_완성.docx

표에 입력된 데이터 중 계산이 필요한 경우에는 **수식** 기능을 이용합니다. 계산을 한 결과만 필요하다면 굳이 수식 기능을 사용할 필요가 없습니다. 수식 기능은 값이 바뀌어 자동으로 재계산이 필요한 경우에 사용합니다.

하면 된다! } 수식 사용하기

1. ❶ 합계를 구할 행에서 두 번째 칸에 커서를 두고 ❷ [레이아웃] 탭 → [데이터] 그룹 → [수식]을 선택합니다.
   ❸ [수식] 대화상자의 [숫자 형식]에서 #,##0을 선택하고 ❹ [확인]을 누릅니다.

함께 보면 좋은
동영상 강의

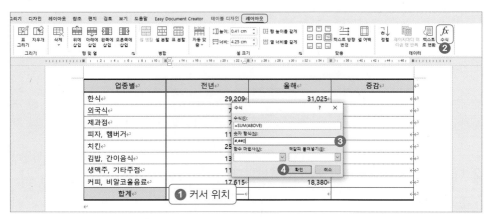

2. 합계가 입력되었습니다.

❶ 수식을 세 번째 칸에 복사하기 위해 방금 구한 합계를 블록 지정한 후 Ctrl + C 를 눌러 복사합니다.

❷ 세 번째 합계를 구할 셀을 선택한 후 Ctrl + V 를 눌러 붙여넣기 합니다.

업종별	전년	올해	증감
한식	29,209	31,025	
외국식	7,561	7,508	
제과점	7,354	7,397	
피자, 햄버거	11,576	12,486	
치킨		25,741	
김밥, 간이음식		13,344	
생맥주, 기타주점		9,994	
커피, 비알코올음료	17,615	18,380	
합계	123,175	123,175	

❶ 블록 지정 후 Ctrl + C

❷ Ctrl + V

3. 수식이 복사되어도 참조하는 셀이 저절로 바뀌지 않기 때문에 계산된 값이 똑같습니다. 수식을 선택하고 마우스 오른쪽 버튼을 눌러 [필드 업데이트]를 선택하거나 F9 를 누르면 수식 계산 결과가 갱신됩니다.

업종별	전년	올해	증감
한식	29,209	31,025	
외국식	7,561	7,508	
제과점	7,354	7,397	
피자, 햄버거	11,576	12,486	
치킨	25,110	25,741	
김밥, 간이음식	13,077	13,344	
생맥주, 기타주점	11,673	9,	
커피, 비알코올음료	17,615	18,	
합계	123,175	123,175	

함수에서 셀 범위를 지정하는 예약어

예약어	의미
ABOVE	셀 위
BELOW	셀 아래
LEFT	셀 왼쪽
RIGHT	셀 오른쪽

=SUM(LEFT, ABOVE)와 같이 여러 방향을 같이 지정할 수도 있습니다.

하면 된다! ▶ 수식에 셀 주소 사용해 계산하기

엑셀에서 셀 주소를 지정하는 방식과 같은 방식으로 셀 주소를 지정합니다. 열은 A, B, C, ...로 나타내고, 행은 1, 2, 3, ...으로 표현합니다. 예를 들어 세 번째 행, 두 번째 열을 B3으로 표현합니다.

함께 보면 좋은
동영상 강의

1. 두 번째 페이지의 '업종별 가맹점수 현황' 표에서 ❶ 두 번째 행, 두 번째 열에 커서를 두고 ❷ [레이아웃] 탭 → [데이터] 그룹 → [수식]을 선택합니다.

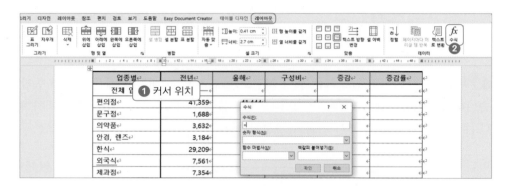

2. ❶ 수식에 수식이 나와 있으면 그대로 두고, 수식이 나타나지 않는다면 [함수 마법사]에서 SUM 함수를 선택하고 ( ) 안에 직접 BELOW를 입력해서 수식을 완성합니다.

❷ [숫자 형식]은 #,##0을 선택한 후 ❸ [확인]을 누릅니다.

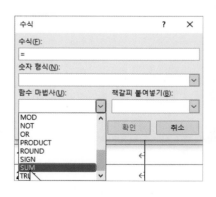

3. 수치가 입력되었습니다. 만들어진 수식을 복사하거나 다시 수식을 작성해 두 번째 행, 세 번째 열에 수식을 나타냅니다.

업종별	전년	올해	구성비
전체 업종	210,099	215,587	
편의점	41,359	41,444	
문구점	1,688	1,676	
의약품	3,632	3,839	
안경, 렌즈	3,184	3,171	
한식	29,209	31,025	
외국식	7,561	7,508	
제과점	7,354	7,397	
피자, 햄버거	11,576	12,486	
치킨	25,110	25,741	

4. 구성비를 구해보겠습니다. 구성비는 개별 업종에서 올해 전체 업종 값을 나누어 백분율로 나타냅니다.

❶ 세 번째 행, 네 번째 열에 커서를 두고 ❷ [수식]을 선택합니다.

❸ [수식] 대화상자에서 [수식]에 =C3/C2*100을 입력하고 ❹ [숫자 형식]은 소수 이하 첫째 자리까지 나타나도록 0.0을 입력한 후 ❺ [확인]을 누릅니다.

5. ❶ 19.2로 입력된 수식을 아래 셀에 복사해 붙여넣습니다.

　❷ 수식에서 마우스 오른쪽 버튼을 눌러 [필드 편집]을 선택합니다.

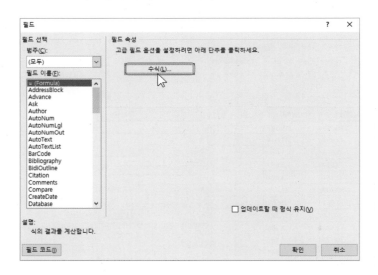

6. [필드] 대화상자에서 [필드 속성]의 [수식]을 누릅니다.

7. ❶ [수식] 대화상자의 [수식]에서 C3을 C4로 수정하고 ❷ [확인]을 누릅니다. 나머지 셀도 같은 방법으로 수정합니다. 엑셀과 달리 복사하기만 해서 값이 바로 구해지지 않습니다.

하면 된다! ﹜ Excel 스프레드시트 이용하기

복잡한 계산이나 반복 작업은 엑셀을 이용하는 것이 편리합
니다. 워드에서 [삽입] 탭 → [표] 그룹 → [표 ▼] → [Excel
스프레드시트]를 선택하면 엑셀 파일을 내장할 수 있습니다.
실습 파일의 세 번째 페이지 표는 [Excel 스프레드시트]를 선
택해 엑셀을 불러오고 두 번째 페이지 표를 복사해 붙여넣어
나타낸 것입니다.

함께 보면 좋은
동영상 강의

1. 실습 파일의 세 번째 페이지의 표를 더블클릭하면 엑셀이 실행됩니다.

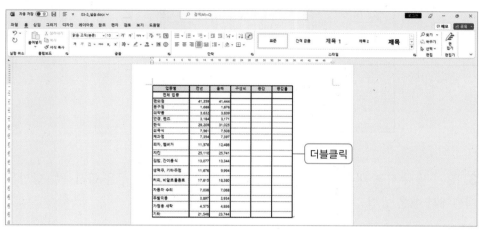

더블클릭

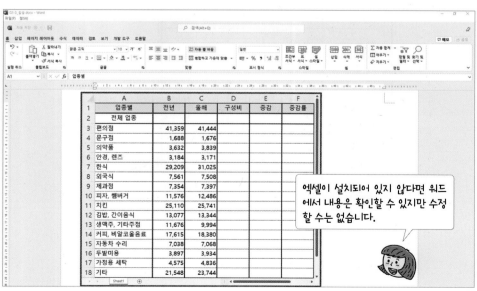

엑셀이 설치되어 있지 않다면 워드
에서 내용은 확인할 수 있지만 수정
할 수는 없습니다.

2. ❶ [B2] 셀을 선택하고 **❷** [수식] 탭 → [함수 라이브러리] 그룹 → [자동 합계]를 선택합니다.

❸ [B3:B18] 범위를 드래그한 후 Enter 를 누릅니다.

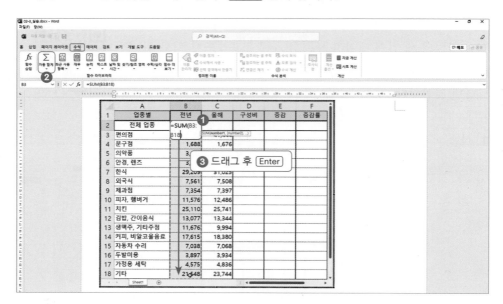

3. [B2] 셀 수식을 채우기 해서 [C2] 셀 수식을 만듭니다. 수식을 복사하는 방법은 엑셀에서 배운 방법 그대로 사용하면 됩니다.

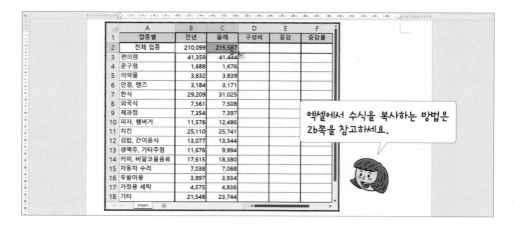

4. ❶ [D3] 셀에 커서를 두고 수식 =C3/$C$2*100을 작성합니다.

❷ 채우기 핸들을 더블클릭하거나 드래그하여 나머지 구성비도 구합니다.

❸ [채우기 옵션]을 눌러 [서식 없이 채우기]를 선택합니다. [서식 없이 채우기]를 하지 않으면 [D18] 셀의 아래쪽 테두리가 '가는 선'으로 표시됩니다.

> 구성비는 개별 업종에서 올해 전체 업종 값을 나누어 백분율로 나타냅니다.

5. [D2] 셀에 커서를 두고 자동 합계로 구성비 합을 구합니다. 100이 나오면 됩니다.

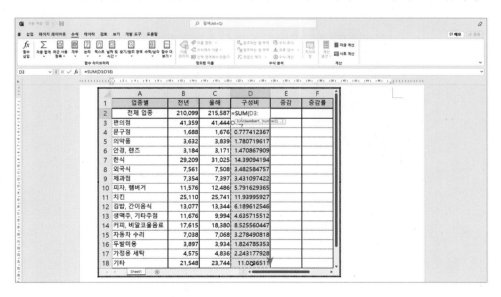

6. ① [D3:D18] 벙위를 선택한 후 [Ctrl] + [1]을 눌러 [셀 서식] 대화상자를 실행합니다.

② [숫자] 범주를 선택한 후 ③ [소수 자릿수]를 1로 지정해 소수 첫째 자리까지 표시되도록 설정하고 ④ [확인]을 누릅니다.

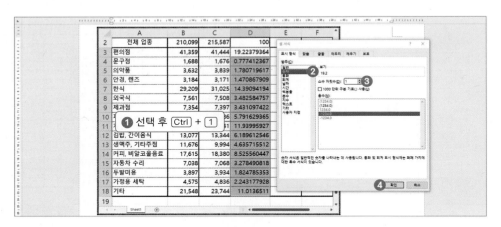

7. 엑셀 영역 바깥쪽을 마우스 왼쪽 버튼으로 눌러 워드로 돌아옵니다.

업종별	전년	올해	구성비	증감	증감률
전체 업종	210,099	215,587	100		
편의점	41,359	41,444	19.2		
문구점	1,688	1,676	0.8		
의약품	3,632	3,839	1.8		
안경, 렌즈	3,184	3,171	1.5		
한식	29,209	31,025	14.4		
외국식	7,561	7,508	3.5		
제과점	7,354	7,397	3.4		
피자, 햄버거	11,576	12,486	5.8		
치킨	25,110	25,741	11.9		
김밥, 간이음식	13,077	13,344	6.2		
생맥주, 기타주점	11,676	9,994	4.6		
커피, 비알코올음료	17,615	18,380	8.5		
자동차 수리	7,038	7,068	3.3		
두발미용	3,897	3,934	1.8		
가정용 세탁	4,575	4,836	2.2		
기타	21,548	23,744	11.0		

질문 있어요! Excel 스프레드시트를 표로 바꾸려면 어떻게 하나요?

Excel 스프레드시트를 더블클릭해 엑셀 환경에서 선택한 뒤 마우스 오른쪽 버튼을 눌러 [복사]를 선택하거나 Ctrl + C 를 눌러 복사합니다. 워드로 돌아와서 Ctrl + Enter 를 눌러 새 페이지로 이동한 다음 마우스 오른쪽 버튼을 눌러 [붙여넣기]를 선택하거나 Ctrl + V 를 누르면 표 형식으로 붙여넣기 됩니다.

Ctrl + V

03-3
그림 삽입하기

• 실습 파일 03-3_실습.docx • 완성 파일 03-3_완성.docx

문서 내용을 잘 이해할 수 있도록 내용을 시각적으로 설명하는 그림을 삽입하거나
문서를 멋지게 꾸미기 위해 그림을 삽입합니다.

하면 된다! 〉 그림 삽입하기

그림을 나타낼 위치에 커서를 두고 그림을 삽입합니다. 그림
을 삽입한 뒤 위치를 따로 설정할 수 있지만, 처음부터 나타
낼 위치를 기준으로 작업하는 것이 더 편리합니다.

함께 보면 좋은
동영상 강의

1. ❶ 고려는 상업(商業)을 중요시하였다.로 시작하는 단락에
   커서를 두고 ❷ [삽입] 탭 → [일러스트레이션] 그룹 → [그
   림] → [이 디바이스]를 선택합니다.

   ❸ 그림 파일을 선택한 후 ❹ [삽입]을 누르면 커서 위치에 그림이 삽입됩니다.

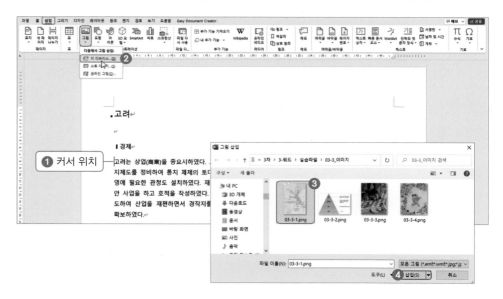

2. 삽입된 그림을 선택해 [그림 서식] 탭 → [크기] 그룹 → [너비]에 6.5를 입력합니다. 그림은 높이와 너비 비율이 고정되어 있으므로 높이나 너비 중 하나만 입력하면 나머지 값은 자동으로 입력됩니다.

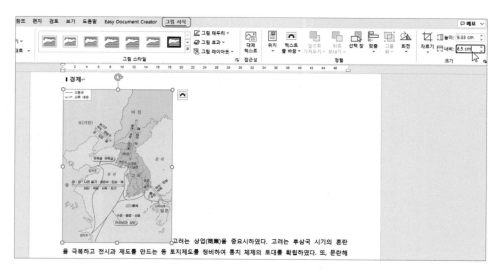

3. ❶ 그림을 선택한 후 [레이아웃 옵션] → [텍스트 배치: 정사각형]을 선택합니다.
❷ [더 보기]를 누릅니다.

4. ❶ [레이아웃] 대화상자에서 [위치] 탭을 선택해 세로의 [절대 위치]에 1.5cm를 입력한 후 ❷ [확인]을 누릅니다.

5. 그림이 문자와 어울려 보기 좋게 정렬되었습니다.

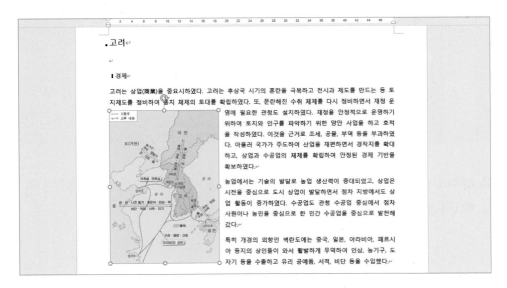

하면 된다! 〉 그림의 위치, 텍스트 배치, 크기 설정하기

삽입한 그림에 대해 세 가지 중요한 설정이 있습니다. 첫째는
위치이고, 둘째는 텍스트 배치, 그리고 마지막은 크기입니다.
위치는 어디에 나타낼 것인가를 결정하고, 텍스트 배치는 그
림과 글자와의 관계를 어떻게 정할 것인가를 나타냅니다.
처음 그림을 삽입하면 텍스트 배치는 '텍스트 줄 안'으로 되
어 있는데, 삽입한 그림을 글자처럼 취급한다는 의미입니다.
보통의 글자처럼 자리를 차지하고 위치를 따로 설정하는 기
능이 없습니다.

함께 보면 좋은
동영상 강의

그 외 다른 텍스트 배치를 선택하면 삽입한 그림을 단락으로 취급하고 위치도 직접
지정할 수 있습니다.

1. ❶ 2페이지 고려의 수취체제 제목 위 빈 줄에 커서를 둡니다.

   ❷ 그림 파일을 선택한 후 ❸ [삽입]을 누릅니다.

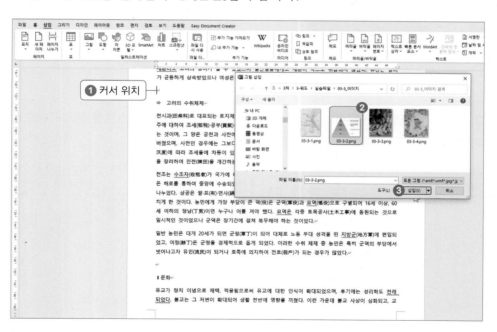

03 · 문서를 돋보이게 하는 개체 활용　**549**

2. 커서 위치에 그림이 삽입되었습니다.

❶ [그림 서식] 탭 → [크기] 그룹 → ⌐를 누릅니다.

❷ [레이아웃] 대화상자에서 [너비]의 [절대]에 9.5를 입력하고 ❸ [확인]을 누릅니다.

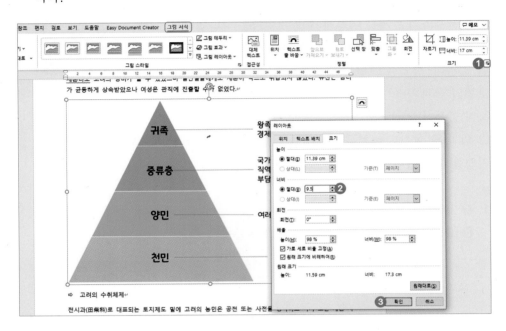

3. [그림 서식] 탭 → [정렬] 그룹 → [위치] → [텍스트 배치: 텍스트를 정사각형으로 배치하고 오른쪽 위에 배치]를 선택합니다.

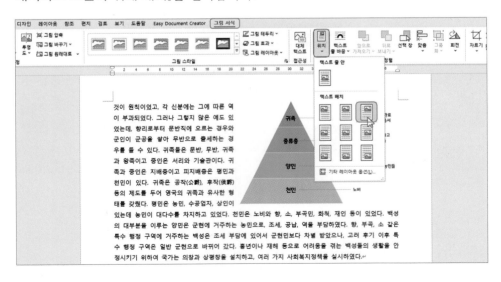

텍스트 배치 기호

텍스트 배치	의미
텍스트 줄 안(I)	하나의 글자로 취급, 단락에 글자를 추가하거나 삭제하면 같이 움직임
정사각형(Q)	사각형 개체로 취급, 양옆에 글자를 채울 수 있음
빽빽하게(T)	삽입된 개체 모양에 따라 글자가 주위에 채워짐
투과하여(H)	삽입된 개체 모양에 따라 글자가 주위에 채워지는데, 개체 중간에 빈 공간이 있으면 그곳에도 글자가 채워짐
위/아래(O)	개체 양옆에 글자를 채울 수 없음
텍스트 뒤(B)	글자 뒤에 개체가 배경처럼 놓여짐
텍스트 앞(F)	글자 앞에 개체가 놓여져 개체 뒤 글자는 보이지 않게 됨

하면 된다! } 그림 편집하기

전문적인 그림 편집 프로그램에 비해서는 부족하지만 워드에도 그림 편집 기능이 있습니다.

1. ❶ 3페이지 유교가 정치 이념으로 채택~으로 시작하는 단락에 커서를 둡니다.
❷ 그림 파일을 선택한 후 ❸ [삽입]을 누릅니다.

함께 보면 좋은
동영상 강의

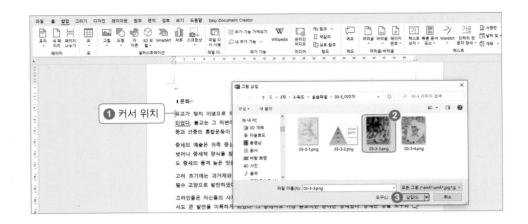

2. [그림 서식] 탭 → [정렬] 그룹 → [위치] → [텍스트 배치: 텍스트를 정사각형으로 배치하고 정가운데에 배치]를 선택합니다.

3. [그림 서식] 탭 → [그림 스타일] 그룹 → ▽ → [금속 타원]을 선택합니다. 그림이 금속 타원 모양에 들어가 있는 것을 확인할 수 있습니다.

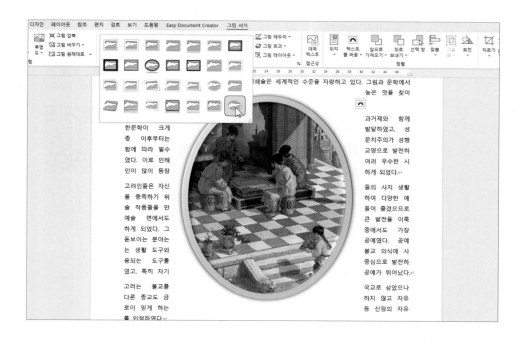

4. [정렬] 그룹 → [텍스트 줄 바꿈] → [빽빽하게]를 선택합니다. 그림과 텍스트가
자연스럽게 어우러집니다.

하면 된다! ⟩ 문서에 삽입한 그림 압축해서 용량 줄이기

문서에 그림을 여러 장 삽입하면 파일 용량이 너무 커지게 됩니다. 요즘 스마트폰으로 찍은 사진도 한 장의 크기가 적게는 2MB, 많게는 10MB를 넘는 경우가 흔합니다.

문서에 그림을 삽입하고 그림 크기를 적게 줄여도 보여지는 크기만 줄 뿐이지 그림 용량은 그대로입니다. 자르기 기능으로 그림 일부를 지워도 다시 그림을 원래대로 되돌리기 위한 정보를 그대로 보유하고 있어 그림이 차지하는 용량은 그대로이거나 오히려 더 많습니다.

삽입한 그림 용량을 줄이는 기능이 **그림 압축**입니다.

> 함께 보면 좋은
> 동영상 강의

1. ❶ 4페이지 풍속 제목 아래 단락 시작 위치에 커서를 둡니다.

  ❷ 그림 파일을 선택한 후 ❸ [삽입]을 누릅니다.

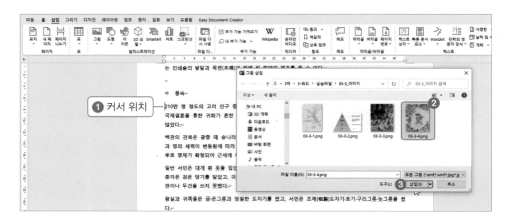

2. [그림 서식] 탭 → [정렬] 그룹 → [위치] → [텍스트 배치: 텍스트를 정사각형으로 배치하고 오른쪽 가운데에 배치]를 선택합니다.

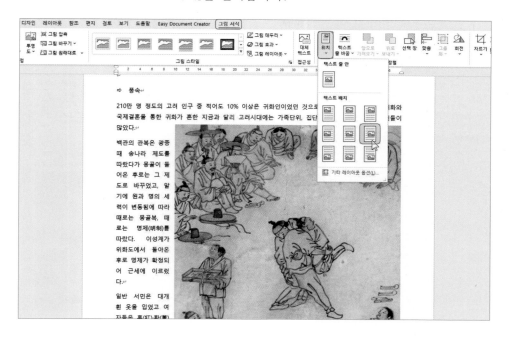

3. 그림을 선택하면 나타나는 크기 조절점 중 왼쪽 아래 크기 조절점을 오른쪽 위로 끌어 그림 크기를 적당히 줄입니다.

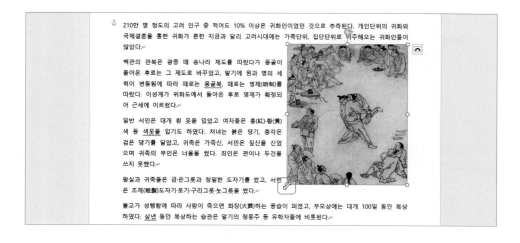

4. ❶ [그림 서식] 탭 → [조정] 그룹 → [그림 압축]을 선택합니다.

❷ [그림 압축] 대화상자에서 [확인]을 눌러 기본값으로 그림 용량을 줄입니다.
[이 그림에만 적용]의 체크 표시를 해제하면 문서에 삽입된 모든 그림에 그림 압
축이 적용됩니다.

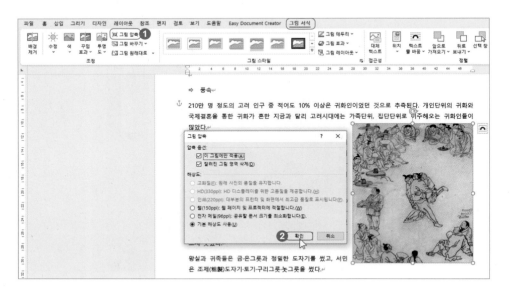

5. [파일] → [옵션]을 선택하여 [Word 옵션] 대화상자를 실행합니다.

❶ [고급]을 선택해 **❷** [이미지 크기 및 품질]의 [편집 데이터 취소]에 체크 표시
하면 그림을 원래대로 되돌리기 위한 정보를 보관하지 않고 삭제합니다. 체크 표
시한 경우 그림을 원래대로 되돌리려면 그림을 다시 삽입해야 합니다.

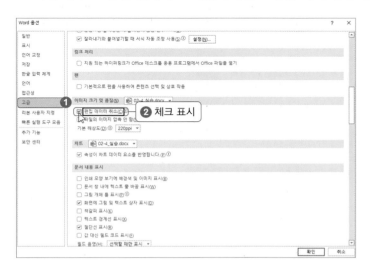

질문 있어요! 그림을 선택하면 나타나는 푸른 닻 모양의 아이콘은 무엇인가요?

이 아이콘은 그림이 삽입된 위치를 나타냅니다. 그림을 삽입한 뒤 [위치] 기능을 이용하거나 마우스로 그림을 직접 끌어서 원하는 위치에 배치할 수 있습니다. 그림이 보여지는 위치와 상관없이 그림이 삽입되었다는 정보가 있는 곳을 나타내며, 그림을 삽입할 때 커서가 놓여져 있던 곳입니다.

따라서 그림을 삽입할 때 단락 중간쯤에 커서를 두거나 하지 말고 빈 줄이나 단락 시작 위치에 커서를 두는 것이 보기 좋습니다.

04

워드, 문서 인쇄와 배포하기

"김 사원~ 이것까지 프린트 부탁해요~"
"네! 알겠습니다."
열심히 준비한 보고서 완성을 앞둔 김 사원. 머리글과 바닥글 설정부터 각주와 미주도 삽입하고 다단 설정까지 마치면 이제 제출만 하면 된다!
'나도 이제 워드 능력자!'

04-1 머리글과 바닥글, 페이지 번호 삽입하기

04-2 각주와 미주 삽입하기

04-3 다단 설정으로 보기 좋게 편집하기

04-4 인쇄에 관한 모든 것

04-1
머리글과 바닥글, 페이지 번호 삽입하기

• 실습 파일 04-1_실습.docx   • 완성 파일 04-1_완성.docx

머리글과 바닥글은 문서 제일 위쪽이나 제일 아래쪽에 반복해서 나타낼 내용을 기록하는 곳입니다. 문서 전체 페이지에 똑같은 내용을 나타낼 수도 있고, 구역을 나누어 각 구역별로 나타낼 내용을 다르게 하거나 짝수 페이지와 홀수 페이지로 나누어 다른 내용이 나타나도록 정할 수 있습니다.

하면 된다! ⟩ 머리글과 페이지 번호 삽입하기

문서 전체에 머리글을 넣고 페이지 번호를 삽입해 보겠습니다.

1. 먼저 머리글을 삽입하겠습니다. 1페이지에 커서를 두고 [삽입] 탭 → [머리글/바닥글] 그룹 → [머리글] → [머리글 편집]을 선택합니다.

함께 보면 좋은
동영상 강의

2. ① 생물 1-2. 영양소와 소화를 입력합니다.

② [홈] 탭 → [단락] 그룹 → [오른쪽 맞춤]을 선택합니다.

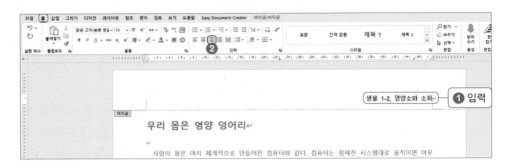

3. 이번에는 페이지 번호를 삽입해 보겠습니다. [머리글/바닥글] 탭 → [머리글/바닥글] 그룹 → [페이지 번호] → [아래쪽] → [일반 번호 2]를 선택합니다.

4. [머리글/바닥글 닫기]를 선택해 머리글/바닥글 편집 상태에서 나옵니다.

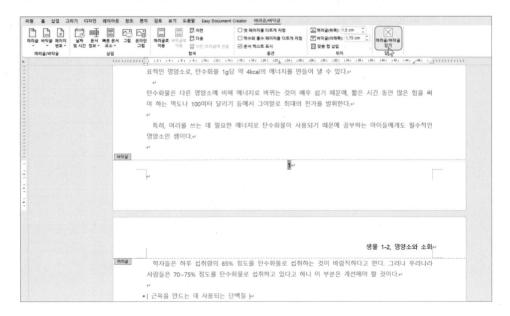

5. [보기] 탭 → [확대/축소] 그룹 → [한 페이지]를 선택해 삽입한 머리글과 페이지 번호를 확인합니다.

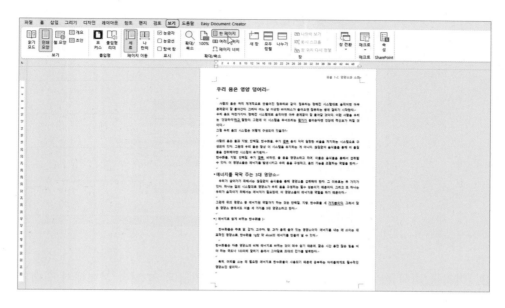

하면 된다! } 구역 나누고 다른 머리글 삽입하기

문서 일부를 구역을 나누어 머리글/바닥글 내용을 다르게 설정해 보겠습니다. [보기] 탭 → [확대/축소] 그룹 → [확대/축소]를 선택해 화면을 120%로 확대한 후 작업합니다.

함께 보면 좋은
동영상 강의

1. ❶ 3페이지 비타민의 종류와 결핍증 단락 앞에 커서를 둡니다.

❷ [레이아웃] 탭 → [페이지 설정] 그룹 → [나누기] → [구역 나누기: 다음 페이지부터]를 선택합니다.

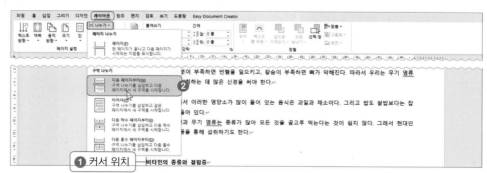

2. [삽입] 탭 → [머리글/바닥글] 그룹 → [머리글] → [머리글 편집]을 선택합니다.

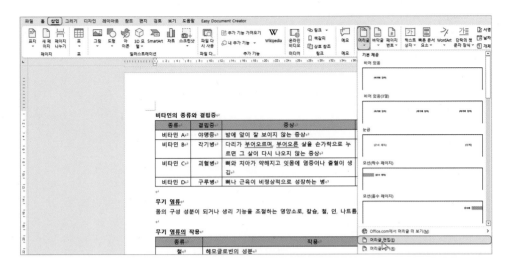

3. [머리글/바닥글] 탭 → [탐색] 그룹 → [이전 머리글에 연결]을 선택해서 선택된 상태를 해제합니다.

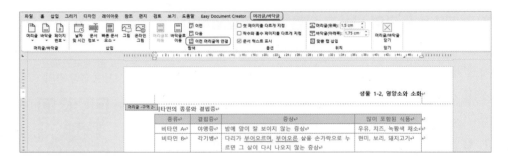

4. ❶ 앞서 입력한 머리글을 지우고 비타민의 종류와 결핍증을 입력합니다.

　　❷ [머리글/바닥글 닫기]를 선택해 머리글/바닥글 편집 상태에서 나와 변경 내용을 확인합니다. 머리글이 바뀌었습니다.

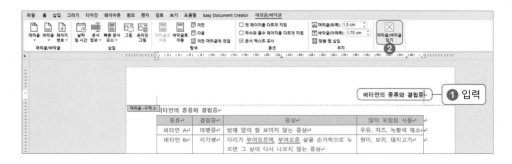

하면 된다! } 현재 페이지 번호와 전체 페이지 번호 같이 표시하기

바닥글에 표시되는 페이지 번호 형식을 수정해 현재 페이지 번호와 전체 페이지 번호가 같이 표시되도록 설정해 보겠습니다.

함께 보면 좋은
동영상 강의

1. ① [삽입] 탭 → [머리글/바닥글] 그룹 → [바닥글] → [바닥글 편집]을 선택합니다.
② 현재 페이지 번호 뒤에 한 칸 띄우고 /를 입력한 후 다시 한 칸 띄웁니다.

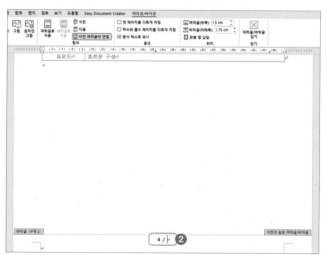

2. [머리글/바닥글] 탭 → [삽입] 그룹 → [문서 정보] → [필드]를 선택합니다.

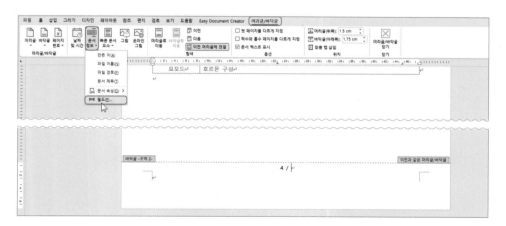

3. [필드] 대화상자에서 ❶ [필드 이름]은 NumPages, ❷ [형식]은 1, 2, 3, …을 선택하고 ❸ [확인]을 누릅니다.

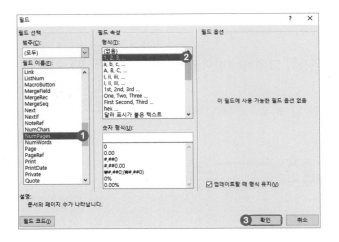

4. [머리글/바닥글 닫기]를 눌러 머리글/바닥글 편집 상태에서 나와 변경 내용을 확인합니다. / 뒤에 전체 페이지가 삽입되었습니다.

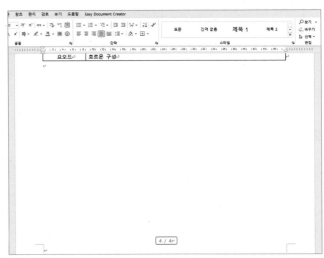

04-2
각주와 미주 삽입하기

• 실습 파일 04-2_실습.docx • 완성 파일 04-2_완성.docx

문서를 작성할 때 본문 내용과 직접 관련은 없지만 추가로 설명이 필요한 경우 주석으로 나타냅니다. 주석에는 해당 페이지 아래에 나타내는 **각주**와 문서 마지막에 나타내는 **미주**가 있습니다.

단어에 주석을 달 때는 단어 뒤에 커서를 두고 주석 기능을 실행하고, 문장에 주석을 달 때는 문장 마침표 뒤에 커서를 두고 주석 기능을 실행합니다.

하면 된다! ⟩ 각주 삽입하기

1. ❶ 네 번째 단락의 영양소 글자 뒤에 커서를 둡니다.

   ❷ [참조] 탭 → [각주] 그룹 → [각주 삽입]을 선택합니다.

함께 보면 좋은
동영상 강의

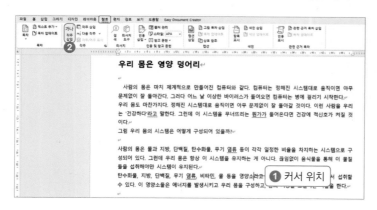

2. 영양소 글자 뒤에 각주 번호가 표시되고, 페이지 아래에 각주 영역이 만들어집니다. 각주 내용을 입력합니다.

04 • 워드, 문서 인쇄와 배포하기   **565**

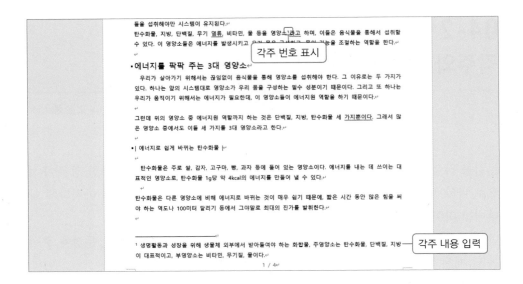

3. 같은 방법으로 kcal에 커서를 두고 [각주 삽입]을 선택한 후 각주 내용을 입력합니다. 각주 2번이 완성되었습니다.

질문 있어요! **각주를 모두 미주로 바꾸려면 어떻게 하나요?**

각주와 미주는 표시되는 위치만 다를 뿐 같은 역할을 하며, 언제든지 각주를 미주로 바꾸거나 미주를 각주로 바꿀 수 있습니다. 바꾸는 방법에는 각각의 각주와 미주를 하나씩 바꾸는 방법과, 모든 각주와 미주를 한꺼번에 바꾸는 방법이 있습니다.

하나의 각주를 미주로 바꾸는 방법
바꾸려는 각주 내용에 커서를 두고 마우스 오른쪽 버튼을 눌러 [미주로 변환]을 선택합니다.

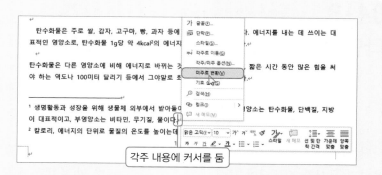

각주 내용에 커서를 둠

모든 각주를 한꺼번에 미주로 바꾸는 방법

[참조] 탭 → [각주] 그룹 → ⌐를 선택해 [각주 및 미주] 대화상자가 실행되면 [변환]을 누릅니다. [각주/미주 변환] 대화상자에서 [모든 각주를 미주로 변환]을 선택하고 [확인]을 누르면 모든 각주가 문서 끝에 미주로 입력됩니다.

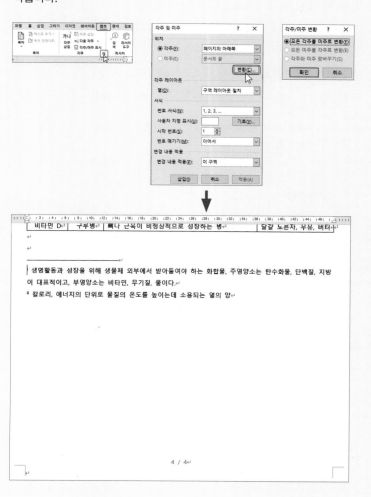

04-3
다단 설정으로 보기 좋게 편집하기

• 실습 파일 04-3_실습.docx • 완성 파일 04-3_완성.docx

다단 기능을 사용하여 한 페이지를 여러 개의 단으로 나눌 수 있습니다. 다단을 사용하면 문서가 정돈되어 보이는 효과가 있고, 보다 많은 내용을 한 페이지에 담을 수 있습니다. 다단은 신문, 논문, 잡지 등에서 많이 사용되고 있습니다.

하면 된다! } 다단 설정과 단 나누기

첫 번째 페이지를 두 단으로 나누고 왼쪽에는 제목만, 오른쪽에는 본문을 나타내도록 설정해 보겠습니다.

함께 보면 좋은
동영상 강의

1. ❶ 문서 시작 위치에 커서를 두고 ❷ [레이아웃] 탭 → [페이지 설정] 그룹 → [단] → [왼쪽]을 선택합니다.

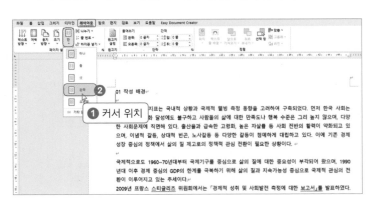

2. ❶ 아래 단락 시작 위치에 커서를 두고 ❷ [레이아웃] 탭 → [페이지 설정] 그룹 → [나누기] → [페이지 나누기: 단]을 선택합니다.

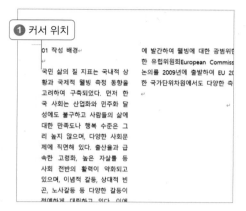

① 커서 위치

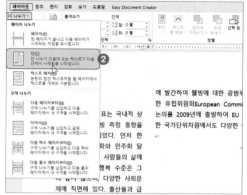

3. ① [단] → [기타 단]을 선택합니다.

② [단] 대화상자에서 1단의 [너비]를 12 글자로 수정합니다.

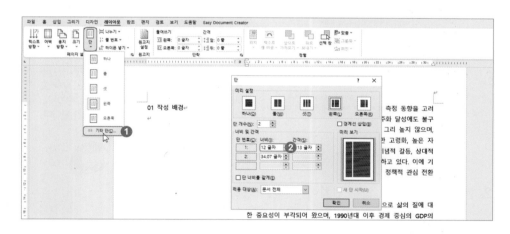

4. ① 왼쪽 단 제목을 선택하고 ② [홈] 탭 → [스타일] 그룹 → 제목 스타일을 선택해 적용합니다.

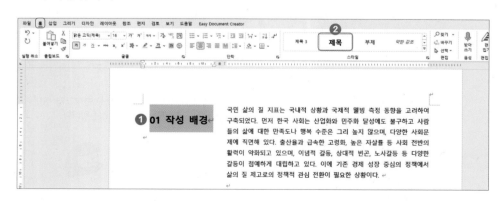

하면 된다! } 한 페이지 안에 단 개수가 다른 문서 작성하기

한 페이지에서 앞부분은 1단이고 뒷부분은 2단인 문서를 작성해 보겠습니다.

함께 보면 좋은 동영상 강의

1. ❶ 2페이지 첫 시작 위치에 커서를 두고 ❷ [레이아웃] 탭 → [페이지 설정] 그룹 → [나누기] → [구역 나누기: 다음 페이지부터]를 선택합니다.

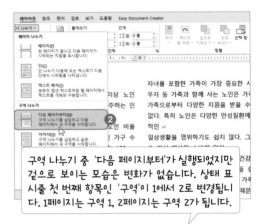

구역 나누기 중 '다음 페이지부터'가 실행되었지만 겉으로 보이는 모습은 변화가 없습니다. 상태 표시줄 첫 번째 항목인 '구역'이 1에서 2로 변경됩니다. 1페이지는 구역 1, 2페이지는 구역 2가 됩니다.

2. 현재 커서가 놓여 있는 위치에서 [단] → [하나]를 선택합니다.

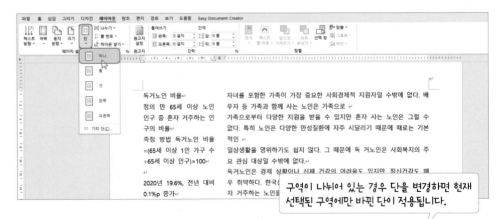

구역이 나뉘어 있는 경우 단을 변경하면 현재 선택된 구역에만 바뀐 단이 적용됩니다.

3. 현재 페이지가 1단으로 변경되었습니다.

❶ 2020년 19.6%로 시작하는 단락 앞에 커서를 두고 ❷ [나누기] → [구역 나누기: 이어서]를 선택합니다.

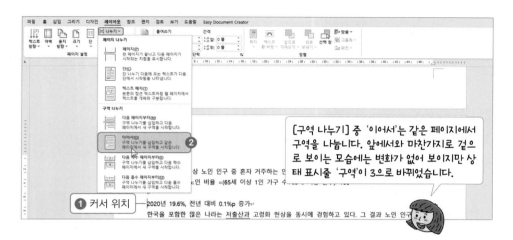

> [구역 나누기] 중 '이어서'는 같은 페이지에서 구역을 나눕니다. 앞에서와 마찬가지로 겉으로 보이는 모습에는 변화가 없어 보이지만 상태 표시줄 '구역'이 3으로 바뀌었습니다.

4. 현재 커서가 놓여 있는 위치에서 [단] → [둘]을 선택합니다. 2페이지 앞부분은 1단이고 뒷부분은 2단이 되었습니다.

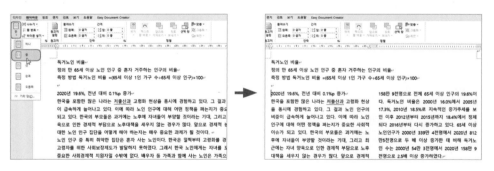

하면 된다! ﹜ 문서를 다시 하나의 단으로 바꾸기

여러 개의 구역으로 나누어져 있고 각 구역마다 다르게 단이 설정되어 있는 문서 전체를 하나의 단으로 설정해 보겠습니다.

1. 커서 위치에 상관없이 [레이아웃] 탭 → [페이지 설정] 그룹 → [단] → [기타 단]을 선택합니다.

함께 보면 좋은
동영상 강의

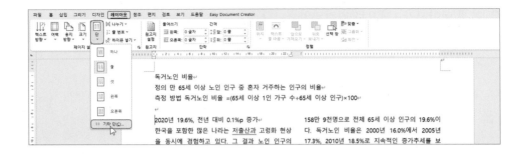

2. [단] 대화상자에서 ❶ [미리 설정]은 하나를 선택하고 ❷ [적용 대상]은 문서 전체를 선택합니다.

3. 문서 전체가 1단으로 바뀌었습니다. 그런데 1페이지에는 제목만 나타나고, 2페이지에 내용이 있습니다. 그리고 여전히 구역은 3개인 상태입니다. 1페이지와 2페이지가 나뉘어 있는 것을 취소하고 구역을 하나로 합치겠습니다. [홈] 탭 → [단락] 그룹 → [편집 기호 표시/숨기기]를 선택하거나 Ctrl + Shift + 8 을 선택합니다.

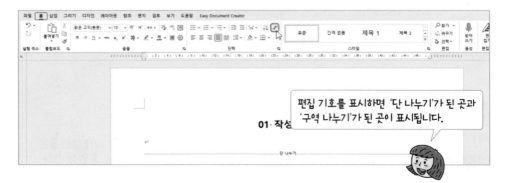

편집 기호를 표시하면 '단 나누기'가 된 곳과 '구역 나누기'가 된 곳이 표시됩니다.

4. ❶ 1페이지 '단 나누기'가 된 줄 앞에 커서를 두고 Delete 를 눌러 지웁니다.

   ❷ 같은 방법으로 '구역 나누기' 표시가 있는 위치에 커서를 두고 Delete 을 눌러 나누어진 구역을 합칩니다.

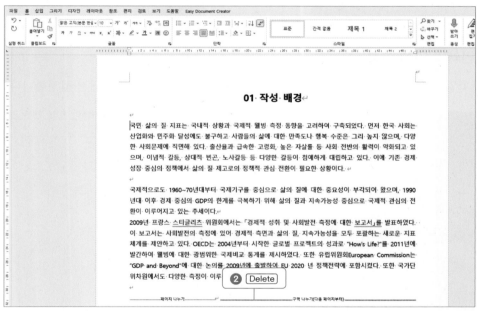

04-4
인쇄에 관한 모든 것

· 실습 파일 04-4_실습.docx   · 완성 파일 04-4_완성.docx

워드에서 작성하는 문서는 인쇄를 전제로 하는 문서입니다. 인쇄를 하지 않고 웹에
게시하거나 PDF 파일로 저장해 전자메일로 전달할 수도 있긴 하지만, 기본은 종이
에 출력하는 것입니다.

따라서 문서를 작성할 때 첫 번째로 해야 하는 작업은 인쇄 용지를 정하고 여백을
지정하는 것입니다. 화면에 보이는 그대로 출력됩니다.

인쇄와 인쇄 설정

[파일] → [인쇄]를 선택하거나 Ctrl + P 를 눌러 [인쇄] 대화상자에서 설정합니다.

❶ **복사본:** 몇 부를 인쇄할 것인지 정합니다.

❷ **프린터:** 컴퓨터에 설치된 프린터 중 기본으로 설정된 프린터를 보여줍니다.

❸ **모든 페이지 인쇄:** 문서 전체를 인쇄할 것인지, 현재 페이지만 인쇄할 것인지, 사용자가 직접 특정 페이지나 구역을 정해 인쇄할 것인지 선택합니다. '사용자 지정 인쇄'를 선택하면 아래 '페이지 수'에 인쇄할 페이지나 구역을 입력할 수 있습니다.

❹ **단면 인쇄:** 페이지에 단면으로 인쇄할 것인지, 양면으로 인쇄할 것인지 선택합니다. 선택한 프린터가 양면 인쇄를 지원하는 경우에는 '긴 면을 기준으로 페이지를 넘깁니다', '짧은 면을 기준으로 페이지를 넘깁니다' 옵션을 선택할 수 있습니다.

❺ **한 부씩 인쇄:** 복사본에 2부 이상을 지정한 경우 '한 부씩 인쇄'와 '한 부씩 인쇄 안 함'을 선택할 수 있습니다.

❻ **세로 방향:** 용지 방향을 세로 방향, 가로 방향 중에서 선택합니다.

❼ **A4:** 인쇄 용지를 정합니다.

❽ **사용자 지정 여백:** 여백을 지정합니다.

❾ **용지 한 면에 한 페이지:** 용지 한 면에 몇 페이지를 설정할지 선택합니다.

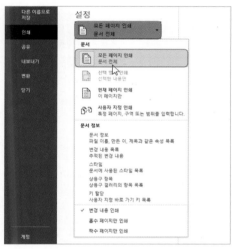

모든 페이지 인쇄

단면 인쇄

하면 된다! ⎬ 한 장의 용지에 여러 페이지 인쇄하기

인쇄 용지에 여러 페이지를 인쇄할 경우 한 장의 인쇄 용지에 몇 페이지를 인쇄할 것인지에 따라 크기가 축소됩니다. 예를 들어 '용지 한 면에 두 페이지' 옵션을 선택한 경우 용지가 A4로 설정되었어도 A4 용지 한 장에 두 페이지가 인쇄되므로 실제 1페이지 인쇄 크기는 A5에 해당하는 크기가 됩니다.

함께 보면 좋은
동영상 강의

1. Ctrl + P 를 눌러 [인쇄] 대화상자를 실행하여 [설정]에서 ❶ 용지 한 면에 한 페이지를 선택한 다음 ❷ 용지 한 면에 두 페이지를 선택합니다. 오른쪽 미리 보기 는 변화가 없습니다.

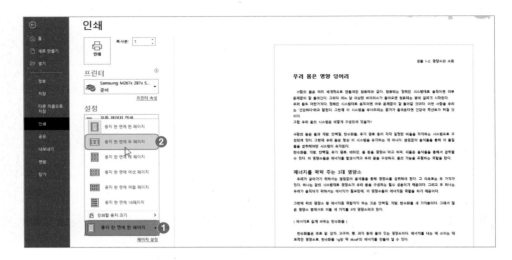

2. ❶ [프린터]를 Microsoft Print to PDF나 Microsoft XPS Document Writer 같은 PDF로 저장하는 것으로 선택하고 ❷ [인쇄]를 누릅니다.

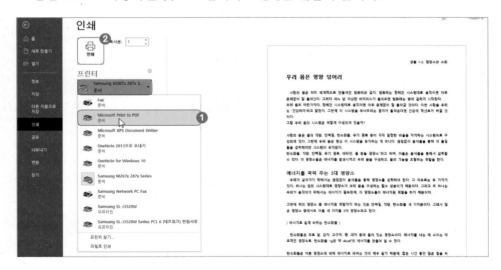

3. ❶ [다음 이름으로 프린터 출력 저장] 대화상자에서 PDF 파일을 저장할 위치를 지정하고 [파일 이름]을 입력한 후 ❷ [저장]을 누릅니다.

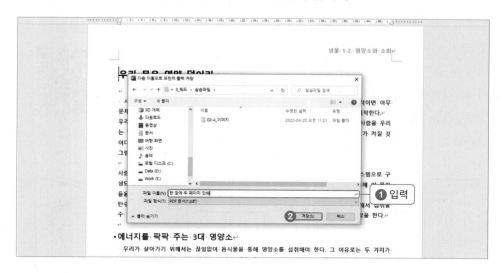

4. PDF 파일을 열어보면 용지 한 면에 두 페이지가 인쇄된 것을 확인할 수 있습니다.

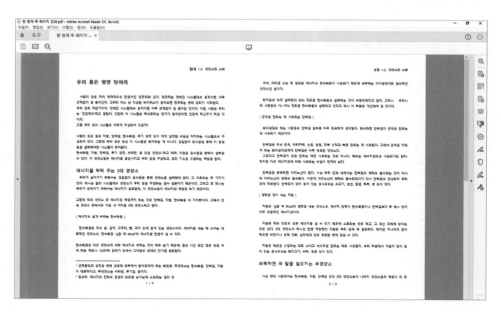

하면 된다! } 소책자 모양으로 인쇄하기

소책자 모양은 용지 한 면에 두 페이지씩 양면 인쇄를 하고
용지를 반으로 접어 만듭니다. 총 8페이지 문서인 경우 용지
첫 장 앞면에는 8페이지와 1페이지, 뒷면에는 2페이지와 7페
이지를 출력하고, 용지 두 번째 장 앞면에는 6페이지와 3페
이지, 뒷면에는 4페이지와 5페이지를 출력합니다. 양면 인쇄
'짧은 면을 기준으로 페이지를 넘깁니다' 옵션을 선택해 인쇄
합니다.

함께 보면 좋은
동영상 강의

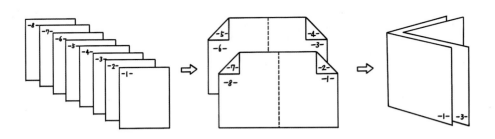

1. ❶ Ctrl + P를 눌러 [인쇄] 대화상자를 실행하고 [페이지 설정]을 누릅니다.
   ❷ [페이지 설정] 대화상자의 [여러 페이지]에서 책 접기를 선택하고 ❸ [확인]을
   누릅니다.

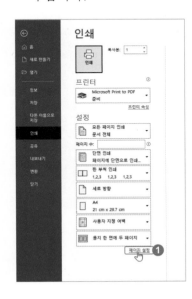

2. [양면 인쇄]를 지원하는 프린터의 경우 [양면 인쇄: 짧은 면을 기준으로 페이지를 넘깁니다]를 선택해 인쇄합니다.

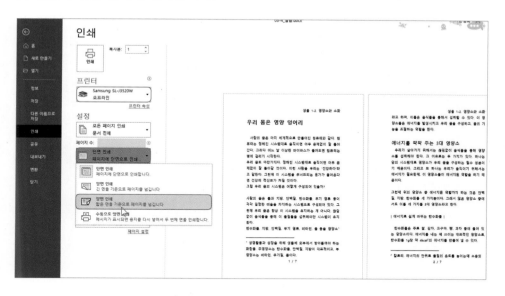

3. 양면 인쇄를 지원하는 프린터가 아닌 경우에는 PDF 파일로 저장해서 수동으로 양면 인쇄를 할 수 있습니다.

❶ [프린터]를 Microsoft Print to PDF로 선택하고 ❷ [인쇄]를 누릅니다.

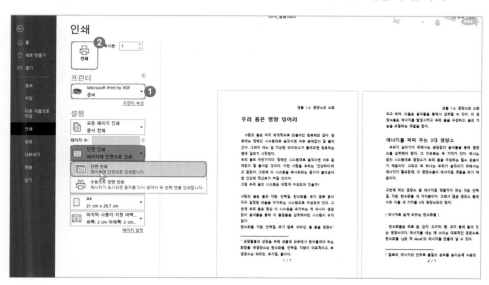

4. [다음 이름으로 프린터 출력 저장] 대화상자에서 ❶ [파일 이름]을 소책자로 입력하고 ❷ [저장]을 누릅니다.

5. 저장된 PDF 파일을 열어보면 소책자 형식인 것을 알 수 있습니다.

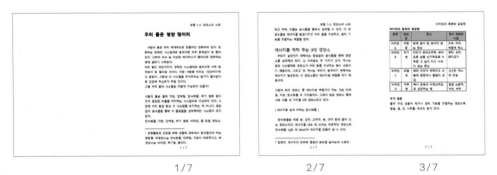

넷째마당

일 잘하는 사람, 된다! 한글

회사에서 일하는
순서대로 배우는
실무 한글!
이제 시작해 볼까요?

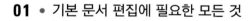

01 • 기본 문서 편집에 필요한 모든 것

02 • 제목 작성하고 빠르게 본문 꾸미기

03 • 문서를 돋보이게 하는 개체 활용

04 • 한글, 문서 인쇄와 배포하기

01

기본 문서 편집에 필요한
모든 것

최 주임의 이야기

"앗! 이거 까먹고 있었네⋯ 최 주임! 내일
까지 자료 부탁해요~"
갑작스런 보고 자료 준비 지시를 받은 최
주임. 이미 '짤막한 강좌'로 공부한 최 주
임에게는 어려울 것이 없다. 화면 설정부
터 가독성 높은 문서로 바꾸는 방법까지!
"'짤막한 강좌' 덕분에⋯ 걱정 없다!"

01-1 편리한 문서 작성을 위한 화면 설정하기

01-2 한자 변환과 특수 문자 입력하기

01-3 글머리표가 있는 문서 작성하기

01-4 가독성 높은 문서로 편집하기

01-1
편리한 문서 작성을 위한 화면 설정하기

• 실습 파일 없음(새 문서) • 완성 파일 01-1_완성.hwp

쪽 윤곽

문서를 작성할 때 기본 보기 상태인 쪽 윤곽 상태로 두는 것이 좋습니다. 문서는 종이에 인쇄해야 각 쪽의 레이아웃을 확인할 수 있지만, 쪽 윤곽 상태에서도 여백과 쪽 번호 등 문서 모양을 화면으로 직접 보면서 편집할 수 있어 편리합니다. 다음 예시의 현재 상태가 쪽 윤곽 상태입니다. 쪽 윤곽 상태는 [보기] → [쪽 윤곽] 또는 Ctrl + G, L을 누르면 됩니다.

함께 보면 좋은 동영상 강의

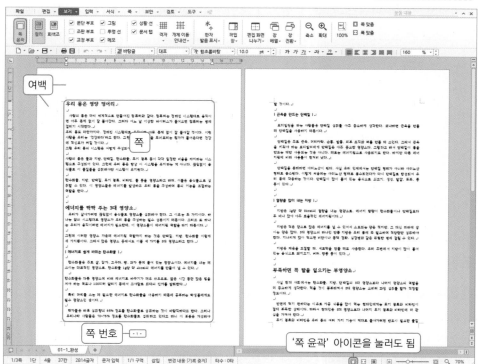

기본값으로 쪽 윤곽 보기가 선택되어 있는데, 한 번 더 누르면 쪽 윤곽 상태가 취소됩니다. 쪽 윤곽이 취소된 상태에서는 여백과 쪽 번호 등을 확인할 수 없고, 쪽이 나누어지는 부분은 점선으로 표시됩니다.

쓰이는 대표적인 영양소로. 탄수화물 1g당 약 4kcal의 에너지를 만들어 낼 수 있다.↵

탄수화물은 다른 영양소에 비해 에너지로 바꾸기가 매우 쉬우므로. 짧은 시간 동안 많은 힘을 써야 하는 역도나 100미터 달리기 등에서 그야말로 최대의 진가를 발휘한다.↵

특히 머리를 쓰는 데 필요한 에너지로 탄수화물을 사용하기 때문에 공부하는 학생들에게도 필수 영양소인 셈이다.↵

학자들은 하루 섭취량의 65% 정도를 탄수화물로 섭취하는 것이 바람직하다고 한다. 그러나 우리나라 사람들은 70~75% 정도를 탄수화물로 섭취하고 있다고 하니 이 부분은 개선해야 ──── 쪽 경계선

할 것이다.↵

| 근육을 만드는 단백질 |.↵

문단 부호

글자를 입력하는 도중에 Enter 를 누르면 줄 바꿈 부호가 표시되는데 문단을 나눌 때 Enter 를 누릅니다. 문단 부호는 편집 화면에서만 표시될 뿐이고 문서를 인쇄했을 때는 보이지 않습니다.

[보기] → [문단 부호]에 체크 표시를 하거나 Ctrl + G, T 를 누르면 문단 부호가 표시되고, 한 번 더 누르면 문단 번호가 보이지 않습니다. 평소 문서를 편집할 때 문단 부호를 표시해 두는 것이 좋습니다.

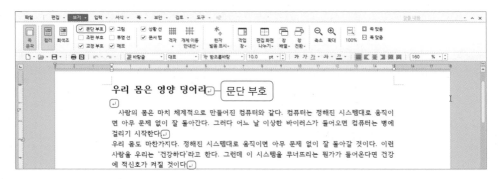

조판 부호

편집 과정에서 사용되는 여러 가지 명령은 화면에서는 보이지 않게 조판 부호로 기록하고 있습니다. [보기] → [조판 부호]에 체크 표시를 하거나 Ctrl + G, C 를 누르면 조판 부호가 표시됩니다. 실제 인쇄를 했을 땐 보이지 않지만, 조판 부호가 자리를 차지하면서 문단의 내용이 오른쪽으로 밀려 보이기 때문에 평소 편집할 때는 조판 부호를 표시하지 않습니다. 그러나 꼭 조판 부호를 확인해야 할 때가 있는데, 이 책에서 다양한 기능을 학습하면서 필요할 때마다 배워보겠습니다.

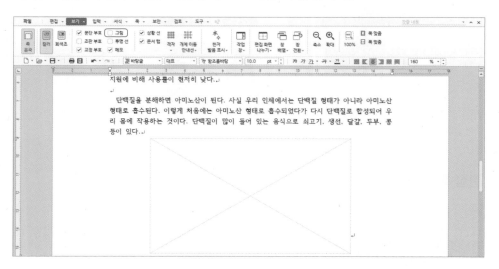

그림

다음 예시와 같이 그림 위치에 엑스 박스가 표시될 때가 있습니다. [보기] → [그림]에 체크 표시가 되어 있지 않은 경우인데, 이렇게 그림을 감추는 것에는 문서 편집의 속도를 빠르게 하기 위한 목적이 있습니다. 문서에 그림이 많이 삽입되고 쪽수가 많으면 편집할 때 처리 속도가 떨어져 화면이 버벅거리는데, 이런 경우 사용하면 됩니다. 그림을 확인하려면 [그림]에 체크 표시를 하면 됩니다.

투명 선

다음 예시는 표를 만들어 레이아웃을 설정한 것입니다. 표의 선 종류를 '선 없음'으로 지정했더니 테두리가 보이지 않아 편집할 때 불편하죠. 이 경우 [보기] → [투명 선]에 체크 표시를 해두면 빨간 점선으로 선이 표시되어 편집이 쉬워집니다. 평소 표시해 두고 사용하면 편리합니다.

투명 선이 보이지 않는 상태

투명 선이 보이는 상태

편집 화면 확대/축소

Ctrl 을 누른 상태에서 마우스 휠을 위/아래로 굴리면 화면을 확대/축소할 수 있습니다. 필요에 따라서 문서 전체를 보면서 편집해야 하는 경우가 있는데 이 경우 빠르게 화면을 확대/축소할 수 있습니다.

[보기] → [쪽 맞춤]을 누르면 인쇄용지 상태로 확인할 수 있고, 100%를 누르면 실제 인쇄했을 때 크기로 보여줍니다. 그리고 [폭 맞춤]을 누르면 화면 크기에 맞게 문서 폭이 꽉 차게 보입니다.

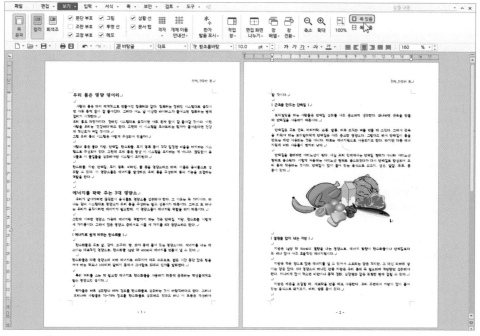

보기: 쪽 맞춤

보기: 100%

보기: 폭 맞춤

오른쪽 아래에 있는 [확대/축소 🔍]를 누르면 배율을 설정할 수 있습니다.

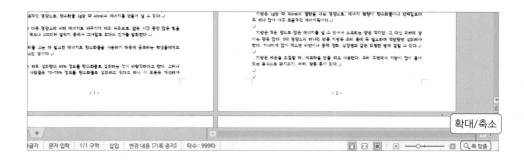

[쪽 모양]이 자동으로 되어 있으면 확대/축소에 따라 한 쪽에서 두 쪽으로, 더 축소했을 때는 세 쪽, 네 쪽으로 보입니다. 한 쪽만 보이도록 설정할 수 있고, 두 쪽이나 맞쪽으로 설정할 수도 있습니다.

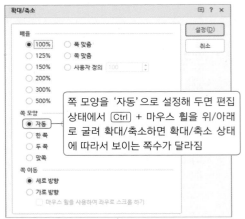 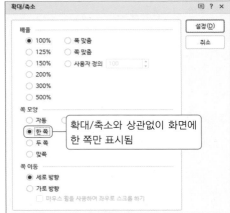

'맞쪽'은 문서를 제본했을 때 모양으로, 먼저 첫 번째 쪽이 보이고 펼쳤을 때 두 번째, 세 번째 쪽이 나란히 보이는 상태입니다. '두 쪽'은 첫 번째, 두 번째 쪽이 나란히, 그다음에 세 번째, 네 번째 쪽이 나란히 보이는 상태입니다.

쪽 모양: 맞쪽

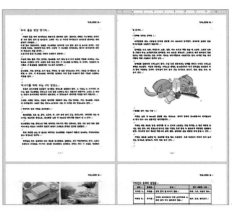

쪽 모양: 두 쪽

하면 된다! 〉 간단한 문서 작성하기

앞에서 배운 설정들을 기본으로 하여 간단한 문서를 작성해 보겠습니다.

함께 보면 좋은
동영상 **강의**

1. 서식 도구 상자에서 [새 문서]를 누르거나 [파일] → [새 문서]를 선택하면 새 문서가 열리고 커서가 깜박입니다. 커서 옆에 문단 부호가 있습니다.

2. 커서 위치에 우리 몸은 영양 덩어리를 입력한 후 [Enter]를 누르면 문단이 바뀌고 그 위치에 문단 부호가 표시됩니다. 빈 줄을 추가하려면 [Enter]를 한 번 더 누르면 됩니다.

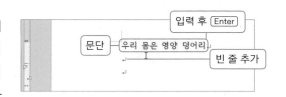

3. ~컴퓨터는 정해진 시스템대로 움직이면을 입력한 후 [Enter]를 누르면 안 됩니다. 문단이 끝나지 않았다면 자동으로 줄 바꿈 되도록 계속 내용을 입력해야 합니다. ~병에 걸리기 시작한다.까지 입력한 후 [Enter]를 눌러 문단을 변경합니다. 아래쪽 단락도 마찬가지입니다. 문단이 끝나지 않으면 [Enter]를 누르지 말고 계속 입력한 후 문단이 끝나는 위치에서 [Enter]를 누릅니다.

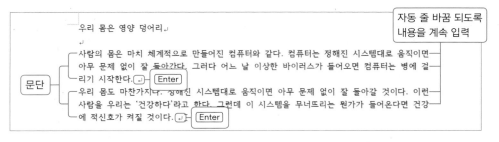

하면 된다! ⟩ 문서 저장하기와 불러오기, PDF로 저장하기

완성한 문서를 한글 문서로 저장하는 방법과 불러오는 방법, 다른 이름으로 저장하는 방법, PDF 문서로 저장하는 방법을 배워보겠습니다.

함께 보면 좋은
동영상 강의

1. 한글 문서(*.hwp)로 저장하기

❶ 서식 도구 상자에서 [저장하기 🖫]를 누르거나 [Alt] + [S]를 눌러 [다른 이름으로 저장하기]를 실행합니다.

❷ 왼쪽 탐색 창에서 저장 위치를 선택합니다.

❸ 파일 이름을 문서20210901로 입력하고 ❹ [저장]을 누릅니다.

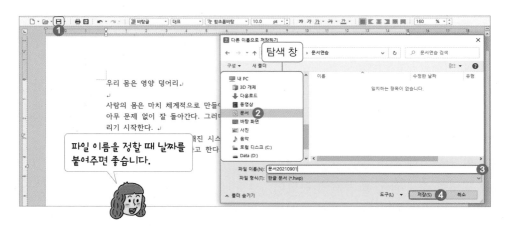

파일 이름을 정할 때 날짜를 붙여주면 좋습니다.

2. 문서 불러오기

서식 도구 상자에서 [불러오기 🖿 ▾]를 누르면 최근 작업 문서가 표시되어 빠르게 문서를 불러올 수 있습니다.

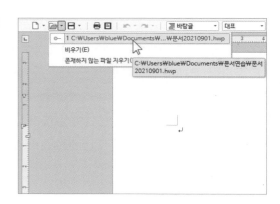

최근 문서가 아니라면 [불러오기 🖿]를 누르거나 [Alt] + [O]를 눌러 ❶ 저장된 위치에서 문서 파일을 선택한 후 ❷ [열기]를 누릅니다.

> 문서를 닫으려면 [파일] → [문서 닫기]를 선택하거나 [Alt] + [F4]를 누르면 됩니다.

3. 다른 이름으로 저장하기

❶ 내용을 추가한 후 ❷ [저장하기] 또는 [Alt] + [S]를 누르면 화면에 변화는 없지만 기존 데이터에서 추가된 내용을 포함해 저장됩니다.

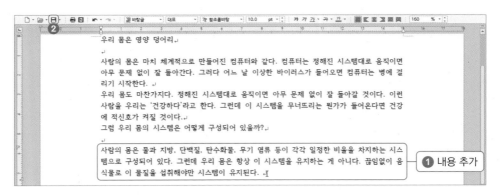

기존 문서가 아닌 이름으로 저장해 보겠습니다.

❶ 서식 도구 상자에서 [저장하기 ▼] → [다른 이름으로 저장하기] 또는 [Alt] + [V]를 누릅니다.

❷ 문서20210901_수정으로 기존 파일명에 '_수정'을 붙여 입력합니다.

❸ [저장]을 누릅니다.

문서20210901_수정.hwp 파일이 하나 더 저장되었습니다.

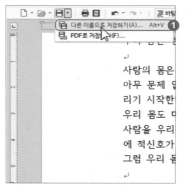

4. PDF로 저장하기

문서를 교환 형식으로 저장하려면 PDF 형식으로 저장하면 됩니다.

❶ 서식 도구 상자에서 [저장하기 ▼] → [PDF로 저장하기]를 선택합니다.

❷ 파일 이름은 그대로 두고 [저장]을 누릅니다.

PDF로 변환된 문서가 자동으로 열립니다.

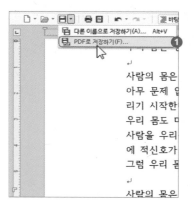
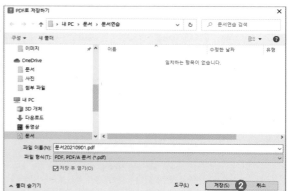

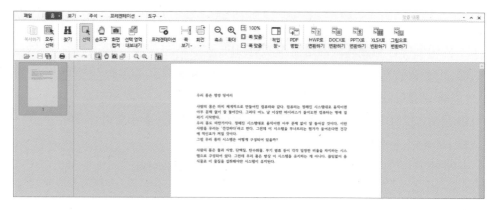

질문 있어요! 문서 작성 도중에 기본 도구 상자와 서식 도구 상자가 사라졌는데 어떻게 해야 하나요?

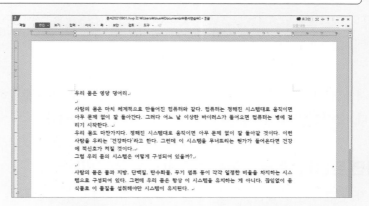

이 경우 메뉴에서 마우스 오른쪽 버튼을 눌러 [기본]과 [서식]을 선택하면 됩니다.

기본 도구 상자

서식 도구 상자

한글 기본

문자 편집

개체 활용

인쇄 배포

01-2
한자 변환과 특수 문자 입력하기

· 실습 파일 01-2_실습_1~2.hwp   · 완성 파일 01-2_완성_1~2.hwp

문서를 작성할 때 뜻을 명확하게 전달하기 위해 한자로 입력해야 하는 경우가 있습니다. 실습을 통해 한자로 변환하는 방법을 배워보겠습니다.

하면 된다! ⟩ 한글을 한자로, 한자를 한글로 변환하기

한자 변환하기 실습은 01-2_실습_1.hwp 파일에서 진행합니다.

함께 보면 좋은
동영상 강의

1. ❶ 한자로 변환할 '영양' 오른쪽에 커서를 두고 F9 를 눌러 [한자로 바꾸기]를 실행합니다.
   ❷ 한자 목록에서 바꿀 한자를 선택합니다.
   ❸ [바꾸기]를 누릅니다.

한자를 선택할 때 [자전 보이기]를 참고하면 한자의 뜻과 음을 확인할 수 있어 정확한 한자로 변환하는 데 도움이 됩니다. 변환된 한자를 다시 한글로 변환하려면 한자 오른쪽에 커서를 두고 F9 를 다시 누르면 됩니다.

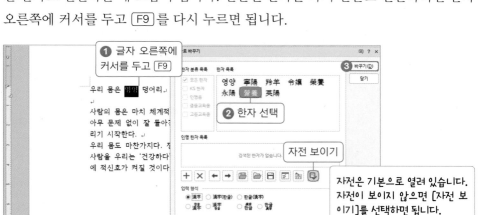

자전은 기본으로 열려 있습니다. 자전이 보이지 않으면 [자전 보이기]를 선택하면 됩니다.

2. F9를 눌러 다시 [한자로 바꾸기]를 실행합니다. 한자로 변환할 때 다양한 입력 형식을 선택할 수 있습니다.

❶ [입력 형식]을 한글(漢字)로 선택한 후 ❷ [바꾸기]를 누릅니다.

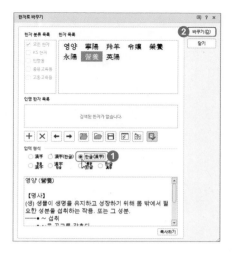

3. 이번에는 '몸' 자를 한자로 변경하기 위해 '몸' 자 오른쪽에 커서를 두고 F9를 누릅니다. 오류 메시지 창이 뜹니다. '몸'은 한자가 없기 때문입니다.

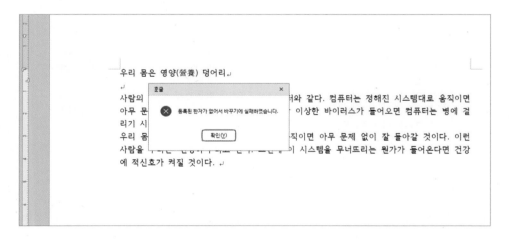

4. 몸을 뜻하는 '身' 자를 괄호 속에 표시해 보겠습니다.

❶ '몸' 자 오른쪽에 (신)을 입력한 후 '신' 자 오른쪽에 커서를 두고 F9를 눌러 [한자로 바꾸기]를 실행합니다.

❷ [한자 목록]에서 身을 선택하고 ❸ [입력 형식]을 漢字로 바꾼 후 ❹ [바꾸기]를 누릅니다.

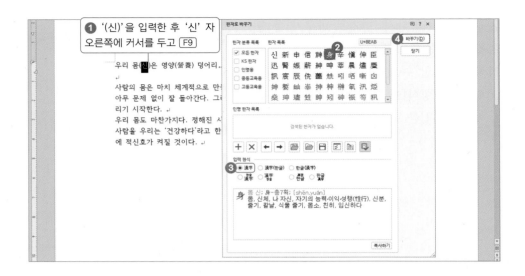

5. 다음 예시를 참고해서 한자로 변경해 보세요.

> 우리 몸(身)은 영양(營養) 덩어리↵
>
> ↵
> 사람의 몸(身)은 마치 체계적으로 만들어진 컴퓨터와 같다. 컴퓨터는 정해진 시스템대로 움직
> 이면 아무 문제 없이 잘 돌아간다. 그러다 어느 날 이상한 바이러스가 들어오면 컴퓨터는 병
> 에 걸리기 시작한다. ↵
> 우리 몸(身)도 마찬가지다. 정해진 시스템대로 움직이면 아무 문제 없이 잘 돌아갈 것이다. 이
> 런 사람을 우리는 '건강(乾剛)하다'라고 한다. 그런데 이 시스템을 무너뜨리는 뭔가가 들어온
> 다면 건강(乾剛)에 적신호(赤信號)가 켜질 것이다. ↵

문자표

문자표는 '유니코드 문자표', 한글97에서 지원하던 '한글(NHC) 문자표', '완성형 (KS) 문자표', 문자를 찾기 쉽도록 유니코드 문자를 재구성한 '사용자 문자표'로 구성됩니다. 문서를 PDF로 변환해 다른 사람과 공유할 목적이라면 '한글(NHC) 문자표'는 변환 중에 일부 글자가 깨지는 문제가 있어 사용하지 않는 것이 좋습니다. 문자표를 사용할 땐 문자 영역이 직관적으로 되어 있는 '사용자 문자표' 사용을 추천합니다.

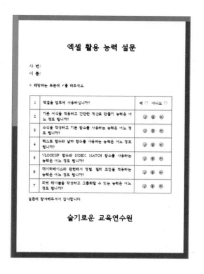

왼쪽 엑셀 활용 능력 설문지에는 한글, 영어, 숫자뿐만 아니라 ※, ✓, ㉧, ㉱, ㉲ 등의 기호와 원 문자가 입력되어 있습니다. 이와 같이 각종 기호나 원 문자도 문서를 작성할 때 많이 사용되는데, 기호를 입력하려면 문자표를 사용하면 됩니다.

하면 된다! } 문자표에서 ※, ✓ 찾아 입력하기

설문지를 작성하면서 각종 기호를 입력해 보겠습니다.
이후 실습은 01-2_실습_2.hwp 파일에서 진행합니다.

함께 보면 좋은
동영상 강의

1. ❶ 표 바로 위 문단 부호 위치에 커서를 두고 [입력] → [문자표] 또는 Ctrl + F10 을 눌러 [문자표]를 실행합니다.
❷ [사용자 문자표] 탭 → [기호1] 영역에서 ※를 선택하고
❸ [넣기]를 누릅니다.

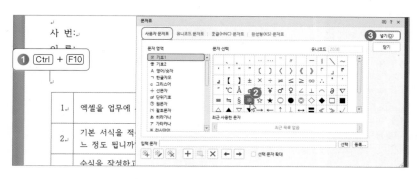

2. ※가 입력되었습니다. 이어서 입력해 보겠습니다.
❶ 해당하는 부분에를 입력한 후 Ctrl + F10 을 눌러 [문자표]를 실행합니다.
❷ [사용자 문자표] 탭 → [특수기호 및 딩벳기호] 영역에서 ✓ 를 선택합니다.
❸ [넣기]를 누른 후 ❹ 를 해주세요.를 입력합니다.

스크롤 바를 아래로 내리면 다양한 특수 문자를 선택할 수 있음

3. 이번에는 '예 □ 아니요 □'를 입력해 보겠습니다.

일반적으로 예를 입력한 후 [사용자 문자표] 탭 → [기호1]을 선택해 □를 찾아 입력하고, 아니요를 입력한 후 다시 [사용자 문자표] 탭 → [기호1]을 선택해 □를 삽입합니다.

❶ [문자표]를 실행한 후 [사용자 문자표] 탭 → [기호1]을 선택하고 □를 더블클릭하면 [입력 문자] 입력 창에 □가 입력됩니다.

❷ 계속해서 [입력 문자] 입력 창에 아니요를 입력하고 다시 □를 더블클릭한 후

❸ [넣기]를 누릅니다. 한 번에 '예 □ 아니요 □'가 입력됩니다.

이와 같이 연속적으로 기호를 입력할 땐 여러 번 문자표를 열어 기호를 입력할 필요 없이 한 번에 삽입할 수 있습니다.

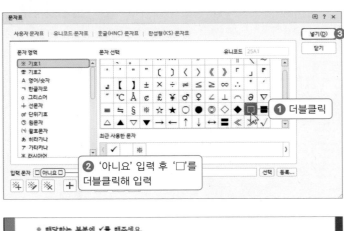

❶ 더블클릭

❷ '아니요' 입력 후 '□'를 더블클릭해 입력

글자 겹치기

이번에는 ㉝, ㉗, ㉞를 입력해 설문지를 완성하겠습니다. ㉝, ㉗, ㉞는 문자표에서 제공하지 않습니다. 문자표에서도 제공하지 않는 글자나 숫자의 원 문자는 글자 겹치기를 사용해 입력할 수 있습니다.

하면 된다! } 글자 겹치기로 ㉝, ㉗, ㉞ 입력하기

1. ㉝, ㉗, ㉞를 입력할 위치에 커서를 두고 [입력] → [입력 도우미] → [글자 겹치기]를 선택합니다.

❶ [겹치기 종류] 중 첫 번째 원 문자를 선택합니다.
❷ [겹쳐 쓸 글자] 입력 창에 상을 입력합니다. 미리 보기 창에 ㉝이 완성되었죠? ❸ [넣기]를 누릅니다.

함께 보면 좋은
동영상 강의

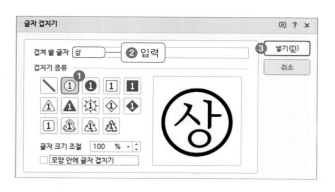

2. 글자 사이를 띄운 후 같은 방법으로 ㉗, ㉞도 입력합니다. 글자 겹치기로 작성한 ㉝, ㉗, ㉞를 3에서 7번 문항 설문에도 복사해 넣겠습니다. ㉝, ㉗, ㉞를 블록 지정한 후 Ctrl + C 를 눌러 복사합니다.

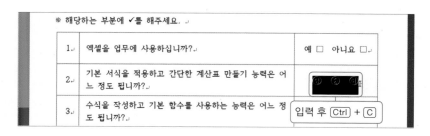

3. 3번에서 7번 문항 셀을 블록 지정한 후 [Ctrl]+[V]를 눌러 붙여넣기 합니다.

2.	기본 서식을 적용하고 간단한 계산표 만들기 능력은 어느 정도 됩니까?	상 중 하	→	상 중 하	
3.	수식을 작성하고 기본 함수를 사용하는 능력은 어느 정도 됩니까?			상 중 하	
4.	텍스트 함수와 날짜 함수를 사용하는 능력은 어느 정도 됩니까?			상 중 하	
5.	VLOOKUP 함수와 INDEX, MATCH 함수를 사용하는 능력은 어느 정도 됩니까?			상 중 하	
6.	데이터베이스와 관련해서 정렬, 필터 조건을 적용하는 능력은 어느 정도 됩니까?			상 중 하	
7.	피벗 테이블을 작성하고 그룹화할 수 있는 능력은 어느 정도 됩니까?			상 중 하	

블록 지정 후
[Ctrl] + [V]

01-3
글머리표가 있는 문서 작성하기

• 실습 파일 없음(새 문서)　• 완성 파일 01-3_완성.hwp

글머리표를 붙여 수준별로 내용을 정리하여 문서를 작성해 보겠습니다. 글머리표는 □, ○, – 순으로 총 3개 수준이며, 다음 예시와 같이 입력하면서 글머리표를 삽입하는 방법을 배워보겠습니다.

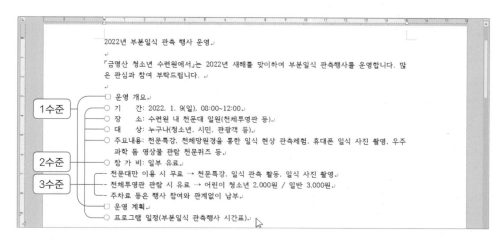

하면 된다! } 글머리표가 있는 문서 작성하기

수준별로 글머리표가 있는 문서를 작성해 보겠습니다.

함께 보면 좋은
동영상 강의

1. ❶ 2022년 부분일식 관측 행사 운영을 입력한 후 Enter 를 눌러 문단을 변경하고 다시 Enter 를 눌러 빈 줄을 삽입합니다.

❷ Ctrl + F10 을 눌러 [문자표]를 실행하여 [사용자 문자표] 탭 → [기호1] 영역에서 「를 더블클릭합니다.
[입력 문자] 창에 「가 입력됩니다.

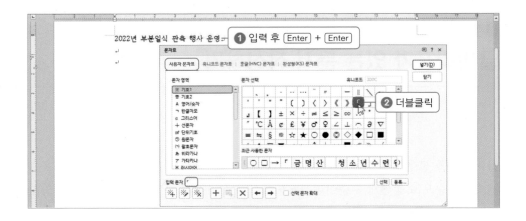

2. ① [입력 문자] 창에서「 옆에 금명산 청소년 수련원에서를 입력한 후 **②** 이번에
는 」를 더블클릭합니다. **③** 내용이 완성되면 [넣기]를 누릅니다.

짝으로 입력하는 낫표나 괄호 등은
더블클릭해 [입력 문자] 입력 창에
서 입력할 내용을 완성하는 것이 편
리합니다.

3. ① 다음 예시와 같이 나머지 내용을 입력한 후 [Enter] 를 눌러 문단을 변경하고
다시 [Enter] 를 눌러 빈 줄을 삽입합니다.
② 마우스 오른쪽 버튼을 눌러 [글머리표 및 문단 번호]를 선택합니다.
③ [글머리표] 탭을 선택하여 [글머리표 모양]에서 모양 하나를 선택한 후 **④** [사
용자 정의]를 누릅니다.
목록에 없는 글머리표 모양을 사용하려면 [사용자 정의]를 눌러 [문자표]에서 선
택할 수 있습니다.

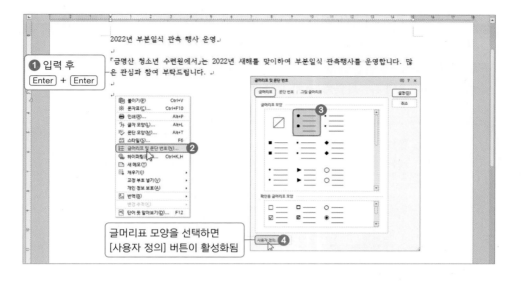

4. ❶ [글머리표 사용자 정의 모양]에서 [문자표]를 누릅니다.

❷ [유니코드 문자표] 탭 → [도형 기호] 영역에서 □를 선택한 후 ❸ [넣기]를 누릅니다.

❹ ❺ [설정]을 순서대로 눌러 대화상자를 닫습니다.

5. ❶ 운영 개요라고 입력한 후 `Enter`를 누르면 글머리표 ☐가 자동으로 입력됩니다. 계속해서 두 번째 수준에 해당하는 글머리표 ○를 삽입하겠습니다.

❷ 마우스 오른쪽 버튼을 눌러 [글머리표 및 문단 번호]를 선택합니다.

❸ [글머리표] 탭 → [사용자 정의]를 누릅니다.

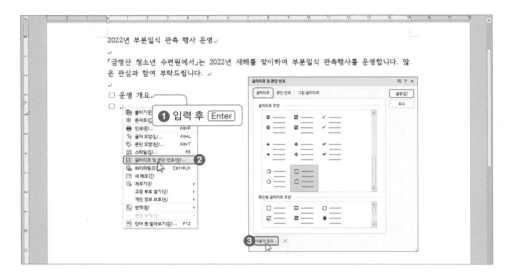

6. ❶ [글머리표 사용자 정의 모양]에서 [문자표]를 누릅니다.

❷ [유니코드 문자표] 탭 → [도형 기호] 영역에서 ○를 선택한 후 ❸ [넣기]를 누릅니다.

❹, ❺ [설정]을 순서대로 눌러 대화상자를 닫습니다.

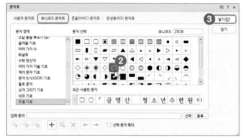

7. 기　　간과 :을 입력한 후 한 칸을 띄우고 2022. 1. 9(일), 08:00~12:00을 입력
한 다음 Enter 를 누르면 글머리표 ○가 자동으로 입력됩니다. '기간', '장소, '대
상' 글자 사이는 4칸을 띄어쓰기해 '주요내용'과 너비를 맞추고, '참가비'는 1칸씩
띄어쓰기합니다. 나머지 내용도 입력합니다.

> □ 운영 개요 ┘
> ○ 기 　　 간: 2022. 1. 9(일), 08:00~12:00. ┘
> ○ 장 　　 소: 수련원 내 천문대 일원(천체투영관 등). ┘
> ○ 대 　　 상: 누구나(청소년, 시민, 관광객 등). ┘
> ○ 주요내용: 천문특강, 천체망원경을 통한 일식 현상 관측체험, 휴대폰 일식 사진 촬영, 우주
> 　　 과학 돔 영상물 관람 천문퀴즈 등. ┘
> ○ 참 가 비: 일부 유료. ┘

8. 세 번째 수준의 글머리표 -을 삽입해 보겠습니다.
❶ 마우스 오른쪽 버튼을 눌러 [글머리표 및 문단 번호]를 선택합니다.
❷ [글머리표 및 문단 번호]에서 [사용자 정의]를 누릅니다.
❸ [글머리표 사용자 정의 모양]에서 [글머리표 문자]에 -을 입력한 후 ❹ [설정]
을 누릅니다.

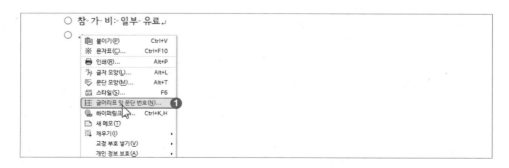

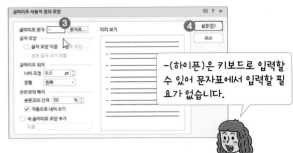

-(하이픈)은 키보드로 입력할 수 있어 문자표에서 입력할 필요가 없습니다.

9. ❶ 천문대만 이용 시 무료를 입력한 후 [Ctrl] + [F10]을 눌러 [문자표]를 실행해 ❷ [사용자 문자표] 탭 → [화살표] 영역에서 →를 선택하고 ❸ [넣기]를 누릅니다.

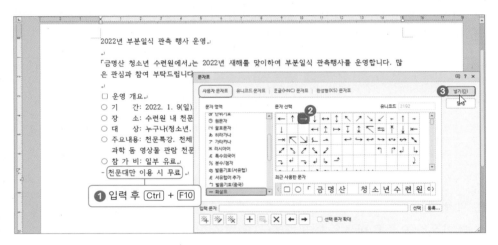

10. 나머지 내용을 모두 입력합니다. 다시 첫 번째 수준에 글머리표 ☐를 삽입하겠습니다. 마우스 오른쪽 버튼을 눌러 [글머리표 및 문단 번호]를 선택합니다.

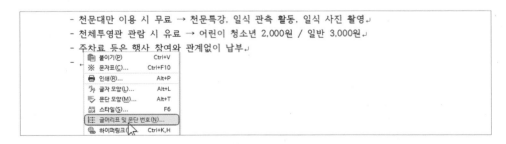

11. ❶ [글머리표 및 문단 번호]에서 [사용자 정의]를 누릅니다.
   ❷ [글머리표 사용자 정의 모양]에서 [문자표]를 누릅니다.
   ❸ [문자표]의 [최근 사용한 문자]에서 □를 선택합니다.
   ❹ [넣기]를 누릅니다.

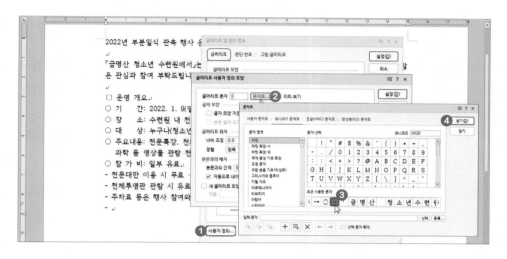

12. 나머지 내용도 작성하여 문서를 마무리합니다.

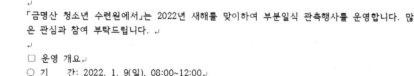

2022년 부분일식 관측 행사 운영

「금명산 청소년 수련원에서」는 2022년 새해를 맞이하여 부분일식 관측행사를 운영합니다. 많은 관심과 참여 부탁드립니다.

□ 운영 개요
○ 기　　간: 2022. 1. 9(일), 08:00~12:00
○ 장　　소: 수련원 내 천문대 일원(천체투영관 등)
○ 대　　상: 누구나(청소년, 시민, 관광객 등)
○ 주요내용: 천문특강, 천체망원경을 통한 일식 현상 관측체험, 휴대폰 일식 사진 촬영, 우주 과학 돔 영상물 관람 천문퀴즈 등
○ 참 가 비: 일부 유료
- 천문대만 이용 시 무료 → 천문특강, 일식 관측 활동, 일식 사진 촬영
- 천체투영관 관람 시 유료 → 어린이 청소년 2,000원 / 일반 3,000원
- 주차료 등은 행사 참여와 관계없이 납부
□ 운영 계획
○ 프로그램 일정(부분일식 관측행사 시간표)

01-4
가독성 높은 문서로 편집하기

• 실습 파일 01-4_실습_1~2.hwp • 완성 파일 01-4_완성_1.hwp

문서의 가독성은 글꼴, 레이아웃, 자간, 행간, 여백 등에 따라 달라지는데, 가독성이란 문서를 얼마나 쉽게 읽을 수 있는지 나타내는 정도를 의미합니다. 문서를 편집할 때 글자 모양과 문단 모양을 적용해 가독성 높은 문서로 편집하는 방법은 중요합니다. 예시를 통해 글자 모양과 문단 모양을 적용하고 블록을 지정하는 방법까지 배워 보겠습니다.

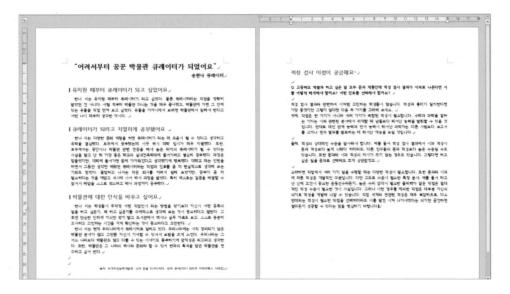

하면 된다! ⟩ 빠르게 문서 편집하기

이번 실습은 01-4_실습_1.hwp 파일에서 진행합니다.

1. 글자 모양과 문단 모양을 설정해 보겠습니다.

❶ 어려서부터~로 시작되는 제목을 블록 지정합니다.

❷ [글자 크기] 16pt, ❸ [굵게], ❹ [가운데 정렬]을 선택합니다.

함께 보면 좋은
동영상 **강의**

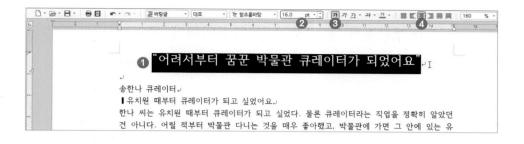

2. 송한나 큐레이터에 커서를 두고 [오른쪽 정렬]을 누르거나 Ctrl + Shift + R을 누릅니다. 하나의 문단을 정렬할 때에는 블록을 지정할 필요가 없습니다. 커서만 두고 정렬하면 문단 단위로 정렬됩니다.

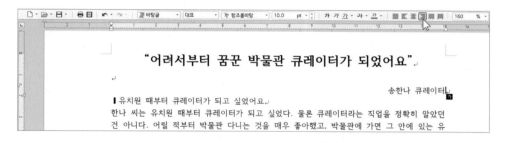

3. ❶ ▎유치원 때부터~로 시작되는 문단을 블록 지정합니다.

❷ [글꼴] 함초롬돋움, ❸ [글자 크기] 14pt, ❹ [굵게], ❺ [글자 색] 바다색을 선택합니다.

❻ Alt + T를 눌러 [문단 모양]에서 간격을 [문단 위] 20pt, [문단 아래] 5pt로 입력하고 ❼ [설정]을 누릅니다.

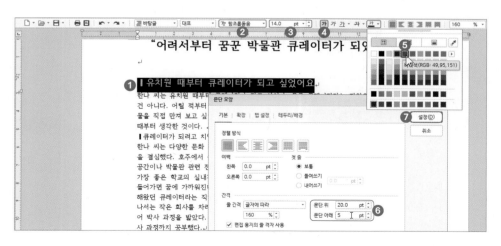

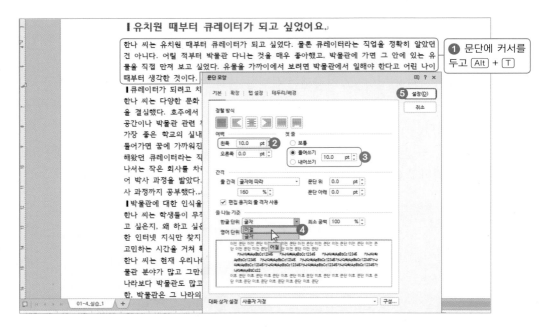

"어려서부터 꿈꾼 박물관 큐레이터가 되었어요"

송한나 큐레이터

> 문단 위 20pt, 문단 아래 5pt 간격이 적용됨

▮ 유치원 때부터 큐레이터가 되고 싶었어요

한나 씨는 유치원 때부터 큐레이터가 되고 싶었다. 물론 큐레이터라는 직업을 정확히 알았던 건 아니다. 어릴 적부터 박물관 다니는 것을 매우 좋아했고, 박물관에 가면 그 안에 있는 유

4. 왼쪽 여백과 첫 줄 들여쓰기, 줄 나눔 기준을 설정해 보겠습니다.

❶ 한나 씨는~으로 시작하는 문단에 커서를 두고 Alt + T 를 누릅니다.

❷ [문단 모양]에서 [왼쪽 여백] 10pt를 설정합니다.

❸ [첫 줄 들여쓰기] 10pt를 설정합니다. 첫 줄 들여쓰기는 문단의 첫 줄에만 적용됩니다.

❹ 문단 끝에서 어절이 나누어지지 않도록 [줄 나눔 기준]의 [한글 단위]를 어절로 변경한 후 ❺ [설정]을 누릅니다.

┃ 유치원 때부터 큐레이터가 되고 싶었어요.┘

한나 씨는 유치원 때부터 큐레이터가 되고 싶었다. 물론 큐레이터라는 직업을 정확히 알았던 건 아니다. 어릴 적부터 박물관 다니는 것을 매우 좋아했고, 박물관에 가면 그 안에 있는 유물을 직접 만져 보고 싶었다. 유물을 가까이에서 보려면 박물관에서 일해야 한다고 어린 나이 때부터 생각한 것이다. ┘

첫 줄 들여쓰기 10pt 적용

왼쪽 여백 10pt 적용

줄 나눔 기준 '어절'

┃ 유치원 때부터 큐레이터가 되고 싶었어요.┘

한나 씨는 유치원 때부터 큐레이터가 되고 싶었다. 물론 큐레이터라는 직업을 정확히 알았던 건 아니다. 어릴 적부터 박물관 다니는 것을 매우 좋아했고, 박물관에 가면 그 안에 있는 유물을 직접 만져 보고 싶었다. 유물을 가까이에서 보려면 박물관에서 일해야 한다고 어린 나이 때부터 생각한 것이다. ┘

줄 나눔 기준 '글자'

줄 나눔 기준의 기본값은 '글자'입니다.

하면 된다! ┊ 모양 복사하기

방금 설정한 글자 모양과 문단 모양을 다음 예시와 같이 반복해서 적용해야 한다면 시간이 오래 걸리고 번거롭겠죠? 이 경우 모양 복사를 하면 됩니다.

함께 보면 좋은 동영상 강의

┃ 유치원 때부터 큐레이터가 되고 싶었어요.┘

한나 씨는 유치원 때부터 큐레이터가 되고 싶었다. 물론 큐레이터라는 직업을 정확히 알았던 건 아니다. 어릴 적부터 박물관 다니는 것을 매우 좋아했고, 박물관에 가면 그 안에 있는 유물을 직접 만져 보고 싶었다. 유물을 가까이에서 보려면 박물관에서 일해야 한다고 어린 나이 때부터 생각한 것이다. ┘

┃큐레이터가 되려고 치열하게 공부했어요.┘

한나 씨는 다양한 문화 체험을 하면 큐레이터가 될 수 을 결심했다. 호주에서 공부했는데 이곳 역시 대학 입지가 매우 치열했다. 또한, 호주에서는 공간이나 박물관 관련 전공을 해야 높은 위치의 큐레이터가 될 수 있다는 사실을 알고 난 뒤 가장 좋은 학교의 실내건축학과에 들어가려고 열심히 공부했다. 과정은 힘들었지만, 대학에 들어가면 꿈에 가까워진다고 생각했기에 행복했다. 대학교 때는 인턴을 하면서 그동안 생각만 해왔던 큐레이터라는 직업과 진로를 좀 더 현실적으로 생각해 보는 기회도 얻었다. 졸업하고 나서는 작은 회사를 차려서 일해 보았지만, 공부가 좀 더 필요하다는 것을 깨닫고 석사에 이어 박사 과정을 밟았다. 특히 책으로는 질문을 해결할 수 없어서 해답을 스스로 찾으려고 박사 과정까지 공부했다. ┘

'함초롬돋움', '14pt', '굵게', '바다색', 문단 위 '20pt', 문단 아래 '5pt' 간격

┃박물관에 대한 인식을 바꾸고 싶어요.┘

한나 씨는 학생들이 무작정 어떤 직업인이 되는 방법을 찾기보다 자신이 어떤 종류의 일을 하고 싶은지, 왜 하고 싶은지를 구체적으로 생각해 보는 것이 중요하다고 말한다. 그 후엔 단순한 인터넷 지식만 찾지 말고 도서관에서 책이나 실무 자료도 보고, 스스로 충분히 조사하고 고민하는 시간을 거쳐 확신하는 것이 중요하다고 조언한다. ┘
한나 씨는 현재 우리나라에서 큐레이터로 일하고 있다. 우리나라에는 아직 정리되지 않은 박물관 분야가 많고 그만큼 자신이 기여할 수 있어서 보람을 크게 느낀다. 우리나라는 그 어느 나라보다 박물관도 많고 다룰 수 있는 이야기도 풍부하기에 잠재성은 최고라고 생각한다. 또한, 박물관은 그 나라의 역사와 문화라 할 수 있어 한국의 특색을 담은 박물관을 연구하고 싶어 한다. ┘

왼쪽 여백 '10pt', 첫 줄 들여쓰기 '10pt', 줄 나눔 기준 '어절'

1. **❶** 유치원 때부터~로 시작하는 문단에 커서를 두고 Alt + C 를 누릅니다.
   ❷ [모양 복사]에서 글자 모양과 문단 모양 둘 다 복사를 선택합니다.
   ❸ [복사]를 누릅니다.

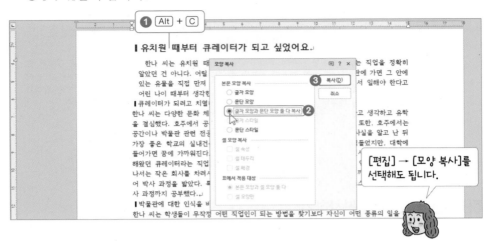

2. **❶** 큐레이터가 되려고~로 시작하는 문단에 블록을 지정한 후 Alt + C 를 누릅니다. 모양이 복사되어 글자 모양, 문단 모양이 같아집니다.
   ❷ 박물관에 대한~으로 시작하는 문단에도 블록을 지정한 후 Alt + C 를 눌러 복사한 모양을 적용합니다. 모양을 복사할 때는 커서를 두고 Alt + C 를 누르면 되고, 복사한 모양을 적용할 때는 블록을 지정한 후 Alt + C 를 누르면 됩니다.

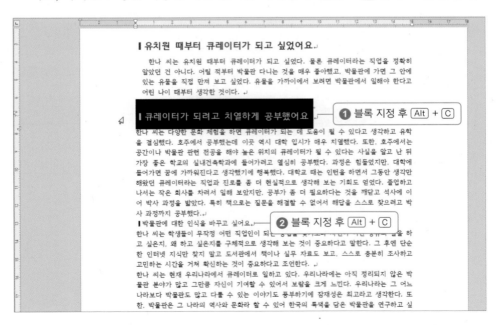

3. ❶ 한나 씨는~으로 시작하는 문단에도 커서를 두고 Alt + C 를 누릅니다.

❷ [모양 복사]에서 글자 모양과 문단 모양 둘 다 복사를 선택합니다.

❸ [복사]를 누릅니다.

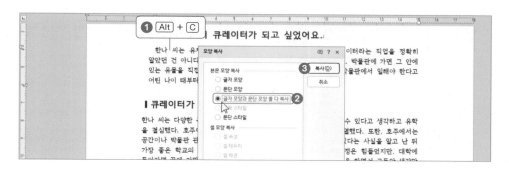

4. 모양을 적용할 문단에 블록을 지정한 후 Alt + C 를 누릅니다. 그다음 문단에 모양을 적용할 때에는 다시 복사할 필요 없이 적용하면 됩니다.

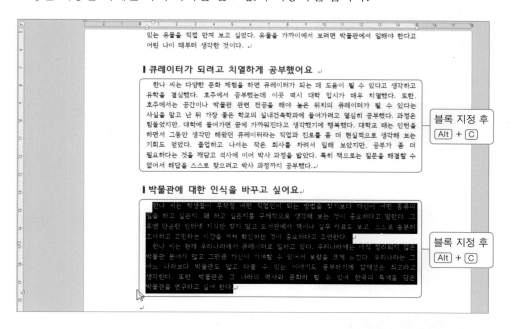

빠른 내어쓰기

두 번째 쪽의 첫째, 직업은~으로 시작하는 문단에서 직 자 앞에 커서를 둔 후 빠른 내어쓰기 단축키 Shift + Tab 을 누릅니다. 문단의 두 번째 줄부터 모두 '직' 자에 맞춰 정렬됩니다.

둘째, 적성의~로 시작하는 문단의 적 자 앞에도 커서를 두고 Shift + Tab 을 누릅니다. 마찬가지로 문단의 두 번째 줄부터 모두 적 자에 맞춰 정렬됩니다.

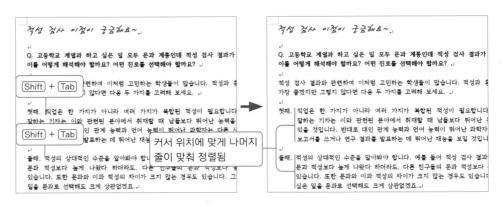

문단 순서 바꾸기

문서 편집이 거의 완료될 시점에 전체 내용의 흐름이 맞는지 확인을 합니다. 이때 순서를 변경해야 할 문단이 있다면 변경할 문단을 블록 지정한 후 Alt + Shift + ↑, ↓ 를 누르면 됩니다. 아주 간단하게 문단 순서가 변경되었죠?

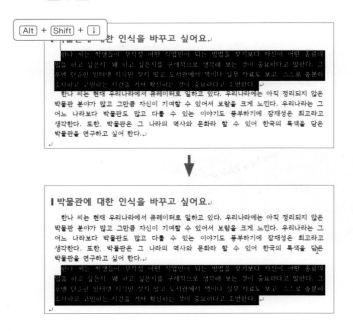

하면 된다! } 줄 간격 조정하기

1. 문서 전체 줄 간격을 조정해 보겠습니다.

❶ 줄 간격을 변경할 범위를 블록 지정한 후 [Alt] + [Shift] + [Z]를 누르면 [Z]를 누른 만큼 줄 간격을 늘릴 수 있습니다.

❷ 반대로 [Alt] + [Shift] + [A]를 누르면 [A]를 누른 만큼 줄 간격이 줄어듭니다.

함께 보면 좋은 동영상 강의

2. 문서 줄 간격은 160%가 기본값이고 늘리거나 줄일 수 있습니다. 서식 도구 상자에서 [줄 간격 ▼]을 눌러 선택하거나 [Alt] + [Shift] + [Z] 혹은 [Alt] + [Shift] + [A]를 눌러 조정합니다. [Alt] + [Shift] + [Z]의 경우 [Z]를 누른 만큼 줄 간격이 10%씩 늘어나고, 반대로 [Alt] + [Shift] + [A]의 경우 [A]를 누른 만큼 줄 간격이 10%씩 줄어듭니다.

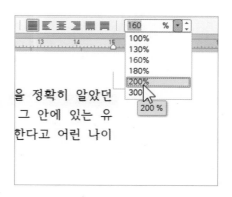

글자 모양과 문단 모양

글꼴

한글 2020의 기본 글꼴은 '함초롬바탕'입니다. 글꼴 종류가 많아 원하는 글꼴을 선택하기 쉽지 않다면 직접 글꼴 이름을 입력해 빠르게 찾을 수 있습니다.

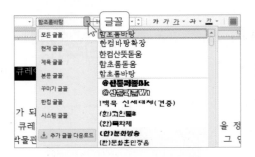 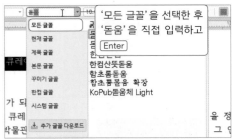

글자 크기를 변경하는 다양한 방법

❶ 변경할 내용을 블록 지정한 후 서식 도구 상자에서 [글자 크기]의 드롭다운 버튼을 눌러 원하는 크기를 선택합니다.

❷ 목록에 없는 글자 크기를 적용하려면 [글자 크기] 입력 창에 직접 크기를 입력하고 Enter 를 누릅니다.

❸ 글자 크기를 키우거나 줄이는 버튼을 눌러 변경합니다. 버튼을 누른 횟수만큼 글자 크기를 키우고 줄일 수 있습니다.

❹ 단축키를 사용하면 빠르게 글자 크기를 변경할 수 있습니다. Ctrl +] 를 누르면] 를 누른 만큼 글자 크기를 키우고, Ctrl + [를 누르면 [를 누른 만큼 글자 크기를 줄입니다.

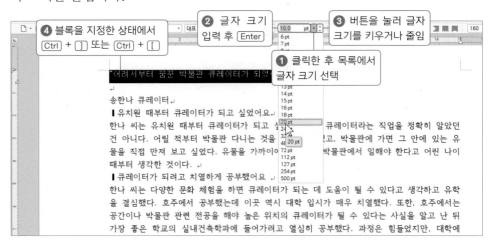

진하게, 기울임, 밑줄, 취소선, 글자 색

문서 일부 내용을 강조할 때 사용하는 기능들로 한글은 주로 진하게 설정하거나 글자 색을 변경하고, 영어와 숫자는 기울임을 적용합니다. 그리고 문서를 공유해 협업하는 경우 여러 종류의 밑줄과 취소선을 사용하기도 합니다.

강조할 내용에 블록을 지정하고 서식 도구 상자에서 [진하게 가] 또는 Ctrl + B 를 누릅니다. [진하게]를 취소하려면 다시 [진하게]를 한 번 더 누르거나 Ctrl + B 를 누르면 됩니다.

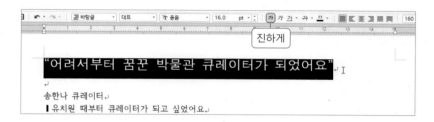

기울임을 적용할 내용에 블록을 지정한 후 서식 도구 상자에서 [기울임 가] 또는 Ctrl + I 를 누르면 기울임이 적용되고, 다시 [기울임]을 한 번 더 누르거나 Ctrl + I 를 누르면 기울임이 취소됩니다.

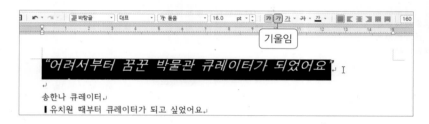

밑줄을 적용할 내용에 블록을 지정하고 서식 도구 상자에서 [밑줄 가] 또는 Ctrl + U 를 누릅니다. [밑줄]의 드롭다운 버튼을 누르면 다양한 종류의 밑줄을 선택할 수 있고 밑줄 색도 변경할 수 있습니다. 다시 [밑줄]을 누르거나 Ctrl + U 를 누르면 밑줄이 취소됩니다.

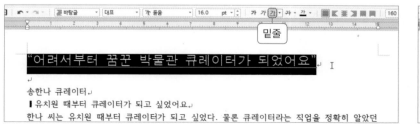

취소선을 적용할 내용에 블록을 지정하고 서식 도구 상자에서 [취소선 과]을 누릅니다. [취소선]의 드롭다운 버튼을 누르면 다양한 종류의 취소선을 선택할 수 있고 취소선 색도 변경할 수 있습니다. 다시 [취소선]을 누르면 취소선이 취소됩니다.

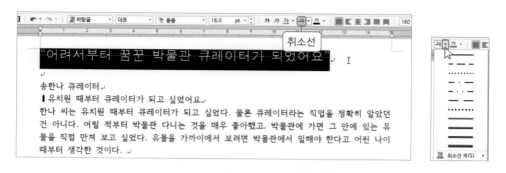

글자 색은 테마 색, 표준 색, 최근에 사용한 색 영역으로 구성되어 있습니다. 테마 색상표(▷)를 눌러 다양한 색상 테마를 골라 사용할 수 있습니다.

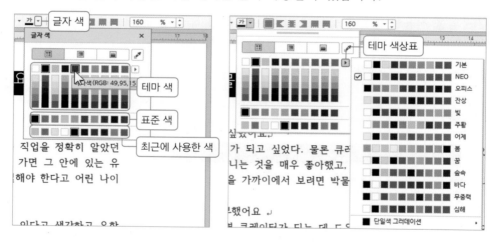

[글자 모양] 대화상자

[서식] → [글자 모양]을 선택하거나 Alt + L 을 눌러 [글자 모양]을 실행하여 서식 도구 상자에서 적용할 수 없는 다양한 글자 모양을 적용할 수 있습니다. 자주 사용되는 몇 가지 모양만 추가로 소개를 하겠습니다.

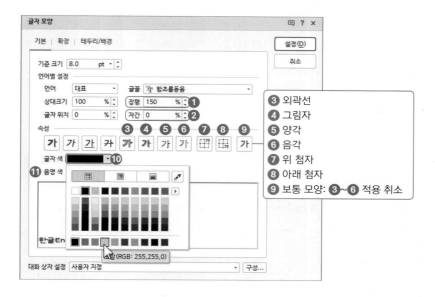

① **장평:** 글자의 가로 폭을 줄이거나 늘립니다.

장평 150%

② **자간:** 글자 사이의 간격을 조절합니다. Alt + Shift + N 을 누르면 N 을 누른 만큼 자간이 좁아지고, Alt + Shift + W 를 누르면 W 를 누른 만큼 자간이 넓어집니다.

⑦ **위 첨자, ⑧ 아래 첨자:** 단위나 화학식을 입력할 때 사용합니다. 위 첨자 단축키는 Alt + Shift + P, 아래 첨자 단축키는 Alt + Shift + S 입니다.

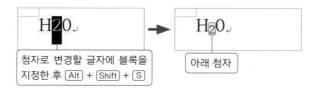

첨자로 변경할 글자에 블록을 지정한 후 Alt + Shift + S

아래 첨자

⑩ **글자 색:** 글자에 색을 적용합니다.

⑪ **음영 색:** 글자에 배경색을 적용합니다.

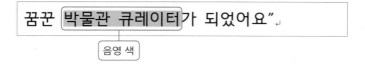

음영 색

문단 정렬

기본 정렬은 왼쪽 정렬이 아니고 양쪽 정렬입니다. 양쪽 정렬은 글자 간격을 조정해 문단의 양 끝을 나란하게 정렬하는 방식입니다.

양쪽 정렬 Ctrl + Shift + M

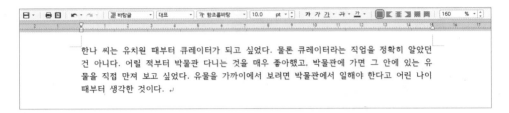

왼쪽 정렬 Ctrl + Shift + L

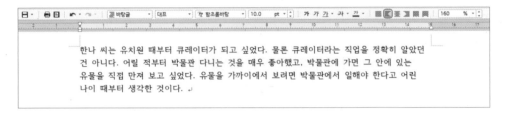

가운데 정렬 Ctrl + Shift + C

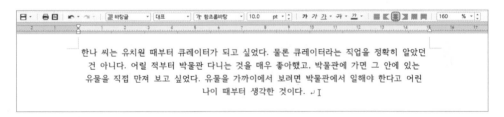

오른쪽 정렬 Ctrl + Shift + R

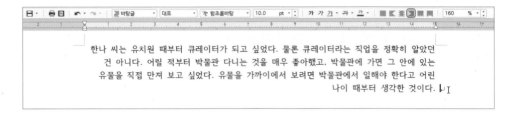

블록 지정하기

문서 편집 중 일부 내용을 지우거나 다른 위치로 이동 또는 복사를 할 때에는 해당 내용을 블록으로 지정해야 합니다. 문서의 가독성을 높이기 위해 글자 모양, 문단 모양을 적용할 때에도 적용할 범위를 블록 지정해야 합니다. 블록 지정은 키보드 단축키를 사용하거나 마우스로 지정할 수 있습니다. 키보드를 이용하면 글자 한 자, 한 자 섬세하게 블록을 지정하기 쉽고, 마우스를 이용하면 빠르게 블록을 지정할 수 있습니다. 블록을 지정하는 다양한 방법을 익혀두면 상황에 따라 편집이 편리하고 시간을 줄일 수 있습니다.

하면 된다! 〉 키보드 단축키를 사용해 블록 지정하기

이후 실습은 01-4_실습_2.hwp 파일에서 진행합니다.

1. 블록을 지정할 시작 위치에 커서를 두고 [F3]을 누른 후 [→], [↓]를 누르면 누른 만큼 오른쪽, 아래쪽으로 블록이 지정됩니다. 블록을 지정하는 중에 다시 [←], [↑]를 누르면 눌러 이동한 위치만큼 블록이 해제됩니다.

함께 보면 좋은
동영상 강의

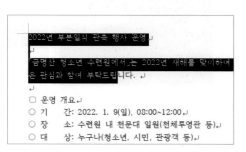

2. 다시 블록을 지정할 위치에 커서를 두고 [F3]을 누른 후 [End]를 누르면 현재 커서 위치에서 그 줄 끝까지 블록이 지정됩니다. [Esc]를 누르면 블록이 해제됩니다.

3. ❶ 이번에는 2022년 사이에 커서를 두고 F3 을 두 번 누릅니다. 어절이 블록 지정됩니다.

❷ 다시 F3 을 누르면 단락이 블록 지정됩니다.

❸ F3 을 한 번 더 누르면 문서 전체가 블록 지정됩니다.

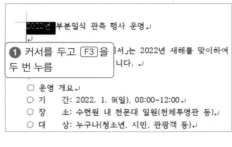

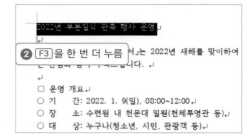

> Ctrl + A 를 눌러도 문서 전체를 빠르게 선택할 수 있습니다.

---

1. 어절 사이에 커서를 두고 F3 을 한 번 누르면 블록을 지정할 수 있는 상태가 됩니다.
2. F3 을 두 번 누르면 어절이 블록 지정됩니다.
3. F3 을 세 번 누르면 단락이 블록 지정됩니다.
4. F3 을 네 번 누르면 문서 전체가 블록 지정됩니다.

하면 된다! ⟩ 마우스를 사용해 블록 지정하기

1. 2022년~의 첫 번째 2 앞을 클릭한 후 오른쪽으로 드래그
합니다. 드래그한 위치만큼 블록이 지정됩니다. 블록을 해제
하려면 아무 곳이나 클릭하면 됩니다.

함께 보면 좋은
동영상 강의

2. ❶ 여백에 커서를 두고 클릭하면 한 줄의 내용이 모두 블록 지정됩니다.

　　❷ 더블클릭하면 문단이 블록 지정됩니다.

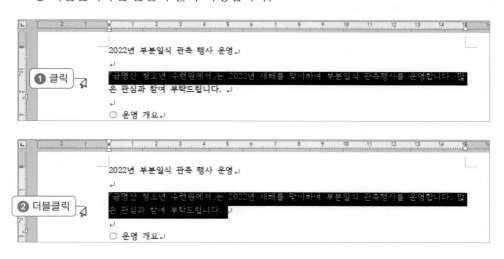

3. 여백에서 마우스 커서를 맞추고 아래로 드래그하면 줄 단위로 블록 지정됩니다.

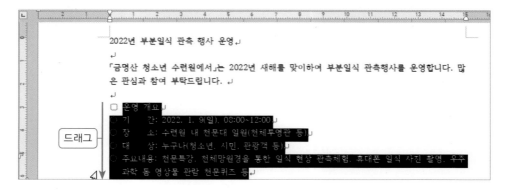

4. 여백에서 세 번 클릭하면 문서 전체가 블록 지정됩니다.

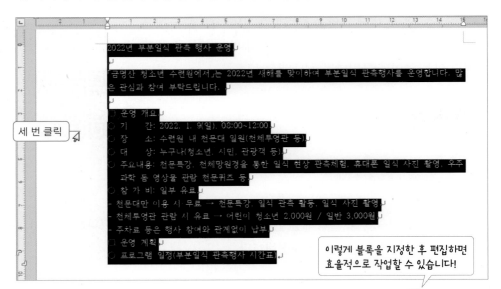

세 번 클릭

이렇게 블록을 지정한 후 편집하면
효율적으로 작업할 수 있습니다!

02

제목 작성하고
빠르게 본문 꾸미기

최 주임의 이야기

"오~ 한글에 이런 기능이 있었네!"
워드랑 비슷해 보이는 한글! 그러나 한글을 공부
하다보니 워드와는 다른 매력에 푹 빠지게 된 최
주임. 한글에서도 스타일과 개요 모양을 사용하
면 보고서를 빠르게 편집할 수 있다는데…!
"개요 모양과 스타일 설정으로 깔끔하게 보고서
만들자!"

02-1 페이지 설정의 기본, 용지 종류와 여백

02-2 글상자와 표를 사용해 제목 상자 만들기

02-3 서식을 일관성 있게 설정하는 스타일

02-4 개요 모양 설정하기

02-1
페이지 설정의 기본, 용지 종류와 여백

• 실습 파일 02-1_실습.hwp • 완성 파일 02-1_완성.hwp

편집 용지 설정

편집 용지를 설정한다는 것은 문서를 편집할 용지의 종류(A4, B5 등)를 선택하고 용지의 방향을 세로 또는 가로로 작성할지, 상하/좌우 여백을 얼마나 설정할지 등을 미리 정하는 것입니다. 자주 작성하는 문서의 편집 용지를 미리 설정해 등록해 두고 필요할 때마다 불러와 재사용하면 편리합니다.

먼저 용지 여백을 설정하고 편집 용지를 등록하는 방법을 배워보겠습니다.

하면 된다! ⎬ 여백 설정 후 편집 용지 등록하기

용지 종류와 방향 등 여백을 제외한 나머지 설정들은 모두 기본값 그대로 두고 여백만 변경해 편집 용지를 등록하겠습니다.

함께 보면 좋은
동영상 강의

1. 새 문서에서 [쪽] → [편집 용지]를 선택하거나 F7 을 눌러 [편집 용지]를 실행합니다.

❶ [용지 여백]을 위쪽 20mm, 아래쪽 15mm, 왼쪽/오른쪽 20mm, 머리말/꼬리말 10mm로 입력하고 ❷ [설정]을 누릅니다.

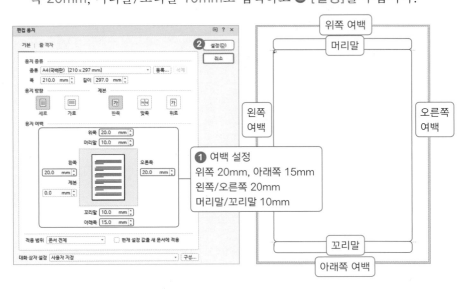

❶ 여백 설정
위쪽 20mm, 아래쪽 15mm
왼쪽/오른쪽 20mm
머리말/꼬리말 10mm

위쪽 여백
머리말
왼쪽 여백
오른쪽 여백
꼬리말
아래쪽 여백

2. 방금 설정한 편집 용지를 등록하기 위해 F7을 눌러 다시 [편집 용지]를 실행합니다.

❶ [등록]을 누르면 [다른 이름으로 등록]이 실행됩니다.

❷ [용지 이름]을 보고서로 입력하고 ❸ [등록]을 누릅니다.

❹ [용지 종류] 목록에 '보고서'가 등록된 것을 확인할 수 있습니다.

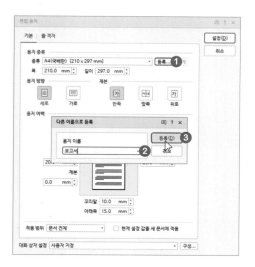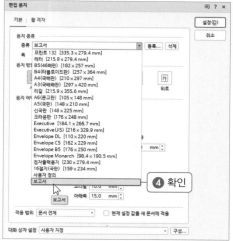

3. 새 문서를 열고 F7을 눌러 보고서를 선택하면 용지 여백을 다시 설정할 필요 없이 문서를 작성할 수 있습니다.

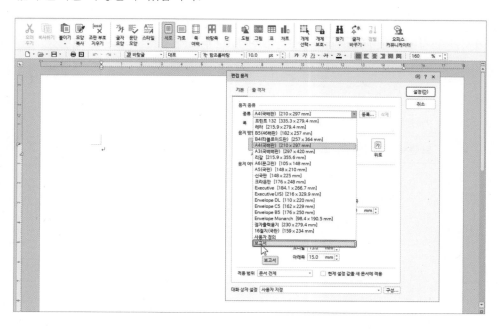

쪽 나누기

이후 실습은 02-1_실습.hwp 파일에서 진행합니다. 한 쪽에 문서 내용을 모두 입력하고 나면 저절로 쪽이 나누어집니다. 하지만 다음 예시와 같은 표지에서 다음 쪽에 문서를 작성하기 위해 Enter를 계속 눌러 쪽을 나누는 경우가 있는데 좋은 방법이 아닙니다. 이런 경우 쪽 나누기 기능을 사용하면 한 번에 쪽을 나눌 수 있습니다.

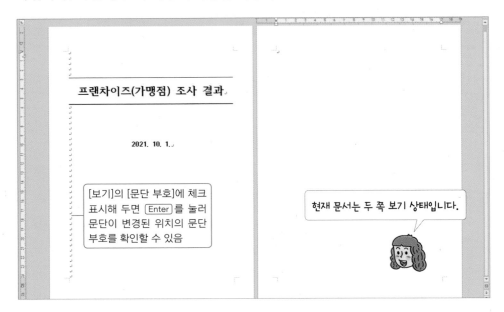

커서 위치에서 Ctrl + Enter를 누릅니다. 강제로 쪽이 나누어지면서 두 번째 쪽에 커서가 표시됩니다. Backspace를 누르면 쪽 나누기가 취소됩니다.

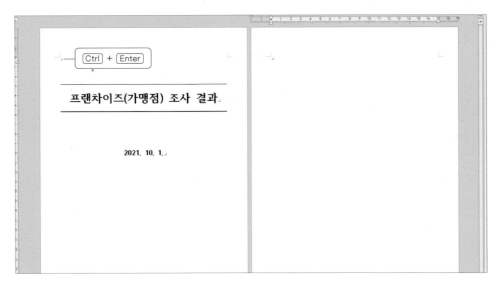

한 문서 내에서 편집 용지의 방향 변경하기

문서의 내용에 따라 용지 방향을 가로로 변경해야 하는 경우가 있는데, 먼저 한 문서 내에서 용지 방향을 변경하는 방법을 소개하겠습니다.

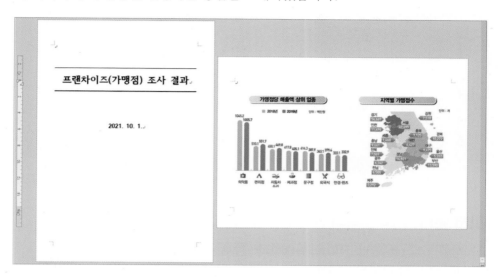

쪽을 나눈 후 두 번째 쪽에서 F7을 눌러 [편집 용지]를 실행한 후 [용지 방향]을 가로로 변경하고 [설정]을 누릅니다.

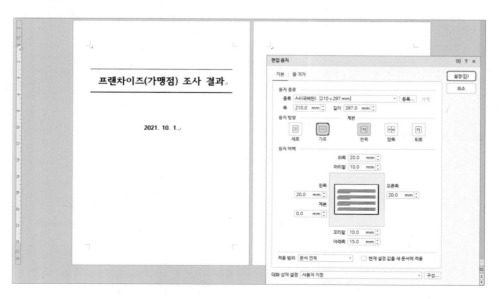

모든 쪽이 가로 방향으로 변경됩니다. 그럼 특정 쪽의 방향만 변경하려면 어떻게 해야 할까요? 이 경우 쪽을 구역으로 나누면 한 문서 내에서도 서로 다른 용지 방향을 설정할 수 있습니다. 또한 용지 여백도 다르게 설정할 수 있습니다.

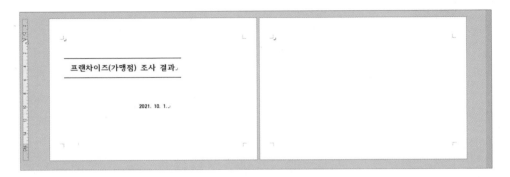

하면 된다! ﹜ 특정 쪽의 용지 방향을 가로로 변경하기

1. Ctrl + Z 를 눌러 작업을 취소하고 Backspace 를 눌러 쪽 나누기를 취소한 다음 F7 을 눌러 [편집 용지]를 실행합니다.

❶ [용지 방향]을 가로로 변경합니다.

❷ [적용 범위]를 새 구역으로를 선택한 후 ❸ [설정]을 누릅니다.

함께 보면 좋은
동영상 강의

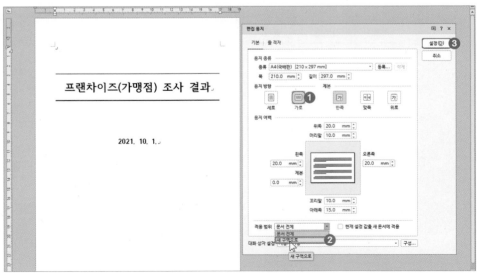

2. 두 번째 쪽의 방향만 가로로 변경됩니다. 이후로는 계속 가로 방향의 문서가 작성되는데, 다시 세로 방향으로 변경하려면 다시 [편집 용지]에서 [용지 방향]을 세로로 변경한 후 [적용 범위]를 새 구역으로로 선택하면 됩니다.

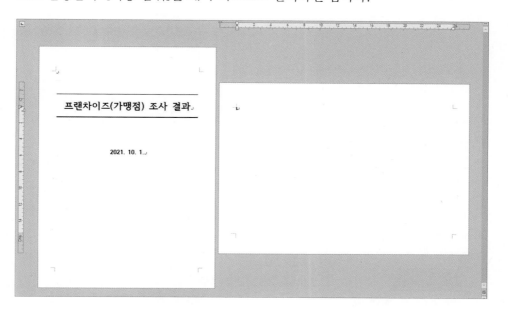

02-2
글상자와 표를 사용해 제목 상자 만들기

• 실습 파일 없음(새 문서)　　• 완성 파일 02-2_완성.hwp

보고서, 공문서 등의 문서를 작성할 때 먼저 문서 맨 위쪽에 제목을 입력합니다. 제목을 입력한 후 글자를 크게 변경해 본문과 구분할 수도 있지만, 제목 상자를 작성해 강조하는 방법도 많이 사용됩니다.

다음 예시에는 두 개의 제목 상자가 작성되어 있는데, 첫 번째 제목 상자는 모서리가 둥글고 그림자가 있으며, 두 번째 제목 상자는 아래쪽 테두리가 굵고 좌우 테두리가 보이지 않습니다. 이 두 제목 상자를 만들려면 첫 번째는 글상자를, 두 번째는 표를 사용해야 합니다.

글상자는 특성상 특정 방향의 테두리를 없애거나 굵기를 다르게 변경할 수 없습니다. 그리고 표는 모서리를 둥글게 설정하거나 그림자를 적용할 수 없습니다. 이 차이를 알고 이 두 개의 제목 상자를 만드는 방법을 배워보겠습니다.

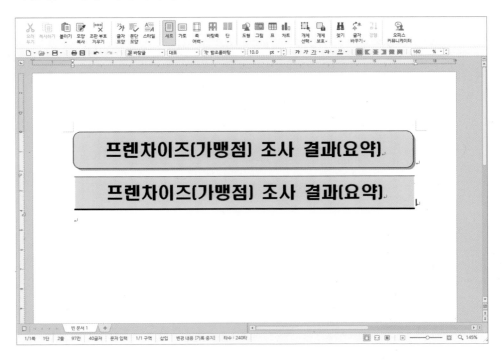

하면 된다! } 글상자를 사용해 제목 상자 만들기

먼저 글상자를 사용해 모서리가 둥글고 그림자가 있는 제목 상자를 만들어 보겠습니다. 이번 실습은 새 문서에서 진행합니다.

> 함께 보면 좋은
> 동영상 강의

1. ❶ [입력] → [가로 글상자 📧]를 선택합니다.
   ❷ 오른쪽 아래로 드래그하여 쪽 너비에 꽉 차게 글상자를 삽입합니다.

> [Ctrl] + [N], [B]를 누른 후 드래그해도 글상자를 삽입할 수 있습니다.

❷ 오른쪽 아래로 드래그

너비 = 16.67cm, 높이 = 1.86cm

2. ❶ 글상자 테두리에서 더블클릭하거나 글상자를 선택한 후 [P]를 눌러 [개체 속성]을 실행합니다.
   ❷ [기본] 탭에서 글자처럼 취급에 체크 표시합니다.

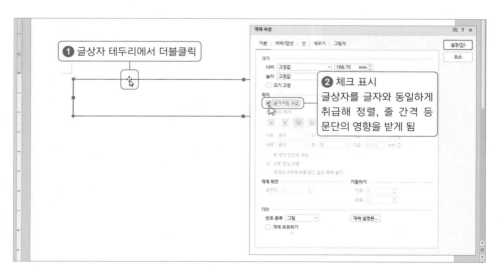

❶ 글상자 테두리에서 더블클릭

❷ 체크 표시
글상자를 글자와 동일하게 취급해 정렬, 줄 간격 등 문단의 영향을 받게 됨

3. 이번에는 글상자 모서리를 둥글게 변경해 보겠습니다.

❶ [선] 탭을 선택하고 ❷ [사각형 모서리 곡률]을 둥근 모양으로 선택한 후 ❸ [설정]을 누릅니다.

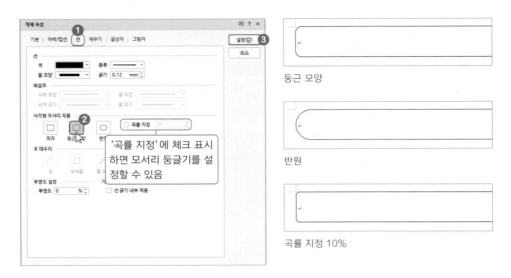

둥근 모양

반원

곡률 지정 10%

4. 다시 [개체 속성]을 실행한 후 [채우기] 탭 → [면 색 ▾] → 에메랄드 블루를 선택합니다.

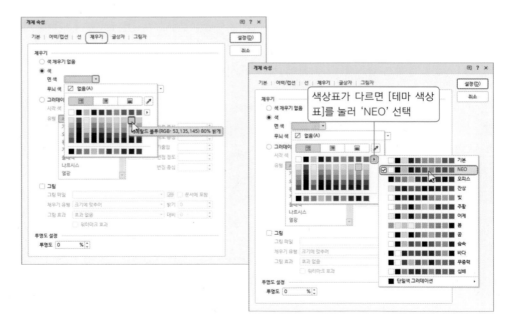

5. ❶ 이번에는 [그림자] 탭에서 그림
자 종류를 오른쪽 아래로 선택합
니다.

❷ 그림자 방향을 왼쪽(◀)과 위
(▲)로 설정합니다.

❸ [설정]을 누릅니다.

6. ❶ 제목을 프렌차이즈(가맹점) 조사 결과(요약)이라 입력하고 블록을 지정합니다.

❷ [글꼴]은 HY헤드라인M, ❸ [글자 크기] 24pt, ❹ [가운데 정렬]을 선택합니다.

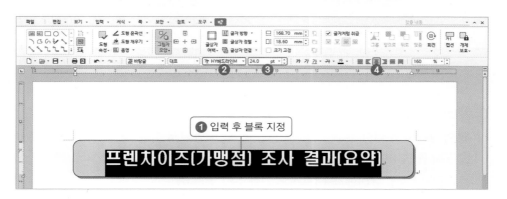

하면 된다! ⎬ 표를 사용해 제목 상자 만들기

이번에는 표를 사용해 양쪽 테두리가 없는 제목 상자를 만들
어 보겠습니다.

함께 보면 좋은
동영상 **강의**

1. ❶ [입력] → [표]를 선택한 후 ❷ [줄 개수]와 [칸 개수]에
1을 입력합니다.

❸ 글자처럼 취급에 체크 표시하고 ❹ [만들기]를 누릅니다.

2. 표 아래쪽 테두리에 마우스 커서를 양방향 화살표 모양이 되도록 맞추고 아래쪽으로 드래그합니다. 표 높이가 변경됩니다.

3. 이번에는 테두리를 변경해 보겠습니다.

❶ 아래쪽 테두리를 굵게 적용하기 위해 표 안에 커서를 둔 상태에서 [표 디자인 📝] → [테두리 굵기] → 0.7mm를 선택합니다.

❷ [테두리 ▾] → 아래쪽 테두리를 선택합니다.

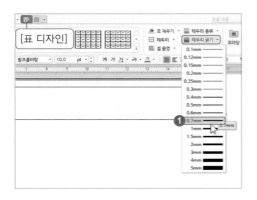
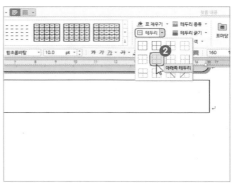

4. 표 양쪽 테두리를 없애보겠습니다.

❶ [테두리 종류] → 없음을 선택한 후 ❷ [테두리 ▾] → 왼쪽 테두리를 선택하고 ❸ 다시 [테두리 ▾] → 오른쪽 테두리도 선택합니다.

표 양쪽 테두리가 '선 없음'으로 설정됩니다.

5. ❶ 위 제목 상자의 제목을 복사해 붙이기 합니다.

❷ [표 채우기 ▾] → 에메랄드 블루 색상을 적용합니다.

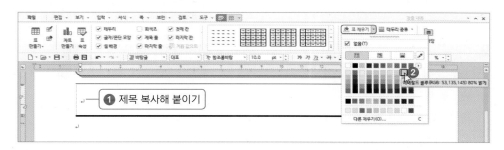

❶ 제목 복사해 붙이기

프렌차이즈(가맹점) 조사 결과(요약)

상용구 등록으로 제목 상자 재사용하기

보고서를 작성할 때 앞에서 배운 제목 상자를 단축키 한 번으로 빠르게 만들 수 있다면 아주 편리하겠죠? 이 외에 반복적으로 자주 사용하는 개체 또는 긴 문장을 상용구로 등록해 두었다가 재사용할 수 있습니다.

하면 된다! ⟩ 상용구 등록하기

상용구로 등록하기 위해선 기존에 만든 개체가 필요합니다.
이전 실습에서 만든 제목 상자를 상용구로 등록하면 되지만,
앞의 실습을 따라 하지 않으셨다면 02-2_완성.hwp 파일을
활용해 상용구를 등록해 보세요.

함께 보면 좋은
동영상 강의

1. ❶ 제목 상자를 선택한 후 [입력] → [입력 도우미] → [상
   용구] → [상용구 등록]을 선택하거나 Alt + I 를 눌러
   [본문 상용구 등록]을 실행합니다.
   ❷ [준말]에 제목1을 입력한 후 ❸ [설정]을 누릅니다.

제목 상자에 커서가 있는 상태에서 상용구를
등록하면 커서 위치의 단어가 상용구로 등록
되므로 주의해야 합니다.

2. [파일] → [새 문서]나 Alt + N 을 눌러 새 문서를 연 다음
   F7 을 눌러 [편집 용지]를 실행합니다.
   ❶ [용지 종류]에서 보고서를 선택한 후 ❷ [설정]을 누르면 보고
   서 용지 여백으로 설정됩니다. 02-1에서 배운 편집 용지 등록은
   이렇게 활용하면 편리합니다.
   ❸ 현재 커서 위치에 준말 제목1을 입력한 후 Alt + I 를 누릅니다.

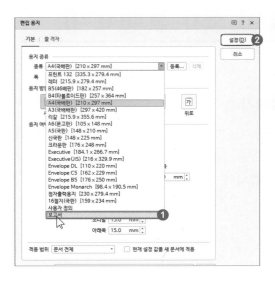

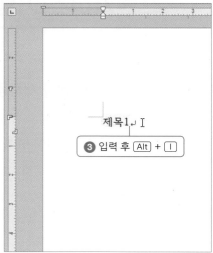

3. '제목1'이라는 이름의 상용구로 등록해 둔 제목 상자가 삽입됩니다. 문서에 반복적으로 작성되는 개체는 상용구로 등록해 두고 필요할 때마다 이와 같이 사용하면 편리합니다.

하면 된다! } 상용구 확인하기와 지우기

계속 사용하고 있는 상용구 이름은 기억하지만, 시간이 지나면 사용하지 않는 상용구 이름을 잊어버리게 되죠? 등록해 둔 상용구를 확인해 보겠습니다.

함께 보면 좋은 동영상 강의

1. [입력] → [입력 도우미] → [상용구] → [상용구 내용]을 선택합니다.

2. [상용구]에서 [본문 상용구] 탭을 선택하면 앞에서 등록한 '제목1' 상용구가 있습니다. [상용구 편집하기]는 상용구 이름만 수정할 수 있고 내용은 편집할 수 없어 상용구를 삭제하고 다시 등록해야 합니다. 상용구를 선택한 후 [상용구 지우기]를 누르면 상용구는 삭제됩니다.

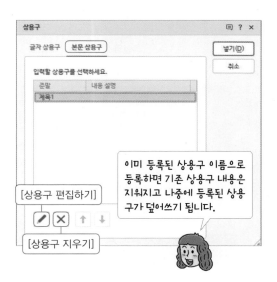

이미 등록된 상용구 이름으로 등록하면 기존 상용구 내용은 지워지고 나중에 등록된 상용구가 덮어쓰기 됩니다.

02-3
서식을 일관성 있게 설정하는 스타일

• 실습 파일 02-3_실습.hwp   • 완성 파일 02-3_완성_1~2.hwp

보고서는 보통 글 앞에 글머리표 또는 번호를 붙여가며 중요한 요점이나 단어를 짧게 나열하는 개조식 방식으로 작성합니다. 완전한 문법적 구성을 이루지 않고, 서술형 문장을 쓰지도 않으며, 독립된 항목으로 작성합니다. 형용사, 접속사, 조사 등을 자제하면서 중요 단어 위주로 작성하고, 마무리도 명사형으로 대부분 처리됩니다. 서론·본론·결론과 같은 개요가 한눈에 파악되어야 하므로, 항목 구분을 위해 숫자나 기호 등의 글머리표를 사용합니다.

개조식 문서를 작성할 때 본문의 수준에 맞게 글머리표, 글자 모양, 문단 모양을 스타일로 추가해 두면 문서 편집 시간이 단축되고 수월해집니다.

다음 표를 참고해서 3개 수준의 스타일을 추가해 빠르게 보고서를 편집하는 방법을 배워보겠습니다.

스타일	글머리표	글자 모양	문단 모양
수준1	□	휴먼명조, 15pt	문단 위 간격 10pt, 아래 간격 5pt, 줄 나눔 기준 (한글: 어절, 영어: 글자)
수준2	○	휴먼명조, 15pt	왼쪽 여백 10pt, 문단 위 간격 5pt, 줄 나눔 기준 (한글: 어절, 영어: 글자)
수준3	-	휴먼명조, 15pt	왼쪽 여백 20pt, 줄 나눔 기준 (한글: 어절, 영어: 글자)

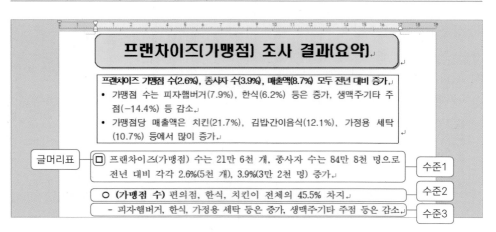

하면 된다! ❭ 스타일 추가하기

수준1 추가하기

1. F6 을 눌러 [스타일]을 실행하면 [스타일 목록]에 '바탕글', '본문' 등 기본 스타일이 있습니다. [스타일 추가하기]를 눌러 직접 스타일을 추가해 보겠습니다.

함께 보면 좋은 동영상 강의

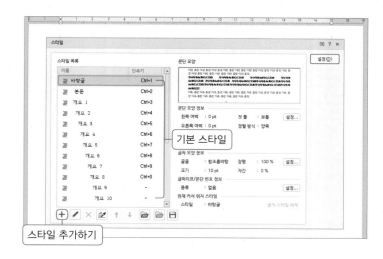

기본 스타일

스타일 추가하기

2. ❶ [스타일 이름]에 수준1을 입력합니다.

❷ 먼저 글머리표를 지정하기 위해 [글머리표/문단 번호]를 누릅니다.

[글머리표 모양]에서 기본 모양을 선택해도 되고, [사용자 정의]를 눌러 문자표에서 선택해도 됩니다. 여기서는 [글머리표 모양]에 없는 모양을 사용하겠습니다.

❸ [글머리표 모양]에서 모양 하나를 선택한 후 [사용자 정의]를 누릅니다.

문단 모양, 글자 모양, 글머리표/문단 번호를 설정할 때 순서는 따로 없습니다.

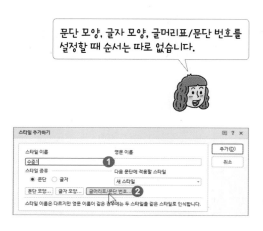

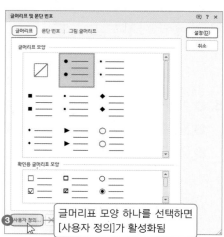

글머리표 모양 하나를 선택하면 [사용자 정의]가 활성화됨

02 • 제목 작성하고 빠르게 본문 꾸미기 **641**

3. ❶ [글머리표 사용자 정의 모양]에서 [문자표]를 누릅니다.

   ❷ [사용자 문자표] 탭 → [특수기호 및 딩벳기호] 영역에서 ❸ □를 선택합니다.

   ❹ [넣기]를 누릅니다.

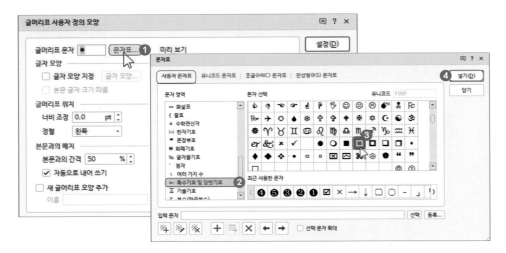

4. 나머지 옵션은 기본값 그대로 둔 채 순서대로 [설정]을 누릅니다.

5. ❶ 이번에는 [글자 모양]을 누릅니다.

   ❷ [기본] 탭에서 [글꼴] 휴먼명조, ❸ [기준 크기] 15pt를 지정합니다.

   ❹ [설정]을 누릅니다.

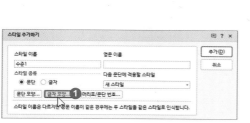

6. ❶ 마지막으로 [문단 모양]을 누릅니다.

　❷ [간격]을 [문단 위] 10pt, [문단 아래] 5pt로 설정합니다.

　❸ [줄 나눔 기준]의 [한글 단위]는 어절, [영어 단위]는 글자로 선택합니다.

　❹ [설정]을 누릅니다.

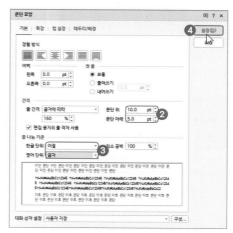

7. '수준1' 스타일의 글머리표, 글자
모양, 문단 모양 설정이 모두 끝나면
[추가]를 누릅니다.

8. [스타일 목록]에 '수준1' 스타일이 추가됩니다. 이번에는 '수준2' 스타일을 추가하기 위해 [스타일 추가하기]를 누릅니다.

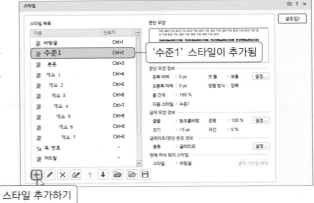

수준2 추가하기

1. ❶ [스타일 이름]을 수준2로 입력합니다.

❷ [글머리표/문단 번호]를 누릅니다.

❸ [글머리표 모양]에서 모양 하나를 선택한 후 [사용자 정의]를 누릅니다.

2. ❶ [글머리표 사용자 정의 모양]에서 [문자표]를 누릅니다.

❷ [사용자 문자표] 탭 → [특수기호 및 딩벳기호] 영역에서 ❸ ○를 선택합니다.

❹ [넣기]를 누릅니다.

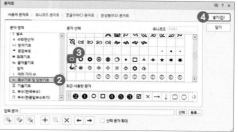

3. 나머지 옵션은 기본값 그대로 둔 채 [설정]을 차례로 누릅니다.

4. ❶ 다시 [스타일 추가하기]에서 [글자 모양]을 누릅니다.

❷ [글꼴] 휴먼명조, ❸ [기준 크기] 15pt로 설정하고 ❹ [설정]을 누릅니다.

5. ❶ 이번에는 [문단 모양]을 누릅니다.

❷ [왼쪽] 여백 10pt, ❸ [문단 위] 간격 5pt, ❹ [줄 나눔 기준]의 [한글 단위]는 어절, [영어 단위]는 글자를 선택한 후 ❺ [설정]을 누릅니다.

6. '수준2' 스타일의 글머리표, 글자 모양, 문단 모양 설정이 모두 끝나면 [추가]를 누릅니다.

7. [스타일 목록]에 '수준2' 스타일이 추가됩니다. '수준3' 스타일을 추가하기 위해 다시 [스타일 추가하기]를 누릅니다.

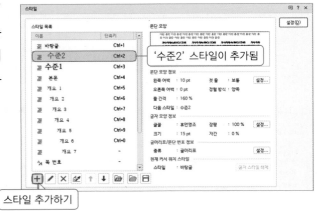

스타일 추가하기

수준3 추가하기

1. ❶ [스타일 이름]을 수준3으로 입력합니다.

❷ [글머리표/문단 번호]를 누릅니다.

❸ [글머리표 모양]에서 모양 하나를 선택한 후 [사용자 정의]를 누릅니다.

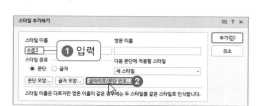

2. ❶ [글머리표 문자] 입력 창에 -을 입력한 후 ❷, ❸ [설정]을 차례로 누릅니다.
'-(하이픈)'은 키보드로 입력할 수 있는 문자이므로 직접 입력하면 됩니다.

3. ❶ [스타일 추가하기]에서 [글자 모양]을 누릅니다.

❷ [글꼴] 휴먼명조, ❸ [기준 크기] 15pt로 지정합니다.

❹ [설정]을 누릅니다.

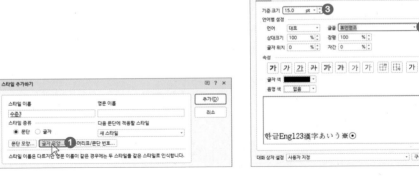

4. ❶ 이번에는 [문단 모양]을 누릅니다.

❷ [왼쪽] 여백 20pt, ❸ [줄 나눔 기준]의 [한글 단위]는 어절, [영어 단위]는 글자를 선택한 후 ❹ [설정]을 누릅니다.

5. '수준3' 스타일의 글머리표, 글자 모양, 문단 모양 설정이 모두 끝나면 [추가]를 누릅니다. [스타일 목록]에 '수준3' 스타일이 추가됩니다.

하면 된다! } 스타일 순서 변경하기

스타일은 단축키를 사용해 적용하면 편리합니다. 단축키는
Ctrl + 1 에서 Ctrl + 0 까지 10개를 지정해 사용할 수
있는데, '바탕글' 스타일을 제외한 나머지 스타일의 단축키
를 변경할 수 있습니다. 그럼 앞에서 추가한 '수준1', '수준2',
'수준3' 스타일의 단축키를 변경해 보겠습니다.

함께 보면 좋은
동영상 강의

1. 단축키의 위치는 고정되어 있어 스타일의 위치를 변경해
야 합니다.

❶ [스타일 목록]에서 수준1 스타일을 선택합니다.

❷ [한 줄 위로 이동하기 ⬆]를 두 번 눌러 Ctrl + 2 위치로 이동합니다.

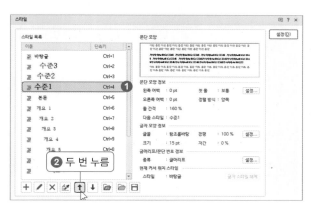

[스타일]의 단축키는
F6 입니다!

2. ❶ 수준2 스타일을 선택한 후 ❷ [한 줄 위로 이동하기 ⬆]를 누릅니다.
'수준1', '수준2', '수준3' 순서로 정렬되고 단축키는 Ctrl + 2, Ctrl + 3, Ctrl
+ 4 가 됩니다.

하면 된다! 〉 스타일 적용하기

수준별로 문서 내용을 작성하면서 스타일을 적용해 보겠습니다.

1. [스타일 목록]에서 수준1이 선택된 상태에서 [설정]을 누르면 글머리표 □가 자동으로 입력됩니다.

❶ 프랜차이즈(가맹점) 수는~을 입력하면 글자 모양, 문단 모양이 자동으로 적용됩니다. 예시를 참고해서 내용을 모두 입력한 후 [Enter]를 누릅니다.

❷ [Ctrl] + [3]을 눌러 '수준2' 스타일을 적용합니다.

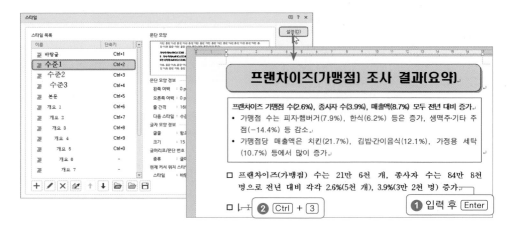

2. 글머리표 모양이 ○로 변경되고 '수준2' 스타일에 맞는 글자 모양, 문단 모양이 적용됩니다.

❶ (가맹점 수) 편의점~을 입력한 후 [Enter]를 누릅니다.

❷ [Ctrl] + [4]를 눌러 '수준3' 스타일을 적용합니다.

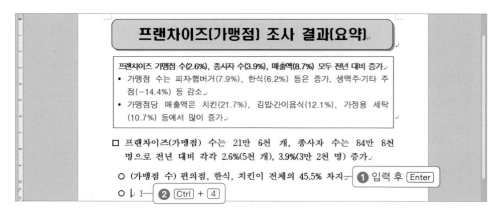

3. 글머리표 모양이 -로 변경되고 '수준3' 스타일에 맞는 글자 모양, 문단 모양이 적용됩니다.

❶ 피자 · 햄버거, 한식~을 입력한 후 [Enter]를 누릅니다.

❷ 다시 '수준2' 스타일을 적용하기 위해 [Ctrl] + [3]을 누릅니다.

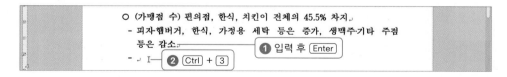

○ (가맹점 수) 편의점, 한식, 치킨이 전체의 45.5% 차지。
- 피자햄버거, 한식, 가정용 세탁 등은 증가, 생맥주·기타 주점
  등은 감소。
-

❷ [Ctrl] + [3]   ❶ 입력 후 [Enter]

질문 있어요!   가운뎃점은 어떻게 넣나요?

[Ctrl] + [F10]을 눌러 [문자표]가 실행되면 [사용자 문자표] 탭 → [문장부호] 영역에서 ·(가운뎃점)을 선택합니다. 이 ·(가운뎃점)은 단어 사이 간격이 넓지 않습니다.

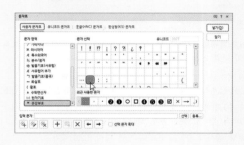

- 피자햄버거, 편의점 등은 감소

일반적으로 많이 사용하는 [사용자 문자표] 탭 → [기호1] 영역에 있는 ·(가운뎃점)은 글꼴에 따라 단어 사이 간격이 넓은 경우가 있습니다.

- 피자 · 햄버거, 편의점 등은 감소

4. 글머리표 모양이 ○로 변경되면 내용을 입력한 후 Enter 를 누릅니다. Ctrl +
4 를 눌러 다음 예시에 맞게 내용을 계속 작성해 나갑니다. 다시 '수준1' 스타일을
적용하려면 Ctrl + 2 를 누르면 됩니다.

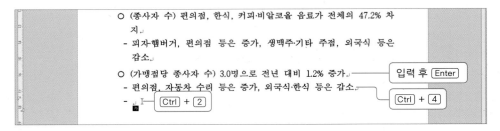

5. 다음 예시와 같이 강조할 부분을 진하게 처리하고 자간 등을 조절해 문서를 완성
합니다.

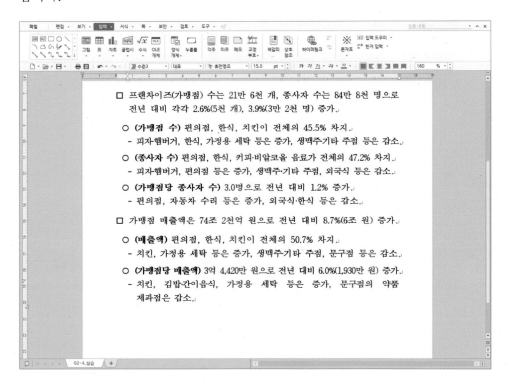

질문 있어요! **표 앞에 붙은 글머리표는 어떻게 지우나요?**

스타일이 적용된 상태에서 표를 삽입하면 다음 예시와 같이 표 앞에 글머리표가 붙습니다. 표 앞의 글머리표를 지우려면 글머리표에 커서를 두고 Delete 를 누르면 됩니다.

글머리표 없이 표를 삽입하려면 내용을 입력하지 않고 Enter 를 누르면 됩니다. 또 다른 방법으로 Ctrl + 1 을 누르면 바탕글 스타일로 변경되면서 글머리표가 지워집니다.

하면 된다! } 스타일 수정하기

스타일이 적용된 문서를 수정하는 방법은 아주 간단합니다. 예를 들어 첫 번째 수준의 글머리표와 글자 모양을 변경하려면 '수준1' 스타일을 수정하면 됩니다. 그러면 문서에서 '수준1' 스타일이 적용된 문단은 한 번에 수정됩니다.

함께 보면 좋은
동영상 **강의**

1. ❶ F6 을 눌러 [스타일]이 실행되면 수준1을 선택합니다.
❷ [스타일 편집하기]를 누른 후 ❸ [글머리표/문단 번호]를 누릅니다.

2. ❶ [글머리표 모양]에서 모양 하나를 선택한 후 [사용자 정의]를 누릅니다.

❷ [글머리표 사용자 정의 모양]에서 [문자표]를 누릅니다.

❸ [사용자 문자표] 탭 → [특수기호 및 딩벳기호] 영역에서 ❹ □를 선택한 후 ❺ [넣기]를 누릅니다.

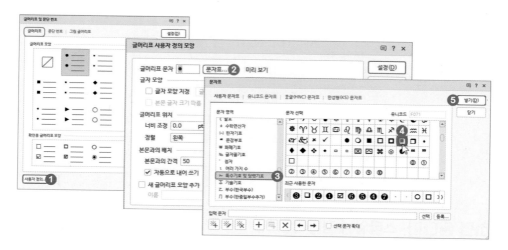

3. ❶ 이번에는 [글자 모양]을 눌러 ❷ [진하게]를 선택한 후 ❸ [설정]을 누릅니다. [설정]을 누르는 순간 문서에서 '수준1' 스타일이 적용된 문단은 모두 수정됩니다. 스타일을 사용하면 빠른 시간에 문서를 편집할 수 있습니다.

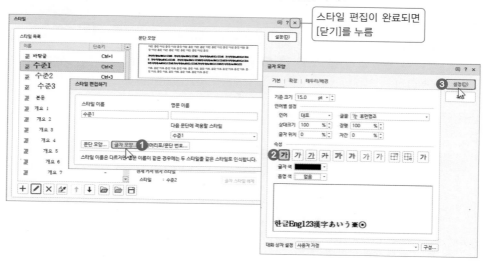

스타일 편집이 완료되면 [닫기]를 누름

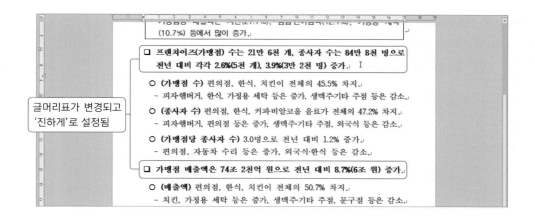

글머리표가 변경되고
'진하게'로 설정됨

하면 된다! } 스타일 내보내기

추가한 스타일은 현재 문서에서만 사용할 수 있습니다. 스타
일을 새 문서에서 재사용하려면 스타일 내보내기를 하면 됩
니다. 파일 형태로 스타일을 내보내기 할 수 있어 어떤 컴퓨
터에서든 사용할 수 있습니다.

함께 보면 좋은
동영상 강의

1. F6 을 눌러 [스타일]을 실행한 후 [스타일 내보내기]를 선
택합니다.

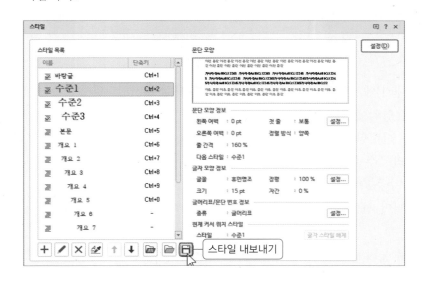

스타일 내보내기

2. ❶ [새 스타일 파일 추가 ⊞]를 누른 후 ❷ [스타일 내보내기]를 누릅니다.
❸ 스타일 파일을 저장할 위치를 선택하고 ❹ 파일 이름을 보고서_스타일로 입력한 후 ❺ [저장]을 누릅니다.

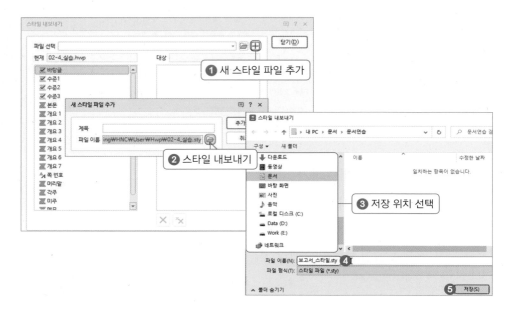

3. [파일 이름] 입력 창에 경로가 표시됩니다. [추가]를 누릅니다.

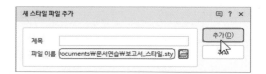

4. [스타일 내보내기]에서 왼쪽은 현재 문서, 오른쪽은 대상 문서입니다.

❶ 현재 문서 영역에 있는 '수준1'을 선택한 후 Shift 를 눌러 '수준3'을 선택하면 '수준1'에서 '수준3' 스타일이 선택됩니다.

❷ [복사 >]를 눌러 메시지 창이 뜨면 ❸ [복사]를 누릅니다.

5. ❶ [닫기]를 누르면 저장 여부를 묻는 메시지 창이 뜹니다.

   ❷ [저장]을 눌러 스타일 내보내기를 마무리합니다.

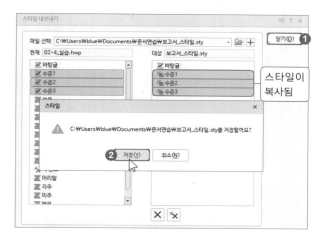

6. [스타일]을 닫습니다.

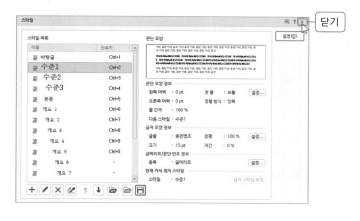

하면 된다! } 스타일 불러오기

저장해 놓은 스타일을 새 문서에 불러와 사용해 보겠습니다.

함께 보면 좋은
동영상 강의

1. 새 문서에서 F6을 눌러 [스타일]을 실행한 후 [스타일 가져오기]를 선택합니다.

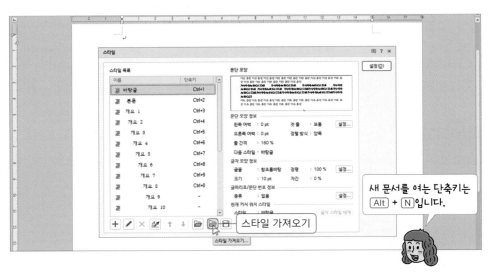

새 문서를 여는 단축키는 Alt + N입니다.

2. ❶ [스타일 가져오기]에서 [파일 선택]을 누릅니다.
❷ 탐색 창에서 보고서_스타일 파일이 저장된 위치를 찾아 파일을 선택한 후 ❸ [열기]를 누릅니다.

3. ❶ [스타일 가져오기]의 왼쪽 원본 영역에서 수준1, 수준2, 수준3을 선택합니다.
　　❷ [복사 ▷]를 눌러 메시지 창이 뜨면 ❸ [복사]를 누릅니다.

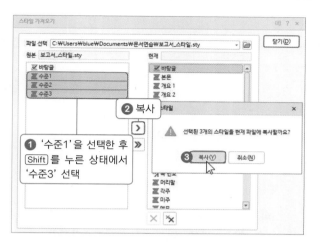

4. ❶ 현재 영역에 '수준1', '수준2', '수준3' 스타일이 복사되면 [닫기]를 누릅니다.
　　❷ [스타일 목록]에서 추가된 스타일 중 수준1을 선택한 후 ❸ [설정]을 누릅니다.

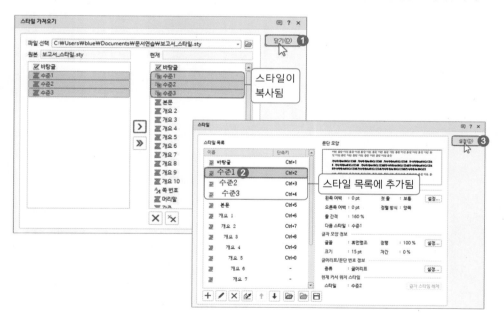

5. 현재 문서에 '수준1' 스타일이 적용되어 글머리표가 표시됩니다. 예시와 같이 내용을 입력하면 글자 모양, 문단 모양이 스타일이 적용된 상태로 작성됩니다. 나머지 내용도 스타일을 적용해 문서를 작성합니다.

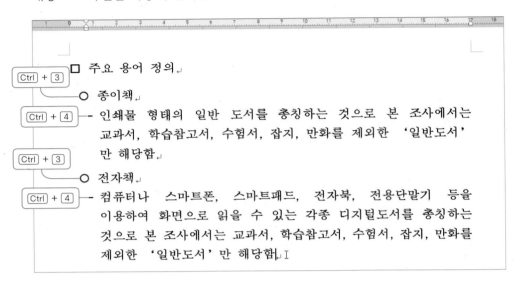

02-4
개요 모양 설정하기

• 실습 파일 없음(새 문서)　　• 완성 파일 02-4_완성_1~4.hwp

번호를 매기며 문서의 내용을 요약하는 개요 문서는 개요 번호를 10수준까지 매길
수 있고, 개요 번호를 사용한 문장의 순서가 바뀌면 개요 번호도 그에 맞게 자동으
로 바뀝니다.

하면 된다! } 개요 모양과 단축키를 사용한 수준 감소/증가

1. ❶ [서식] → [개요]를 선택한 후 ❷ 제1장으로 시작하는
　개요 모양을 선택합니다.

함께 보면 좋은
동영상 강의

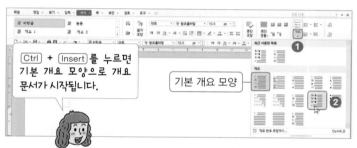

2. ❶ 제1장 옆에 행정 업무 운영 개요를 입력하고 Enter 를 누르면 제2장으로 개
　요 번호가 입력됩니다.

　❷ Ctrl + + 를 누르면 한 수준 감소되어 제1절로 개요 번호가 변경됩니다.

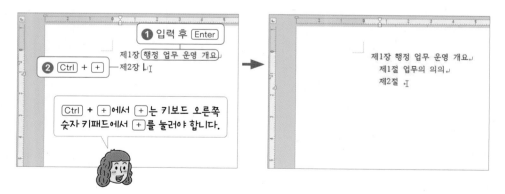

3. ❶ '제4절'까지 내용을 작성한 후 Enter 를 누르면 '제5절'이 입력됩니다.

❷ Ctrl + − 를 누르면 한 수준이 증가된 '제2장'이 입력됩니다.

❸ 제2장의 내용을 입력한 후 Enter 를 누릅니다.

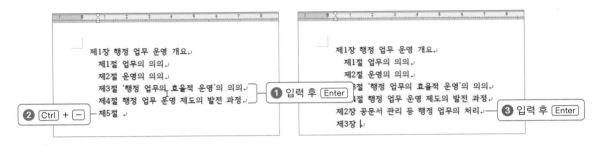

질문 있어요! 숫자 키패드가 없는 경우 수준 증가/감소는 어떻게 사용하나요?

숫자 키패드가 없는 노트북을 사용한다면 수준 증가/감소 단축키 Ctrl + +, Ctrl + − 를 사용할 수 없는데, 이 경우에는 [서식] → [한 수준 증가], [한 수준 감소]를 사용하거나 스타일 단축키를 사용하면 됩니다. 스타일에는 기본으로 저장된 스타일이 있는데 그중 '개요 1'에서 '개요 10'까지가 개요 전용 스타일입니다. 개요를 시작하면 수준별로 개요 스타일에 맞는 글자 모양, 문단 모양이 적용됩니다.

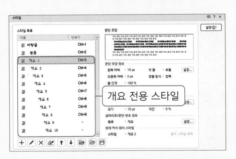

'개요 1' 단축키가 Ctrl + 3 이며, 두 번째 수준 '제1절'을 입력하려면 Ctrl + 4 를 누르면 됩니다.

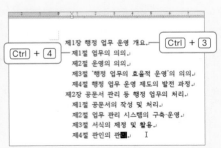

개요와 스타일

새 문서를 열고 F7 을 눌러 [편집 용지]를 실행한 후 [용지 종류]에서 보고서를 선택합니다.

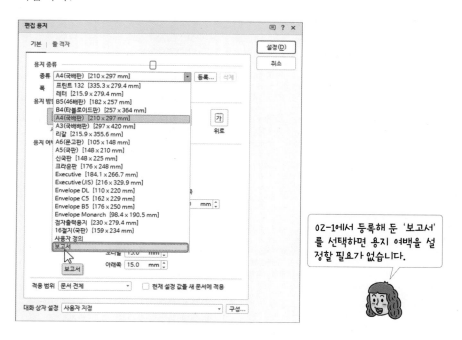

02-1에서 등록해 둔 '보고서'를 선택하면 용지 여백을 설정할 필요가 없습니다.

Ctrl + Insert 를 눌러 기본 개요 모양으로 문서를 시작합니다. 그리고 스타일 단축키를 사용해 다음 예시와 같이 입력합니다. 개요 번호 순서에 맞게 문서는 작성되었지만 가독성이 떨어집니다.

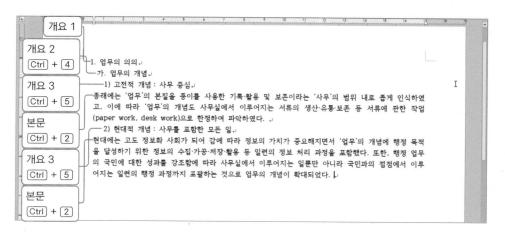

1수준의 경우 글자 크기를 크고 진하게 편집하고 개요 번호가 없는 내용은 왼쪽 여백과 첫 줄 들여쓰기 등을 적용해 보기 편한 문서로 다음 표와 예시를 참고해 편집해 보겠습니다.

스타일	글자 모양	문단 모양
개요 1	함초롬바탕, 16pt, 진하게	왼쪽 여백 0pt, 문단 위 간격 10pt
개요 2	함초롬바탕, 14pt, 진하게	왼쪽 여백 10pt, 문단 위 간격 10pt
개요 3	함초롬바탕, 12pt	왼쪽 여백 20pt, 문단 위 간격 10pt
본문	함초롬바탕, 12pt	왼쪽 여백 30pt, 첫 줄 들여쓰기 10pt, 문단 아래 간격 10pt, 줄 나눔 기준(한글: 어절, 영어: 글자)

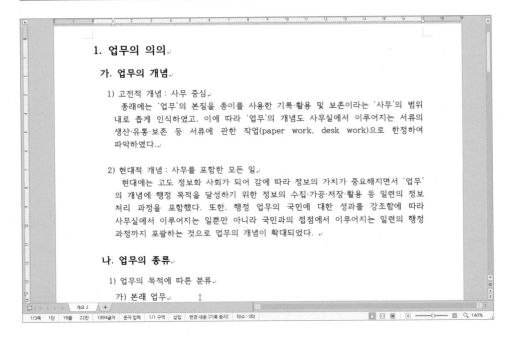

하면 된다! 〉 개요 스타일 편집하기

개요 문서의 수준별 글자 모양과 문단 모양은 스타일을 사용해 설정하면 됩니다.

함께 보면 좋은
동영상 강의

'개요 1' 스타일 편집하기

1. ❶ F6 을 눌러 [스타일]을 실행하여 [스타일 목록]에서 개요 1을 선택합니다.

   ❷ [스타일 편집하기]를 누릅니다.

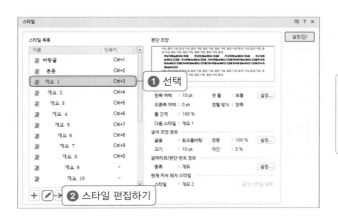

'개요 1'에서 '개요 10'까지의 스타일은 개요 전용 스타일입니다. 해당 스타일의 글자 모양과 문단 모양을 수정하면 스타일이 적용된 문단에 바로 적용됩니다.

2. ❶ [스타일 편집하기]에서 [글자 모양]을 누릅니다.

   ❷ [글꼴] 함초롬바탕, ❸ [기준 크기] 16pt, ❹ 진하게를 선택한 후 ❺ [설정]을 누릅니다.

3. ❶ 다시 [스타일 편집하기]에서 [문단 모양]을 누릅니다.

❷ [왼쪽] 여백 0pt, ❸ [문단 위] 간격을 10pt로 입력한 후 ❹ [설정]을 누릅니다.

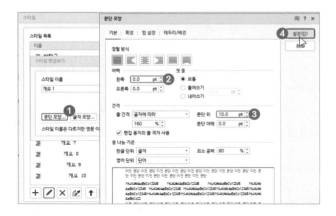

4. 글자 모양과 문단 모양 설정이 완료되면 [설정]을 누릅니다.

개요 모양이 설정된 문서에
는 [글머리표/문단 번호]를
설정할 필요가 없습니다.

'개요 2' 스타일 편집하기

1. ❶ [스타일 목록]에서 개요 2를 선택한 후 ❷ [스타일 편집하기]를 누릅니다.

❸ [스타일 편집하기]에서 [글자 모양]을 누릅니다.

❹ [글꼴] 함초롬바탕, ❺ [기준 크기] 14pt, ❻ 진하게를 선택한 후 ❼ [설정]을
누릅니다.

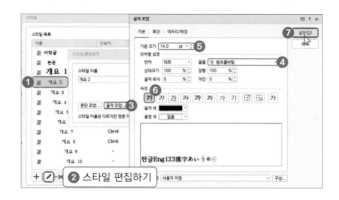

2. ❶ 이번에는 [문단 모양]을 누릅니다.

❷ [왼쪽] 여백 10pt, **❸** [문단 위] 간격 10pt를 입력한 후 **❹** [설정]을 누릅니다.

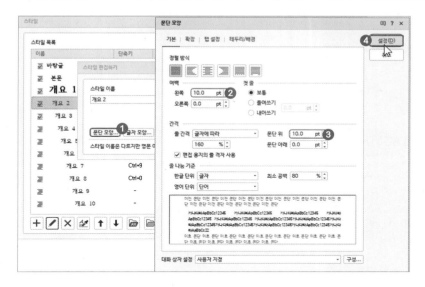

'개요 3' 스타일 편집하기

1. ❶ [스타일 목록]에서 개요 3을 선택한 후 **❷** [스타일 편집하기]를 누릅니다.

❸ [스타일 편집하기]에서 [글자 모양]을 누릅니다.

❹ [글꼴] 함초롬바탕, **❺** [기준 크기] 12pt를 선택한 후 **❻** [설정]을 누릅니다.

2. ❶ 이번에는 [문단 모양]을 선택합니다.

❷ [왼쪽] 여백 20pt, ❸ [문단 위] 간격 10pt를 입력한 후 ❹ [설정]을 누릅니다.

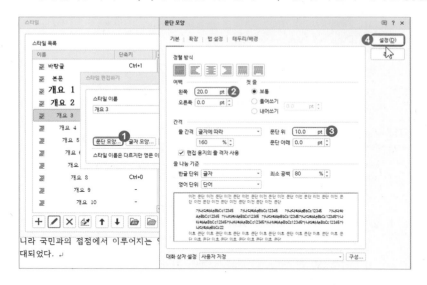

'본문' 스타일 편집하기

1. ❶ [스타일 목록]에서 본문을 선택한 후 ❷ [스타일 편집하기]를 누릅니다.

❸ [스타일 편집하기]에서 [글자 모양]을 누릅니다.

❹ [글꼴] 함초롬바탕, ❺ [기준 크기] 12pt를 선택한 후 ❻ [설정]을 누릅니다.

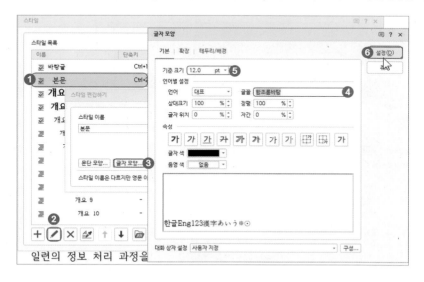

2. ❶ 이번에는 [문단 모양]을 누릅니다.

❷ [왼쪽] 여백 30pt, ❸ 첫 줄 [들여쓰기] 10pt, ❹ [문단 아래] 간격 10pt, ❺ [줄 나눔 기준]의 [한글 단위]는 어절, [영어 단위는] 글자로 선택한 후 ❻ [설정] 을 누릅니다.

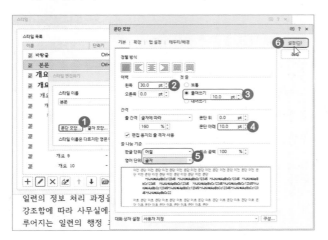

3. [스타일]을 닫습니다. 스타일이 이미 적용된 문단은 수정한 스타일의 글자 모양 과 문단 모양으로 수정되어 있습니다.

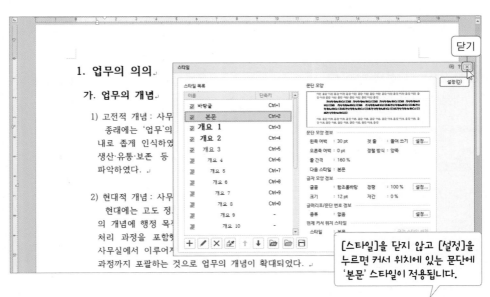

[스타일]을 닫지 않고 [설정]을 누르면 커서 위치에 있는 문단에 '본문' 스타일이 적용됩니다.

하면 된다! ᐣ 개요 번호 모양 사용자 정의 하기

개요 번호 모양에서 기본적으로 제공되는 모양 외에 사용자가 원하는 임의의 번호 순서로 설정할 수 있습니다. 다음 예시의 개요 번호를 1수준부터 Ⅰ., 1., (1), ① 순서로 설정해 보겠습니다.

함께 보면 좋은
동영상 강의

1. 새 문서를 연 후 ❶ Ctrl + K, O 를 눌러 [개요 번호 모양]이 실행되면 [사용자 정의]를 누릅니다.

❷ [개요 번호 사용자 정의 모양]에서 1수준을 선택한 후 ❸ [번호 모양]을 Ⅰ, Ⅱ, Ⅲ으로 선택합니다. 나머지 옵션은 그대로 둡니다.

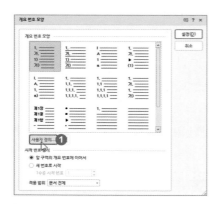
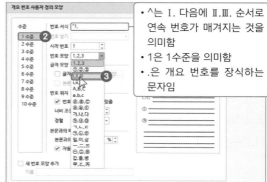

- ^는 Ⅰ. 다음에 Ⅱ.Ⅲ. 순서로 연속 번호가 매겨지는 것을 의미함
- 1은 1수준을 의미함
- .은 개요 번호를 장식하는 문자임

2. ❶ 2수준을 선택한 후 ❷ [번호 모양]을 1,2,3으로 선택합니다. 나머지 옵션은 그대로 둡니다.

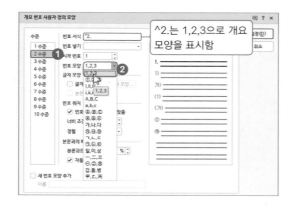

^2.는 1,2,3으로 개요 모양을 표시함

3. ❶ 3수준을 선택한 후 ❷ [번호 모양]을 1,2,3으로 선택합니다. ❸ [번호 서식]에서 ^3) 앞에 여는 괄호 (를 추가해 (^3)으로 변경합니다. 나머지 옵션은 그대로 둡니다.

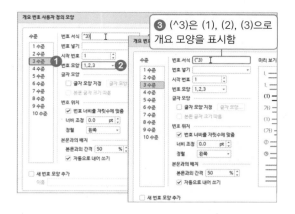

4. ❶ 4수준을 선택한 후 ❷ [번호 모양]을 ①,②,③으로 선택합니다. ❸ [번호 서식]에서 ^4)의 닫는 괄호)를 지워 ^4로 변경합니다. 나머지 옵션은 그대로 둡니다.

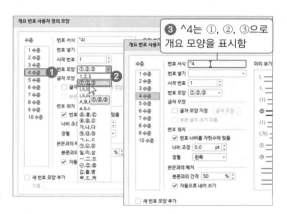

5. ❶ [새 번호 모양 추가]에 체크 표시하고 ❷ [이름] 입력 창에 보고서를 입력한 후 ❸ [설정]을 누릅니다.
❹ [개호 번호 모양]에서 '보고서' 개요 모양이 추가된 것을 확인하고 [설정]을 누릅니다.

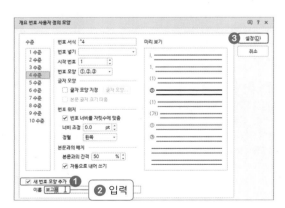

6. 다음 예시를 참고하여 단축키를 사용해 수준을 조절해 가며 입력합니다.

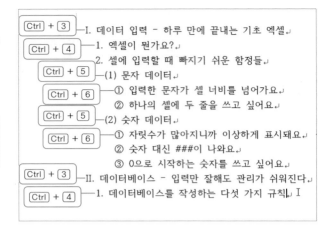

개요 문서에 글자 모양과 문단 모양을 적용하려면 개요 스타일을 수정하면 됩니다.

하면 된다! ⟩ 개요 번호와 글머리표를 사용해 문서 작성하기

다음 예시와 같이 개요 번호와 글머리표를 함께 사용해 문서를 편집할 수 있습니다. 첫 번째 수준 'Ⅰ.'과 두 번째 수준 '1.'은 개요 번호를 사용하고, 세 번째 수준 '〇'와 네 번째 수준 '‒'는 글머리표를 사용하고 있습니다. 이런 경우에는 1수준과 2수준은 개요 번호 모양을 지정하면 되고, 3수준과 4수준은 '개요 3', '개요 4' 스타일을 편집해 글머리표를 지정하면 됩니다.

함께 보면 좋은 동영상 **강의**

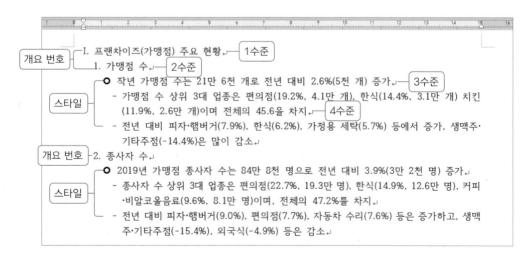

1. 새 문서를 연 후 `Ctrl` + `K`, `O`를 눌러 [개요 번호 모양]을 실행합니다.

    ❶ [사용자 정의]를 눌러 [개요 번호 사용자 정의 모양]을 실행합니다.

    ❷ 1수준이 선택된 상태에서 번호 모양을 Ⅰ,Ⅱ,Ⅲ으로 선택합니다.

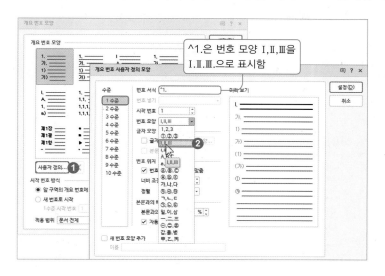

2. ❶ 2수준을 선택한 후 ❷ [번호 모양]을 1,2,3으로 선택하고 ❸ [설정]을 누릅니다.

    ❹ [개요 번호 모양]에서 [설정]을 누르면 개요 번호가 시작됩니다.

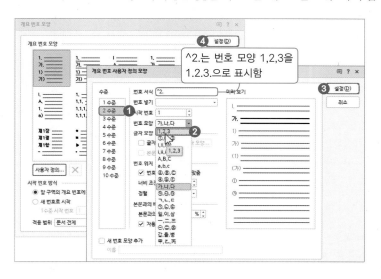

3. 개요 번호 모양이 설정되었다면 [스타일]에서 3, 4 수준에 해당하는 글머리표를 지정해 보겠습니다. 먼저 F6 을 눌러 [스타일]을 실행합니다.

❶ [스타일 목록]에서 개요 3 스타일을 선택한 후 ❷ [스타일 편집하기]를 누르고 ❸ [글머리표/문단 번호]를 누릅니다.

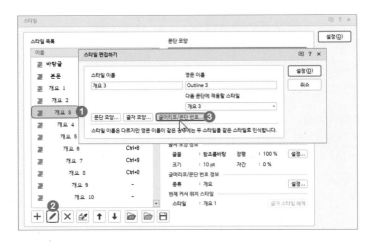

4. ❶ [글머리표 및 문단 번호]에서 [글머리표] 탭을 선택합니다.

❷ [글머리표 모양]에서 모양 하나를 선택하고 [사용자 정의]를 누릅니다.

❸ [글머리표 사용자 정의 모양]에서 [문자표]를 누릅니다.

❹ [사용자 문자표] 탭 → [특수기호 및 딩벳기호] 영역에서 ❺ ○ 를 선택한 후 ❻ [넣기]를 누릅니다.

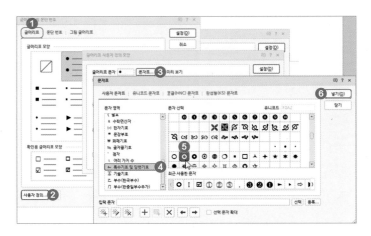

5. ❶ [스타일 목록]에서 개요 4를 선택한 후 ❷ [스타일 편집하기]를 누르고 ❸ [글머리표/문단 번호]를 누릅니다.

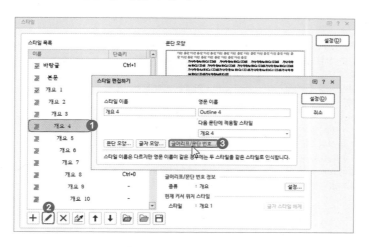

6. ❶ [글머리표] 탭을 선택한 후 ❷ [글머리표 모양]에서 모양 하나를 선택하고 ❸ [사용자 정의]를 누릅니다.

❹ [글머리표 문자] 입력 창에 -을 입력한 후 ❺ [설정]을 누릅니다.

❻ [스타일]을 닫습니다.

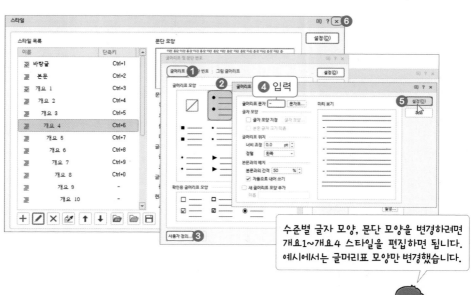

수준별 글자 모양, 문단 모양을 변경하려면 개요1~개요4 스타일을 편집하면 됩니다. 예시에서는 글머리표 모양만 변경했습니다.

7. 다음 예시와 같이 스타일 단축키를 적용해 문서를 작성합니다.

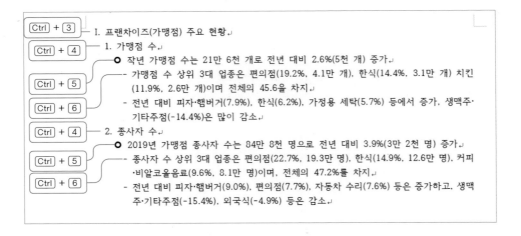

03

문서를 돋보이게 하는
개체 활용

"보고서에는 표와 그래프가 들어가야지!
최 주임! 보고서에 표 삽입 좀 부탁해요~"
갑작스러운 업무 지시에도 당황하지 않는
최 주임. 표를 삽입할 때 워드와 한글의 차이
점은 무엇일까? 한글에서만 활용할 수 있는
표와 그래프 꿀팁을 정리한 '짤막한 강좌' 덕
분에 이번 문제도 쉽게 해결!

03-1 표 만들기와 표 편집을 위한 단축키

03-2 표에 캡션 삽입하기, 표 계산하기

03-3 그림 삽입하기

03-1
표 만들기와 표 편집을 위한 단축키

• 실습 파일 03-1_실습_1~5.hwp • 완성 파일 03-1_완성_1~5.hwp

문서를 만들면서 복잡한 내용이나 수치 자료를 일목요연하게 정리하고자 할 때에는 표로 작성하면 됩니다. 표 안에 다른 표를 만들어 넣을 수 있고 한쪽을 넘어가는 표도 자동으로 나누어 주기 때문에 편리하게 작성할 수 있습니다. 다음 예시와 같은 표를 작성하면서 표 기본 작성법을 익혀보겠습니다.

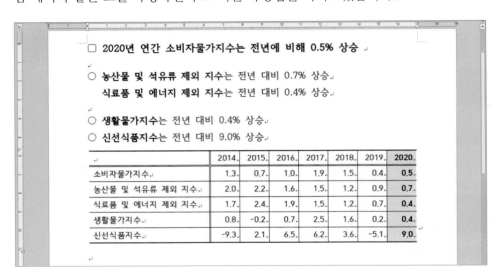

하면 된다! ⟩ 표 작성하고 내용 입력하기

1. ❶ [입력] → [표 ▦]를 선택하거나 Ctrl + N, T를 눌러 [표 만들기]를 실행합니다.

❷ 줄 개수 6, 칸 개수 8을 입력한 후 ❸ [만들기]를 누릅니다. 다른 방법으로 [입력] → [표 ▾]를 선택한 후 6줄×8칸이 되도록 드래그해 표를 만들 수 있습니다.

함께 보면 좋은 동영상 강의

2. 표는 줄, 칸, 셀로 구성됩니다. 표를 삭제하려면 셀에 커서가 있으면 안 되고 표 가장자리를 선택해 Delete 를 누르면 됩니다.

3. 표가 삭제되었습니다. 서식 도구 상자의 [되돌리기 ↩]를 누르거나 실행 취소 단축키 Ctrl + Z 를 누르면 삭제한 표가 복원됩니다.

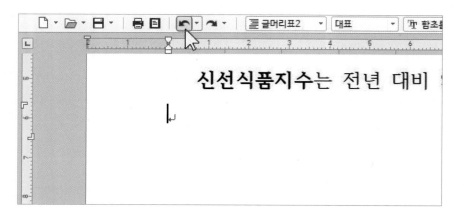

4. 키보드 방향키를 눌러 셀 위치를 이동해 가며 내용을 입력합니다. 셀 너비에 비해 입력할 내용이 많아 두 줄, 세 줄로 입력되어도 모두 입력한 후 셀 너비를 넓히면 되니까 계속 입력해 나갑니다.

5. 2014에서 2020까지 입력할 때 '표 자동 채우기'를 하면 빠르게 입력할 수 있습니다. 다음 예시와 같이 2014, 2015를 입력한 후 블록을 지정하고 '표 자동 채우기' 단축키 Ⓐ를 누르면 2020년까지 입력됩니다.

6. ❶ 내용을 모두 입력한 후 블록을 지정합니다.
　❷ [글꼴]은 함초롬돋움, ❸ [기준 크기]는 12pt로 설정합니다.

신선식품지수는 전년 대비 9.0% 상승

❶ 입력 후 블록 지정

	2014	2015	2016	2017	2018	2019	2020
소비자물가지수	1.3	0.7	1.0	1.9	1.5	0.4	0.5
농산물 및 석유류 제외 지수	2.0	2.2	1.6	1.5	1.2	0.9	0.7
식료품 및 에너지 제외 지수	1.7	2.4	1.9	1.5	1.2	0.7	0.4
생활물가지수	0.8	-0.2	0.7	2.5	1.6	0.2	0.4
신선식품지수	-9.3	2.1	6.5	6.2	3.6	-5.1	9.0

하면 된다! ⎬ 셀 너비와 높이 변경하기

1. ❶ 셀 너비를 넓히려면 셀과 셀 사이 경계선에 마우스 커서를 양방향 화살표 모양이 되도록 맞춘 후 오른쪽으로 드래그합니다.

   ❷ 오른쪽 셀의 너비가 좁아지면서 상대적으로 첫 번째 셀의 너비가 늘어납니다. 그러다 보니 더 이상 너비를 넓힐 수가 없는데, 이런 경우 다른 오른쪽 셀들의 너비를 변경해 다시 첫 번째 셀의 너비를 넓혀주면 됩니다.

함께 보면 좋은 동영상 **강의**

2. 이번에는 연도별 지수가 입력된 셀 너비를 모두 같게 변경해 보겠습니다. 두 번째 칸부터 마지막 칸까지 블록 지정한 후 마우스 오른쪽 버튼을 눌러 [셀 너비를 같게]를 선택합니다.

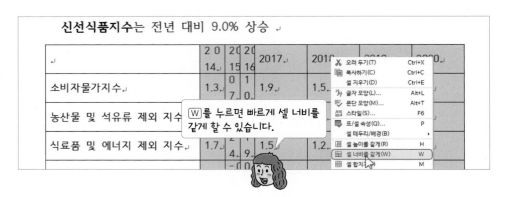

3. 셀 너비가 보기 좋게 변경되었다면 전체 셀 높이도 조금 늘려 보겠습니다. 마우스로 높이를 변경할 수 있지만 이 경우에는 단축키를 사용하는 것이 편리합니다. 블록이 지정된 상태에서 Ctrl + ↓를 세 번 정도 눌러 셀 높이를 늘려 줍니다.

신선식품지수는 전년 대비 9.0% 상승

Ctrl + ↓ 세 번 누름

	2014	2015	2016	2017	2018	2019	2020
소비자물가지수	1.3	0.7	1.0	1.9	1.5	0.4	0.5
농산물 및 석유류 제외 지수	2.0	2.2	1.6	1.5	1.2	0.9	0.7
식료품 및 에너지 제외 지수	1.7	2.4	1.9	1.5	1.2	0.7	0.4
생활물가지수	0.8	-0.2	0.7	2.5	1.6	0.2	0.4
신선식품지수	-9.3	2.1	6.5	6.2	3.6	-5.1	9.0

4. 숫자 데이터는 오른쪽 정렬 하면 단위를 읽기 쉽습니다. 숫자 셀이 블록 지정된 상태에서 기본 서식 상자에서 [오른쪽 정렬]을 누릅니다.

신선식품지수는 전년 대비 9.0% 상승

	2014	2015	2016	2017	2018	2019	2020
소비자물가지수	1.3	0.7	1.0	1.9	1.5	0.4	0.5
농산물 및 석유류 제외 지수	2.0	2.2	1.6	1.5	1.2	0.9	0.7
식료품 및 에너지 제외 지수	1.7	2.4	1.9	1.5	1.2	0.7	0.4
생활물가지수	0.8	-0.2	0.7	2.5	1.6	0.2	0.4
신선식품지수	-9.3	2.1	6.5	6.2	3.6	-5.1	9.0

키보드를 사용한 블록 지정

셀 블록 지정

- F5 : 셀 블록 지정
- F5 + F5 : 연속 셀 블록 지정. 방향키를 눌러 여러 칸, 여러 줄을 블록 지정할 수 있습니다.
- F5 + F5 + F5 : 전체 셀 블록 지정

셀 너비와 높이 변경

- 셀을 블록 지정한 후 Ctrl + →, ←, ↑, ↓ : 방향키를 누른 횟수만큼 선택된 셀의 칸 또는 줄 단위로 너비 또는 높이가 변경되고 표 전체 크기도 변경됩니다.

		2014.	2015.	2016.	2017.	2018.	2019.	2020.
소비자물가지수		1.3.	0.7.	1.0.	1.9.	1.5.	0.4.	0.5.
농산물 및 석유류 제외 지수		2.0.	2.2.	1.6.	1.5.	1.2.	0.9.	0.7.
식료품 및 에너지 제외 지수		1.7.	2.4.	1.9.	1.5.	1.2.	0.7.	0.4.
생활물가지수		0.8.	-0.2.	0.7.	2.5.	1.6.	0.2.	0.4.
신선식품지수		-9.3.	2.1.	6.5.	6.2.	3.6.	-5.1.	9.0.

신선식품지수는 전년 대비 9.0% 상승

- 셀을 블록 지정한 후 Alt + →, ←, ↑, ↓ : 표 전체 크기는 변경되지 않고 방향키를 누른 횟수만큼 선택된 셀의 칸 또는 줄 단위로 너비 또는 높이가 변경됩니다.

		2014.	2015.	2016.	2017.	2018.	2019.	2020.
소비자물가지수		1.3.	0.7.	1.0.	1.9.	1.5.	0.4.	0.5.
농산물 및 석유류 제외 지수		2.0.	2.2.	1.6.	1.5.	1.2.	0.9.	0.7.
식료품 및 에너지 제외 지수		1.7.	2.4.	1.9.	1.5.	1.2.	0.7.	0.4.
생활물가지수		0.8.	-0.2.	0.7.	2.5.	1.6.	0.2.	0.4.
신선식품지수		-9.3.	2.1.	6.5.	6.2.	3.6.	-5.1.	9.0.

신선식품지수는 전년 대비 9.0% 상승

- 셀을 블록 지정한 후 Shift + →, ←, ↑, ↓ : 선택한 셀의 너비 또는 높이만 변경됩니다. 너비가 변경되었을 때 높이는 변경할 수 없고, 높이가 변경되었을 때 너비를 변경할 수 없습니다.

신선식품지수는 전년 대비 9.0% 상승							
●	2014.	2015.	2016.	2017.	2018.	2019.	2020.
소비자물가지수	1.3.	0.7.	1.0.	1.9.	1.5.	0.4.	0.5.
농산물 및 석유류 제외 지수	2.0.	2.2.	1.6.	1.5.	1.2.	0.9.	0.7.
식료품 및 에너지 제외 지수	1.7.	2.4.	1.9.	1.5.	1.2.	0.7.	0.4.
생활물가지수	0.8.	-0.2.	0.7.	2.5.	1.6.	0.2.	0.4.
신선식품지수	-9.3.	2.1.	6.5.	6.2.	3.6.	-5.1.	9.0.

하면 된다! ﹜ 셀 테두리와 배경색 설정하기

1. 표의 위/아래 테두리를 굵게 적용해 보겠습니다.

❶ 표 전체를 블록 지정합니다.

❷ [테두리 굵기] → 0.4mm를 선택합니다.

❸ [테두리 ▼] → 위쪽 테두리와 아래쪽 테두리를 선택합니다.

함께 보면 좋은 동영상 강의

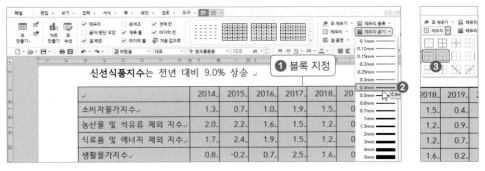

2. 표 양 끝 테두리를 제거해 보겠습니다.

❶ 표 전체를 블록 지정한 상태에서 [테두리 종류] → 없음을 선택합니다.

❷ [테두리 ▼] → 왼쪽 테두리와 오른쪽 테두리를 선택합니다.

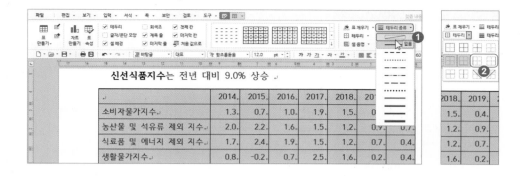

3. 첫 줄 아래 테두리를 이중 실선으로 적용해 표 머리글과 내용을 구분해 보겠습니다.

❶ 연도가 입력된 첫 번째 줄을 블록 지정합니다.

❷ [테두리 종류] → 이중 실선을 선택합니다.

❸ [테두리 ▾] → 아래쪽 테두리를 선택합니다.

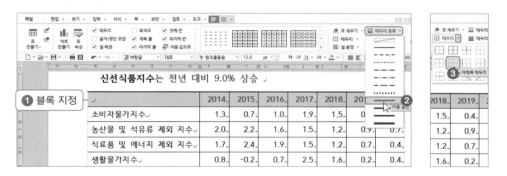

4. ❶ 이번에는 첫 번째 칸을 블록 지정합니다.

❷ 다시 [테두리 ▾] → 오른쪽 테두리를 선택합니다.

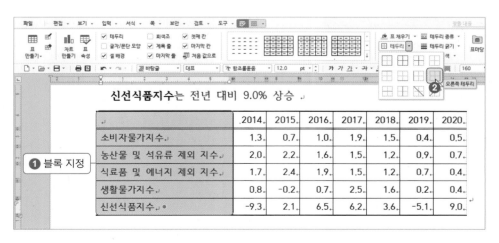

5. ❶ 마지막으로 2020년 칸을 블록 지정합니다.

❷ [표 채우기 ▼] → 진달래색을 선택합니다.

❸ Ctrl + B 를 눌러 2020년 데이터를 진하게 강조합니다.

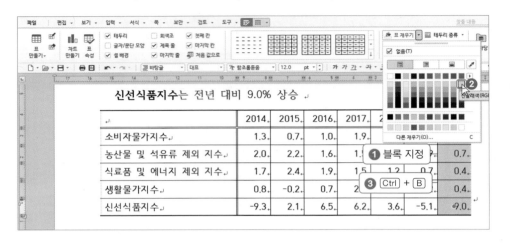

하면 된다! } 셀 합치기

다음 표를 편집하면서 여러 개의 셀을 하나로 합치는 방법을
배워보겠습니다.

함께 보면 좋은
동영상 **강의**

1. 03-1_실습_2.hwp 파일을 열어 다음 예시와 같이 블록을 지정한 후 마우스 오른쪽 버튼을 눌러 [셀 합치기]를 선택하거나 M을 눌러 하나의 셀로 합칩니다.

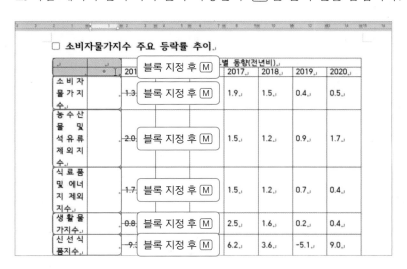

2. 다음 예시와 같이 각각 블록 지정한 후 M을 눌러 셀을 합칩니다.

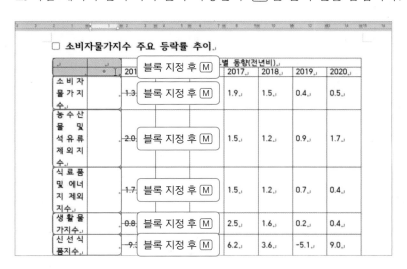

3. ❶ 이번에는 [품목성질별] 셀을 포함해 아래 3개 셀을 블록 지정한 후 M을 눌러 셀을 합칩니다.

❷ 마우스 오른쪽 버튼을 눌러 [표/셀 속성]을 선택합니다. 셀에 블록이 지정된 상태에서는 P를 눌러도 [표/셀 속성]을 실행할 수 있습니다.

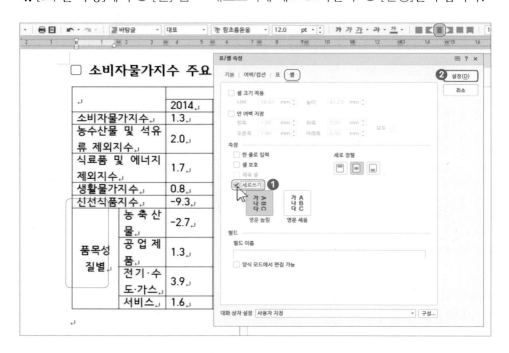

4. [표/셀 속성]에서 ❶ [셀] 탭 → 세로쓰기에 체크 표시한 후 ❷ [설정]을 누릅니다.

5. 다음 예시와 같이 셀과 셀 사이에 마우스 커서가 양방향 화살표 모양이 되도록 맞추고 왼쪽으로 드래그해 셀 너비를 좁혀줍니다.

□ **소비자물가지수 주요 등락률 추이**

	연도별 동향(전년비)						
	2014	2015	2016	2017	2018	2019	2020
소비자물가지수	1.3	0.7	10	1.9	1.5	0.4	0.5
농수산물 및 석유류 제외지수	2.0	2.2	1.6	1.5	1.2	0.9	1.7
식료품 및 에너지 제외지수	1.7	2.4	1.9	1.5	1.2	0.7	0.4
생활물가지수	0.8	-0.2	0.7	2.5	1.6	0.2	0.4
신선식품지수	-9.3	2.1	6.5	6.2	3.6	-5.1	9.0
품목성질별 농축산물	-2.7	2.0	3.8	5.5	3.7	-1.7	6.7
공업제품	1.3	-0.2	-0.5	1.4	1.3	-0.2	-0.2
전기·수도·가스	3.9	7.4	-9.2	-1.4	-2.9	1.5	-1.4
서비스	1.6	1.8	2.3	2.0	1.6	0.9	1.3

6. 첫 번째 칸의 셀 너비를 넓혀 내용이 한 줄에 표시되도록 합니다. 더 이상 셀 너비가 넓혀지지 않으면 바로 오른쪽 연도가 입력된 셀 너비를 줄여 맞추면 됩니다.

7. 나머지 연도가 있는 칸은 블록 지정한 후 W를 눌러 셀 너비를 같게 합니다.

블록 지정 후 W

8. ❶ 첫 번째 칸을 블록 지정한 후 Ctrl을 누른 상태에서 아래쪽 방향키를 세 번 눌러 셀 높이를 변경합니다.

❷ 연도와 숫자가 있는 범위를 블록 지정한 후 기본 도구 상자에서 [오른쪽 정렬]을 누릅니다.

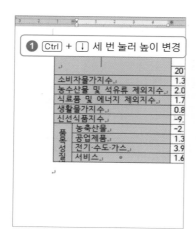

① Ctrl + ↓ 세 번 눌러 높이 변경

	20
소비자물가지수	1.3
농수산물 및 석유류 제외지수	2.0
식료품 및 에너지 제외지수	1.7
생활물가지수	0.8
신선식품지수	-9.
품목성질 농축산물	-2.
공업제품	1.3
전기·수도·가스	3.9
서비스	1.6

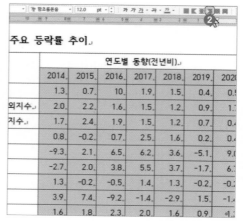

주요 등락률 추이

연도별 동향(전년비)							
2014	2015	2016	2017	2018	2019	2020
1.3	0.7	10	1.9	1.5	0.4	0.5
외지수 2.0	2.2	1.6	1.5	1.2	0.9	1.7
지수 1.7	2.4	1.9	1.5	1.2	0.7	0.4
0.8	-0.2	0.7	2.5	1.6	0.2	0.4
-9.3	2.1	6.5	6.2	3.6	-5.1	9.0
-2.7	2.0	3.8	5.5	3.7	-1.7	6.3
1.3	-0.2	-0.5	1.4	1.3	-0.2	-0.2
3.9	7.4	-9.2	-1.4	-2.9	1.5	-1.4
1.6	1.8	2.3	2.0	1.6	0.9	1.3

질문 있어요! **셀 나누는 방법과 셀 높이를 같게 하는 방법은?**

앞에서는 여러 개의 셀을 합치는 방법을 배웠는데, 반대로 셀을 나누는 방법도 배워보겠습니다.

셀을 나누려면 나눌 셀을 선택한 후 마우스 오른쪽 버튼을 눌러 [셀 나누기]를 선택하거나 블록 지정하여 ⓢ를 누르면 됩니다. 단축키로 셀을 나누려면 블록을 지정해야 하는데, 하나의 셀만 블록을 지정하기 쉽지 않죠? 이 경우 F5를 누르거나 Ctrl을 누른 상태에서 셀을 선택하면 하나의 셀이 쉽게 블록 지정됩니다.

[셀 나누기]가 실행되면 줄 개수의 체크 표시를 해제한 다음 칸 개수에 체크 표시하고 나눌 셀 개수 4를 입력한 후 [나누기]를 누릅니다.

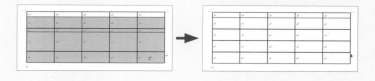

셀 너비뿐만 아니라 셀 높이도 일정한 높이로 맞출 수 있습니다. 높이가 다른 줄을 모두 블록 지정한 후 마우스 오른쪽 버튼을 눌러 [셀 높이를 같게]를 선택하거나 H를 누릅니다.

줄 추가하기와 지우기

표를 만든 다음 편집 중에 새로운 줄을 추가하거나 필요 없는 줄을 쉽게 지울 수 있습니다. 특히 단축키를 사용하면 빠르게 표를 편집할 수 있습니다.

맨 마지막 셀에서 Tab 을 누르면 바로 아래에 줄이 추가됩니다. 반대로 추가한 줄을 지우려면 첫 번째 셀에 커서를 두고 Ctrl + Backspace 를 누르면 됩니다.

생활물가지수		0.8.	-0.2.	0.7.	2.5.	1.6.	0.2.	0.4.
신선식품지수		-9.3.	2.1.	6.5.	6.2.	3.6.	-5.1.	9.0.
품목성질별	농축산물	-2.7.	2.0.	3.8.	5.5.	3.7.	-1.7.	6.7.
	공업제품	1.3.	-0.2.	-0.5.	1.4.	1.3.	-0.2.	-0.2.
	전기·수도·가스	3.9.	7.4.	-9.2.	-1.4.	-2.9.	1.5.	-1.4.
	서비스	1.6.	1.8.	2.3.	2.0.	1.6.	0.9.	1.3.

맨 마지막 셀에 커서를 두고 Tab 을 누르면 줄이 추가됨

생활물가지수		0.8.	-0.2.	0.7.	2.5.	1.6.	0.2.	0.4.
신선식품지수		-9.3.	2.1.	6.5.	6.2.	3.6.	-5.1.	9.0.
품목성질별	농축산물	-2.7.	2.0.	3.8.	5.5.	3.7.	-1.7.	6.7.
	공업제품	1.3.	-0.2.	-0.5.	1.4.	1.3.	-0.2.	-0.2.
	전기·수도·가스	3.9.	7.4.	-9.2.	-1.4.	-2.9.	1.5.	-1.4.
						1.6.	0.9.	1.3.

첫 번째 셀에 커서를 두고 Ctrl + Backspace 를 누르면 줄이 지워짐

'신선식품지수' 아래쪽에 줄을 추가해 보겠습니다. 앞에서 배운 대로 '신선식품지수'의 '2020년' 셀을 선택한 후 Tab 을 누르면 아래쪽 '품목성질별' 셀로 커서가 이동할 뿐 줄은 추가되지 않습니다. Tab 은 마지막 셀에서 눌러야 아래쪽에 줄을 추가하는 단축키입니다. 그러면 '신선식품지수' 아래에 줄을 추가하려면 어떻게 해야 할까요?

'신선식품지수'가 있는 줄의 셀 하나를 선택한 후 $\boxed{\text{Ctrl}}$ + $\boxed{\text{Enter}}$ 를 누릅니다. 바로 아래에 빈 줄이 추가됩니다.

□ 소비자물가지수 주요 등락률 추이	연도별 동향(전년비)						
	2014	2015	2016	2017	2018	2019	2020
소비자물가지수	1.3	0.7	10	1.9	1.5	0.4	0.5
농수산물 및 석유류 제외지수	2.0	2.2	1.6	1.5	1.2	0.9	1.7
식료품 및 에너지 제외지수	1.7	2.4	1.9	1.5	1.2	0.7	0.4
생활물가지수	0.8	-0.2	0.7	2.5	1.6	0.2	0.4
신선식품지수 $\boxed{\text{Ctrl}}$ + $\boxed{\text{Enter}}$		2.1	6.5	6.2	3.6	-5.1	9.0
								← 빈 줄이 추가됨
품목성질별 농축산물	-2.7	2.0	3.8	5.5	3.7	-1.7	6.7
공업제품	1.3	-0.2	-0.5	1.4	1.3	-0.2	-0.2
전기·수도·가스	3.9	7.4	-9.2	-1.4	-2.9	1.5	-1.4
서비스	1.6	1.8	2.3	2.0	1.6	0.9	1.3

칸 추가하기

'2020'이 입력된 셀을 선택한 후 [표 레이아웃] → [오른쪽에 칸 추가하기]를 선택하면 오른쪽에 칸이 추가됩니다. 줄을 추가하듯이 바로 추가되는 단축키가 제공되지 않지만 메뉴가 직관적으로 되어 있어 쉽게 칸을 추가할 수 있습니다. 칸이 추가되면서 표 크기가 쪽을 벗어나게 됩니다. 연도가 있는 칸을 블록 지정한 후 셀 너비를 줄여 쪽의 폭에 맞게 맞추고, '연도별 동향(전년비)'가 입력된 셀과 추가된 셀을 블록 지정하고 $\boxed{\text{M}}$을 눌러 셀을 합칩니다.

[줄/칸 추가하기]와 [줄/칸 지우기] 사용법

Alt + Insert 를 누르면 [줄/칸 추가하기]가 실행됩니다. 선택된 셀을 기준으로 위쪽, 아래쪽, 왼쪽, 오른쪽을 선택하고 추가할 줄/칸 수를 지정한 후 [추가]를 누릅니다. 반대로 줄/칸을 지우려면 Alt + Delete 를 눌러 [줄/칸 지우기]에서 줄 또는 칸을 선택한 후 [지우기]를 누르면 됩니다.

표를 편집할 때 다양한 방법들을 익혀두면 상황에 따라 빠르게 표를 편집할 수 있습니다.

하면 된다! } 대각선 넣기

표의 첫 번째 셀에 연도와 업종을 좌우로 배치하고 대각선을 넣어 편집해 보겠습니다.

함께 보면 좋은
동영상 **강의**

업종 \ 연도	2018	2019	2020	2021
한식	27,779	29,595	29,209	31,025
외국식	6,131	6,078	7,561	7,508
제과점	5,924	5,967	7,354	7,397
피자·햄버거	8,716	7,026	11,576	12,486
치킨	22,250	22,881	25,110	25,741
김갑·간이음식	9,047	11,914	13,077	13,344
생맥주·기타 주점	10,246	5,964	11,676	9,994
커피·비알코올 음료	16,185	16,950	17,615	18,380

1. ❶ 03-1_실습_3.hwp 파일을 열어 먼저 연도를 입력한 후 Enter 를 눌러 업종을 입력합니다.

❷ 업종은 그대로 두고 연도에 커서를 둔 후 서식 도구 상자에서 [오른쪽 정렬]을 선택합니다.

연도	❶ 입력	2018
업종		
한식		27,779
외국식		6,131
제과점		5,924
피자·햄버거		8,716

연도	❷ 오른쪽 정렬	2018
업종		
한식		27,779
외국식		6,131
제과점		5,924
피자·햄버거		8,716

2. ❶ 첫 번째 셀이 선택된 상태에서 ❷ [표 디자인] → [테두리 종류] → 실선을 선택합니다.

❸ [테두리 굵기] → 0.15mm를 선택한 후 ❹ [테두리 ▾] → [대각선 하향 테두리]를 선택합니다.

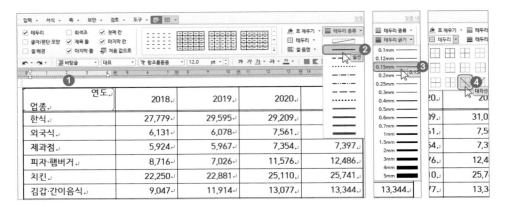

3. F5 를 눌러 첫 번째 셀을 블록 지정한 후 Ctrl 을 누른 상태에서 ↓ 를 세 번 눌러 셀 높이를 조정합니다.

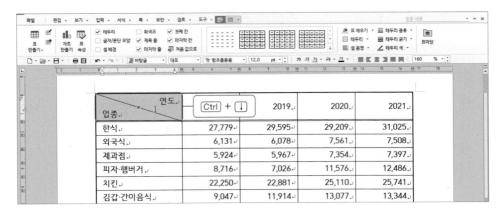

표 번호 칸에 번호 매기기

40개 거래처 정보를 작성하기 위해 만들어 놓은 41줄, 6칸으로 된 표의 첫 번째 칸에 번호를 매겨보겠습니다.

하면 된다! ⟩ 표 자동 채우기로 번호 매기기

두 쪽에 걸쳐 작성된 표에서 번호 칸에 번호를 순서대로 넣어 보겠습니다. 이번 실습은 03-1_실습_4.hwp 파일로 진행합니다.

함께 보면 좋은
동영상 강의

1. ❶ 번호 칸에 1, 2를 순서대로 입력한 후 ❷ 1, 2가 입력된 셀을 블록 지정하고 PgDn을 눌러 번호 칸을 모두 블록 지정합니다.

번호	회사명	대표명	주소	도시	지역
1. ❶ 입력					
2.					
❷ 블록 지정					

2. '표 자동 채우기' 단축키 A를 눌러 40번까지 번호를 채웁니다.

마우스 오른쪽 버튼을 눌러
'채우기'를 선택해도 됩니다.

하면 된다! ⟩ 쪽 경계를 셀 단위로 나누기

1. 첫 번째 쪽 맨 마지막 줄이 쪽이 나누어지면서 두 쪽에 걸쳐졌네요. 이 문제를 해결하기 위해 먼저 표 안에 커서를 두고 마우스 오른쪽 버튼을 눌러 [표/셀 속성]을 선택합니다.

함께 보면 좋은
동영상 강의

쪽이 나누어지는 경계에
22번 줄이 걸쳐짐

2. ❶ [표] 탭 → [셀 단위로 나눔]을 선택한 후 ❷ [설정]을 누릅니다.
쪽 경계가 셀 단위로 나누어집니다.

696   넷째마당 • 일 잘하는 사람, 된다! 한글

하면 된다! 〉 제목 셀을 페이지마다 반복해서 표시하기

1. ❶ 첫 번째 줄을 블록 지정한 후 마우스 오른쪽 버튼을 눌러 [표/셀 속성]을 선택하거나 P를 누릅니다.

❷ [셀] 탭 → 제목 셀에 체크 표시합니다.

❸ [설정]을 누릅니다.

두 번째 쪽에도 제목 셀이 표시됩니다.

함께 보면 좋은
동영상 강의

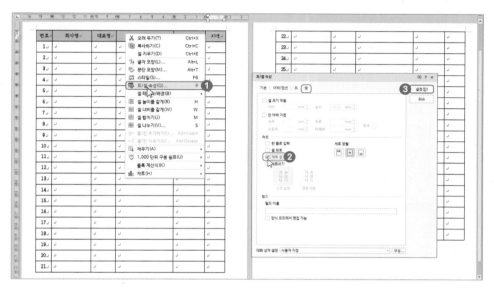

2. 제목 셀에서 대표명을 대표자로 변경해 보겠습니다. 첫 번째 쪽 제목 셀에서 대표명을 대표자로 변경합니다. 두 번째 쪽에도 대표자로 변경되었습니다. 제목 셀을 반복되지 않도록 하려면, 첫 번째 쪽에서 제목 셀을 블록 지정한 후 P를 눌러 [표/셀 속성]을 실행한 후 [셀] 탭에서 '제목 셀'의 체크 표시를 해제하면 됩니다.

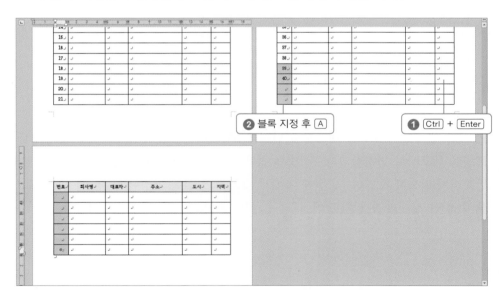

3. ❶ 커서를 맨 마지막 셀에 놓고 Ctrl + Enter 를 눌러 줄을 더 추가합니다. 줄이 추가되면서 세 번째 페이지까지 표가 작성됩니다.

❷ 연속 번호를 추가하려면 39, 40이 입력된 셀을 포함해 추가된 줄의 번호 셀까지 블록 지정한 후 A 를 누르면 빠르게 번호를 매길 수 있습니다.

❷ 블록 지정 후 A

❶ Ctrl + Enter

질문 있어요! 표가 첫 번째 페이지에 갇혔는데 어떻게 하면 되나요?

표의 줄 수가 많아 두 번째 쪽으로 넘어가 작성되어야 하는데 다음 예시와 같이 첫 번째 쪽에 표가 갇히는 경우가 있습니다. 이 경우에는 [표/셀 속성] →글자처럼 취급의 체크 표시를 해제하고 [본문과의 배치]에서 자리차지를 선택하면 됩니다.

표 나누기와 붙이기

단축키를 정리 중인 표가 있습니다. 하나의 표로 작성하면서 서식 관련 단축키와 셀 이동과 범위 선택 단축키를 분리해 2개의 표로 편집하려고 합니다. 한글에서는 하나의 표를 2개로 분리하고 2개의 표를 하나로 합치는 것이 아주 쉽습니다.

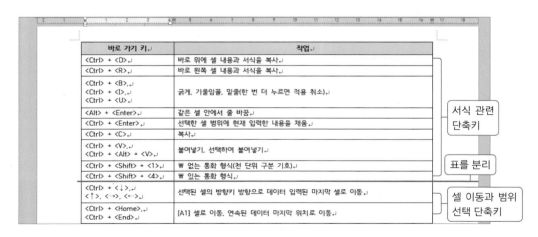

하면 된다! ▶ 하나의 표를 둘로 나누기

이번 실습은 03-1_실습_5.hwp 파일로 진행합니다.

함께 보면 좋은
동영상 **강의**

1. ❶ 나눌 줄의 셀에 커서를 둡니다.

❷ [표 레이아웃] → [표 나누기] 또는 Ctrl + N, A를
누릅니다.

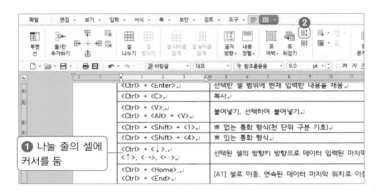

2. 분리된 표에 제목이 표시되도록 첫 번째 표에서 복사해 붙이겠습니다.

❶ 제목 줄을 블록 지정한 후 마우스 오른쪽 버튼을 눌러 [복사]를 선택하거나
Ctrl + C를 누릅니다.

❷ 두 번째 표의 첫 번째 줄에 커서를 두고 마우스 오른쪽 버튼을 눌러 [붙이기]
를 선택하거나 Ctrl + V를 누릅니다.

❸ [셀 붙이기]가 실행되면 [위쪽에 끼워 넣기]를 선택한 후 ❹ [붙이기]를 누릅
니다.

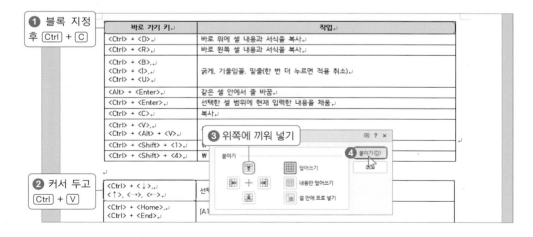

3. 반대로 분리된 표를 붙이려면 ❶ 첫 번째 표 마지막 줄에 커서를 두고 ❷ [표 레이아웃] → [표 붙이기]를 선택하거나 Ctrl + N, Z를 누르면 됩니다.

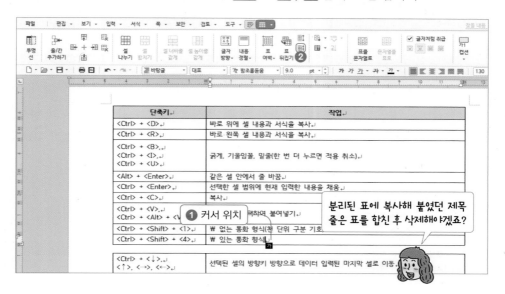

03-2
표에 캡션 삽입하기, 표 계산하기

• 실습 파일 03-2_실습_1, 4.hwp   • 완성 파일 03-2_완성_1~4.hwp

본문에 삽입된 표, 그림, 글상자, 그리기 개체, 수식에 캡션을 삽입해 번호와 함께 간단한 설명을 붙일 수 있습니다. 이처럼 캡션을 붙이면 표 차례(목차), 그림 차례, 수식 차례를 쉽게 작성할 수 있습니다.

하면 된다! } 표 아래 캡션 삽입하기

1. 표 안에 커서를 두고 [입력 ▼] → [캡션 넣기] → [아래]를 선택합니다.

함께 보면 좋은 동영상 강의

2. 캡션 번호 표 1이 삽입됩니다. 여기서는 표 번호에]를 붙여보겠습니다.

❶ Backspace 를 눌러 번호와 공백이 없도록 한 후]와 연간 소비자물가지수를 입력합니다. 그리고 블록을 지정한 후 Alt + L 을 눌러 [글자 모양]을 실행합니다.

❷ [글꼴] 함초롬돋움, ❸ [기준 크기] 9pt로 변경하고 ❹ [설정]을 누릅니다.

❺ 같은 방법으로 두 번째 표에도 표 2] 연간 생활물가지수를 입력한 후 글꼴과 크기를 변경합니다.

3. 캡션을 지우려면 표 안에 커서를 두고 [입력 ■] → [캡션 넣기] → [캡션 없음]을 선택하면 됩니다.

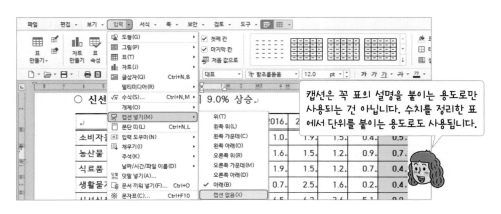

4. 표의 오른쪽 위에 단위를 붙여보겠습니다. 표 안에 커서를 두고 [입력 ▼] → [캡션 넣기] → [위]를 선택합니다. [오른쪽 위]를 선택하면 안 됩니다.

캡션 위치 안내

	2014.	2015.	2016.	2017.	2018.	2019.	2020.	
소비자물가지수.	1.3.	0.7.	1.0.	1.9.	1.5.	0.4.	0.5.	
농산물 및 석유류 제외 지수.	2.0.	2.2.	1.6.	1.5.	1.2.	0.9.	0.7.	
식료품 및 에너지 제외 지수.	1.7.	2.4.	1.9.	1.5.	1.2.	0.7.	0.4.	
생활물가지수.	0.8.	-0.2.	0.7.	2.5.	1.6.	0.2.	0.4.	
신선식품지수.	-9.3.	2.1.	6.5.	6.2.	3.6.	-5.1.	9.0.	

(○ **신선식품지수**는 전년 대비 9.0% 상승.)

왼쪽 위 / 오른쪽 위
왼쪽 가운데 / 오른쪽 가운데
왼쪽 아래 / 오른쪽 아래

5. 표 1이 표 위에 입력되었습니다.

❶ [Backspace] 를 누른 후 ❷ [지우기] 창에서 [지움]을 눌러 '표 1'을 지웁니다.
❸ (전년비, %)를 입력한 후 ❹ 오른쪽 정렬 합니다.

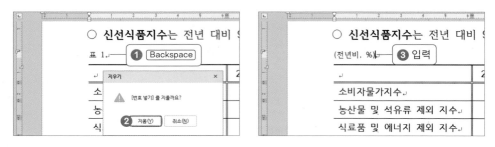

○ **신선식품지수**는 전년 대비 9.0% 상승.

	2014.	2015.	2016.	2017.	2018.	2019.	2020.	(전년비, %).
소비자물가지수.	1.3.	0.7.	1.0.	1.9.	1.5.	0.4.	0.5.	
농산물 및 석유류 제외 지수.	2.0.	2.2.	1.6.	1.5.	1.2.	0.9.	0.7.	

6. 캡션과 표의 간격을 줄여보겠습니다.

[표/셀 속성]을 실행하여 ❶ [여백/캡션] 탭을 누르고 ❷ [개체와의 간격]을 1mm로 변경한 후 ❸ [설정]을 누릅니다.

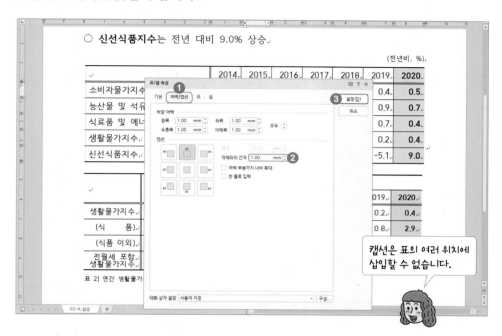

표 차례 만들기

표에 삽입된 캡션으로 표 차례를 만들 수 있습니다. 표에 캡션을 삽입한 후 [도구] → [제목 차례] → [차례 만들기]를 선택합니다. 표 차례에 체크 표시한 후 [만들기]를 누르면 됩니다.

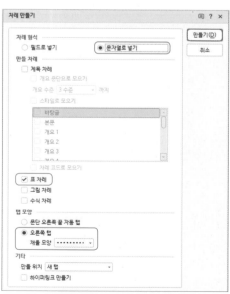

자릿점 넣기와 블록 계산식

표를 작성할 때 숫자에 천 단위마다 자릿점을 일일이 입력하는 건 번거로운 일입니다. 숫자를 모두 입력한 후 한 번에 자릿점을 추가할 수 있습니다. 또한 표의 가로, 세로 합계를 구하려면 블록 계산식을 사용하면 됩니다.

하면 된다! ᐅ 천 단위마다 자릿점 넣고 표 계산하기

1. 03-2_실습_4.hwp 파일의 '업종별 종사자수 현황'에서 숫자에 자릿점을 추가해 보겠습니다.

❶ 천 단위마다 자릿점을 추가할 범위를 선택한 후 ❷ 마우스 오른쪽 버튼을 눌러 [1,000 단위 구분 쉼표] → [자릿점 넣기]를 선택합니다. 반대로 [자릿점 빼기]를 선택하면 자릿점을 뺄 수 있습니다.

함께 보면 좋은
동영상 강의

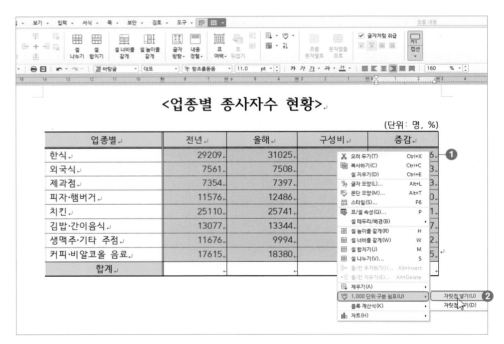

2. 블록 계산식을 사용해 세로 합계를 구해보겠습니다.

❶ 합계를 구하기 위해 숫자 범위를 블록 지정한 후 ❷ 마우스 오른쪽 버튼을 눌러 [블록 계산식] → [블록 합계]를 선택합니다.

03-3
그림 삽입하기

• 실습 파일 03-3_실습.hwp   • 완성 파일 03-3_완성.hwp

문서 주제에 맞는 그림을 표지에 삽입하고 각 문단의 내용이나 수치 자료를 보충 설명하는 근거 자료를 그림으로 삽입하면 문서 내용을 이해하는 데 효과적입니다. 이번에는 문서 내용에 맞게 그림을 삽입하고 편집하는 다양한 방법을 배워보겠습니다.

함께 보면 좋은
동영상 **강의**

그림 삽입과 바깥 여백

문서 내용을 한눈에 이해할 수 있도록 정리해 놓은 차트를 그림으로 삽입해 보겠습니다. 그림을 삽입할 위치에 커서를 두고 [입력] → [그림]을 선택합니다.

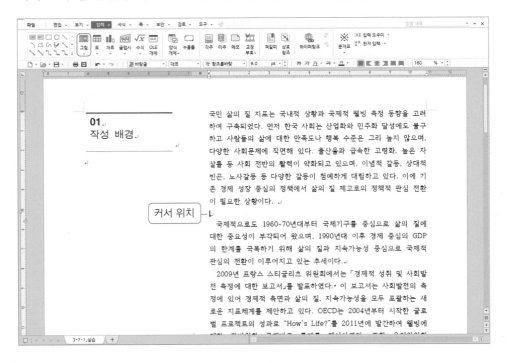

차트1.png 파일을 선택한 후 기본 옵션인 문서에 포함에만 체크 표시된 상태에서 [열기]를 누릅니다. 차트1.png 파일을 더블클릭해도 됩니다.

오른쪽 단 너비에 맞는 크기로 그림이 삽입되면 그림을 더블클릭하거나 그림을 선택한 후 P를 눌러 [개체 속성]을 실행합니다. [기본] 탭에서 [본문과의 배치]에 자리 차지를 선택하고, [여백/캡션] 탭에서 [바깥 여백]의 위쪽과 아래쪽을 20mm로 입력한 후 [설정]을 누릅니다.

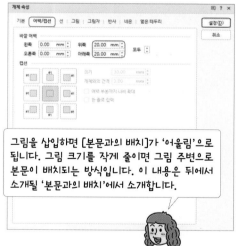

그림을 삽입하면 [본문과의 배치]가 '어울림'으로 됩니다. 그림 크기를 작게 줄이면 그림 주변으로 본문이 배치되는 방식입니다. 이 내용은 뒤에서 소개될 '본문과의 배치'에서 소개합니다.

그림 위쪽/아래쪽에 설정한 여백으로 본문과의 간격을 조절할 수 있습니다.

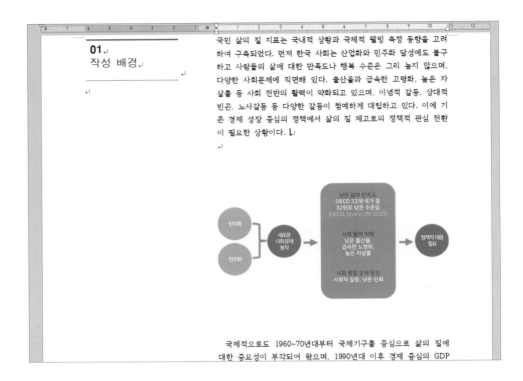

국민 삶의 질 지표는 국내적 상황과 국제적 웰빙 측정 동향을 고려하여 구축되었다. 먼저 한국 사회는 산업화와 민주화 달성에도 불구하고 사람들의 삶에 대한 만족도나 행복 수준은 그리 높지 않으며, 다양한 사회문제에 직면해 있다. 출산율과 급속한 고령화, 높은 자살률 등 사회 전반의 활력이 약화되고 있으며, 이념적 갈등, 상대적 빈곤, 노사갈등 등 다양한 갈등이 첨예하게 대립하고 있다. 이에 기존 경제 성장 중심의 정책에서 삶의 질 제고로의 정책적 관심 전환이 필요한 상황이다.

국제적으로도 1960~70년대부터 국제기구를 중심으로 삶의 질에 대한 중요성이 부각되어 왔으며, 1990년대 이후 경제 중심의 GDP

그림 크기 변경하기와 자르기

그림을 삽입한 후 편집할 문서에 맞게 크기를 변경하고 그림 일부를 잘라내어 색다른 멋진 배경 그림으로 배치하는 방법을 배워보겠습니다.

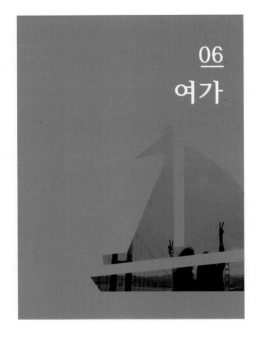

하면 된다! ⟩ 그림 크기 변경하기

1. 두 번째 쪽에서 [입력] → [그림]을 선택합니다.
  ❶ 삽입할 그림 파일 배경1.png를 선택합니다.
  ❷ 마우스로 크기 지정에 체크 표시한 후 ❸ [열기]를 누릅니다.

함께 보면 좋은
동영상 **강의**

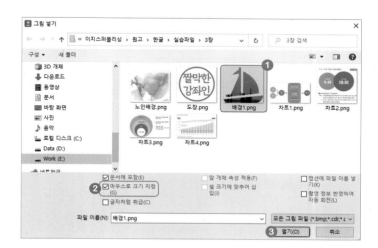

2. 마우스로 드래그해 제목 아래에 적당한 크기로 그림을 삽입합니다.

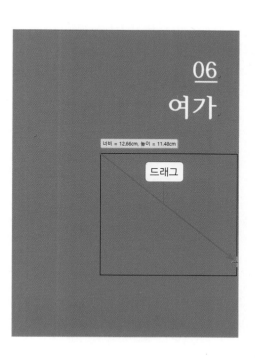

3. 그림 크기가 작게 삽입되었거나 또는 크게 삽입되었다면 크기를 변경하면 됩니다. 그림을 선택하면 그림 가장자리에 크기 조절점이 생깁니다. 이때 주의해야 할 점은 한쪽 방향에서만 크기를 변경하면 그림의 비율이 맞지 않거나 눌려진 모양이 된다는 것입니다. 따라서 그림 크기를 변경할 때에는 모서리에 있는 크기 조절점으로 크기를 변경해야 합니다.

마우스 커서를 양방향 화살표 모양이 되도록 맞추고 드래그

하면 된다! ⟩ 그림 자르기

❶ 그림을 선택한 후 [그림] → [자르기]를 선택합니다.

❷ 그림 가장자리에 크기 조절점이 자르기 조절점으로 변경되면 자르기 조절점을 마우스로 드래그하여 자른 후 그림을 오른쪽 끝으로 배치합니다.

다른 방법으로 그림을 선택한 후 (Shift)를 누르고 크기 조절점에 마우스 커서를 가져다 대면 마우스 커서 모양이 자르기 조절점 모양으로 변경되는데, (Shift)를 누른 상태에서 왼쪽으로 드래그하면 그림 오른쪽이 잘립니다.

함께 보면 좋은 동영상 **강의**

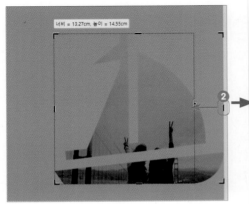

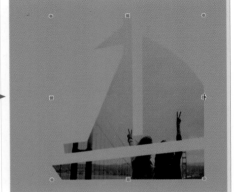

질문 있어요! 그림이 쪽을 벗어나지 않는 경우는 어떻게 해야 하나요?

그림을 종이 오른쪽 끝에 배치하려고 하는데 쪽을 벗어나지 않는다면, 그림을 더블클릭해 [개체 속성]을 실행한 후 [기본] 탭에서 [본문과의 배치]는 자리 차지, [가로]는 종이의 오른쪽으로 선택하고 [설정]을 누르면 됩니다.

본문과의 배치

그림과 본문을 어떤 방식으로 배치할 것인지를 정하는 방법입니다. 그림 크기와 편집 모양에 따라 본문과의 배치를 '어울림', '자리 차지', '글 앞으로', '글 뒤로' 방식으로 설정할 수 있습니다. 예시를 보며 어떤 방식으로 배치해야 할지 배워보겠습니다.

어울림

그림과 본문이 겹쳐지지 않고 어울려 표시되며, 그림을 왼쪽, 오른쪽, 가운데에 배치하면 본문은 그림의 오른쪽, 왼쪽, 좌우에 배치됩니다. 그림 크기가 쪽의 폭 1/2 이하인 경우 본문과의 배치를 '어울림'으로 설정하면 문서를 보기 좋게 편집할 수 있습니다.

질문 있어요! 그림을 쪽 안에 배치되도록 제한하려면 어떻게 해야 하나요?

다음 예시와 같이 그림이 여백에 놓이는 경우가 있습니다. 본문을 왼쪽에 나타내고 그림을 쪽을 벗어나지 않게 쪽 안으로 배치해 보겠습니다. 그림을 더블클릭해 [개체 속성]을 실행한 후 [기본] 탭에서 [가로], [세로]를 모두 쪽으로 설정해 두면 그림을 쪽 오른쪽으로 바짝 끌어놓아도 쪽 안쪽에 배치됩니다.

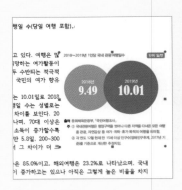

자리 차지 🖼

다음 예시의 그림은 [본문과의 배치]가 어울림입니다. 그림 크기가 크고 본문이 차지하는 공간이 좁아 문서가 짜임새 없이 보입니다.

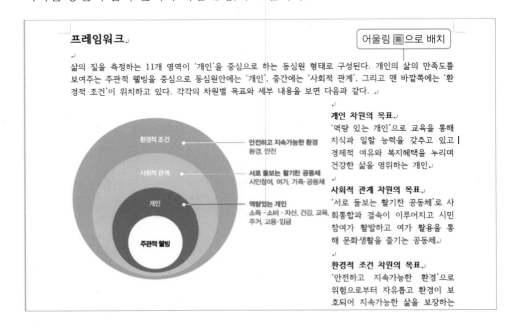

그림 크기가 큰 경우 [본문과의 배치]를 자리 차지로 설정하면 문서를 보기 좋게 편집할 수 있습니다.

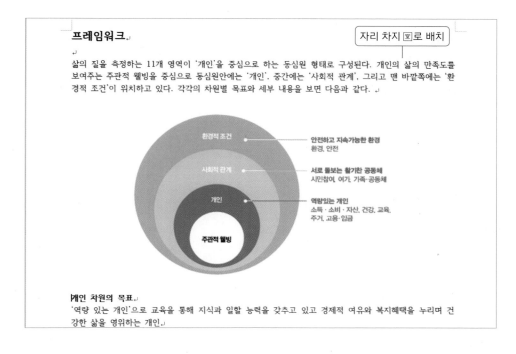

그림을 눈대중이 아닌 정확하게 가로 가운데로 배치하려면 그림을 더블클릭해 [개체 속성]을 실행한 후 [기본] 탭에서 [가로]를 쪽으로 설정하고 가운데를 선택합니다. 그림이 삽입된 공간에서 그림은 가운데, 본문은 그림 위/아래에 배치됩니다.

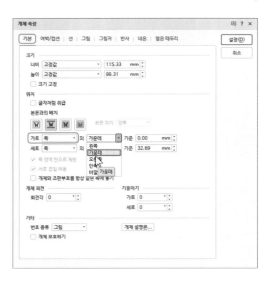

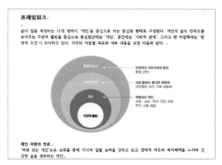

글 앞으로 🖼

그림과 본문을 겹쳐 나타낼 때 글 위로 그림이 배치됩니다. 다음 예시와 같이 도장 또는 직인을 '확인' 글자 위에 찍은 것과 같은 효과를 낼 수 있습니다. 단, 도장 이미지는 배경이 투명해야 합니다. 도장을 투명하게 하는 방법은 동영상 강의를 참조하세요.

함께 보면 좋은
동영상 **강의**

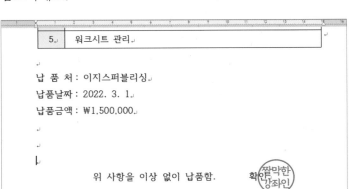

5쪽에 커서를 두고 [입력] → [그림] → 도장.png 파일을 선택한 후 마우스로 크기 지정에 체크 표시하고 [열기]를 누릅니다. '마우스로 크기 지정'을 선택하면 그림을 열었을 때 문서에 바로 삽입되는 것이 아니라 마우스를 드래그해 그림 크기를 지정하여 삽입할 수 있습니다.

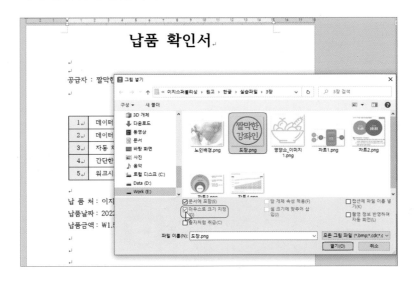

'확인' 글자 위에 적당한 크기로 드래그해 도장 그림을 삽입합니다. 그림이 '확인' 글자 위에 삽입되지 않고 '확인' 오른쪽에 배치되었습니다. 그림을 삽입하면 [본문과의 배치]는 '어울림'이 기본값이기 때문입니다.

납 품 처 : 이지스퍼블리싱
납품날짜 : 2022. 3. 1.
납품금액 : ₩1,500,000

위 사항을 이상 없이 납품함.   확인 짧막한 강좌인

도장 그림을 더블클릭해 [개체 속성]을 실행한 후 [본문과의 배치]를 글 앞으로로 선택하거나 Shift + Home 을 누릅니다. 그런 다음 '확인' 글자 위에 도장 그림을 배치합니다.

납 품 처 : 이지스퍼블리싱
납품날짜 : 2022. 3. 1.
납품금액 : ₩1,500,000

위 사항을 이상 없이 납품함.   확인짧막한강좌인

글 뒤로 ▤

그림과 본문을 겹쳐 나타낼 때 글 뒤로 그림을 배치해 글의 배경으로 사용합니다. 본문 뒤에 배경으로 노인 그림을 삽입해 보겠습니다.

6쪽의 맨 마지막 문단 부호 위치에 커서를 두고 [입력] → [그림] → 노인배경.png 파일을 선택한 후 기본 옵션인 문서에 포함에만 체크 표시된 상태에서 [열기]를 눌러 그림을 삽입합니다.

그림 크기가 커서 쪽의 남은 공간에 삽입되지 않고 다음 페이지에 삽입됩니다. Shift + End 를 눌러 [본문과의 배치]를 글 뒤로로 설정한 후 위 페이지의 배경으로 옮깁니다.

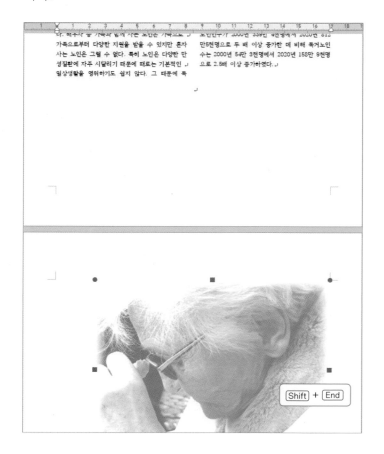

그림을 쪽 영역 안으로 제한하려면 그림을 더블클릭해 [개체 속성]을 실행한 후 [본문과의 배치]를 글 뒤로, [가로]와 [세로]를 쪽으로 선택하고 [설정]을 누릅니다. 그런 다음 그림을 오른쪽 아래로 드래그해 보기 좋게 배치합니다.

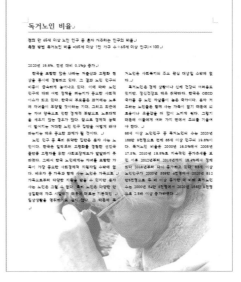

한글, 문서 인쇄와 배포하기

최 주임의 이야기

나도 이제 한글 능력자!

"최 주임님~! 이거 어떻게 해결해야 해요?"
그동안의 한글 특훈이 빛을 발할 때!
"다단 설정하고 배포용 문서 저장까지… 이렇게 하면 됩니다~" 동료들의 질문에 이제 쉽게 답변할 수 있게 된 최 주임.
"와! 최 주임님! 정말 한글 능력자시네요~"
"나도 이제 한글 능력자!"

04-1 머리말과 꼬리말, 쪽 번호 삽입하기

04-2 각주와 미주 삽입하기

04-3 다단 설정으로 보기 좋게 편집하기

04-4 블록 저장과 배포용 문서로 저장하기

04-5 인쇄에 관한 모든 것

04-1
머리말과 꼬리말, 쪽 번호 삽입하기

• 실습 파일 04-1_실습_1~2.hwp • 완성 파일 04-1_완성_1~2.hwp

머리말/꼬리말을 사용하면 페이지 맨 위와 아래에 문서의 제목, 부제목, 쪽 번호 등을 모든 페이지에 반복해 표시할 수 있습니다.

하면 된다! 〉 머리말 추가와 수정하기

이번 실습은 04-1_실습_1.hwp 파일로 진행합니다.

1. ❶ 첫 번째 쪽에 커서를 두고 [쪽] → [머리말] → [머리말/꼬리말]을 선택합니다.
❷ [머리말/꼬리말]에서 기본값 그대로 두고 [만들기]를 누릅니다.

함께 보면 좋은 동영상 강의

[머리말/꼬리말]의 단축키는 Ctrl + N, H 입니다.

2. 머리말 영역이 활성화되고 나머지는 비활성화됩니다.
❶ 국민 삶의 질 2020을 입력합니다.
❷ [머리말/꼬리말] → [닫기]를 누르거나 Shift + Esc 를 누릅니다.
다음 쪽으로 스크롤해 보면 모든 쪽에 머리말이 추가된 것을 알 수 있습니다.

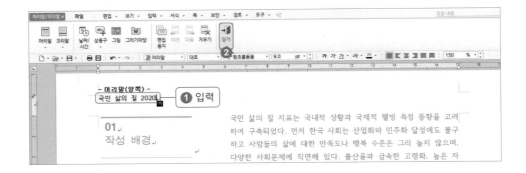

3. 이번에는 머리말을 오른쪽으로 정렬해 보겠습니다.

❶ 머리말을 수정하려면 먼저 머리말 영역에서 더블클릭합니다.

❷ 머리말 영역이 활성화되면 [오른쪽 정렬]을 누르고 ❸ [머리말/꼬리말] → [닫기]를 선택합니다.

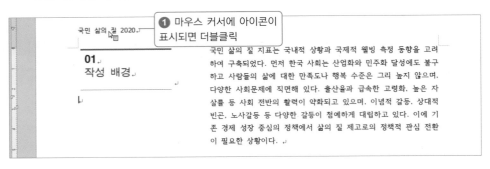

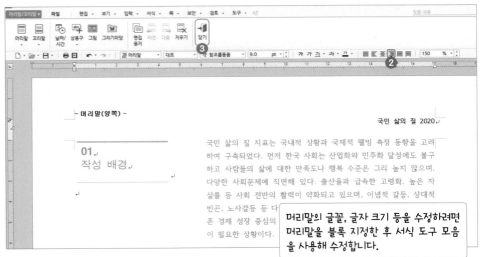

> 머리말의 글꼴, 글자 크기 등을 수정하려면 머리말을 블록 지정한 후 서식 도구 모음을 사용해 수정합니다.

하면 된다! ➤ 꼬리말 사용하여 현재 쪽/전체 쪽 번호 나타내기

문서를 인쇄할 때 문서 아래에 현재 쪽과 전체 쪽 번호가 있으면 문서 전체가 인쇄되었는지 빠르게 확인할 수 있다는 장점이 있습니다. 또한 간혹 용지 부족으로 마지막 쪽이 인쇄되지 않는 경우에 미리 발견할 수 있습니다.

함께 보면 좋은
동영상 강의

1. Ctrl + N, H를 눌러 [머리말/꼬리말]을 실행합니다.
   ❶ [종류]에서 꼬리말을 선택한 후 ❷ [만들기]를 누릅니다.

2. [머리말/꼬리말] → [상용구] → [현재 쪽/전체 쪽수]를 선택합니다.

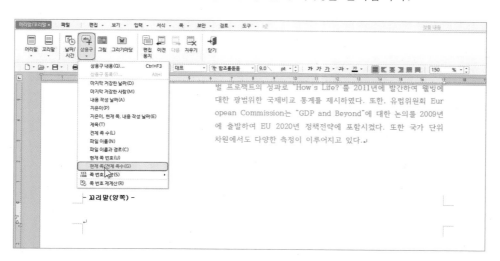

3. ❶ 삽입된 꼬리말을 가운데 정렬 한 후 ❷ [닫기]를 누릅니다.

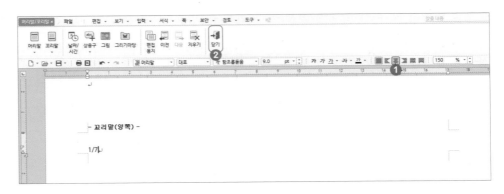

하면 된다! ⑦ 머리말/꼬리말 지우기

머리말과 꼬리말을 지우는 방법은 동일합니다.

❶ 머리말 여백에서 더블클릭한 후 [머리말/꼬리말] → [지우기]를 선택합니다.

❷ 메시지 창이 뜨면 [지움]을 누릅니다.

함께 보면 좋은
동영상 강의

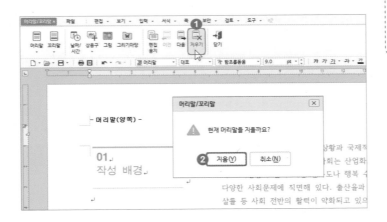

머리말/꼬리말을 쪽마다 다르게 지정하기

머리말/꼬리말을 쪽마다 위치를 다르게 지정하거나 내용을 다르게 만들 수 있습니다. 예를 들어 제본할 경우 펼쳤을 때 짝수 쪽과 홀수 쪽 위치에 맞게 머리말/꼬리말을 배치할 수 있고, 머리말 내용도 다르게 넣을 수 있습니다. 또한 특정 쪽부터 머리말 내용을 다르게 지정할 수 있습니다.

하면 된다! } 홀수 쪽, 짝수 쪽 머리말을 다르게 지정하기

짝수 쪽 머리말은 왼쪽에 입력해 배치하고, 홀수 쪽 머리말은
오른쪽에 입력해 배치하겠습니다.

함께 보면 좋은
동영상 강의

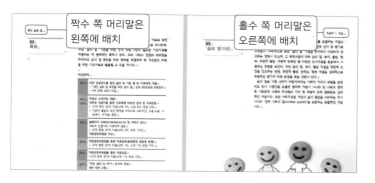

짝수 쪽 머리말은
왼쪽에 배치

홀수 쪽 머리말은
오른쪽에 배치

1. 첫 번째 쪽에서 Ctrl + N,
H을 눌러 [머리말/꼬리말]을
실행합니다.

❶ [종류]는 머리말, ❷ [위
치]는 홀수 쪽을 선택한 후
❸ [만들기]를 누릅니다.

2. 머리말 영역이 활성화되면 ❶ PART 1. 개요를 입력하고 ❷ 오른쪽 정렬을 선택
합니다. Shift + Esc 를 눌러 머리말을 닫습니다.

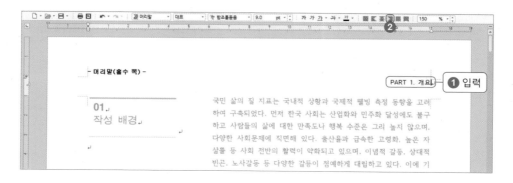

3. 첫 번째 쪽에서 다시 [머리말/꼬리말]을 실행합니다.

❶ [위치]를 짝수 쪽으로 선택한 후 ❷ [만들기]를 누릅니다.

4. 머리말 영역에 국민 삶의 질을 입력한 후 [Shift] + [Esc]를 눌러 머리말을 닫습니다.

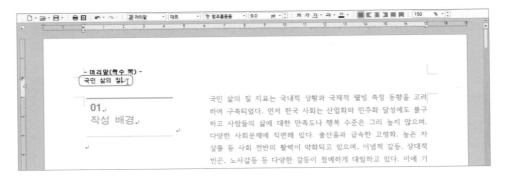

5. [쪽 모양]을 맞쪽으로 설정해서 확인해 보면 1쪽은 오른쪽에 머리말이 배치되고, 2쪽은 왼쪽, 3쪽은 오른쪽에 배치된 것을 알 수 있습니다.

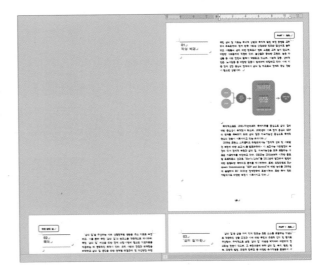

하면 된다! ⟩ 특정 쪽부터 머리말 내용을 다르게 지정하기

5쪽부터 홀수 쪽의 머리말을 '01 가족·공동체'로 변경해 보겠습니다.

1. 5쪽에서 Ctrl + N, H를 눌러 [머리말/꼬리말]을 실행한 후 ❶ 홀수 쪽을 선택하고 ❷ [만들기]를 누릅니다.

2. ❶ 머리말 영역에 01 가족·공동체를 입력하고 ❷ 오른쪽 정렬을 선택한 후 ❸ [닫기]를 누릅니다.
   5쪽 이후 홀수 쪽의 머리말이 '01 가족·공동체'로 변경됩니다.

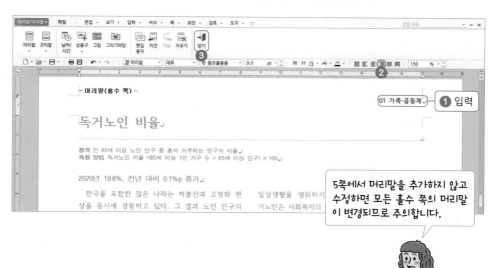

쪽 번호 매기기

앞에서 머리말/꼬리말을 사용해 쪽 번호를 삽입했습니다. 이번에는 복잡한 절차 없이 문서에서 빠르게 쪽 번호를 삽입하는 방법을 소개하겠습니다. 또한 표지와 목차가 있는 쪽을 제외한 다음 쪽부터 번호를 삽입하거나 문서를 제본해 펼쳤을 때 좌우로 쪽 번호가 표시되도록 설정하는 방법도 배워보겠습니다.

하면 된다! } 쪽 번호 매기기

문서에 쪽 번호를 삽입해 보겠습니다. 이번 실습은 04-1_실습_2.hwp 파일로 진행합니다.

함께 보면 좋은
동영상 **강의**

1. ❶ [쪽] → [쪽 번호 매기기]를 선택하거나 Ctrl + N, P 를 누릅니다.

❷ [쪽 번호 매기기]가 실행되면 기본값 그대로 두고 [넣기]를 누릅니다.

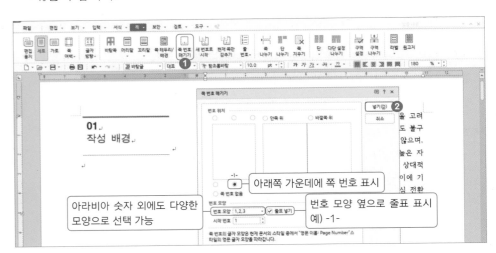

아라비아 숫자 외에도 다양한
모양으로 선택 가능

아래쪽 가운데에 쪽 번호 표시

번호 모양 옆으로 줄표 표시
예) -1-

2. 아래쪽 가운데에 쪽 번호가 추가되었습니다. 스크롤해 보면 두 번째 세 번째 쪽에도 쪽 번호가 추가된 것을 확인할 수 있습니다.

하면 된다! } 표지 또는 목차가 들어갈 빈 쪽 추가하기

이번에는 문서 첫 쪽에 표지 또는 목차가 들어갈 빈 쪽을 추가해 보겠습니다.

'01 작성 배경' 제목 상자 왼쪽에 커서를 둔 상태에서 Ctrl + Enter 를 눌러 쪽을 나눕니다. 추가된 빈 쪽에 표지 또는 목차를 작성하면 되겠죠? 하지만 현재 문서는 2단으로 나누어진 다단 문서입니다. 다단 문서에서 쪽을 나누었을 때 추가된 쪽도 2단으로 나누어진 쪽이 됩니다. 그런데 표지나 목차는 단이 나누어진 문서에 작성하지 않습니다. 이 경우에는 구역 나누기를 해야 합니다.

함께 보면 좋은 동영상 강의

1. Ctrl + Z 를 눌러 작업을 취소하고 [쪽] → [구역 나누기]를 선택하거나 Alt + Shift + Enter 를 누릅니다. 구역 나누기를 하면 페이지마다 단 모양, 용지 여백, 방향을 다르게 지정할 수 있습니다.

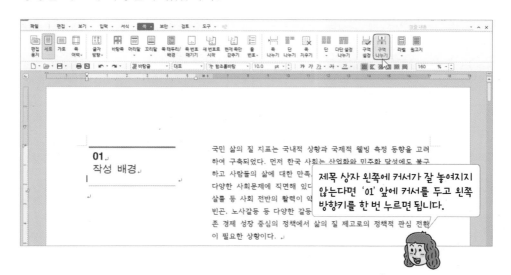

> 제목 상자 왼쪽에 커서가 잘 놓여지지 않는다면 '01' 앞에 커서를 두고 왼쪽 방향키를 한 번 누르면 됩니다.

2. 추가된 쪽에 커서를 두고 [쪽] → [단 ▾] → [하나]를 선택합니다.

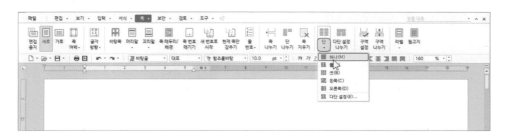

하면 된다! } 감추기와 새 번호로 시작하기

표지나 목차가 작성될 쪽에는 보통 쪽 번호를 표시하지 않습니다. 본문이 시작되는 쪽부터 1쪽이 되도록 설정해 보겠습니다.

함께 보면 좋은
동영상 **강의**

1. ❶ 추가된 쪽에 커서를 두고 [쪽] → [현재 쪽만 감추기]를 선택합니다.

   ❷ [감추기]가 실행되면 감출 내용으로 쪽 번호에 체크 표시한 후 ❸ [설정]을 누릅니다.

   1쪽의 쪽 번호가 감춰졌지만 여전히 본문이 시작되는 페이지가 2쪽입니다.

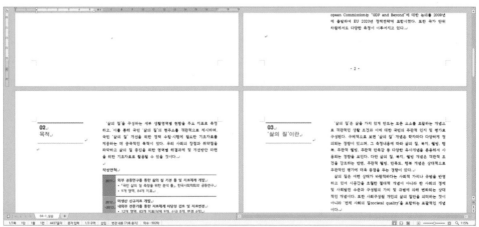

2. ❶ 2쪽에 커서를 두고 [쪽] → [새 번호로 시작]을 선택합니다.

❷ [새 번호로 시작]에서 쪽 번호가 선택되고 시작 번호가 1인 상태에서 [넣기]를 누릅니다.

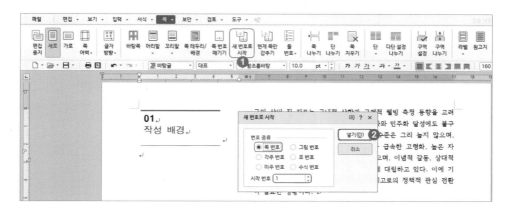

하면 된다! ▸ 문서를 펼쳤을 때 왼쪽, 오른쪽에 쪽 번호 배치하기

이번에는 문서를 펼쳤을 때 쪽 번호가 짝수 쪽은 왼쪽에, 홀수 쪽은 오른쪽에 들어가도록 배치해 보겠습니다.

함께 보면 좋은 동영상 강의

1. [쪽] → [쪽 번호 매기기]를 선택해 [쪽 번호 매기기]를 실행합니다.

❶ [번호 위치]를 바깥쪽 아래로 선택합니다.

❷ [번호 모양]에서 줄표 넣기의 체크 표시를 해제하여 쪽 번호를 줄표 없이 표시한 후 ❸ [넣기]를 누릅니다.

2. ❶ 화면 오른쪽 아래에 있는 [확대/축소]를 누릅니다.

❷ [쪽 모양]을 맞쪽으로 선택한 후 ❸ [설정]을 누릅니다.

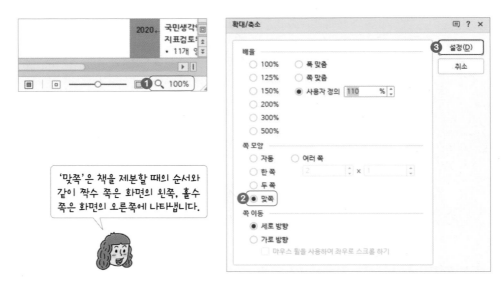

'맞쪽'은 책을 제본할 때의 순서와 같이 짝수 쪽은 화면의 왼쪽, 홀수 쪽은 화면의 오른쪽에 나타냅니다.

맞쪽 자세히 알아보기

맞쪽 모양은 제본된 문서를 펼쳤을 때 모양을 떠올리면 됩니다. 쪽 번호가 없는 (표지나 목차) 쪽, 그다음 1쪽(홀수 쪽), 다시 펼치면 2쪽과 3쪽이 표시됩니다. 참고로 두 쪽 모양은 오른쪽 예시를 참고하면 맞쪽과 구분되어 이해할 수 있습니다.

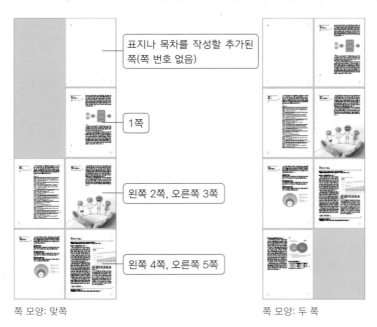

표지나 목차를 작성할 추가된 쪽(쪽 번호 없음)

1쪽

왼쪽 2쪽, 오른쪽 3쪽

왼쪽 4쪽, 오른쪽 5쪽

쪽 모양: 맞쪽   쪽 모양: 두 쪽

[Ctrl]을 누른 상태에서 마우스 휠을 위/아래로 굴려 화면을 보기 편하게 확대/축소합니다. 쪽 바깥쪽에 쪽 번호가 줄 표시 없이 추가되었습니다.

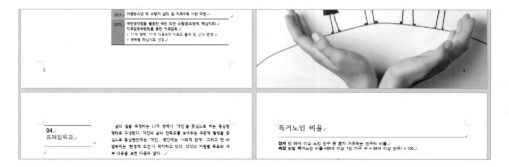

질문 있어요!   쪽 번호가 안 보이는 페이지가 있다면?

쪽 번호를 삽입한 문서에서 쪽 번호가 안 보이는 쪽이 있다면 해당 쪽에 [감추기]가 설정되어 있을 수 있습니다. 이 경우에는 쪽 번호 감추기를 취소하면 됩니다

쪽 번호가 안 보이는 쪽에서 [쪽] → [현재 쪽만 감추기]를 선택한 후 쪽 번호의 체크 표시를 해제하고 [설정]을 누릅니다.

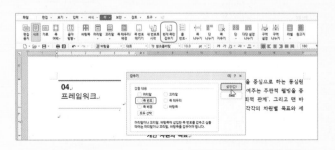

감추기를 취소했는데도 쪽 번호가 보이지 않을 수 있습니다. 여러 문서의 내용을 발췌하여 현재 작성 중인 문서에 복사해 편집하는 경우 생길 수 있는 문제입니다.

[보기] → [조판 부호]에 체크 표시하면 문서에 보이는 빨간색 글자가 조판 부호입니다. 현재 문서에 [감추기] 조판 부호가 보이죠? [감추기] 조판 부호를 삭제하면 쪽 번호가 보이지 않는 문제를 해결할 수 있습니다.

조판 부호 끝에 커서를 두고 [Backspace]

04-2
각주와 미주 삽입하기

· 실습 파일 04-2_실습.hwp   · 완성 파일 04-2_완성.hwp

본문 내용에 대한 보충 자료를 구체적으로 제시하거나 인용한 자료의 출처 등을 표시할 때 각주와 미주를 사용할 수 있습니다. 각주는 각주를 삽입한 쪽 아래에 표시되고, 미주는 미주를 삽입한 쪽과 관계없이 문서 맨 끝에 표시됩니다.

하면 된다! ﹜ 각주 삽입하기

1. ❶ 각주를 삽입할 단어 오른쪽에 커서를 두고 ❷ [입력] → [각주]를 선택하거나 Ctrl + N, N을 누릅니다.

함께 보면 좋은
동영상 강의

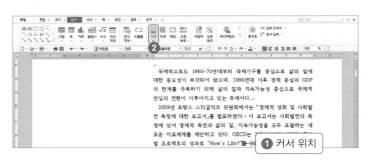

❶ 커서 위치

2. 단어 오른쪽에 각주 번호 1)이 표시되고 쪽 아래에 구분선이 들어가며 각주 내용을 입력할 수 있습니다. 각주가 입력되면 [주석] → [닫기]를 누르지 않아도 본문 영역을 선택하면 각주가 완료됩니다.

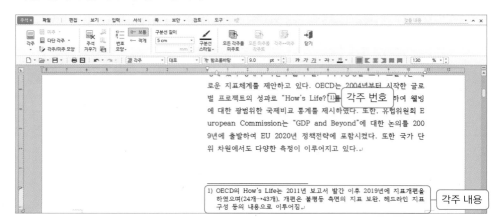

각주 번호

각주 내용

3. 다시 각주 영역을 선택합니다. 주석 메뉴가 표시되고 번호 모양, 번호 모양 크기를 '보통'이나 '작게'로 지정할 수 있고, 구분선 길이나 색상 등을 변경할 수 있습니다.

❶ [주석] → [번호 모양] → *, **, ***로 설정합니다.

❷ [구분선 길이]를 단 너비로 변경합니다.

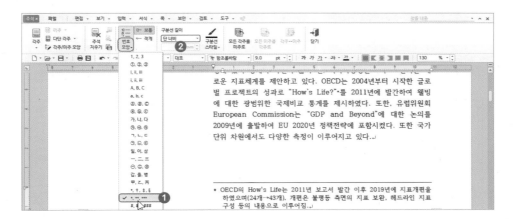

하면 된다! ⟩ 미주 삽입하기

1. ❶ 미주를 삽입할 단어 오른쪽에 커서를 두고 ❷ [입력] → [미주]를 선택합니다. Ctrl + N, E 를 눌러도 됩니다.

함께 보면 좋은 동영상 **강의**

2. 문서 마지막 쪽에 미주 번호가 표시되면 미주 내용을 입력합니다.

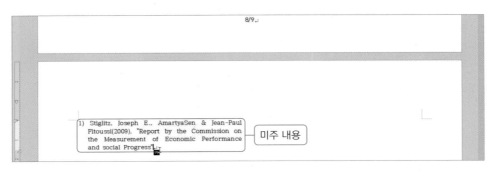

하면 된다! ︺ 미주를 각주로 변경하기

1. 이미 삽입한 미주를 각주로 변경할 수 있습니다.
   ❶ 미주 영역에 커서를 두고 ❷ [주석] → [모든 미주를 각
   주로]를 선택합니다.

함께 보면 좋은
동영상 **강의**

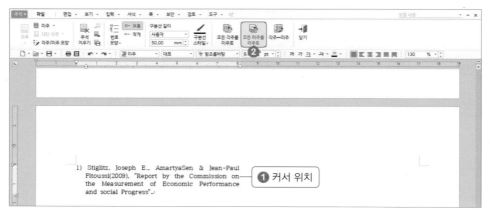

❶ 커서 위치

2. 미주가 각주로 변경되어 미주 번호가 삽입된 쪽 아래로 이동되었습니다. 번호 모
양이 먼저 삽입된 각주 번호 모양으로 변경되고, 문서 내용의 순서에 맞게 번호가
자동으로 변경됩니다.

하면 된다! } 각주/미주 지우기

각주/미주를 삭제해 보겠습니다.

❶ 각주와 미주의 내용이 입력된 영역에 커서를 두고 ❷ [주석 지우기]를 선택합니다. ❸ 메시지 창이 나타나면 [지움]을 누릅니다. 커서 위치의 각주가 지워집니다.

함께 보면 좋은 동영상 **강의**

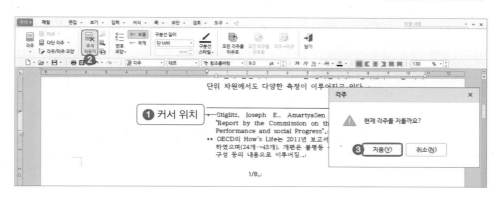

04-3
다단 설정으로 보기 좋게 편집하기

· 실습 파일 04-3_실습_1~2.hwp   · 완성 파일 04-3_완성_2.hwp

다단 문서 만들기

신문이나 회보, 찾아보기와 같은 문서를 읽기 쉽도록 만들 때 한 쪽을 여러 개의 단으로 나누어 작성할 수 있습니다. 다단을 사용하면 문서가 정돈되어 보이는 효과가 있고, 보다 많은 내용을 한눈에 확인할 수 있습니다. 다음 예시와 같이 다단 문서를 작성하면서 기능을 배워보겠습니다.

01 작성 배경

> 국민 삶의 질 지표는 국내적 상황과 국제적 웰빙 측정 동향을 고려하여 구축되었다. 먼저 한국 사회는 산업화와 민주화 달성에도 불구하고 사람들의 삶에 대한 만족도나 행복 수준은 그리 높지 않으며, 다양한 사회문제에 직면해 있다. 출산율과 급속한 고령화, 높은 자살률 등 사회 전반의 활력이 약화되고 있으며, 이념적 갈등, 상대적 빈곤, 노사 갈등 등 다양한 갈등이 첨예하게 대립하고 있다. 이에 기존 경제 성장 중심의 정책에서 삶의 질 제고로의 정책적 관심 전환이 필요한 상황이다.
>
> 국제적으로도 1960~70년대부터 국제기구를 중심으로 삶의 질에 대한 중요성이 부각되어 왔으며, 1990년대 이후 경제 중심의 GDP의 한계를 극복하기 위해 삶의 질과 지속가능성 중심으로 국제적 관심의 전환이 이루어지고 있는 추세이다.
>
> 2009년 프랑스 스티글리츠 위원회에서는 「경제적 성취 및 사회발전 측정에 대한 보고서」를 발표하였다. 이 보고서는 사회발전의 측정에 있어 경제적 측면과 삶의 질, 지속가능성을 모두 포괄하는 새로운 지표체계를 제안하고 있다. OECD는 2004년부터 시작한 글로벌 프로젝트의 성과로 "How's Life?"를 2011년에 발간하여 웰빙에 대한 광범위한 국제비교 통계를 제시하였다. 또한 유럽위원회European Commission는 "GDP and Beyond"에 대한 논의를 2009년에 출발하여 EU 2020 년 정책전략에 포함시켰다. 또한 국가단위차원에서도 다양한 측정이 이루어지고 있다.

하면 된다! 〉 다단 설정과 단 나누기

1. 새 문서를 열고 F7 을 눌러 [편집 용지]를 실행한 후 [용지 여백]을 위/아래 10mm, 왼쪽/오른쪽 20mm, 머리말/꼬리말 10mm로 설정합니다.

함께 보면 좋은
동영상 **강의**

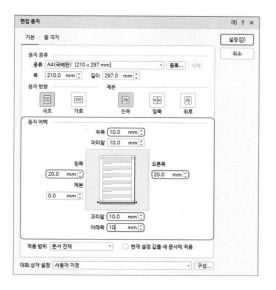

2. [쪽] → [단 ▼] → [다단 설정]을 선택합니다.

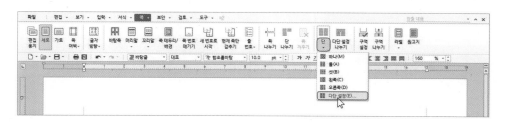

3. ❶ [자주 쓰이는 모양]에서 왼쪽을 선택합니다.

❷ [너비 및 간격]에서 1번 단의 너비를 50mm로 변경합니다. 그럼 자동으로 2번 단의 너비도 변경됩니다. ❸ [설정]을 누릅니다.

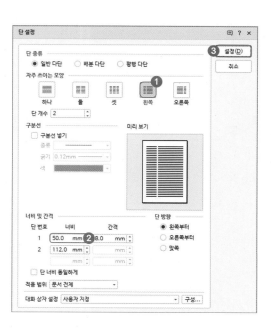

4. ❶ 첫 번째 단 위치에 01 작성 배경을 입력합니다.

❷ [쪽] → [단 나누기]를 선택하거나 [Ctrl] + [Shift] + [Enter]를 누릅니다. 커서가 오른쪽 두 번째 단으로 이동했습니다.

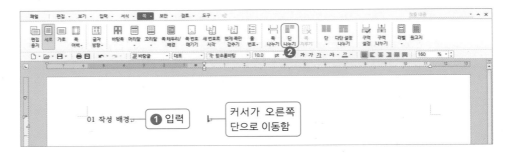

5. 문단의 첫 줄은 2칸을 띄어 입력하거나 내용을 모두 입력한 후 [Alt] + [T]를 눌러 [문단 모양]에서 첫 줄 [들여쓰기] 10pt를 설정합니다.

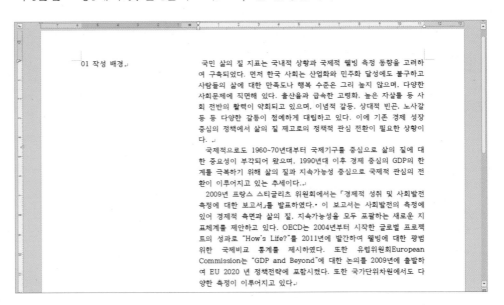

질문 있어요! 이미 입력이 완료된 문서를 2단으로 나눌 수 있나요?

완성된 문서도 단을 나누어 편집할 수 있습니다.

04-3_실습_1.hwp 파일을 열고 [쪽] → [단 ▼] → [왼쪽]을 선택합니다.
구분선을 적용하거나 단 너비를 변경하는 등 세부 사항은 [다단 설정]을
선택해 설정할 수 있습니다.

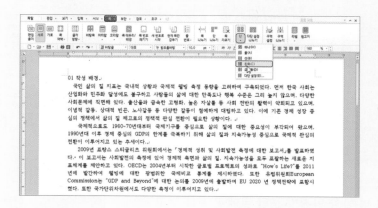

'국민 삶의~' 이후 내용을 오른쪽에 있는 두 번째 단으로 옮기려면 국
자 앞에 커서를 두고 [쪽] → [단 나누기]를 선택하거나 Ctrl + Shift +
Enter 를 누르면 됩니다.

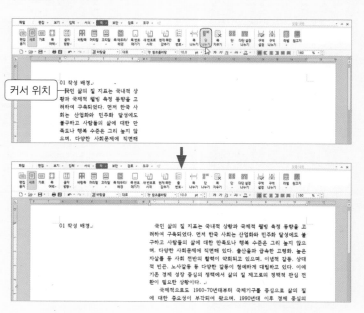

한 페이지 안에 단 개수가 다른 문서 작성하기

이번에는 앞에서 작성한 문서 다음 쪽에 예시와 같이 한 단으로 된 모양으로 문서를
작성한 후 두 단으로 나누어 문서를 나란하게 배치해 보겠습니다.

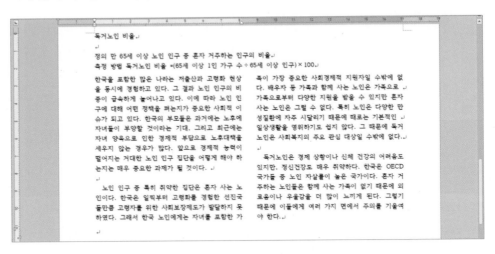

첫 번째 쪽 마지막 문단 끝에 커서를 두고 [쪽] → [쪽 나누기]를 선택하거나 Ctrl +
Enter 를 눌러 페이지를 나눕니다.

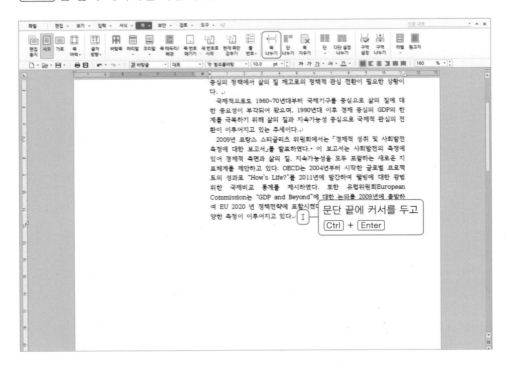

하면 된다! 〉 다단 설정 나누기

두 번째 쪽에 내용을 입력하면 첫 번째 쪽과 같이 두 단으로 나누어진 상태에서 문서가 작성됩니다. 이 상태에서 단 개수를 하나로 변경하면 첫 번째 쪽도 하나의 단으로 변경되므로 주의해야 합니다. 첫 번째 쪽에 영향을 주지 않고 두 번째 쪽부터 단 모양을 변경하려면 단 개수를 변경하기 전에 '다단 설정 나누기'를 해두면 됩니다.

함께 보면 좋은 동영상 강의

1. ❶ 문서 내용이 시작되는 위치에 커서를 두고 ❷ [쪽] → [다단 설정 나누기]를 선택합니다.

❸ 빈 줄이 하나 생기고 문단이 바뀐 것 외에는 변화가 없습니다. 그러나 커서 이후부터 단 개수를 다르게 변경할 수 있습니다.

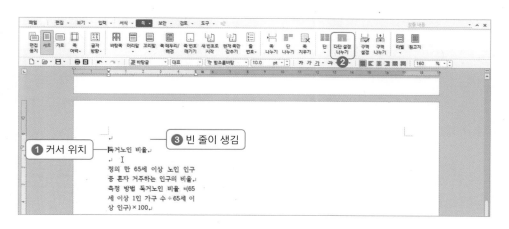

2. 이제 단 개수를 하나로 변경하겠습니다. [쪽] → [단 ▾] → [하나]를 선택합니다.

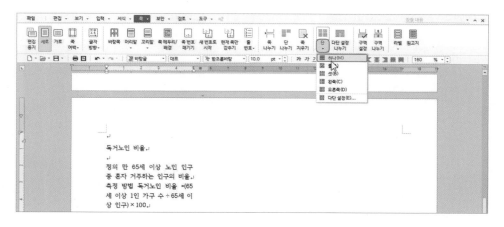

3. '독거노인'의 독 자 앞에 커서를 두고 [Backspace] 를 눌러 빈 줄을 제거합니다.

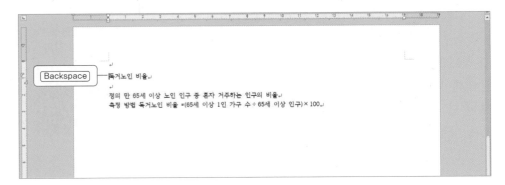

4. ❶ 문단 맨 마지막에 커서를 둔 후 ❷ [쪽] → [다단 설정 나누기]를 선택합니다.

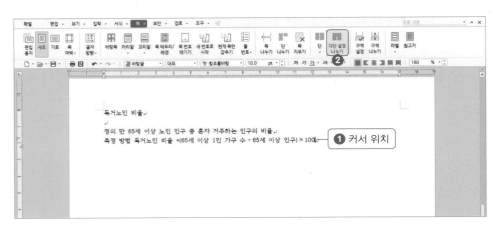

5. [쪽] → [단 ▼] → [둘]을 선택하면 다시 두 단으로 문서를 작성할 수 있습니다.

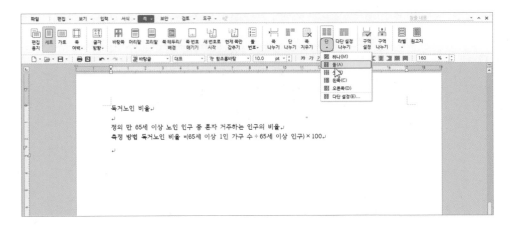

6. 내용을 작성한 후 왼쪽과 오른쪽 단에 나란히 내용을 배치해 보겠습니다. 실습의 편리를 위해 내용을 작성해 놓은 04-3_실습_2.hwp 파일을 엽니다.

❶ 마지막 문단 끝에 커서를 두고 ❷ [쪽] → [다단 설정 나누기]를 선택합니다.

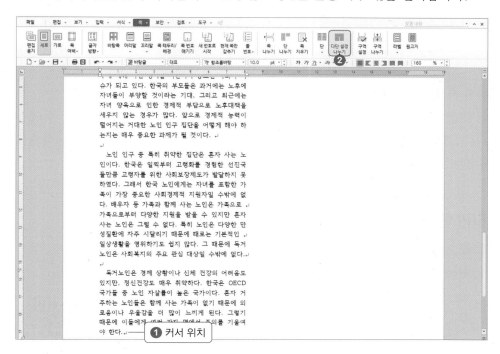

7. 양쪽 단에 나란히 문서 내용이 배치됩니다. 다시 단 개수를 하나로 설정해 남은 공간에 그림 또는 그래프와 같은 개체를 삽입할 수 있습니다.

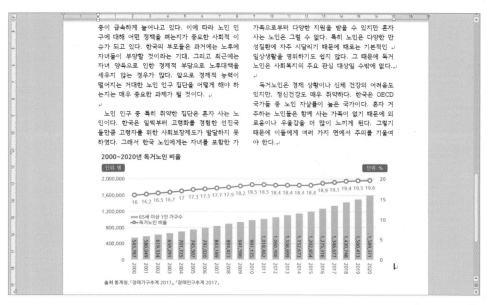

04-4
블록 저장과 배포용 문서로 저장하기

• 실습 파일 04-4_실습.hwp　　• 완성 파일 04-4_완성.hwp

블록 저장은 문서의 일부분만 저장할 때 사용하면 편리한 기능입니다. 용지 여백, 스타일 등 원본 문서의 설정이 그대로 유지된 상태로 문서 일부 내용을 저장할 수 있습니다. 그리고 다른 사람과 문서를 공유하려면 문서 내용을 수정하거나 추가, 삭제할 수 없도록 설정하는 **배포용 문서로 저장**을 사용하면 됩니다.

하면 된다! ╏ 블록 저장하기

1. ❶ 문서 일부 내용을 블록 지정한 후 ❷ [파일] → [블록 저장]을 선택합니다.
❸ 저장할 위치를 선택해 파일명 보고서0923을 입력하고 ❹ [저장]을 누릅니다.

함께 보면 좋은
동영상 **강의**

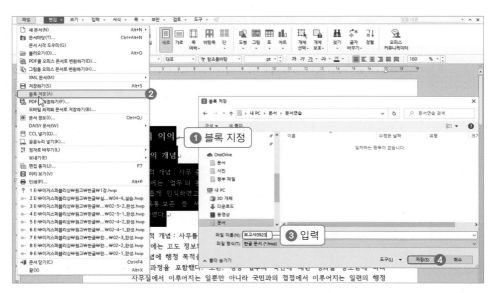

2. 저장된 보고서0923.hwp 파일을 열어 확인해 보면 원본 문서의 설정을 그대로 유지하면서 일부 내용만 저장된 것을 확인할 수 있습니다.

하면 된다! ⟩ 배포용 문서로 저장하기

1. ❶ [보안] → [배포용 문서로 저장]을 선택합니다.
❷ [배포용 문서로 저장]에서 [쓰기 암호]와 [암호 확인]에 같은 암호를 입력한 후 **❸** [저장]을 누릅니다.

함께 보면 좋은
동영상 **강의**

2. 배포용 문서로 저장되면 메뉴가 비활성화되어 사용할 수 없고 문서 내용을 수정할 수 없습니다. 그리고 블록을 지정할 수 없어 복사를 할 수 없고 인쇄도 제한됩니다. 다른 사람과 문서를 공유할 때 읽기만 가능하도록 문서를 보호할 때 사용합니다.

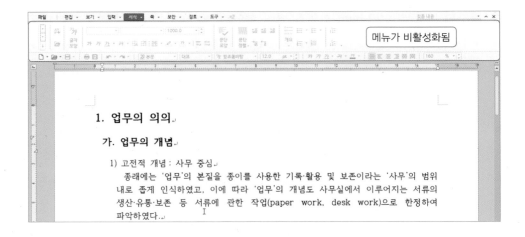

3. 배포용 문서를 취소해 보겠습니다.

❶ [보안] → [배포용 문서 암호 변경/해제]를 선택합니다.

❷ 암호를 입력하고 ❸ [해제]를 누릅니다.

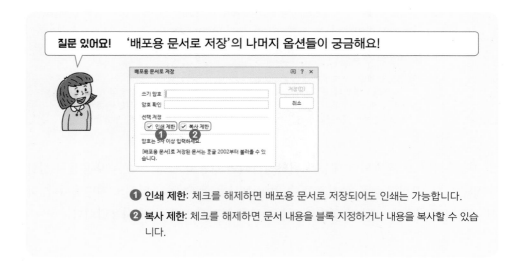

❶ **인쇄 제한**: 체크를 해제하면 배포용 문서로 저장되어도 인쇄는 가능합니다.

❷ **복사 제한**: 체크를 해제하면 문서 내용을 블록 지정하거나 내용을 복사할 수 있습니다.

04-5
인쇄에 관한 모든 것

• 실습 파일 04-5_실습.hwp

인쇄와 인쇄 설정

현재 컴퓨터에 연결된 프린터 또는 네트워크로 연결된 프린터에서 문서를 인쇄하는 방법은 간단합니다.

[파일] → [인쇄] 또는 Alt + P 를 눌러 [인쇄]를 실행합니다. [인쇄 범위] 모두, [인쇄 매수] 1, [인쇄 방식] 기본 인쇄가 선택되어 있습니다. [인쇄]를 누릅니다.

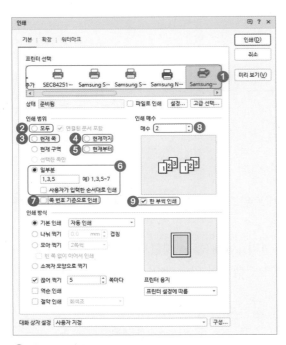

1 **프린터 선택:** 컴퓨터 또는 네트워크에 연결된 프린터를 선택합니다.

2 **모두:** 문서의 처음부터 마지막 쪽까지 모든 쪽을 인쇄합니다.

3 **현재 쪽:** 현재 커서가 있는 쪽을 인쇄합니다.

4 **현재까지:** 1쪽에서 현재 커서가 있는 쪽까지 인쇄합니다.

5 **현재부터:** 현재 커서가 있는 쪽부터 마지막 쪽까지 인쇄합니다.

6 **일부분:** 인쇄할 쪽 번호를 쉼표로 구분해 입력합니다. 연속 페이지는 -으로 구분합니다. '사용자가 입력한 순서대로 인쇄'에 체크 표시하면, 예를 들어 2, 1, 4, 3을 입력하면 2쪽을 먼저 인쇄하고 다음 1쪽, 그리고 4쪽, 3쪽 순서로 인쇄합니다.

7 **쪽 번호 기준으로 인쇄:** 현재 매겨진 쪽 번호를 기준으로 인쇄합니다.

8 **매수:** 인쇄 매수를 지정합니다.

9 **한 부씩 인쇄:** 인쇄 매수 2장 이상을 지정하면 활성화되고, 체크 표시하면 첫 번째 쪽에서 마지막 쪽까지 한 부 인쇄한 후 다시 첫 번째 쪽에서 마지막 쪽까지 다시 한 부 더 인쇄합니다.

하면 된다! ⟩ 한 장의 용지에 여러 쪽 인쇄하기

1. `Alt` + `P` 를 눌러 [인쇄]를 실행합니다.

1 [인쇄 방식]을 모아 찍기, 2쪽씩으로 선택합니다.

2 [미리 보기]를 누릅니다.

함께 보면 좋은
동영상 **강의**

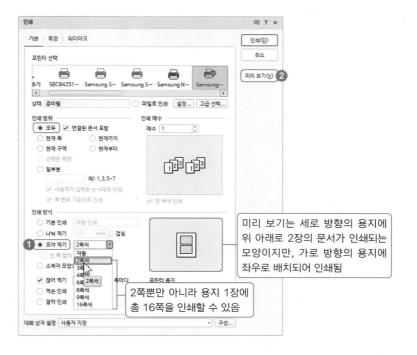

미리 보기는 세로 방향의 용지에 위 아래로 2장의 문서가 인쇄되는 모양이지만, 가로 방향의 용지에 좌우로 배치되어 인쇄됨

2쪽뿐만 아니라 용지 1장에 총 16쪽을 인쇄할 수 있음

2. ❶ [다음 쪽], [이전 쪽]을 눌러 한 장의 용지에 2쪽씩 인쇄가 제대로 되는지 확인한 후 ❷ [인쇄]를 누릅니다. 미리 보기만 하려면 [닫기]를 누르면 됩니다.

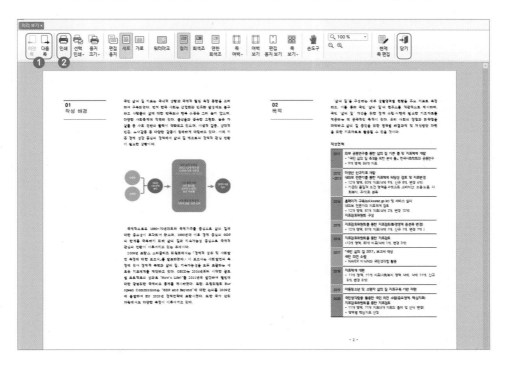

하면 된다! } 소책자 모양으로 찍기

한 장의 용지에 양면으로 4쪽을 왼쪽으로 넘기는 방식으로 인쇄해 소책자를 만들 수 있습니다.
예를 들어 8쪽의 문서를 소책자 모양으로 인쇄하면 용지를 접었을 때 순서에 맞게 인쇄할 수 있습니다. 다음 그림을 보면 쉽게 이해할 수 있습니다.

함께 보면 좋은
동영상 강의

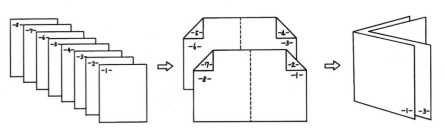

1. [파일] → [인쇄]를 선택해 [인쇄]를 실행합니다.

❶ [인쇄 방식]을 소책자 모양으로 찍기로 선택합니다.

❷ [미리 보기]를 누릅니다.

2. ❶ 미리 보기 창에서 [다음 쪽]을 눌러 제대로 인쇄되는지 확인합니다.

❷ [인쇄]를 눌러 소책자로 인쇄합니다.

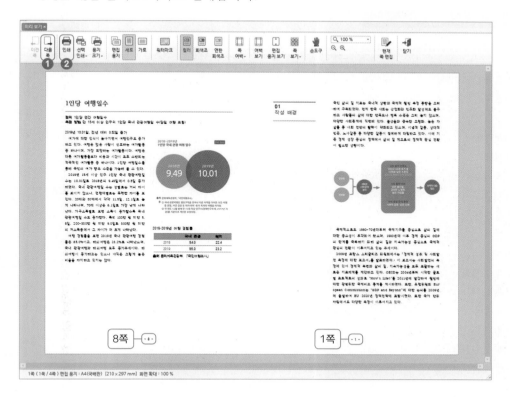

엑셀

가로 막대형 차트 228
강조 174
개수 147
거래명세서 48
계산표 32
규칙 수정 178
규칙 지우기 178
꺾은선형 차트 234
나누기 90
날짜 24
날짜 그룹화 123
날짜 필터 108
날짜 함수 205
내림차순 93
너비가 일정함 198
노란색 삼각형 22
단축키 85, 246
데이터 새로 고침 124
데이터 유효성 검사 79
데이터 유효성 지우기 84
데이터 입력 17
데이터 정렬 93
데이터베이스 68
레코드 추가 71
막대형 차트 222
문자 추출 183
반올림 159, 162
복사하기 41
부분합 75
빈 셀 88, 168
사용자 지정 목록 28
사용자 지정 정렬 97

삭제 43
상대 참조 130
상위 10 자동 필터 106
설명 메시지 82
세로 막대형 차트 226
셀 17
셀 강조 규칙 177
셀 범위 85
셀 주소 17, 129
수식 34
순위 144
숫자 필터 104, 108
시트 색상 44
시트 이동 44
시트 이름 바꾸기 41
시트 추가 43
엑셀 함수 140
열 너비 38
열 데이터 서식 195
열 추가 39
오류 220
오류 메시지 82
오름차순 93
올림 159
요약 행 74
원본 데이터 형식 설정 197
원형 차트 237
인쇄 48
인쇄 설정 63
자동 완성 30
자동 채우기 26
자동 합계 142
절대 참조 132, 134
정렬 기준 95
조건 166

조건부 서식 174, 181
콤보 차트 242
텍스트 나누기 185, 193
텍스트 필터 102
통합 45
평균 141
표 서식 69
표 서식 제거 78
표시 형식 24
피벗 테이블 113, 154, 222
피벗 테이블 레이아웃 116
필드 118
필드 그룹화 121
필드 단추 227
필드명 69
필터 99
필터 영역 118
필터 조건 101
함수 140
행 높이 38
행 추가 39
혼합 참조 136, 138
#N/A 오류 215
AND 함수 171
CHOOSE 함수 190
COUNT 함수 147
COUNTA 함수 149
COUNTBLANK 함수 148
COUNTIF 함수 150
COUNTIFS 함수 152
DATEDIF 함수 206
DAY 함수 203
HLOOKUP 함수 218
IF 함수 166
IFERROR 함수 215

LEFT 함수   183, 184
MAX 함수   143
MID 함수   183, 189
MONTH 함수   203
NOW 함수   201
OR 함수   171
RANK.EQ 함수   144
REPLAE 함수   187
RIGHT 함수   183
ROUND 함수   160
ROUNDDOWN 함수   164
ROUNDUP 함수   164
TODAY 함수   201
VLOOKUP 함수   209
YEAR 함수   203

파워포인트

간지 슬라이드   345
구역 제거   262
구역 추가   261
그라데이션   295
그래프로 데이터 시각화   361
그림 삽입   315
그림 스타일   323
그림 자르기   316
글꼴 문서에 포함   252
글꼴 바꾸기   266
글머리 기호 변경   267

꺾은선형 그래프   362
꺾인 연결선   301, 308
나눔스퀘어체   251
단락 수준 조절   270
단락 순서 변경   269
단축키   406
도형   284
도형 맞춤   311
도형 변경 핸들   278
도형 복제   313
도형 삽입   277
둥근 사각형   305
디자인 아이디어   338
레이아웃 마스터   396
로고 삽입   392
목차 슬라이드   340
비디오 삽입   384
비디오 트리밍   387
비디오 파일   384
세로 막대형 그래프   368
스토리보드   249
슬라이드 구성   249
슬라이드 노트 인쇄하기   420
슬라이드 레이아웃 변경   259
슬라이드 마스터   391, 394
슬라이드 복사   261
슬라이드 삭제   258
슬라이드 쇼   404
슬라이드 쇼 재구성   416
슬라이드 이동   260
슬라이드 인쇄   418
슬라이드 추가   258, 402
슬라이드 크기 변경   255
실행 취소 최대 횟수   251
아이콘   325

안내선   280
애니메이션   404, 410
애니메이션 추가   416
엑셀   357
오디오 삽입   378
오디오 트리밍   382
오디오 파일   378
원   284
원 도형   301
유인물 인쇄   418
자동 복구 정보 저장   250
전환 효과   407
제목 배경   387
제목 상자   295
제목 슬라이드   332
제본   422
조합키   282
줄 간격 조절   273
테이블 디자인   358
텍스트 상자   360
텍스트 서식   263
텍스트 슬라이드   263
텍스트 슬라이드 배치   274
페이드 지속 시간   383
포인터 옵션   404
표   353
표 만들기   353
화면 전환   406
화면 전환 시간   408

워드

각주	565
계산	538
그림 삽입	546
그림 압축	554
그림 크기 설정	549
그림 텍스트 배치	549
그림 편집	551
그림자 추가	468
글머리 기호	498
기호	433
다단 설정	568
다단계 목록	498, 506
다단계 목록 스타일 변경	510
단 나누기	568
단락 제목 상자	471
둥근 모서리	468
리본 탭	447
맞춤법 표시	457
머리글	559, 561
문서 열기	431
문서 저장하기	431
문자 스타일	490
미주	566
바닥글	559
바로 가기 키	434, 466, 533, 616
번호 매기기	498
번호 모양 바꾸기	501
범위 선택	444
보기 모드	427
빠른 문서 요소	474
서식 복사	449
서식 설정	477

셀 병합	525
셀 주소	538
소책자	578
수식	536
스타일 만들기	478
스타일 삭제	496
스타일 수정	492
스타일 적용	489
여러 페이지 인쇄	575
여백	460
용지 방향	461
용지 종류	460
원 문자	440
음영	530
인쇄	574
인쇄 설정	574
자동 고침	438
자주 사용하는 기호	436
제목 상자	465
테두리	521, 530
텍스트 배치 기호	551
텍스트 상자	465
특수 문자	433
페이지 번호	559, 563
페이지 설정	460
편집 기호 표시/숨기기	428
표	469
표 머리글 행 표시	535
표 분할	533
표 삽입	518
표 합치기	533
현재 페이지 번호	563
확대/축소	429
Excel 스프레드시트	541
PDF로 저장	431

한글

각주	734
감추기	730
개요 모양	661
개요 번호 모양	670, 672
개요 스타일 편집	665
그림	585
그림 삽입	708
그림 자르기	712
그림 크기 변경	711
글 뒤로	717
글 앞으로	716
글꼴	616
글머리표	601, 672
글상자	633
글자 겹치기	599
글자 모양	616, 618
글자 색	617
기울임	617
꼬리말	723
다단 문서	738
다단 설정	738
다단 설정 나누기	743
단 나누기	738
대각선 넣기	693
맞쪽	732
머리말	721, 727
모양 복사	611
문단 모양	616
문단 부호	584
문단 순서 바꾸기	614
문단 정렬	620
문서 불러오기	590

문서 작성	589	자릿점 넣기	706	
문서 저장	590	전체 쪽 번호	723	
문서 편집	608	제목 상자	633, 635	
문자표	596	제목 셀	697	
미주	735	조판 부호	584	
밑줄	617	줄 간격 조정	615	
바깥 여백	708	줄 지우기	691	
배경색	684	줄 추가	691	
배포용 문서	747	진하게	617	
번호 매기기	695	쪽 경계	696	
본문과의 배치	713	쪽 나누기	628	
블록 계산식	706	쪽 번호	728, 731	
블록 저장	746	쪽 윤곽	583	
블록 지정	621, 683	취소선	617	
사용자 정의	670	칸 추가	692	
상용구 등록	637, 638	캡션	702	
상용구 확인	639	투명 선	585	
새 번호로 시작	730	편집 용지 등록	626	
셀 너비	681	편집 용지 설정	626	
셀 테두리	684	표	635	
셀 합치기	686	표 계산	702	
소책자	752	표 나누기	699	
스타일	640	표 붙이기	699	
스타일 불러오기	658	표 자동 채우기	695	
스타일 수정	653	표 작성	678	
스타일 순서 변경	649	표 차례	705	
스타일 적용	650	한자 변환	594	
스타일 추가	641	현재 쪽 번호	723	
어울림	713	확대/축소	586	
여러 쪽 인쇄	750	PDF로 저장	590	
여백 설정	626			
용지 방향	629			
인쇄	749			
인쇄 설정	749			
자리 차지	714